U0905137

# 中国广播影视的改革与创新

◎徐光春 著

作家出版社

作者像

**徐光春**，浙江省绍兴市人。上世纪60年代初，在杭州一中念书，担任校刊主编、校广播站站长，受聘为《杭州日报》特约记者。1964年就读于中国人民大学新闻系，大学毕业后在地方新闻单位当记者。改革开放初，调到新华社安徽分社，先是当摄影记者、组长，后担任分社副社长、党组书记，主持分社工作。1985年调任上海分社社长、党组书记。1988年调任北京分社社长、党组书记。1991年调到《光明日报》工作，被评为高级记者，先后担任副总编辑、总编辑。1995年调任中央宣传部副部长，主管新闻宣传工作，2000年兼任国家广播电影电视总局局长、党组书记，2001年兼任中国广播影视集团管委会主任、党组书记。2004年底赴河南履新。

担任中国新闻摄影学会名誉会长、中国广电学会会长。分别受聘为北京大学、中国人民大学、中国传媒大学等校兼职教授，武汉大学博士生导师。先后出版《业余摄影实用手册》、《摄影特技》、《哲学与新闻》、《漫谈新闻出版》、《新闻纵横谈》、《我说新闻》、《新世纪广播影视散论》等著作。

# 自序

党的第十六次全国代表大会，在党和国家的历史上具有重要的里程碑意义。大会分析了新形势，提出了新任务，明确了新目标，标志着中国经济社会发展的历史又翻开了新的一页，进入了一个新的发展阶段。

会后不久，胡锦涛总书记对新世纪新阶段党的宣传思想工作发出重要指示：要研究新情况新问题，寻找新途径新办法，开创新局面。这一重要指示，站在全党全国工作大局的高度，站在时代发展和社会进步的高度，站在推进党的宣传思想工作不断创新发展的高度，对新时期党的宣传思想工作提出了新的要求，是做好新时期党的宣传思想工作的重要指导思想。这一重要指示，充分体现了以胡锦涛同志为总书记的党中央对宣传思想工作的高度重视，充分体现了党对新时期宣传思想工作寄予的厚望，也充分体现了党对宣传思想工作指导思想上的与时俱进，是中央对做好新时期党的宣传思想工作的重要部署，也是对宣传战线广大干部群众的殷殷嘱托。这一重要指示，思想深刻，内涵丰富，有很强的针对性、指导性和可操作性，有工作方向的要求，有工作对策的要求，也有工作目标的要求，形成了一个完整的行动纲领和工作框架。这一重要指示，核心是创新，鲜明地指出要针对新情况、新问题，创新理论，创新体制，创新机制，创新内容，创新形式，创新渠道，创新办法，用创新的思维，创新的实践，来增强宣传思想工作的说服力、吸引力和影响力，来开创宣传思想工作的新局面，更好地为人民服务，为社会主义服务，为全党全国工作大局服务。

广播影视作为宣传思想工作的重要组成部分，如何贯彻落实胡锦涛总书记的这一重要指示精神，用新理论、新思维、新实践推动广播影视业的改革和发展，更好地发挥广播影视作为宣传思想工作主阵地、主力军的作用，更好地满足广大人民群众对广播影视不断增长的新需求，更好地推动全面建设小康社会和社会主义现代化建设的进程，不断开创广播影视工作的新局面。当时，作为中央宣传部分管广播影视工作的副部长，作为国家广播影视行政管理部门的主要负责人，我深感使命光荣，责任重大。为不辱使命，不负重托，我和我的同事们无数次学习胡锦涛总书记的重要指示精神，无数次到各地调查研究，无数次召开大大小小的会议进行研讨，无数次提出改革、创新、发展的决定、意见、方案……一次次的思考，一次次的实践，一次次的讲话，一次次的著文，无一例外地试图剖解一个重要而崭新的命题——改革创新广播影视，繁荣发展广播影视，开创广播影视工作新局面。本书稿汇集的文章，就记录了党的十六大以后，到我离开中央宣传部和国家广电总局到河南履新前两年间，我对广播影视改革创新的思考和实践。因为面对的是一个重要而崭新的命题，因而免不了落笔有些沉重，行文有些艰难，但字里行间，浸透着对改革创新的热情，对开创新局面的希冀，对广播影视业的爱心。尽管这些思考和实践，对胡锦涛总书记提出的五个“新”的命题，还不能算是提交了完好的答卷，但我们从中获得的收获，已让我们尝到了探索的喜悦，尝到了成功的甜蜜，从而也进一步坚定了我们矢志改革创新的决心和信心。我们坚信，胡锦涛总书记提出的要求，在全体广电人的努力下，一定能实现；中国的广播影视业在改革创新的浪潮中，一定能做大做强，更出色地服务于国家，造福于人民！

世界著名传媒巨头、美国新闻集团董事长默多克先生，一次在与我会面时对我说：中国的广播影视业一旦发展起来，任何国家都比不了，而关键是要有一条好的发展路子。默多克毕竟是一位富有国际经验、有战略眼光的传媒经营者，他说的话是对的。他所说的“一条好的发展路子”，我们从中国的实际出发通过改革创新，正在艰辛地探索，前进的方向和发展的途径已越来越明确。完全可以预见，在不久的将来，中国广播影视业的繁荣发展，一定会令世人刮目相看！

是为序。

徐光春

2005年12月28日

# 目 录

# 马克思主义新闻理论的丰富和发展

## ——江泽民新闻思想研究

辩证唯物主义的认识路线告诉我们，对任何理论的研究，都不应当仅仅局限于对研究对象的证实和对其外部特征的描述，而必须深入其内核，抓住其实质，揭示其所产生的原因和规律。我们研究马克思主义新闻理论和江泽民的新闻思想，就应遵循辩证唯物主义认识路线的这一要求，不仅要正确阐明这一理论是如何在特定的历史社会环境中产生的，而且还要研究它对于社会发展的意义和作用，研究它发展过程中的规律性的东西。下面我就试图从这样的要求出发，对马克思主义新闻理论和江泽民新闻思想的研究，提出一些很不成熟的看法，供大家参考。我讲五个问题：一是马克思主义新闻理论的概貌；二是马克思主义新闻理论与江泽民新闻思想的关系；三是江泽民新闻思想形成和确立的时代背景；四是江泽民新闻思想的基本架构；五是江泽民新闻思想的核心内容。

### 一、马克思主义新闻理论的概貌

马克思主义新闻理论是无产阶级新闻事业的理论基础和指导思

想，这不仅揭示了新闻工作的一般规律，而且揭示了无产阶级新闻事业、社会主义新闻事业的特殊规律，对新闻工作既具有一般的指导意义，又具有特殊的指导意义。它过去是我们新闻工作的指导思想，现在和将来仍然是我们新闻工作的指导思想。

马克思主义新闻理论产生于19世纪40年代。当时，欧美各国工人运动蓬勃兴起，无产阶级奋起反对资产阶级的剥削和统治，在求解放、求生存的斗争中，涌现了一大批为工人运动鼓与呼的工人阶级自己的报刊。在创办、指导和组织这些报刊活动的过程中，逐步形成了马克思主义新闻理论。马克思主义新闻理论涵盖了这样一些基本内容：什么是新闻，什么是新闻工作，什么是新闻事业；新闻工作与党的关系，新闻工作与人民的关系，新闻工作与社会的关系；新闻工作特别是无产阶级新闻工作的性质、地位、作用和任务；无产阶级和社会主义新闻工作的指导思想、方针原则和工作方法；新闻工作者的政治思想素质、业务知识水平、工作作风和职业道德等等。这些理论全面、深刻、鲜明、科学，成为无产阶级的科学思想体系——马克思主义的重要组成部分，指导无产阶级和社会主义新闻事业不断发展壮大。

### （一）马克思主义新闻理论是斗争的产物

无产阶级新闻事业是在激烈的阶级斗争中诞生的，它一出现就肩负着与资产阶级进行斗争的政治使命。同样，作为无产阶级新闻事业的理论基础和指导思想的马克思主义新闻理论也是在激烈的阶级斗争中诞生的，它的出现，是无产阶级有效运用舆论工具反对资产阶级剥削和统治的需要，是无产阶级新闻事业诞生和成长、发展之必然。

### （二）马克思主义新闻理论是实践的结晶

马克思、恩格斯在领导工人运动和共产主义运动的过程中，亲自领导和参与新闻的实践活动。世界无产阶级新闻事业的形成是以马克思、恩格斯创办的《新莱茵报》为标志的。《新莱茵报》于1849年被迫停刊后，马克思、恩格斯又继续创办了其他许多革命报刊，并且孜孜不倦地支持和指导其他革命报刊。在长期的新闻实践中，马克思、恩格斯不仅用理论指导实践，而且在实践中不断丰富和发展理论。

### （三）马克思主义新闻理论是宝库的精品

马克思主义是人类巨大的思想理论宝库，马克思主义的辩证唯物主义、历史唯物主义，马克思主义的哲学、政治经济学的思想，在马克思的新闻实践中，都得到充分的运用，并成为马克思主义新闻理论的基础。马克思主义新闻理论是马克思主义在新闻工作领域的运用和拓展，成为马克思主义理论宝库中的精品。马克思主义新闻理论关于党的新闻事业是对敌斗争的武器，党和人民的喉舌，捍卫真理的阵地，统一思想的力量，人民利益的卫士，动员群众的号角，引导舆论的中心，传播知识的学校等重要思想，至今仍闪烁着光芒。

### （四）马克思主义新闻理论是集体的智慧

马克思主义新闻理论是以马克思的思想观点为主体的无产阶级关于新闻工作的思想理论体系。从狭义讲，马克思主义的新闻理论，主要指马克思、恩格斯的新闻理论；从广义讲，马克思主义新闻理论是以马克思、恩格斯的新闻理论为主体，包括列宁、斯大林、毛泽东、邓小平、江泽民等各国无产阶级和共产党的领袖坚持和发展马克思、恩格斯新闻理论的所有的思想和观点，汇集了马克思主义者的集体智慧，是全人类特别是全体共产党人和无产阶级、社会主义新闻事业宝贵的精神财富。

马克思主义新闻理论具有坚强的党性原则，鲜明的战斗风格，实事求是的思想作风，联系群众的工作精神，严谨坦荡的科学态度等特色，对无产阶级和社会主义新闻事业具有重要的指导意义和实践意义。

## 二、马克思主义新闻理论与江泽民新闻思想的关系

### （一）什么是江泽民新闻思想

江泽民新闻思想主要是指江泽民同志担任中共中央总书记十三年来关于新闻宣传工作的一系列重要论述所形成的思想。江泽民新闻思想内容十分丰富，包括中国特色社会主义新闻事业的性质、地位、作用、任务，新闻工作的路线、方针、政策、原则、方法，新闻工作与党、政府、人民的关系，与经济、政治、文化的关系，与内政、外交、国防的关系，以及新闻队伍建设、加强党对新闻事业的领导等方方面面。江泽民新闻思想全面系统并且富有创造性地回答了什么是党的新闻事业、怎样建设党的新闻事业这一重大的理论问题和实践问题。江泽民新闻思想是“三个代表”重要思想的重要组成部分，是“三个代表”重要思想在新闻工作领域的具体体现；江泽民新闻思想是对马列新闻思想的中国化，是对毛泽东、邓小平新闻思想的新发展，是对建设中国特色社会主义新闻事业指导思想

的与时俱进，具有很强的中国特色和鲜明的时代特征，是一个科学的理论体系，在我们党的新闻思想史上占有十分重要的地位。

### （二）江泽民新闻思想的基本特征

江泽民新闻思想是对马列、毛泽东、邓小平新闻思想的继承和发展，具有一脉相承、与时俱进的基本特征。

**1. 一脉相承**

江泽民新闻思想是在马列、毛泽东、邓小平新闻思想基础上产生的，具有很强的历史继承性，与马列、毛泽东、邓小平新闻思想一脉相承。一脉相承的特征主要表现在以下几个方面：

（1）江泽民同志始终坚持用马克思主义的立场、观点、方法观察思考指导当代中国的新闻事业。

（2）江泽民同志始终坚持马克思主义新闻思想的基本原理、基本原则、基本观点。

（3）江泽民同志始终坚持党的新闻工作的基本规律、基本经验、基本方针。

**2. 与时俱进**

江泽民新闻思想是当代中国发展了的马克思主义新闻理论，具有鲜明的与时俱进的理论品性。党的十六大报告指出："与时俱进，就是党的全部理论和工作要体现时代性，把握规律性，富于创造性。"江泽民新闻思想与时俱进的基本特征主要表现在体现时代性、把握规律性、富于创造性、具有先进性等四个方面：

（1）体现时代性。江泽民新闻思想是在改革开放和社会主义市场经济建设新的形势下，对马列、毛泽东、邓小平新闻思想的继承和发展，是对当代中国新闻工作实践经验的科学总结，是新时期建设中国特色社会主义新闻事业的指导思想，打上了深深的时代烙印，具有鲜明的时代特色。

（2）把握规律性。新闻工作具有很强的内在规律。马克思指出：“要使报刊完成自己的使命，首先不应该从外部施加任何压力，必须承认它具有连植物也具有的那种为我们所承认的东西，即承认它有自己的内在规律，这种规律它不能而且也不应该由于专横暴戾而丧失掉。”江泽民同志十分尊重新闻工作的客观规律，并善于准确把握新闻工作的发展规律，指明新闻工作的前进方向。

（3）富于创造性。创造性是理论创新的灵魂，有无创造性，决定着一种理论能否与时俱进，创造性是与时俱进的关键。江泽民同志十分重视新闻工作的创新，他对新闻工作的一些重大理论和实践问题都做了大胆的改革创新，他的新闻思想就是理论创新的结晶，是理论创新的典范。

（4）具有先进性。具有先进性是体现时代性、把握规律性、富于创造性的必然结果，先进性是时代性、规律性、创造性的集中体现。江泽民新闻思想的与时俱进的基本特征集中地体现在它的先进性上。江泽民新闻思想是“三个代表”重要思想的重要组成部分，是科学的理论体系，是我们新闻工作者的行动指南，是推动中国特色社会主义新闻事业不断繁荣发展的强大动力，是先进思想的代表。

### （三）江泽民新闻思想的历史地位

确立一种思想在社会历史中的地位，一要看这一思想对实际工作的指导作用和实践意义；二要看这一思想的理论贡献和理论价值。

**1. 江泽民新闻思想是对建设中国特色社会主义新闻事业实践经验的科学总结和理论升华，是我们建设中国特色社会主义新闻事业的指导思想和行动纲领，具有重大的指导作用和实践意义。**

实践是检验一种思想理论正确与否的唯一标准，也是衡量一种思想理论贡献大小的唯一标准。看一种思想理论的地位有多重要，贡献有多重大，关键要看用这一思想、理论指导实际工作时，对实际工作起多大的推动促进作用。十三届四中全会以来，当代中国的新闻事业在江泽民新闻思想指导下，牢牢把握正确的导向，不断加大改革创新的力度，取得了可喜的成绩。在1997年亚洲金融风暴冲击中国经济、1998年抗洪斗争、1999年"法轮功"事件、2003年抗击"非典"等重大事件的新闻报道中，新闻工作充分发挥了统一思想、凝聚人心、鼓舞斗志、推动改革、促进发展、维护稳定的作用，成为经济发展的助推器，人们精神的增氧器，社会稳定的调压器。这些年来，新闻报道手法不断创新，新闻报道内容日益拓展；新闻工作运行机制、管理体制的改革取得明显成效，新闻传媒业集团化改革稳步推进；新闻传播手段不断更新，高新技术在新闻传播领域得到广泛运用。导向正确、繁荣兴旺的新闻事业为改革开放和社会主义现代化建设创造了良好的舆论环境，提供了有力的舆论支持。

十三届四中全会以来的十几年，是我国经济发展最快的时期，也是我国社会全面进步的最好时期，物质文明、政治文明、精神文明建设都取得了丰硕的成果，这是不争的事实。经济的快速发展、社会的全面进步、三大文明建设取得的丰硕成果，其中也有新闻宣传工作的功劳，这也是不争的事实。十三届四中全会以来的十四年，也是我国社会舆论环境最为健康的时期，良好的社会舆论环境培育着人们健康的心态。目前，我国广大人民群众对改革带来的利益调整的心理承受能力大大增强，投身改革、投身社会主义现代化建设的热情不断高涨，积极性、创造性得到进一步的发挥，这同样也是不争的事实。这些事实雄辩地证明了这一时期的新闻工作在推进中国特色社会主义伟大事业中所起的作用，从而证明了江泽民新闻思想对当代中国新闻事业的巨大指导作用和重大的实践意义。

2. **江泽民新闻思想是当代中国的马克思主义新闻理论，具有与时俱进的理论品质，它极大地丰富了党的新闻思想的理论宝库，对继承、发展马克思主义新闻思想作出了重要的理论贡献。**

江泽民新闻思想的理论贡献，一是表现在对马克思主义新闻思想的始终坚持和捍卫上。改革开放新时期，给我们新闻工作者带来了新的考验和挑战。特别是“八九政治风波”前后，我们有的新闻工作者受资产阶级新闻观的影响，否定马克思主义新闻观，主张全盘引进西方资产阶级新闻理论，提出中国的新闻学需要进行现代新闻意识的启蒙，宣扬中国新闻学要与西方新闻学普遍趋同；否定我们的新闻传媒是党和国家的舆论宣传工具，否定我们的新闻传媒是党和人民的喉舌这一根本属性，否定新闻工作的党性原则，宣扬人民性高于党性；主张新闻商品化，忽视新闻工作的社会责任，忽视新闻传媒对社会舆论的引导作用。所有这些倾向，都是对马克思主义新闻思想的否定。江泽民新闻思想坚持马克思主义新闻思想的基本原则，批判了形形色色的反对马克思主义新闻思想的倾向，捍卫了马克思主义新闻理论的基本原理。创新、发展是一种贡献，坚持、捍卫同样也是一种贡献。

江泽民新闻思想的理论贡献，二是表现在对马克思主义新闻思想的丰富、发展上。在改革开放和社会主义市场经济建设的新时期，新闻工作的时代背景发生了深刻的变化，新闻工作者的思想观念发生了很大的变化，新闻工作的实践发生了崭新的变化。面对这些变化，江泽民同志始终坚持解放思想、实事求是、与时俱进的思想路线，从中国实际出发，大胆进行理论创新，就新闻工作一系列重大理论问题和实践问题作出了与时俱进的探索、创新，使我们党的新闻思想始终保持与时代同步、与社会同步、与实践同步。他创造性地提出了“喉舌论”、“生命论”、“导向论”、“创新论”、“根底论”等思想，极大地丰富和发展了马克思主义新闻理论。

## 三、江泽民新闻思想的形成和确立的时代背景

江泽民同志在高举马列主义、毛泽东思想、邓小平理论伟大旗帜，领导全党和全国各族人民全面推进建设中国特色社会主义事业，逐步形成“三个代表”重要思想的历史进程中，十分重视党的新闻工作。他运用马克思主义新闻观，对改革开放、市场经济新形势下新闻工作的一系列重要问题，作出了深刻的理论联系实际的阐述，形成了具有鲜明中国特色社会主义的当代马克思主义新闻理论体系——江泽民新闻思想。

十三届四中全会以来，国际、国内形势发生了深刻的变化。世界正朝着政治多极化、经济全球化、信息现代化的方向发展，各国之间的相互影响进一步加深，政治、经济、文化等各个方面的交流和合作进一步扩大，综合国力的竞争进一步加剧。我国的改革开放和社会主义现代化建设进程进一步加快，市场经济体制不断完善，综合国力显著增强，国际地位明显提高。美国等西方发达国家进一步加大对我国进行“西化”、“分化”的力度，国际舆论战更为激烈。我国的发展进入关键时刻，改革进入攻坚阶段，社会处在转型时期，人们的切身利益的调整在加快，社会舆论变得更为复杂，更为开放。国际问题国内化、国内问题国际化的倾向进一步凸现。江泽民新闻思想产生的时代背景，与马列、毛泽东、邓小平时代相比，发生了重大而深刻的变化。

这一时代背景对江泽民新闻思想的形成和发展产生了重大而又深刻的影响。这些影响主要表现在以下几个方面：

### （一）“政治风波”期间新闻传媒的严重失误给我们的新闻工作敲响了警钟

“八九政治风波”期间，我们一些新闻单位的新闻报道出现严重的导向错误，给党和人民的事业造成严重的损失，教训极其深刻。新闻传媒的严重失误引起党中央和江泽民同志的高度重视。就在风波平息后不久，江泽民同志在省报总编辑新闻工作研讨班上作了重要讲话，深刻总结了新闻宣传工作的沉痛教训，他指出，近几年来资产阶级自由化思潮泛滥，直到今年春夏之交发生动乱，暴露出新闻界存在不少问题，有的还相当严重。他说，一些新闻单位“一段时间以来，散布了不少资产阶级自由化观点，在动乱期间更是愈走愈远。不但不宣传中央正确的声音，反而违背中央的正确方针和决策，公开唱反调；不但不去揭露和批判资产阶级自由化，制止动乱，反而为动乱、暴乱的策划者和支持者提供舆论阵地，对动乱的形成和发展起了煽风点火、推波助澜的作用，在群众中造成极大的思想混乱。影响很坏，教训深刻”。“八九政治风波”中新闻报道的严重失误，给党和党的新闻工作敲响了警钟。

**（二）苏联解体、东欧剧变、国际社会主义遭受严重挫折给我们提供了深刻教训**

上世纪80年代末90年代初，由于政治、经济，内政、外交，历史、现实等多种原因，使世界上第一个社会主义国家——苏联发生解体，东欧一系列共产党执政的国家发生政治剧变，这给我们中国共产党人提出了一个必须认真研究和解决的严峻课题：什么是社会主义，怎样建设社会主义，怎样建设共产党，建设一个什么样的党，怎样巩固党的执政地位？这个重大课题自然包含了怎样从事意识形态工作，怎样搞好党的新闻工作这样的重要问题。

**（三）资产阶级新闻思想的影响使一些同志对党的新闻工作的根本原则产生动摇**

随着我国社会的进一步对外开放，随着信息化步伐的进一步加快，西方思想文化对我国的影响进一步加深，各种文化思潮相互激荡，对我国新闻工作产生深刻的影响，其中西方资产阶级新闻思想对我国新闻工作的影响最为直接，最为突出。一部分深受资产阶级新闻思想影响的人，对党的新闻工作最根本的原则——新闻工作的党性原则产生动摇，甚至于否认。江泽民同志对这一错误思想进行了尖锐的批判，他在省报总编辑新闻工作研讨班上的讲话中强调指出："我们的新闻工作是党的整个事业的一个重要组成部分。因此不言而喻，必须坚持党性原则。这本来是新闻战线的同志特别是老同志都熟知的。但是，近几年来，有的人在这样根本性的问题上竟然发生了疑问，有的甚至主张所谓人民性高于党性。"

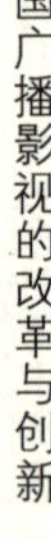

**（四）市场经济发展使新闻工作在理论上实践上出现新情况新问题**

社会主义市场经济体制的确立，是当代中国社会生活中的一件具有深远意义的大事。经济是基础，它决定、影响着政治、文化等社会生活的方方面面，市场经济发展对我国的新闻业产生深远的影响。我国的市场经济是同社会主义制度结合在一起的，因此，它对我国新闻业的影响总的来说是积极的，它使我们新闻工作者进一步增强市场意识、竞争意识、时效意识、受众意识、服务意识、平等意识、创新意识，使我们对新闻传媒多功能属性有了比较深刻的认识，产业功能逐步得到开发。但是，由于我们有些同志不能正确认识市场经济条件下的新闻工作，对新闻工作的喉舌性质、基本方针、工作原则等一些基本问题的认识变得模糊了，甚至提出要将党的新闻媒体变为“社会公器”，提出“新闻要商品化”等错误的观点。由于这些错误观点的影响，在新闻工作实践中也出现了片面追求可读性、收听率、收视率，片面追求经济效益，不顾舆论导向的问题。江泽民同志担任总书记的十三年，是我国社会主义市场经济体制初步建立并不断完善的时期。他对社会主义市场经济体制建设对新闻工作的影响作了全面、深刻的分析，要求我们广大新闻工作者进一步澄清认识，趋利避害，牢牢把握正确的导向，更好地适应社会主义市场经济体制发展的需要。

**（五）全党全国的工作大局迫切需要良好的舆论环境和强有力的舆论支持**

全党全国的工作大局是人民利益的集中体现。我们的新闻工作必须很好地适应全党全国工作大局的需要，为工作大局营造良好的舆论环境，提供有力的舆论支持。改革开放以来，全党全国的工作大局发生了很大变化。江泽民同志在全国宣传思想工作会议上的讲话中指出："抓住机遇，深化改革，扩大开放，促进发展，保持稳定，是今年全党工作的大局。全党同志都要认清这个大局，服从和服务于这个大局，在这个大局下自觉行动，做好各方面工作。"紧接着，他在1995年初与全国宣传部长会议的代表座谈时指出："中央提出的'抓住机遇、深化改革、扩大开放、促进发展、保持稳定'这个全党全国的工作大局，是我们党领导改革开放和现代化建设历史经验的科学总结，不仅当前要强调，而且是要长期坚持的指导方针。"全党全国工作大局的变化，对新闻宣传工作提出了新的更高的要求。

面对深刻变化的国内外形势，面对日益复杂的时代背景，面对新闻队伍和新闻工作的现状，党的新闻工作迫切需要与时俱进的新闻思想来统一广大新闻工作者的思想，指导新时期党的新闻工作。江泽民同志以极大的理论创新的勇气，认真研究新情况、新问题，积极寻找新办法、新途径，就新闻工作的基本理论问题和实践问题进行了与时俱进的思考和深入系统的阐述，形成了江泽民新闻思想的理论体系。

## 四、江泽民新闻思想的基本架构

一种理论的基本架构，是这一理论的结构和体系；了解一种理论的基本架构，有利于全面系统地了解这一理论，有利于从整体上把握这一理论。要全面了解江泽民新闻思想的基本内容，准确把握江泽民新闻思想的精神实质，首先必须对江泽民新闻思想的基本架构有一个比较清晰的了解。

江泽民新闻思想内容十分丰富，涉及新闻工作的方方面面，是一个庞大的理论体系。支撑这一理论体系大厦的是江泽民同志关于新闻事业和新闻工作以下几方面的重要论述。

### （一）关于新闻事业性质、地位、作用、任务的论述

新闻事业的性质、地位、作用和任务问题，是马克思主义新闻理论的基本问题，也是政治家最为关注的问题。江泽民同志在省报总编辑新闻工作研讨班上的讲话，第一部分谈的就是新闻工作的性质、地位、作用、任务问题。在他以后多次关于新闻工作的讲话中，也不断强调新闻工作的性质、地位、作用和任务问题。江泽民同志指出："我们党历来非常重视新闻工作。始终认为，我们国家的报纸、广播、电视等是党、政府和人民的喉舌。这既说明了新闻工作的性质，又说明了它在党和国家工作中的极其重要的地位和作用。"

我们的新闻事业之所以具有如此重要的地位，首先是由我们新闻事业的性质决定的。江泽民同志指出：（包括新闻宣传工作在内的）"党的思想政治工作，是经济工作和其他一切工作的生命线，是团结全党和全国各族人民实现党和国家各项任务的中心环节，是我们党和社会主义国家的重要政治优势。思想政治工作的这种重要地位，是我们党的性质和宗旨决定的，已被党的全部历史和全部经验所证明。"

有作为才有地位，新闻事业的重要地位，是由新闻传媒所起的重大作用决定的。江泽民同志在视察解放军报社时的讲话中，对新闻传媒正反两方面的作用作了深刻的分析，他指出："我们的报纸

办得好，可以对党的路线、方针、政策和任务起到有力的宣传贯彻作用，对群众起到极大的动员、鼓舞作用，对先进的东西起到积极的倡导弘扬作用，对错误的东西起到及时的制止、纠正作用，还可以对科学知识起到广泛的传播、普及作用。如果办得不好，尤其是政治上出了偏差，那就会像古人所说的‘谬误出于口，则乱及万里之外’，不仅容易把人们的思想搞乱，有的还可能在国内外造成不良影响。”

新闻事业的性质、地位、作用决定新闻事业的任务。我们新闻事业的任务，就是江泽民同志精辟概括的“四个人”和“两个传”，即“以科学的理论武装人，以正确的舆论引导人，以高尚的精神塑造人，以优秀的作品鼓舞人”；“让党和国家的声音传入千家万户，让中国的声音传向世界各地”。

1991 年，江泽民同志在视察新华社时指出：“新的形势、新的任务，对新闻宣传战线的同志提出了新的更高的要求。在国内宣传方面，要引导干部群众正确认识国际、国内形势，全面准确地贯彻执行党的基本路线，坚定不移地建设有中国特色社会主义。在对外宣传方面，要全面地完整地反映中国共产党和中国政府的对内、对外政策，正确反映社会主义中国在国际社会上的形象，为国内的现代化建设创造一个良好的国际环境。”

1994 年，江泽民同志在全国宣传思想工作会议上的讲话中指出：“我们的宣传思想工作，必须以科学的理论武装人，以正确的舆论引导人，以高尚的精神塑造人，以优秀的作品鼓舞人，不断培养和造就一代又一代有理想、有道德、有文化、有纪律的社会主义新人，在建设有中国特色社会主义的伟大事业中发挥有力的思想保证和舆论支持作用。”在这里，他第一次提出了“四个人”的任务。

在1996年初召开的全国宣传部长会议上，江泽民同志对“四个人”的任务作了全面深刻的阐述。

2000年，他在给中国人民广播事业暨中央人民广播电台创建60周年的批示中，第一次明确提出“两个传”思想，他“希望中央人民广播电台和全国广播系统继续办好广播，让党和国家的声音传入千家万户，让中国的声音传向世界各地”。

2002年，他在国家广电总局考察“西新工程”时进一步强调，“要坚持不懈地抓好西部地区广播电视覆盖工作，巩固已有成果，进一步让党和国家的声音传入千家万户，让中国的声音传向世界各地。”

### （二）关于新闻工作的指导思想和基本方针的论述

指导思想和基本方针问题，是新闻工作的核心问题。以什么样的思想为指导，坚持什么样的方针，将直接影响新闻工作作用的发挥，影响新闻工作地位的确立，影响新闻工作任务的完成，影响新闻工作发展的方向。

江泽民同志十分重视新闻工作的指导思想问题。他把指导思想当作前进的旗帜，并强调指出：“旗帜问题至关紧要。旗帜就是方向，旗帜就是形象。”对于新闻工作的指导思想问题，他在很多讲话和指示中作了重要阐述，强调我们的新闻事业必须以马克思列宁主义、毛泽东思想、邓小平理论和“三个代表”重要思想为指导。早在1989年，江泽民同志就明确指出：“要用马克思主义和社会主义思想去指导理论、宣传、教育、新闻、出版、文学艺术等部门的工作，去占领思想文化阵地和舆论阵地。”1991年，他在庆祝中国共产党成立70周年大会上的讲话中又指出：“有中国特色社会

主义的文化，必须以马克思列宁主义、毛泽东思想为指导，不能搞指导思想的多元化。”1994年，他在全国宣传思想工作会议上的讲话中指出：“邓小平同志建设有中国特色社会主义的理论是全党各项工作的根本方针，宣传思想战线必须牢牢地把握这一根本方针，用以指导自己的全部工作。”2000年，他在中央思想政治工作会议上的讲话中指出：“加强和改进思想政治工作，必须全面贯彻落实‘三个代表’的要求，这是党团结和带领人民建设有中国特色社会主义的长期战略方针。”这些论述要求党的新闻工作必须坚持以马列主义、毛泽东思想、邓小平理论和“三个代表”重要思想为根本指针。

基本方针是我们党的新闻工作的方向，它回答和解决的是为什么办新闻事业和为谁服务的问题。江泽民同志对新闻事业的基本方针作了精辟的阐述，对新闻工作的方向提出了明确的要求。他指出，我们的新闻事业必须始终坚持为人民服务、为社会主义服务、为全党全国工作大局服务的方针。1989年，他在省报总编辑新闻工作研讨班上的讲话中指出：“社会主义的新闻事业同社会主义的文学、艺术、出版等事业一样，虽然各有自己的特点和具体的发展规律，但是它们作为意识形态领域的组成部分，都要为社会主义服务，为人民服务。尽管服务的具体形式、内容、方法不尽相同，但都必须遵循这个基本方针。”1996年，他在视察人民日报社时强调指出：“新闻舆论工作要紧紧围绕经济建设这个中心，服从、服务于全党全国工作的大局。这在任何时候都不能模糊，不能动摇。”2001年，他在全国宣传部长会议上的讲话中要求各级党委要为广大新闻工作者发挥聪明才智创造条件，使他们更好地为人民服务、为社会主义服务、为全党全国工作大局服务。围绕一个中心，坚持

"三个服务"，这就是新时期我们党的新闻工作的基本方针。

江泽民同志在省报总编辑新闻工作研讨班上提出新闻工作的基本方针后，紧接着指出："我们党指导新闻工作，还有许多其他的方针、政策、原则。这些方针、政策、原则，都是体现和服从党的路线和这个基本方针的。"

江泽民同志论述的我们党指导新闻工作的其他重要方针主要有：团结稳定鼓劲、正面宣传为主的方针；唱响主旋律，打好主动仗的方针；贴近实际、贴近生活、贴近群众的方针；政治家办报、办台的方针；内外并重、内外有别的方针等等。

**关于"团结稳定鼓劲、正面宣传为主"的方针**

坚持团结稳定鼓劲、正面宣传为主的方针，既是社会主义制度本质的必然反映，也是我们社会主义新闻事业本质的必然要求。

江泽民同志在省报总编辑新闻工作研讨班上的讲话中指出："通过改革和建设，我们的社会主义物质文明和精神文明会越来越发展，我们的社会主义制度会越来越完善，越来越显示出优越性。我们党和国家的事业是蒸蒸日上的。这就要求新闻宣传从各个方面努力揭示这样一个基本事实。正如瑞环同志在讲话中强调的，要以正面宣传为主。要满腔热情地宣传人民群众在实践中的新成就、新创造、新经验，让群众看到自己的智慧和力量，提高他们的社会主义积极性。"2001年1月，江泽民同志在全国宣传部长会议上明确指出，新闻媒体"要继续坚持团结稳定鼓劲、正面宣传为主的方针，深入宣传爱国主义、集体主义、社会主义思想，进一步做好典型宣传、热点引导、舆论监督工作，扶正祛邪、振奋精神、鼓舞人们奋发向上。"江泽民同志的讲话不仅揭示了社会主义的本质特征，同时也指出了要如实地反映社会主义的本质特征必须坚持团结稳定鼓劲、正面宣传为主方针的必要性。从此，团结稳定鼓劲、正面宣传为主被作为一个重要方针确定下来，并在我国的新闻工作中得到切实的贯彻执行。

**关于“唱响主旋律，打好主动仗”的方针**

江泽民同志一直十分强调我们的舆论宣传一定要弘扬主旋律，提倡多样化，要积极主动地开展工作，打好主动仗。他在1994年全国宣传思想工作会议上的讲话中对弘扬主旋律提出了明确的要求，指出：“弘扬主旋律，就是要在建设有中国特色社会主义的理论和党的基本路线指导下，大力倡导一切有利于发扬爱国主义、集体主义、社会主义的思想和精神，大力倡导一切有利于改革开放和现代化建设的思想和精神，大力倡导一切有利于民族团结、社会进步、人民幸福的思想和精神，大力倡导一切用诚实劳动争取美好生活的思想和精神。”江泽民同志1999年1月在与全国宣传部长会议的代表座谈时，强调做好宣传思想政治工作“要继续唱响主旋律，打好主动仗”。他说：“主旋律唱响了，主动仗打好了，就能在全社会形成和发展积极向上的舆论环境，使科学理论和正确思想在社会生活中发挥主导作用，使广大群众保持良好的精神面貌，不断巩固和发展全国各族人民团结奋斗的共同思想基础。”

**关于“三贴近”的方针**

贴近实际、贴近生活、贴近群众是江泽民同志一贯强调的新闻工作的重要方针。1989年他在全国新闻工作研讨班上提出殷切希望：“到生活中去，到群众中去，老老实实地向群众学习，学习他们的优秀品质、宝贵经验、丰富知识、生动语言，努力成为深受群众欢迎的新闻工作者。”1991年11月，他在视察新华社时充分肯定了新华社的优良传统，他说：“深入实际，深入群众，调查研究，既是新华社长期以来形成的一个好传统，也是新华社较好地完成宣传报道和各项工作任务的重要原因。”1996 年 1 月，他在视察解放军报社时强调：“《解放军报》要很好地发挥自己的优势，跟上我军革命化、现代化、正规化建设的步伐，紧贴部队的生活实际，反映官兵的愿望和要求，在军队建设中真正起到指导、激励、鼓舞和促进作用。”1996 年 9 月，他在视察人民日报社时，进一步强调：“在坚持正确舆论导向的前提下，要讲求宣传艺术，提高引导水平，努力使自己的宣传报道更加贴近生活、贴近读者，使广大读者喜闻乐见。”

**关于“政治家办报、办台”的方针**

新闻工作具有很强的政治性，搞新闻工作，必须坚持政治家办报、办台的方针。1996 年 1 月 2 日，江泽民同志在视察解放军报社时指出：“最近，中央多次强调，高级干部一定要讲政治，在政治上必须头脑清醒。毫无疑问，在党的新闻工作中同样要强调这个问题，这是新的形势和任务提出的必然要求。毛主席过去讲过：‘搞新闻工作，要政治家办报。’这一指示精神至今仍然具有重要的指导意义。新闻作为一种意识形态，作为宣传、教育、动员人民群众的一种舆论形式，总是直接或间接地反映我们党和国家的政治立场、政治主张、政治观点。……因此，报社的同志，必须讲政治，必须具有良好的政治素质，具有很强的政治鉴别力和政治敏锐性，必须树立高度的政治责任感。”1996 年 1 月 24 日，他在全国宣传部长会议上的讲话中指出：“最近我和解放军报社的同志谈话，说到毛泽东同志过去讲过，要政治家办报。我看不光是办报纸，办通讯社、办广播、办电视、办刊物、办出版社，都要有政治家素质。加强队伍建设，要把思想政治建设放在首位，首先要确保在政治上过得硬。”1996年9月26日，他在视察人民日报社时指出：“报社的同志要有大局意识、全局观念，坚持政治家办报，正确处理改革、发展、稳定的关系，登什么，不登什么，怎么登，都要从全局出发，从党和人民的整体利益出发。”在不到一年的时间内，江泽民同志在关于新闻宣传工作的讲话中就三次提到，要坚持政治家办报、办台的方针。这充分说明了他对这一方针的高度重视。

**关于“内外并重、内外有别”的方针**

随着我国社会的进一步对外开放，国际舆论斗争的日趋激烈，我们的新闻宣传工作必须积极贯彻“内外并重、内外有别”的方针。江泽民同志在1990年召开的全国对外宣传工作会议上的讲话中指出：“我们的宣传工作，包含对内宣传和对外宣传，是一个整体。对内宣传与对外宣传在大政方针上是一致的，比如我们要走有中国特色的社会主义道路，我们要实行改革开放的方针，都是一致的。但由于宣传对象不同，二者又有很大区别，因此对外宣传又具有自己的特殊性。”在这里，江泽民同志对“内外并重、内外有别”的方针作了分析阐述。在以后关于对外宣传工作的讲话指示中，江泽民同志对这一方针作了进一步的深入论述。

### （三）关于新闻工作的工作路线和重要原则的论述

路线问题是新闻工作的一个事关全局的重大问题。要搞好新闻工作，必须沿着正确的路线前进。江泽民同志对新闻工作必须遵循的路线问题作了深刻的阐述。这些工作路线问题主要包括思想路线、认识路线、群众路线、干部路线、组织路线等。

**关于思想路线**

江泽民同志指出，解放思想、实事求是、与时俱进是马列主义、毛泽东思想、邓小平理论的精髓，也是我们党的思想路线。江泽民同志在省报总编辑新闻工作研讨班上的讲话中提出："要在新闻工作中坚持党的一切从实际出发、实事求是的思想路线。"他在全国宣传思想工作会议上再次强调，宣传思想工作"要坚持解放思想、实事求是的思想路线"。

**关于认识路线**

辩证唯物主义认识论告诉我们，人们的正确认识只能从社会实践中来，实践、认识，再实践、再认识，循环往复，以至无穷，这是人们认识事物的基本规律。江泽民同志强调，我们的新闻工作必须遵循辩证唯物主义的认识路线。他在省报总编辑新闻工作研讨班上指出："我们的新闻工作要做到真实地反映生活，就要深入进行调查研究，不仅要做到所报道的单个事情的真实、准确，尤其要注意和善于从总体上、本质上以及发展趋势上去把握事物的真实性。"他告诫大家："要防止搜奇猎异，防止捕风捉影。"他在视察新华社时要求广大新闻工作者"不断深入到改革和建设的实践中去，深入到人民群众中去，从实践中，从改革和建设中，从人民群众中吸取营养，锻炼自己，提高自己。"

**关于群众路线**

江泽民同志在省报总编辑新闻工作研讨班上的讲话中要求广大新闻工作者"到生活中去，到群众中去"，他指出："归根到底，物质财富的创造者是群众，精神财富的创造者也是群众。群众进行社会主义现代化建设和改革的伟大实践，是新闻作品写作的原料、灵感、思想和艺术技巧的无尽源泉。我们的新闻工作者要老老实实地向群众学习，学习他们的优秀品质、宝贵经验、丰富知识、生动语言，努力成为深受群众欢迎的新闻工作者。"江泽民同志的这一论述充分体现了从群众中来、到群众中去的群众路线。

**关于干部路线**

江泽民同志一贯强调要加强干部队伍建设，要把新闻舆论的领导权牢牢掌握在忠于党、忠于人民、忠于马克思主义者手中。1989年，他在省报总编辑新闻工作研讨班上的讲话中提出，要“抓好新闻队伍建设、特别是领导班子建设。……领导权一定要牢牢掌握在马克思主义者手中”。1996年，他在视察人民日报社指出：“我们党一贯强调，要把新闻舆论的领导权牢牢掌握在忠于马克思主义、忠于党、忠于人民的人手里。”

**关于组织路线**

组织路线的主要内容，是把新闻工作纳入党的工作的重要组成部分，加强党对新闻工作的领导。江泽民同志强调：“我们的新闻工作是党的整个事业的重要组成部分。”指出：“党委要经常研究讨论新闻工作。比如每一段时期的宣传方针、指导思想、报道重点、宣传效果等，都应该在党委会上讨论。党委主要负责同志要亲自过问新闻宣传。”同时，他强调加强新闻宣传队伍的建设，指出：“建设一支政治强、业务精、作风正的宣传思想工作队伍，是做好宣传思想工作的组织保证。”

新闻工作必须始终坚持的根本原则是新闻工作的党性原则。党性原则是灵魂。江泽民同志对新闻工作的党性原则作过大量深刻的阐述。1989年，他在省报总编辑新闻工作研讨班上强调指出：“我们的新闻工作是党的整个事业的一个重要组织部分。因此不言而喻，必须坚持党性原则。”1996年，他在接见解放军报社师以上干部时的讲话中指出：“办好《解放军报》，首要的一条，就是坚持鲜明的党性原则。……我军的性质和特点，决定了《解放军报》

在坚持党性原则上，不允许有任何的含糊和动摇。”1997 年，他在十五大报告中又强调指出：“新闻宣传必须坚持党性原则，坚持实事求是，把握正确的舆论导向。”新闻工作的党性原则，是贯穿江泽民新闻思想始终的红线。

坚持新闻工作的党性原则，对我们党来说，对各级党的领导机关来说，就是要坚持马克思主义在新闻工作中的指导地位，切实加强和改进党对新闻工作的领导；对新闻单位来说，对新闻工作者来说，就是要始终高举马列主义、毛泽东思想、邓小平理论、“三个代表”重要思想的伟大旗帜，自觉地与党中央在政治上、思想上、行动上保持高度一致，自觉遵守党的政治纪律和宣传纪律。

**（四）关于我国新闻事业对外宣传工作的论述**

对外宣传和对内宣传是我们新闻宣传工作的两翼，两翼必须齐飞，只有这样，才能使我们的新闻事业更好地肩负起把党和政府的声音传入千家万户，把中国的声音传向世界各地的光荣而又艰巨的任务。

江泽民同志既十分重视对内宣传工作，也十分重视对外宣传工作。他在担任总书记后不久，就在 1990 年初召开的全国对外宣传工作会议上作了重要讲话，指出：对外宣传的工作是争取人心的工作，我们在对外宣传时一定要认清对象，区别对待，要增强我们新闻舆论宣传的针对性，我们的对外宣传重点是要争取国外中间群众。

1993 年，他在全国宣传部长会议上的讲话中指出：“搞好对外宣传是我们党和国家的一项具有重要战略意义的工作。近年来随着改革开放的不断深入和扩大，对外宣传取得了很大的进展和成绩。但是应该看到，我们在世界上的声音还比较弱小，我们的宣传手段还比较落后。宣传的办法也不多，直接影响着对外宣传的效果，这种情况应当努力加以改变。为完成党的十四大提出的各项任务，从事外宣工作的部门必须进一步解放思想，振奋精神，根据各自的特点，积极改进和切实加强对外宣传工作，充分发挥外宣工作在改革开放和现代化建设中的作用。”

1999 年，他在全国对外宣传工作会议上作了重要讲话，对十多年来我们对外宣传工作的经验教训作了全面深刻的总结，对对外宣传工作的地位与作用、目标与任务、原则与策略等问题作了全面的阐述，对做好新形势下对外宣传工作提出了更高的要求。江泽民同志的这一讲话是我们新闻工作搞好对外宣传的纲领性文献。他在讲话中指出：“向世界阐明我们党和国家内政外交的方针政策和对国际重大问题的原则立场，介绍我国历史和现实的情况，有针对性地开展国际舆论斗争，这对于我们加强同各国经济、技术和文化等方面的交流与合作，增进同各国人民的友谊，争取更多的国际支持和帮助，维护我国的政治、经济、文化安全，具有十分重要的意义。”“对外宣传工作要继续坚持以邓小平理论和党的路线方针政策为指导，贯彻我国的对外方针政策，加大向世界全面介绍中国的力度，增进各国对中国的了解，积极开展国际问题报道和国际舆论斗争，加强和维护社会主义中国的国际形象，更好地为改革开放和现代化建设服务，为祖国统一、世界和平和人类进步作出新的更大的贡献。”“对外宣传工作，政策性和政治性都很强。要旗帜鲜明地维护国家利益、民族尊严和祖国统一。在涉及国家主权、国家利益、民族尊严的问题上，要坚持原则。要树立坚定的国家意识和大局意识，服从和服务于党和国家的工作大局，服从和服务于我国整体对外战略。要坚持以正面宣传为主、以事实为主、以我为主的方针。

考虑宣传重点内容和工作部署，一定要着眼于增进外国人对中国的理解和支持。对外宣传工作有自己的规律，要加强研究，不断提高对外宣传的本领。”

对外宣传思想是江泽民同志对马克思主义新闻思想的一大创新，充分体现了江泽民新闻思想与时俱进的理论品性。

### （五）关于新闻报道内容和报道艺术的论述

报道内容、报道艺术问题属于新闻报道业务范畴，是新闻工作的基本问题，是新闻舆论影响社会的直接中介。掌握新闻工作的基本理论、基本方针，为的是更好地指导新闻报道业务，不断提高新闻报道水平。江泽民同志十分重视新闻宣传的报道内容、报道艺术问题，并作了深刻的论述。

江泽民同志始终坚持唯物辩证的思维方法，主张拓宽报道内容与提高报道艺术的辩证统一。1993 年 7 月，他与新闻界同志谈话时指出：“人民群众需要丰富多彩的精神生活，报纸上也不能光是些严肃的内容，要有生动的多方面的内容，增大信息量。在《人民日报》这样的大报上，要有大量的信息。”同时，他要求我们的新闻报道要辩证地处理好报道内容各个方面之间的关系。他要求我们要始终坚持正面宣传为主的方针，大力宣传党的理论、路线、方针、政策，大力宣传人民群众在社会主义现代化建设中涌现的创造精神以及取得的辉煌业绩，大力弘扬时代主旋律；同时要求我们要不断改进批评报道，切实加强舆论监督的力度，使新闻报道能更加全面、更加真实地反映我们的社会。

江泽民同志强调，新闻宣传需要讲究艺术，不断提高宣传报道的艺术水平，特别强调新闻报道要贴近实际、贴近生活、贴近群

众。因为这直接关系宣传报道的效果、影响受众的接受程度。1994年，他在全国宣传思想工作会议上的讲话中指出："反映主旋律的精神产品不仅思想内容要健康向上，艺术表现也应多种多样、生动活泼、精益求精，具有强烈的吸引力和感染力。""报刊、广播、电视等都要在坚持正确舆论导向的前提下，勇于创新，努力形成各自的风格和特色。"

在报道内容和报道艺术方面，有两个问题需要特别强调。一是新闻报道的真实性问题，二是努力做好典型宣传、热点引导和舆论监督三大块文章的问题。这两个问题有一个共同的特点，都同时涉及报道内容和报道艺术两个方面。特别是对做好典型宣传、热点引导和舆论监督问题，江泽民同志极为重视，作了一系列深刻阐述，为我们搞好这几个方面的报道提出了要求，指明了方向。他说："宣传思想战线要配合做好工作，宣传好的经验，特别是在克服官僚主义、形式主义、虚报浮夸、搞花架子等不良风气方面发挥舆论监督的积极作用。"他还指出："社会生活中有光明面，也有阴暗面。……对人民内部的缺点错误，也应该进行揭露和批评，但这种揭露和批评是'恨铁不成钢'，目的是以同志式的态度帮助克服缺点，纠正错误。对于党和政府工作中的缺点错误的批评，只要是善意的、有益于改进工作的，我们都应该热忱欢迎。"

### （六）关于提高舆论引导水平和搞好经营创收工作的论述

江泽民同志在强调把握正确舆论导向的同时，提出要提高舆论引导水平。他说："要研究如何不断提高新闻宣传的水平和效果，把报纸、广播、电视办得有吸引力、感染力，使读者、听众、观众爱读、爱听、爱看。"提高舆论引导水平与搞好经营创收工作是一种既矛盾又统一的关系。新闻舆论引导水平提高了，新闻宣传的社会效果就会增强，新闻传媒的影响力就会扩大，这样就会有利于经营创收工作的开展；经营创收工作搞好了，经济实力增强了，可以为搞好新闻报道工作、提高舆论引导水平提供有力的经济保障。只要正确处理两者之间的关系，就能取得相辅相成的效果。但是如果两者之间的关系处理不好，就会出现矛盾。如果只重视新闻报道工作，不重视经营创收工作，我们的新闻传媒就会缺乏有力的经济支持，缺乏发展的后劲；如果只重视经营创收工作，就会影响新闻报道的质量，影响舆论引导水平的提高，影响新闻宣传的效果。

江泽民同志在指导新闻工作时，始终坚持辩证唯物主义，既高度重视提高舆论引导水平、增强新闻宣传的社会效果，又充分重视搞好经营创收工作。他就如何增强新闻宣传的社会效果和搞好经营创收工作，如何正确处理两者之间的关系问题，作了精辟的论述，提出了原则性的意见。

1994 年，江泽民同志在全国宣传思想工作会议上的讲话中指出："坚持把社会效益放在首位，在这个基本前提下实现经济效益和社会效益的统一。随着社会主义市场经济的发展，精神产品的生产流通同市场运行一般规律的联系愈益紧密，确实也有经济效益的问题。经济效益好，有助于宣传文化事业的发展。同时也要看到，精神产品又具有不同于物质产品的特殊属性，它的价值实现形式更重要地表现在社会效益上。有些精神产品，直接经济收益可能不大，但对推动社会生产力的发展和社会全面进步的作用很大。我们在宣传文化工作中要始终把社会效益作为最高准则，当经济效益同社会效益发生矛盾时，自觉服从社会效益。"江泽民同志的这一论述，既指出了市场经济条件下精神产品生产部门确实存在经济效益问题，又提出了如何正确处理经济效益与社会效益关系的原则。新闻宣传工作是宣传文化工作的重要组成部分，应该自觉遵循这一原则，并紧密结合新闻工作的特点，一方面努力做好新闻宣传工作，一方面积极搞好经营创收工作。1996 年，江泽民同志在视察人民日报社时更加明确地要求报社的同志在集中精力办好报纸的同时，要努力搞好经营创收工作。

江泽民同志从确认包括新闻宣传在内的宣传文化工作的经济效益问题的存在，到向新闻工作者提出搞好经营创收工作的要求，既反映了时代发展的需要，也是对新闻传媒多功能属性认识的深化。他在党的十六大报告中进一步明确指出："发展各类文化事业和文化产业都要贯彻发展先进文化的要求，始终把社会效益放在首位。""发展文化产业是市场经济条件下繁荣社会主义文化、满足人民群众精神文化需求的重要途径。"要"完善文化产业政策，支持文化产业发展，增强我国文化产业的整体实力和竞争力"。

江泽民同志关于正确处理提高舆论引导水平与搞好经营创收工作之间的关系的重要论述，有着深刻的时代、社会背景。这一背景主要表现在以下两个方面：一是社会主义市场经济的发展，把新闻传媒经营创收工作提到重要的议事日程，摆到十分重要的位置；二是文化产业在国民经济中的地位日益提高，新闻传媒，尤其是广播电视等现代电子传媒，具有很强的产业功能，具有很大的产业开发的潜力。

**（七）关于保障新闻自由和遵守新闻纪律的论述**

"自由"，从哲学层面讲，世界上没有绝对的自由，只有相对的自由；从政治层面讲，自由从来是有阶级性的，有剥削阶级的自由，就没有被剥削阶级的自由；从新闻层面讲，新闻自由是始终受制于统治阶级的政治需求和阶级利益的。自由和纪律是一个矛盾的统一体，它们之间存在着既矛盾又统一的关系。江泽民同志在关于新闻工作的重要论述中总是既强调要保障新闻自由，同时又强调要遵守新闻纪律。

新闻自由问题，向来是新闻理论的一个重要问题。江泽民同志对新闻自由问题作了大量深刻的阐述。他在省报总编辑新闻工作研讨班上的讲话中指出："在社会主义制度下，新闻不再是私有者的事业，而是党的事业，人民的事业。我们的宪法规定，言论、出版自由是中华人民共和国公民的基本权利。广大人民群众享有依法运用新闻工具充分发表意见、表达自己意志的权利和自由，享有对国家和社会事务实行舆论监督的权利和自由。"进而又指出，"任何自由从来都不是抽象的而是具体的，不是绝对的而是相对的。在任何一个国家，都不存在绝对的毫无限制的'新闻自由'。在国际上还存在社会主义和资本主义的对立，在国内阶级斗争还在一定范围内存在的情况下，自由就不能不带有阶级性。"在这里，江泽民同志不仅明确肯定了我国存在新闻自由的现实和法律依据，同时也深刻揭示了不同社会制度下新闻自由的阶级性本质。

江泽民同志还深刻阐述了行使新闻自由权利与承担社会责任、遵守新闻工作纪律的关系问题。1996 年 1 月，江泽民同志在视察解放军报社时要求"报社的同志要有很强的国家利益观念，严守党、国家和军队的秘密，严守新闻宣传纪律"。1996 年，他在视察人民日报社时要求广大新闻工作者"要打好政策法律纪律根底。要牢牢掌握中央的方针政策，牢牢掌握国家的法律法规，严守新闻工作纪律"。2000 年 12 月，江泽民同志同香港记者谈话时指出："新闻自由和记者的社会责任是一个问题的两个方面。不能光讲社会责任，不讲新闻自由；但你也不能光讲新闻自由，不讲社会责任。这两者要结合起来。”1999年初，江泽民同志在全国宣传部长会议上的讲话中强调，新闻单位要“严格遵守党的政治纪律和宣传纪律，切实做到令行禁止。该管的要管住，重要的宣传阵地和传播手段，一定要把好关口，丝毫不能出问题”。

### （八）关于加强党的领导和新闻队伍建设的论述

对我们的新闻宣传工作来说，党的领导是关键，队伍建设是根本。江泽民同志对加强党对新闻工作的领导和加强新闻事业的队伍建设问题有一系列深刻的阐述。

加强党对新闻工作的领导，是做好新闻工作的根本保证，是党的新闻工作发展进步的关键。江泽民同志在省报总编辑新闻工作研讨班上的讲话中，就怎样加强党对新闻工作的领导提出了“四个抓好”的重要意见：“加强党对新闻工作的领导，主要是要抓好新闻宣传的政治方向，抓好新闻改革，抓好新闻工作的经验总结，抓好新闻队伍的建设、特别是领导班子的建设。”实践证明，凡是真正抓好了这几方面的工作，加强党对新闻工作的领导就真正落到了实处。这“四个抓好”对加强党对新闻工作领导的方针原则、工作内容、主要任务，作了精辟、深刻、富有创造性的阐述，成为江泽民新闻思想的又一个亮点。

江泽民同志认为，加强和改善党对新闻工作的领导，关键是对新闻工作要把好关、把好度。把好关重在政治问题、导向问题，把好度重在策略问题、技巧问题。一方面要帮助广大新闻工作者牢固树立“政治家办报”的思想，不断增强政治意识、大局意识、责任意识、阵地意识，自觉把好舆论导向关；另一方面要引导新闻工作者有效地把握好“度”，包括热度、密度、角度、力度、透明度等，做到“运用之妙，存乎一心”，牢牢把握正确导向，不断提高舆论引导水平。

江泽民同志在论述新闻队伍建设时强调指出，要抓好新闻队伍建设，既要抓业务建设，又要抓作风建设；既要重视学习，又要重视实践；既要打好“五个根底”，又要发扬“六大作风”，努力建设一支“政治强、业务精、纪律严、作风正”的新闻工作队伍，努力使我们的新闻队伍素质得到全面提高和发展。1996年初，江泽民同志在视察解放军报社时的讲话中提出：“办好《解放军报》，需要有一支政治强、业务精、纪律严、作风正的新闻队伍。”在这里，江泽民同志明确提出新闻队伍建设要达到“政治强、业务精、纪律严、作风正”四项目标。就在同一篇讲话中，江泽民同志还指出：“要适应新时期新闻舆论工作的需要，高标准地搞好新闻队伍建设。首先要加强学习，学政治、学军事、学文化、学新闻业务知识，不断提高自身素质。……再就是要讲究职业道德，树立新闻工作者的良好形象。”

为了高标准地建设这样一支队伍，他在视察人民日报社时创造性地提出要打好理论路线根底、政策法律纪律根底、群众观点根底、知识根底、新闻业务根底等“五个根底”，要坚持发扬敬业的作风、实事求是的作风、艰苦奋斗的作风、清正廉洁的作风、严谨细致的作风、勇于创新的作风等“六大作风”。

要打好“五个根底”、发扬“六大作风”，建设一支政治强、业务精、纪律严、作风正的新闻队伍，有效的办法就是要努力实践江泽民同志在视察新华社时提出的“学习、学习、再学习，深入、深入、再深入”的要求。打好“五个根底”、发扬“六大作风”、实现“两点要求”、达到“四项目标”是江泽民同志关于新闻队伍建设的总体要求和系统思想。

以上八个方面的论述大体上构成了江泽民新闻思想的基本架构。通过这八个方面的分析，我们可以从总体上了解、把握江泽民新闻思想的概貌。

## 五、江泽民新闻思想的核心内容

江泽民新闻思想是一个完整、科学的理论体系，内涵深刻丰富，其核心内容是他的“喉舌论”、“生命论”、“导向论”、“创新论”、“根底论”等思想。



### （一）喉舌论

新闻工作作为意识形态、上层建筑的一部分，自然要为其依附的经济基础服务，这在任何国家任何社会都是如此。新闻传媒只有当谁的喉舌之分，而没有当不当喉舌之别。新闻传媒的喉舌性是由新闻传媒的阶级性和倾向性决定的。

党的新闻事业是党、政府和人民的喉舌，这是马克思主义新闻学的一个基本观点。“喉舌”这一词确切表达了党的新闻事业的根本性质和基本职能，指明了党领导的新闻事业的正确的政治方向，指出了做好党的新闻工作的关键所在，规定了党的新闻工作者的神圣职责。用“喉舌”一词表述新闻事业的性质，这是马克思主义新闻理论的一贯主张，是无产阶级新闻工作的光荣传统。

马克思在《新莱茵报》审判案的发言中指出：“报刊按其使

命来说，是社会的捍卫者，是针对当权者的孜孜不倦的揭露者，是无处不在的耳目，是热情维护自己自由的人民精神的千呼万应的喉舌。”列宁在《论俄国社会民主工党的现状》中说：“以马克思主义思想为指针的一切公开发行的俄国报纸，目前已成为向俄国社会民主党工人群众进行党的宣传鼓动工作的一个最重要的公开喉舌。”

在我国，在我们党和毛泽东同志领导人民革命斗争中，就经常用“喉舌”来概括党报的性质。1930 年 8 月 10 日，《红旗日报》在发刊词中指出：“本报是中国共产党机关报，同时在目前革命阶段中必然要成为全国广大工农群众之反帝国主义与国民党的喉舌。”1941 年 2 月 6 日，《新中华报》在纪念该报创刊两周年的社论中指出：“《新中华报》便是传达中共中央政治意见的有力的喉舌。”延安时期的中共中央机关报《解放日报》在 1942 年 4 月 1 日《致读者》的社论中指出：“使《解放日报》成为真正战斗之党的机关报，成为一切愿意消灭民族敌人建立国家的人的共同的喉舌。”

在改革开放和发展市场经济新时期，一些受资产阶级新闻思想影响的同志，认为“喉舌论”思想是过去革命战争时期和计划经济时期的产物，已不能适应市场经济的需要，认为强调喉舌性会影响新闻报道的客观性，强调喉舌性会影响按新闻规律办事，会影响新闻传媒传播信息这一基本功能的发挥。

面对这些新情况、新问题，江泽民同志继承和发展了马克思主义新闻观，在他担任总书记后第一次关于新闻工作的讲话中就明确提出：“我们国家的报纸、广播、电视等是党、政府和人民的喉舌。这既说明了新闻工作的性质，又说明了它在党和国家工作中的极其重要的地位和作用。”江泽民同志的这一观点坚持和捍卫了马克思主义新闻理论的核心内容即“喉舌论”思想。他在以后关于新闻工作的讲话中一直坚持这一观点，并做了进一步的阐述。1996年1月，他在解放军报社的讲话中指出：“《解放军报》是中央军委机关报，是我国武装力量的喉舌，是我军舆论宣传工作的一个十分重要的阵地。”1996年9月，他在视察人民日报社时再次强调指出：“几十年来，《人民日报》作为党和人民的喉舌，在党中央的领导下，坚持正确的办报思想和办报方针，在革命、建设和改革中做出了重要的贡献。”2001年1月，他在全国宣传部长会议上发表重要讲话，又一次强调指出：“新闻媒体是党和人民的喉舌，应准确、鲜明、生动地宣传中央的精神，应及时、如实、充分地反映人民群众的意愿。”

江泽民同志的“喉舌论”思想，始终着眼于新闻媒体的政治属性，把新闻工作作为党的事业的重要部分来强调；始终着眼于党和人民的主体地位，把新闻媒体作为党和人民的喉舌来定性；始终着眼于新闻工作的重要作用，把新闻工作的性质、地位和作用联系起来阐述。这样，“喉舌论”思想更加鲜明、更加准确、更加全面。江泽民同志的“喉舌论”思想有力地坚持和发展了马克思主义新闻理论的“喉舌论”思想，深刻揭示了中国特色社会主义新闻事业的根本属性。

### （二）生命论

“生命论”是由“喉舌论”发展而来的。把新闻事业比作党和人民的“喉舌”是马克思主义新闻观的重要思想，也是江泽民同志的重要思想。江泽民同志还在“喉舌论”的基础上进一步提出了“生命论”的论断，“生命论”实质上就是关于新闻工作的地位和作用的思想。1996年，他在视察人民日报社时指出：“党的新闻事业与党休戚与共，是党的生命的一部分。可以说，舆论工作就是思想政治工作，是党和国家的前途和命运所系的工作。”江泽民同志在 2000 年 9 月给几位领导同志的信中谈到要加强西藏、新疆等地广播电视工作时，更是明确地指出：“我们一定要看到西方敌对势力和民族分裂势力在宣传舆论上开展的攻势和其他种种分裂活动，都是具有深刻背景的，都有强大的势力在背后撑腰。他们妄图以西藏和新疆地区为重点在我国的领土上打开一个缺口，进而颠覆我们共产党的领导和社会主义制度。……我们必须从资金、技术、人员等方面调集足够的力量来解决加强西藏和新疆广播电视条件这个问题。不能再拖了，再拖，就要犯不可饶恕的历史性错误。”在这里，江泽民同志从党的新闻事业是党的生命的一部分，直接关系到党和国家的前途和命运这样一个高度来强调新闻工作的地位和作用，具有敏锐的政治眼光、深邃的战略意识和全面的大局观念。从“喉舌论”发展到“生命论”，充分说明了江泽民同志对新闻工作的高度重视，充分说明了江泽民同志对我们党的新闻事业的性质、地位、作用在新的形势下有了更为深刻的认识。

“生命论”思想的提出，对于全党全国高度重视新闻工作，充分发挥新闻工作的重要作用，对于广大新闻工作者肩负使命，忠于职守，努力工作，具有重要的指导意义。“生命论”思想是江泽民同志对马克思主义新闻理论的又一发展和创新。

### （三）导向论

江泽民同志十分强调坚持正确舆论导向的极端重要性。1989 年政治风波之后，他在省报总编辑新闻工作研讨班上认真总结了一些新闻单位的教训后沉痛地指出：“新闻宣传一旦出了大问题，舆论工具不掌握在真正的马克思主义者手中，不按照党和人民的意志、利益进行舆论导向，会带来多么严重的危害和巨大的损失。”

1994 年，他在全国宣传思想工作会议上指出：“舆论导向正确，人心凝聚，精神振奋；舆论导向失误，后果严重。正反两方面的经验告诉我们，引导舆论，至关重要。各级党委、宣传部门和新闻出版单位的领导干部，必须以高度的责任心抓好舆论引导工作。”并进一步明确指出：“坚持正确的舆论导向，就是要造成有利于进一步改革开放，建立社会主义市场经济体制，发展社会生产力的舆论；有利于加强社会主义精神文明建设和民主法制建设的舆论；有利于鼓舞和激励人们为国家富强、人民幸福和社会进步而艰苦创业、开拓创新的舆论；有利于人们分清是非，坚持真善美，抵制假恶丑的舆论；有利于国家统一、民族团结、人民心情舒畅、社会政治稳定的舆论。”

1996 年，江泽民同志在视察人民日报社时更是把舆论导向问题提到一个新的理论和认识的高度来强调。他深刻地指出：“历史经验反复证明，舆论导向正确与否，对于我们党的成长、壮大，对于人民政权的建立、巩固，对于人民的团结和国家的富强，具有重要的作用。舆论导向正确，是党和人民之福；舆论导向错误，是党和人民之祸。”这一论断以鲜明简洁的语言，深刻地阐述了舆论导向与党和人民利益的密切关系，指明了新闻宣传工作所肩负的“以正确的舆论引导人”的光荣使命和艰巨任务。在党的十五大报告中，江泽民同志强调：“新闻宣传必须坚持党性原则，坚持实事求是，把握正确的舆论导向。”

在党的十六大报告中，江泽民同志又指出：“新闻出版和广播影视必须坚持正确导向，互联网站要成为传播先进文化的重要阵地。”

这些论述，使我们深深体会到：引导舆论是新闻工作的使命和任务，而导向是否正确，关系到舆论引导是成功还是失败，而这一成功与失败，决不是一般工作的成功与失败，直接关系到党和人民的福与祸。因此，牢牢把握正确的导向是新闻工作的首要政治责任，是搞好新闻工作的根本所在。

### （四）创新论

“创新论”是江泽民同志关于新闻工作极富时代特征和创新意识的思想，为新闻工作的改革、发展提供了重要的理论基础和指导思想。

1989 年 11 月，江泽民同志在会见省报总编辑新闻工作研讨班的同志时指出，加强党对新闻工作的领导，要“抓好新闻改革”。1993 年 1 月，他在全国宣传部长座谈会上指出，我们的宣传工作“要始终贯彻唯物辩证法，坚持解放思想、实事求是，努力把群众的积极性引导好、保护好、发挥好”。1994 年 1 月，他在全国宣传思想工作会议上再次强调，宣传思想工作“要坚持解放思想、实事求是的思想路线，紧紧围绕经济建设这个中心，认真做好各方面工作”。1996 年 9 月，他在视察人民日报社时指出：“新闻事业是常干常新的事业，是有着广阔的驰骋空间的事业，在坚持党的新闻工作的基本方针和原则的前提下，新闻工作者应当不断开拓新的报道领域，不断探索新的报道形式，不断采用新的报道手法，不断写出富有新意的优秀作品。”2001 年 4 月，他在会见外国友人时指出：“随着国际形势的变化，特别是信息技术的快速发展，我们对广大群众进行思想政治工作和宣传教育的方式不能一成不变，不能不有所创新。利用广播电视进行宣传十分重要，不仅可以丰富人民群众的文化娱乐生活，还可以激发爱国热情。”2002年2月，他在广电总局视察“西新工程”时再一次明确指出：“要适应形势发展的要求，深化改革、积极创新，努力从思想内容、表现形式、宣传方法等方面增强广播影视的影响力，用更多更好的广播影视作品，凝聚人心，鼓舞干劲，促进改革开放和现代化建设。”江泽民同志在十六大报告中，对包括新闻工作在内的文化建设和文化体制改革，更是提出了明确要求，他强调指出：要“根据社会主义精神文明建设的特点和规律，适应社会主义市场经济的要求，推进文化体制改革”。

从以上论述中，我们可以认识到，江泽民新闻思想中的“创新论”的内涵，包括这样一些重要内容：一是必须坚持解放思想、实事求是、与时俱进的思想路线；二是必须对不适应新闻工作需要的观念、体制、机制、方法进行改革创新；三是推进新闻的改革创新是繁荣党的新闻事业的必由之路；四是抓好新闻的改革创新，是党加强对新闻工作领导的重要举措。这为我们如何创新党的新闻工作指明了方向。



### （五）根底论

“根底论”集中体现了江泽民同志关于新闻队伍建设的重要思想。“根底论”思想是江泽民同志关于新闻队伍建设思想的核心。

江泽民同志高度重视新闻队伍建设。他在解放军报社视察时强调：“要适应新时期新闻舆论工作的需要，高标准地搞好新闻队伍建设。”如何高标准搞好新闻队伍建设？江泽民同志创造性地提出要打好“五个根底”。他在视察人民日报社时，对新闻工作者的“根底”问题作了全面深刻的阐述。他指出：“为了更好地担负起以正确舆论引导人的任务，新闻工作者，特别是共产党员和领导干部，必须努力提高自己的思想政治素质和业务素质。新闻战线的同志，特别是中青年同志，既要志存高远，又要脚踏实地，在打好思想政治和业务根底上，老老实实地下一番真功夫、苦功夫。”接着他深刻地阐述了打好“根底”的具体要求。他提出：“要打好理论路线根底。要坚持马列主义、毛泽东思想和邓小平建设有中国特色社会主义理论，坚持党的基本路线，用以指导自己的思想和工作。理论路线根底打好了，不管情况多么复杂，形势怎样变化，都会保持坚定正确的政治立场和政治方向。要打好政策法律纪律根底。要牢牢掌握中央的方针政策，牢牢掌握国家的法律法规，严守新闻工作纪律。新闻工作是政治性、政策性极强的工作，新闻工作者如果对党的方针政策和国家的法律法规不懂不熟悉，那就宣传不好，甚至出现误导，给党和人民的事业带来不应有的损失。要打好群众观点根底。新闻工作、党报工作，说到底，也是群众工作，是我们党联系群众的重要纽带。密切联系群众，是新闻工作者的必修课和基本功。大家要树立牢固的群众观点，同广大人民群众同呼吸，共命运，善于做调查研究工作，紧扣时代的脉搏，倾听群众的心声，多写出反映改革开放和社会主义现代化建设的好作品来。要打好知识根底。知识就是力量。首先要努力掌握与自己的业务工作直接有关的知识，同时，还要博览群书，哲学、政治、经济、法律、历史、文学等方面的书籍都应读一些，科技知识也应尽可能多学一些。希望在我们的新闻队伍中多出一些既懂政治、学识又渊博的编辑、记者、评论员。要打好新闻业务根底。新闻工作，无论编辑、采访，都需要有业务能力，特别是要有很好的文学修养。现在，报纸上刊登的许多报道，主题好，内容好，语言也很精彩，使人在受教育的同时，也得到美的享受。但是也有一部分新闻作品，不讲究辞章文采，文字干巴巴的，翻来覆去老是那么几句套话，也有的哗众取宠，乱造概念，词句离奇，使人看不懂，这种不良文风应加以纠正。要大力提倡新闻工作者苦练基本功。”江泽民同志提出的“根底论”思想，全面准确、深刻具体、富有时代性和创造性，对我们如何加强新时期新闻队伍建设具有重要的指导意义。

以上“五论”是一个有机的整体。“五论”之间既相互联系，又相互区别。“喉舌论”揭示了中国特色社会主义新闻事业的性质，“生命论”说明了中国特色社会主义新闻事业的地位，“导向论”指明了中国特色社会主义新闻事业的任务，“创新论”强调了中国特色社会主义新闻事业的动力，“根底论”抓住了建设中国特色社会主义新闻事业的根本。

党的十六大以来，以胡锦涛同志为总书记的党中央高度重视党的新闻工作，坚持用马克思列宁主义、毛泽东思想、邓小平理论和“三个代表”重要思想指导新闻工作。胡锦涛总书记强调指出：“要研究新情况、新问题，寻找新途径、新办法，努力开创宣传思想工作新局面。”使新世纪新阶段党的新闻工作保持了良好的发展态势，有力地推动了全面建设小康社会和现代化建设事业的进程。我们深信，在以胡锦涛同志为总书记的党中央的正确领导下，在发展了的马克思主义新闻理论的指导下，中国特色社会主义新闻事业必将更加兴旺发达。

（2004 年 7 月 19 日在全国马克思主义理论研究
和建设工程报告会上的报告）

# 创新和发展宣传思想工作

## ——谈谈如何贯彻落实胡锦涛总书记五个“新”的重要指示

胡锦涛总书记在谈到宣传思想工作部门如何贯彻落实十六大精神，不断创新和发展这个问题时，明确指出，“要研究新情况、新问题，寻找新途径、新办法，开创新局面。”这五个“新”的重要指示，对新时期党的宣传思想工作提出了全面系统的要求，是我们做好新时期宣传思想工作的重要指导思想和必由之路。

如何贯彻好、落实好胡锦涛总书记的这一重要指示精神，通过创新和发展，开创宣传思想工作的新局面，更好地为人民服务，为社会主义服务，为全党全国工作大局服务，推动全面建设小康社会和现代化建设的进程？我想从十六大报告关于创新和发展的论述，宣传思想工作的创新和发展，广播影视的创新和发展这三个方面谈一些想法。

### 一、十六大报告中有关创新和发展的论述

关于创新和发展在十六大报告中的地位和作用。

十六大精神突出地强调了创新和发展的问题，十六大报告通篇充满着创新的思想和发展的理念。十六大报告本身就是一个创新的产物和发展的成果，没有创新的思想和发展的理念就不会有十六大报告。创新和发展不仅是十六大精神的重要内容，也是我们了解、领会和掌握十六大精神的一把钥匙，我们必须用创新和发展这把钥匙，才能打开我们党的思想理论发展的最新成果的宝库。贯彻十六大精神就是要贯彻创新的精神和发展的原则。离开了创新的精神和发展的原则，就会偏离十六大的精神，全面实现十六大提出的各项任务这个目标也就难以实现。因此，我们要更好地贯彻落实十六大的精神，就必须发扬创新的精神和坚持发展的原则。

### （一）关于创新和发展的基本内涵

#### 1. 创新的内涵

十六大报告指出，“创新是一个民族进步的灵魂，是一个国家兴旺发达的不竭动力，也是一个政党永葆生机的源泉。”从某种意义上讲，创新就是突破。因此，十六大报告指出，“我们要突破前人，后人也必然会突破我们。这是社会前进的必然规律。”正是由于毛泽东同志突破了马列主义，邓小平同志突破了马列主义、毛泽东思想，以江泽民同志为核心的党的第三代中央领导集体突破了马列主义、毛泽东思想和邓小平理论，我们党才会形成“三个代表”重要思想，才会产生一系列指导改革开放和现代化建设的新的理论、路线、方针、政策，才会始终保持先进性，我们的社会主义事业才会不断向前发展。

#### 2. 发展的内涵

十六大报告首先引用了邓小平同志的一句话，“发展是硬道理”，同时又提出了一个新的概念，发展是“执政兴国的第一要务”。报告强调，发展生产力是人民的根本愿望，是社会主义现代化建设的本质，是检验党的先进性的根本标志。这些精辟的论述充分说明了，发展在我们党的事业中、我们整个国家的工作中、我们人民的生活中的重要地位和作用。

### （二）关于创新和发展的根本途径和根本要求

**1. 创新的根本途径**

十六大报告指出，“我们一定要适应实践的发展，以实践来检验一切，自觉地把思想认识从那些不合时宜的观念、做法和体制的束缚中解放出来，从对马克思主义的错误的和教条式的理解中解放出来，从主观主义和形而上学的桎梏中解放出来。”显然，创新的途径就是这三个“解放”。如果我们不能做到这三个“解放”，就无法实现创新，创新难也就难在实现这三个“解放”上。这十三年来，我们国家之所以能够不断发展，就是做到了这三个“解放”，如果说我们的工作还有什么不足之处的话，那也是因为在这三个“解放”上做得还不够。

**2. 发展的根本途径**

十六大报告明确指出，“发展必须坚持和深化改革。一切妨碍发展的思想观念都要坚决冲破，一切束缚发展的做法和规定都要坚决改变，一切影响发展的体制弊端都要坚决革除。”这三个“一切”就是要改革，这是发展的根本途径。三个“一切”切中了我们思想和工作中的要害。要发展，必须从这三个方面下手。“一切”就是全部，“一切”就是始终，这不仅是个量的问题，而且提出了明确的态度和力度方面的要求——坚决：“坚决冲破”、“坚决改变”、“坚决革除”。这三个“坚决”充分强调了这三项工作对发展的重要

性。只有做好这三方面的工作，才有发展的条件和基础。

三个“解放”和三个“一切”是实现创新和发展的关键，如果我们能够在三个“解放”和三个“一切”上面取得共识并努力在工作中予以实现，创新和发展就可以顺利地进行。如果在这些问题上思想不统一，那么创新和发展就增加了难度。所以我们要把思想统一到十六大报告所强调的这三个“解放”和三个“一切”上来，创新和发展就能有光明的前途，就能取得丰硕的成果。

创新的精神和发展的原则既是十三年历史经验的科学总结，同时也是实现新世纪、新阶段战略性奋斗目标和重要任务的根本保证和必由之路。十六大报告总结的十条基本经验贯穿了创新的精神和发展的原则，这十条基本经验也可以说是创新的经验，是发展的经验，是我们十三年来理论创新、制度创新、科技创新、文化创新及其他各方面创新的结晶，是十三年来我们取得伟大成就的最重要和最核心的一条经验。我们要实现十六大提出全面建设小康社会的宏伟目标和完成十六大确立的各项重大任务，也要坚持创新的精神和发展的原则，做到进一步解放思想，实事求是，与时俱进，开拓创新。

## 二、关于宣传思想工作的创新和发展问题

宣传思想工作要贯彻落实胡锦涛总书记提出的五个“新”的要求，更好地为人民服务、为社会主义服务、为全党全国工作大局服务；要做到以科学的理论武装人，以正确的舆论引导人，以高尚的精神塑造人，以优秀的作品鼓舞人；要全面贯彻十六大精神和“三个代表”重要思想，就必须坚持创新的精神和发展的原则。否则，我们宣传思想工作在新世纪新阶段的各项任务就无法完成。

**（一）坚持创新的精神和发展的原则，是宣传思想取得成绩的重要原因**

十三年来我们的宣传思想工作有了长足的进步，做到了“三个服务”，有效地为中国特色社会主义事业提供了精神动力、思想保证和舆论氛围。十三年来宣传思想工作的基本经验离不开创新和发展，离不开十六大报告所提出的三个“解放”和三个“一切”。正是由于我们做到了三个“解放”，所以十三年来宣传思想工作得到了很大的发展，很好地实现了三个“服务”；正是由于我们很好地做到了三个“一切”，所以宣传思想工作在原有的基础上有了根本性的发展，出现了一个崭新的局面。宣传思想工作在全党全国工作中的地位不断上升，在社会进步和发展中的作用愈显突出，究其原因，是因为我们始终坚持了创新的精神和发展的原则。

**（二）坚持创新的精神和发展的原则，是宣传贯彻十六大精神的必由之路**

新世纪新阶段宣传思想工作的根本任务是，为实现十六大提出的战略目标和重大任务提供精神动力、思想保证、智力支持和舆论氛围。胡锦涛总书记提出，宣传思想工作要研究新情况、新问题，寻找新途径、新办法，开创新局面。这五个“新”的核心内容，就是创新和发展。目前，我们宣传思想工作的确面临着许多新情况和新问题，只有创新和发展，用创新和发展去解决前进道路上的问题和困难，我们才能把握宣传思想工作的新规律、新特点，找到宣传思想工作的新途径、新方法。否则，我们就不能适应新时代发展的要求，新世纪宣传思想工作的各项任务就会落空。要判断我们是否

全面贯彻十六大精神和“三个代表”重要思想，是否坚持了为人民服务、为社会主义服务、为全党全国工作大局服务的方向，看一级党组织、一名党员领导干部、一个党员是否具有坚强的党性原则和高度的政治觉悟，一个非常重要的检验标准就是是否坚持了创新的精神和发展的原则。

### （三）宣传思想工作怎样坚持创新的精神和发展的原则

首先，对十六大报告必须吃透精神。要明确认识到，十六大报告从主题到灵魂到精髓到实质，通篇贯穿着创新和发展的思想。其次，必须把握方向。要把握马列主义、毛泽东思想、邓小平理论、“三个代表”重要思想这个大的方向，把握中国特色社会主义的方向，把握三个“服务”的方向。第三，必须继往开来。我们的宣传思想工作的创新和发展是在原有的基础上进行的，因而我们要保持宣传思想工作有关政策的连续性和稳定性，并沿着这个方向去创造宣传思想工作新的理念、新的做法、新的成果，而不能和原有的工作传统割断开来。第四，必须实事求是。首先要弄清情况，即“研究新情况、新问题”，然后从本部门本单位的具体情况出发，针对存在的问题，“寻找新途径、新办法”。我们的创新必须从本战线、本部门、本单位的实际出发，而不能照抄照搬别的战线、部门和单位的现成经验，要用实践来检验工作的必要性和正确性。第五，必须循序渐进。创新和发展要从目前能够做的做起，我们所提出的跨越式发展也是循序渐进的，只是步子大一些。如果宣传思想工作无序地开展，就会打乱规律，就会影响我们的创新和发展。第六，必须加强领导。我们的改革和发展都是在党的领导下进行的，宣传思想工作是党的工作的重要组成部分，是直接为党的工作大局服务的，宣传思想工作进行的创新和发展关乎全局，必须在党的领导下推进。

## 三、关于广播影视工作的创新和发展问题

广播影视工作是党的宣传思想工作的重要组成部分，宣传工作是广播影视工作的中心任务。广播影视工作如何贯彻落实胡锦涛总书记关于宣传思想工作要做到五个“新”的重要指示，关键是要把握好以下几点：

### （一）坚持继承传统与积极创新相统一

我国广播影视宣传工作从延安算起，已经有六十多年的光辉历程，具有光荣的优良传统。这是我们今天继续搞好宣传工作的宝贵财富，必须很好继承，发扬光大。但与此同时，我们更要在继承传统的基础上勇于创新。十六大报告指出，我们要突破前人，后人也必然会突破我们，这是社会前进的必然规律。这些年来广播影视事业得到快速发展，追根究源，就在于突破，就在于创新；之所以还存在一些问题，原因就是突破不够、创新不够。我们要按照胡锦涛总书记提出的关于创新的要求来做好广播影视宣传工作，做到宣传要密切结合改革开放的实际和人们的思想实际；要区分层次，根据不同对象提出不同要求；要多用疏导的方法，多用让群众参与的方法；要改进宣传的手段和形式，采用便于群众接受的方式；要加强宣传的针对性和有效性，帮助群众解决实际问题。

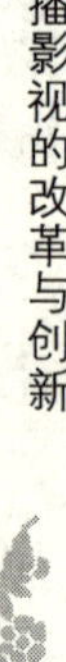

### （二）坚持对党负责与对人民负责的一致性

党的意志与人民的愿望是一致的，这是由我们党的性质所决定

的。广播影视宣传要准确地反映和体现党的意志，和党中央保持一致，这本身就是体现广大人民群众的愿望和要求；但由于党的路线、方针、政策在具体贯彻落实中会产生这样或那样的问题，因此我们的宣传还要充分反映人民的呼声和要求，传递人民群众的意见。这二者实际是一致的、不可分的，是有机地融合在新闻宣传和艺术创作中的。实践中，往往出现领导部门叫好的节目、影片老百姓不叫座，而领导部门不易接受的却受老百姓欢迎的情况。这就是因为我们没有处理好对党负责和对人民负责一致性的关系。如果我们的新闻宣传和艺术创作充分考虑到广大人民群众的利益，做到把体现党的意志和反映人民群众的心声紧密结合起来，就会受到人民群众的欢迎，就能取得很好的宣传效果，宣传工作就会上新水平。关键是要寻找一个最佳的结合点。这个结合点是否“最佳”，衡量的标准就是“三个代表”，就是“三个有利于”。

**（三）坚持“三贴近”、“三深入”**

广播影视宣传只有贴近实际、贴近群众、贴近生活，才有生命力，才有影响力，才有感召力，才能深入人心，得到社会的认可，发挥应有的作用。要做到“三贴近”，必须做到“三深入”，就是深入群众、深入实际、深入生活。实践证明，凡是“三深入”做得好的，创作出来的广播影视作品，都能够受到广大人民群众的欢迎，得到广泛好评，收到“三贴近”的良好效果；没有做到“三深入”的，则遭到摒弃，没有市场。所以，我们要在这方面继续加强引导，要求再严一些，工作再细一些，抓好“三深入”，力求“三贴近”，采编出导向正确、生动活泼的优秀新闻作品，创作出无愧于伟大时代的优秀文艺作品。

### （四）坚持“二为”方向和“双百”方针

具体地说就是要弘扬主旋律，提倡多样化。弘扬主旋律就是要体现先进文化的要求，体现马克思主义、毛泽东思想、邓小平理论和“三个代表”重要思想的指导地位，体现中华民族的精神，体现“以科学的理论武装人，以正确的舆论引导人，以高尚的精神塑造人，以优秀的作品鼓舞人”的要求。提倡多样化就是要积极适应新形势下人们思想活动独立性、选择性、多变性、差异性明显增强的特点，积极适应人民群众精神需求呈现的多层次、多样性、个性化的特点，宣传内容要丰富多彩，宣传形式要生动活泼，艺术风格要异彩纷呈，凡是使人受到启发、得到娱乐、获得教育、内容健康的文化都应该允许存在，都应该允许发展。

### （五）坚持“三性统一”

广播影视作品必须坚持思想性、艺术性、观赏性相统一，既要把握正确导向，又要生动活泼，富于艺术感染力。缺乏思想性的作品，不可能有感召力，不可能具有长久的生命力；而缺乏艺术性、观赏性的作品，则不可能有效表达作品所要表现的思想性，也就不能发挥其应有的教育人、鼓舞人、娱乐人的作用。现实中，有的广播电视节目和影片主观上是要弘扬主旋律的，但是艺术性、观赏性很差，结果设定中的“主旋律”没有唱响，更谈不上弘扬，效果很差，不但造成经济上的浪费，而且损害了主旋律作品的名声。为改变这种状况，今年起要改进广播影视的评奖工作，把“三性统一”的标准进一步量化、具体化，特别是要把人民群众是否满意作为重要标准。凡是没有与广大人民群众见面、没有经过市场检验的节目和影片，一律不得参与评奖；人民群众不欢迎的，一律不得获奖。

**（六）坚持推进体制改革，机制创新，大力发展广播影视业**

广播影视业既是重要的宣传阵地，又是新兴的文化产业，要一手抓宣传，一手抓发展，通过改革创新，改革不适应的体制，创新运行机制，充分调动广大广播影视工作者的积极性，解放和发展广播影视生产力，把广播影视业做大做强。

（2003年2月）

# 坚持以“三个代表”重要思想统领广播影视工作

## ——学习胡锦涛总书记“七一”重要讲话



如何深入学习和深刻领会胡锦涛总书记“七一”重要讲话精神，用“三个代表”重要思想统领广播影视工作，促进广播影视改革和发展？我认为重要的是要做好以下三个方面的工作：

### 一、用学习贯彻“三个代表”重要思想的新气象来形成学习贯彻的新高潮

2003年6月，党中央作出决定：在全党兴起学习贯彻“三个代表”重要思想的新高潮。这个决定非常及时、非常必要。2002年11月，我们党召开了具有跨时代意义的第十六次全国代表大会，对新世纪新阶段我们党和国家所面临的新任务、肩负的新使命，作出了新的战略部署。战略部署的核心是“三个全面”：一是全面学习贯彻“三个代表”重要思想，二是全面建设小康社会，三是全面推进党的建设新的伟大工程。这“三个全面”是我们党对新世纪新阶段党和国家工作的全面部署。在这“三个全面”中，首要问题就是要全面贯彻“三个代表”重要思想。所以说，“三个代表”重要思

想是十六大精神的灵魂，抓住了这个灵魂，就带动了我们党和国家的全部工作。为了更好地贯彻落实十六大精神，实现十六大提出的宏伟战略目标，中央决定从2003年下半年开始兴起学习贯彻“三个代表”重要思想的新高潮。为了使全党同志能够以更好的精神状态，更加自觉坚定地学习好、贯彻好、落实好“三个代表”重要思想，2003年7月1日，胡锦涛总书记在“三个代表”重要思想理论研讨会上发表了重要讲话，对“三个代表”重要思想的科学内涵、时代特征、历史地位、重要意义做了新的、全面的、深刻的阐述和概括，对我们进一步深入学习贯彻“三个代表”重要思想具有重要指导意义。胡锦涛总书记在讲话中着重从四个方面，对如何认识“三个代表”重要思想、如何贯彻“三个代表”重要思想、如何深入学习“三个代表”重要思想、如何落实“三个代表”重要思想提出了重要意见。

**（一）关于“三个代表”重要思想的理论意义**

胡锦涛总书记说，“三个代表”重要思想同马克思列宁主义、毛泽东思想和邓小平理论是一脉相承而又与时俱进的科学体系，是马克思主义在中国发展的最新成果，非常鲜明地指出了“三个代表”重要思想的理论意义。我们对“三个代表”重要思想需要讲两句话，第一句话是，它与马克思列宁主义、毛泽东思想、邓小平理论是一脉相承的，它是在马克思列宁主义、毛泽东思想、邓小平理论基础上的发展。从这个意义上可以说，没有马克思列宁主义、毛泽东思想、邓小平理论也就没有“三个代表”重要思想；“三个代表”重要思想是在马克思列宁主义、毛泽东思想、邓小平理论的基础上发展起来的，它继承了马克思列宁主义、毛泽东思想、邓小平理论的基本观点、基本原理，这一句话必须要讲。第二句话是，“三个代表”重要思想是马克思列宁主义、毛泽东思想和邓小平理论在新世纪新阶段与时俱进的发展成果，也就是说“三个代表”重要思想里有很多马克思列宁主义、毛泽东思想、邓小平理论中没有阐述过的新思想、新观点、新论断。所以我们说“三个代表”重要思想是马克思主义在中国发展的最新成果，它的理论意义就在这里。

### （二）“三个代表”重要思想的实践价值

胡锦涛总书记指出，“三个代表”重要思想是新世纪新阶段全党全国人民继往开来、与时俱进，实现全面建设小康社会宏伟目标的根本指针。这就是“三个代表”重要思想的实践价值所在。“三个代表”重要思想可以指导我们全面建设小康社会取得成功，而全面建设小康社会是我们党和全国人民在新世纪新阶段确定的宏伟奋斗目标。这个宏伟奋斗目标必须在“三个代表”重要思想的指导下才能实现。

### （三）“三个代表”重要思想的本质要求

胡锦涛总书记指出，“三个代表”重要思想的本质是立党为公、执政为民，学习贯彻“三个代表”重要思想必须以广大人民根本利益为出发点和落脚点，这就是我们学习贯彻“三个代表”重要思想的本质要求。简单地说就是八个字：立党为公，执政为民。我们党代表先进生产力的发展要求，代表先进文化的前进方向，代表最广大人民的根本利益，最核心的问题就是我们中国共产党要立党为公、执政为民。这是对我们学习贯彻“三个代表”重要思想的本质要求。

### （四）学习贯彻“三个代表”重要思想的科学态度

我们以什么样的态度来对待学习贯彻“三个代表”重要思想？胡锦涛总书记在讲话中指出，坚持用马克思主义态度学习好、贯彻好“三个代表”重要思想，用“三个代表”重要思想指导实践并努力在实践中继续发展马克思主义，这就是我们对待学习贯彻“三个代表”重要思想应有的科学态度。只有采取这样一种态度，才能把“三个代表”重要思想在我们共产党人的心目中确立起来，才能用“三个代表”重要思想指导好我们的实践，才能在实践中进一步发展好马克思主义。

胡锦涛总书记从理论意义、实践价值、本质要求、科学态度四个方面，深入科学地阐述了“三个代表”重要思想的科学内涵、时代特征、历史地位和重要意义，把我们党对“三个代表”重要思想的认识提高到一个新的高度。

学习贯彻“三个代表”重要思想要形成新气象，这个新气象主要体现在这样三个“新”上：

**1. 认识要有新高度**

2000年春天，江泽民同志在广东视察的时候，第一次提出“三个代表”的概念和论断。2001年7月1日，在建党80周年纪念大会上，江泽民同志发表重要讲话，对“三个代表”重要思想作了系统全面的阐述。“七一”讲话使我们党对“三个代表”重要思想的认识达到了一个新的高度。2002年5月31日，在中央党校省部级领导干部培训班结业典礼上，江泽民同志发表重要讲话，对“三个代表”重要思想做了进一步阐述，表明我们党对“三个代表”重要思想又有了新的认识。到了十六大，江泽民同志在十六大报告中，对“三个代表”重要思想的根本要求等方面的内容作了更为系统、更为全面的阐述，使我们党对“三个代表”重要思想的认识再次达到一个新的高度。现在，我们对“三个代表”重要思想的认识要有三个新高度：首先，我们不能把“三个代表”重要思想仅仅看成三句话的要求，而是要看成科学的、马克思主义的理论体系。其次，我们不能把“三个代表”重要思想仅仅看作一般的马克思主义的理论，而要看作马克思主义在中国发展的新阶段，从这个意义上来说，当代中国的马克思主义就是“三个代表”重要思想，“三个代表”重要思想是马克思主义在中国发展的最新成果，是当代中国的马克思主义。第三，不仅仅要把“三个代表”重要思想作为我们党的建设的指导思想，而且要确立为全党全国人民思想行动的根本指导思想，确立为建设中国特色社会主义的指导思想、全党全国各项工作的总的指导思想。十六大已经把“三个代表”重要思想写进了党章，不久又要写进宪法。写进党章，就是确立“三个代表”重要思想为我们全党工作的指导思想；写进宪法，就是确立“三个代表”重要思想为全党全国各项工作总的指导思想。所以说，兴起学习贯彻“三个代表”重要思想新高潮的一个重要标志，就是我们对“三个代表”重要思想的认识要达到新的高度。

**2. 实践要有新成效**

胡锦涛总书记在“七一”讲话中强调，当前，摆在全党全国人民面前的一项重大政治任务就是把“三个代表”重要思想学习好、贯彻好、落实好，务必在武装思想和指导实践两方面都取得新的成效。对于我们这次兴起学习贯彻“三个代表”重要思想新高潮提出的明确要求，就是武装思想和指导实践。武装思想就是牢牢把握“三个代表”重要思想的科学内涵、时代特征、历史地位、重要意义；指导实践就是用“三个代表”重要思想来推进当前的改革开放和社会主义现代化建设，推进全面建设小康社会。要取得新的成效，我们的学习贯彻一定要紧密联系新的实践。新的实践就是十六大明确提出的全面建设小康社会。全面建设小康社会是中国特色社会主义发展新阶段的一个新目标，是中国改革开放、现代化事业的一个新的里程碑，是中国共产党人带领全国人民为之奋斗的新的伟大实践。这是一个崭新的事业，一个伟大的事业。我们学习贯彻“三个代表”一定要紧密联系这个实践，而这个实践需要各行各业、各条战线、全国各族人民来共同奋斗。文化建设是全面建设小康社会的一个重要组成部分。既然是一个新的伟大实践，这里面就有很多新情况、新问题需要我们去研究。我们面前有很多新任务、新使命需要我们去完成。如何去研究解决这些新情况、新问题，如何去完成这些新任务、新使命，必须很好地学习和运用“三个代表”重要思想，用“三个代表”重要思想去观察、分析、研究、解决我们当前面临的新情况、新问题，去完成和实现我们的新任务、新使命，这样我们的学习才有使命感，才有责任感，才有无穷的动力，才会提高和增强我们学习的自觉性和坚定性。我们要在实现“三个代表”重要思想的过程中取得新的成效，必须针对我们面临的新情况、新问题，做出新部署、新安排，并且为此做出新的奉献。这是对我们学习贯彻“三个代表”重要思想最好的检验，也是对我们在实践中进一步丰富和发展“三个代表”重要思想的必然要求。胡锦涛总书记在讲话中指出，要在实践中继续发展马克思主义。“三个代表”重要思想也是要发展的，我们相信在全面建设小康社会的伟大实践中，“三个代表”重要思想会进一步丰富、完善和发展。

### 3. 工作要有新目标

学习贯彻“三个代表”重要思想必须紧密联系我们的工作实际。当前对我们来说，重要的问题就是要确定我们工作的目标。确立了工作的目标，就能够进一步推动我们的学习，推动我们的贯彻。这个新目标就是十六大给我们提出来的全面建设小康社会的宏伟目标。这个宏伟目标由四个方面组成，包括经济建设、政治建设、文化建设和生态建设四个方面的目标。就是说物质文明、政治文明、精神文明和生态文明的目标实现了，就实现了全面建设小康社会的目标。我们全面建设小康社会的目标，不仅是我们的 GDP 要达到多少，在实现经济高速发展的同时，我们还要进一步推进政治建设，推进政治体制改革，扩大民主，实现政治文明；还要进一步加强文化建设，推进精神文明；同时我们还要加强环境保护，做到环境和经济、社会的协调发展。我们学习和贯彻“三个代表”重要思想必须盯住这个目标，我们学习贯彻“三个代表”重要思想是为了实现这个宏伟的目标；为了实现这个宏伟目标，我们必须认真学习贯彻“三个代表”重要思想；只有认真深入地学习“三个代表”重要思想，我们才能够实现全面建设小康社会的目标。这样把我们的学习和我们的目标紧密地联系在一起，通过学习促进我们的工作，改进我们的工作，鼓舞我们的斗志，去克服我们前进道路上的困难。

兴起新高潮必须要有新气象。新气象主要体现在前面讲的三个“新”字：一是认识上的新高度，二是实践上的新成效，三是工作上的新目标。这样我们的贯彻才有动力，才有前进和努力的方向，我们学习贯彻“三个代表”重要思想才能形成新的高潮。中央印发的《“三个代表”重要思想学习纲要》大概是六万多字，涵盖了

建设中国特色社会主义方方面面的内容，是一个全面的、系统的、科学的、发展了的马克思列宁主义的教材。那么新高潮是什么标志呢？当时提出来是两个新高度，后来我们经过讨论修改为一个新高度、一个新成效。归根结底一条，同志们对“三个代表”重要思想的认识一定要有新的理解。“三个代表”重要思想不是只管一段时间，而是在全面建设小康社会整个阶段里面，我们都要始终坚持。只有这样，才能够真正形成学习贯彻“三个代表”重要思想的新高潮。

## 二、用学习贯彻“三个代表”重要思想的新高潮来推动广播影视业的新发展

改革开放以来，中国的广播影视业有了很大的发展。无论是广播影视宣传的影响力，广播影视业发展的规模，以及它所产生的社会效益和经济效益，都有了突飞猛进的发展，有了很大的进步。但是，当前我们广播影视业的发展的的确确也面临很多新情况新问题，需要研究和寻找新的办法、新的途径来促进新发展。怎样促进广播影视业的新发展？一个根本的问题，就是要用“三个代表”重要思想来统领广播影视工作。统领就是统率、引领。统率，就是用“三个代表”重要思想贯穿我们整个广播影视业，用“三个代表”重要思想统起来；引领，就是我们要高高举起“三个代表”重要思想这面旗帜，把我们的思想统一到这面旗帜下，把我们的力量凝聚到这面旗帜下，并且朝着这面旗帜所指引的方向前进。这样才是用“三个代表”重要思想来统领我们的广播影视业。我们广播影视战线有七十多万人，其中广播电视大约是五十五万人，电影有二十万人。这么大的一支队伍，靠什么来统一大家的思想和步伐？就是靠

"三个代表"重要思想。我们从事的事业非常广阔，有广播、电视、电影这三大块，而为这三大块服务的又有网络、卫星、数字电视、发射台，还有制作单位、发行单位等等，这么大一个事业用什么来给它统起来？就是用"三个代表"重要思想。所以根本的问题是，在我们当前新情况、新问题层出不穷的情况下，要找到广播影视业发展的正确方向、正确道路，作出正确的决策、正确的部署，根本的问题就是要用"三个代表"重要思想来统领。

**（一）把"三个代表"重要思想作为广播影视工作的指导方针**

按照代表先进生产力的发展要求，代表先进文化的前进方向，代表最广大人民的根本利益这个原则来发展我们的广播影视工作，来开展我们的宣传工作。既然是指导方针，就是说我们的广播影视工作不能够偏离"三个代表"，而且要按照"三个代表"重要思想来规划好、发展好、具体运作好我们的广播影视工作。

**（二）把"三个代表"重要思想作为我们的重要任务**

在新世纪新阶段，我们的广播影视工作干什么，发挥什么作用？就是要代表先进生产力的发展要求，代表先进文化的前进方向，代表最广大人民的根本利益。从某种程度来说，我们的广播影视工作能不能做到"三个代表"，直接关系到我们的党能不能够更有成效地做到"三个代表"。因为广播影视工作是党的工作的一个重要组成部分，是党的宣传战线的一个重要方面军，直接关系到全党全国工作的大局，直接关系到党的执政水平和执政能力。所以我们必须按照"三个代表"的要求来想事、来干事，把实现"三个代表"作为我们重要的政治任务。

### （三）把“三个代表”重要思想作为我们的奋斗目标

就是要使我们的广播工作、电视工作、电影工作，以及为广播电影电视工作服务的其他工作，都要实现“三个代表”。所以“三个代表”重要思想既是原则，又是任务，还是目标，最终我们的党实现这“三个代表”，那就表明我们党是一个胜任的执政党，能够带领全党全国人民使中国不断走向繁荣昌盛。同样，我们的广播影视工作做到了“三个代表”，实现了“三个代表”，说明我们的广播影视工作符合党的要求、符合人民需要，也符合时代发展的规律。所以要把“三个代表”重要思想作为我们的奋斗目标。

### （四）把“三个代表”重要思想作为我们的精神动力

摆在我们面前的任务是十分繁重的，我们的使命也是非常光荣的。要完成我们的任务，实现我们的使命，需要有坚韧不拔的毅力，奋发向上的精神，很高的综合素质，真正做到政治强、业务精、纪律严、作风正、懂经营、会管理。朝着这个方向去努力，我们就要把“三个代表”重要思想作为我们的精神支柱，作为我们的精神动力。现在我们广播影视的困难和问题还不少，总局机关、电台、电视台，还有我们一些直属单位，都有很多很多的不适应，这些不适应表现在很多方面。

今天上午有两位学者给政治局上课，专门讲文化产业，题目就是“世界文化产业发展状况和我国文化产业发展战略”。两位学者讲到了我们文化产业发展的战略与对策，提出了要始终坚持先进文化的前进方向，发展中国特色的文化产业。现在世界上主要有三种文化模式：一种是美国的霸权主义文化，一种是法国的保护主义文化，一种是韩国的产业化文化、商业化文化。我国应该建设什么样的文化？学美国的肯定不行，也不能学法国的、学韩国的，要走自己的路。昨天，中国文化部与韩国文化部联手搞了一台慰问抗非典人员的演出，前半段是流行音乐，全场气氛热烈。后半段是交响乐，观众就少了很多，年轻人都走了。这就是欣赏口味的差异。怎么样来处理这种反差，是个难题。我们的社会主义文化，既要服务群众，又要引导群众，发挥好双重职能，不能只强调服务而忽视引导功能。发展先进文化，支持健康有益文化，改造落后文化，抵制腐朽文化，是中国社会主义文化的特征，也是中国文化工作者所肩负的责任。我们发展文化产业，既要遵循精神文明建设的规律，又要遵循市场经济的规律；既要追求社会效益，又要追求经济效益，要把社会效益放在第一位。在目前的新形势下，如何保证进一步推进我国文化事业和文化产业的发展，又能够遵循两个规律，考虑到意识形态功能、宣传功能和产业功能，还能够获得两个效益，是值得我们深入研究探讨的问题。发展先进文化，一方面要引进、借鉴和吸收外国的先进文化成果，同时又必须着力于发展中华民族的优秀文化。既要对外开放，同时又要注意防止外来腐朽文化的侵入。

### （五）用“三个代表”重要思想作为我们的衡量标准

广播影视工作是发展了还是落后了，衡量的标准就是“三个代表”。一切有利于生产力发展、有利于先进文化前进、有利于维护广大人民根本利益的行为和举措，我们都要坚决支持，并促进其发展。现在我们有些节目受国外不良思想影响，办得不是通俗，而是庸俗、媚俗。如果不坚持用“三个代表”重要思想来衡量我们的广播影视宣传工作、文艺工作，那么庸俗文化、腐朽文化就会乘虚而入，我们的事业就会受到严重损失。

**（六）把“三个代表”重要思想作为我们的政治保证**

要在“三个代表”重要思想的指引下，通过广大广播影视工作者的共同努力，完成好广播影视宣传、改革、发展、创新的各项任务。

**1. 以“三个代表”重要思想为指导，做好广播影视宣传工作**

我们要宣传好“三个代表”重要思想。要通过广大干部群众的深刻体验、生动实践创造的新鲜经验，从理论和实践的结合上，从领导和群众的结合上，从历史和现实的结合上，深入宣传“三个代表”重要思想的重要意义和科学内涵，为“三个代表”重要思想在全党、全国的贯彻落实创造良好的舆论环境，形成学习贯彻的新高潮。为此，一是要紧紧围绕经济建设这个中心，宣传好改革开放和现代化建设，宣传好党和政府关于经济发展、社会进步的一系列的方针、政策和部署，特别是今年下半年和今后一个时期党和国家的中心工作。前不久，胡锦涛同志对党和国家的工作提出了九个方面的要求，我们要做好宣传这九大方面工作的文章。电台的所有频率、电视台的所有频道都要很好地围绕这九个方面的工作来开展宣传。二是要切实维护好人民群众的利益。广播电视是受众最广的媒体之一，离人民群众最近，在维护群众利益方面有独特的作用。这些年来，我们利用《新闻纵横》、《焦点访谈》、《新闻调查》等广播电视栏目来实施舆论监督，受到了人民群众的欢迎，这是维护群众利益的生动实践。我们要按照“三个代表”的要求，切实把人民群众的利益实践好、维护好、发展好。三是要按照“三个代表”的要求，牢牢把握宣传的正确导向。“三个代表”给我们的各项工作指明了方向，提出了要求。只有按照“三个代表”来搞好宣传，才能把握正确的舆论导向。我们提出宣传工作要做到“三贴近”，这是实践“三个代表”重要思想的重要途径和重要保证。“三贴近”必须以“三个代表”重要思想为指导，离开了“三个代表”来搞“三贴近”，就要出问题。我们要以“三个代表”重要思想为指导，牢牢把握正确的舆论导向，弘扬主旋律，满足人民群众的精神文化需求，更好地为党、为社会、为人民服务。

**2. 以“三个代表”重要思想为指导，推进广播影视改革工作**

前不久，中央下发了《关于文化体制改革试点工作的意见》，广播影视体制改革的试点工作已经启动。现在摆在我们面前的一项非常重要的工作就是要指导好、实施好广播影视体制的改革。广播影视体制改革与政治建设、经济建设、文化建设密切相关，与人民群众的根本利益密切相关。目前，广播影视业的发展还远远落后于经济发展，无论是规模、产品的数量、质量，还是从业人员的综合素质，与先进生产力的要求还不相适应，与国家经济发展水平还不相匹配。因此，必须通过改革，加快事业、产业的发展，使广播影视跟上时代发展的要求。在社会主义制度下，怎样搞好广播影视的改革？我觉得还是那句话：要用“三个代表”重要思想来指导。一是要把握一个根本。这个根本就是先进文化的前进方向。检验的标准一看导向是否正确，二看事业是否繁荣兴旺。二是要把握两个重点，即体制和机制的改革。解决体制、机制的问题都是为了发展先进文化，都是为了更好地维护广大人民群众的根本利益，为广大人民群众提供更好的、更丰富多彩的精神文化食粮，满足不同需求。三是要建立三个体系。以电台、电视台为主体，面向大众宣传、满足大众新闻信息需求的公共服务体系；由系统中可用来产业化经营的部分进行产业化发展、企业化管理、市场化运作的市场运营体系；由广播影视行政主管部门按照舆论调控、市场监管、社会管理、公共服务等原则，对广播影视工作进行管理的政府监管体系。四是要做到四个新突破。对文化发展管理的认识要有新突破，高度重视文化建设在整个社会发展中的重要地位；对文化产品属性的认识要有新突破，认识到文化既有宣传属性，也有产业属性；对文化发展的思路要有新突破，必须解放思想、实事求是、与时俱进，摆脱旧的思想观念束缚；对文化产业发展战略意义的认识要有新突破。五是要提供五个保证，即思想保证、组织保证、政策保证、技术保证和人才保证。

**3. 以“三个代表”重要思想为指导，加快广播影视业发展**

广播影视工作面临着来自各方面的挑战，发展是解决我们广播影视工作当前面临的困难和问题的唯一的途径，不发展困难就越堆越多，问题就越积越大。发展是我们执政兴国的第一要务，也是我们广播影视工作的第一要务。广播影视工作的发展，一是我们的宣传业务的发展，这些年在这方面我们做了不少事，但仍然需要很好的考虑。广播方面，中央人民广播电台搞了华夏之声、都市之声、音乐之声，这是我们的业务发展。电视台今年开办了新闻频道，今年年底前还准备开办少儿频道，这都是在进一步拓展我们的宣传业务。国际台的业务也有了新的发展。二是产业发展。广播影视有丰富的资源，很多资源都是可以用来搞产业化发展的。当前我们正在搞付费电视，这是一个新的产业，广播影视业里面的一个新的产业。新的产业就要抓紧抓好，很好地想办法。我现在很担心两条：一条是不对路，就是我们开办的付费频道的内容老百姓不欢迎，没有市场；第二条是不会搞，有很好的内容但不会去推销，不会去运作，这两条是非常致命的。不知道同志们想到没有，目前有三种与高新技术直接相关的文化产业的形式值得我们高度关注：一种是电脑和网络游戏，我们可以利用我们的网络开发这些东西，前景是非常广阔的。另一种就是基于移动通讯的文化消费。通过这个技术可以发展许许多多新的增值文化业务，像随身听、视听点播、互动游戏等等。我们的思路还要开阔一些。如果我们搞付费电视这种新的业务的开发，还是用现在办广播、办电视的方法来办，肯定是搞不好的。因为我们现在的广播电视是公益性的，是公共服务体系。市场运作则不是公益性的，搞付费电视是市场运作体系，是产业发展体系。这是两种头脑，两个思路，两种运行办法。其实，产业发展的潜力还是很大的，广播影视很多产业功能都没有很好地开发出来。我们这么大的一个网络，现在就是传几套节目，那能不亏损吗？所以党组提出来要以业务开发来带动网络的整合和改造，必须要走这一步。现在我们广播电影电视方面的人才多的是，很多有名气的、有影响力的民营影视制作公司里的骨干力量都是从我们这里出去的。为什么在我们这里不行，到别的地方就行了？是体制问题。三是广播影视高科技发展。现在要加快数字电视的发展，进一步推进数字化、网络化。这些都是符合“三个代表”重要思想的，也能够使我们广播影视进一步发展壮大起来，更好地为全面建设小康社会服务。所以我们要抓住这个机遇来发展，积极投身到这个宏伟的事业发展中来。

**4. 以“三个代表”重要思想为指导，强化广播影视管理工作**

要在“三个代表”重要思想的指导下搞好我们的管理工作。我们的管理是非常落后的，观念陈旧，手段也很不适应当前新的形势、新的任务，还存在着不想管、不愿管、不会管和管不了的问题。现在播出主体多元化、产业发展多元化、产品多元化，在这样的情况下，我们原有的一套管理思维、管理方法远远不能适应现在的发展状况。我们要维护先进生产力的发展，要维护先进文化的前进方向，要维护广大人民的根本利益，不加强管理，没有管理的本事怎么行呢？而且我们现有的管理本事都是行政管理的本事，都是管事业单位的本事。管产业怎么管？会管吗？不会。成本核算会搞吗？不会。投入产出怎么来控制？不会。应该说，这方面的知识、才能非常欠缺。所以我们现在一方面要自己培养人才，另一方面也要大量引进人才。很多新的领域需要我们去占领，很多新的知识需要我们去学习，很多新的方法需要我们去掌握，这是我们改革面临的非常严峻的形势。所以我们现在要管两头，要管两个体系，一个是公共服务体系，一个是市场服务体系。我们现在管公共服务体系有经验，至于怎么发展产业，这方面的知识我们缺乏，人才我们也缺乏。包括我们对这方面人才的管理，怎么考查，怎样评价，怎样出台一些新的分配政策，这些都要研究。

## 三、用“三个代表”重要思想的新要求来促进队伍建设出新面貌

胡锦涛总书记在“七一”重要讲话中指出：学习贯彻“三个代表”重要思想的本质要求是立党为公、执政为民。这就对我们如何学习贯彻“三个代表”重要思想提出了新的要求。我们要按照这个新要求，来加强队伍建设。

### （一）要做到政治坚定

广播影视是党重要的喉舌和舆论宣传阵地，我们从事的是宣传工作，一定要高举旗帜，保持一致，把握导向，扩大影响，真正通过我们的广播电视宣传使党的方针政策深入人心，用改革开放的伟大成绩来鼓舞干部群众，更好地统一思想，凝聚人心，把全面建设小康社会的任务完成好。不管风吹浪打，不要迷失方向。政治上一定要坚定，这是我们最根本的一条要求。“法轮功”攻击我们很厉害，就是要把我们的阵地变为他们的阵地。昨天美国之音报道说，他们就是要用中国共产党的媒体来宣传“法轮功”。这就是争夺阵地，争夺阵地的目的是争夺群众。所以在政治问题上我们千万不能动摇，千万不能糊涂，立场要坚定。

**（二）要做到思想解放**

政治上要坚定并不是说我们思想上要保守。我们要解放思想、实事求是、与时俱进、开拓创新。必须把一切妨碍发展的规章制度、陈规旧习破除掉，树立新的发展观，促进新世纪新阶段广播影视业的发展。大家要开动思想机器，思想要活跃。对外部的东西我们也要借鉴，不要怕，有用的我们就拿来，有害的我们就消除掉。昨天党组会研究决定，要组织我们的领导干部去美国学习、培训，主要是进行产业发展、产业运作方面的培训。因为我们缺少这方面的本事，缺少这方面的经验，也缺少这方面的知识。可以请像新闻集团、时代华纳、迪斯尼等国外传媒公司的人来给我们讲讲如何进行产业发展，如何进行资本运作，如何进行市场营销。这是我们事业发展的需要。我觉得我们思想解放得还不够。有些东西中央已经提出来了，可我们贯彻落实起来还是前怕狼、后怕虎，不敢动。这里面原因很多，有许多既得利益的障碍在起作用，但我觉得根本的原因是思想不够解放。

## （三）要做到业务精良

广播影视工作是业务性、专业性很强的工作。我现在觉得我们缺少掌握新业务的能力。原有这方面的业务，在中国来说，我们总局是最权威的，中央电视台、中央人民广播电台、国际广播电台是最权威的。但是我们对一些新知识、新业务的掌握还很不够，远远谈不上精良。数字化、网络化我们怎样搞？市场化、产业化我们如何发展？很现实的问题，付费电视怎么搞？无非又是给几千万去做吧。这样可以吗？投资当然要有的，但投资不能白投资，要成倍地挣回来。光成立市场部还不行，市场部要去营销，推销你的机顶盒，一家一户地推广你的产品。举个例子，要搞一个足球频道，就要把足球俱乐部很好地利用起来，通过他们去推销我们的节目。不能靠广电总局或体育总局去下通知、发文件，这是根本行不通的。因为这是一家一户的事情，是个人爱好的问题。现在这些市场营销的手段我们还不会。所以要进一步做到业务精良，还要我们下很大的功夫。

## （四）要做到作风正派

为人之道，要公道，要正派。现在有一些不良风气值得我们注意。一个就是以权谋私的问题。怎样看待我们手中的权力？“三个代表”的本质要求是立党为公、执政为民，我们的权力是为民所用的，不能用权力来谋私利。现在发生了一些严重的问题，不是一般的以权谋私，已经到了违纪违法的地步。有的人掉进去很深。如果这样一种不良风气蔓延开来的话，会严重腐蚀我们的队伍，怎能搞好我们的事业发展？怎能振兴我们的事业和产业？不可能。还有的

人在下面搞一些歪门邪道。这都不好。每一个人都希望自己有一个良好的工作环境，这个良好的工作环境并不是说要有空调、要采光好，这是物质的环境、硬环境。还有一个软环境更重要，就是要有良好的人际关系。而良好的人际关系要靠每个人共同来营造。现在有的同志之间矛盾很深，无法共事。其实，同志们在一起工作是个难得的机会。凡是团结的地方就会出经验、出成绩、出干部。不团结的地方，不会出成绩、出经验，更出不了干部。同事之间磕磕碰碰是免不了的，每个人都要气度大一些，胸怀要宽广一些。还有一个现象，往往要提拔一个干部，还在讨论阶段，匿名信就呼啦啦到处散发。这不是正确反映问题的态度。这样做，把我们良好的工作环境搞坏了，结果干扰了工作，让我们浪费了很多精力。我赞成有事如实揭发，这是很好的，是公道正派的表现。但是无中生有、莫名其妙地乱来，这就不正派了。我们不能够让这样一种不良风气抬头，更不能形成这样一种坏风气。我们广电总局、中央三台应该有一个良好的工作氛围，有一种干事创业的氛围，有一种合作共事的氛围，有一种求真务实的氛围，有一种团结和谐的氛围，在这样的氛围中，才能干成事，才能造就人。总之，我觉得作风是非常重要的，说小一点是为人之道，说大一点是一个党、一级组织的风气和形象问题，必须引起高度重视。

（2003年8月12日）

# 开创广播影视工作新局面的方略探究

全面贯彻十六大精神，以“三个代表”重要思想为指针，努力开创广播影视工作的新局面，关键是要在五个“全面”上下功夫。

## 一、全面把握广播影视工作的基本形势

当前广播影视工作的基本形势可以用八个字来概括，就是“形势大好，困难不少”。

### （一）形势大好的主要标志

#### 1. 宣传工作开创了新局面

这段时间，广播影视宣传工作的中心任务就是迎接、宣传、贯彻十六大，学习、宣传、贯彻“三个代表”重要思想。各级广播影视部门按照中央的要求和部署，充分发挥广播影视的特点和优势，调动广播影视工作者的积极性、创造性，把握主题，围绕主线，唱响主旋律，打好主动仗，掀起了迎接十六大、学习贯彻“三个代表”重要思想、现代化建设成就和党的建设新鲜经验的三个宣传热潮。

中央电台、中央电视台、国际台和地方各级电台、电视台开办了多种专题节目、栏目，充分宣传了在“三个代表”重要思想指导下，我国社会主义现代化建设的辉煌成就，党的建设的崭新局面。同时播映了一批向十六大献礼的电视剧、重点理论文献片和电影。整个围绕十六大的宣传导向正确、生动深入，内容丰富、重点突出，精品荟萃、异彩纷呈，声势浩大、气氛热烈，为十六大胜利召开营造了昂扬向上、团结奋进、开拓创新的良好舆论氛围。十六大开幕式和新一届中央政治局常委与中外记者见面的两场现场直播，全国广电系统所有播出机构全部并机转播中央人民广播电台、中央电视台第一套节目，70多个国家和地区的218个电视机构使用了中央电视台的信号，国际台也用9种语言向全世界直播了十六大开幕式，形成了世界广播电视转播史上空前壮观的场面。对此，胡锦涛总书记多次表扬，中央十分满意，社会各界充分肯定，广播影视系统精神振奋。

**2. 事业发展迈上了新台阶**

广播影视业发展欣欣向荣，令人鼓舞。广播进一步发挥优势，拓展生存空间，在激烈的竞争中走进了新天地，贴近性进一步增强，影响进一步扩大，作用进一步提升，特别是广告收入在上一年的基础上继续保持着较高的增长幅度；电视作为主要产业，在整个事业发展中仍然发挥着龙头作用，各个方面都保持着强劲的发展势头；中国广播影视节目交易中心已正式运转，节目交易平稳发展；电影进一步打造精品工程，创作生产了一批迎接十六大的优秀影片，影院改造和数字影院的建设，大大改善了电影欣赏的环境和条件，深受群众欢迎；“西新工程”第一、二阶段任务胜利完成，第三阶段第一期工程任务已经确定并开始启动，将进一步提高广播电视的覆盖水平；“走出去工程”取得较大面积的丰收，为把中国的声音传向世界各地迈出了重要一步；电影“2131 工程”和广播电视“村村通”二期工程进展良好。全国广播电视基础设施建设有了新发展，中央电视台新台址建设工程经国务院批准，已完成设计招标工作，北京广播影视中心、中国电影博物馆等一批现代化的广播影视基础设施建设陆续开工或投入使用。

3. **改革有了新思路**

广播影视体制、机制、人事制度改革全面推进。节目改革创新力度加大，频道（率）专业化、栏目个性化、节目精品化出现新面貌，中央人民广播电台第二、三、七套节目和中央电视台第四、九套节目进行了全面改版；国际台 43 种语言对外广播的实效性取得新的突破，海外听众来信数量突破百万大关；地方电台、电视台节目、栏目新意盎然。集团化改革稳步推进，已组建的集团建立了集团化运作的初步模式；新批准了 3 家省级广电集团、3 家省会市广电集团和 2 家电影集团，使广播影视系统的集团总数达到 19 家（其中已成立 13 家）。电影发行放映体制改革取得历史性的突破，全国已组建电影院线 35 条并启动经营，其中北京、上海、湖北、湖南、广东、四川组建了 2 条，江苏、浙江组建了 3 条，票房比 2001 年增长了约 7%。人事制度改革进一步加强，全面推进了领导干部选拔任用制度、机关和企事业单位用人制度、内部收入分配制度以及在职人员培训制度等方面的改革，制定出台了播音员和主持人、电视剧制片人持证上岗等有关规定。

4. **管理有了新手段**

针对管理工作出现的新情况、新问题，各级广播影视部门采取了一系列行之有效的管理办法，特别是积极利用高新技术手段加强管理，取得明显成效。建立了全国上星电视节目监听监看、视听评议和黄金时间电视剧及谈话类、法制类、娱乐类节目重点调控等宣传管理制度，完善了广播电视播出机构技术监管、电视剧信息管理、视频点播监看网络、网上传播广播影视类节目监看系统等日常监管机制。充分利用高新技术建立了安全播出调度指挥系统、安全播出监控系统、传输覆盖系统等一系列防范监管机制和运行机制，确保了广播电视的安全播出。建立了连接全国广电系统的办公自动化系统和电视会议系统，为加强行业管理提供了有效技术手段。同时，建立了境外卫星电视节目监管平台，使进入我国三星级以上宾馆的境外26套卫星电视节目得到了有效监控。

### （二）面临的主要困难和问题

**1. 挑战日益严峻**

随着对外开放的不断扩大和广播影视业的蓬勃发展，我们面临的挑战也越来越严峻。这种挑战不光来自国内媒体，更多的来自海外媒体的直接进入和海外文化产品的大量涌入。海外音像制品通过各种渠道进入的数量更是呈快速增长势头；海外媒体在国内纷纷设立办事机构并采取人才本土化策略，挖走我各类人才。这些都直接对我国广播影视的发展形成威胁，使我们的阵地、人才、市场都面临着被分割、被侵占的危险。

**2. 广播影视的发展现状与人民群众日益增长的精神文化需求不相适应**

随着社会的发展和人民生活水平的不断提高，广大人民群众对精神文化的需求也不断增加，特别是对广播影视的要求越来越高，并且呈现出多样化、个性化的特点，而目前我们的广播影视优秀作品还偏少，节目和影片还存在着内容雷同、形式单一、手法陈旧等诸多问题。特别是在广播电视节目频率、频道日益增多的情况下，还不能区别不同的收听收看对象，提供针对性、服务性更强的各类对象性节目，不能满足人民群众多层次、多方面的精神文化需求。

**3. 事业发展仍然存在许多困难**

由于旧思想的束缚和体制上的原因，我们的观念还比较陈旧，思想还不够解放，对于如何在坚持广播电视喉舌功能、坚持正确舆论导向的前提下，积极开发广播影视的产业功能，推动广播影视产业进入市场，在市场竞争中发展壮大自己，认识还有偏差，思路还不清晰，政策还不明确，工作还不主动，措施还不到位。

因此，既要看到广播影视在国家经济、政治、文化生活中的作用越来越大、地位越来越重要，党和政府对广播影视越来越重视，人民群众对广播影视越来越欢迎，形势大好，前途光明，也要充分认识到在前进道路上还困难重重、问题多多，挑战严峻。我们要居安思危，增强忧患意识，始终保持清醒头脑，正视存在的困难和问题，下定决心改进广播影视工作，下大力气发展广播影视业。

## 二、全面总结十三年来的基本经验

十六大报告回顾了党的十三届四中全会以来十三年的不平凡历程，高度评价了我们党和国家取得的辉煌成就，科学总结了党领导人民建设中国特色社会主义的基本经验。这十条基本经验，同我们党在新时期的基本理论、基本路线、基本纲领一并构成一个科学体系，对于党和国家事业的发展具有长远的指导作用。

对于广播影视系统来说，这十三年也不寻常，既是经受严峻考验的十三年，也是大改革、大发展的十三年。十三年来，我们经历了一系列重大政治活动及突发性事件。广播影视系统高举邓小平理论伟大旗帜，紧紧团结在以江泽民同志为核心的党中央周围，把思想统一到中央的精神上来，把力量凝聚到中央的部署上来，坚持以科学的理论武装人，以正确的舆论引导人，以高尚的精神塑造人，以优秀的作品鼓舞人，唱响主旋律，打好主动仗，牢牢把握正确舆论导向，积极改革创新广播影视工作，事业不断发展，影响不断扩大，地位不断提升，作用不断增强。推出了一大批优秀广播影视作品，实施了“西新工程”、“村村通工程”、“走出去工程”、“2131 工程”等扩大国内国外广播电视覆盖和加强电影放映的一系列重点建设项目，建立了无线、有线、卫星等多技术多层次混合覆盖的、现代化的、世界上覆盖人口最多的广播电视覆盖网，广播人口综合覆盖率达到 92.93%，电视人口综合覆盖率达到 94.2%，有效解决了全国人民听广播、看电视问题，为国家经济建设、政治建设、文化建设和社会全面进步做出了重要贡献，为改革发展稳定创造了良好的文化环境和舆论氛围。

十三年的艰苦历程，广播影视工作取得了优异成绩，积累了丰富经验。这些成绩和经验的取得，要归功于党中央、国务院的正确领导，归功于各有关部门、社会各界对广播影视工作的大力支持，归功于广播影视战线全体干部职工的奋发努力、辛勤工作。认真总结这些成绩和经验，发扬优良传统和作风，是新世纪新阶段广播影视业进一步发展壮大的重要保证。

十三年来广播影视工作的基本经验是：

**（一）高举旗帜，保持一致**

这是广播影视工作的根本要求。任何时候、任何情况下，广播影视都必须高举邓小平理论和“三个代表”重要思想伟大旗帜，与党中央保持高度一致，坚持党的基本理论、基本路线、基本纲领、基本经验不动摇，坚持党对广播影视的绝对领导不动摇，坚持广播电视的喉舌性质不动摇，牢牢把握正确舆论导向，充分发挥广播影视推进改革、促进发展、维护稳定的重要作用，为社会主义物质文明建设、政治文明建设和精神文明建设做出积极贡献。

**（二）围绕中心，服务大局**

这是广播影视工作的中心任务。广播影视作为党、政府和人民的喉舌、重要的思想文化阵地，必须始终围绕经济建设这个中心，坚持为人民服务，为社会主义服务，为全党全国工作大局服务，努力为社会主义现代化建设创造良好的舆论环境。要增强政治意识、大局意识、责任意识，锐意进取，开拓创新，动脑筋，想办法，不断改进广播影视宣传，做到既主题鲜明，又生动活泼，增强吸引力和感召力，为改革开放和现代化建设提供强有力的精神动力和舆论支持。



**（三）把握导向，安全播出**

这是广播影视工作的头等大事。确保正确舆论导向，确保广播电视安全播出，两者互为依存，缺一不可。广播电视是党和人民的喉舌，必须确保在任何时候、任何情况下，都要坚持正确舆论导向，不仅新闻节目要坚持正确导向，经济、文艺、娱乐、体育、广告等各类节目都要坚持正确导向。同时，必须采取一切手段，确保广播电视安全播出。导向正确但不能安全播出，再正确的导向也是空的；安全播出很好但导向错误，危害更大。正确导向和安全播出事关国家安全、社会稳定，事关党和国家的声音传到千家万户，恰如鸟之双翼，缺一不可，必须确保。

### （四）基调平稳，主调突出

这是做好广播影视宣传工作的基本要求。广播影视宣传要体现马列主义、毛泽东思想、邓小平理论和“三个代表”重要思想的指导地位，体现先进文化发展的要求，认真贯彻落实“以科学的理论武装人，以正确的舆论引导人，以高尚的精神塑造人，以优秀的作品鼓舞人”的任务，积极反映改革开放的伟大实践和现代化建设的丰硕成果，热情宣传各条战线涌现出来的新事物、新经验、新典型，唱响主旋律，打好主动仗，保持基调平稳，做到主题鲜明，在整个社会营造一种昂扬向上、团结奋进、开拓创新的良好舆论氛围。要准确分析改革的形势、发展的现状，准确把握社会的脉搏、群众的情绪，准确判断舆论的作用、宣传的效果，不断增强广播影视工作的针对性和实效性。要组织好各项重大宣传报道任务，始终掌握广播影视工作的主动权。

### （五）改革创新，与时俱进

这是广播影视业发展的动力和灵魂。解放思想，实事求是，与时俱进，开拓创新，才能确保广播影视业不断发展，做强做大，才能更好地做到“四个人”，做好“三个服务”。要抓好理论创新、体制创新、宣传创新、艺术创新、科技创新、管理创新，特别要强调解放思想，在思想观念上有大的突破。没有思想上的突破，不可能有工作事业上的突破。不突破就没有创新，不创新就没有发展，不发展就没有出路。要把思想认识从那些不合时宜的观念、做法和体制的束缚中解放出来，大胆改革，大胆创新。始终坚持实践第一、

实践是检验真理的唯一标准这一马克思主义的基本观点，一切从实际出发，真抓实干，努力开创广播影视业发展的新局面。

### （六）抓住机遇，加快发展

发展是硬道理，发展是第一要务。广播影视只有发展才能繁荣，才能守住并扩大阵地，才能壮大实力、提高竞争力。要强化发展意识，突破一切阻碍发展的思想观念，抓住一切有利于发展的机遇，加快发展步伐，要在广播影视系统形成“聚精会神搞建设，一心一意谋发展”的浓厚氛围。在坚持广播影视喉舌性质，坚持正确的导向，坚持社会效益第一的前提下，只要是有利于广播影视业发展的，就大胆地去做，大胆地去闯，在发展中做强做大，通过发展解决工作中遇到的矛盾和问题。

### （七）繁荣创作，狠抓精品

多出优秀作品是大力发展先进文化的需要。要坚持“二为”方向和“双百”方针，弘扬主旋律，提倡多样化，大力实施“精品工程”。深入生活，深入实际，深入群众，集中人力、物力、财力，着力打造一批思想性、艺术性、观赏性高度统一，深受广大人民群众欢迎，经受历史考验，能立于世界文明之林的精品力作和传世之作；经办一批能够立得住、叫得响、传得开的名牌节目、名牌栏目、名牌频道和名牌频率，繁荣广播影视文艺，多出优秀作品，满足广大人民群众日益增长的精神文化需求。

### （八）加强管理，改进工作

管理是保障。要一手抓繁荣，一手抓管理，针对事业发展中出现的新情况、新问题、新特点，不断强化管理意识，更新管理理念，完善管理法规，改进管理办法，提高管理水平。适应广播影视数字化、网络化发展进程，充分利用高新技术，拓宽管理领域，实施现代化管理。加强广播影视法制建设，完善广播影视法规体系，做到有法可依，有法必依，执法必严，违法必究，为事业健康发展创造良好的法制环境。注重调查研究，一切从实际出发，探索建立适应形势发展需要的新型管理体制。

**（九）内外并重，形成合力**

这是广播影视工作的重要原则。实现让党和国家的声音传入千家万户，让中国的声音传向世界各地的宏伟目标，必须充分发挥广播影视优势，对内宣传和对外宣传并重，广播、电视、电影及广播影视报刊、新闻网站联合作战，形成合力。广播影视各显所长、优势互补，共同形成“国家主力”的强大阵容。大力实施“走出去”战略，坚持以我为主的原则，加强国际合作与交流，不断推进我广播影视节目的海外落地，扩大影响，树立中国在世界的良好形象，营造有利于我建设中国特色社会主义的国际舆论环境。

**（十）加强党建，带好队伍**

这是广播影视业兴旺发达的根本保证。坚持党管媒体、政治家办台的原则。加强广播影视系统党的理论建设、思想建设、组织建设、作风建设，坚持和发扬艰苦创业的优良传统，全心全意为人民服务，无私奉献，开拓进取，努力建设好广播影视系统的各级领导班子，努力建设好政治强、业务精、纪律严、作风正的广播影视队伍。加强党风廉政建设，坚持不懈地开展反腐败斗争，大力加强职业道德建设，抓好纠正有偿新闻等行业不正之风工作。

以上十条，是十三年来广播影视宣传和事业发展的实践经验结晶，是今后广播影视抓好宣传、搞好建设、推进改革、加快发展必须遵循的基本原则。坚持这些基本经验，充分发挥广播影视工作者的聪明才智，将使我们的广播影视工作方向更加明确，思想更加统一，行动更加坚定，前景更加光明。

## 三、全面贯彻十六大精神的基本要求

十六大对我国新世纪新阶段社会发展的各个方面进行了全面的战略部署，为我们党和国家各项事业的大发展吹响了号角，也为广播影视的大发展提供了难得的历史机遇。宏伟蓝图已经绘出，行动纲领已经制定，广播影视要抓住机遇，乘势而上，加快发展。当前和今后一个时期广播影视工作的总的要求是：围绕主题，把握灵魂，狠抓落实，全面贯彻党的十六大精神，解放思想，实事求是，与时俱进，全面推进广播影视业的繁荣发展。

为此，提出以下六点基本要求：

### （一）要用“三个代表”重要思想统领广播影视工作

党的十六大把“三个代表”重要思想写进党章，把它与马克思列宁主义、毛泽东思想、邓小平理论一道确立为我们党长期坚持的指导思想，并在报告中进一步阐述了全面贯彻“三个代表”重要思想的根本要求。这一重大举措具有划时代的历史意义，必将对党的建设和中国社会发展产生深远的影响。“三个代表”重要思想是十六大的灵魂。全面贯彻十六大精神，首要的、最根本的就是要全面贯彻“三个代表”重要思想。胡锦涛总书记最近在关于宣传思想工作的重要指示中指出，必须高举邓小平理论伟大旗帜，用“三个代表”重要思想统领宣传思想工作。广播影视工作作为宣传思想工作的重要组成部分，毫无疑问，在任何时候、任何情况下，都要坚持用“三个代表”重要思想统领广播影视工作，用“三个代表”重要思想贯通广播影视工作的全局，贯穿广播影视工作的始终，贯彻广播影视工作的各个方面。

**1. 按照“三个代表”重要思想搞好广播影视宣传**

广播电视是党和人民的喉舌，是当今社会影响最广泛、传播最迅捷、受众最多的最重要媒体，在党和国家的宣传工作中负有神圣使命和重大责任。广播影视宣传工作做得怎么样，直接关系到党的整个宣传工作的深度、广度和力度，关系到宣传工作的质量和水平，关系到党和国家工作的大局。广播影视工作者要认认真真、扎扎实实地学习和理解“三个代表”重要思想的科学内涵、完整体系、理论地位、现实意义、时代精神和创新品质，把“三个代表”重要思想渗透到各项具体宣传工作中去，指引宣传方向，把握宣传思路，确定宣传选题，落实宣传计划，完成宣传任务。

**2. 按照“三个代表”重要思想发展广播影视事业**

“三个代表”重要思想是广播影视业发展的行动指南和政治保证。广播影视业要大发展，就要按照“三个代表”重要思想的要求来指导工作、促进发展。一方面，我们要按照“三个代表”的要求，自觉为发展先进生产力、发展先进文化、满足人民群众日益增长的精神文化需求提供有力的服务，发挥重要作用；另一方面，我们的各项工作都要体现“三个代表”重要思想，使广播影视成为先进生产力、成为先进文化、成为广大人民根本利益的实践者、维护

者，进一步繁荣、发展、壮大广播影视业。

**3. 按照“三个代表”重要思想创新广播影视理论**

“三个代表”重要思想是我们党的根本指导思想，是做好各项工作的理论基础，对各个领域的理论发展和理论创新都具有根本的指导意义。目前，广播影视业的新发展迫切需要与之相适应的理论支持，而现有的理论已不适应形势发展的需要，落后于实践发展的步伐和事业、产业发展的要求，有的理论观点甚至束缚和阻碍事业、产业的发展。必须按照“三个代表”重要思想的要求，进一步加大广播影视理论创新力度，提出适应形势发展要求的新理论、新思想、新观点，为广播影视业的大发展奠定理论基础，提供理论指导。

**4. 按照“三个代表”重要思想建设好广播影视队伍**

要用“三个代表”重要思想武装广播影视系统广大干部职工的头脑，提高理论水平和思想政治觉悟；要按照“三个代表”的要求，改进干部职工的思想作风、工作作风，把干部职工的思想统一到“三个代表”重要思想上来、力量凝聚到实践“三个代表”重要思想上来，不断提高干部职工的业务能力和工作责任心，不断增强队伍的凝聚力、战斗力和创造力。

**5. 按照“三个代表”重要思想检验广播影视工作**

“三个代表”重要思想是实践的结晶，是检验广播影视工作的根本标准。广播影视各项工作做得如何，效果怎样，都要看是不是符合“三个代表”，是不是做到了“三个代表”。凡是符合“三个代表”的，促进了先进生产力的发展，体现了先进文化的前进方向，反映了广大人民的意愿和要求，维护了广大人民的根本利益，就要毫不动摇地坚持；凡是不符合“三个代表”要求的，就要坚决予以纠正或努力加以改进。

### （二）要用全面建设小康社会的宏伟目标推动广播影视工作

党的十六大站在时代和历史的高度，从大局着眼，科学判断中国社会发展的客观历史进程，提出了在本世纪头二十年全面建设小康社会的宏伟目标。这个目标作为中国特色社会主义全面发展的目标，从经济、政治、文化、生态四个方面提出了具体要求，把文化建设和经济建设、政治建设有机地融为一体，突出了文化建设和精神文明建设的重要战略地位和巨大作用。广播影视作为文化建设的重要组成部分，作为当今社会手段最先进、影响最广泛、效果最显著的现代传播媒介，在全面建设小康社会的过程中担负着崇高使命和重大责任。没有广播影视业的全面繁荣，就没有国家文化事业、文化产业的全面繁荣，也就不可能有效实现全面建设小康社会的宏伟目标。因此，广播影视系统全面贯彻落实十六大精神，就要把全面建设小康社会的奋斗目标牢记在心，按照奋斗目标的要求，找准广播影视业发展的新的历史定位，确定本世纪头二十年的发展方向、工作思路、具体任务及各项措施，精心组织，精心实施，促进广播影视业实现跨越式的大发展、大繁荣，进一步扩大在国内的影响，跻身世界前列，从而更好地发挥在正确引导舆论、建设先进文化、提高全民族思想道德水平和科学文化素质、增强国家综合实力和民族凝聚力方面的重要作用，为小康社会目标的全面实现做出应有的贡献。

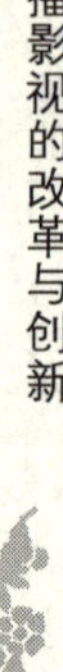

### （三）要用与时俱进的时代要求创新广播影视工作

与时俱进是十六大的精髓。与时俱进就是要在我们的全部理论和工作中充分体现时代性，把握规律性，富于创造性，其核心就是要突破、要创新。时代在前进，社会在发展，创新永无止境。能否把握时代性，能否创新思维，形成新时期发展的新思路，直接关系到广播影视业的前途和命运。我们要善于从中国和世界社会发展的大格局、大背景来分析和研究广播影视业所面临的新形势、新任务，分析加入WTO后面临的新挑战和新机遇，分析经济全球化、社会信息化的冲击和影响，分析在全面建设小康社会中人民群众的新需求，分析国家实施信息化战略提供的新机遇，分析高新技术发展产生的新影响，按照与时俱进的新要求，把握时代的新特点，进一步解放思想，更新观念，在工作思路、工作内容、工作方法、工作形式、工作手段等方面大胆探索，勇于创新，不断推进广播影视业的改革与发展，完成时代赋予我们的光荣使命。

### （四）要用"第一要务"的原则发展广播影视工作

党的十六大强调，必须把发展作为党执政兴国的第一要务。党要承担起推动中国社会进步的历史责任，必须紧紧抓住发展这个执政兴国的第一要务，把坚持党的先进性和发挥社会主义制度的优越性，落实到发展先进生产力、发展先进文化、实现最广大人民的根本利益上来。广播影视业要按照十六大的这一原则，把发展作为第一要务，牢固树立发展的观念，极大增强发展的意识，始终突出发展的主题。一切妨碍广播影视发展的思想观念都要坚决冲破，一切束缚广播影视发展的做法都要坚决改变，一切影响广播影视发展的体制弊端都要坚决革除，努力加大改革的力度，积极加快发展的速度，紧紧围绕把广播影视业做强做大来做好发展这一篇大文章。

发展必须抓住机遇。十六大提出了本世纪头二十年为我国重要发展战略机遇期的科学论断，广播影视也正面临着难得的发展机遇：我国社会主义市场经济的逐步建立和完善，要求广播影视的发展与之相适应；以数字化、网络化为标志的现代高新技术的迅猛发展和广泛应用，为广播影视发展注入了强大的动力；加入WTO和中国国际地位的日益提高，为广播影视在更大范围、更广领域、更高层次参与国际合作、交流与竞争，赢得了前所未有的发展空间和舞台；人民群众日益增长的多样化、个性化的精神文化需求，为广播影视发展提供了更为广阔的市场和更为光明的前景；广播影视多年努力形成的强大规模和实力，为进一步发展打下了良好的基础。特别要指出的是，党和政府对广播影视工作寄予殷切期望。可以说，我国广播影视业的发展目前是机遇大好、道路宽广、势头正猛，需抓住机遇，乘势而上，积极推进理论创新、体制创新、科技创新、文化创新，力争在发展中解决广播影视现行体制和结构的深层次矛盾，有效整合广播影视资源特别是网络资源，确立广播影视在国家产业发展新格局中的战略地位，实现做强做大的目标。

**（五）要用文化建设和文化体制改革的任务来谋划广播影视工作**

党的十六大明确提出了全面建设小康社会，必须加强文化建设和文化体制改革的任务，强调要积极发展文化事业和文化产业，继续深化文化体制改革。指出发展文化产业是市场经济条件下繁荣社会主义文化、满足人民群众精神文化需求的重要途径。广播影视作为社会主义文化建设的重要组成部分，必须按照这个任务的要求来认真谋划改革发展工作。一方面，要将广播影视业的改革发展纳入国家文化建设和文化体制改革的总体框架内，从宏观上予以把握和考虑；另一方面，要按照文化建设和文化体制改革的总体要求，具体制定广播影视业改革发展的规划和方案，大力推进广播影视事业发展进程，努力加大广播影视产业开发力度。要改变目前广播影视产业发展主要依靠广告创收的单一经营模式，以市场需求为先导，以新业务开发为着力点，拓展经营范围，盘活可经营性资产，走进市场、开拓市场、赢得市场，在市场竞争中壮大实力，为广播影视业发展提供强大的物质支持。

十六大明确提出，要继续深化文化体制改革，抓紧制定文化体制改革的总体方案，要把深化改革同调整结构和促进发展结合起来，理顺政府和文化企事业单位的关系，加强文化法制建设，加强宏观管理，深化文化企事业单位内部改革，逐步建立有利于调动文化工作者积极性，推动文化创新，多出精品、多出人才的文化管理体制和运行机制。我们要按照这个要求，认真总结现行广播影视管理体制和运行机制的利弊得失，凡是能够推动改革、促进发展的，就要继续坚持并进一步强化；凡是阻碍、束缚发展的，就要坚决改革、坚决摒弃。要从国家经济、政治、文化体制改革的大局出发，从广播影视改革发展的实际出发，探索建立符合广播影视事业发展和产业发展的新的管理体制、运行机制；加快内部结构调整和资源整合，形成有利于广播影视规模化、集约化经营的新体制、新机制、新路子，促进广播影视业实现跨越式的发展。

### （六）要用全面加强党的建设的伟大工程来保障广播影视工作

十六大提出了全面推进党的建设的伟大工程，并从六个方面作了部署。广播影视系统要按照部署，针对自身实际，提出加强党的建设的具体任务和工作措施，保障广播影视宣传和改革发展的顺利进行。

要切实加强广播影视队伍的思想建设、组织建设、作风建设和制度建设。当前和今后一个时期广播影视系统的首要政治任务，就是要按照中央的要求，组织广大党员和干部职工，深入学习贯彻十六大精神和“三个代表”重要思想。特别是各级广播影视部门的党员领导干部要带头学习好、实践好，成为勤奋学习、善于思考的模范，解放思想、与时俱进的模范，勇于实践、锐意创新的模范。要坚持用马克思列宁主义、毛泽东思想、邓小平理论和“三个代表”重要思想武装全体广播影视工作者，把党员和干部职工的思想统一到十六大精神上来，统一到“三个代表”重要思想上来，凝聚到发展广播影视事业的各项部署上来。要加强广播影视系统各级领导班子建设，按照“四化”标准和《党政领导干部选拔任用工作条例》的要求，培养和任用德才兼备、实绩突出和群众公认的人担任领导职务，特别要注意培养选拔优秀年轻干部。要加强广播影视系统基层组织建设，充分发挥基层党组织的核心作用和战斗堡垒作用，及时把那些长期战斗在采编播工作、安全播出工作第一线的业务骨干吸收进党内，增强党的影响力和凝聚力。要按照中央提出的“八个坚持、八个反对”的要求，着力解决广播影视系统在思想作风、学风、工作作风和生活作风等方面存在的突出问题。要加大反腐败工作力度，进一步抓好领导干部廉洁自律和纠正以有偿新闻为主要内容的行业不正之风工作。

## 四、全面完成广播影视工作的基本任务

2003年是十六大召开后的第一年，是我国全面建设小康社会的重要一年，也是广播影视业发展极为关键的一年。今年广播影视工作的指导思想是：高举邓小平理论和“三个代表”重要思想的伟大

旗帜，紧紧围绕十六大主题，坚持党的基本理论、基本路线、基本纲领和基本经验，牢牢把握正确舆论导向，以科学的理论武装人，以正确的舆论引导人，以高尚的精神塑造人，以优秀的作品鼓舞人，解放思想，实事求是，与时俱进，开拓创新，加紧改革，加快发展，加强管理，努力开创广播影视工作的新局面。

关于全年的工作，这里主要强调几项基本任务。

**（一）宣传要有新水平**

宣传工作是广播影视工作的中心任务，今年必须在上一年取得优异成绩的基础上，再上一个新水平。具体体现在：**导向要正确、宣传要创新、影响要扩大、效果要增强**。

要按照中央的要求和部署，积极、全面、准确、深入地宣传十六大精神，使十六大精神深入人心、家喻户晓，特别是要在“深、新、特”上下功夫，掀起学习贯彻十六大精神的宣传热潮，掀起深入学习贯彻“三个代表”重要思想的宣传高潮，掀起全面建设小康社会的宣传热潮。

“深”就是要深入宣传十六大的主题、灵魂、精髓、基本经验、奋斗目标和重要任务等主要内容，深入宣传“三个代表”重要思想的关键是与时俱进、核心是保持党的先进性、本质是执政为民的根本要求。宣传要紧密联系各条战线、各行各业的工作实际，联系人们的思想实际，注重反映各级党委、政府在贯彻落实十六大精神和“三个代表”重要思想的过程中，深入研究、正确回答重大理论问题和实践问题的实际行动。宣传要在深入精神实质上下功夫，在深入人心上下功夫，在推动实际工作上下功夫，避免一般化的报道。广播电视要把握正确导向，要讲群众想听的话，要说群众关心的事，要拍群众爱看的戏。要把理讲清，把情送到，把事办好，增强宣传的贴近性、针对性和实效性。

“新”就是宣传要密切结合当前全党全国工作的新任务，密切结合国内国际新形势，密切结合党的建设的新课题，密切结合全面建设小康社会的新实践，密切结合广大干部群众的新认识，宣传十六大的新思想、新观点、新原则、新政策，宣传贯彻“三个代表”的新要求、新经验、新成果、新典型。不光内容要新，宣传方法、宣传手段、宣传形式也要新，做到新颖生动、丰富多彩、通俗易懂、引人入胜。

“特”就是要充分发挥广播影视生动形象、传播广泛、影响力强、易于接受等特点和优势，精心策划、精心组织、精心实施好各项宣传报道活动。中央台和地方台之间，广播、电视及互联网站、报刊之间，新闻、经济、文艺、影视剧、服务等各类节目，都要密切配合、形成合力，要开设一系列专栏、专题，营造学习贯彻十六大精神和“三个代表”重要思想的热烈气氛。

在具体宣传工作中，要注意把握好几个坚持：

**1. 坚持以正确的舆论引导人**

要做到以正确的舆论引导人，关键是要用“三个代表”重要思想，用十六大的精神武装广大广播影视工作者，用“三个代表”重要思想和十六大精神分析、观察问题，提出解决问题的意见和方法，使我们在广播影视工作中，充分体现“三个代表”重要思想和十六大精神。同时，还必须处理好对党负责与对人民负责的关系。党的意志与人民的愿望是一致的，这是由我们党的性质所决定的。广播影视宣传要准确地反映和体现党的意志，和党中央保持一致，党的路线、方针、政策本身就体现了广大人民群众的愿望和要求；

但由于党的路线、方针、政策在制定和贯彻落实中会有这样或那样的问题，因此我们的宣传还要充分反映人民的呼声和要求，传递人民群众的意见。这二者是有机地融合在新闻宣传和艺术创作中的。实践中，也会出现领导部门叫好的节目或影片老百姓不叫座，而领导部门不易接受的却受老百姓欢迎的情况。这就是因为我们没有处理好对党负责和对人民负责一致性的关系，只片面地强调了所谓的对党负责，忽视了对人民负责，造成宣传与实践的脱节、党的意志与人民愿望的隔裂。对此，必须予以充分注意。不仅新闻节目要注意，艺术创作和其他节目也要注意。如果我们的新闻宣传和艺术创作充分考虑到广大人民群众的利益，做到把体现党的意志和反映人民群众的心声紧密结合起来，就会受到人民群众的欢迎，就能取得很好的宣传效果，宣传工作就会上新水平。

**2. 坚持解放思想，改革创新**

我国广播影视宣传工作具有光荣的优良传统。这是我们今天继续搞好宣传工作的宝贵财富，必须很好继承。但与此同时，我们更要在继承传统的基础上解放思想，大胆改革，勇于创新。十六大报告指出，我们要突破前人，后人也必然会突破我们，这是社会前进的必然规律。这些年来广播影视事业得到快速发展，追根究源，就在于突破，就在于创新；之所以还存在一些问题，原因就是突破不够、创新不够。我们要按照胡锦涛总书记提出的关于创新的要求来做好广播影视宣传工作，做到宣传要密切结合改革开放的实际和人们的思想实际；要区分层次，根据不同对象提出不同要求；要多用疏导的方法，多用让群众参与的方法；要改进宣传的手段和形式，采用便于群众接受的方式；要加强宣传的针对性和有效性，帮助群众解决思想问题和实际问题。

3. 坚持“三深入”、“三贴近”

广播影视宣传只有贴近群众、贴近实际、贴近生活，才有生命力，才有影响力，才有感召力，才能深入人心，发挥应有的作用。要做到“三贴近”，必须做到“三深入”，就是深入群众、深入实际、深入生活。凡是“三深入”做得好的，创作出来的广播影视作品，就能够受到广大人民群众的欢迎，收到“三贴近”的良好效果；没有做到“三深入”的，则遭到摒弃，没有群众，没有市场。所以，我们要在这方面继续加强引导，抓好“三深入”，力求“三贴近”，采编出导向正确、生动活泼的优秀新闻作品，创作出无愧于伟大时代的优秀文艺作品，促进广播影视宣传上新水平。

4. 坚持“二为”方向和“双百”方针

具体地说就是要弘扬主旋律，提倡多样化。弘扬主旋律就是要充分体现先进文化的要求，充分体现马克思主义、毛泽东思想、邓小平理论和“三个代表”重要思想的指导地位，充分体现中华民族的精神，充分体现“四个人”的要求。提倡多样化就是要积极适应新形势下人们思想活动独立性、选择性、多变性、差异性明显增强的特点，积极适应人民群众精神需求呈现的多层次、多样性、个性化的特点，积极适应新闻和艺术必须遵循事实是第一性的、作品是第二性的报道和创作规律的特点，宣传内容要丰富多彩，宣传形式要生动活泼，艺术风格要异彩纷呈，凡是使人受到启发、得到娱乐、获得教育、内容健康的文化都应该允许存在，都应该允许发展。坚持弘扬主旋律，提倡多样化，就能多出优秀作品，就能满足人民群众多方面的精神文化需求，就能创造一个健康向上、繁荣兴旺的良好文化环境。

5. 要坚持“三性统一”要求

广播影视作品要坚持思想性、艺术性、观赏性相统一，既要把握正确导向，又要生动活泼，富于艺术感染力。缺乏思想性的作品，不可能有感召力，不可能具有长久的生命力；而缺乏艺术性、观赏性的作品，则不可能有效表达作品所要表现的思想性，也就不能发挥其应有的教育人、鼓舞人、娱乐人的作用。

### （二）发展要有新思路

改革开放以来，广播影视事业有了很大发展。但要看到，我们事业发展的速度和实力扩张的规模，还远没有能够与生机勃勃的社会主义市场经济变革相同步，更无法与发展迅猛的世界广播影视业相匹敌。因此，必须突破原有的思想认识、思维方法、工作模式，确立跨越式发展的新思路。

1. 要把宣传功能和产业功能进一步开发起来

广播影视具有双重属性，既有宣传功能，又有产业功能；既是党和人民的喉舌、重要的思想文化阵地，又是非常具有潜力的文化产业。多年来，广播影视在正确引导舆论、服务全党全国工作大局方面，做出了很大努力，取得了骄人的成绩，宣传功能得到了充分的发挥。但是，产业功能的开发相对薄弱，除了广告之外，可以说大部分的产业功能都没有得到有效开发。当今世界经济文化发展的一个突出现象就是文化产业的兴起和迅速发展。美国的文化产业已经超过其他产业成为第一大产业，我国传媒业 2001 年利税收入也达 1000 亿元，成为列居信息业、制造业、旅游业之后的第四大产业。广播影视要发展壮大，必须在继续坚持宣传功能、确保正确舆论导向的前提下，加大产业开发力度，在产业发展上多做文章，做好文章，做出一篇大文章。只要方向正确、目标明确、措施得力，有利于广播影视业发展的，就要大胆地闯、大胆地做，总局将在政策上给予大力支持。

**2. 要在产业开发上把单纯的广告开发转向以广告开发为主、多项开发并进的路子上来**

迄今为止，我国的广播电视业基本上是一种公益性事业，除有线电视收取非常低廉的线路维护费外，创收主要靠广告。而在美国，去年电视业的广告收入仅为1000亿美元，付费电视收入则高达1700亿美元，收视费收入已占绝对优势。因此，开发广播影视产业，不能把眼睛仅盯在广告上，而要大力开发多种业务，特别是付费电视和付费广播业务。听众观众产生多样化的专门收听收视需求，是社会经济发展到一定程度时的产物，比如想随时了解各地的气候情况，希望及时寻医问药，想从事自己喜欢的文化健身活动，等等。公益广播电视不可能细化出那么多频率和频道来满足这些愿望，单纯的广告市场也不可能支撑起这片发展天地，只有发展付费电视、付费广播等多种业务，才能满足这种多样化、个性化的需求。再如影视节目制作交易业务，很多国家发展很快，而我国这方面的业务才起步，尚未得到充分的重视。

**3. 要充分发挥高科技的带动作用**

广播影视是现代科技的产物，广播影视的发展特别是产业发展离不开高新科技的引导和促进。数字化、网络化的发展，正在给广播影视的各个方面带来革命性的变化。对此，发达国家已占据领先，美国计划在2006年完成从模拟向数字的过渡，英国的数字电视用户已超过1000万。我国电信行业已经建成由固定与移动、地面与空间互补，覆盖全国，通达世界的公用信息网，实现了由人工向自动、模拟向数字的跨越式转变，固定电话和移动电话用户数均已超过2亿，同时积极开展新业务如短信等，其多媒体短信业务已经可以将照片实时传送。形势逼人，不进则退。我们必须适应新形势，加快广播影视数字化、网络化发展步伐，带动和促进整个广播影视的事业发展、产业开发。今年，广播影视科技工作一要启动建立有线数字电视技术新体系。继续推进本地有线电视网的宽带化、光缆化和双向改造，加快有线电视从模拟向数字化过渡。二要加快推进电台、电视台节目采集、制作、播出、存储的数字化、网络化。推动媒体资产管理系统的建设，制定全国统一的节目库编目、检索格式和相关技术政策。三要继续推进广播影视标准化进程，完善数字广播影视标准体系。推进地面数字电视的试验，促进标准的制定。积极开展数字声音广播试验，制定数字声音广播技术体制和标准。积极推广有线调频广播和调频同步广播。四要加快推进电影的数字化与产业化。加快北京、上海、长春三大电影数字制作基地建设。试播高清晰度家庭影院频道。建立数字影院管理系统。五要完善办公自动化系统，加快推进电子政务。建立包括广播电视播出机构、传输覆盖网以及人事、财务等各方面的全国广播电视事业管理系统，提高广电系统的管理水平和决策能力。

**4. 要大力推进网络开发和广播发展**

继2001年的“西新工程年”和2002年的“安全播出年”后，总局党组已经确定把2003年作为“网络发展年”和“广播发展年”。

网络业务的开发一直是我们的薄弱环节。现在社会上很多单位都在利用网络开发广播影视业务，挤占我们的市场，如有的在网络上传送影视节目、有的开展视频点播业务、有的在彩信手机上传递节目信息等，都是与广播影视有关联的。而广电系统囿于体制、政策等方面的制约，特别是观念上的桎梏，重建设、轻开发，网络业务开发严重滞后，缺乏有效的推动手段。现在就要把充分开发具有高新技术特征的广播电视网络业务，作为新时期广播影视产业发展的突破口，从而带动广播影视产业的全面发展。

“网络发展年”的主要任务是：以开发付费电视为重点，中央与地方相结合，建立网络业务的节目运营平台、传输平台、服务平台。以网络公司为主，积极吸纳社会力量，大力开发网上视音频及增值业务。积极开辟为社会服务的新途径、新领域。“网络发展年”要达到的目标是：推出若干个付费电视频道和多种增值业务，打出品牌，站稳市场，建立统筹规划、上下联动、合理分工、整体运营、利益共享的新体制，力争三年内我国付费电视用户达3000万户，使网络收入成为我们经济增长的主要来源。从我们目前的情况看，开发网络业务的市场要求已客观存在，技术条件已基本成熟，内容资源潜力巨大，还有丰富的社会资源可以利用，网络业务开发的总体条件已经具备，并具有十分广阔的发展前景。付费电视以满足人民群众个性化、多样化、多层次的文化需求为目的，以频道专业化、对象化为标志，以收取用户收视费为主要赢利方式，体现了广播影视的特点和优势，对改变我国电视业长期单纯依赖广告的赢利模式和经营方式也具有十分重要的意义，我们一定要高度重视，抓紧抓好。在工作实施中，要注意把网络业务开发和网络整合紧密结合起来，统筹考虑，同步推进。业务开发要充分考虑现有网络体制的实际状况，网络整合则要积极借助网络业务的开发来进行。在网络业务的开发过程中，要注意把握好宏观调控、合作多赢、分步实施的原则。鉴于这项工作刚刚起步，为积极稳妥地推进这项工作，总局已成立全国有线电视网络整合与开发领导小组，下设了办事机构，成立了业务、财经、技术、综合四个工作小组，统筹考虑全国网络发展与整合工作，提出具体方案，广泛征求各方面的意见，将专门召开一次全国网络工作会议，进行具体部署，推进全面实施。

“广播发展年”的主要任务是：要牢牢把握正确的舆论导向，在遵循大众传播一般规律的同时，注重把握广播工作的个性规律，要针对社会变革日益深入，社会生活多姿多彩的变化，在节目制作、频率设置、体制架构、机制运营、业务开发、管理体系和用人制度等一系列问题上，加深改革、加快创新、加速发展。“广播发展年”要达到的目标是：广播的收听率要明显提高，广播的创收要明显增加，广播的影响力要明显扩大，广播的地位要明显提升。具体要做到以下几点：一要加快广播频率专业化、节目对象化步伐。省级以上电台要按照频率专业化的要求，推出具有特色的专业频率品牌，同时每个频率都要打造出两个以上叫得响的特色节目品牌，力争广播收听率有一个较大提高。为促进这项工作，要改革现有广播评优办法，不但要评优秀节目，还要评选优秀频率。二要加大广播创收力度。在最近召开的全国广播工作座谈会上提出了广播广告五年创收翻一番的目标，今年是第一年，一定要确保增长20%以上，同时大力拓展增收渠道。三要加快广播新业务开发。专业频率发展较好的城市要积极开办有线广播，使有线调频成为广播覆盖的新亮点。同时要抓紧利用无线和有线网络开办远程教育、数字全媒体广播等新业务。四要研究广播节目衍生品市场开发，拓展视听产品市场占有份额，为扩大创收提供新途径。要选择试点尝试广播资本运作，摸索经验。五要建立有中央台、地方台参加的信息、音乐等节目协作网，有效利用现有节目资源。

5. **要进一步加快电影发展**

影片创作要在坚持“二为”方向和“双百”方针的前提下，进一步转变观念，努力创作生产“三性统一”，贴近时代、贴近生活、贴近市场，深受观众喜爱的各类影片，使国产影片最大限度地占领市场份额，实现社会效益与经济效益的最佳统一。要加大优秀国产影片宣传力度，采取多种方式使广大观众更加关注国产电影，走进影院。要积极推进影片创作机制改革，探索以销定产的影片创作方式；继续深化电影院线制改革，使院线朝着“统一品牌、统一排片、统一经营、统一管理”的方向发展，推行和完善电脑售票工作，逐渐形成多条院线竞争有序的电影市场。要继续推进影院改建工作，进一步扩大融资渠道，适当放开外商改造影院的投资比例；增加影院、银幕数的贴息力度，实施影院星级标准评定。要全面推进“电影走出去工程”，加强在国外及港、台地区举办中国电影展工作，有重点地选送国产优秀影片参加国际电影节；组建中国电影海外销售中心，整合资源，扩大渠道，不断增加国产影片海外销售量，扩大市场份额。各级广播影视部门要进一步强化影视合流意识，发挥影视合流优势，认真研究电影发展战略，有电影管理任务的广电局要确定一名局领导和专门机构负责电影管理工作；要认真落实中央给予电影的优惠政策，落实电视对电影的资金支持，落实总局批准的电影集团设置电影频道的意见，促进广播影视的共同发展和繁荣。

6. **要继续抓好“西新工程”和“走出去工程”等重点工程建设**

2003 年“西新工程”主要是完成第三阶段第一期的建设任务。该期工程总投资 17. 6269 亿元，重点加强西藏、新疆、内蒙古、宁夏等八省区电视无线覆盖及宁夏调频广播覆盖，加强华北、东部沿海重点地区的实验工程建设，继续完善监测网建设。这项任务时间紧、责任重、要求高，希望各相关省区广电部门要继续发扬“西新精神”，增强政治意识、大局意识、责任意识，勤奋工作，狠抓落实，确保年底按时完成任务。广播影视“走出去工程”要在2002年取得较大进展的基础上，继续加大工作力度，积极采取有效措施，不断扩大CCTV—4和CCTV—9进入家庭户数，实现CCTV—9在有关重点国家的落地，同时有效推进国际台英语环球广播、多语种环球广播和电影的“走出去”工作。要按照已确定的工作计划，继续推进广播电视“村村通工程”和电影“2131工程”，保质保量完成工作任务。要继续抓紧中波台上收工作。同时，要抓好中央电视台新台址、中国电影博物馆工程等重点项目的建设。

开发广播影视产业，要注意处理好几个关系：

首先要处理好宣传功能与产业属性的关系。宣传是广播影视第一位的功能，这是不容置疑的。做好广播影视工作，在任何时候、任何情况下，都必须始终坚持宣传这个中心，始终强化宣传功能。但是宣传功能的有效发挥，必须要有强大的经济实力做保证，没有经济实力，不可能有宣传的影响力。在目前市场经济的形势下，国家对广播影视的投入十分有限，而且广播影视本身又具有产业属性，具有相当可观的产业发展前景，因此我们不能只强调广播影视的宣传功能而忽略了它的产业属性，不能只讲宣传，不讲发展，只讲守住阵地，不讲壮大实力。要在抓好宣传工作的同时，大力发展广播影视产业，不断壮大广播影视实力。

其次，要处理好社会效益与经济效益的关系。发展广播影视产业，必须按照先进文化的要求，始终把社会效益放在首位。这是政治原则问题，决不允许有任何的动摇与妥协。我们要在把社会效益放在首位的同时，去争取最好的经济效益，力求社会效益和经济效益的最佳统一。

第三，要处理好现有业务与新开发业务的关系。开发广播影视产业，会使我们的新业务迅速增加，整个业务领域更加广阔、范围更加扩大，这就要妥善处理好已有业务和新开发业务的关系。已有业务是广播影视系统长期辛勤工作的结果，在社会上具有广泛的影响，必须继续做好，不断在提高内涵上下功夫；新开发业务是在已有业务基础上的进一步拓展和延伸，要尽量与已有业务相衔接、相协调，纳入整个广播影视业务体系，不断扩大外延，占领更多市场。

第四，要处理好主业与副业的关系。产业开发会使广播影视业务范围扩大到更多领域，有些会做得很大，取得很好的经济效益。但是，广播电影电视始终是我们的主业，是我们的安身立命之本，决不能本末倒置，发展了副业而冲击了主业，要坚持副业为主业服务的原则。要在把主业放在第一位的前提下，主业副业一起抓，共同发展，共同繁荣。

### （三）改革要有新突破

广播影视改革工作经过多年的努力，已经进入了一个新的阶段，既取得了很多成功的经验，也遇到了许多困难和问题。新的一年，要在十六大精神的指引下，继续加大改革力度，取得新的突破。

#### 1. 体制上要有新的突破

体制创新是广播影视业改革的关键。我国广播电视的喉舌性质和按行政区划设立播出机构的做法，决定了长期以来一直实行管办合一的管理体制。这种体制为坚持正确舆论导向，确保政令畅通，做出了显著的成绩。但随着整个国家经济、政治、文化改革的逐步深入和加入 WTO 后国际传媒的挑战，已经越来越不适应形势发展的需要，政事职能分开、管理和运作分离已是大势所趋，必须予以突破。对此要进行深入研究，找出一条既符合实际，又切实可行的路子来。同时，长期存在的电影管理体制上下错位问题，也要设法通过改革予以解决。而事业单位的企业化管理和企业单位的企业化运行，则要积极探索和大力推进。要总结事业单位实行企业化管理的经验和问题，加快探索步伐；要按照现代企业制度“产权明晰、责权明确、政企分开、管理科学”的原则，加大企业单位改制力度，推向市场，参与竞争。

**2. 机制上要有新的突破**

要建立能够充分发挥广播影视特点和优势、推动整个广播影视业健康快速发展的运营模式，形成全新的竞争机制、激励机制和制约机制。

要建立有效的竞争机制，但要防止恶性竞争。作为党和人民的喉舌，广播影视业有自己独特的竞争规则，对此要加以研究。目前有种不好倾向，就是内部竞争存在互相拆台、互相挤压的情况，比如地方台与中央台的竞争，主要应体现在节目质量、服务质量的竞争上，而不应是地方台联合挤压中央台、缩小中央台节目覆盖。同样，地方台之间的竞争，也不能是城市台联合起来对付省级台。这都属于恶性竞争，是不讲政治的表现，必须制止。要鼓励竞争，建立良性的竞争机制，同时要强调团结与协作，特别是地方要维护中央的权威，发达地区要支持不发达地区，东部地区要支持西部地区。做到既有竞争，又有合作，促进广播影视业的整体繁荣与发展。

激励机制是调动工作积极性、创造性的有效手段。在出版系统，评到良好以上的出版社可以得到增发书号的奖励；在北京电台，交通广播的负责人完成全年创收任务可以拿到数十万元的奖励。总局将考虑制定有关激励政策，对工作成绩突出的单位给予相应奖励。譬如为鼓励广播发展，对导向正确、年创收达到一定指标的电台予以相应优惠政策、物质奖励等。各省（区、市）局也可以在这些方面制定一些政策，对事业发展、产业增收的单位和个人给予奖励。力求在全系统形成一种“聚精会神搞建设、一心一意谋发展”的氛围，鼓励创新，激励发展，推动繁荣。

同时，要建立严格的制约机制。这是确保广播影视增强党性原则，坚持正确舆论导向，严格遵守国家法律、法规和党的纪律，促进事业健康发展、产业不断壮大的必要手段。建立制约机制，要充分考虑广播影视业的性质和特点，充分考虑广播影视业改革发展的实际，既要能把该管的事情管住、管好，又要有利于事业的发展和产业的开发；既要能对违规、违纪行为有效约束，又要有利于充分调动每一个人的积极性、创造性。

**3. 用人制度上要有新的突破**

有了良好的管理体制和运营机制，事业的发展还要落到具体的实践者身上。现代社会的市场竞争就是人才的竞争。要突破原有用人模式的束缚，全面推进广播影视各项人事制度改革，建立起既符合党和国家要求、又符合广播影视特点、能够有效调动和提升积极性的用人办法和制度，有利于吸引人才、招纳人才，有利于人才脱颖而出、优胜劣汰，形成干部职务能上能下、人员能进能出、待遇能升能降，队伍素质不断提高，充满生机与活力的用人机制、分配机制、培训机制，特别是要设法吸纳既懂宣传、又懂经营的复合型人才，并给予特殊对待。由中央组织部、中央宣传部、人事部和广电总局联合制定的广电系统事业单位人事制度改革的意见，近日正式印发各地，希望各地结合实际，认真贯彻。

### （四）管理要有新举措

管理是广播影视改革发展的保障。当前管理工作面临着许多新情况、新问题，任务越来越重，难度越来越大。压力主要体现在八个方面：一是内部的压力。近年来的政府机构改革和广电系统内部改革，使得各地广播影视管理机构名称不同，职责有异，地位有别，行业管理难度加大。二是社会的压力。广播影视经办主体日益多样化，特别是系统外节目制作机构违规现象经常出现，一些社会单位任意通过网络或其他手段传送节目的情况、各地私装“小耳朵”的违规行为也不断发生，社会管理任务更加艰巨。三是发展的压力。高科技广泛应用于广播影视领域，在拓展广播影视新业务、促进广播影视事业快速发展的同时，也带来了管理工作的新课题。四是改革的压力。改革给广播影视业带来了巨大变化，但如何建立人、财、物管理的新体制、新机制，提出了许多新任务。五是开放的压力。面对海外媒体的虎视眈眈和海外节目、影片的大量进入，如何与之竞争、守住阵地，如何实施好“走出去工程”扩大自己的影响，管理工作面临新挑战。六是敌对势力的压力。一些邪教组织及西方敌对势力千方百计与我争夺舆论阵地，不断对我广播电视进行干扰破坏，安全播出管理工作任重道远。七是管理部门自身的压力。目前广播影视管理部门还存在职责不清并与相关部门职能交叉等问题，管理关系不顺畅，管理人员素质不适应工作的需要。八是法规方面的压力。广播影视法制建设严重滞后，尚不能做到有效的依法管理。

面对管理工作的新形势、新任务、新问题、新环境和新挑战，

广播影视原有的管理理念、管理体制、管理方法、管理手段已经很不适应要求，必须与时俱进，有一个大的调整和改变。要摒弃旧的管理思维，确立现代管理理念；要改变管办合一的管理体制，建立符合广播影视发展规律，适应新变化、新特点，有助于加强政府行政管理和市场监管的新型管理体制；要变革传统管理机制，建立起人尽其才、物尽其用、有助于调动各方面积极性的管理机制；要改变陈旧的人工管理办法，采用以高新技术为手段的科学、高效的现代化管理方法；要改变粗放式的管理方式，建立责任明确、指标合理的量化目标管理模式。这样，才能理顺关系，化解压力，促进新时期广播影视事业的改革和发展。

应该说，在防范一些邪教组织破坏广播电视安全播出的斗争中，我们对于创新管理已经进行了有益的探索和尝试。总局建立了全国统一指挥、统一调度的管理体系，建立了事前部署、事中调控、事后检查的管理模式，充分运用了现代化的管理手段，使我们取得了安全播出斗争的全面胜利。它给我们的重要启示是：我们不仅要靠技术制胜，更要靠管理制胜。而管理制胜，又取决于管理理念、体制、办法、手段的创新。

### （五）科技要有新创造

广播影视是科技进步的产物，一部广播影视发展史，可以说就是一部科技进步、科技创新史。科学技术的每一次重大变革，都带来广播影视的飞跃发展和深刻变化，特别是当今世界科学技术发展迅猛、日新月异，使广播影视对高新科技的依赖性越来越强。大力推进广播影视科技创新，提高广播影视科技水平，不但是广播影视实现自身飞跃发展的本质要求，而且是实现把党和国家的声音传入千家万户、把中国的声音传向世界目标的必要手段。今年，在继续加强基础设施建设扩大覆盖的基础上，科技要有新创造。要以科技创新为动力，加快广播影视数字化、网络化进程，特别是在网络化发展上要有新突破，建立有线数字电视技术新体系。广播要继续推动数字音频广播、卫星数字声音广播、数字调幅广播等技术的实用化；电影要加快建立完善数字制作、节目数字素材库、数字电影院线三大系统；电视要开办收费频道、推出有线电视视频点播等新业务。要进一步发展移动电视、流媒体等新业务和新技术，有条件的地区可以先行一步。上海在公交车上开展移动电视业务的做法应该提倡。至于地方电台、电视台通过有线网络跨地区整频道（率）传送广播电视节目的工作，尚需研究，不盲目开展。

**（六）思想要有新解放**

思想解放是搞好广播影视发展的先决条件。思想解放的程度，在很大意义上决定了事业发展的程度。思想不解放或者解放得不够，就不可能突破旧的观念、旧的思维模式，就不可能做到理论创新、宣传创新、制度创新、科技创新、管理创新，工作便不能上新水平，局面便不能有新开拓。十六大指出，我们一定要适应实践的发展，以实践来检验一切，自觉地把思想认识从那些不合时宜的观念、做法和体制的束缚中解放出来，从对马克思主义的错误的和教条式的理解中解放出来，从主观主义和形而上学的桎梏中解放出来。十六大还指出，一切妨碍发展的思想观念都要坚决冲破，一切束缚发展的做法和规定都要坚决改变，一切影响发展的体制弊端都要坚决革除。有的同志一谈发展就要政策，可以说，这“三个解放”、“三个一切”就是中央给予我们的最大的、最好的政策。

按照中央关于开展宣传思想文化系统调研工作的要求和部署，今年上半年我们要全面开展调查研究工作，摸清情况、总结经验、分析存在的问题，提出加快广播影视改革发展的决策性意见，推动工作上一个新水平。调研主要围绕如何用“三个代表”重要思想统领广播影视工作，广播影视业改革发展的主要经验及面临的新形势、新情况、新问题，电影繁荣发展，广播影视管理体制，广播影视宣传，广播影视领导班子建设和队伍建设，广播影视集团化改革，广播影视产业发展，广播影视应对舆论战信息战，广播影视文艺创作，广播影视行业如何抵御外来文化侵入、守住阵地，当代科技发展对广播影视业有哪些深刻影响等重大问题展开。要用十六大精神和“三个代表”重要思想统领全部调研工作，牢牢把握调研工作的正确方向，同时要与实际相结合，使整个调研工作既有理论指导，又有充实的具体材料。总局已经成立了调研工作领导小组，每个党组成员都承担了调研题目，分别担任调研组组长，调研组成员主要从总局机关和直属单位抽人组成，同时从省级广电部门抽调一些经验丰富、了解情况的同志参加。各调研组将根据自身课题，除全面了解掌握面上的情况外，还要深入基层了解情况，解剖麻雀，特别是要对相同条件下发展快慢不同的两种典型进行比较，总结成功经验，找出存在的问题尤其是深层次的问题，提出解决问题的办法。调研工作将在春节后全面展开，7 月底之前各组拿出完整的调研报告，总局汇总后报中央。这是一项事关广播影视业繁荣发展的重大工程，希望全系统上下予以高度重视，在总局党组的领导下，全体动员，齐心协力，共同把它组织好、落实好、完成好，为事业大发展和产业大开发确立新思路、找准新途径、开辟新局面。

## 五、全面做好广播影视工作的基本保证

广播影视工作把握导向的任务很重，繁荣艺术的任务很重，解放思想的任务很重，改革创新的任务很重，事业发展的任务很重，产业开发的任务很重，加强管理的任务很重。为确保高质量地完成各项任务，必须做到四个保证。

### （一）政治保证

要认真学习、全面贯彻党的十六大精神，坚持以“三个代表”重要思想指导广播影视各项工作；要坚持党对广播影视工作的绝对领导不动摇，坚持广播电视喉舌性质不动摇，坚持政治家办台原则不动摇；要努力用马克思列宁主义、毛泽东思想、邓小平理论和“三个代表”重要思想武装全体广播影视工作者，切实提高理论政策水平和思想道德素质，增强政治意识、大局意识、责任意识，与以胡锦涛同志为总书记的党中央保持高度一致；要保证党的路线、方针、政策在广播影视系统的全面贯彻落实，围绕经济建设中心，服务全党全国工作大局，为全面建设小康社会做出应有的贡献。

### （二）精神保证

人是要有点精神的。要通过学习贯彻十六大精神，学习贯彻“三个代表”重要思想，进一步振奋精神，激励斗志，始终保持昂扬向上、奋发有为的精神状态，始终保持对党、对国家、对人民的拳拳之心，始终保持对事业、对工作的挚爱之情，弘扬共产党人的蓬勃朝气、昂扬锐气和浩然正气，发扬大无畏的革命精神，顽强拼

搏、无私奉献，锐意进取、开拓创新，勇攀新高峰、开创新局面，为做好全年工作提供不竭的精神动力。

### （三）经济保证

广播影视是高科技、高投入的特殊事业，要想获得大发展，必须要有强大的经济实力做保证，必须要有坚实的经济基础。“西新工程”前，西部七省区造成广播覆盖敌强我弱的局面，关键的一点就是我们缺乏经济实力，而最终改变敌强我弱的局面，很重要的一点也就是我们加大了投入。财大才能气粗，要壮大广播影视实力、增强竞争力，一方面要继续争取国家对广播影视的优惠政策和财政投入；另一方面要大力开发新业务，拓宽创收渠道，挖掘潜力，增收节支，广开财源。只要我们把节目办好，把产业发展起来了，我们的经济实力就会越来越强，经济基础就会越来越牢固，就能把事业不断推向前进，也就能够从根本上有效抵御一切敌对势力的干扰破坏，同时满足人民的需求。

### （四）组织保证

要加强和改进党的建设。要组织党员和干部职工认真学习十六大报告和新党章，认真学习邓小平理论和“三个代表”重要思想，充分发挥党组织的战斗堡垒和党员的先锋模范作用。要加强领导班子建设，按照“四化”标准和干部选拔任用规定，建立朝气蓬勃、奋发有为、廉洁奉公、团结高效的领导班子。要从政治、业务、纪律、作风等方面全面提高队伍素质，特别要针对广播影视系统的薄弱环节，采取有效措施提高人员素质。要大力创造尊重知识、尊重人才的良好环境，培养一大批名编辑、名记者、名播音、名主持、名导演、名演员及高水平的科技工作者和管理者、经营者。要结合广播影视实际，加大从源头上预防和治理腐败的力度，禁止有偿新闻，纠正不正之风。要加强广播影视系统自身精神文明建设，党政工团齐抓共管，为广播影视发展创造一个文明、和谐、团结、奋进的良好氛围。要关心群众生活，特别是要帮助困难职工和艰苦台站的职工解决好各种工作上、生活上的困难和问题。

十六大精神在召唤我们，“三个代表”重要思想在指引我们，全面建设小康社会的奋斗目标在激励我们，经济快速发展的形势在鼓舞我们，人民群众旺盛的精神文化需求在期待我们，全国广电系统的同志们要认清形势，高举旗帜，牢记使命，振奋精神，解放思想，与时俱进，团结奋斗，再创佳绩，在新世纪新阶段夺取广播影视业改革发展的新胜利。

（2003 年 1 月 8 日在全国广播影视工作会议上的讲话）

# 用创新的理论指导广播影视实践

当前，摆在广播影视工作者面前的一项重要任务，就是如何在十六大精神指引下，推进广播影视理论创新。这是一项必须认真面对、必须认真研究、必须认真落实的重要工作。

理论创新是十六大的一个鲜明特征。十六大的理论创新表现在很多方面，其中一个十分重要的内容，就是我们工作的指导思想有了重大的发展。把“三个代表”的重要思想和马克思列宁主义、毛泽东思想、邓小平理论同时确立为我们党的指导思想，这是我们党在马克思列宁主义理论创新方面的一个重大举措，也是我们党在发展马克思主义理论方面的一个重大成果。我们要全面贯彻十六大精神，其中一项重要任务就是按照十六大的精神来创新我们的理论。

应该说，我们已经确立的广播电影电视理论，从总体上来说是正确的、科学的，既符合中国的实际，也符合马克思主义精神。对我国广播影视业的发展发挥了重要的指导意义，使我国的广播影视业不断发展繁荣，更好地为人民服务，为社会主义服务，为全党全国工作大局服务。但是，时代在发展，社会在变化，中国的广播影视业更是处在一种深刻的变革之中。这些深刻的变化，提出了一个

重要的命题，就是我们的理论要创新。理论不创新就不能指导变化了的实践，甚至会阻碍我们的实践，影响我们的实践。因此，在这种情况下，我们必须高举理论创新的旗帜，在“三个代表”重要思想的指引下，根据已经发展变化的实际，创新我们关于广播影视的理论，从而更好地指导广播影视业在新世纪、新阶段的发展。

那么，广播影视理论在哪些方面要发展，要创新呢？

一个是关于广播影视工作的指导思想要创新。根据十六大的报告，根据十六大修订的党章，我们党的指导思想已经发生了新的变化。“三个代表”重要思想与马克思列宁主义、毛泽东思想、邓小平理论一道被确立为我们党的指导思想。“三个代表”的重要思想是指导我们全党工作的指导思想，当然，也是指导我们广播影视工作的重要指导思想。中国的广播影视事业必须在“三个代表”的重要思想指导下来推进、来发展、来繁荣。我们原来讲的以马克思列宁主义、毛泽东思想、邓小平理论为指导，发展成为以马克思列宁主义、毛泽东思想、邓小平理论和“三个代表”重要思想为指导。具体地说，中国的广播影视业如何在“三个代表”重要思想的指导下来工作、来发展，需要很好地研究。从如何代表先进生产力的发展要求、如何代表先进文化的前进方向、如何代表最广大人民的根本利益来研究。要在“三个代表”重要思想的指导下，思考我们的广播影视工作，规划我们的广播影视工作，从事我们的广播影视工作，同时用“三个代表”重要思想来检验我们的广播影视工作。这是一个很大的变化，在这方面要创新。这就带来一系列的问题，大家要深入思考。我们党提出来的是一个总的指导思想，如何用“三个代表”重要思想在每个具体问题上指导广播影视工作，要靠我们这条战线上的同志自己来创造，自己来研究，自己来思考，这是理论创新的一个重大任务。

理论创新的另一个重大问题，就是对中国广播影视业的性质问题要有新认识。很长一段时期，我们中国广播影视业都是作为一个事业来运作、发展和推进的。现在按照十六大精神，中国的广播影视业不仅仅是一个事业，也是一个产业。这就使我们对中国广播影视业性质的理解，发生了很大变化。这既是一个重大的理论问题，也是一个重大的实践问题。是事业就必须坚持公益性质，坚持党和人民喉舌的性质，坚持党的宣传工作的一系列政治原则。这些原则必须遵循，毫不含糊。作为产业，又要按照产业的要求来运作、来发展。这是一个很新的问题。多少年来，在我们中国广播影视的历史上，在我们有关的教科书里，在我们的词典里，中国广播影视业都是作为党的思想政治工作的一个重要阵地，作为宣传事业的一个重要组成部分来论述、来要求、来规范、来解释的。十六大明确提出要积极发展文化事业和文化产业，而作为文化产业，最活跃、受众最多、能够产生最大效益的就是广播影视业。广播影视不仅是文化产业的一个重要组成部分，也是文化产业这一领域中最有活力的一部分，最有实力的一部分，也是最有影响力的一部分。所以，我们在对中国广播影视业性质的认识上需要有一个很大的拓展。如何来界定这个产业，如何处理好宣传功能与产业功能的关系，如何来认识这一产业在政治、经济、文化中的地位和作用，如何来发展和繁荣这个产业，如何使它真正成为中国经济的一个重要支柱性的产业，这些都是新课题。这个理论上的重大突破，必将对我们的广电事业，对我们的广电产业产生深刻的、历史性的、开创性的重大影响，带来重大变化。这是个突破性的变化，是思想理论方面的重大突破。我们一定要看到这个问题的重要性。十六大的贡献很多很

多，其中关于文化产业方面的阐释和论断，随着时间的推移，其重要性和深远意义将日益显现出来。

理论创新的第三个大问题，就是关于我们广播影视业运行方式问题的新探索。中国广播影视业性质、功能的拓展，决定了它在运行方式方法上都将有别于我们单纯把它看成一个事业的这样一种做法和模式。尽管我们原来在这个问题上也有所突破，如事业单位要企业化管理，但这毕竟与推到市场上作为产业来运作有很大程度的不同。既然要按产业的要求来发展，那么如何发展，如何运作就不仅仅是个新的实践问题，也是一个新的理论问题。应该说在事业管理方面，我们有一套比较系统的、成熟的管理办法与经验。但是，作为产业运作，对我们来说还相当陌生。我们的局长、台长，过去都是把广播影视当作事业来做的，是宣传家，现在不仅事业这块要继续坚持做好，同时，作为产业的那块也要按照产业来运作，要学会产业管理的本领。但是现在我们还不会。还是那句老话——找编辑我们能找一大堆，找经理我们找不出来。这就要求我们根据广播影视业功能的拓展这样一种变化来开展研究，以改进我们的运作模式和工作方法，否则的话，就无法按照新时期、新阶段广播影视业的规律来做好广播影视工作。与时俱进这个概念的内涵有三句话，就是我们党的全部理论和工作都要体现时代性，把握规律性，富于创造性。应该说广播影视由于它的性质的发展和功能的拓展，它运行的规律、发展的规律也要相应地发生变化。因此，必须有一套与它的规律相适应的一系列新的思维方法和工作手段。

三个大的问题带来一系列具体的问题。这三个大问题既是重大的理论问题，又是重大的实践问题。

广播电台、电视台长期以来只是单纯的新闻单位，现在既是新

闻单位也是一个重要的特殊的生产制作广播影视产品的部门。加入WTO以后，我们不仅仅面临大量机器制造业的进入，更主要的是要面临大量文化产业的进入。文化产业在西方发达国家是第一产业，经济全球化必然会促进文化方面的交流，这种交流会空前活跃。它不仅仅是一个文化的进入，而且是大量的经济方面的活动。那么，对于这样一些问题，不光是实际工作部门要研究，我们中国广播电视学会和地方各级学会也都要很好地在这些重大问题上做好理论研究工作。理论研究是我们学会的中心任务。中广学会是我们国家最大的广电学术性团体，是广播影视系统最大的，也是最重要的群众团体。所以，要在理论创新方面做文章。这项工作是非常重要的，是迫在眉睫的，我们寄希望于中广学会能在这方面做出贡献。

（2003年1月10日）

# 切实做好广播影视的八项工作

## 一、关于十六大宣传

关于十六大的宣传工作已经做了具体的部署，提出了明确的要求。迎接十六大的宣传是今年广播影视宣传工作的一件大事，是今年下半年广播影视宣传工作的一件要事，可以说是下半年广播影视工作的第一要务。一定要把宣传十六大、贯彻十六大的工作搞好。广播影视工作的影响力，广播影视工作的实力，广播影视队伍的战斗力到底怎么样，要在这次十六大的宣传工作中接受考验。所以，我想强调一下，希望同志们要高度重视十六大宣传工作的重要性和紧迫性，要比历次的宣传工作——建国五十周年、建党八十周年的宣传更热一点、更严一点、更稳一点、更实一点、更好一点。应该说建国五十周年、建党八十周年的宣传是比较热的，比较严的，但十六大的宣传工作更重要。所以气氛要更热烈，宣传热情要更高，把关要更严一点，标准要定得更高一些，纪律要更严格一些，同时要更稳一点。也就是说不能有任何闪失，不能添任何乱子，广播、电视、电影工作都一定不要疏忽，哪怕涉及到一个小问题，如果处理不好，都会出事。所以方方面面都不要出问题，一定要稳、要实一点，因为十六大是事关全党全国工作大局的一次重要会议，事关全局，事关未来，宣传上要更实，工作要更扎实。要按照会议的要求拿出一个工作方案，安排好十六大召开前五十天的宣传工作。中宣部在8月底要召开宣传部长会议，实际上就是要安排十六大前五十天的宣传。所以，各单位回去以后要研究一下，把工作搞实，不要堂而皇之地搞一个原则性的意见，只好看，不管用。中宣部要求广电总局要有具体的工作方案，特别是你们上星频道的播出怎么安排？黄金时段怎么安排？一定要比建国五十周年、建党八十周年的宣传搞得更好，给全党全国工作以更大的推动，在社会上产生更大的影响。



## 二、关于管理工作

这也是本次会议的一个重要议题。

第一，我想强调一下宣传管理。宣传管理是管理工作的核心，其他各方面的管理工作都要围绕着宣传来进行。我们制定广播影视的法律、法规，就是要把广播影视宣传工作搞好；我们搞科技管理，还是要把广播影视的宣传工作搞好。广播影视工作就是宣传工作，这一点必须要明确，这是广播影视工作的性质所决定的。所以，我们的管理工作不能游离于宣传工作之外，要紧紧地围绕宣传工作这个核心、这个中心来进行，这一点必须强调。

第二，管理工作要强调两级管理——中央一级、省一级，要坚持两级管理的原则。中央管全面、管全局，同时还要管重要工作。

这里要把分工明确一下：国家广电总局管中央电视台的12个频道，管中央人民广播电台的8个频率，管北京电视台的9个频道，管各个省的上星频道。为什么要管？因为你们的上星频道到了首都，到了全国，只能是中央管。国家广电总局主要是管导向问题，而不会管具体的人员编制和经营问题。也就是说我们既要管中央人民广播电台和中国国际广播电台的广播，同时也管北京人民广播电台的广播和全国电视台的50个频道——中央电视台12个、北京电视台9个、各省上星的29个频道。要坚持好两级管理的原则，做到守土有责，管好自己的事，管好自己的人。这一点要明确。

第三，我要强调一下管理人的问题。管理与被管理始终是一对矛盾，但矛盾的主要方面是管理者。我们在座的都是管理者，广电局长是管理者，集团董事长也是管理者。所以我们要提高和增强管理意识，提高管理水平，这样被管理者的抵触情绪和反弹就会相对减少。这一点必须明确。如果我们管理者的素质不高，管理不到位，不得法，不得力，就不能怪被管理者不听话。实际上我觉得被管理者不听话的现象是永远存在的，否则要管理者干什么？大家都听话就不用管理了。正因为存在不听话而且始终存在不听话的问题，所以才要管。要处理好这一对矛盾，关键是要提高管理者的素质。当前我们处在改革和发展的新时期，很多问题我们闻所未闻，见所未见。在这样的情况下就需要管理者很好地探索，要沉住气，千万不要简单、粗暴，很多事情要商量着办，涉及到法律、法规、纪律的要按照法律、法规、纪律来办，新问题要商量着办，这一点大家不要急躁，因为问题很多。你们想想看，经济改革问题那么多，关闭小煤窑，但现在也没有完全关闭，还隔三差五地爆炸，还在死人。我们的交通法规制定了那么多，已经非常健全了，但交通事故还是接连不断地发生，交通事故绝大多数是由于违规造成的，很少是因为机械事故。所以我们要客观地、辩证地看待管理与被管理之间的矛盾和问题。

第四，我们广电系统在管理上存在着经验不足、办法不够、手段落后的问题。在这样一种情况下，我们更要积极地创造一种崭新的、适应广电事业发展的管理模式、管理制度、管理办法、管理手段。“西新工程”开始实施时，管理是很落后的，发射机功率的情况弄不准，现在采用了先进的管理办法、管理手段，在任何时候，都可以查出任何地点的任何一台发射机播出的功率够不够，播出的质量好不好，如果发现问题就立刻与工作人员联系，加以改进。过去广电部、广电厅与其他部委、厅局没有区别，管理手段主要是打电话、发文、发传真，没有充分反映广电工作的特点，没有充分利用广电的设施和手段，现在就需要建立一个能够体现广电工作特点的现代化管理系统。前不久，我们参观了水利部的防汛抗旱指挥部，在大屏幕上显示着黄河、长江、黑龙江等大江大河的水情，一目了然。过去条件不允许，管理不到位，现在认识到了就要朝这个方面去努力，建立一套有利于我们事业发展的、科学的、现代化的管理体系。当然，这首先要有一个很好的管理理念。

在讨论中，有的同志讲广电部门是行业管理，行业管理就是行业协会，恐怕不能这么理解。什么是行业管理？就是要把所有的广播影视行业都管起来，但管起来并不是说广电局就成了广播影视行业协会了，我们是政府部门。怎么管理呢？要依法管理，准确地说，就是要依法行政，就是要把我们政府的工作要求和部署通过广电行政管理机构贯彻、落实下去。比如说国务院要求整顿市场秩序，这是工商局的责任，作为广电部门如何贯彻国务院的指示精神呢？就是要通过广播、电视配合国务院的这项中心工作，创造良好的舆论环境，给予有力的舆论支持。我们要在广电行业内依法行政，加强管理，需要探索出一整套有效的管理模式。作为集团也要有一个新的管理模式，不能把原来广电局那套模式拿到集团来沿用。集团是一个实体，不是一个行政部门。我在小组里讲过，“宏观要管住，微观要搞活”，该统的一定要统，该放的一定要放。

## 三、关于事业发展

目前，广播影视事业发展的整个态势很好，目标就是通过集团化把我们的广播影视业做强做大。今年，应该说我们的改革力度是相当大的，市（地）、县（市）广播电视播出机构职能转变、组建广电集团、电影系统组建院线等几方面都有很大进展。集团化发展是我们工作的重点，是改革的龙头。十六大召开之前，还有几个省要组建集团。现在市一级的集团一个也没有批，按照 17 号文件省会城市是可以成立集团的，但省级集团还没有摸索出一套经验来，省会城市集团化发展还是要适当地往后放，积累出一些经验以后再来搞。

关于集团化的模式问题，我看还是要从实际出发，关键在省委省政府。总局根据中央文件的要求已经建立起了国家广电集团，省里怎么搞，还是由省里来定。你们不要简单地按哪个集团的方法做，还是要从当地实际出发，要有利于事业的发展，有利于做强做大。在推进集团化发展的问题上要坚持有利于加强党的领导，有利于“宏观管住，微观搞活”，有利于广电事业增强实力，有利于调动广播影视工作者的积极性。即使是最早成立的湖南广电集团，到现在也只有一年多时间，能有多少经验呢？现在谁也不能说哪个集团已经有了什么成熟的经验。目前处在探索阶段，必须要有个周期、有个过程来验证你的经验到底好不好，你的做法到底对不对。所以现在不要盲目地硬搬哪个集团的模式，要按照 17 号文件的精神，从当地实际出发，搞好集团化发展。

在集团化发展中，经济发达地区除省级集团以外，省会城市和一些地、市的实力也比较强，形成了大哥、二哥、三哥的局面。但一些经济欠发达地区情况就不一样了，这些地区的向心力强一些，阻力小一些，能不能真正建立一个全省性的集团？不要分步走，一下子就把他们统统归到省集团。这才叫真正的省广播影视集团，这样才有利于省里统一领导，统一管理，避免很多问题和麻烦。具体如何操作，省局同志要探索，要动脑子，办法要活。

再一个就是要注意我们事业发展的前瞻性，眼光要远。广播影视是一块肥肉，用外国人的话来说，中国的广电事业是他们想吃的最后一块牛排，而我们现在还缺乏这种劲头。我现在思考一个问题，就是有些领域的工作，我们一定要抢占，不要像网络那样，把人家请进来了，再想把他请走就已经不行了。所以，我提醒大家还是要有远见。现在什么“互动电视”、什么“车载电视”等等，人家都要搞，我们也要占领它，这样主动权就在我们手里。现在国外传媒在中国投资都是贴钱的，为什么？就是它要占领这个市场。美国时代华纳的“华娱频道”、新闻集团的“星空频道”现在都是贴钱的，把好几个亿往里贴，他们那么笨？别忘了他们是为了今后赚钱的。他们还有一个考虑就是形象问题，进入了中国，公司的股值就升上去了。所以，有些领域大家要考虑，因为我们现在管办分开了，有些事情总局只能说，不能做。比如说，我去年到新加坡，新加坡的巴士都有电视，而它的电视不像我们那种电视拐个弯图像就没了，它不管拐到哪儿都清清楚楚，它办的是自己的一套专门适用于巴士上的移动电视节目。我们要赶紧去搞，上海、北京、天津的广电部门，你们要去占领，你不占领，巴士公司就和别人去搞了，和电信局去搞了。现在有的人胆子大得很，根本不需要我们批准就在那里搞开发，你难以禁止它。现在都是在你们的眼皮底下搞，在你们各个城市、各个地方搞，你们不能视而不见。比如小区里搞的互动电视，你们有钱赶紧去占领它，你们没钱可以出面，小区是他的，我有批准权，我还可以带一些节目与你合作，共同来经营。这样一些问题请同志们要及早考虑。还有火车上的问题，火车也在搞电视，铁道部现在专门有一个电视中心，但它拍的都是列车安全注意事项等。我们可以给它好好设计一下，再给它办一些别的节目，甚至跟他合办，他提供设备，我们来搞内容。各个铁路局都有自主权了，我们要想办法去占领车上广电市场。广电总局西边有一个饭店，一进去脚踩在电视机上，手一摸也是电视机，墙上地下全是电视机，它自己没有什么节目，都是餐厅自己的宣传内容，是电信公司帮他做的。其实我们也可以去占领，不能眼看着让人家去占领，要有开发业务的意识。你们不要眼盯着那么几个广告，广告能增长多少啊？别的地方也要开辟路子。一个饭店一万，一百个饭店就一百万了，一个城市哪止一百个饭店。总之还有很多很多业务，包括现在还有很多我们没想到的。

总而言之，大家应该想得远一点。不要人家已经占领了你再去跟人家谈，这样很被动。要想在前面，走在前面。当然这也不用你们局长具体来干，你们把这些信息带回去，让你们的电台、电视台好好想办法。总局的指导思想是明确的，只要有利于广电事业的发

展，各方面都会给予支持。你们要搞车载电视节目，我们可以批。现在北京的小区除了卖房子，还有视频点播、互动电视。我们为什么不可以搞呢？你们电视台可以一个区一个区去谈，甚至可以和他们合作搞广播方面的业务，搞有线广播。我们要主动去做，这比人家去做，然后我们来管要好得多。所以，事业的发展还要有一定的前瞻性，要看得远一些，要更主动一些。比如说，长春一汽，你们不去谈，我们总局去谈，就是以后让他们出厂的小汽车都装有电视，由我们负责来给他设计，他掏钱。一辆20万的车新增加2000块钱的电视设备，新一代奥迪、新一代捷达不就出来了嘛。长春一汽本来就和德国大众合作，如果他们把德国大众全套设备引进，我们的市场就丢了，到时候我们就很难管车上的电视了。所以说，思路可以开阔一些。人家怎么发展起来的？无非就是这么发展的。谁强谁弱，就是谁先占领这个阵地，谁先想到，谁先做到，谁就先强。我们为什么落后了？就是想得晚了。所以，还是要想得远一点。

## 四、关于安全播出

安全播出现在成为一个重大课题，安全播出的概念已经发生了很大的变化。过去的安全播出是不要断了，不要出错了，不要停了，现在是敌对势力在破坏我们的安全播出。所以要高度重视安全播出问题，要站在政治的高度来看待这个问题。要进一步强化广播电视安全播出工作的重要性。

中央为广播电视安全播出专门发了一个中办、国办文件。这个文件非常重要，说到底它不仅仅是一个安全播出问题，还是一个确立并强调新时期广播影视工作的重要地位、重要作用的问题。这个文件把我们关于广播影视方面需要加强管理的一系列问题都体现出来了——网络的整合问题、小区的管理问题、小耳朵的清理问题等等。原来是总局的一些文件规定，现在上升到了中办、国办的文件规定，你们不能光看一看、念一念就行了，要充分发挥这个文件的作用，这是个尚方宝剑。如果不重要，为什么中办、国办来发文件呢？怎样来确保广播影视工作的安全播出？党委什么责任、政府什么责任、广播影视主管部门什么责任？文件都讲得明明白白。这都是广电部门要管的事情，现在都已上升到全局的高度，上升到政治的高度来强调。如果说过去的文件侧重于广播影视如何加快改革发展的话，那么最近这个文件就是对广播影视在新形势下确保安全播出的重要性作了新的强调。所以同志们要依据这个文件来做好管理工作。

今年十六大召开期间是敌对势力对广播电视破坏的一个重点时期。一些敌对势力在十六大期间将要不惜工本，不惜财力，继续对我广播电视实施干扰破坏。同时，他们还要利用广电系统熟悉广播影视工作的人来实施破坏，而且他们不但要破坏卫星信号，还要剪断电缆和破坏无线广播，要把所有的广播影视传输技术都用起来搞破坏。因此，安全播出决不可掉以轻心。我们要求十六大宣传要比国庆五十周年、建党八十周年宣传更严一点、更稳一点，就是因为有敌对势力要破坏这么一个情况。我们在十六大召开期间一定要严防死守，绝对不能出任何问题。

## 五、关于“西新工程”

去年，“西新工程”在加强广播覆盖工作上取得了很好的成绩。根据江泽民同志今年2月1日视察“西新工程”工作时发表的重要讲话精神，我们现在正实施“西新工程”的第三期工程。第三期工程经过中央领导同志开会部署，总局和国家计委、财政部协调，目前项目已经基本确定下来，在七省区的基础上把宁夏增加进来。同时，把若干的沿海地区也考虑进去了，当然沿海是另外一个政策，经费还是由沿海地区自己筹措，西部则是国家提供。“西新工程”的第三阶段工作包括总书记提出的“走出去”工程，要把中国的声音传向世界各地。国家对“西新工程”非常重视，去年拿出20个亿，今年又是20个亿，总共40个亿。中央知道西部还是很困难的，所以要支持它，发展它，在巩固原有覆盖的基础上进一步加强覆盖。

近期要开一个“西新工程”领导小组会，对有关项目一个一个地落实，这充分证明党中央、国务院对广播影视工作的关心、支持，也说明了广播影视在社会进步、经济发展、文化建设中的重要作用。

## 六、关于市（地）、县（市）广播电视播出机构职能转变

今天特别请山西局同志介绍了山西的做法。总的要求是：态度要坚决，工作要稳妥。我看山西做得很好，要把山西的经验转发给全国，转发给各省宣传部、广电局。要做好这项工作，要把道理给大家讲清楚。刚才山西局介绍了，他们优惠给县里2个小时的时段，县里能做2个小时节目吗？县里没有多少节目。转变职能以后，通过公共频道把县里的节目在全省范围内宣传，是一件好事。

现在要做好广电局长的工作，广电局长怎么给市长、县长做工作这很重要。

转变职能要与集团化的发展结合起来，与网络的整合结合起来。要采取多种措施，光靠行政命令不行，省里也要让利给地市，让利也是为了今后更好地合作。

我想市（地）、县（市）转变职能要着力做工作，不要简单化。从绝大多数地市看，一个市一个频道就够用了，当然对江苏、浙江的一些地区我们也给了特殊政策。我们的政策已经放得很宽了，朱总理讲的市（地）、县（市）播出机构职能要转变到转播中央和省的节目上来的指示精神我们充分体现出来了。希望这个工作今年下半年要完成，要充分发挥公共频道的作用，通过公共频道为集团化发展做准备。公共频道能够凝聚人心，能够统一力量，能够进行整合。你们可以搞一个公共频道联合体之类的，至于具体怎么搞，我觉得可以采用多种形式，凡是与公共频道有关的都是联合体的，有力大家出，有利大家分。公共频道作为一个特殊频道，可以作为一个特区来看待。既然大家是公共频道的人了，省台也可在市、县成立地方记者站，地方公共频道的人都成了省台记者站的成员，双重管理，他们就会有积极性。脑子可以活一点，有的时候困难想多了，就迈不开步子。毛泽东同志讲要我们共产党员是干什么的？共产党员就是为了解决困难而去工作的。

## 七、关于网络整合

网络整合已经写进了中办、国办的文件，这已经成了中央的重要工作部署，而不仅仅是总局的部署了。这项工作还是要从实际出发，原则上是用行政手段来推进，用市场方式来运作，尽快把网络整合起来。网络整合和网络开发要结合起来做，用网络开发来推进网络整合，通过网络整合来搞好网络开发，这是相辅相成的两个方面。你光是讲整合，他尝不到甜头，就没积极性，如果新的网络业务开发了，有利可图，他就要进来了。

广电传输网络业务开发问题，总局会给大家创造条件。与其让小区老板搞、其他部门搞，还不如自己搞，而且在我们自己的网上搞。所以，视频点播、互动电视要开发，我们给你们创造条件。收费电视从哪里开始？就从中国广电网络开发开始。下一步收费市场一定要搞，要很好地论证哪些是市场所需要的，是能收到钱的。我们现有频道的收费是不可能的，要确保我国广电事业的公益性，这是中国的国情。只能在广电网上开发业务，当然这需要论证。中央电视台正在考虑下半年在网上试搞几套这样的节目，中广影视传输网络公司和中影集团也在网上搞电影点播。我们必须在保证中国广电的公益性的前提下，考虑提供特殊需要的服务来收费。现在有线电视收的 12 元，不叫收费电视，只是维护费。只有开发新的业务，才能收费。

## 八、关于大力发展广播工作

在重视电视事业发展的过程中要重视广播事业。这不仅仅因为广播同样是党的重要喉舌，是重要的思想文化阵地，而且因为实际上广播事业发展的前景并不像我们有的人想象的那样糟糕，问题的存在，是我们缺少在电视事业发展以后怎样带动广播发展这样一个有效的办法。因为精神准备不够，电视一上来，就把广播压垮了。

去年平面广告收入增长3%，电视广告收入增长6%，广播的广告收入增长20%，说明无论从宣传角度还是经营角度，广播事业的发展都是大有潜力的。中央人民广播电台第一套节目广告收入就1个亿，8套节目都要专业化、对象化，我想会有一个新的面貌。上海、浙江、广东的广播发展都不错。今年下半年十六大后，我们要开一个广播工作会议，进一步鼓鼓劲，大家交流交流、讨论讨论在新的历史时期怎么样来发展我们的广播事业。昨天，江苏台的同志讲交通台一成立，广播的面貌马上就发生变化了，所以大家还是要重视广播工作。而且广播投入少，电视投入大。北京人民广播电台的个人收入不比北京电视台的收入低，而且非常稳定，现在很多人都争着要去北京人民广播电台。这些年来我们对广播重视不够。当然也有条件问题、时机问题。现在时机已经成熟，因为我们有了经验，有了广播振兴发展的条件了。

总的来说，形势大好，问题不少，我们要充满信心，跟国家形势一样，对我们的广电形势也要充满信心。问题解决了，就是发展了，就是前进了，解决了一个问题就是前进了一步。所以各级领导干部要振奋精神，我看要有井冈山的精神——坚定信念，艰苦奋斗，实事求是，敢创新路。井冈山精神完全能够指导我们广电事业的发展。昨天江西电视台采访我，我说井冈山根据地的创立本身就是中国革命的首创之举。中国广电事业的发展同样必须坚定信念，艰苦奋斗，实事求是，敢创新路。

（2002年7月24日在全国广播影视局长座谈会上的讲话）

# 树创新精神　走改革之路
# 做好新形势下的广播影视工作

今天我着重讲一下如何做好新形势下的广播影视工作。讲三个问题：一是我国广播影视业发展的基本情况；二是广播影视工作面临的形势和我们的任务；三是对新闻院校工作的几点希望。

## 一、我国广播影视业发展的基本情况

经过几十年的建设和发展，我国的广播影视业已具有相当的规模与基础。特别是最近几年，广播影视系统高举邓小平理论伟大旗帜，以“三个代表”重要思想为指导，坚持为人民服务、为社会主义服务、为全党全国工作大局服务，牢牢把握正确舆论导向，不断深化广播影视改革，着力繁荣广播影视艺术，积极利用高新技术，努力扩大有效覆盖，大力推进广播影视产业发展，各方面都取得长足进步，整体面貌发生了崭新的变化。从广播影视节目的生产制作量、整体技术水平和规模以及实际覆盖人口来看，我国已成为广播影视大国。广播影视已经成为党和国家最重要的舆论工具，听广播、看电视、看电影，已经成为人民群众日常生活的重要组成部分。广播影视在确保政令畅通，促进改革开放和现代化建设，维护社会稳定，丰富人民群众精神文化生活方面发挥着十分重要的、不可替代的作用。

### （一）事业建设稳步发展

全国现有地市以上电台 309 座、电视台 363 座、广播电视台 37 座，县级广播电视台 1441 座，共开办广播节目 2006 套、电视节目 2165 套；有广播影视节目制作机构 1160 家，电视剧制作机构 127 家。2003 年全年制作广播节目 494 万多小时、电视节目 211 万小时，电视节目的制作生产增长迅速，较 5 年前相比翻了两番。我国已成为世界上最大的电视剧生产国，2003 年共生产电视剧 619 部 10654 集。目前全国有近 70 家电影制片单位，2003 年生产故事片 140 部，较上年增加了 40 多部，预计今年可生产 200 部，大大突破多年来徘徊在 100 部的局面。国产电影已经走出低谷，呈现良好的发展势头。广播影视的繁荣不仅体现在数量的增长上，而且体现在质量的提高和节目类型、样式的丰富多样上。《生死抉择》、《横空出世》、《惊涛骇浪》、《冲出亚马逊》、《长征》、《日出东方》、《邓小平》、《延安颂》、《激情燃烧的岁月》以及《英雄》、《雍正王朝》等一大批优秀电影、电视剧推出后引起强烈反响。广播电视频道频率的专业化、对象化改革积极推进，涌现出一大批深受群众喜爱、有特色、有影响的知名节目品牌。《新闻联播》、《焦点访谈》、《新闻调查》、《实话实说》等名牌电视栏目，《新闻和报纸摘要》、《新闻纵横》等名牌广播栏目，在国家政治和社会生活中有着特殊的影响力。新开办的中央电视台新闻频道、少儿频道、音乐频道，开创了中国电视发展的新天地。

### （二）重点工程成效显著

为解决边疆少数民族地区人民群众听广播、看电视、看电影问题，有效抵御境外广播对我的渗透，把党和国家的声音传到千家万户，把中国的声音传到世界各地，我局按照中央的指示，与国家有关部委密切合作，近几年大力实施了“西新工程”、广播影视“走出去工程”、广播电视“村村通工程”、农村电影放映“2131 工程”等一系列重点工程，取得了明显成效。“西新工程”是中央为加强西藏、新疆等边远民族地区广播电视覆盖工作做出的一项重大战略决策，也是建国以来国家集中投入最多、建设规模最大的广播电视覆盖工程。“西新工程”主要分为三个阶段实施：第一、二阶段于 2001 年底完成，实现了“根本改变”西部七省区空中广播西强我弱的目标。第三阶段第一期工作于 2003 年底完成，重点加强了西藏、新疆、内蒙古、宁夏等 8 省区电视无线覆盖及宁夏调频广播覆盖，加强了华北、东部沿海重点地区广播电视相关工程建设，完善了广播电视监测网，配备了 200 辆电影流动放映车。“西新工程”已完成的工程总投资近 37 亿元。第三阶段第二期工作今年全面启动，紧紧围绕提高西部地区广播电视水平、加强边境地区广播电视建设和大力推进“走出去工程”三个重点进行。与“西新工程”相联系，广播影视“走出去工程”、广播电视“村村通工程”、农村电影放映“2131 工程”也都取得重要进展。广播影视“走出去工程”的实施，使中国国际广播电台的英语、俄语、法语、西班牙语等 18 个语种的节目，在北美、欧洲、非洲、拉美的 30 多个重点国家和地区大中城市直接落地。国际台 38 种语言的在线广播去年底正式开播，成为中国语言最多的内外宣并重的新闻网站。中央电视台第

4套、第9套节目在美、英、法等104个国家和地区实现了整频道有效落地，其中第9套英语节目在境外落地入户数达到1700万户。2003年先后在14个国家和地区举办16次电影展，选送169部次影片参加28个国家和港澳台地区的69个电影节展，其中8部影片在7个电影节上获得了13个奖项。从1998年开始实施的广播电视“村村通工程”，重点解决广大农村和边远地区群众收听收看广播电视的问题，经过几年的努力，已解决了10万多个通电行政村、7000多万农民听广播、看电视问题，目前正启动中西部地区20户以上自然村“村村通”工作。农村电影“2131工程”的目标是本世纪初基本实现全国农村一村一月放一场电影，实施这项工程以来，西部地区农村电影放映覆盖率已达到60%。通过这几项重点工程的实施，我国广播影视的基础设施条件得到了极大的改善，广播影视的覆盖水平进一步提高，影响进一步扩大，已基本形成了有线、无线、卫星多技术、多层次混合覆盖的广播电视网，广播电视人口综合覆盖率分别达到2003年的93.72%和94.97%，接近发达国家水平。其中，有线电视网近400万公里，有线电视用户超过1亿。全国共有电影院6000多家，已建成区域和跨区域电影院线35条。

### （三）科技运用步伐加快

主要是积极跟踪世界广播影视科技发展的最新趋势，大力推进广播影视数字化。一是数字技术在节目制作、播出和传输等环节得到广泛应用。电台、电视台的数字化进程大大加快，中央和部分发达地区的省级电台、电视台已基本实现数字化。在有线电视光缆干线网中已广泛采用同步数字系列、数字音视频传输等技术，部分省市有线电视网已开始采用异步转移模式、因特网协议等建立数据交换平台。中央和全国31个省（区、市）广播影视节目已全部实现了卫星传输，其中多数采用数字压缩技术。二是建立了地面数字电视播出实验系统，并在手机和公交系统进行试验应用，已初步取得效果，受到广泛关注。三是研究提出了我国广播电视卫星直播系统规划方案，并进行了有关的技术实验，按计划2005年开始提供直播卫星业务。四是成功进行了高清晰度电视的转播试验。五是推进数字电影制作和数字影院建设，已完成电影数字产业化示范工程项目，并开始建立国内第一个示范性数字电影放映院线。为推进数字化，广电总局专门把今年定为“数字发展年”。3月25日，按照中央领导的指示，由中央文化体制改革试点工作领导小组主办、国家广电总局承办的全国有线电视数字化推进工作现场会在青岛召开，刘云山同志到会作重要讲话。青岛会之前，陈至立同志主持召开部际协调会，专门听取了广电总局关于有线电视数字化工作的情况汇报，会议内容已以国务院会议纪要形式下发实施。党中央、国务院要求大力发展数字有线电视业务，全面带动和促进广播影视数字化，确保在2015年广播电视完成由模拟向数字的转变。目前已在全国确定了49个有线数字电视示范网。

**（四）产业发展势头良好**

长期以来，广播影视的发展主要依靠国家投入，随着社会主义市场经济的发展，广播影视的产业经营也逐渐得到重视并发展起来。特别是最近几年，国家广电总局根据中央关于发展文化产业的指示精神，先后制定了《关于促进广播影视产业发展的意见》、《关于加快电影产业发展的若干意见》、《关于发展我国影视动画产业的若干意见》、《广播影视数字发展年工作要点》等文件，提出了广播影视产业发展的基本思路，采取了一系列政策措施，组建了二十余家广电集团（总台）和电影集团，实现了资源整合，促进了广播影视产业的快速健康发展。广电总局还专门把2003年确定为“广播发展年”、“网络发展年”，并取得很好的效果。广播发展方面，2003年全国广播经营收入有较大增长，实现了年初预定的增长20%的目标；网络发展方面，初步建立了以节目为龙头、用户为基础、网络为纽带、利益共享、共同繁荣的数字电视产业发展格局，歌华有线、陕西广电网络、湖南广电传媒等有线网络上市公司呈现出良好的发展前景。2004年，总局又确定为“数字发展年”和“产业发展年”，力争在数字电视和广播影视产业发展方面实现新的突破，进一步提升整个广播影视业的竞争力和影响力。

目前，广播影视已初步形成了电影产业、电视剧产业、网络产业和广播电视广告产业蓬勃发展的格局。付费广播电视产业的发展正在推动，已有44套付费数字电视节目和8套付费数字广播节目投入试运营，这在中国广播电视发展史上具有里程碑意义。数字广播电视的推进特别是付费广播电视业务的开展，为广播电视内容产业和信息产业提供了巨大的发展空间，显示了灿烂的前景，将带动整个广播影视产业的全面快速发展。1982年，全国广播影视系统总收入9.83亿元，基本属于财政拨款；2003年，全国广播影视系统总收入已达696亿元，其中广告收入324亿元，财政拨款74亿元，财政拨款仅占总收入的10.6%。总体上看，广播影视已经从主要依靠财政拨款转为以经营创收为主、财政拨款为辅。广播影视作为我国文化产业、信息产业的重要组成部分，正日益发展成为国民经济的新兴产业和新的经济增长点。

## 二、广播影视工作面临的形势和我们的任务

当前，我国广播影视工作面临的形势，可以概括为两句话：发展的机遇极其的好，面对的挑战极其的大。之所以用了两个“极其”，因为无论从国内环境还是国际环境看，从经济、政治、科技、文化等条件看，我国广播影视业都面临千载难逢的大好发展机遇，抓住了这个机遇，带来的将不是一般意义上的发展，而是突破性的、跨越式的发展。同时，面对的挑战也不是一般意义上的困难、压力和危险，而是如果不能有效应对，将会给中国的广播影视业带来灭顶之灾，不少国家遭受这样的灾难足可证明这一点。

面临这样的形势，我们怎么办？我们的任务是什么呢？

### （一）要加深研究

中央始终强调，广播电视作为新闻媒体的重要组成部分，是社会主义的重要思想文化阵地，是党、政府和人民的重要喉舌，具有鲜明的意识形态性质，肩负着“把党和国家的声音传入千家万户，把中国的声音传向世界各地”的重要政治使命，同时又承担着丰富人民群众的文化生活，满足人民群众精神文化需求的任务。如何完成这一使命和任务，需要我们深入研究。我国已进入全面建设小康社会，加快推进改革开放和社会主义现代化建设的新阶段，包括广播影视在内的整个文化领域面临许多新情况、新问题。胡锦涛总书记明确强调，当前宣传思想工作要研究新情况、新问题，寻找新办法、新途径，开创新局面。研究新情况、新问题，是一项非常重要的基础性工作，对于我们推进广播影视体制改革来说，更是如此。

之所以要改革，就是因为客观形势发生了变化，出现了新的问题、新的情况，而过去的老办法、老路子行不通了，需要寻找新的办法、新的路子，才能开创事业的新局面。不深入研究广播影视领域面临的新情况、新问题，对推进体制机制改革的必要性、重要性和紧迫性就不可能有充分的认识，改革的针对性、科学性、有效性就难以保证，最终改革的目的也无法实现。那么，对广播影视来说，当前面临着哪些需要我们深入研究的新情况、新问题呢?

1. **面临十六大提出的新部署**

党的十六大从全面建设小康社会、加快推进改革开放和社会主义现代化的战略高度，从当前国际文化与经济和政治相互交融发展的大趋势，突出强调了发展社会主义文化的重要地位和作用，要求全党要深刻认识文化建设的战略意义，推动社会主义文化的发展繁荣。党的十六大明确提出，要积极发展文化事业和文化产业，并在进一步强调国家支持和保障文化公益事业发展的同时，指出“发展文化产业是市场经济条件下繁荣社会主义文化、满足人民群众精神文化需求的重要途径”。在党的重要文献中，充分肯定发展文化产业并对发展文化产业提出明确要求，这是第一次，具有重大而深远的意义。按照党的十六大精神，加快广播影视产业的发展，是我们面临的一项新使命、新任务、新课题。我们要深入研究我国广播影视产业发展的现状和问题，研究国外特别是发达国家文化产业发展的有益做法，按照广播影视产业发展的规律，积极进行理论观念、体制机制、政策法规等方面的创新，采取有效措施，推进我国广播影视产业的健康成长。

2. **面临社会主义市场经济的新发展**

经济基础决定社会的方方面面。随着社会主义市场经济体制的建立，广播影视赖以生存和发展的体制环境、政策环境、运营环境等发生了重大变化。这是整个广播影视业当前面临的一个最为突出、最为重大的课题。社会主义市场经济理应包括文化经济。改革开放二十多年来，文化资源和文化生产的调节，已有相当部分从计划转向了市场。十六大明确提出，我国将于2010年基本建立比较完善的社会主义市场经济体制，这意味着文化生产和文化产业发展也将在市场经济的条件下，按照市场经济的要求，以市场经济的方式，来满足人民群众对精神文化产品的需求。广播影视是文化产业的重要部分，怎样通过体制改革来适应这一新变化，成为我们思考问题的一个重要的出发点。我们如果不能尽快适应这一新变化，长期游离于以市场经济为基础的整个社会经济体制之外，只能使广播影视业与整个经济体制的矛盾越来越突出。应当看到，改革开放以来，随着我国国民经济结构的不断调整，包括广播影视在内的文化产业乃至整个第三产业正日益凸显其重要性。作为事业性的我国广播电视，过去主要依赖政府财政拨款，近年来在依靠国家投入的同时，加强经营创收，经济收入一直保持了快速的增长趋势，其产业功能和良好的开发前景也日益显露出来。当今世界经济文化发展的一个突出现象，就是文化产业的兴起和迅速发展，文化与经济紧密交融，其水平和实力已成为衡量当今一个国家综合国力的重要标志之一。在一些发达国家，文化产业已经是重要的支柱产业，占整个国民经济的比重很高，而我国的文化产业包括广播影视业近年来尽管发展很快，但相比较而言还显得很不够，特别是用经济的办法、产业的办法来推动发展不够，面向市场的问题还没有解决，没有形成产业发展的格局，迫切需要我们加快从适应计划经济体制到适应社会主义市场经济体制的转变，加快产业发展步伐，对我国的文化发展与繁荣，对整个国民经济的发展做出更大贡献。

**3. 面临人民群众精神文化的新需求**

随着全面建设小康社会，人民群众生活水平的不断提高，恩格尔系数全国的平均水平已降到0.5以下，城市降到0.4以下。这说明人民群众已有更多的能力用于精神文化产品的消费。就广播影视的消费需求来讲，已日益呈现出一些新变化，主要有三个特点：第一是对广播影视产品需求的数量大大增加，包括人均拥有电视机、收音机的数量，人均收听收看广播电视节目的时间和看电影的次数，广播影视产品人均消费支出的费用等等都将出现持续的快增长。第二是对广播影视产品的质量、品种、样式等都提出更高的要求。现在城市居民一般都能看到四十套左右电视节目，但人们对此并不十分满足，主要原因一方面是好的特别优秀的节目并不多，另一方面是现有的节目大都还属于单一的基本公共电视节目，远不能满足人民群众多层次、多样化、个性化、专业化的需求。第三是广播影视产品的消费方式也发生深刻变化。最突出的是人们开始愿意、实际上也开始通过市场购买视听产品来进行消费，广播影视的市场导向已经发挥越来越明显、越来越大的作用，这是与过去的福利性消费完全不一样的。面对这些新变化，尽管我们的广播影视事业出现了空前的繁荣，但同人民群众的旺盛需求相比，还有相当大的不适应的地方。这种不适应，既对广播影视的改革提出了迫切要求，也为广播影视的进一步发展提供了广阔的空间。

**4. 面临高科技发展的新浪潮**

广播影视科技发展很快，特别是随着数字技术、网络技术、信息技术等高科技的迅猛发展，广播影视正由此发生着革命性的变化，呈现出日新月异的发展态势。比如卫星广播电视的发展，使广

播电视的全球竞争更加激烈，目前在我国的天空就有两百多套卫星电视节目，它们都千方百计想在我国落地。比如数字化使得广播电视的节目传输资源得到极大的膨胀，卫星通过数字压缩技术可以传输上百套高质量的电视节目，有线电视网通过采用数字技术、网络技术，可以提供500套左右的节目。数字化、网络化对广播影视来说不仅仅是一场技术革命，同时也包括其功能性质、业务范围、组织结构、运行机制、管理模式、消费观念等各方面的变化。适应数字化、网络化等高科技的发展趋势，积极运用高科技来推动广播影视产业化，也是我们一项非常重要而紧迫的任务。

**5. 面临对外开放的新竞争**

随着加入世界贸易组织和我国对外开放的进一步扩大，我国将在更大范围和更深程度上参与经济全球化，参与国际竞争。目前，我国的电影和音像已经部分地、有限度地对外开放，国外部分大型传媒集团的电视频道已经有条件地进入我局部地区。挑战日益严峻，竞争日趋激烈。我们不可能再像过去那样关起门来搞发展。面对海外媒体的虎视眈眈和海外影片、节目的大量涌入，如何巩固我们的宣传思想文化阵地，坚持用先进文化去影响社会，坚持用正确导向去引导群众，如何保护和加快发展我国的广播影视业，提高我国广播影视的整体实力和国际竞争力，保证在竞争中立于不败之地，已成为摆在我们面前不可回避的一个重大而严肃的课题。

面对这些新情况、新问题，反映在我们的工作中，就是与经济发展不适应、与人民需求不适应、与国际文化产业的发展趋势不适应、与党的十六大提出的发展文化事业和文化产业的要求不适应。要解决这些不适应，只有深入改革，推进发展。可是当前要深化改革，推进发展，在我们面前有不少障碍。概括起来讲，存在五个方面的障碍：一是观念性障碍。长期以来我们形成了在计划经济体制下发展广播影视事业的观念，对如何在社会主义市场经济条件下发展广播影视产业认识不足。二是体制性障碍。特别是广播影视的事业体制与社会主义市场经济要求的不适应，而目前通行的事业体制，实际上还是行政体制，已成为严重影响广播影视发展的体制性障碍。三是政策性障碍。我们既有的法规、政策大多立足于广播影视事业发展，而且更多着眼于计划体制下的事业发展，对整个产业如何发展还缺乏研究、缺乏清晰、明确的战略、规划和政策，这在很大程度上制约了产业的发展。四是利益性障碍。由于我国广播影视业的发展是分级投资、分级所有、分级管理的，形成了多元的利益格局，各地区、各单位利益分割严重，增加了改革发展的难度。五是区域性障碍。中央和地方，东部、中部和西部，由于经济发展不平衡，资金投入和工作环境的差异，导致广播影视发展不平衡，各自面临的困难和问题不尽相同，改革和发展的要求也不尽相同。从一定意义上讲，克服了这些障碍，我们就可以更好地推进改革，促进发展，更好地发挥社会主义市场经济的强大活力来发展广播影视事业和产业，更好地发挥广播影视在全面建设小康社会中的重要作用，更好地为人民服务、为社会主义服务、为全党全国工作大局服务。

### （二）要加快改革

要积极、主动地推进广播影视各个方面、各个领域的改革。早改革，早主动；早改革，早发展。因此，对于改革要扣住“加快”两个字。广播影视改革从三个方面展开。

#### 1. 抓好宣传改革

宣传是广播电视的核心业务。长期以来，新闻宣传工作形成了一些优良传统和宝贵经验，但也存在不少不适应形势发展和群众需求的问题，必须改革创新，才能焕发青春，增强吸引力、感染力和影响力。江泽民同志曾指出："随着国际形势的变化，特别是信息技术的快速发展，我们对广大群众进行思想政治工作和宣传教育的方式不能一成不变，不能不有所创新。"那么广播电视的改革从何入手呢？首先，坚定不移做到"三贴近"：贴近实际、贴近生活、贴近群众。广播电视的新闻宣传如何拉近与听众、观众的距离，是改进新闻宣传必须解决的重要问题。"三贴近"，核心的内容是贴近群众，因为实际也罢，生活也罢，主体都是人民群众，贴近了群众，自然也就贴近了实际，贴近了生活。所以我们把贴近群众，拉近与群众的距离作为改进宣传的突破口。于是"零距离"的节目、栏目如雨后春笋般出现在声频和荧屏上，如中央台的"海湾新闻零距离"、江苏的"南京零距离"、湖南的"湖南新闻零距离"等。以及更多的没有冠之为"零距离"的新闻宣传、文化娱乐、科技教育等方面的节目、栏目，大量出现在中央和地方的广播电台、电视台上，极大地改变了广播电视的宣传面貌。其次，宣传改革在"三个突破"上下功夫。这"三个突破"是在领导同志的活动和会议新闻报道上突破，大幅度地压缩了这类报道的数量和时间；在重大突发性事件的报道上突破，力争在第一时间报道重大突发事件，并跟踪报道；在新闻舆论监督上突破，充分发挥广播电视在舆论监督上的优势。再则，在"三个增强"上见成效：增强信息量，增强针对性，增强吸引力。广播电视新闻宣传的改革创新，极大地提高了电台、电视台节目的收听率和收看率，两个效益明显提高。

**2. 抓好体制改革**

广播影视的体制改革也从三个方面展开。首先，实行"三个分开”，即政事分开，破除长期以来形成的“局台合一”的旧体制；政企分开，政府机构不再主办企业，让企业自主经营；管办分开，做到党委领导、政府管理、行业自律，企事业单位依法自主经营。其次，要建立“三个体系”，即政府监管体系、事业运行体系、产业开发体系，由这“三个体系”构成中国特色社会主义的新颖的现代化的广播影视大业。再则，努力加强管理，做到三个“不”：不缺位、不错位、不越位，建立起现代化的依法行政的管理体制。

3. 抓好人事改革

广电总局会同中组部、中宣部、人事部制定下发了《关于推进广播影视事业单位人事制度改革的意见》的文件，已在全国广电系统实施。人事改革的要点是：全员聘任，竞争上岗，优胜劣汰，绩效挂钩，能进能出，能上能下，能升能降，高度重视人才建设。

### （三）要加紧重组

党的十六大明确提出文化产业的概念，把文化事业和文化产业相区别，强调要大力发展文化事业和文化产业，这对于我们深化文化体制改革具有十分重要的指导意义。我国广播电视是党和人民的喉舌，广播影视业是社会主义精神文明建设的重要阵地。同时，广播影视业又是文化工作领域中产业属性最突出、最充分、最集中的一个文化门类，最具开发前景、最有发展潜力。应该说，经过几十年来的实践，我们在发挥广播影视的喉舌功能和精神文明建设阵地的作用方面，已经形成了一套行之有效的做法，积累了丰富的经验，取得了明显的成效，但对广播影视业的产业功能、市场属性确实注意不够，开发不够，甚至把发展经营性的广播影视产业等同于发展公益性的广播影视事业。因此，当前加快发展广电产业，关键是体制和机制，实质是面向市场。要按照这个要求，加紧资产、资源和业务的重组，深化管理体制和运行机制的改革，对广播影视业的结构进行调整，形成公益性广播影视事业由政府主导、经营性广播影视产业由市场主导的发展格局和分类管理、分别运行的新体制新机制。

1. **从社会层面看，要明确将广播影视业划分为公益性事业和经营性产业两大部分。**

公益性广播影视事业主要是指电台、电视台承担喉舌功能的宣传业务和对西部边远地区的广播电视覆盖、农村电影放映，以及广播影视“走出去”工程等，除此以外，其他都可视为经营性广播影视产业。公益性事业与经营性产业性质不同，肩负的任务、管理的方法、运行的模式也都应不同，必须坚持公益性事业由政府主导，坚持“四个不能变”和“一个确保”，即坚持党和人民喉舌的性质不能变、党管媒体不能变、党管干部不能变、正确的舆论导向不能变和确保政府增加投入。当然，公益性事业在增加投入的同时，也要进一步深化内部的劳动、人事和分配制度改革，搞活机制，降低成本，增进效益，并积极引入竞争机制，提高面向市场服务的水平。

经营性广播影视产业主要由市场主导，要以市场为基础性手段来调节资源配置和利益分配，大胆进行产业化发展、集约化经营、企业化管理、市场化运作、现代化建设的探索。产业化发展就是要充分尊重广播影视产业特性和规律，充分挖掘和开发产业资源，制定并实施产业发展战略。集约化经营就是要改变广播影视长期以来存在的松散型、粗放式的经营管理，改变过去高投入低产出，甚至只有投入没有产出的现象，促进资源资本优化组合，合理配置，分工协作，统筹协调，真正走集约化经营之路。企业化管理就是完全

按照现代企业制度来规范建设、来运营管理，实现自主经营、自负盈亏。市场化运作就是要面向市场，按市场经济规律办事，根据市场需求来生产和提供服务，改变目前广播影视业内“自产自销”、“自给自足”、“自我运作”的小农经济的生产模式，在走向市场的同时，占领市场，赢得群众。现代化建设主要是运用数字、网络、信息等高科技来推动广播影视产业优化升级，提升广播影视的现代化水平和实力。

2. **从具体单位层面即电台、电视台看，要把允许面向市场经营的资产、资源和业务，从目前的事业体制中剥离出来，进行企业转制和重组。**

目前，电台、电视台的广告、综艺娱乐类节目、体育节目、科技社教类节目、影视剧、电影、付费电视等，都可以从现有体制中剥离出来，按照产业发展的方向和现代企业制度的要求组建公司，实行所有权与经营权分离，面向市场自主经营、自负盈亏、依法纳税。公司可以采用股份制方式，广泛吸纳社会资金包括利用外资，条件成熟后也可申请上市。对于产业经营的前景比较好、具备企业化运作条件的如体育、科技等频道、频率，也可以经批准后进行整频道、频率企业化运作的试点。电台、电视台的产业部分剥离后的事业部分，要按照事业运作和事业发展的要求，深入抓好用人制度、组织管理制度和运行机制的改革，加强节目创新、技术创新和管理创新，增强吸引力，扩大覆盖面，满足需求量，真正做到让党和国家的声音传入千家万户，让中国的声音传向世界各地。这里需要强调几点：一是要紧紧围绕核心产业来做文章。广播影视是以节目内容为主要表现形态生存和发展的一种现代文化，其中的部分节目形态如广播剧、电视剧、电影，部分政治性、政策性不强的文化娱乐节目、生活服务节目以及这些节目的制作加工，可以作为广播影视业的核心产业、支柱产业，积极面向市场进行产业化运作。我们对此应该有充分的认识，要把解放和发展这类节目内容生产力作为体制机制改革的一项主要任务，培育发展规模化、集约化、专业化、现代化的节目生产经营，努力把节目内容产业做强做大。二是要正确处理好单位内部事业与产业的关系。总的来说，发展产业是为了壮大媒体，是为了更好地完成宣传任务，满足人民群众需要，因此要明确产业的经办主体应是集团、总台或电台、电视台，同时在内部企业、事业上一定要相区别，二者在业务上、经济上应为市场关系，事业不能对产业进行一平二调，但由于产业是集团、总台或电台、电视台主办，产业的利润事业有权享用，用于事业的开展和发展。另外，单位内部事业与产业的划分，不是一成不变的，在一定条件下会相互演变。三是无论广播影视事业还是广播影视产业，都必须坚持先进文化的前进方向。特别是产业部分，不能因为面向市场，就可以生产污七八糟的东西，危害社会，毒害群众，都要坚持社会效益第一，社会效益和经济效益统一。

3. **从具体的业务层面看，既具有公益性质、承担喉舌功能的新闻宣传业务，又有面向市场提供服务的经营性业务，必须按照业务的不同性质采取相应的管理、运作办法。**

特别是公益性业务如新闻宣传必须严格按党对媒体的要求进行管理，确保导向不出问题。对于广播影视所属的影视剧制作、发行、放映单位以及演出团体等都要进行企业化改制和公司制、股份制改造，面向市场求生存、求发展。对于广播影视所属的广播影视类报刊、图书出版，由于不同于党报党刊，大都是服务类文化，也要探索企业化管理。

**4. 从政府管理层面看，加快广播影视资产、资源和业务的重组，深化管理体制和运行机制的改革，必须进一步转变政府职能，改进政府管理方式。**

深化行政管理体制改革，转变政府职能，改进政府管理方式，是党的十六大确定的当前我国政治体制改革的一项重要内容，也是广播影视体制改革的一项主要任务。转变政府职能，关键是要理顺政府与企业、事业单位的关系，实行政事分开，政企分开，管办分离，改变过去管办不分、包揽一切的状况，切实解决政府管理中的越位、缺位和错位的问题。要积极探索新形势下党委领导、政府管理、集团（总台、电台、电视台、公司）运作的关系。党委领导主要是总揽全局，协调各方，管大政方针、管导向、管干部。政府部门主要是对广播影视事业、产业进行依法管理、行政管理、政策管理。依法管理是根本，行政管理是手段，政策管理是保证。要从过去的微观管理转向宏观管理，从直接办广播影视转向管广播影视，从主要面对直属单位转向面对全社会。事业发展、产业运作、企业管理的职能，要从政府职能中分离出来，由集团（总台、电台、电视台、公司）具体运作，有利于广播影视事业更好地宣传党的方针政策，更好地面向群众，服务群众；也有利于把微观产业主体推向市场，培育一批自主经营、自负盈亏、自我发展、自我约束、有活力的广播影视企业，促进广播影视产业更好更快地发展。

在面向市场加快广播影视资产、资源和业务的重组，深化体制机制改革的过程中，需要认真处理好几个关系：第一，把握两种属性，即意识形态属性和产业属性，二者都必须坚持，不可偏废，要统一于具体的工作中。当然两者在事业和产业中的比重也不是半斤八两的，相对而言，事业的意识形态属性更强，产业的市场属性更强。第二，坚持两个效益，广播影视业的社会效益和经济效益要相统一，并始终把社会效益放在首位。一般地说，没有社会效益不可能有经济效益，因为这样的作品，政府是不会发给“市场准入证”的；没有经济效益也实现不了社会效益，因为作品进不了市场，不能占领市场，也不能赢得群众。第三，运用两个规律，即市场经济规律和精神文明建设规律，当前尤其要重视运用市场经济规律来发展广播影视业。第四，占领两个市场，既要立足国内，占领国内市场，又要面向世界，占领国际市场，积极走出去参与国际竞争，谋求国际化发展。



### （四）要加速发展

党的十六大的召开并做出战略性部署，标志着当前广播影视的改革处于关键时刻，发展也处于重要时期。要牢固树立发展是第一要务的观念，正确处理改革与发展的关系，把深化改革与促进发展紧密结合起来。改革的目的就是为了事业更快更好地发展，而事业的发展同时也为进一步的改革提供有利的条件和环境。要以改革求发展，以发展来检验和推动改革。当前，广播影视的发展需要十分迫切，任务十分繁重，不管是事业还是产业，都要加快发展。

**1. 加速发展要深入创新**

我们现在的工作基础，包括思想观念、工作机制以及工作方式方法等，都是多年来计划经济体制下形成的，很多方面已经不能适应今天新形势、新任务的要求。因此，当前加快发展的前提，就是要按照十六大提出的“三个解放”、“三个一切”的要求，从过去计划经济体制下形成的发展广播影视的思想观念中解放出来，形成适应社会主义市场经济体制的新的广播影视发展观。要积极推动理论创新、体制创新、技术创新、管理创新，促进工作不断上新水平、新台阶，不断开创事业发展的新局面。

**2. 加速发展要抢抓机遇**

广播影视发展的内部因素和外部条件变化很快，在这种变化中，不可避免地会出现优势与劣势互变、互动的现象，如果不及时地、有效地抓住有利的发展机遇，将会带来很大的被动。同时随着高新技术的快速发展，新媒体不断出现，对广播影视形成强有力的挑战。在这种形势下，没有抢抓机遇的意识、办法、策略和能力，必将失去发展的机遇。

**3. 加速发展要突出重点**

要认真分析和研究广播影视产业的特性和规律，抓住重点，有针对性地推进事业和产业全面快速发展。关于广播影视产业的发展，我想强调五句话：强化优势产业、扶持弱势产业、开发新兴产业、改造传统产业、重视高新产业。电视是优势产业，还存在着广阔的发展空间和领域，有的业务比如付费电视业务，可以说我们才刚刚起步。电视产业必须加快发展，同时也可以带动和促进其他相关产业进一步发展。有条件的地方要进行以电视业务为龙头的广电改革。要加大对目前困难较多的广播的扶持力度，使其在市场经济大潮中重新崛起。网络是新兴的产业，要加快培育和开发，使其尽快成为整个广播影视业新的经济增长点。改造传统产业方面，比如新闻纪录电影摄制等，现在的市场需求已大不如以往，必须改造转型，在保持一些必要业务的同时，可以开展一些影视节目的制作。此外，我们还要积极跟踪广播影视业科技和市场的最新发展趋势，大力开展对广播影视业未来发展具有重要意义的新产业、新业务，如移动电视、流媒体等。这些新产业、新业务虽然短期内可能不具有明显的经济效益，但我们一定要高度重视，掌握主动，抢占先机，尽早培育、开拓和占领市场。

当前，电影业发展的关键，是要加快面向市场步伐，实现电影事业向电影产业的转变，从主要由政府主导向主要由市场主导转变，真正建立起市场主导、政府调节、企业运营、社会支持、依法管理的产业运行模式和统一开放、公平竞争、规范有序、依法经营的全国电影市场，促进电影业的健康发展。重点是三个方面：一是加快转制，重塑市场主体。要按照现代企业制度要求来规范运作电影企业，使之真正成为自主经营、自负盈亏、自我发展、自我约束的市场主体。进一步引入市场机制和竞争机制，扩大投融资渠道，加快股份制改造步伐，积极吸纳社会资金发展电影产业，努力提高产品的核心竞争力。二是深化院线制改革，完善电影市场体系。对院线资本结构进行调整，逐步将签约为主改为资产相连为主。鼓励国有、民营资金进入院线建设和国产影片发行领域，扩大以资产为纽带的院线规模。三是完善电影产业的宏观调控体系和市场调节机制，用政府采购的方法改进政府资助影片的传统做法，改革政府的评奖制度和审批制度。

**4. 加速发展要完善政策**

应该说经过多年的努力，我们的广播影视政策和法律法规建设方面取得了不少进展，但现有的这些政策和法律法规大多只是适应了计划经济体制的要求，更多考虑的是如何管住，保证不出问题，较少考虑产业的发展特别是社会主义市场经济条件下产业的发展问题。随着形势的变化和发展，这一方面的滞后，已经对事业和产业的发展造成了影响和制约。要加快发展，建设包括政务环境、法制环境、政策环境等在内的“软环境”，就显得十分迫切、十分必要。

一方面要完善支持广播影视公益性事业发展的政策措施，包括政府确保增加投入、强化事业性资金使用的监管、改革政府评奖等。比如对于需要政府投入的重点电影、电视剧、专题片等的制作生产，要引入市场机制进行改革，可以面向社会采取公开招标的方式来运作。另一方面，要抓紧研究制定广播影视产业发展的一系列政策措施和总体发展战略规划。比如，要尽快制定促进广播影视产业发展的投融资政策和利税优惠政策、影视制作产业的市场准入政策、加快推进广播影视数字化网络化的政策、促进广播影视产业跨地区经营的政策、广播影视产业“走出去”到国外经营的政策，以及鼓励多种经济成分共同发展广播影视的政策等等。广电总局正在加紧组织进行这方面的研究，以促进我国广播影视产业迅速发展。

5. **加速发展要强化管理**

管理是发展的重要保障。当前广播影视的管理工作面临许多新情况、新问题，管理的任务、难度、压力也越来越大。压力主要来自八个方面：一是内部的压力。近年来的政府机构改革和广电系统内部改革，使得各地广电管理机构名称不同，职责有异，地位有别，行业管理难度加大。二是社会的压力。广电经办主体日益多样化，特别是系统外节目制作机构违规现象经常出现，一些社会单位任意通过网络或其他手段传送节目的情况、各地私装“小耳朵”的违规行为也不断发生，社会管理的任务更加艰巨。三是发展的压力。高科技广泛应用于广播影视领域，在拓展广播影视新业务、促进广播影视事业快速发展的同时，也带来了管理工作的新课题。四是改革的压力。改革给广播影视业带来了巨大变化，给管理工作提出了许多新任务。五是开放的压力。面对海外媒体的虎视眈眈和海外节目、影片的大量进入，如何保护和发展我广播影视业，促进我广播影视“走出去”，管理工作面临新挑战。六是敌对势力的压力。邪教组织及西方敌对势力千方百计与我争夺舆论阵地，不断对我广播电视进行干扰破坏，安全播出管理工作任重道远，舆论战、信息战对广播电视提出新要求。七是管理部门自身的压力。目前广播影视管理部门还存在职责不清并与相关部门职能交叉等问题，管理关系不尽顺畅。八是法规方面的压力。行政管理必须依法行政，但广播影视法制建设严重滞后，尚不能做到有效的依法管理。广播影视管理工作面临的这些新情况、新问题，迫切需要我们高度重视管理工作，始终把加强管理放在突出的位置抓紧抓好。如果这些管理工作没有做好，势必影响广播影视业的发展，甚至拖发展的后腿。这方面我们有许多经验，也有不少教训。

当然，加强管理还要求我们不断改进管理的方式方法，不断提高管理的水平和效益，只有这样才能适应变化发展的新形势对管理工作提出的新要求，才能使管理工作真正做到既管得住又管得好，为整个事业和产业的发展创造良好的环境。比如近年来我们在中央和各省建立节目监听监看制度，取得了很好的效果。特别是面对“法轮功”邪教组织对我广播电视的攻击破坏，我们建立了全国广播电视安全播出的调度指挥系统和覆盖全国、反应准确迅速、全天候广播电视监测网，为确保广播电视安全播出，确保政令畅通，起到了非常重要的作用。

### （五）要加强领导

当前，广播影视工作肩负着繁重的宣传任务、改革任务和发展任务，做好广播影视的各项工作，关键要加强领导。江泽民同志在谈到加强党对新闻工作的领导时指出：“加强党对新闻工作的领导，主要是要抓好新闻宣传的政治方向，抓好新闻改革，抓好新闻工作的经验总结，抓好新闻队伍的建设，特别是领导班子的建设。”这四个“抓好”，对加强党对新闻工作领导的方针原则、工作内容、主要任务，作了精辟、深刻和富有创造性的表述。

**1. 要抓好宣传导向**

广播影视受众广泛，通俗易懂，生动形象，不仅是党和人民的喉舌，而且是广大人民群众获取信息的重要渠道和精神文化生活的重要方式，因此，牢牢把握正确的导向十分重要。事业、产业发展得再快、再普及，如果导向出了问题，发展越快、越普及，危害越大。我们必须高度重视导向问题。强调加强对广播影视工作的领导，首先要抓好“宣传的政治方向”。

**2. 要抓好经验总结**

广播影视工作处在大改革大发展的大好时期，会有收获，也不可避免地会有失误。我们的责任是扩大收获，减少和避免失误，要振奋精神，增强信心，鼓舞大家解放思想，与时俱进，开拓创新，加快发展。因此，要深入实际，深入群众，发现和总结在实践中出现的新经验、新做法、新创造，引导事业和产业健康发展、加快发展。

**3. 要抓好新闻改革**

根据中央有关决策部署，广播影视业的体制改革试点工作正在积极推进，已取得初步成效。改革是前无古人的事，改革是破旧立新的事，改革又是改变体制、调整利益分配的事，困难是可想而知的。因此，一定要加强领导，以保证方向正确，措施得当，成效明显。

**4. 要抓好队伍建设**

全国广电系统有 70 多万员工，是新闻大军中数量最大的一支队伍。繁重的任务，迫切需要高素质的人才，更迫切需要有坚强的能带领这支队伍去抢险滩、攻难关、攀高峰的各级领导班子。因此，加强队伍建设特别是领导班子建设，成为摆在我们面前的一项极其重要的工作。

## 三、对新闻院校工作的几点希望

我们高等新闻院校肩负着为党的新闻工作培养接班人的神圣使命。新闻院校教育培养工作进行得如何，直接关系到党的新闻工作的前途和命运。而广播电视目前又是热门的行业，很多新闻院校的学生渴望到广电特别是电视行业工作，因此，我想对人才培养问题向院校提点希望。人才培养方面要着重解决几个“不适应”的问题：

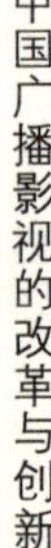


### （一）要解决“政治不适应”的问题

“政治不适应”主要表现在对党的新闻工作的性质、任务、方针、原则的认识上有偏差。一些学生用西方的传播理论、信息理论来看待党的新闻工作，来从事党的新闻工作。由于政治上的这些不适应，使这些学生工作后，感到书上写的与实际工作不一样，已学的与要做的不一样，无所适从，结果，轻者工作消极，重者酿成错误。

### （二）要解决“思想不适应”的问题

“思想不适应”主要表现在思想作风不符合新闻工作特别是党的新闻工作的基本要求。新闻工作要客观、公正、有立场，要对新闻事实负责，对社会负责，要有利于经济的发展，社会的进步，人民的幸福。因此对写新闻、编新闻、发新闻的人的思想素质要求很高，要公道、正派、求真、务实、严谨、细心、善良、朴素、勤奋、刻苦。但是，在教学中，往往重书本知识的教育，重业务技能的教育，而轻如何做人、如何做记者的教育，教书与育人缺乏有机的结合，使一些学生走上新闻工作岗位后思想作风不适应，不仅不能胜任工作，而且给工作带来损害。

**（三）要解决“知识不适应”的问题**

“知识不适应”主要表现在因教材落后，知识更新慢，使一些学生毕业后很难胜任发展了的新闻工作的要求。因此，教材必须要与实践同行，与时代同行，满足新世纪新阶段新传媒新任务的需要。

**（四）要解决“技能不适应”的问题**

现在新闻院校专业设置过细，采访、编辑、摄影、主持、播音、广告、经营等等分而置之，使学生的知识和技能单一化，缺乏全面知识教育和技能培训，毕业后工作的选择余地很小，不利于一个人潜能的充分发挥，也不利于各个岗位工作人员的变通使用。因此，新闻院校要注重培养全能性的复合型人才。

**（五）要解决“体制不适应”的问题**

教学与实践脱节，是个严重的问题，如何解决这个问题，关键是要解决体制问题。目前，新闻院校与其他综合性院校一样，实行由教育部门管理的体制，客观上造成教学与实践的脱节。所以，我赞成新闻院校由教学行政部门与新闻单位共建的做法，以弥补现行体制的不足。

（2003年夏在全国新闻院校负责人培训班上的讲话）

# “五改一加强”是做好新时期广播影视工作的重要举措



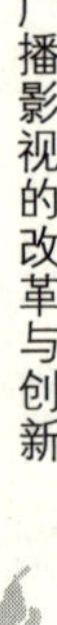

2004年是实现“十五”计划的关键一年，也是落实十六大和十六届三中全会精神，深化改革，扩大开放，促进发展的重要一年。做好2004年的广播影视工作，不仅对广播影视自身，而且对整个宣传思想工作乃至全党全国工作大局，都具有十分重要的意义。全国宣传思想工作会议对做好2004年的宣传思想工作已做出全面部署，广播影视系统要按照中央的部署，坚持以邓小平理论和“三个代表”重要思想为指导，全面贯彻十六大和十六届三中全会精神，全面贯彻中央经济工作会议和全国宣传思想工作会议精神，解放思想，振奋精神，团结一致，扎实工作，努力做到广播影视宣传质量和舆论引导水平有新的提高，事业产业发展有新的突破，体制改革机制创新取得新的经验，广播影视各项工作都有新起色新进展。

2004年广播影视工作总的要求是：高举旗帜、保持一致，围绕中心、把握大局，解放思想、与时俱进，把握导向、扩大影响，繁荣创作、多出精品，深化改革、加快发展，加强管理、提高素质。这里我着重讲一下今年的一些重点工作，概括来说，就是要做好

“五改一加强”，即改进宣传、改革体制、改变思路、改造技术、改善管理、加强教育。

### （一）改进宣传，提高质量，扩大广播影视的影响力

宣传始终是广播影视的中心工作。2004年的广播影视宣传要认真贯彻落实中央的部署，总结发扬2003年宣传工作取得的成绩和经验，着力在改进宣传，进一步提高舆论引导水平上下功夫。

**1. 改进宣传的重要任务是增强理论宣传的感染力、说服力，把“三个代表”重要思想宣传的新高潮引向深入**

把“三个代表”重要思想宣传的新高潮引向深入，用“三个代表”重要思想武装全党、教育人民，为全面建设小康社会提供理论指导和思想保证，是当前和今后一个时期广播影视宣传工作的首要任务。如何做到理论宣传不枯燥、不单调，具有强烈的感染力、说服力，为广大人民群众乐于接受，是把“三个代表”重要思想宣传的新高潮引向深入的关键问题。搞好理论宣传，增强感染力、说服力，要着力于三件事：一要抓具体，二要抓重点，三要抓特色（声情并茂，形象生动，形式多样）。要结合纪念邓小平同志诞辰100周年、新中国成立55周年、纪念五四运动85周年、抗日战争胜利60周年、长征70周年、孙中山诞辰140周年、辛亥革命95周年、建党85周年等重大纪念活动，搞好新闻报道，同时，要组织创作播出一大批优秀电影、电视剧、理论文献专题片等，回顾历史、展望未来，引导人们深刻理解“三个代表”重要思想的丰富内容、深刻内涵、精神实质和科学体系，不断提高人们学习实践“三个代表”重要思想的自觉性、坚定性，使“三个代表”重要思想真正转化为指导实践、推动实践的强大动力。

**2. 改进宣传的根本途径是要坚持“三贴近”原则，把党的意志和群众的愿望结合起来**

坚持贴近实际、贴近生活、贴近群众，是用“三个代表”重要思想统领广播影视宣传工作的必然要求，是广播影视宣传必须长期坚持的工作原则，也是当前进一步加强和改进广播影视宣传的重要突破口和根本途径。要坚持“三贴近”原则，做到观念创新、内容创新、方法创新、体制创新，不断增强宣传的针对性、时效性和吸引力、感染力。要积极引导和鼓励广播影视工作者深入实际、深入生活、深入群众，真正把镜头和话筒对准现实生活，多用群众的语言，多联系群众身边的事例，多用群众喜闻乐见的形式，多用疏导的方法、群众参与的方法，进一步克服宣传中不同程度存在的主观主义、教条主义、形式主义，切实改变宣传报道中的空洞说教、应景老套、机械呆板等各种听众观众一直反应强烈的问题。这里关键是要具体，新闻来不得抽象，只要具体。一具体就贴近，一具体就深入，一具体就明白，一具体就实在。要继续深化频率频道和栏目节目改革，不断推出深受人民群众喜爱的好栏目、好节目，增强节目的可听性、可视性。进一步贯彻落实中央关于改进会议和领导同志活动报道的要求，着力提高报道的质量，增强宣传效果。进一步改进重大突发性事件报道，完善报道机制，使舆论引导工作做到更积极、更主动、更准确、更有力、更有效。要针对人民群众关心、关注的热点、难点问题，切实加强舆论监督和舆论引导，站在积极的立场上把理顺情绪、平衡心理、化解矛盾的工作做实做细，维护社会稳定，促进改革发展。

**3. 改进宣传的重要措施是要唱响主旋律，提倡多样化，不断净化荧屏声频**

广播影视作为传播快捷、影响广泛的现代化传播媒介，作为党和政府引导社会舆论的重要工具，必须唱响主旋律，打好主动仗，真正把广播影视建成为宣传科学理论、传播先进文化、弘扬社会正气、倡导科学精神的坚强阵地。怎样才算唱响主旋律？就是要在邓小平理论和“三个代表”重要思想的指引下，大力倡导一切有利于发扬爱国主义、集体主义、社会主义的思想和精神，大力倡导一切有利于改革开放和现代化建设的思想和精神，大力倡导一切有利于民族团结、社会进步、人民幸福的思想和精神，大力倡导一切用诚实劳动争取美好生活的思想和精神。主旋律与多样化是统一的，只有既唱响主旋律，又体现多样化，才能有真正全面的繁荣，才能有真正有效的引导。目前在工作中仍然还存在把主旋律和多样化对立起来的现象，认为主旋律是给领导看的，多样化是给群众看的，表现主旋律就可以降低艺术标准，提倡多样化就可以对思想内容降格以求，这些认识都是不正确的。我们既要大力发展先进文化，也要积极支持健康有益文化；既要努力改造落后文化，也要坚决抵制腐朽文化。多样化可以使我们的荧屏声频更为丰富多彩，但不是无原则地放任自流、什么都可以播出。广播影视要始终不渝地宣扬正确的东西，要坚决防止给有害的、错误的东西提供传播渠道。目前，荧屏声频上还存在一些不良倾向和不良风气，严重影响人民群众特别是少年儿童的身心健康，必须坚持不懈地进行整顿，净化荧屏声频。

**4. 改进宣传的关键因素是发挥广播影视的优势，不断扩大广播影视的影响**

首先，广播影视要充分发掘和利用自身的特点和优势。比如，广播的传播迅速、可移动接收、互动性强、便于应急等优势，是其他媒体无法替代的；而电视的音响、画面、与现场同步等优势，也是其他媒体无法企及的。其次，广播电影电视要加强互动，相互融合，形成合力，强化整体宣传效果。第三，广播影视要主动向外，积极利用新兴媒体，不断拓展宣传的新渠道新阵地。特别是要加强广播影视重点网站建设，重视网上宣传。第四，要结合广播影视的特点和国际传媒竞争发展的趋势，切实加强和改进广播影视对外宣传，增强时效性、针对性、实效性，提高吸引力、引导力、说服力，进一步提升我在国际舆论格局中的地位、作用和影响。

### （二）改革体制，创新机制，解放和发展广播影视生产力

改革是广播影视事业产业发展的动力。当前，中央关于广播影视改革的大政方针已定，关键是如何把握中央精神，从广播影视的实际出发，积极稳妥地推进。2004 年，广播影视改革工作要在已有的基础上取得新的突破，必须做好以下几点：

**1. 准确掌握中央精神，增强改革的自觉性和主动性**

党的十六大和十六届三中全会提出要大力发展文化事业和文化产业，加快推进文化体制改革。中央对文化体制改革提出了明确的要求，全国宣传思想工作会议对文化体制改革工作又做了具体部署，可以说，目前，广播影视改革的方针原则、目标任务、方法步骤已经明确，关键是学好文件、掌握精神、提高认识，真正把思想统一到中央关于文化体制改革的重要精神上来，统一到中央关于广播影视改革发展的具体要求上来。目前在广播影视系统中，对改革的认识并不是一致的，有的人改革积极性很高，但也有人缺乏改革热情，满足于现状，认为广播影视已经发展得很不错了，不需要改革了。特别需要注意的是，我们有一些台长，对改革的重要性、必要性和紧迫性，对中央关于文化体制改革的指导方针、原则要求，还若明若暗，存在这样那样的模糊认识，这样是搞不好改革的。因

此，各级广播影视部门特别是领导班子成员，一定要认真学习领会中央精神和中央领导同志一系列重要指示精神，切实提高对广播影视体制改革重要性、紧迫性的认识，切实增强改革的自觉性、主动性和坚定性，确保广播影视改革工作按照中央的要求顺利向前推进。

**2. 坚持改革正确方向，制定切实可行的改革方案**

广播影视业的改革事关经济发展、国家安全和社会稳定，政治性、政策性很强，既要大胆探索、勇于创新，又要谨慎稳妥、有序推进。可以说，文化体制改革的总体思路已经很清晰了，但在具体操作上，还需要大家从各自的实际出发，既要确保喉舌性质不能变，党管媒体不能变，党管干部不能变，正确的舆论导向不能变，又要放开搞活，大力发展广播影视事业和产业。要按照中央和总局确定的广播影视改革的方针原则、基本目标、重点任务、具体要求，充分考虑我国国情和我国广播影视的意识形态特殊性，结合本地区、本单位的实际，制定切实可行的改革方案，切不可盲目照搬西方广播影视传媒的做法，也不能简单套用其他事业单位和国企改革的经验。各地制定改革方案，一律要报总局审批。需要强调的是，大力发展广播影视事业和产业，这是一个事物的两个方面，事业是产业发展的目的和归宿，产业是事业发展的基础和条件，两者相辅相成。要避免两种倾向，一是只强调广播影视的喉舌功能和事业属性，不注重产业的发展；二是只强调产业发展，而忽视广播影视的事业属性。在改革中要坚持两手抓，一手抓事业发展，一手抓产业开发，做到两翼齐飞。

**3. 紧紧把握改革重点，着力解决影响改革的障碍和难题**

广播影视改革涉及方方面面，头绪很多，一定要抓住重点，通过重点突破，带动整个改革全面推进。广播影视改革的重点就是两句话：改革体制、创新机制，面向群众、面向市场。影响广播影视改革发展的障碍和难题很多，但最主要的就是体制不顺、机制不活，行政、事业和产业混为一体，内部管理不讲成本核算，不分干好干坏，缺乏发展动力。改革就是要把局和台的职能分清楚，把事业和产业分清楚，改变旧体制，大力创新用人、分配、劳动保障等内部机制；要把电台电视台中允许经营的资产资源和业务从目前的事业体制中分离出来，按照现代产权制度和现代企业制度面向市场进行转制重组，与事业部分分开管理、分别运营。电影的生产制作、发行放映，电视剧的生产制作、销售发行，一律进行企业化运作、产业化发展。一些适宜于产业经营的服务性、娱乐性频道频率也可以在所有权与经营权分开，有效控制播出权的前提下，成立经营性公司，进行企业化运作、股份制改造。通过面向群众接受检验，面向市场参与竞争，逐步建立广播影视公共服务体系、市场运作体系和政府监管体系，推进广播影视事业产业协调发展。

建立“三个体系”，必须处理好三者之间的关系。广播影视公共服务事业由政府主导，就要按照“加大投入、转换机制、增强活力、改善服务”的要求进一步深化内部机制改革，确保喉舌功能安全有效地发挥，确保政令畅通，确保广大群众享有基本的广播影视文化权益。广播影视经营性产业由市场主导，就要充分发挥市场在资源配置中的基础性作用，将现有事业中可经营部分剥离出来，面向市场进行产业经营，参与竞争。无论对广播影视事业还是产业，都要加强政府监管。特别是广播影视作为特殊的文化产业，不能因为面向市场就可以唯利是图，生产污七八糟的东西，危害社会，毒害群众。无论事业、产业，都要坚持先进文化的前进方向，都要把握正确的导向。改革的目的是为了更好地巩固宣传文化阵地，发展产业经营是为了进一步壮大宣传文化主业，在深化改革中，应把电台电视台或集团（总台）作为广播影视产业的经办主体，产业经营的利润主要用来支持事业的发展。实践中需解决好两个问题，一是产业和事业要正确科学地分离，原则上政治性强的频道频率不能产业化运作。二是允许实行企业化运作的频道频率要把所有权与经营权分开，频道频率不能上市、出售，不能转让，电台电视台要掌握宣传的主导权，确保正确舆论导向。

**4. 认真抓好试点工作，为全面推开做好准备**

广播影视体制改革的试点工作，中央要求在2004年底前必须完成并着手全面推开。现在，中央和总局关于改革试点工作的思路已经明确，任务已经部署，7个试点单位的实施方案也已经批复，关键是要抓好落实。各试点单位要切实抓好试点工作的组织实施，大胆地干，大胆地闯，及时总结试点经验和成果，遇到问题和困难及时向当地广电主管部门和党委、政府报告，向广电总局报告。试点工作中，特别要妥善解决好转制职工的社会保障和富余人员的下岗分流安置问题，加强思想政治工作，维护社会稳定。要做好国有资产的保值增值工作，防止国有资产流失，防止任何形式的侵吞国有资产行为。2004年中央要召开试点工作座谈会，总局也要开会及时交流情况、总结工作，为全面推广试点经验做好准备。对于已经成立的广电集团和电影集团，中央已经明确，与文化体制改革试点单位一起推进。广播影视的体制机制改革是一个复杂而艰巨的探索过程。目前，广电集团的主要任务，就是要按照中央关于文化体制改革和中办发21号文件的要求，进一步规范改革、深化改革。

### （三）改变思路，着眼发展，增强广播影视的实力和竞争力

广播影视改革的目的是为了发展。党的十六大指出，发展要有新思路。如何改变旧思路，理清新思路，加快广播影视事业产业协调发展，需要做大量的工作。这里强调四点：

**1. 牢固树立发展是第一要务的思想，加快广播影视事业产业发展**

发展是硬道理，解决中国所有的问题只能靠发展，对于广播影视来说也是如此。对广播影视事业产业发展，党的十六大有明确要求，广大人民群众有热切期盼，广播影视系统自身愿望也十分迫切，国外各大媒体面对中国这个庞大的广播影视市场垂涎欲滴、虎视眈眈，都想要进来分一杯羹；国内各平面媒体和新兴媒体也借机纷纷抢滩占地，欲在广播影视领域夺得一席之地。严峻的形势和环境，要求广播影视必须要有一个大的发展，必须要尽快增强实力和竞争力。不改革就没有出路，不发展就没有前途。要把发展作为主题贯穿到广播影视各项工作中去，把是否有利于发展作为检验和考核我们各项工作的最重要标准，凡是有利于发展的我们就努力去做，凡是不利于发展的或影响发展的就坚决不做。

**2. 大胆突破旧的思想观念，积极拓展新的发展思路**

在广播影视如何发展的问题上，现在还存在一些旧的观念，主要表现为：只强调广播影视的宣传功能，忽视广播影视的产业功能；只重视广播影视事业发展，忽视广播影视产业发展；只着力要求国家扶持、财政拨款，忽视市场机制，面向市场求生存、求发展；只注意依靠自我积累来发展、提升实力，忽视资本运作、社会融资；只注意单一经营，忽视全面开发。比如，电视经营长期以来只是盯着广告，广告当然很重要，但其他业务的开发则显得十分薄

弱。在国外，电视经营的收入主体除了广告外，还有付费电视的收入，而且有的国家付费电视的收入已经超过了广告。此外，节目制作销售的收入也是一大块。电影方面，长期以来我们也只是盯着电影院票房，而忽视后产品开发。在美国，电影产品和电影价值的实现形式早已经多样化，票房收入只是其中的一个部分，有时甚至只是一个很小的部分。大力发展广播影视事业和产业，仍然抱着旧观念、老思路是根本不行的了，我们必须根据新形势、新情况、新任务，按照中央精神确定新的发展思路，明确新的发展方向和目标任务，制定一系列适应发展的新政策、新措施，牢牢掌握发展的主动权。

我们要在牢牢把握广播影视播映权的前提下，大力发展民营广播影视产业。电视剧近年来之所以呈现持续繁荣的局面，一个很重要的原因就是电视剧的生产积极向社会资本开放。今后，这方面要进一步放开手脚，凡是能放开的都要逐步放开。我们要加快推进广播影视系统的国有企业和即将转制为企业的单位的改革发展。2004年，电影企业和电视剧制作机构，完全可以按照中央文件精神在股份制改革和上市融资方面迈出重要步伐。广播影视一定要面向市场，借用别人的资金和技术，借用社会力量来发展壮大自己。我们鼓励东部发达地区到西部地区合作办广电，鼓励东部优秀广播影视人才到西部去创业，同时也鼓励西部地区广电部门拓宽思路、开阔视野，扩大社会融资渠道，使西部贫困地区的广播影视能够尽快发展起来，能够尽快跟上发达地区的步伐。

3. **巩固发展成果，积极拓展新的领域**

2003年作为“广播发展年”和“网络发展年”，我们采取一系列有效措施推进广播和网络的发展，取得了显著的成效。2004年要在保持良好势头的基础上，继续把广播和网络发展推向深入，再上新台阶，取得新成效。总局确定2004年为“数字发展年”和“产业发展年”，大力推进广播影视数字化和产业化发展。

数字化是顺应世界新技术发展潮流，推动国家信息化建设，带动国民经济发展的一项重大战略，也是广播影视自身发展的必然趋势和重大机遇。“数字发展年”的主要任务是：以科技创新为先导，以信息化为目标，以新业务发展为龙头，以有线电视数字化为突破口，全面推进广播影视数字化，使广播影视制作、播出、传输、接收等各环节数字化程度明显提高。在有条件的市地以上城市全面推进有线电视从模拟向数字整体转换，试点城市要重点建立整体转化模式和运营模式；付费广播影视业务有较大进展，服务领域不断拓宽，付费电视用户有大的发展；省会城市以上广播电台、电视台制作和播出系统设备80%实现数字化，初步实现新闻制作网络化；建成数字电影卫星平台，建成100家数字影院，500个社区和农村电影数字放映示范点开始试运行；卫星直播数字声音广播开始试播，部分地区开始试验数字中、短波声音广播。

推进广播影视数字化，要统筹规划、总体设计、周密部署、加大力度，坚定不移。要把握好以下几点：一是要把推进数字化作为当前的一项重要工作切实抓紧抓好，加强组织协调，加大工作力度，按照时间表的要求，制定本地区数字化发展的总体规划和整体转换方案。二是要以服务为根本，以信息化为目标，站在国家的高度、社会的角度和全行业的层面来发展数字电视，积极开发付费电视等新业务和多种信息服务。三是要大力普及机顶盒，全面推进模拟向数字整体转换，形成规模化的数字电视市场，为新业务的全面开展建立平台。四要面向市场，遵循数字化发展规律，充分利用社会力量和市场经济的手段，利用股份制等形式来塑造市场主体，构

建有线数字电视产业运营的新模式，逐步形成以节目为龙头、用户为基础、网络为纽带，合理分工、利益共享、共同发展的数字电视产业新格局。五要发挥各自优势，按照社会化大生产的要求，合理分工，明确定位。电台、电视台、电影制片单位要在节目制作上下功夫，节目集成运营者要在组织节目上下功夫，干线网要在增大流量、保证畅通、快捷、安全上下功夫，本地分配网要在发展用户、满足用户需求上下功夫。要调动各方面的积极性、主动性和创造性，形成有线数字电视的利益共同体和完整的产业链，推动有线数字电视健康有序的发展。六要严格规范、强化管理，建立新的技术体系，完善新的游戏规则，构建新的管理体制，保证公开公平诚信的市场秩序。要充分发挥监管平台的作用，建立诚信机制，保障产业链中各方利益，维护正常的运营秩序。要严格制度，规范管理，科学管理，确保广电公共服务，确保安全播出，确保政令畅通，确保国有资产不流失。

积极发展广播影视产业，是繁荣社会主义文化、满足人民群众日益增长的精神文化需要的重要途径。“产业发展年”的主要任务是：按照广播影视产业的特性和规律，以发展为主题，以体制机制创新为动力，以结构调整为主线，以科技创新为手段，以强化监管为保障，充分发挥广播影视独特优势，重点抓好广播影视内容产业，积极推进数字产业和网络产业，适时向其他相关产业领域拓展，初步形成产业体系相对完整、结构布局日趋合理，整体技术水平先进、市场主导作用明显，国有为主、多种经济成分共同发展的广播影视产业格局。2004 年国产电视剧、电影、动画片、广播剧要进一步增加数量，提高质量，并获得明显的经济效益。要培养壮大若干个重点影视制作机构和影视制作基地，形成影视制作的规模效应。国产电视剧、电影、动画片以及其他广播影视节目交易更为活跃，市场更为规范，经济效益更为提高。广播影视后产品、衍生产品和相关产品的开发生产形成一定规模，取得一定的经济效益。广播影视总体创收比2003年有较大增长，其中在确保广告收入稳步增长的前提下，内容产业、网络产业及其他相关产业的经营创收在总收入中所占比重应有明显增加。

发展广播影视产业，需要注意几点：一是必须集中力量、重点把内容产业做好，特别要按照专业化、对象化、个性化的要求搞好付费节目的生产和经营。二是要进一步深化改革，完善宏观调控政策，扩大投融资渠道，放宽市场准入，调动国企、民营和其他社会力量参与内容产业的积极性，并通过进一步强化黄金时间节目播出等调控手段促进国产电视剧、动画片的创作生产，初步形成一定规模、面向市场、多种经济成分并存、比较完善的国产电影、电视剧、动画片等节目产业体系。要推进制播分离，将广电系统自己的电视剧制作机构和能够剥离的其他节目制作部门从现有的事业体制中剥离出来推向市场，按照现代产权制度、现代企业制度进行改造，与社会各类影视节目制作发行机构成为公平竞争的市场主体。三是要积极利用精品影视剧、名牌节目、名牌栏目、知名主持人等的品牌效应，进行音像制品、图书报刊、知识产权等多种形式的多重开发和多重利用，取得良好效益。四是要紧跟广播影视科技和市场的最新发展趋势，大力开发对广播影视未来发展具有重要意义的新业务，如手机广播、手机电视、移动电视、宽频电视、数字电视图书馆等，抢占先机，把握主动，占领市场。

数字发展和产业发展是紧密联系的。数字发展要靠产业发展来推进，产业发展则要靠数字发展来带动。广播影视产业发展如果缺

少了数字化，这个产业只能是低水平、低层次的，形不成大的规模和效益；而数字发展如果不与产业发展紧密结合，便难以全面推开，不能深入到广播影视发展的各个领域。可以说，加快数字发展和产业发展，如双驾马车，两者相互融合、相互促进、缺一不可。

同时，要抓好“西新工程”等重点工程建设。“西新工程”2004年将全面启动第三阶段第二期的工作。该期工程建设主要是在前几年工作的基础上，进一步拓宽领域，丰富内容，紧紧围绕提高西部地区广播电影电视水平、加强边境地区广播电视建设和大力推进“走出去工程”三个重点进行。“村村通工程”和农村电影放映“2131工程”也都分别有明确的目标任务和具体的进程安排，都要在“西新工程”的统筹下大力推进。

**4. 认真贯彻统筹兼顾原则，促进广播影视协调发展**

应该说，目前我国广播影视发展已经有了一定的规模和基础，但同时发展不平衡的问题也日益突出。东部、中部、西部，发达地区与不发达地区，城市与农村，差异很大。东部地区一个县级广播电视的收入，接近甚至超过西部地区一个省级广播电视的收入，在城市一般都能收听收看到几十套清晰的广播电视节目，而在广大农村特别是西部边远地区，还有相当多的人民群众听不到听不好广播，看不到看不好电视。在广播影视行业内部，事业与产业的发展不平衡，广播影视产业仅处于起步阶段；电视与广播、电影，广播电影电视与网络的发展也不平衡，电视相对较强，广播和电影相对还较弱，网络虽然发展比较快，但业务开发还远远不够，效益还不十分明显，有的网络公司甚至存在亏损问题。广播影视在国内的发展与在国外的发展也不协调，目前我们的广播电视在国内的人口综合覆盖率已经达到百分之九十几，但在国外的有效覆盖还很低；广播影视产品的出口则大大低于进口，我广播影视在国外的影响力和竞争力与我国的国际地位还极不相称。因此，2004年的一项重要发展任务，就是要贯彻统筹兼顾的原则，要切实采取有效措施，促进广播影视事业与产业、发达地区与不发达地区、国内与国外的协调发展，既要锦上添花，更要雪中送炭，切实加强对薄弱地区、薄弱环节的重点扶持，通过加大投入、实行倾斜政策、推进合作交流等方式，用一到两年的时间，使薄弱地区、薄弱环节的广播影视发展状况得到明显改观。

**（四）改造技术，更新设备，提升广播影视的现代化水平**

科技是第一生产力，是推动广播影视不断发展的基础。广播影视是科技含量很高的新闻宣传、文化艺术领域，要实现跨越式发展，必须追踪世界高新科技发展步伐，积极采用高新技术，不断提升现代化水平。

1. **切实提高认识，重视高新技术应用**

当代数字技术、网络技术、信息技术等高新科技的发展，迅速带动了新一轮的广播影视产业优化升级，使整个广播影视正呈现出革命性的变化，广播影视的功能进一步提升，服务领域和发展空间进一步拓展。广播影视高新技术含量和整体技术水平如何，已经成为衡量一个国家和地区广播影视实力和竞争力的最重要标志之一。我们必须积极顺应世界广播影视高新科技发展的大趋势，十分重视和加快广播影视高新技术的利用，使我国广播影视整体技术尽快完成向当代数字技术、网络技术和信息技术的转变。要进一步完善我国广播影视发展高新技术的战略规划，切实加大投入，加强广播影视高新技术的研究，要特别重视广播影视高新技术标准体系和政策

的制定。

**2. 积极采用数字和网络技术，努力提高广播影视制作播映水平**

要积极利用数字技术、网络技术加快广播电视中心的技术改造和建设。各地正在进行或计划进行的广播电视中心改造与新建，一定要充分考虑数字化、网络化的要求，真正使广播电视中心最终形成节目制作、播出、存储数字化、网络化系统。要大力推进数字电影制作和数字影院建设，扩大电影数字制作产业化示范工程项目成果，建立一定规模的具有世界领先水平的数字电影制作基地和数字电影放映院线。

**3. 加强基础设施建设，大力提高广播电视传输覆盖水平**

要大力推进有线电视分配网的光缆化改造，加快有线电视由模拟向数字的整体转换，这项工作是与我们提出的“数字发展年”紧密联系在一起的。要进一步改善广播基础设施条件，加快推进发射台、转播台的管理自动化和智能化，建立功能完善、技术先进的无线广播覆盖系统和实验体系。积极发展调频同步广播、数字音频广播、卫星直播数字声音广播以及数字中、短波广播，促进广播向优质、高效、移动和多媒体方向发展，积极做好卫星直播电视的各项准备工作。

**4. 积极运用高新技术，促进广播影视与其他媒体的融合发展**

数字化时代，按传统划分的各种媒体业务之间的界限逐渐模糊，作为信息接收端的手机、电视机、计算机业务逐渐交织在一起。随着互联网的发展，计算机已经具有了广播电视的部分功能，而数字技术使得电视机也可以实现计算机的部分功能，手机则完全可以上网和接收视音频节目，已经成为新型的传播媒体。广播影视必须适应这种变化的趋势，早做准备，做好准备，积极开发手机电视、宽频电视、移动电视、电视数字图书馆等新业务。现在我们在这方面已经有点被动，电信和互联网的飞速发展已经给我们造成了很大压力。我们必须加快在这方面的发展，在确保传输好广播电视公共服务节目的前提下，充分利用广播电视网络发展互联网接入及其他信息业务，同时积极利用广播影视的节目内容优势，大力开发基于宽带互联网的视音频业务。

### （五）改善管理，依法行政，建立科学规范高效的广播影视管理体系

2004年的广播影视管理工作任务十分繁重，特别是已经明确的广播电视广告播放管理、卫星地面接收设施的整治工作等重点管理任务，都要取得明显成效。

**1. 从增强三个意识入手，充分认识管理的重要性**

目前，我们经常强调要加强管理，我们的台长每天也都在做着管理工作，但对新形势下广播影视管理工作的重要性以及如何做好管理工作，还存在一些模糊和片面的认识。比如，有人认为既然要推进广播影视产业大发展，就要全面"松绑"，很多事情可以不管了，管理工作可以弱化、虚化，甚至可以不要，因此在日常工作中对出现的一些违规问题，常常睁只眼闭只眼，听之任之。必须认识到，确保广播影视正确舆论导向，确保广播影视安全播出和政令畅通，确保广播影视事业产业健康有序发展，是广播电视行政管理部门和每一个台长义不容辞的责任。守土有责，责重于山，越是在转轨时期，越是在广播影视大变革的形势下，越是要加强管理，越是要管好管到位。因此，必须进一步增强政治意识、大局意识、责任意识，进一步提高对加强管理重要性、必要性、紧迫性的认识，切

实抓好管理工作。

**2. 从适应时代发展要求出发，积极推进管理创新**

管理工作不是一成不变的，而是随着时代和形势的发展变化而不断变化的，随着社会主义市场经济体制的逐步完善和广播影视改革发展的不断深入，广播影视管理工作出现了许多新情况、新特点、新问题，管理的内容、对象、范围都发生了很大变化。因此，我们必须适应新形势、新要求、新任务，解放思想，与时俱进，创新管理理念，理清管理思路，明确管理职责，不断改进管理的方式方法，切实提高管理的水平和效益，真正做到既管得住又管得好。

**3. 以加强法制建设为重点，加强依法管理力度**

加强广播影视法制建设，严格依法管理，是广播影视管理工作的根本要求。由于种种原因，广播影视法制建设严重滞后，这给依法管理带来了很多困难。要抓紧立法工作，积极推动《广播影视传输保障法》、《电影法》等重要法律的起草和立项工作。对于暂时不能上升为法律的现行法规，如《广播电视管理条例》，要抓紧对其不适应形势发展的内容进行修改。同时，要适应广播影视数字发展、产业发展的要求，抓紧制定出台相应的法规，切实解决数字发展、产业发展法律依据不足的问题，使广播影视的管理特别是新业务的管理逐步实现从以政策管理为主转变到以法律管理为主。要进一步加强执法工作，做到有法必依，执法必严，违法必究，认真查处各种违法违规行为，如对广告的治理，对卫星电视地面接收设施的治理等等。要认真贯彻执行《行政许可法》，进一步规范政府行为，促进依法行政。

**4. 以高新技术为手段，提升现代化管理水平**

广播影视科技含量高的特性，对管理的技术手段提出了更高的要求。我们不能再囿于传统的管理手段和方式方法，不能总是依靠用老办法来管理，要充分运用高新技术手段，积极推进管理的现代化。比如，互联网传播视听节目如何管理，没有先进的技术手段是不行的。再比如，为防范“法轮功”等反动分子对有线电视网络的破坏，组织大量的人力进行巡逻，虽然有效，但成本也确实太高，必须在技术上进行创新，尽快找到更好的、更有效的监管手段和办法。这方面应该说我们是有经验的，最主要的就是节目监测工作。以前由于广播电视发射台、转播台散布各地，很难及时准确地掌握各台站的播出情况，这次“西新工程”建设，我们下大力气采用现代技术，初步建立了一整套全国广播电视播出监测系统，取得了很好的效果。今后，这方面的工作我们要不遗余力地予以推进。

**（六）加强教育，提高素质，建设一支政治强、业务精、作风正、纪律严的广播影视队伍**

人才是现代化建设的第一资源，现代化的广播影视业需要各种现代化的高素质人才。因此，加强人才培养、队伍建设是一个年年讲、经常讲的大问题，这方面过去我们做了不少工作，2004 年要着重抓好以下四个方面的工作：

**1. 要从实现宏伟目标的高度，重视人才培养、队伍建设**

总体上看，我们这支队伍是好的，是可以让党信赖、人民放心的，但是也要看到还存在着一些不容忽视的问题，有的问题甚至相当突出。如随着广播影视尤其是电视影响的日益扩大，一部分人产生了骄傲自满的情绪，盛气凌人，自以为是，不愿意接受社会和群众的监督；行业不正之风和有偿新闻问题也时有发生，极少数人私欲膨胀、贪污受贿、违法乱纪，影响极坏。对此，必须引起高度重视，切不可掉以轻心。各级广电部门一定要高度重视人才培养和队伍建设，切实把人才培养和队伍建设作为一项重点工作抓紧抓好。

**2. 深入学习贯彻“三个代表”重要思想，用“三个代表”重要思想武装广播影视队伍**

要用“三个代表”重要思想统领广播影视工作，就要用马克思主义、毛泽东思想、邓小平理论和“三个代表”重要思想武装全体广播影视工作者。领导干部要带头学习，做学习“三个代表”重要思想的表率。要着重抓好党员干部的理论学习，把学习“三个代表”重要思想与保持共产党员先进性的教育结合起来，密切联系思想和工作实际，在理论与实践、学习与工作的结合上狠下功夫，做到真信真学真懂真用，通过理论学习切实增强自身分析问题、解决问题的能力，真正把“三个代表”重要思想转化为坚定信念和精神动力，以此来指导和推动广播影视的改革发展。

**3. 加强人才培养，全面提高队伍素质**

事业要发展，人才是根本。要继续贯彻落实中组部、中宣部、人事部、广电总局联合发布的《关于深化广播影视事业单位人事制度改革的实施意见》和全国人才工作会议精神，通过深化干部制度和用人制度改革，建立有利于优秀人才脱颖而出的用人机制；通过内部收入分配制度改革，建立人才激励机制；通过职称制度、职业资格认证制度等项改革，建立人才评价机制，通过开展大规模培训和岗位实践培养，建立人才培育机制。在全面建设人才队伍的同时，要重点加强三支人才队伍的培养与建设。一是加强广播影视新闻宣传人才的培养与建设，二是加强广播影视经营管理人才的培养与建设，三是加强广播影视技术人才的培养与建设。要通过实施广电“人才工程”，建立起完善合理的人才队伍结构。

#### 4. 认真抓好“三项学习教育”活动，切实加强作风建设

当前广播影视队伍在党性修养、工作作风等方面，都存在着不适应事业产业发展的需要。2004 年，根据中央的要求和部署，要在全系统广泛深入开展学习“三个代表”重要思想、马克思主义新闻观、职业精神职业道德的“三项学习教育”活动。通过“三项学习教育”活动，我们要着力解决三个问题，一是广播影视工作的指导思想问题，二是广播影视工作者的使命问题，三是广播影视工作者的思想作风问题。要下决心克服四种顽症，即有偿新闻、虚假报道、低俗之风、不良广告。要切实把“三项学习教育”活动作为内强队伍素质、外树队伍形象的一项重要措施，与加强党风廉政建设和反腐败工作相结合，努力推进全系统党风廉政建设、队伍作风建设上一个新台阶、新水平。

2004 年，广播影视宣传、改革、发展、队伍建设等各方面的任务相当繁重，大家要冷静思考，科学决策，积极工作，求真务实，优质高效地完成上级交给我们的各项任务。在此提几点希望：

第一，要学习、学习、再学习。学习改变生活，知识创造未来。江泽民同志提出，要“构筑终身教育体系，创建学习型社会”。胡锦涛同志也强调“要始终把学习作为一项关系党的事业兴旺发达的战略任务来抓”。学习是提高全民素质的根本途径，对于处在科学文化前沿，担当着教化、引导国民素质提高的广播电视工作者来说，不断学习进步尤为重要。当前，摆在我们面前的任务非常繁重，这对我们提出了更新、更高的要求。在新形势、新阶段、新任务面前，许多问题从我们的实际工作中突显出来，而这些问题又集中体现于队伍素质上。我们的许多干部如果按照现有的知识水平，很难适应新形势下现代化广播电视事业发展的需求。学习、学习、

再学习，这是当前时代对广播影视工作者提出的新要求，是迅猛发展的新形势对广播影视工作者提出的新要求，也是迎接挑战、克服困难、夺取胜利、取得成功对广播影视工作者提出的新要求。要学习马克思主义、毛泽东思想、邓小平理论、“三个代表”重要思想；学习现代科学文化知识；学习市场运作知识、企业管理知识。不仅要向书本学习，还要向实践学习；不仅要向国内的同行学习，还要借鉴国外先进的经验；另外，还要向群众学习，向生活学习。衷心希望大家通过不懈的学习，丰富知识涵养，扩大知识领域，提高知识水平，不仅要紧跟时代，还要去引领时代。比如，过去不太重视互联网，现在互联网已被称为“第四媒体”，在人们的生活中发挥重要作用。我们要充分重视互联网的各种功能和作用，加强投入，加强指导。现在提出“三网合并”，即电视、电脑、电信的功能走向融合，不仅电脑可以看电视，手机都可以看电视。如果我们对于在线网络、在线电视、在线视听领域不去研究、不去学习、不去掌握、不去开发，别人就会去控制，就会去占领，我们就会失去大好机遇和重要阵地。目前，迪斯尼公司、微软公司正在合作开发手机电视，北京、上海也在开发移动电视，这对电视领域来说是一个很大的拓展。移动电视对短节目的需求较大，这将进一步促进电视产业内容的发展，如购物、旅游、天气等方面的资讯信息越来越受到人们的关注和欢迎，世界各地正在发生的事件等也越来越受到人们的关注，这意味着新的电视业务即将诞生。这种新业务将完全是企业化运作、产业化发展，所以需要掌握一定的专业知识去研究、开发，这就需要学习市场运作、企业管理方面的知识，因此学习任务是很繁重的。

第二，要把握、把握、再把握。要把握好导向，特别是在宣传

任务、改革任务、发展任务十分繁重的情况下，导向这根弦决不能松。不仅新闻报道要把握好导向，体育节目、音乐节目、综艺节目甚至广告节目也要把握好导向，切实把握好政治导向、思想导向、文化导向。如果导向出了问题，其他搞得再好，都没有用。所以，不仅台长要把握住导向，每个中心、每个部门、每个栏目、包括某些技术岗位都要把握好导向，否则，就可能引发政治错误，这一点要引起高度重视。在这里我尤其要强调广告导向问题。有些广告设计者不顾产品质量，不顾产品效果，挖空心思，编造一些耸人听闻的言词，拉一些名人演员为其产品作宣传，其结果虽然会取得一定的广告效果，但往往会损害消费者的利益，引起消费者的强烈不满。有一些电视节目为提高收视率，采用一些不当方式刺激观众参与，这对我们的精神文明建设是不利的。我们说导向正确不仅是指政治导向正确和思想导向正确，还要引导群众确立健康的思想情操。访谈类节目同样要十分重视，千万不要麻痹大意，不能掉以轻心，往往以为不会有问题的时候最容易出问题，导向这根弦始终要绷紧。

第三，要创新、创新、再创新。创新是一个民族进步的灵魂，是一个国家兴旺发达的不竭动力，也是一个政党永葆生机的源泉。广播影视宣传必须把握时代变化，紧跟时代步伐，站在时代前列，必须反映时代特征和适应实践要求，这就需要我们时刻坚持创新。由于我们要满足的是最广大人民群众的需要，而且这种需要是在不断发生变化的，更何况在当前这种新旧媒体之间、传统媒体之间、同类媒体之间激烈的竞争环境下，创新是改革的唯一出路，是发展的唯一出路。广播影视宣传工作的创新必须紧密结合改革开放和现代化建设的新要求，紧密结合广播影视事业的新发展，努力形成有利于广播影视宣传工作保持蓬勃生机和旺盛活力的新机制；必须紧密结合时代发展的新特点，增强广播影视工作的针对性、指导性和实效性，寻求满足广大人民群众多层次、多样性、多方面的精神文化需求的新方式；必须紧密结合高新技术和现代化传媒的新趋势，根据人们接受信息途径发生的新变化，探索运用高新技术拓展广播影视宣传工作的新手段。总之，广播影视宣传工作必须坚持积极进取，开拓创新，与时俱进，才能把广播影视事业不断推向前进。如中央人民广播电台机制创新、体制创新，取得了很好的效果；中央电视台第二套节目改革，出现了新的东西、新的栏目；许多地方电视台以“贴近实际、贴近生活、贴近群众”为原则，在节目形式和内容上寻求创新，取得了很好的效果。创新要多角度、多方面、全方位展开，仅有领导班子创新还不够，还需要全体同志共同创新；仅“软件”方面的创新还不够，在“硬件”方面也要创新；仅节目创新还不够，还要在机制和体制上创新，最重要的一点是人们的观念要创新。要有危机感、紧迫感，这样才有不断进取的动力，才会不断地创新，而不会满足于现状止步不前。

第四，要务实、务实、再务实。现在方向明确，部署具体，关键在于怎样把它落实为实际行动。务实是贯彻落实总体部署、实现奋斗目标的前提，要一步一个脚印地向前走，一步一个脚印地向前推。胡锦涛总书记提出：“大力弘扬求真务实的精神，大兴求真务实之风”，这对广播影视各项工作有重要的指导意义。我们要开创广播影视宣传、改革、发展、队伍建设各方面工作的新局面，迈上新台阶，提高到新水平，关键是要求真，不弄假；要务实，不搞虚。

第五，要提高、提高、再提高。这是我们学习、把握、创新、务实的目的。提高工作水平，提高工作质量，提高工作效率等是没有终点的，要我们在不懈的努力中去实践、去探寻、去实现。广播影视宣传工作要以群众满意不满意、高兴不高兴、赞成不赞成、答应不答应作为根本的出发点和落脚点，作为衡量我们的工作是否取得实效的重要标准，但是群众的思想文化素养、眼界见识是随着社会的进步发展而不断提高的，这就必然要求我们的工作也不断树立新的目标，不断寻求大的提高。广播影视作为党的重要思想文化阵地，作为精神文明建设的重要场所，作为社会主义先进文化的重要载体，要为自己树立一个更高的标准，走在改革发展的前列，为党和国家的各项工作提供精神动力、舆论环境和智力支持。因此，要不断鞭策自己在工作中提高、提高、再提高。现在，广播影视工作有了很大的提高，这种提高也使我们认识到我们还有很大的余地可以提高、能够提高。要从多方面要求自己提高，要在领导管理水平、体制制度创新上提高；要在队伍政治业务素质、科学文化技能上提高；要在优化节目内容、活化节目形式上提高；要在广播电视业务拓展、产业发展上提高；要在带动国民整体精神文化水平的提高上提高。

最后要送给大家四句话。第一句话是要“想干事”，组织上把我们放在这个位置上，我们一定要想着做事，不能守摊子、混日子。第二句话是要“会干事”，我们要长知识，长本领，掌握干事情的能力。第三句话是要“办成事”，就是要求真务实，开拓创新，完成党和人民交给我们的重要任务。第四句话是要“不出事”，要妥善处理好各方面的关系和工作的各个环节，加强责任制，确保工作万无一失，不出差错。这是对我们各级领导干部的一个最基本的要求。

# 在深、实、新、特上下功夫<br>努力改进广播影视宣传工作

前一段的广播影视宣传工作，遵照中央的要求和中宣部的部署，站得高，抓得早，把得牢，效果好；有力度，有深度，有广度，有热度；突出了主题，把握了主线，唱响了主调，掌握了主动；统一了思想，促进了改革，推动了发展，维护了稳定。特别值得一提的是，对如何运用广播影视的手段开展新时期马克思主义理论的宣传，进行了新创造，取得了新成绩；对如何加强新时期的广播影视工作，适应形势的要求，满足人民的需要，进行了新实践，开拓了新局面；对如何做好复杂形势下的广播影视宣传工作，进行了新探索，积累了新经验。下半年广播影视宣传要高举邓小平理论伟大旗帜，全面贯彻"三个代表"重要思想，坚持团结稳定鼓劲、正面宣传为主的方针，唱响主旋律，打好主动仗，牢牢把握正确的舆论导向，认真学习宣传贯彻江泽民同志"5·31"重要讲话精神，进一步推进学习宣传贯彻"三个代表"重要思想的热潮，兴起宣传改革开放和现代化建设的伟大成就、宣传党的建设新鲜经验的热潮，充分反映全国各行各业、各条战线以优异的成绩迎接党的十六大的实际行动，唱响共产党好、社会主义好、改革开放好，为动员

和激励广大干部群众更加紧密地团结在以江泽民同志为核心的党中央周围，做好改革发展稳定各项工作，迎接十六大，宣传十六大，贯彻十六大，营造昂扬向上、团结奋进、开拓创新的良好舆论氛围。

## 一、围绕主题，把握基调，精心组织好迎接十六大的宣传

十五大以来，我们成功地开展过一系列主题突出、规模巨大、影响深远的重大政治性、全国性的宣传活动，如纪念改革开放20周年、纪念新中国成立50周年、纪念建党80周年，要认真总结广播电视宣传的宝贵经验。这些基本经验可以概括为：认清形势，统一思想；振奋精神，激励斗志；周密部署，精心实施；把握导向，及时调控；形成合力，发挥特色；加强领导，严格把关。我们要运用这些基本经验，把握十六大宣传的特殊性，全面推进，切实搞好广播电视迎接十六大的宣传报道。

### （一）十六大的宣传与其他宣传相比有哪些特殊的方面呢

一是宣传活动的性质有所不同：周年纪念活动的性质是重大的纪念庆祝活动，十六大是重大的政治性工作会议。

二是宣传的重点有所不同：周年纪念活动的重点是回顾、总结成就和经验；十六大既要回顾总结，更要前瞻部署。

三是宣传的主题有所不同：改革20周年、建国50周年、建党80周年的宣传主题各不相同，十六大宣传的主题是以“三个代表”为指针，总结过去，部署当前，前瞻未来，开创党和国家工作的新

局面，夺取新世纪前十年改革开放和现代化建设的新胜利。

四是宣传的方式有所不同：周年纪念活动的宣传是先进行铺垫式宣传，到纪念日形成高潮后结束；十六大的宣传除了先进行铺垫式宣传外，还需形成两个高潮：十六大会议召开的宣传高潮，宣传会议成果、宣传会议精神的高潮。

五是社会关注程度有所不同：十六大本身的内容因有新的决策部署、新的工作方针、新的奋斗目标、新的人事变动，不仅国人关注、世界也关注。

六是影响力有所不同：十六大不仅影响当前，还影响未来；不仅影响国内，还影响国外；不仅影响思想，还影响工作，广泛而深远。

总之，十六大宣传的政治性、政策性、思想性、理论性、指导性、重要性、敏感性都比过去的一些重大宣传活动要强。

**十六大宣传要注意做到五个“突出”：**

突出宣传“5·31”重要讲话精神；突出宣传“三个代表”重要思想；突出宣传十三届四中全会以来特别是十五大以来改革开放、现代化建设的新成就和党建的新经验；突出宣传以江泽民同志为核心的第三代中央领导集体发展马列主义的理论成果、开创改革开放和现代化建设新局面的领导才能、推进新时期党的建设的远见卓识；突出宣传十六大在党的历史上、在时代发展的进程中的重要地位和深远意义。

**十六大宣传要努力营造五种“环境”：**

一要努力营造良好的思想环境。要进一步用“三个代表”的思想统一大家的思想。我们国家现在形势很好，主要表现在：“三个代表”形成共识，经济发展势头强劲，社会保持总体稳定，人民生活继续改善，国际地位不断提高。在这样一种大好形势下召开党的十六大，客观上具备了良好的条件。另一方面，在看到大好形势的同时，也应看到存在的问题：思想统一中有杂音，经济发展中有困难，总体稳定中有险情，生活改善中有反差，地位提高中有劲敌。迎接十六大，很重要的一点，就是把全党全国人民的思想进一步统一到“三个代表”的重要思想上来，统一到中央的决策部署上来，为十六大的召开营造良好的思想环境。

二要努力营造良好的舆论环境。现在社会舆论呈现多样化、易变性、群体性、突发性的特点，相当复杂，新闻媒体引导舆论的难度越来越大。因此，我们的广播电视新闻媒体要很好地发挥新闻信息的传播器、推动社会发展的助推器、化解社会矛盾的稳压器的作用，创造有利改革发展的舆论环境。

三要努力营造良好的文化环境。目前，人们的物质生活和精神文化生活多样化，在这样的情况下，广播电影电视作为重要的宣传手段，重要的思想文化阵地，重要的文化艺术样式，要为努力营造良好的文化环境做出应有的贡献。要管好电视剧，要拍好电影，要编排好文化娱乐性节目。

四要努力营造良好的社会环境。社会应该非常和睦，非常融洽，非常健康，充满友爱，充满希望，所以要加强社会精神文明建设，加强社会道德建设，加强社会治安综合治理。

五要努力营造良好的国际环境。在经济全球化的情况下，一个国家的事情往往成为世界性的问题。十六大宣传就要努力为我国营造良好的国际环境，树立良好的国际形象，为经济发展创造国际条件。

**（二）为把十六大的广播影视宣传工作搞好，要牢牢把握以下几点：**

**1. 高举旗帜，唱响“三颂”**

迎接党的十六大的宣传报道，必须高举马列主义、毛泽东思想、邓小平理论伟大旗帜，以“三个代表”重要思想为指导，唱响祖国颂、社会主义颂、改革开放颂，坚定广大干部群众对马克思主义的信仰，对社会主义的信念，对党和政府的信任，对改革开放和现代化建设的信心。要大力宣传中国共产党始终代表中国先进生产力的发展要求、中国先进文化的前进方向、中国最广大人民的根本利益，歌颂以毛泽东、邓小平、江泽民同志为核心的党的三代领导集体领导全党全国各族人民进行革命、建设和改革开放的伟大成就，激励全体共产党员和亿万人民群众，更加紧密地团结在以江泽民同志为核心的党中央周围，坚持党的基本路线和基本纲领，振奋精神，开拓进取，为实现新世纪社会主义现代化建设的宏伟目标而不懈奋斗。

**2. 正面宣传，团结鼓劲**

要大力宣传党的基本理论、基本路线和基本纲领，大力宣传马列主义、毛泽东思想和邓小平理论，大力宣传“三个代表”重要思想，大力宣传党的宗旨、性质和优良传统作风，大力宣传爱国主义、集体主义和社会主义精神，大力宣传两个文明建设和党的建设取得的重大成就。对于党在历史上的挫折、失误，以及一些敏感问题，要淡化处理，宜粗不宜细。严格按照中央关于若干历史问题的有关决议精神把握宣传内容。要有针对性地加强热点引导，统一思想，凝聚人心，平衡心理，缓解矛盾，增强团结。舆论监督要把握适度，有利于树立党和政府的形象，有利于实际问题的解决，有利于团结稳定鼓劲。

**3. 积极稳妥，热烈有序**

迎接十六大的宣传政治性、政策性、理论性、思想性、指导性、重要性和敏感性极强，态度要积极，工作要稳妥；只能帮忙，不能添乱。要热烈，但热而有度，热而有序；要“实热”，不要“虚热”。在迎接十六大的宣传报道中，要防止以下几种“虚热”现象：一是只唱响，没唱好。表面上好像大张旗鼓、轰轰烈烈，但是节目没有说服力、感染力、影响力、战斗力，使主旋律不能深入人心。二是不贴近，有距离。报道脱离实际、脱离基层、脱离群众，使听众观众感觉宣传报道和内容与己无关，难以接受。三是只重量，不重质。各种节目制作播出不少，但是精品不多，不能吸引听众观众，不能产生深刻影响。四是炒冷饭，没新意。不管宣传什么主题，一律都是老典型、老经验、老材料、老样式，没有新特点、新成就、新经验、新做法、新形式。要用实力、重实绩、鼓实劲、出实效。

**4. 推出精品，营造氛围**

要一手抓繁荣、一手抓管理，弘扬主旋律，提倡多样化，积极实施广播影视精品战略，创作和推出一大批思想性、艺术性、观赏性完美统一，打得响、站得住、传得开，为广大听众观众喜闻乐见的优秀广播电视文艺节目和电影、电视剧、理论文献片，在党的十六大召开前夕隆重播出播映，营造浓郁热烈的喜庆气氛，向党的十六大献礼。为迎接党的十六大，广电总局组织制作了一批献礼影视剧、重点理论文献电视专题片及文艺节目，现已落实重点献礼电影《邓小平》、《万隆奏鸣曲》、《惊涛骇浪》等15部，电视剧《春天的故事》、《省委书记》等62部974集，重点理论文献电视专

题片《世纪丰碑》、《走进新时代》、《世纪宣言——从〈共产党宣言〉到“三个代表”》、《东方之光——“三个代表”与理论创新》等17部。此外还有大型电视文艺晚会《庆祝十六大胜利闭幕文艺晚会》、《世纪航船——庆祝十六大召开文艺晚会》、《世纪春雨——〈同一首歌〉庆祝十六大召开大型演唱会》等重点电视文艺节目。这些重点制作的广播影视节目有的已完成并通过审查，没有完成的要抓紧摄制，按计划陆续在党的十六大召开前后播出播映。

5. **精心编排，形成合力**

各级电台、电视台要认真安排好8、9、10三个月广播电视节目。国家广电总局近日已经发出通知，要求做好电视剧的播出安排，特别是8、9、10三个月各省级电视台上星节目黄金时间要安排播出反映改革开放和现代化建设的现实题材及革命历史题材的主旋律电视剧，弘扬主旋律，打好主动仗，使荧屏展现出健康、积极、繁荣、向上的景象。从7月起，各级电视台在19：00—22：00期间，除经广电总局确定允许播放的合拍剧、引进剧外，不得安排播放合拍剧、引进剧。此外，各级电视台要在黄金时间安排播放优秀的理论文献电视专题片、献礼电影及优秀传统故事影片。

6. **严肃纪律，严格审查**

各级广播影视机构要严格遵照有关管理规定，认真报审、认真把关、认真修改，确保导向正确，不出现政治性、倾向性问题。遇到难以把握的问题，要及时向上级主管部门请示报告，不要擅作主张。特别是遇到民族宗教、外交关系等一些敏感领域的问题，要认真及时地征求主管部门的意见，统筹考虑，全面衡量，提出稳妥的处理方案。

**7. 加强领导，周密部署**

迎接党的十六大的宣传报道工作是当前广播电视宣传的中心任务，各级广电部门要高度重视，加强领导，精心组织，周密安排。主要负责人要在一线指挥。要选派政治坚定、业务精湛的人员组成创作队伍，不断完善宣传报道方案，出色地完成迎接党的十六大宣传报道任务。

## 二、掀起宣传“三个代表”的新热潮

5 月 31 日，江泽民同志在中央党校省部级干部进修班毕业典礼上发表的重要讲话，进一步科学分析了当前我们面临的新形势、新任务和新挑战，全面阐述了贯彻“三个代表”重要思想的根本要求，深刻回答了党和国家未来发展的一系列重大理论和实践问题。这篇讲话，为党的十六大顺利召开作了重要的政治、思想和理论准备，对于更好地团结和动员全党为实现历史和时代赋予我们党的庄严使命，具有十分重大而深远的意义。

广播影视系统要认真学习宣传贯彻江泽民同志“5·31”重要讲话精神，进一步推进学习宣传贯彻“三个代表”重要思想的热潮。要把江泽民同志“5·31”重要讲话精神的宣传同“七一”重要讲话和“三个代表”重要思想的宣传紧密结合起来，从理论和实践的结合上进一步深入宣传“三个代表”重要思想。宣传阐述“三个代表”重要思想同马列主义、毛泽东思想、邓小平理论一脉相承，反映当代世界和中国的发展变化对党和国家工作的新要求。宣传阐述“三个代表”重要思想是我党的立党之本、执政之基、力量之源，是加强和改进党的建设、推进我国社会主义制度自我完善和发展的

强大理论武器。宣传阐述贯彻“三个代表”要求，关键在坚持与时俱进，核心在保持党的先进性，本质在坚持执政为民。要广泛报道各级领导干部和广大党员学习实践“三个代表”的经验和体会，充分反映基层党组织和干部群众学习实践“三个代表”的收获和成效，广泛宣传身体力行“三个代表”的先进典型。要继续办好宣传“三个代表”重要思想的专栏、专题节目，继续组织好重点报道，把学习宣传贯彻“三个代表”重要思想的热潮不断向深度和广度推进。

近一段时间以来，各级电台、电视台按照中宣部、国家广电总局的要求和部署，精心策划，认真准备，逐步深入，卓有成效地宣传“三个代表”重要思想，取得了一定的成果和经验。我们要继续努力，认真学习、深刻领会“三个代表”重要思想的精髓，不断改进宣传手法，不断提高引导水平，不断向深度广度拓展，切实搞好“三个代表”重要思想的宣传。广播电视关于“三个代表”重要思想的宣传要在“深、实、新、特”上下功夫。

**要在“深”字上下功夫**

在推进学习宣传贯彻“三个代表”重要思想的活动中，要深入宣传“三个代表”重要思想是江泽民同志对马列主义、毛泽东思想、邓小平理论的继承和发展。在宣传中，一定要注意把握三个原则：一是要把握马克思主义在中国发展的历史脉络。毛泽东思想是对马克思主义的发展，邓小平理论是对马克思主义、毛泽东思想的发展，江泽民同志的“三个代表”重要思想是对马克思主义、毛泽东思想、邓小平理论的发展。在新的历史条件下，坚持“三个代表”重要思想，就是坚持马列主义、毛泽东思想、邓小平理论。二是要把握“三个代表”重要思想体现了与时俱进的理论品质。一定要看到《共产党宣言》发表一百五十多年来世界政治、经济、文化、科技等发生的重大变化，一定要看到我国社会主义建设发生的重大变化，一定要看到广大党员干部和人民群众工作、生活条件和社会环境发生的重大变化，一定要充分估计这些变化对我们党执政提出的严峻挑战和崭新课题，始终坚持实事求是的科学态度和与时俱进的精神状态，自觉地把思想认识从那些不合时宜的观念、做法和体制中解放出来，从对马克思主义的错误的和教条式的理解中解放出来，从主观主义和形而上学的桎梏中解放出来，适应实践的发展，以实践来检验一切，用发展着的马克思主义指导新的实践，不断开拓马克思主义理论发展的新境界。三是要把握理论联系实际的学风，在理论联系实际中深化宣传。要注重反映各级党组织在贯彻落实“三个代表”实践过程中，尊重人民群众的创造，适应实践的发展，以实践来检验一切，深入研究和正确回答重大理论和实践问题，努力拿出有深度、有分量、有说服力的理论成果，用发展着的马克思主义指导新的实践。我们要从历史与现实、理论与实践、继承与发展、领导和群众的结合，全面宣传“三个代表”博大精深的认识内涵、理论内涵、实践内涵，深刻反映全党对“三个代表”重要思想的认识程度在深化，对“三个代表”重要思想的理论阐述在深化，对“三个代表”重要思想的实践活动在深化。

**要在“实”字上下功夫**

“三个代表”重要思想是改革开放进入新阶段后，我们党理论创新的又一巨大成就。在“三个代表”重要思想指导下，党和政府推出了一系列重要决定和实际举措。要着力宣传以发展为主题，以结构调整为主线，以改革开放和科技进步为动力，以提高人民生活水平为根本出发点，全面推进经济发展和社会进步，不断增强我国的经济实力、国防实力和民族凝聚力，以代表先进生产力的发展要求。要着力宣传我们党大力发展面向现代化、面向世界、面向未来的，民族的科学的大众的社会主义文化，不断丰富人们的精神世界，不断增强人们的精神力量。要着力宣传我们党时刻不忘执政为民，密切联系群众，充分相信群众，紧紧依靠群众，时刻把群众的安危冷暖放在心上，热情关心群众疾苦，切实帮助群众解决迫切需要解决的困难和问题，把群众呼声作为第一信号，把群众需要作为第一选择，把群众利益作为第一考虑，把群众满意作为第一标准，永远与群众心连心。要宣传各级党组织贯彻“三个代表”重要思想的实际做法，宣传广大党员干部群众落实“三个代表”重要思想的实际效果，宣传广大人民群众在工作、生活中体会“三个代表”重要思想的实际感受。

**要在“新”字上下功夫**

宣传“三个代表”重要思想，要按照江泽民同志提出的“在新世纪新阶段，发展要有新思路，改革要有新突破，开放要有新局面”的要求，密切结合国际国内新形势，密切结合我国改革开放和现代化建设的新任务，密切结合大力加强党的建设、切实改进党的作风的新课题，密切结合党和政府全面推进建设有中国特色社会主义的新实践，密切结合学习宣传贯彻“三个代表”重要思想的新典型、新经验、新进展。要大力宣传全党始终保持与时俱进的精神状态，不断开拓马克思主义理论发展的新境界；大力宣传全党把发展作为党执政兴国的第一要务，不断开创现代化建设的新局面；大力宣传我们党最广泛最充分地调动一切积极因素，不断为中华民族伟大复兴增添新力量；大力宣传我们党以改革的精神推进党的建设，不断为党的肌体注入新活力。同时要不断地改进广播电视关于“三个代表”宣传报道的形式和手段，讲究艺术，不断创新，生动活泼，注重效果，开拓出一条利用现代传媒宣传“三个代表”重要思想的新路子。

**要在“特”字上下功夫**

宣传“三个代表”重要思想，要突出特点，体现特色。今年与去年宣传“三个代表”的环境发生了变化，要注意把握今年的特点。要充分认识国际国内形势变化的新特点，充分认识工作任务的新特点，充分认识宣传思想工作的新特点。抓住这些特点，就使“三个代表”的宣传有了时代发展的特点，有了工作内容的特点，有了工作对象的特点，有了工作环境的特点，使宣传增强针对性，增强有效性。同时，要注意发挥不同媒体的宣传特点，广播、电视、互联网站、报刊等，应充分发挥自己的优势，运用不同方法、形式来宣传“三个代表”。要相互支持，相互配合，相映成辉，形成合力，进一步掀起宣传“三个代表”的新高潮。

## 三、掀起宣传改革开放和现代化建设伟大成就、宣传党的建设新鲜经验的新热潮

广播电视要全面宣传改革开放以来，特别是党的十三届四中全会以来，在以江泽民同志为核心的党中央的坚强领导下，我们党和国家在推进改革开放和现代化建设中取得的伟大成就，在推进新时期党的建设伟大工程中创造的新鲜经验。大力宣传我们党团结和带

领全国各族人民抓住机遇、深化改革、扩大开放、促进发展、保持稳定，经过二十多年的艰苦努力，胜利实现了现代化建设“三步走”战略的第一、第二步目标；宣传一个十二亿多人口的发展中大国，人民生活总体上达到小康水平，这是改革开放和现代化建设的重大成果，是中华民族发展史上一个新的里程碑，也是对世界和平与发展的重要贡献。大力宣传我国经济持续发展，社会政治稳定，人民安居乐业，国际地位提高的大好形势，宣传经济建设、精神文明建设、民主法制建设、国防建设和对外工作等各条战线取得的新进展、新成就。大力宣传党的思想建设、组织建设、作风建设和制度建设取得的新进展、新成绩，宣传一批先进党组织和优秀党员的感人事迹。大力宣传各条战线、各行各业广大干部群众立足本职，开拓创新，以优异的成绩迎接党的十六大的实际行动和精神风貌。按照统一部署，做好十六大代表选举工作和生产、工作一线代表中模范人物先进事迹的宣传报道。通过对改革开放和现代化建设成就、党的建设成就的深入宣传，统一思想，坚定信心，振奋精神，鼓舞士气，增强全党和全国人民不断夺取有中国特色社会主义伟大事业新胜利的信心和决心。在精心组织改革开放和现代化建设伟大成就、党的建设新鲜经验的宣传方面，要努力做到以下几个“紧密结合”：

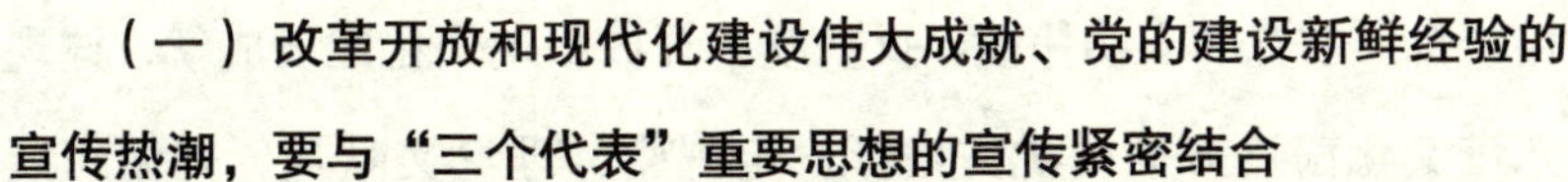

**（一）改革开放和现代化建设伟大成就、党的建设新鲜经验的宣传热潮，要与“三个代表”重要思想的宣传紧密结合**

在阐述“三个代表”重要思想的理论品质、现实意义、深刻内涵过程中，要用我党带领广大干部群众积极推进改革开放和现代化建设的各项成就作为鲜明的例证，要用我党带领广大干部群众积极加强党的建设、改进党的作风的新鲜经验作为鲜明的例证，以生动的实例证明“三个代表”重要思想是江泽民同志对我们党领导全国各族人民进行社会主义建设伟大实践的精辟总结。同时，在宣传改革开放和党的建设辉煌成就的过程中，要始终贯穿“三个代表”重要思想的指导作用，深刻揭示这些成就是“三个代表”重要思想指导下取得的，充分证明“三个代表”重要思想是指导全党和全国各族人民从胜利走向胜利的重要行动指南。

### （二）改革开放和现代化建设伟大成就、党的建设新鲜经验的宣传热潮，要与迎接党的十六大的主题紧密结合

我们大力宣传改革开放和党的建设辉煌成就的根本目的，是为了统一思想，坚定信心，振奋精神，鼓舞士气，为党的十六大的召开营造良好的舆论氛围。因此，宣传要围绕主题，突出主线。迎接十六大、宣传十六大、贯彻十六大是今年宣传思想工作的重要任务。全国各级广播影视机构要紧紧围绕迎接十六大的主题展开成就宣传。各级电台、电视台要在重点新闻节目中开设专栏、推出系列报道，系统全面地报道十三届四中全会以来中国共产党领导全国人民推进改革开放和现代化建设事业取得的辉煌成就；各类广播电视节目注意把握选题和基调，精心创作，精心编排，共同营造欢乐喜庆、昂扬向上、开拓进取的宣传基调；各级广播影视机构要精心创作一批讴歌党的丰功伟绩，反映改革开放和现代化建设成就，体现先进文化前进方向的优秀电影、电视剧、理论文献片，并组织展播、展映，向党的十六大献礼。

**（三）改革开放和现代化建设伟大成就、党的建设新鲜经验的宣传热潮，要与当前经济建设、社会发展和党的建设的各项工作紧密结合**

结合我党经济建设的历史经验，宣传好当前党中央、国务院关于经济工作的一系列方针政策和重要工作部署，宣传好西部大开发、国有企业改革、下岗职工再就业、整顿和规范市场经济秩序、环境保护、安全生产、抗洪救灾等当前重点工作。结合我党对外开放的基本国策，宣传好中国适应经济全球化趋势和加入世界贸易组织的新形势，在更大范围、更广领域、更高层次上参与国际经济技术合作和竞争，拓展经济发展空间，全面提高对外开放水平。结合我党社会主义精神文明建设的一贯主张，宣传《公民道德建设实施纲要》，宣传以诚信建设为重点的创建文明行业活动，宣传创建文明城市、文明村镇活动和科教、文体、法律、卫生“四进社区”活动，大力倡导爱国主义、集体主义、社会主义精神道德风尚，培育和弘扬民族精神，丰富人们的精神世界，增强人们的精神力量。结合党的建设的宝贵历史经验，宣传新时期党的建设的新要求、新形势、新问题、新做法、新经验、新成就。

**（四）改革开放和现代化建设伟大成就、党的建设新鲜经验的宣传热潮，要与维护社会稳定的宣传紧密结合**

要大力宣传正确处理改革、发展、稳定三者关系的极端重要性，宣传稳定压倒一切的思想，宣传改革开放和现代化建设的成就以及今天安定团结的大好局面来之不易，切实加强正面引导，把广大干部群众的思想统一到中央对当前稳定形势的基本判断上来，统一到中央关于改革发展稳定的基本方针上来，统一到中央关于维护企业和社会稳定的一系列重大决策上来。在成就宣传中，要运用活生生的、有说服力的事实，充分宣传维护社会稳定是国家富强、民族振兴的重要保证，是全国各族人民的根本利益所在，进一步增强维护社会稳定的自觉性和坚定性。要报道各地各部门在维护企业和社会稳定方面采取的工作措施和取得的成功经验，多报道各级党委、政府加强思想政治工作，转变作风，关心群众，努力为群众办好事、办实事；多报道深入基层、心系百姓、廉洁奉公的好干部；多报道遵纪守法，坚决同破坏稳定的现象作斗争的好公民。对群众关心的热点问题，要按照党的方针政策进行正面引导，多做解疑释惑、理顺情绪、平衡心理、化解矛盾的工作，引导人们正确对待改革中利益关系的调整，理解和支持改革，不做危害稳定的事。要继续通过典型案例，用事实说话，揭露邪教组织对人们正常生产、生活秩序造成的严重破坏，对改革开放和现代化建设成果造成的严重损害。

**（五）改革开放和现代化建设伟大成就、党的建设新鲜经验的宣传热潮，要与新时期的奋斗目标和战略部署的宣传紧密结合**

要大力宣传在我国进入全面建设小康社会，加快推进社会主义现代化建设的新的发展阶段，全党同志和全国上下，高举邓小平理论伟大旗帜，全面贯彻“三个代表”要求，努力开创建设有中国特色社会主义事业新局面；大力宣传全党和全国上下抓住机遇，深化改革、扩大开放、促进发展、保持稳定，团结和带领全国各族人民坚定不移地实现我们的奋斗目标；大力宣传发展社会主义民主政治，建设社会主义政治文明，是社会主义现代化建设的重要目标；大力宣传在发展社会主义经济、政治的同时，加强社会主义精神文明建设，大力发展面向现代化、面向世界、面向未来的社会主义文化，不断丰富人们的精神世界，不断增强人们的精神力量，坚持先进文化的前进方向，全面建设和繁荣我国的文化事业；大力宣传全党毫不动摇地坚持和改善党的领导，全面推进党的建设新的伟大工程。

## 四、把握导向，净化荧屏，把广播影视宣传提高到一个新水平

为迎接十六大的召开，广电总局把净化荧屏作为今年广播影视宣传管理的主要任务，加大对广播影视宣传特别是省级电视台上星节目管理的力度，查处各种错误问题，扭转节目格调低俗倾向，已经取得了初步成效。

国家广电总局于2001年12月下发了《关于制止娱乐性综艺节目中不良倾向的通报》，对娱乐性综艺节目中存在的七种不良倾向进行通报，并要求各省广电局根据《通报》指出的问题对所属电视台的娱乐性综艺节目进行自查、整改。各省广电局及所属电视台对此次检查给予了高度重视，认真贯彻《通报》精神，积极查找问题，进行整改，有九个省局自查问题并提出了整改措施，有6个栏目停播整顿，14个栏目重点整改。各省广电局在自查、整改的基础上，在加强主持人培训管理、认真选好节目嘉宾、提高节目品位格调、严格执行各项制度、加大节目监看力度等方面都制定了改进措施，整改工作取得初步成效。

为巩固前一阶段的成果，防止出现反复现象，国家广电总局决定今年下半年要进一步加大净化荧屏的工作力度，并于4月30日向全国发出通知，要求各地高度重视此项工作，加强监管机制，配备监管人员，增加监管设备，扩大监管范围，以确保净化荧屏的工作落到实处。国家广电总局收听收看中心从今年5月开始，对各省级电视台上星节目有计划地监看，及时发现问题，及时评议处理。同时注意分析一个时期荧屏上出现的不良倾向，予以宏观调控。当前广播电视宣传中存在的主要问题有：

1.把关不严，宣传不当。2.肆意炒作，吹捧明星。3.违反要求，延误转播。4.民族政策，把握不当。5.误导观众，影响恶劣。6.古装剧目，争相登台。7.反腐题材，数量偏多。8.公安题材，反强正弱。9.现实题材，质量不高。10.不讲政治，乱做广告。11.内容猎奇，导向错误。12.胡乱调侃，借古讽今。13.低级庸俗，荒唐无聊。14.戏弄嘉宾，取乐儿童。15.形象不好，刻意媚俗。16.竞猜节目，巨奖诱惑。17.选题不当，引导不力。

以上这些都是管理不严，污染荧屏的表现。各级广播电视部门要切实负起责任，按照总局关于净化荧屏大检查的各项具体要求，对所属电视台的各类节目进行一次系统的检查整改，打扫卫生，清除污染，使我们的广播电视真正为广大人民群众提供丰富多彩、健康有益的精神食粮，真正成为社会主义精神文明建设的重要阵地，真正成为传播优秀文化、陶冶道德情操的有力工具。

（2002年7月22日在全国广播影视局长座谈会上的讲话）

# 推进广播影视集团化建设的思考

当前，全国人民正满怀喜悦的心情庆祝党的十六大胜利闭幕，各行各业迅速掀起了学习贯彻十六大精神的高潮。广播影视是面向全党全国的重要宣传舆论阵地，广播影视系统贯彻落实十六大精神做得怎样，关系到今后一个时期我们工作的状况，关系到广播影视队伍素质的状况，也直接关系到全党全国对十六大精神的贯彻落实。在这样的形势下，广播影视系统认真学习贯彻党的十六大精神，全面贯彻“三个代表”重要思想，推进广播影视集团化建设，对加快广播影视业的改革发展，做大做强广播影视业，具有重要意义。

## 一、前一阶段广播影视集团化改革的基本情况

近两年来，特别是中办关于广播影视改革试点工作的文件下发一年多来，广播影视集团化改革坚持以邓小平理论为指导，全面贯彻“三个代表”重要思想，以发展为主题，以结构调整为主线，以壮大实力、增强活力、提高竞争力为目标，不断取得新的进展。目

前，全国已批准成立中国广播电影电视集团和湖南、北京、上海、浙江、江苏、山东、天津、四川、福建、重庆以及杭州、南京、长沙等14个广电集团或总台，中国电影集团和上海、长春、西部、潇湘等5个电影集团。总的看，广播影视集团化改革发展的态势很好，进行了新探索，出现了新变化，取得了新成绩，展现了新面貌。

### （一）集团化改革的思想日趋统一，方向更加明确

集团化改革之前，对于要不要搞集团以及集团化究竟要达到什么样的目标，还存在着不同的认识和意见。经过这一两年来的实践，特别是中办文件的下发和贯彻，这方面的思想认识应该说日趋统一了，对集团化改革目标的认识更加一致了。抓住机遇，深化改革，加快集团化改革和发展步伐，在较短的时间里把党的重要宣传舆论阵地做强做大，已成为广播影视全系统的共识。

### （二）积极探索集团化运作的新体制、新机制，改革逐步深化

已组建的集团积极进行了管理体制、运行机制等方面的改革，初步建立起了集团化运作的基本模式。一是与广播影视政府行政管理部门基本上已实行政事职能分开，集团作为实体，专注于单一的运作职能，精力集中了，发展的空间大了，自身寻求发展的愿望和内在的动力更强了。二是集团内部的领导和组织体制建设也得到加强，进行了一些有益的探索，积累了新经验。如浙江形成了集团党委会领导下的管委会、编委会分工负责制，集团领导核心的凝聚力大大增强，并且通过实施频道（频率）化管理改革，形成了集团管理机构和频道频率（中心）两级管理体制，管理的层次减少了，管理的效率提高了。三是加快集团内部“化学反应”，加强内部结

构调整和资源整合，积极推行人事、财务和资源开发“三统一”的工作取得明显进展，上海、浙江等集团强化集中统一管理，资产由分散变为集中，科学分工，合理布局，进一步优化资源配置，基本形成了以广播影视为核心母体，兼营影视制作、报刊出版、科技开发与网络等相关主体产业的专业化、规模化、集约化的发展格局，逐步迈上了集团化良性发展的轨道。

**（三）高新技术运用取得进展，新业务、新市场得到进一步开发**

集团在巩固和拓展原有业务的同时，积极运用高新技术，推动新业务、新市场的开发，比如中国广播影视集团的广播式视频点播、数字影院建设，上海文广集团的移动电视、流媒体业务的开发等，都取得重要进展。

**（四）宣传影响进一步扩大，经济效益稳步增长**

通过集团化整体运作，集中资源，集中宣传，优势互补，互相配合，形成合力，整体推进，广播影视的宣传影响力和舆论主导力明显增强，特别是在党的十六大的宣传中得到了充分的体现，取得显著的效果。同时，集团的经济效益进一步增长，实力进一步增强。除财政拨款外，中国广播电影电视集团今年预计创收达 117 亿元，比去年的 96 亿元约增长了 22%；中央电视台 2003 年度黄金段位广告招标总额突破 30 亿元，达到 33 亿元，比去年增长 26%。同十年前相比，上海文广集团总资产增长了 33 倍，湖南广电集团总资产增长了 11 倍，并且继续保持着良好的增长势头。尽管内部整合工作任务繁重，以及受广播影视行业广告经营大环境的影响，浙江广电集团今年的收入依然保持了 13%以上的增长率。这些成绩的取得，为集团下一步发展，为整个广播影视的集团化改革打下了良好的基础。

当然，由于各地实际情况不同，全国广播影视集团化的改革与发展还不平衡，力度还不够大，步子还不够快。同时，职能不够清、体制未理顺、关系不协调、政策法规不配套等因素，还不同程度地影响和制约了集团化的改革和发展。我们应该重视这些不利的因素，正视工作中存在的各种困难和不足，并注意从实际出发，在今后的工作中有针对性地逐步加以解决。

## 二、以十六大精神为指导，大力推进广播影视集团化改革与发展

党的十六大是我们党在新世纪召开的第一次代表大会，也是我们党在开始实施社会主义现代化建设第三步战略部署的新形势下召开的一次十分重要的代表大会，对于党和国家的事业的发展具有重大而深远的意义。我们要按照中央“要用十六大精神武装全党，统一全国人民思想”的要求，认真学习领会党的十六大精神，坚定不移地以十六大精神指导广播影视的集团化建设，在前一阶段工作的基础上，进一步解放思想，开拓创新，加大力度，加快步伐，保证按中央的要求顺利完成集团化改革与发展的各项任务，真正把我国的广播影视事业做强做大。

### （一）要从全面贯彻“三个代表”重要思想的高度来推进集团化改革与发展

“三个代表”重要思想是党的十六大的灵魂。把“三个代表”

重要思想写进党章，写在党的旗帜上，与马克思列宁主义、毛泽东思想、邓小平理论一道确立为我们必须长期坚持的指导思想，这是十六大的历史性贡献，具有划时代的意义。贯彻十六大精神，首要的、最根本的就是要全面贯彻“三个代表”重要思想，以“三个代表”重要思想统领广播影视工作。一方面，我们要按照“三个代表”的要求，自觉为发展先进生产力、发展先进文化、满足人民群众日益增长的精神文化需求服务；另一方面，我们的各项工作都要体现“三个代表”重要思想，使广播影视成为先进生产力、成为先进文化、成为广大人民根本利益的实践者、维护者。加快集团化的改革与发展，尽快把党和政府的广播影视这一现代化、高技术的宣传舆论喉舌和重要思想文化阵地搞强搞大，把广播影视这一特殊的大有发展前途的文化产业做强做大，正是为了更好地体现和实践“三个代表”重要思想对广播影视工作的内在要求。在集团化改革与发展工作中，凡是符合“三个代表”重要思想要求的就毫不动摇地坚持，凡是不符合的就要及时地予以纠正。广播影视集团化改革与发展工作做得怎么样，效果如何，最终都要看是不是符合“三个代表”重要思想，是不是做到了“三个代表”重要思想。

**（二）要用全面建设小康社会的目标来指引集团化改革与发展**

党的十六大纵观国际国内形势，站在历史和全局的高度，提出全面建设小康社会的目标。这个目标作为有中国特色社会主义经济、政治、文化全面发展的目标，把文化建设和经济建设、政治建设有机地融为一体，极大地凸现了文化建设和精神文明建设的重要战略地位。作为建设有中国特色社会主义文化的重要组成部分，广播影视在全面建设小康社会的过程中担负着崇高使命和重大责任。

要紧紧围绕全面建设小康社会的奋斗目标来展开广播影视的各项工作包括广播影视集团化改革与发展。要根据全面建设小康社会的奋斗目标，科学规划并组织实施好我国广播影视集团化的改革与发展，特别是要着力培育和形成若干个在国际国内具有较强实力、竞争力、影响力的跨地区、跨行业、跨国界的具有中国特色和国际影响的大型综合性传媒集团，使我国广播影视业通过集团化的跨越式发展，影响遍及全国，迈入世界前列，从而更好地承担起广播影视在全面建设小康社会中的崇高使命，更好地发挥在正确引导社会舆论、建设先进文化、提高全民族思想道德和科学文化素质、增强国家综合实力和民族凝聚力方面的重要作用。

**（三）要抓住本世纪头二十年重要的战略机遇期来加快集团化改革与发展**

党的十六大在深刻分析当今世界发展的大势和我国社会面临的主要矛盾的基础上，审时度势，提出本世纪头二十年为我国重要战略机遇期这一科学论断。根据中央的论断和广播影视的工作实际，本世纪头二十年也是广播影视非常难得、非常关键、非常重要的时期，我们必须紧紧抓住这个机遇期，加快发展。机遇可遇不可求，世界上很多事情的成功都离不开机遇。面对机遇及时抓住机遇，就能趁势而上取得成功。机遇稍纵即逝，抓不住机遇、错失良机就会贻误大事，后悔莫及。发展是硬道理，是解决中国所有问题的关键，十六大特别强调“发展是执政兴国的第一要务”，强调“一切妨碍发展的思想观念都要坚决冲破，一切束缚发展的做法和规定都要坚决改变，一切影响发展的体制弊端都要坚决革除”。我们必须按照十六大的精神，在广播影视工作中特别是在广播影视集团化改革与发展中，牢固树立发展的观念，始终突出发展这个主题。广播影视集团化改革并不是挂一个牌，建立起了集团就完事。组建广播影视集团只是刚开了个头，最关键、最重要、最具实质性的是集团组建成立以后怎么办。我们必须毫不犹豫地以发展为主题，一心一意谋发展，紧紧围绕发展、围绕把集团做强做大来做文章。只有我们发展了，壮大了，才能使坚持正确舆论导向，促进文化繁荣，满足人民群众日益增长的文化需求的要求不断得到实现，才能在激烈的竞争中始终保持主动，使党的宣传舆论阵地不断得到巩固和加强。

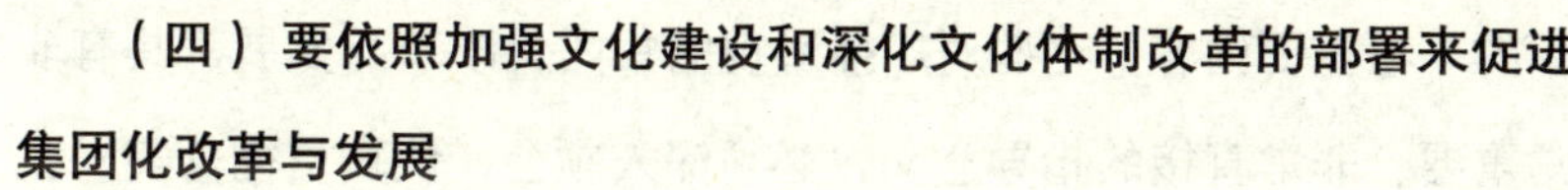

**（四）要依照加强文化建设和深化文化体制改革的部署来促进集团化改革与发展**

党的十六大明确提出要大力发展文化事业和文化产业，强调发展文化产业是市场经济条件下繁荣社会主义文化、满足人民群众精神文化需求的重要途径。文化产业的兴起和迅速发展，是当今世界经济文化发展的一个突出现象。文化产业的发展水平和实力，成为当今世界衡量一个国家综合国力的重要标志之一。美国的文化产业已超过其他产业成为第一大产业，是美国推进全球化和对外经济文化扩张的重要组成部分。在我国，传媒业已经成为仅次于信息业、制造业、旅游业的第四大产业，2001 年利税收入达 1000 亿元，超过烟草业，而且继续保持着良好的发展势头，大有潜力。广播影视是重要的文化产业，在增强我国文化产业的整体实力和竞争力中，具有非常重要的地位和作用。大力发展广播影视产业是加强文化建设、发展文化产业的客观要求，而集团化正是广播影视产业发展的必由之路。同时，我国的广播影视又是特殊的产业，必须正确处理好其特殊性和一般产业属性的关系，既不能因为它的特殊性而不强调它的产业发展，也不能因为它的产业发展而忽视它的特殊性。

加强文化建设，发展文化事业和产业，必须进一步深化文化体制改革。十六大明确提出，要继续深化文化体制改革，抓紧制定文化体制改革的总体方案，要把深化改革同调整结构和促进发展结合起来，理顺政府和文化企事业单位的关系，加强文化法制建设，加强宏观管理，深化文化企事业单位内部改革，逐步建立有利于调动文化工作者积极性，推动文化创新，多出精品、多出人才的文化管理体制和运行机制。十六大还明确提出，深化行政管理体制改革，进一步转变政府职能，改进政府管理方式，是当前我国政治体制改革的一项重要内容。这些对广播影视的集团化改革与发展都具有非常重要、非常直接的指导意义，必须深入领会，认真贯彻落实。我们必须把广播影视的改革置于整个国家的经济体制改革、政治体制改革、文化体制改革的大局中来考虑。一是要“按照政事分开原则，改革事业单位管理体制”，理顺广播影视行政管理部门与集团和其他企事业单位的关系。这既是当前广播影视行政管理部门自身面临最为迫切的一个课题，也是推进广播影视集团化改革需要解决的一个重要课题。二是要建立健全事业单位特别是集团内部的管理体制，理顺集团与所属单位的关系，探索事业单位企业化管理的新体制、新路子。三是要加快集团内部运行机制的改革，推动内部结构调整和资源整合，形成有利于集团规模化、集约化经营，有利于集团做强做大的运行机制。我们要通过改革，使广播影视行政管理部门依法行政的职能切实得到加强，宏观调控、行业和社会管理以及公共服务的水平切实得到提高。同时，也使集团独立运作的能力切实得到加强，更好地专注于发展，专注于把事业做强做大。

### （五）要根据与时俱进的要求来创新集团化的改革与发展

贯彻落实十六大精神，推进各项工作，坚持与时俱进至关重要。与时俱进就是要在我们的全部理论和工作中充分体现时代性，把握规律性，富于创造性，其核心就是要根据时代变化和实践发展不断创新。时代在进步，事业要发展，创新永无止境。广播影视集团化本身就是顺应时代变化和实践要求进行改革创新的产物，能否始终保持与时俱进的精神状态，直接关系到广播影视事业的前途和命运。我们要进一步解放思想，更新观念，不断开拓，深入创新，从那些不合时宜的观念、做法和体制的束缚中解放出来，善于研究实践发展中出现的新现象、新问题，不断进行新的探索，不断开拓事业发展的新局面。比如，广播影视行政管理的法规、规章和文件，大多都是在集团化改革前制定的。随着集团化改革的深入，管理对象、管理方式、管理内容已经出现了一些新的变化，这就要求我们必须按照与时俱进的要求，适应集团化发展的新形势、新情况，进行相应的修改、调整和补充。再比如，集团作为事业单位，究竟如何实行企业化管理，也需要我们在实践中花很多精力去研究和探索。需要特别强调的是，广播影视集团化本身没有现成的、普遍适用的模式和经验可以借鉴，而各地的实际情况又千差万别，我们已经成立的集团有的叫集团，有的叫总台，在组织领导体制方面也并不是都一样，而且随着形势的发展和集团化改革的深入推进，肯定还会出现很多新的现象、新的问题。这些都需要我们按照与时俱进的要求，紧跟时代，立足实践，不断探索前进，不断开拓创新。只要是符合实际情况、符合时代和实践的客观要求，有利于集团发展的，我们都鼓励大胆地试、大胆地闯。

## 三、当前推进广播影视集团化改革与发展的工作重点

党的十六大对文化体制改革做出了全面部署，中办有关文件对广播影视集团化改革与发展的指导思想、方针原则、目标任务等的要求都十分明确，现在的关键是要加快步伐，狠抓落实。这里强调几点。

### （一）进一步增强改革发展的紧迫感，加大改革创新的力度

当前，我国广播影视业既有难得的发展机遇，也面临着严峻的挑战。展望世界传媒业的发展变化，有五个特点值得我们关注：一是产业的集中度越来越高；二是国际化趋势明显，国际竞争日益激烈；三是本土化正成为一些大型跨国传媒集团推行全球战略、加紧世界扩张的重要手段，通过资本优势在世界各地抢占市场、争夺人才；四是高科技发展越来越快，特别是数字技术、网络技术给广播影视带来了革命性的变化，各国为此都加大了投入，力图抢占广播影视高新技术的制高点，在竞争中占据主动；五是多媒体综合性发展，跨媒体、跨行业经营趋势日益显著。在世界传媒业的这些发展趋势下，我国传媒业将不可避免地在更高层次、更广范围内参与国际竞争，给我们带来了很大的压力和挑战。随着加入世界贸易组织，电影和音像部分地、有限度地对外开放，这种压力和挑战将更加严峻、更加激烈。从国内看，党的十六大胜利召开，我国进入了全面建设小康社会的新阶段，迫切要求广播影视业有新的更快、更大的发展，以更好地为全面建设小康社会提供强有力的舆论支持和

精神动力，更好地满足人民群众日益增长的精神文化需求。时间相当紧迫，形势十分逼人，不进则退。对此我们必须要有清醒的认识，进一步增强改革发展的紧迫感，加大改革创新的力度，通过深化体制、机制创新和技术创新，通过集团化的发展，尽快把党的广播影视事业做强做大，保证在国际国内的激烈竞争中立于不败之地，完成好党和人民赋予我们的历史使命。

**（二）进一步落实中办文件的要求，确保集团化改革沿着正确的方向和已确定的总体目标顺利推进**

中办文件是中央关于新闻出版广播影视业改革的指导性文件，是对新形势下新闻出版广播影视业改革的全面部署，完全符合党的十六大精神，符合“三个代表”的重要思想。我们必须继续坚定不移地按照中办文件及其实施细则的要求来推进广播影视集团化改革。一是集团化改革必须坚持无论什么情况下，党和人民喉舌的性质不能变，党管媒体不能变，党管干部不能变，正确的舆论导向不能变的原则。二是要以发展为主题，以结构调整为主线，着力推进体制改革和机制转换，不搞翻牌集团和拼凑集团。要通过体制机制改革、结构调整、资源整合，使我国的广播影视业从适应计划经济体制向适应社会主义市场经济体制转变，从分散经营向规模经营转变，从数量扩张为主向素质提高为主转变，真正把事业做强做大，走出一条新世纪广播影视新的发展之路。三是要继续坚持组建集团的标准和条件，统筹规划，突出重点，不搞“遍地开花”，不是每个地方都要搞集团。要重点培养和扶持若干个有实力、有竞争力、有前途的集团，并通过这些集团的发展，争取三到五年内在全国基本形成广播影视集团化发展的新格局。当前特别要大力促进已成立的市级集团及地市电台、电视台、网络公司加入省级集团，使省级集团尽快发展成为全省性集团。正在积极推进的地市县播出机构职能转变，给省级集团在省内的整合带来了良好的契机，省级广电局对此要给予高度重视，在推进地市县播出机构职能转变的同时，大力支持省级集团对地市县播出机构的整合，使这两项工作紧紧统一在一起，相互配合，共同促进，最终达到双赢。

**（三）大力推进人事、财务和资源开发“三统一”，进一步建立健全集团整体规模运营的新体制新机制**

实施“三统一”是集团化运作的关键，也是集团开展内部“化学反应”的核心内容，对于建立集团规模经营的新体制新机制，促进集团更快更好地发展具有十分重要的意义，必须坚定不移地大力推进。从已经成立的集团看，有的这方面已经做得比较好，但是还需要进一步完善；有的已经有了明确的方案，要抓紧落实；刚成立的集团要把实施“三统一”作为首要任务抓紧抓好。推进这项工作，认识一定要到位，决心一定要大。集团是经济、社会、科技发展到一定程度、一定阶段的产物，体现了产业发展对高度集中、统一经营的必然要求。集团重在“集”，没有集中就不叫集团。不搞“三统一”，集团就是散的，就难以进行集团化运作，也不可能做强做大，这与我们推进集团化改革的目的是相违背的。当然，由于“三统一”涉及到内部管理体制和运行机制的重大变革，需要调整和处理好人、事、单位等各方面的关系，各个集团的实际情况又不一样，在具体的实施过程中难免会有一些阻力和矛盾。因此，在“三统一”过程中，我们一定要做好深入细致的思想政治工作，制定切实可行的工作方案，把握好措施出台的时机，有领导、有计

划、有步骤地进行。

同时，要切实加强集团内部领导组织体制和制度建设，深化内部改革，积极探索事业单位企业化管理的新路子。要结合实际，制定集团保证党的领导、思想政治工作、人事、分配、财务管理等方面的章程、制度和实施办法，建立健全集团决策和调控体制，进一步规范管理重大的经营项目等。要适应市场经济的发展，借鉴经济领域改革的成功经验，特别是要适应国家的税制改革及新税法的即将颁布，积极调整集团内部的法人结构、资产财务关系等。积极实施劳动、用工和收入分配“三项制度改革”，实行全员聘任制和劳动合同制，对特殊岗位、关键岗位和优秀人才，探索试行新的分配办法。

**（四）突出主业、强化优势，带动和促进集团整体快速发展壮大**

广播电影电视集团是以广播电影电视为主业、兼营相关产业的综合性集团。在集团化改革和发展中，我们必须始终抓住主业，突出主业，发展主业，这是我们的立脚点和根基所在。要正确处理主业与相关产业或副业的关系，从中外成功的企业集团和传媒集团的发展来看，都是在充分利用自己的特点和优势，依赖发展主业而强大起来的。主业不兴，集团无望。集团要强大，首先必须把主业做好。尤其在集团发展的初期，必须紧紧抓住主业，发展主业，不能眉毛胡子一把抓，一厢情愿地贪图虚大，盲目铺摊子，上一些没有关联、没有把握的项目。

在集团的多种产业中，必须确立明确的发展战略，主要是五句话：强化优势产业、扶持弱势产业、改造传统产业、开发新兴产业、重视高新产业。当前以至今后一个时期，关键要抓好两个方面

“作用”的发挥：一是要充分发挥电视作为优势产业的龙头作用。电视是集团的核心业务，也是集团收入的最主要来源。从总体上看，电视的优势和潜力还远没有得到最充分的发挥，作为强势媒体的地位和作用还不可动摇。要通过集团化的运作，进一步强化电视优势产业的作用，对业务结构、资源结构和资本结构进行调整，最大限度地利用和开发电视在集团化之前、在原有的体制内不可能发挥的优势和潜力，使之更好地成为集团多种产业发展的火车头。二是要积极发挥高新产业的带动作用。广播影视的高新技术特别是网络技术和数字技术发展很快，使广播影视产业的结构、布局、内容和传播方式等发生了明显变化，新兴的网络产业日益引人注目。我们要大力推进广播影视的网络化、数字化，推进高新、新兴产业的发展，从而带动广播影视产业的改造和优化升级，促进集团的迅速壮大，使我们的事业发展在新世纪迈上新台阶。

**（五）积极开发新业务、新市场，培育新的经济增长点**

要根据集团自身的实际情况，进一步加大结构调整和资源整合的力度，顺应传媒经济发展的大趋势，调整业务结构，在保持和强化现有优势的基础上，大力拓展有效益、有前途的新业务、新市场，使之成为新的经济增长点。重点有五个方面：一是要改变目前广播电视单纯依赖广告的经营方式和赢利模式，大力开拓节目市场，提高集团节目制作生产能力，增加节目经营的收入，使集团成为重要的节目生产商、供应商。“内容为王”，内容产业是我们的特有优势，必须把发展内容产业、扩大节目制作生产与经营，明确作为集团发展的一个核心战略。一个当代的广播影视传媒集团没有节目制作公司是说不过去的。为此，必须进一步深化现有节目生产

制作体制改革，组建独立运作的节目制作公司，拓展节目市场。二是要大力开发有线电视网络。我国有线电视网络发展很快，正日益成为最有活力和投资吸引力的行业之一。目前存在的主要问题是：网络的管理和运营体制不顺，全国的网络尽管在物理上已经成为一个整体，但中央与各省、各省与各市地县的网络的管理与运营都还是分割的；网络的开发应用不够，潜在资源没有得到很好的利用，优势没有得到应有的发挥，效益不明显等。开发有线电视网络主要从两个方面着手：一方面是要抓紧组建全国性的网络公司，统一品牌，统一管理，统一运营。另一方面是充分利用广播电视节目、电影和网络资源，在确保传输好中央和省广播影视节目的前提下，在促进网络基本频道业务稳定增长的同时，大力开发收费电视、视频点播、数据广播等网络新业务，使广播电视网络真正成为广播影视乃至整个信息产业新的经济增长点。三是要凭借集团实力、品牌和资源，积极实施多媒体经营，如报刊、出版、音像等。集团的多媒体经营，一定要依托集团现有的资源，资源共享，优势互补，良性互动，注重效益。四是跟踪广播影视业科技和市场的最新发展趋势，积极开展对集团未来发展具有重要意义的新业务，如移动电视、流媒体等，抢占先机，把握主动，占领市场。五是积极实施“走出去”工程，拓展海外市场。

中国广播影视的集团化作为广播影视管理体制、运行机制的重大转变，直接关系到未来广播影视业的发展。经过前一阶段的努力，广播影视的集团化已经取得了很大的成绩，有了坚实的基础，但必须看到，今后的路还很长，任务还很艰巨，还会遇到这样或那样的问题。广播影视业具有一般行业属性，又有意识形态特殊性，既是大众传媒，又是党的宣传思想阵地，事关国家安全和政治稳定，负有重要社会责任。我们一定要充分考虑我国国情，考虑我国广播影视业的特殊性质、所承担的重要宣传任务及其所产生的重大影响，充分认识集团化改革是一个长期的过程，正确处理好积极主动和谨慎稳妥的关系，既要大胆推进，又不能急于求成，既要有决心，又要有耐心，扎扎实实地把集团化改革不断推向前进。要根据党的十六大精神，全面贯彻“三个代表”重要思想，按照中央关于文化建设和文化体制改革的部署，结合广播影视业的发展实际，抓紧制定完善全国广播影视集团化发展的总体规划和布局，进一步明确广播影视集团组建的条件、要求和审批程序，严格工作纪律，严格报批程序，保证整个集团化改革按照中央的要求积极健康有序地向前推进，开创我国广播影视事业发展的新局面。

（2002年12月4日在广播影视集团化建设座谈会上的讲话）

# 广电业改革发展的基本思路

刚才，长春同志给我们做了重要的讲话，为广电事业的发展明确了方向，提出了要求，有思路、有政策。现在关键的问题就是我们要落实。陕西作为西北大省，从它历史渊源来看、从目前的发展现状看，广播影视产业在文化产业中起到了龙头作用。

陕西文化产业、广播影视业的发展做了很好的探索，目前已经取得了一些经验，长春同志已经给了肯定。一个是网络公司组建，一个是西影厂改制，应该说方向是对头的，而且已经取得了一些效果。长春同志刚才讲，光靠要钱是要不来的啊。但是北京歌华网络公司一上市就拿回 12 个亿，湖南电广传媒一上市就拿来 15 个亿，你们的融资目标是 5 个亿，这的确说明我们要发展就必须要改革，如果不改革，我们的产业和事业的发展将受到很大的制约，而且我们现在的文化产业跟我们国家在国际上的政治地位、跟我们国家经济发展的状况不适应，所以我觉得我们广电业肩负着非常繁重的改革和发展的任务。

现在中央的精神已经有了，关键要抓落实。学习长春同志在文化体制改革试点工作座谈会上的讲话，结合你们陕西的经验，我讲五点意见，这也是广电改革发展的基本思路。

**1. 抓住一个根本**

能真正代表广大人民的根本利益，这是我们广播影视改革发展的根本目的。这个根本目的体现了“三个代表”的根本要求，也就是要使我们的广播影视业能真正代表先进生产力的发展要求，真正代表先进文化的发展方向，真正代表广大人民群众的根本利益，这是我们广播影视业改革发展的根本性问题。

**2. 把握两个重点**

制约我们广电业发展的两个主要问题，一个是体制问题，一个是机制问题。长春同志有一个很形象的比喻，说广电业现在患了“非典”，我们的体制都是不典型的，政府机构管办不分，又管又办，不典型嘛。我们的事业单位，是行政化管理，行政化的机构设置，行政化的运作，也不典型嘛。我们的企业，包括西影厂这样国营性的单位，仍然是事业化的那一套，不是真正意义上的企业，等等，都是不典型的，都得了“非典”。“非典”违背了事物发展的客观规律，改革就要在体制和机制上抓住这两个重点。

**3. 建立三个体系**

一是要建立公共服务体系。因为广播电视既是党的喉舌，又是大众传媒。我们宣传党的政策是面向群众的，也是公共服务。所以，要把广播电视事业这个宣传体制建立起来，并进一步完善。电台、电视台的事业体制不能变，喉舌性质不能变，这一点要把握住。二是产业发展的体系。要把广播电视业可以经营的那部分业务剥离出来，不能同事业单位不伦不类混在一起，必须按照产业化、企业化、市场化的路子运作。现在西影厂也好，网络公司也好，应



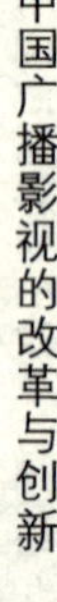

该说已经走上了这个路子。我觉得不仅如此，电台、电视台经营性业务也可以剥离出来。我有一个想法，你们陕西应该建立一个影视制作基地。我们国家有几大基地：上海一个，广东一个，北京一个，陕西西安应该有一个。历史上你们出了不少好的作品，而且你们这几年也有出类拔萃的电视剧，但是没有按照市场规律来发展，目前都在零敲碎打地搞，没有一个体系，广播影视产业发展的体系没有建设好。第三个体系是政府监管体系。广电管理部门对事业的发展和对产业的发展都要进行有效的监管，真正做自己该做的事情，纠正我们的错位、越位和不到位问题，做到依法管理、科学管理，为我们事业、产业的发展创造良好的环境。

**4. 在四个方面突破**

一是对文化事业、广播影视事业建设重要性的认识要突破。按照十六大提出全面建设小康社会的目标，文化建设是一个重要的组成部分。文化既是事业，同时又是一个非常重要的产业。所以，我们要建立一个新的观念，高度重视文化产业，这是一个新兴产业、朝阳产业，大有可为。在这方面，我们现在仅仅是起步，如果搞起来，我们可以为国家、为整个民族做出很大的贡献。二是对文化产业、广播影视产业功能的认识要突破。很长一个时期以来，我们一直只重视它的宣传功能、意识形态功能，不敢来谈它的产业功能，而这个功能是客观存在的。这些年来，实际上全国广电传媒每年广告收入 480 亿元，明摆着这么大的收入，还不敢说它是产业。十五大第一次提出文化产业问题，十六大更加明确了要大力发展文化产业。我们在这个观念上要突破，否则，产业发展不起来。三是在如何发展文化的观念方面要突破。要改变发展只靠政府投入这个路子，必须要面向群众，面向市场，在市场中搏斗，在市场中摔打，只有这样才能成长起来，发展起来。如果仅仅是按原有的依靠政府投入来发展，还是发展不起来。思想观念一突破，我们的事业就是一片新天地。所以，我们要对广电业的发展充满信心。四是在思想路线上还要进一步突破。要进一步解放思想，与时俱进。我们的广播电视诞生于革命战争岁月，成长于计划经济年代，发展于市场经济时期。我们在意识形态方面的工作抓得是紧之又紧，但如何发展产业方面的经营很少研究，有很多方面束缚着我们不敢动。所以，还是要进一步解放思想。

**5. 提供五个保证**

首先是思想保证，一定要解放思想。二是组织保证，要有强有力的领导。三是政策保证，改革要有政策，除了国家给予必要的扶持以外，还要有自身的发展。长春同志刚才讲了，一个是马上给西影落实一个电影频道，这就是扶持的政策给你们了。再一个给予必要的扶持，就是考虑怎样利用国债的问题。四是技术保证，广播影视是高新技术武装的，技术含量很高，技术是支撑。所以，我们目前搞的网络化、数字化发展要进一步加大力度。高科技的应用能够大大地扩大我们宣传的影响力，能够大大增强我们宣传的说服力，也能够大大提高我们的收视率和覆盖率。五是人才保证。广电业发展缺少经营的人才，这是长期计划经济体制形成的。对此，一方面要加强培养，另一方面要引进人才。推进产业化发展，就必须有这方面的人才。

（2003 年 8 月 24 日在陕西广电局网络发展座谈会上的讲话）

# 认识要提高　力度要加大　重点要明确

## ——在广播影视体制改革试点工作座谈会上的讲话

这次座谈会的主要目的是汇报情况、交流经验，进一步推进广播影视改革试点工作。这两天大家汇报了各自一年来的改革进展情况、已经取得的成绩及存在的问题，听了使人很受启发。结合大家所谈内容，我讲三点意见。

### 一、关于前一阶段的试点工作

这次各单位都介绍了改革试点工作的做法和经验，总的来看，各试点单位认真贯彻全国文化体制改革试点工作会议精神和中办文件、国办文件精神，按照总局的具体要求，坚持改革方向，积极改革创新，试点工作取得了明显成效，无论是宣传工作还是事业、产业发展，都进展顺利，特别是在抓住重点、突破难点、创新体制机制方面，作了有益的探索，取得了一定的经验，初步形成了宣传进一步加强、改革进一步深化、发展进一步加快的可喜局面，为下一步面上的改革创造了条件。改革试点工作取得的这些成果，无论是从时间进度上看，还是从工作成效来看，都应该说是很成功的，令人鼓舞、令人振奋，充分说明了中央关于文化体制改革的方针政策和决策部署是正确的，说明了各试点单位贯彻落实中央精神和抓好各项改革工作是认真的、卓有成效的，也说明了我们把大家定为试点单位是有道理的。

同时，我们也要看到，由于这样那样的原因，改革试点工作总体上还不平衡，有的走得快一些，有的走得慢一些，有的成效明显一些，有的成效还不太明显。因而开这个会很有必要，目的是为了给大家加油，进一步推动改革试点工作。希望大家回去以后，要根据这次会议精神很好地总结自己成功的实践经验，同时也要很好地借鉴别的地区、别的部门、别的单位的一些好的做法，确保改革试点工作都能很好完成，向党和人民交一份满意的答卷。

## 二、关于下一步改革试点工作

如何搞好下一步的改革试点工作，需要强调以下三个方面。

### （一）要从战略的高度、发展的高度、全局的高度进一步提高对改革试点工作重要性、必要性的认识，增强搞好改革试点工作的责任感和紧迫感

根据十六大的精神，中央做出了深化文化体制改革的决定，目的是为了进一步发展文化事业和文化产业，最大限度地满足广大人民群众精神文化的需要。中央提出深化文化体制改革的决策，有着深刻的时代背景和现实需要。这些年来，随着经济的发展，人民群众的生活水平不断提高，对精神文化的需求也更加旺盛。特别是对广播影视产品的需求更是空前高涨，不仅要求数量更多，而且要求

质量更高，品种更丰富；要求广播影视作品不仅做到思想性、艺术性、观赏性相统一，而且要能使人更快捷、更方便、更高质量地享受到。可是我们的现实情况怎么样呢？说老实话，经过这些年来的多方努力，广播电视频道、频率增加了，技术手段提高了，每个城市都已经能够看到四五十套电视节目，听到很多套广播节目，并且基本属于免费收看收听。应该说，我国的广播电视节目已经很丰富了，广播影视业已经大大繁荣了，自从广播影视在中国出现以来，从来没有出现过像现在这样繁荣发展的局面，就是与上个世纪90年代、80年代相比，也是不可同日而语的。但即使这样，老百姓还是不满意、不满足，还是说四十多套节目按来按去都差不多，没多少可以看的。这就是说，现阶段我们的广播影视发展与人民群众对广播影视的需求相比，还有很大差距，还远远满足不了他们的要求。几十个电视台，几十套节目，一个电视剧重复放好几次，今天你放，明天他放；老年人满意的年轻人不满意，年轻人满意的老年人又不满意；城里人欢迎的，农村人不爱看，农村人爱看的，城里人又说不好看；干部觉得好的，老百姓觉得不怎么样，老百姓认为不错的，干部又不一定认同。当然，这种现象应该是永远存在的，但我们应该尽量减少这种不满意，尽量满足方方面面的需求。这是广播影视工作者应该尽的职责和义务。

所以，广播影视必须改革。不改革广播影视事业就做不强做不大，不改革广播影视宣传的影响就不可能增强，不改革就不能进一步满足广大人民群众的需求。党的十六大提出要抓住本世纪头二十年的重要发展战略机遇期，实现全面建设小康社会的宏伟目标，要抓好经济、政治、文化和生态环境这四大建设，文化建设是其中的重要组成部分。换句话说，广播影视这部分建设如果搞不好，就会

影响全面建设小康社会战略目标的实现，就会影响全国人民小康社会生活水平的提高。要达到小康社会的生活水平，不仅仅是口袋里有钱，也不仅仅是解决住房问题、交通问题以及吃穿等物质方面的问题，而且要解决精神文化食粮问题。这是一项战略性的任务，是一项全局性的工作，是事关中国特色社会主义发展的一个大问题。我们一定要从这个高度来增强对搞好广播影视改革重要性和必要性的认识。作为世界上经济发展最快的国家之一，我国经济的发展的确令世界刮目相看，西方国家甚至要把我国列入发达国家之中，有人提出要让我国加入西方八国集团。但是，我们的文化事业、文化产业包括广播影视业，与经济发展相比，还是相对滞后的。中央电视台是我国第一大台，年收入 90 个亿，但与世界大传媒集团相比差距很大，我们是 90 亿人民币，人家是一二百亿美元，根本不在一个数量级上。昨天大家看了两场电影，国产片《疑案忠魂》投资 200 多万人民币，而进口片《特洛伊》人家投资了 2 亿美元，片子的欣赏效果肯定不一样。当然这里有一个物价水平、消费水平不一样的问题，但尽管有这些因素在里头，我们的差距还是很大。

现在外国传媒极力想进入我国。按照 WTO 协议，到今年 12 月 10 日，外国媒体将可以经销我们的广告和报刊。这不但会对我国报刊造成冲击，而且会影响到广播影视。目前世界传媒发展的一个重要趋势，就是由单一媒体向多媒体方向发展，不可能像原来那样搞广播就只搞广播，搞电视就只搞电视，做书刊就只做书刊，做互联网就只做互联网。而我国广播电视现在依然是泾渭分明的，不要说和其他媒体的融合，就是连我们自己系统内的广播电视都融合不了。人家是广播、电视以及网络电视、手机电视等全面进入、大举进攻，而我们是单兵作战，去迎战人家的集团军，这样能抵挡得住吗？人家是攥紧拳头打我们，而我们则是伸开巴掌去抵挡人家，这样能够抵挡得了吗？我很担心不仅我们的市场会被人家占领，恐怕连我们的媒体本身都会被人家控制。到那个时候，我们怎样做强做大社会主义的广播影视业，只能是一句空话。所以我想，还是要强调改革，不改革便没有出路，便不可能做强做大。改革势在必行，发展锐不可挡，我们要认清这个形势。

为了搞好文化体制改革，进一步推动文化事业产业的发展，中央决定先搞试点，取得经验后再到面上推广。这是一个非常稳妥而且也是非常有效的工作方法。通过试点，把改革的方针政策具体化，验证和实践一下到底行不行，并为在面上推广打好基础。所以各试点单位肩负着重要使命，肩负着为新的广播影视体制的确立，为新的广播影视发展道路的形成进行探索的重要任务。今年年内试点工作就要告一段落，在此基础上明年要全面铺开，时间很紧，任务很重。中央之所以这样部署，就是要抓住本世纪头二十年这个重要的发展机遇期，也是为了要更好地贯彻科学发展观，使我国经济社会得到全面的发展，改变这些年来文化以及广播影视发展滞后于经济发展、满足不了人民群众需求的状况。我们要切实增强搞好改革试点工作的责任感和紧迫感，进一步把试点工作抓紧抓紧再抓紧。明年就要全面铺开广播影视体制改革工作，能不能获得成功，能不能取得预定效果，与我们改革试点工作做得如何密切相关。如果通过试点工作总结和创造的经验是可行的，那就为全面改革打下了非常好的基础，创造了非常好的条件。反之，面上的改革不仅不会顺利，而且会出大问题。

因此，我们的改革试点工作一定要成功。那么成功的标志是什么呢？主要体现在以下方面：广播影视的宣传影响力是增强了还是削弱了，广播影视的实力是增强还是削弱了，广播影视是进一步满足了广大人民群众的需要还是仍然满足不了需求，广播影视业健康发展的新体制新机制建立起来了还是没有建立。总之一句话，检验试点改革到底成功不成功，主要看中国特色社会主义广播影视业是进一步强大了，还是被削弱了。强大了，改革就是成功的；削弱了，改革就是不成功的。

**（二）要进一步统一思想，把握精神，加大力度，推动改革试点工作出经验、出成果**

改革试点工作能不能够取得成功，统一思想、把握精神非常重要。思想不统一，试点工作开展不了，也搞不好；精神不把握，方向就会出问题，成效也会受影响。所以必须统一思想，把握精神，在这个基础上才能加大改革试点工作力度，才能出经验、出成果，才能向中央交一份满意的答卷。统一思想的问题，首先还是要解放思想。改革既然是新事物，既然是一场革命，就要解放思想。不破除旧的思想、旧的观念、旧的模式、旧的方法、旧的规定、旧的制度，我们的改革就没法搞。广播影视历来都是“四级办”，但是“四级办”是70年代、80年代的事情了，当时的背景是广播影视业比较弱小，“四级办”是符合当时国情和需要的一个做法。可是把这个做法再拿到新世纪的条件下来办广播电视，显然是不适用的。现在广播电视是立体覆盖，天上一颗星，地下一张网，中央台的节目、各省台的节目可以多渠道广泛覆盖，还要动员各市县都去办广播电视吗？再比如说，如何发展广播影视，原来都是系统办，现在是社会办。社会上的影视节目制作公司全国有几百家，草台班子就更多了。电影也是这样，过去都是国家投资拍电影，现在是用社会

资金甚至用外资来拍电影，情况发生了很大的变化。按照目前的情况看，电影的社会投资恐怕占总投资的半数以上。如果还是按照原来的模式来发展广播影视，这显然是不行的。另一个新情况是，过去广播电台节目的终端是收音机，电视台节目的终端是电视机，现在终端多了，除了收音机、电视机以外，电脑、手机都是终端，广播电视可以进电脑，可以进手机。原来广播电视只有广播电台、电视台才能办，别人不能办，现在互联网上的广播电视节目多起来了，其中有几家是电视台办的，又有几家是广播电台办的呢？过去是在电影院放电影，现在可以在家里看电影，甚至发展到在电脑上看电影、手机上看电影。面对这样一种现实，如何来发展广播影视业，按照原来的模式、原来的体制和机制行吗？回答肯定是不行的。并且我们相当一部分规章制度不符合现实需要和现实情况，广播电视管理条例在新形势下也得修改了。

形势发展很快，要求我们必须解放思想。不解放思想，改革就没法搞。如果改革发展中遇到一些问题，不是根据发展的情况来研究我们应该采取什么样的政策、什么样的办法，而是拿原来的规定、原有的制度、原来的思维来判断、衡量什么能行、什么不行，这个能搞、那个不能搞，那广播影视怎么能发展、怎么能做强做大？这样做的结果恐怕不是能不能做强做大的问题，而是眼睁睁地看着阵地被人家占领的问题。阵地被别人占领，到处都是人家的宣传，没有自己的东西，就连最起码的舆论平衡都达不到，更谈不到用正确的舆论引导人了。同样，对于新兴的媒体，电台、电视台不去占领，任由其他一些单位甚至国外媒体来占领，事情就很麻烦了。到时候在互联网上都是进口电影，我们规定一年只能进口20部分账的影片，而网上不仅20部，连200部都在放；而那些搞网上电视的，有的把境外电视台的节目都弄上去了，把成人节目都弄上去了，甚至把“法轮功”电视台的节目都弄上去了，我们怎么向党交待？怎么向人民交待？我们的职责就是站岗放哨，结果把阵地都丢掉了，这是广电部门最大的失职。长春同志、云山同志十分关注新媒体的发展，我们对此要深入进行研究，对不良信息堵是堵不住的，只有发展才是最有效的防御办法。把我们的节目做好，做得有吸引力，大家喜欢看，我们的影响力自然而然就出去了。以前香港的电视剧很吸引人，现在香港电视剧就不怎么好看了。为什么？因为我们自己的电视剧好看了，有深度、有思想性，演技也提高了，而一些香港电视剧则还是打打闹闹很肤浅。宣传也是一样，一定要不断改进。有些东西如果我们不报道，别人就会报道，其他媒体就会报道，还会大做文章。改进宣传乃至搞好其他一切工作最有效的办法，就是发展自己。要发展就要改革，要改革就要解放思想。

同时，解放思想也必须统一思想。要在统一思想中解放思想，在解放思想中统一思想，不能一说解放思想，就可以自说自话，就可以放任自流，想怎么干就怎么干，必须统一思想。要把思想统一到中央的精神上来，统一到中央的决策部署上来，统一到中央的各项工作要求上来。在改革试点过程中，统一思想的任务还是很繁重的。影响我们统一思想的有思想观念的问题，也有体制机制方面的问题，但最大的问题是利益问题，最大的障碍在于部门利益、局部利益、个人利益这三个方面。中央关于文化体制改革的精神，关于广播影视体制改革的重要性、必要性以及确定的各项改革的方针原则，不是我们不明白，不是我们不了解或者我们弄不懂，而是有的人往往只从自己的利益出发，提出一些与中央精神不完全一致的想法，或者采取一些与中央要求不完全符合的做法。因此，一定要克服利益障碍，着力统一思想。要正确处理好全局和局部的关系，正确处理好国家、集体和个人利益的关系，否则体制改革是很难推进的。深圳、厦门、南京等试点单位都承担以电视为主进行广播电视整合的任务，这不是中央或者总局主观想象出来的，是现实发展的需要。不能认为以电视为主体发展就是不要广播了。最近有一个调查表明，广播仍然是有影响力的三大媒体之一，这是没问题的。但是相比较而言，广播的影响力确实不如电视，实力也不如电视，国外的情况是这样，国内的情况也是这样。我们搞“西新工程”，没有电的地方，给他一个收音机，他能听到广播很高兴，一旦有电，他马上要你通电视。有的同志认为好像这样就不重视广播了，这是不对的。以电视为主体来推进广播电视的融合，并不是说不要广播，广播还是要发展，还是要投入的。总局把去年专门定为广播发展年，就是重视广播的具体体现，并且取得了很好的效果。但是从整体的发展速度和发展情况来看，电视发展的实力和速度的确要比广播大得多、快得多。

在这个问题上，我觉得要进一步统一思想。这里有一个利益调整的问题。有个什么利益调整问题呢？本来电台跟电视台是一样的，甚至于是老大，现在却要以电视台为主，就是因为电视台收入高？其实不存在这个问题，这些都是体制造成的，体制问题解决了，电台、电视台是一个法人了，收入应该是一样的，也就好调整了。日本 NHK 和英国 BBC、韩国 KBS 的电视台台长和电台台长收入都是一样的，他们认为广播影响减小并不是电台台长工作不努力，而是客观原因造成的，不能因此把台长工资给降下来。这是很有道理的，因为两台创收的差距主要是广播和电视的社会影响力不同造成的。如果把电视台台长调去当电台台长，电台的影响力也不可能一下子就升上去；同样，把电台台长调到电视台，也不可能台长的本事一下子就增加了很多。这都是两台的工作性质、工作环境决定的，不是个人的工作态度、工作能力问题。我们现在两台的收入差距很大，整合的难度就增加了。在这方面，一定要调整利益观念，克服利益障碍，否则统一思想很难。

现在，中央关于文化体制改革的精神以及相应的方针、原则、政策是明确的，大政方针已定，关键是在具体运作中怎样来把握这些精神。这点很重要，否则改革试点工作容易走偏。首要的一条是一定要号准脉，脉要号不准，肯定是治不好病的。改革的组织者、实践者一定要号准脉，把握好中央的精神和要求，认真按照中央的精神和要求去办，并在工作中不断对照检查。这里我强调，要很好地领悟长春同志关于文化体制改革“一、二、三、四”的总体思路。

**“一”就是一个满足。**

即最大限度地满足广大人民群众日益增长的精神文化需求，这是推进文化体制改革的根本目的。长春同志指出，现在一方面国家的文化资源大量闲置，另一方面思想性、艺术性、观赏性相统一的精品不多，国外的文化产品大量涌入，我们的文化产品和文化服务不论是数量上还是质量上，还远远不能满足人民群众的需要。因而，深化文化体制改革的所有工作，都要紧紧地围绕这一个满足来开展。

**“二”就是要坚持两个轮子一起转。**

这两个轮子一个是事业、一个是产业。不能搞独轮车，一定要两个轮子一起转，一手抓公益性的文化事业，一手抓经营性的文化产业。长春同志明确指出，电台、电视台是事业单位，是事业这个轮子。产业这块是另外一个轮子，就是要把电台、电视台可以经营的那部分划出来，面向市场进行产业化运作，进行企业化管理。

**“三”就是要正确处理三个关系。**

第一是要正确处理好既符合社会主义精神文明建设的特点和规律，又适应社会主义市场经济发展要求的关系。这两者要结合起来是比较难的。完全搞市场经济好搞，而在搞市场经济的同时，又要考虑到精神文明建设以及意识形态的属性，这就需要很好地创造，找出一条符合实际的发展道路。改革试点单位能否找到这条路，就要看是不是既注意了精神文明建设的特点和要求，又适应了社会主义市场经济发展的需要。必须处理好这个关系，仅考虑其中的一个方面，就不符合改革的要求。如果只考虑社会主义精神文明建设的特点和规律而不适应社会主义市场经济发展的要求，或者是只适应社会主义市场经济发展的要求而不符合精神文明建设的特点和规律，都是不行的，都违背了中央的精神。第二个关系就是要处理好社会效益和经济效益的关系，特别强调必须要把社会效益放在第一位，必要的时候甚至不要经济效益也要保住社会效益。因为广播影视意识形态的特点决定了有些事就是花钱、贴钱也必须去搞。第三个关系就要处理好宏观控制力和微观活力的关系。我觉得，在这三个关系里面，既注意精神文明建设的要求和特点同时又适应社会主义市场经济发展的需要是个总的关系，后面两个关系都是为这个总的关系服务的。因此，我们要下大力气研究怎样处理好既符合精神文明建设的特点和规律、又适应社会主义市场经济发展要求的这个问题。把这个关系处理好，回答清楚了，改革试点就成功了。

**“四”就是要抓好四个环节。**

一是要重塑文化市场主体。这一点改革试点单位尤其要注意，首先要看市场主体建立起来没有。电台、电视台不是市场主体，是

公共服务主体，下一步要把其中可经营的部分拿出来。其次要加强管理，激发活力、提高影响力。现在的主要问题是没有建立起市场运营的主体。所以我们要求，总台也好集团也好，必须成立可以成为市场主体的公司，至少广告要有广告公司，节目要有节目公司。电视台的影视部不是市场主体，不是法人，只是买电视剧和放电视剧的内部职能部门，不能到市场上去做节目、卖节目。严格意义上说，电视剧中心制作的电视剧不能自己直接卖，因为它不是一个公司，不能去卖节目，所以要转制。二是要完善市场体系。广播影视的市场体系还没建立起来，但是作为一个单位、一个地区来说应该闯路子。比如深圳集团和南京集团以后的电视剧营销要市场化，不能电视台自己拍自己放，而要进行市场运作。包括现在已经批准允许搞产业经营试点的频道也要进行市场运作。三是要改善宏观管理。对广电部门来说的，就是新形势下怎样更好地去加强管理，特别是怎样很好地研究对产业管理的问题。现在这方面我们都不是很成熟，我们计划财务部门的工作一般只会搞加减法，不会搞乘除法。加减法就是如何收钱，如何花钱，日常算账，而乘除就是搞成本核算，搞资本扩张，通过资本运作赚钱。发展产业必须要会做乘除法，必须要会资本运作。我们以后要管的不仅仅是事业，还有产业，要制定产业政策，根本不会搞产业怎么制定产业政策？改革是全方位的，包括改革管理。总局计财司专门成立了产业处，就是改革管理的一个举措。第四是要转变政府职能。真正做到政事分开、政企分开、管办分离。长春同志提出的改革思路具有很强的指导性、操作性，我们一定要深入学习领会，认真贯彻落实。

再一点就是要加大改革力度。加大力度是统一思想的必然要求。现在有的单位改革力度很大，有的则力度不够。力度不够主要表现在一是思想重视不够，二是领导力量不强，三是工作的创造性不足。我们既要很好地把握中央的精神，同时还要根据实际情况来积极探索，创造经验，希望下一步切实加大工作力度。云山同志最近在上海主持部分省市文化体制改革试点工作座谈会上强调，文化体制改革试点地区和单位担负着探索新路、创造经验的艰巨任务，试点时间有限，必须从推进改革、加快发展的全局出发，增强责任感和紧迫感。时间确实很紧，年内试点工作就要检查、要总结，满打满算还有6个月，试点单位要进一步加大工作力度，一把手要把主要精力放在搞好试点上。

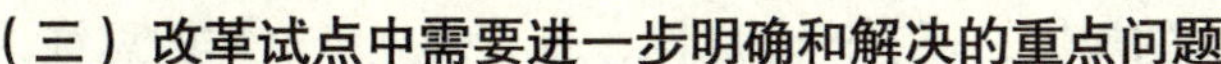

### （三）改革试点中需要进一步明确和解决的重点问题

#### 1. 要把握好六个关键字

第一是“破”，即破除旧观念，破除旧体制，破除旧规定，破除旧模式。十六大提出了“三个一切”、“三个坚决”，其核心就是一个“破”字。旧的思想观念、旧的体制机制、旧的工作模式不破除，试点工作根本就推进不了。破字当头，立在其中，这是非常重要的一个关键字。改革中碰到一些困难和问题，应该首先想想旧的东西破除了没有。最近总局派调研组调研管办分离工作，有局长给我打电话说几十年了就是这么搞的。我说现在是调研不是说马上就要做，目前只要求试点单位做，不是试点单位的暂不存在这个问题。这里反映出来一个问题，动不动就用“几十年来就是这样做的”话来维护旧体制、旧机制。广电系统没有实行垂直管理体系，这个问题不是总局说了能够做数的，要等到调研结束后，由中央来决定。但是有一点是明确的，就是试点单位要政事分开、政企分开、管办分离。长春同志要我们以只争朝夕的精神做到管办分离，凡是试点单位在这方面必须要有答案。当然要积极稳妥地来推进这项工作。这方面我们已经向中央报告了，中央领导同志圈阅同意我们的意见，面上先不推，报中央批准以后再说。如果下一步全面改革了，中央把这个要求写进了全面改革的意见里了，那就要坚决执行。

第二是“分”。就是要实现“政事分开、政企分开、事企分开”三个分开和“管办分离、制播分离、所有权和经营权分离”三个分离。所以“分”字是改革中一个很重要的举措，什么都不“分”正是原来体制中的一个薄弱环节和弊端。

第三是“改”。首先是改变思维。如有些人存在思维过于简单的倾向，凡事非此即彼，其实很多问题是相融的，广播影视不仅仅有意识形态的属性，还有产业属性，只有确立了这样的思维，才能确立广播影视业发展的新格局和新思路。所以在这个问题上必须要改。其次是改革体制。总体上说我们的改革就是体制改革。试点搞得好不好，就要看体制改了没有，改好了没有。再次是改进宣传。广播影视改革是否有成效的重要方面，就是宣传影响力增强了没有。要从两个方面来总结，一方面是宣传文化工作搞得怎么样，是否有效地宣传了中央的方针政策，办了哪些好的节目，拍了哪些好的电视剧，影响有多大；另一方面是产业经营方面发展得怎么样。最后是改善管理。广电局的主要职能是管理。试点单位要通过改革转变政府职能，改善管理。

第四是“推”。一个是推向市场，把可以经营的资源推向市场。二是推进重组。改革很重要的方面就是要进行结构调整，包括业务结构、产业结构、人事结构、资本结构等。要调整就要重组，如事业产业分开、政府职能转变等。该退的必须退，该上的必须上。改革试点工作中，重组做得怎么样很关键，如果根本没有动作，根本没有结构调整，恐怕不能说是改革。再就是要推动发展。通过改革，要看事业产业都发展了没有。改革是动力，发展是目的，要通过发展来检验我们的改革成效如何。

第五是“管”。就是全部改革、发展工作，都要着眼于既放得开，又管得住。管不住的事，不能放开，一定要有“刹车装置”。

第六是“强”。要通过改革强化实力，强化管理，强化扶持。强化扶持主要是强化对事业的扶持、对公共服务的扶持。

改革试点过程中，这几个关键字大家要很好地理解，很好地把握，如果在这几个方面做足了文章，做好了文章，整个改革试点工作就不会出问题，就能实现预定目标，把中国特色社会主义广播影视业做强做大。

**2. 要认真处理好有关政策问题**

一是事业、产业分离中的政策问题。中央要求把可以经营部分从事业体制中分离出来，进行产业化运作。在试点过程中，关键是分清哪些是可以经营的、可以剥离出去的，要做出明确界定。新闻宣传和政治性比较强的频道、频率，作为宣传阵地和喉舌，不能拿去搞经营。电视的影视、体育、娱乐频道，广播的交通、旅游、音乐频率，试点单位经批准可以搞企业化运营试点，其他的频道、频率则一律不要动。

二是制播分离问题。政治性、新闻性强的频道、频率一律不搞制播分离，节目的采、编、播全部由电台、电视台自己负责。

三是融资问题。从总体上来说，电影制作和广播电视节目制作、销售，融资基本放开。外资、民营资本都可以进入。为保证宏观控制力，广电系统的节目制作公司及允许经营的频道、频率的融资，广电必须绝对控股，并且原则上只能吸纳系统外国有资本。浙

江是民营经济比较发达的地方，中央领导同志也支持利用民营经济的力量来发展我们的文化，所以浙江可以做试点吸纳一些民营资本，其他地方不要一哄而上，特别是不能找外国传媒集团来融资。在组建的公司里，除了广电控股外，原则上还是要吸纳国有资本，要控制外国资本进入。因为尽管是所有权和经营权分开了，但也可能会影响我们的宣传，这点必须要把握住。至于个别节目、栏目跟外资合作，是可以的，但不能让它经营整个频道。这样即使有问题，只会影响一个节目或栏目，不会影响整个频道。

四是上市问题。总的来说这方面政策问题不是很大，最终是国家证监会要把关的。既然搞一个上市公司，就应该把可经营的优质资产拿出去，以谋求产业更快和更大的发展，不应该把不值钱的拿去上市。现在有的上市公司经营很难，因为每年都要考核，如果业绩不佳，就可能被停牌，这样上市就毫无意义。目前广电系统几个上市公司的情况还是很不错的，尤其是北京歌华业绩最佳。因为歌华有一个优势，就是北京的有线电视网络，这是很值钱的。我们千万不要为了甩掉负担，把一些不好的东西上市，好的东西留下来自己挣钱。市场是无情的，骗不了人的，优质优价，劣质低价，上市这个问题一定要筹划好。

3. **要抓好几项重点工作**

一是建立三个体系，即公共服务体系、市场运行体系和政府监管体系这三个体系。试点工作是否成功，最后就是要看这三个体系建立起来没有。三个体系是我们的重点工作，改革就是要把三个体系建立起来。

二是理顺党委领导、政府管理、事业发展、产业运作四者的关系。这是改革中的一个重点，也是一个难点。党委领导主要体现在什么方面？我觉得主要有三块，一个是管方向，管整体工作的方向，当然也包括导向；第二个是管政策，管大的政策；第三个是管干部，主要是领导干部。政府管理主要管什么，按照家宝总理的说法，一般意义上讲政府管四个方面，一是市场监管，二是公共服务，三是社会管理，四是经济调节，对广播影视业来说，除了这四点以外，还得加一个宣传导向。大家还在会上提出，总局管理的权力应该下放，就是说总局应该管得更宏观一些，不要什么都是总局来审批，总局负责制定各种审批事项的工作原则和政策，具体审批工作多下放一些给地方来执行。总局已经下放一些了，还将继续下放一些，把管理的重心放到基层，因为大量的工作都在基层，问题也在基层。事业发展要由政府主导，主要任务是办好公益性事业。按照中央的精神，事业单位不搞经营，就是按照事业的规律来运营，其投资经营的产业收入主要用来支持事业的发展，用来办节目，用来维持日常运作，用来发放员工的报酬，进行线路的维护、运转、传输等等。产业要由市场主导，按照现代产权制度、现代企业制度的要求进行市场化运作。以上这几个需要解决的重点问题，要进一步处理好，不要互相产生摩擦，要能够共同形成一个良好的事业、产业发展的体制环境。

三是进一步规范集团化改革发展。最近总局党组研究决定，在改革试点期间不再审批事业性质的广电集团。这主要是从实践中看，事业性质的集团确实不利于广播影视事业和产业的发展，不符合经济工作的运行规律，负面效应很多。现在广电集团就是事业性质的，在两台的事业单位上面又套了集团这个事业单位，没办法运作，于是在集团外又搞了公司，因为事业性质的广电集团是不能进入市场的，只有企业公司才能进入市场，所以事业、产业必须分开，事业要真正搞宣传、搞公共服务，产业要真正搞开发、搞市场运作。集团化发展主要在于规模发展而不只是个名称，关键是内部要真正起化学反应。

另外，广播影视系统在改革过程中，事转企的任务不重，主要是事企分开的问题。现在电影制片厂都已经转为企业了，网络公司也是企业，节目制作公司也都是企业。现在就是电视剧制作中心，各个省基本都有一个剧中心，应该尽快转制。再一个是广播影视出版社、广播电视报社，都要转成企业，特别是改革试点单位要尽快转，不要试点了半天，节目报社还是事业单位，那是通不过的。

## 三、对下一步改革试点工作的几点要求

### （一）要树立信心、抓紧抓好

改革是前无古人的一件事情，既有难度又有风险，但只能成功不能失败。现在时间很紧，各试点单位要抓紧工作。我觉得办法总比困难多，只要我们的探索在实践中证明确实是很好的、有效的，又符合中央关于文化体制改革的总体精神，就可以作为经验推广。现在中央这么重视，专门成立了改革试点工作领导小组来指导这项工作，中央领导同志走到哪儿讲到哪儿，而且亲自研究处理改革中的一些具体问题，我们没有理由不坚定信心，抓紧抓好这项工作。

### （二）要全面贯彻、把握重点

作为改革的试点单位和试点地区，要全面贯彻中央文件精神和总局改革方案提出的要求。在全面贯彻过程中要把握重点，就是要从你们的实际出发，看看本单位在改革试点中哪些方面成效比较突

出，哪些做法比较有特色，就注重在那些方面多下点功夫，争取能够出经验。试点总结的时候各单位一方面要全面汇报，另一方面要突出讲一讲自己做得成功的某个方面。比如说管办分离，每个试点单位都要去落实，都要交个账，但不要每个单位都来重点回答这个问题，不需要每个单位都在这方面出经验；比如哪个上市公司搞得比较好，就专门总结一下经验，给以后的公司上市提供一个范例；再如在事企分开方面做得比较好的，就着重介绍一下这方面的经验。产业发展、新媒体发展等等，都可以作为自己单位的重点，争取出成果、出经验。

**（三）要抓住关键、突破难点**

各个改革试点单位的关键和难点不一样，如有的地方体制问题是关键和难点，但有的地方已经解决了。哪些是自己工作的难点，要抓紧研究，限时突破，已经解决的问题就可以放一放。

**（四）要求真务实、创造实绩**

抓改革试点，关键要在“做”上下功夫，而不是在“写”上下功夫。工作做好了，写就好办了。所以说，关键是要真抓实干，确保试点工作真正取得成效，才能有说服力，有影响力，整个广电系统才能够为全国文化体制改革工作做出应有的贡献。

**（五）要加强指导、及时总结**

首先是广电行政管理部门负有指导责任，特别是总局改革办要很好地研究中央的精神，很好地研究下面的实际，吃透两头，提出推进改革试点工作的意见和解决问题的办法。同时各试点单位要及时总结自己的工作，及时向总局反馈，可以反映到总局改革办，也可以反映到中宣部改革办，上下多沟通情况，以使问题及时得到处理，少走弯路，更好地推进试点工作。

（2004年6月10日）

# 统一思想　狠抓落实
# 大力推进广播影视改革发展

## ——在全国广播影视局长座谈会上的讲话

这次会议的主要任务是，按照中央关于加强宣传思想工作、推进文化体制改革和文化事业产业发展的总体要求，按照去年底召开的全国广播影视工作会议的具体部署，总结交流上半年工作情况，分析研究下半年的工作重点，进一步统一思想，狠抓落实，确保圆满完成全年的各项任务，推进广播影视宣传和改革发展。

下面，我讲三个问题。

### 一、关于上半年的工作

去年年底总局在长沙召开了全国广播影视工作会议，对今年的广播影视宣传、改革、事业产业发展等各方面工作作了全面部署。从上半年的情况看，各级广播影视部门认真贯彻中央的指示和要求，认真贯彻全国广播影视工作会议的安排部署，坚持以邓小平理论和“三个代表”重要思想为指导，围绕中心，服务大局，唱响主旋律、打好主动仗，各方面的工作都取得了明显的进展，较好地完成了预定的任务。概括起来，可以总结为三句话：任务很重，成绩很大，工作很努力。

### （一）任务很重

**1. 宣传的任务很重**

广播影视要认真做好“三个代表”重要思想、党的十六大和十六届三中全会精神的宣传，进一步把学习贯彻“三个代表”重要思想新高潮引向深入；要以经济建设为中心，加强经济宏观调控的宣传；要贯彻中央要求，加强未成年人思想道德建设的宣传；要做好维护稳定的宣传，特别是要做好敏感期的宣传；此外中央还专门提出了要加强和改进对外宣传工作等。所有这些重大的宣传任务政治性、政策性很强，要求很高，一点都不能马虎，一丝也不能松懈，必须集中精力、专心致志做好。

**2. 统一思想的任务很重**

当前整个广播影视所处的外在客观环境变化很快，广播影视自身的改革发展也正处在一个十分关键的时期，面临着许多新情况新问题。在这种新的形势下，存在着各种不同的想法和意见是可以理解的，也是正常的，但如何确保完成中央交给我们的各项任务，进一步搞好广播影视宣传，确保正确舆论导向，加快广播影视改革与发展，又必须统一思想。只有把思想统一到中央关于广播影视宣传工作的各项要求上来，统一到中央确定的广播影视改革发展的任务上来，全系统上下形成共识，才能把力量凝聚到一块，也才能真正完成好各项宣传任务，保证广播影视的改革与发展顺利向前推进。

**3. 改革发展的任务很重**

面对党的十六大提出的新部署、社会主义市场经济的新发展、人民群众精神文化的新需求、高科技发展的新浪潮、对外开放的新

竞争，加快广播影视的改革与发展已经成为一个非常重要而又紧迫的课题。广播影视改革试点工作已经全面启动，年底就要出成果、出经验；其他的改革工作也都要深入推进。怎么改革，怎么发展，特别是如何变革过去长期以来形成的管理体制和运行机制，建立起适应新形势的广播影视新体制新机制，如何进一步巩固和发展广播影视事业，如何抓住机遇加快发展广播影视产业，尽快把我国广播影视业做强做大，这些都有一定的复杂性和艰巨性。时不我待，必须按照中央关于文化体制改革的总体要求，立足于广播影视实际，毫不犹豫、只争朝夕地抓紧抓好。

**4. 加强管理的任务很重**

广播影视发展已经进入一个全新的时期，无论是社会环境，还是广播影视的传播方式，都发生了很大的变化，旧的管理理念、管理制度、管理手段都已经不能适应形势发展的需要。一方面是管理的对象、范围发生了新的变化，管理的内容增加了而不是减少了。过去我们主要管系统内单位，现在则要强化对社会的管理，比如民营广播影视企业，过去我们不管或很少管，当前迫切需要引导和管理。又比如，外国广电传媒不同形式地进入，我国广电传媒不同形式地走出去，使我们的管理领域大大拓宽。另一方面是管理的难度和压力越来越大。过去“又办又管”，现在则要“管办分离”。此外还有许多没有遇到过的新情况新问题需要我们去管，如网上传播广播影视节目、开展 IP 电视业务等等。在新旧交替的情况下，占领广播影视宣传的新阵地，拓展广播影视的新业务，这些都给我们的管理工作提出了新的课题，需要我们创新管理的方式方法，不断提高管理的水平和效益，真正做到既管得住又管得好，保障事业、产业健康有序发展。

### （二）成绩很大

可以说，上半年广播影视工作的特点是大事多、新事多、难事多、急事多。

大事多，如各项重大宣传任务、加强未成年人思想道德教育、加强对外宣传工作、“西新工程”建设、数字电视发展、体制改革试点工作等，都是中央直接抓的。新事多，体制改革中的政企分开、政事分开、管办分离，事业产业剥离与经营性产业公司股份制改造上市，产业发展中的新媒体新业务如移动电视、手机电视、网络电视、IP 电视等，对广播影视系统来说都是新课题、新领域。难事多，比如广播影视体制改革，涉及到方方面面，不仅关系到部门、地区、单位及个人的利益调整，而且是直接关系到把党和国家的声音送入千家万户的大问题；再如中央要求加大广播影视“走出去”力度，尽快占领海外阵地，都是难度很大的。急事多，改革试点工作年底就要出成果、出经验；系统外很多单位都在搞网络电视、IP 电视、手机电视等，如果我们不及早动手，就会丧失阵地；中央电视台少儿节目的落地问题和全国省级台、副省级城市台开办少儿电视频道问题，全国省级广播电台开办少儿广播节目的工作，都是急事。

在这种大事多、新事多、难事多、急事多的情况下，上半年全国的广播影视工作保持了积极、健康、向上的发展态势，各方面都取得了显著成绩。按照中央的统一部署，各级电台、电视台牢牢把握正确的舆论导向，深入宣传“三个代表”重要思想，切实加强经济建设和未成年人思想道德建设的宣传，进一步改进会议和重大突发性事件的宣传报道，积极开展舆论监督，舆论引导水平有了进一

步的提高，宣传效果明显增强。中央电视台新开办少儿频道、音乐频道和网络电视，中央人民广播电台新推出 2 套对台广播全新节目，中国国际广播电台加强互联网在线广播，都产生了良好而广泛的影响。电影、电视剧的生产继续呈现良好的增长势头，电影产量今年有可能突破 200 部。管理的力度明显加大，重点加强了广播电视广告播放管理和涉案剧、引进剧、电脑网络游戏类节目的管理，继续加强了境外卫星电视传播秩序的专项整治和互联网传播视听节目的管理，加强了对非法安装使用“小耳朵”的专项整治工作。体制改革试点工作稳步推进，7 个广播影视体制改革试点单位和 10 个综合试点地区广电部门以及其他已成立的广电集团，在推进政企分开、政事分开、管办分离和实施事业产业剥离、培育市场主体、整合资源、扩大融资、发展产业等方面，都取得了重要进展。在青岛召开了全国推进有线电视数字化工作现场会，49 个有线数字电视示范网的建设已全面展开。“西新工程”、村村通工程、走出去工程和农村电影放映“2131”工程等重点工程也都按计划、按进度、按要求扎实有效地向前推进。

### （三）工作很努力

上半年之所以取得很大的成绩，首先应该归功于党中央、国务院的正确领导，归功于各级党委政府的高度重视，归功于社会各界和广大人民群众的热情支持，同时也是与全国广播影视系统广大干部职工的艰苦努力分不开的。有一分付出，就有一分收获，可以说我们的每一项工作都凝结了上上下下、方方面面的汗水与心血。特别是重大宣传任务、重要时期的安全播出和大力推进广播影视改革发展，广大广播影视工作者以高度的政治责任感、使命感，坚决贯彻中央的指示精神，不怕吃苦，顽强拼搏，尽职尽责，确保了重大宣传任务的圆满完成，确保了安全播出不出问题，确保了广播影视改革发展向前推进。实践再次证明，我们这支队伍是一支能打硬仗的队伍，是一支具有开拓精神的队伍，是一支值得党和人民信赖的队伍。

## 二、做好下半年工作需要强调的几个问题

下半年的广播影视工作，就是要认真按照中央的要求和全国广播影视工作会议的安排部署，继续保持和发展良好的工作态势，狠抓各项工作的落实，确保圆满完成全年工作任务。这里，强调几点：

### （一）要统一思想

做好各项工作，首要的还是要统一思想。统一思想是开展工作的前提和基础，思想不统一，工作就无法推动。统一思想的工作做得怎么样，直接关系到我们的工作能否到位、能否顺利展开和能否达到预期目的。

**1. 要把思想统一到贯彻落实中央的决策部署上来**

我国的电台、电视台作为党、政府和人民的喉舌，作为重要的舆论工具和思想文化阵地，必须始终不渝地坚持正确的政治方向，坚定不移地贯彻党的路线、方针和政策。这方面不能有丝毫的含糊。电台、电视台不是哪个人的，也不是社会上哪个单位的，不能想怎样就怎样，必须时刻服从党的领导，听从党的召唤，执行党的决策。比如，中央专门召开了加强和改进未成年人思想道德建设工作会议，出台了《关于进一步加强和改进未成年人思想和道德建设

的若干意见》，就新形势下加强和改进未成年人思想道德建设进行了全面部署。这是中央的一项重大决策，广播影视部门必须抓紧贯彻落实。广电总局为此专门制定了《广播影视加强和改进未成年人思想道德建设的实施方案》，提出要认真实施好“建设工程”、“净化工程”、“防护工程”和“督察工程”。当前的首要任务就是要尽快实现中央电视台少儿频道在全国的有效落地，省级和副省级城市电视台尽快开办少儿频道。这些都是中央的明确要求，我们必须统一思想，认真贯彻，狠抓落实，不能讲条件，不能讨价还价，更不能敷衍了事。

**2. 要把思想统一到对广播影视工作面临形势的正确认识和把握上来**

当前广播影视工作面临的形势总的来说是好的，但也确实存在着一些不利的因素，需要我们认真科学地分析。从科学的发展观来看，主要存在五个方面的问题：第一是以人为本的思想不牢固。这突出反映在广播影视内容产品不能够满足人民群众的需要，不能够对人的全面发展在精神文化方面提供足够的支持，有的甚至产生消极有害的影响。比如有的电视剧歪曲历史，有的渲染暴力；有些广播电视节目格调不高、品位低下；还有违规播放广告等问题。这些都严重影响了人民群众特别是青少年的身心健康，必须下大力气整顿。这也是广播影视系统贯彻落实中央关于加强和改进未成年人思想道德建设的重要措施。第二是发展不充分。经过多年的建设，我国的广播影视业具有了一定的规模和基础，但发展还不充分，特别是产业发展还很不够。不要说广播和电影，就是大家觉得发展已经很好的电视也还存在巨大的发展空间，一些新媒体业务都还没有很好地开展起来，电视的收入还主要依赖于广告经营。第三是结构不合理。当前广播影视的组织结构、业务结构、资本结构和人才结构都突出地存在着不合理的现象。一些电台、电视台组织结构混乱、管理粗放，业务结构上重广告经营、轻节目开发，连节目营销部门都没有。广播影视的投资主体总的来看还比较单一，还没有想到或不会吸收利用社会资本。广播影视的人才结构也不合理，特别是缺乏具有较高政治素质、熟悉宣传业务、掌握高新技术、善于经营管理的人才。第四是发展不协调。中央与地方，东部与西部，城市与农村，国内与国外，广播、电影、电视与网络，都不同程度地存在着发展不协调的问题，有的问题还很突出。比如东部与西部，尽管这几年我们实施了西新工程，大大改善了西部地区广播影视发展的状况，但与东部地区相比，差距依然很大。第五是发展后劲不足。一方面是广播影视的发展还依赖国家的投入，有些地方的无线传输覆盖没有国家的投入就无法维持下去；另一方面，电台、电视台虽然每年能挣到一些钱，但挣得多花得也多，而且没有计算节目传输覆盖成本。这些问题，使得我们的工作总体来看，与国民经济发展、与人民群众需求、与国际传媒发展趋势、与党的十六大提出的发展文化事业和文化产业的要求还不相适应。对此，我们必须要有清醒的认识，要有危机感和忧患意识，不能关起门来自我陶醉，不能一味自我感觉良好。必须要统一思想，直面这些问题和不利因素，积极采取措施加以解决，这样才能更好地推进广播影视事业产业发展，更好地发挥广播影视在全面建设小康社会中的重要作用，更好地体现广播影视为人民服务、为社会主义服务、为全党全国工作大局服务的要求。

**3. 要把思想统一到抓住机遇加快广播影视改革与发展上来**

发展是硬道理。小平同志讲，解决中国所有的问题只能靠发展。而改革是发展的动力，改革决定发展，要加快发展必须加快改革。党的十六大要求我们要紧紧抓住本世纪头二十年这一重要战略机遇期，加快发展文化事业和产业。中央对推进文化体制改革，加快发展文化事业和产业提出了一系列的具体要求，总局也作了全面的部署和安排。现在的问题就是需要我们进一步强化改革意识、发展意识，贯彻落实中央的要求，按照总局的具体部署，充分利用各种有利的条件和资源，集中精力、聚精会神搞改革、谋发展。在这方面，一些单位和同志在思想认识上还是存在一些问题，不思进取、小富即安的思想还较为普遍，对存在的问题不清醒，对解决问题不着急，对改革发展不上劲，对产业开发不积极，对数字化推进不主动。有的人认为，电台、电视台现在的日子挺好过的，为什么还要搞改革？为什么还要去发展？为什么要自找麻烦、自讨苦吃？这是极其糊涂的想法，既不识大局、大体、大势，也对自己不甚明了，只看到自己眼皮子底下，没有看到大的环境和大的形势，没有看到内部和外部挤压形成的激烈的竞争，没有看到貌似平安下面隐藏的危机。在这个大改革、大发展的年代，一切都在改革，都在发展，别人动了你不动，别人改革发展了你却依然老一套，那你肯定就会被淘汰。对此，中央领导同志特别告诫我们，早改早主动，晚改就被动，不改就没有出路。因此，必须树立强烈的改革意识和发展意识，抓住机遇，乘势而上，加快改革与发展，加快产业开发，加快推进数字化，不断增强实力和竞争力，确保在激烈的竞争中立于不败之地。

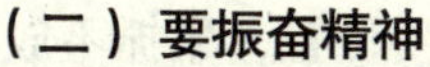

**（二）要振奋精神**

人是要有点精神的。以什么样的精神状态来推进广播影视改革发展，十分重要。一项工作是主动地做还是被动地做，是积极地做还是消极地做，差别很大，结果往往也会很不一样。要改革，要发展，必然会带来一些新旧思想的碰撞和交锋，必然会带来一些利益的调整和变动。我们必须克服因循守旧的思想、无所作为的思想、小富即安的思想、等靠要的思想、求稳怕乱的思想，解放思想，与时俱进，改革创新，振奋精神，开拓进取，大力推进广播影视的改革与发展。要树立四“心”，即信心、决心、专心、恒心，信心要足，决心要大，专心致志，持之以恒。这样才不辜负党和人民的期望，才不愁干不成事。目前，有些人解放思想的工作做得很不够，不善于分析和适应变化发展的新形势新任务，总是抱着过去旧的观念和做法不放，拒绝新的思想观念和新事物，有的甚至还想回到过去的旧体制、旧框框中去，因而在思想上和行动上往往对改革发展存有消极情绪。有一些同志并不反对改革，但自己却不愿意主动改革，对改革采取等待观望态度，缺乏改革发展的主动性，总是希望上面能够发一纸红头文件照着执行，或者是等别人改好了以后自己再依样画葫芦。还有的同志对改革发展工作信心不足，决心不大，前怕狼后怕虎，这个也难那个也难，缺乏不畏艰难、顽强拼搏、勇于进取的精神，几年下来，工作面貌依旧，贻误时机，一事无成。这些都是非常不利于推进改革发展工作的，必须在实际工作中切实加以克服。

**（三）要积极探索**

新的形势、新的任务，要求我们有新的探索、新的实践。我们要把解放思想、开拓创新、大胆探索放在重要位置，紧抓不放，以此不断开创宣传工作和事业、产业发展的新局面。

1. **要在体制创新上探索**

广播影视的体制创新是当前摆在我们面前的一项十分重大、十分紧迫的课题。一方面是过去多年来形成的旧体制已经很不适应社会的客观要求和广播影视自身的发展需要，另一方面要一下子改变现有的体制，很快建立起符合发展要求的新体制，又确有相当的复杂性和艰巨性。党的十六大明确要求政企分开、政事分开，中央领导同志也多次要求我们抓紧推行政企分开、政事分开和管办分离。但到底怎么分开，在具体的贯彻落实中，很多问题纠缠在一起，需要认真梳理、研究和探索。中央怎么分，省级怎么分，地市以及县怎么分，管办分离后管的职能如何到位，办的主体如何真正落实。“三分开”与建立起完善、规范的公共服务、市场运作和政府监管三个体系是密切相关的，如何在改革实践中有效地将两者结合起来考虑，根据中央的要求和我国的国情，从广播影视发展的实际出发，提出完善的发展思路和体制模式，都需要我们在理论和实践中努力进行探索，找出解决问题的有效途径。

2. **要在发展模式上探索**

长期以来，我们的广播影视一直是单一的事业型发展模式，产业发展很不够，也不被重视。党的十六大把文化事业和文化产业相并列，明确提出要大力发展文化事业和文化产业，这为整个广播影视业的发展指明了新的方向，提出了新的要求。我们必须根据这个方向和要求，寻找和确立广播影视事业、产业发展的新模式，使之既符合精神文明建设的规律，又适应社会主义市场经济发展的要求。对于发展事业来说，过去那种粗放的不计成本、不讲效益、不注重服务、脱离社会和群众、关起门来自我封闭的旧模式，已经行不通了，必须适应新形势，在增加投入的同时，深化改革、转换机制、强化管理，进一步在增强活力、改善服务、提高水平和效益上下功夫。而对于发展产业来说，必须改变过去将产业与事业捆绑在一起的做法，将产业从事业体制中分离出来，推向市场使其真正成为市场主体，充分发挥市场机制在产业资源配置上的基础性作用，依靠市场来求生存、求发展。对于广播影视系统来说，如何发展产业，如何管好产业，更是个新事物，这几年改革已经有了一些实践，但还远远不够，需要继续努力。

**3. 要在管理创新上探索**

广播影视行政部门作为代表政府管理广播影视业的职能部门，其主要的工作职责就是管理。管理是政府的基本职责，是政府安身立命之本。但新形势下我们管什么、如何管，迫切需要进行探索。不管是管理体制、机制，还是管理的方式、方法，都要根据形势的发展进行创新。以前我们是关门办广电，管理工作主要是管系统、管行业、管直属单位，现在是面向社会办广电，不但要走出去，而且要引进来，如何定位我们的管理职能，必须进行探索。以前我们是四级办广电、四级管广电，管办合一、政事不分，现在要管办分离、政事分开，中央和省、市、县各管什么，各办什么，如何调整四级办、四级管的体制，如何通过调整建立起公共服务、市场运作、政府监管三个体系，都需要抓紧探索解决。同时，广播影视工作技术性、专业性很强，特别是高新技术的迅速发展和新业务的开展，对管理工作更是提出了新的要求。只满足于开开会、打打电话、发发文件就了事，是搞不好新形势下管理工作的，一定要从实际出发，开动脑筋，多研究，多想办法，适应情况的变化和形势的发展，不断创新管理体制和方法。

归根结底一句话，就是要在学习借鉴其他领域特别是经济领域改革发展的成功经验和国外广播影视业发展有益做法的同时，按照中央关于发展文化事业和文化产业的要求，从实际出发，努力探索一条适应新形势的、中国特色社会主义广播影视业繁荣发展的新路子。

### （四）要抓住关键

广播影视工作摊子很大，头绪很多，任务很繁杂，不能眉毛胡子一把抓，一定要分清主次，突出重点，抓住关键，通过关键环节、关键部分的突破带动全局的工作。当前，广播影视工作要紧紧抓住这样几个关键：

**1. 改革的关键是体制机制创新**

广播影视的体制机制问题现在已经成为广播影视发展的主要障碍。按照党的十六大精神和中央关于文化体制改革的总体要求，深化广播影视的体制机制改革，是现阶段广播影视系统的一项十分重要、十分紧迫的战略任务。一些具体的、全面的改革要不要搞？当然要搞。但是大的体制问题不解决，具体的、全面的改革是难以搞好的。改革不能只抓皮毛、不抓实质；不能齐头并进，没有重点。我们必须始终紧紧抓住体制机制创新这个关键问题不放，集中精力围绕体制机制创新做改革的文章，以体制机制创新带动改革全面展开，促进事业、产业快速发展。

**2. 发展的关键是抓住机遇**

抓住机遇非常重要。机遇稍纵即逝，可遇不可求，及时抓住机遇，就能乘势而上取得成功。抓不住机遇，就会贻误大事，后悔莫及。应该说，有党中央的坚强领导，有社会各界的高度关注和人民群众的广泛支持，有战略机遇期国家整个经济与社会发展的大好环境，有世界范围内高科技的快速发展进步，我国广播影视业当前面临的机遇很多、也很好。关键是看我们能不能把握住这些机遇，加快发展。过去我们有一些机遇没有好好地抓住，结果变得很被动，这方面是有教训的。现在有一些好的机遇，我们还没有给予足够的重视。比如，广播电视节目资源的多媒体利用开发，包括移动电视、手机电视、网络电视、IP 电视等，行业外的积极性很高，有的已经开始在做，而我们自己却没有多少积极性，也没有很好地开展起来。这是一个抢占先机、占领市场的问题，为什么不抢在别人前面做呢？比如有线电视数字化，有的地方还在观望，把着一大块资源却说找不到市场。又比如产业开发。产业开发已有发展的大政策，已有发展的大规划，已有发展的大环境，现在的关键是各地各部门各单位能不能抢抓机遇，发展自己。产业发展，重在市场，只有占领市场，才能有效发展。哪怕近期没有利润，也要先占领市场。占领市场要有投入，钱从哪里来，自己没有，可以融资，可以借贷，可以合作，这就需要有新的经营和开发的理念。这方面，也包括广播影视改革发展的其他方面，都应该有强烈的机遇意识，切不可错失良机。

**3. 管理的关键是依法行政**

依法行政、依法管理是广播影视行政部门履行管理职责的基本要求，也是广播影视部门贯彻依法治国方略的具体体现。当前广播影视确实存在法律法规不健全的情况，但最突出的还是有法不依、执法不严的问题，各种违法违规现象时有发生，有的甚至是屡禁不止。比如中央和省广播电视节目的覆盖问题、违规播放广告问题、非法安装使用“小耳朵”问题等，这些都与管理部门没能很好地履行职责，没能有效地依法行政，或者执法不到位有着直接关系，有的甚至管理部门执法犯法、放任违规。《行政许可法》已于 7 月 1 日正式开始实施，这对我们依法行政提出了新的更高的要求。我们要以贯彻《行政许可法》为契机，加快推进依法行政，以依法行政为突破口建立宪制政府，促进广播影视的管理工作上新台阶。

**4. 做好一切工作的关键是提高队伍素质**

人是一切因素中的决定性因素。队伍好坏与素质高低，直接关系到事业的兴衰成败。因此，加强队伍建设、提高队伍素质始终都是极其重要、极其关键的。这里讲三句话：第一句是要“养好人”，是指要加强队伍的教育和培养，多出人才，出能干的人才；第二句是要“管好人”，是指要加强队伍管理，不要出事；第三句是要“用好人”，是指要充分发挥每个人的才干和能力，每个人的事干好了，整个事业也就成功了。

### （五）要狠抓落实

当前，中央关于广播影视的决策部署非常明确，有关广播影视工作总的指导思想、方针原则和目标任务也都十分清晰。可以说，大政方针已定，最重要的是要结合实际狠抓落实。

**1. 思想要落实**

各级广播影视部门必须把思想统一到中央的精神上来，始终与中央在政治上、行动上保持高度一致，认真按照中央的要求和部署扎扎实实做好各项工作。特别是各级广播影视部门的负责同志，对中央的指示和要求要带头做到坚信不疑、坚定不移、坚决贯彻，同时要多做统一全体干部职工思想的工作，以统一的意志、统一的行动保证圆满完成党和人民交给我们的各项任务。现在一些单位的工作显得比较乱，主要原因就是在思想认识上没有统一起来，各种意见、各种说法都有，有的领导班子内部看法也不尽一致，群众议论纷纷，首先在思想上就已经散了。没有统一的意志，形不成合力，工作当然就无法推动。这必须引起我们的高度重视，采取切实有效措施加以改进。

**2. 目标要落实**

现在我们的目标任务已经非常实在、非常具体了，都是硬指标、硬任务，到时候非完成不可。比如数字电视的发展，明年底东部地区省会城市和其他省辖市要基本完成整体转换，实现有线数字电视用户三千万户的目标。再比如，今年内三分之一以上省级电视台和副省级城市电视台要开办少儿频道，明年和后年全国所有的省级电视台和副省级城市电视台都要开办少儿频道。同时，年内全国地市以上的电台、电视台一律要开设少儿栏目、节目。此外，“西新工程”、村村通工程、走出去工程和农村电影放映“2131”工程、电视剧、电影、动画等产业发展，都有具体要完成的指标和实施的进度要求。各级广电部门和单位，都要按照总局确定的工作计划和目标，进一步细化本地区、本部门、本单位的工作任务和目标，分阶段、分类别、分层次，一项一项、一件一件抓好落实。

**3. 措施要落实**

光确定目标任务，没有切实可行的具体措施，就好比空中楼阁，再好看也没有用。要制定周密详细的工作计划和实施方案，提出具体明确的工作措施和要求。方案措施都要有非常强的可操作性，负责人是谁，什么时间完成，组织机构和经费是否有保证，等等，都要具体明确，不可大而化之、笼而统之，不能只写在纸上，讲在嘴上，而是要具体落实到行动上，实实在在稳步推进。只有这样，才能确保每项工作能够按要求落到实处。

**4. 责任要落实**

每一项工作任务，都要结合实际，层层落实责任制，责任到

人，责任到岗位，一把手负责什么，副手负责什么，每个部门负责什么，都要明确，不能大呼隆，吃大锅饭。要加强监督检查，凡是工作不力、措施不到位、目标任务完不成的，都要追究责任。落实得好、工作效果明显的，要予以表彰和鼓励。

## 三、关于当前的重点工作

这里，就当前的几项重点工作，我再做一些强调。

**（一）关于宣传工作**

宣传工作是广播影视工作的中心，宣传任务是我们首要的和根本的任务。宣传工作没有做好，没有完成党和政府交给我们的各项宣传任务，其他一切工作都无从谈起。任何时候、任何情况下我们都要坚持以宣传为中心，牢牢把握正确的舆论导向，充分发挥广播影视强有力的舆论引导和支持作用，努力为改革开放和现代化建设营造良好的舆论氛围。

**1. 要按照中央的部署和安排，认真完成好各项重大宣传任务**

要继续深化“三个代表”重要思想的宣传，进一步搞好经济宏观调控的宣传，大力加强未成年人思想道德建设的宣传，加强和改进对外宣传，精心组织好庆祝新中国成立55周年、邓小平同志诞辰100周年等宣传报道任务，努力推出一批好栏目、好节目和优秀的电影、电视剧、专题片等。

**2. 要贯彻“三贴近”原则，进一步改进宣传**

要继续贯彻落实中央关于进一步改进会议和领导同志活动新闻报道的意见和要求，在巩固已有成果的同时，着力提高报道的质量，增强宣传效果。继续贯彻落实中央关于进一步改进重大突发性事件报道的意见，总结经验，完善机制，规范管理，使新闻报道做到既积极主动、又准确有效。要积极采取有效措施，重点加强和改进舆论监督工作。各省级电台、电视台都要按要求开办舆论监督节目，并且应在主频率、频道黄金时段播出，时长不少于 10 分钟。当然，各省级电台、电视台开办的舆论监督节目，应以监督批评本行政区域为主，未经批准不得进行跨区域批评报道。

**3. 要继续加强宣传管理**

要进一步完善宣传管理的各项规章制度，加强节目审查把关，确保广播影视成为宣传科学理论、传播先进文化、塑造美好心灵、弘扬社会正气的坚强阵地，决不给反动错误的言论和有害信息提供传播渠道。要继续开展净化荧屏声频的工作，重点加强涉案剧、引进剧、娱乐节目、广告节目等的管理。总局已经专门发了几个文件，社会各界反响很热烈，各级广电行政管理部门也都做了大量工作，目前应该说已经取得了一定成果，但还须加大力度，争取年内取得显著成效。

**（二）关于改革试点工作**

按照中央的部署和要求，去年 6 月开始的广播影视体制改革试点工作正在紧张进行，最近总局专门召开了一次改革试点工作座谈会，总结交流 7 个试点单位和 10 个综合试点地区广播影视体制改革试点工作的进展情况，分析研究存在的问题，就做好下一步改革试点工作提出要求。总的来看，各试点单位认真贯彻全国文化体制改革试点工作会议精神和中办文件、国办文件精神，按照总局的具体要求，积极改革创新，试点工作取得了明显成效，无论是宣传工作还是事业、产业发展，都进展顺利，特别是在抓住重点、突破难点、创新体制机制方面，作了有益的探索，取得了一定的经验，初步形成了宣传进一步加强、改革进一步深化、发展进一步加快的可喜局面，为下一步面上的改革创造了条件。当然，还存在着发展不平衡等问题。按照预定计划，试点工作将于今年10月总结，年底拿出经验，明年全面推开。因此，下半年的试点工作时间很紧，任务很重，广播影视系统能不能拿出成功经验，就看这几个月了。在改革试点工作座谈会上，我对做好下半年的试点工作谈了一些看法，这里再作一些强调：

**1. 要从战略高度、发展高度和全局高度，进一步提高对改革试点重要性、必要性的认识，增强做好改革试点的责任感和紧迫感**

要充分认识到中央关于文化体制改革决策的深刻时代背景和客观现实需要，认识到文化体制改革是一项战略性的任务、全局性的工作，是事关中国特色社会主义发展的大问题。改革势在必行，发展锐不可挡。不改革，广播影视宣传的影响就不可能增强；不改革，广播影视就不能更好地满足人民群众日益增长的精神文化需求；不改革，广播影视业就无法做强做大。改革试点单位肩负着为广播影视确立新体制、探索新道路的任务，直接关系着广播影视全面改革能否成功。各试点地区和单位一定要提高认识，切实增强改革试点的责任感、紧迫感，克服畏难、徘徊、犹豫的思想和情绪，下定决心把改革试点工作搞好。

**2. 要进一步统一思想，把握精神，加大力度，推动改革试点出经验、出成果**

要在统一思想中解放思想，在解放思想中统一思想。改革是新事物又是一场革命，一定要破除旧思想、旧观念、旧模式、旧制度，真正把思想统一到中央的精神、部署和工作要求上来。中央关于改革试点的大政方针已定，方向已经明确，必须深刻领会把握，认真贯彻落实，在改革中正确处理好全局利益和局部利益的关系，处理好国家利益和个人利益的关系，进一步加大工作力度，采取有效措施，集中精力，专心致志，把下一步试点工作抓紧抓好，抓出成效。

**3. 要把握好六个关键字**

第一是“破”，即破除旧观念、旧体制、旧规定、旧模式。十六大提出的“三个一切”、“三个坚决”，其核心就是一个“破”字。我们的改革试点工作要搞好，如果不破除旧的思想观念、旧的体制机制、旧的工作模式，根本推进不了。破字当头，立在其中。这是非常重要的一个关键字。第二是“分”。就是要做到“三分开、三分离”，即政事分开、政企分开、事企分开，管办分离、制播分离、所有权经营权分离。年内试点单位必须做到，面上其他单位的分开问题总局正在组织调研，拿出意见报中央批准后实施。第三是“改”。思维方式要改，体制要改，宣传要改，管理要改。第四是“推”。一个是推向市场，一个是推进重组，再一个是推动发展。第五是“管”。就是全部改革、发展工作，都要着眼于既放得开，又管得住，管不住的事，不能放，一定要有“刹车装置”。第六是“强”。通过改革要强化实力、强化管理、强化扶持。



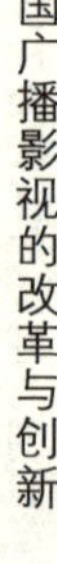

**4. 要认真处理好有关政策问题**

第一是事业、产业分离问题。中央要求把可以经营部分从现在的事业单位中分离出来，进行产业化运作。关键是要分清哪些是可经营部分。频道是国家资源，是不能随便拿出去的，特别是新闻宣传和政治性比较强的那些频道，是宣传阵地和喉舌，不能去搞经营。但有一些频道可以搞产业化经营，如电视的影视、体育、娱乐频道，广播的交通、音乐、旅游频率，可以先搞试点，其他的暂不搞试点，下一步再说。第二是制播分离问题。新闻性、政治性强的频道、频率不搞制播分离，节目的采、编、播全部由电台、电视台负责，其他频道、频率的制播分离也要根据具体情况确定。第三是融资问题。电影制作和政治性、新闻性节目除外的广播电视节目制作、销售，融资可以放开，外资、民营资本都可以进入。允许经营的频道、频率的融资，原则上只能吸纳国有资本，并且必须广电绝对控股。第四是上市的问题。要积极引导和鼓励广播影视产业领域的一些优质资产上市，谋求更快更大发展。已上市的公司要总结经验，扩大业绩；未上市的公司要抓紧筹划，加快上市。

**5. 要抓好几项重点工作**

第一就是建立三个体系，即公共服务体系、市场运作体系和政府监管体系。试点工作最后就是要看这三个体系建立起来没有。第二是要理顺党委领导、政府管理、行业自律、企事业分开运营四者关系。这是改革的重点，也是难点。党委领导主要是管导向、管政策、管主要干部。政府管理主要是宣传调控、市场监管、公共服务、社会管理、经济调节。行业自律主要是通过行业协会、学会等社团组织，制定行业规则，规范行业行为，维护行业利益。事业应由政府主导，主要任务是扩大公益性服务，其投资经营的产业收入主要用来支持事业的发展。产业要由市场主导，要按照现代产权制度、现代企业制度的要求由企业进行市场化运作。第三要进一步规范集团化的改革发展。集团化主要在于规模发展而不只是个名称，本质在于资源整合、结构调整，而不是归大堆。鉴于事业性质的“集团”名称与“产业集团”混淆，难以遵循产业集团运营的规律，因此，试点期间，总局将暂停审批事业性质的广电集团。集团化改革的方向是整合组建广播电视台或总台，台或总台剥离的经营主体组建企业性公司或企业性集团公司。已经成立的事业集团，要按照这一精神深化改革，规范运行。第四要进一步推进干部人事制度改革。要改革党政干部任用制度。要根据事业、产业的发展采取相应的劳动人事、分配及社会保障制度，搞好“三项教育”，培养合格人才。

### （三）关于数字电视发展

今年是总局确定的“数字发展年”和“产业发展年”，数字电视发展的任务很重。中央领导高度重视数字化工作，温家宝总理、李长春同志、刘云山同志到青岛视察了有线数字电视，给予了充分肯定，要求加快进度，在全国推广。国务院 2004 年工作要点明确要求加快推进有线电视数字化工作。3 月 25 日，遵照中央领导的指示在青岛召开了全国有线电视数字化推进工作现场会，云山同志到会作重要讲话，国家发改委、财政部、税务总局的负责人也在会上讲了话。这是一次非常重要的会议，贯彻会议精神已经有了许多积极的成果，下一步要继续推进。这里我强调三点：

**1. 要高度重视**

发展数字电视，广电部门作为具体的组织者和实施者，有着义不容辞的责任，要把数字化真正当作事关广播影视生存与未来发展的一件大事来抓，进一步增强责任感、使命感、紧迫感，下定决心，齐心协力把这项工作抓紧抓好。

**2. 要争取支持**

要积极主动地向党委政府汇报，争取他们的重视与支持，紧紧依靠党委政府的推动来实施。要广泛深入地向社会和群众宣传，争取社会和群众对数字电视的理解和认同，紧紧围绕满足社会和广大群众的实际需求，为社会和广大群众提供更多、更好的服务来推进数字电视。对于资费调整等涉及群众利益的问题，一方面要严格按照有关法规政策办事，另一方面要多解释、多宣传，让老百姓乐于接受，做到既合法，也合情合理，真正把好事办好。

**3. 要多想办法**

发展数字电视，学习别人的经验特别是青岛的经验很重要，但具体到各地的实际情况千差万别，不可能推行一个模式。各地还是要从实际出发，结合实际情况开动脑筋、多想办法，真正找到行之有效的模式和方法。有的地方政府推动可以多一些，有的地方则要强化市场运作；有的地方起点可以高一些，有的地方起点则可以低一些，这都要根据当地的经济社会发展状况和人民群众的实际有效需求来决定。佛山就创造了有特色的模式，这个月总局将在佛山召开现场会。大连也开始全面整体转换，下半年总局还将在大连召开现场会。

### （四）关于产业开发

产业开发是一个新的同时也是一个十分重大的课题，过去我们有一些产业开发，但是还很不够。今年之所以定为产业发展年，就是要在这方面争取有大的突破。总局今年初已经出台了《关于促进广播影视产业发展的意见》、《关于促进电影产业发展的若干意见》、《关于发展我国影视动画产业的若干意见》等政策文件，明确了发展广播影视产业的一系列政策措施，相信对广播影视产业的发展将起到积极的促进作用。

内容产业是我们的主业。下半年我们还是要集中精力，紧紧围绕内容产业重点抓好电影、电视剧、动画和广播电视节目的生产经营。电影通过一系列改革措施的逐步到位，发展形势越来越好，完全有可能在最近一两年实现跨越式发展。电视剧创作生产一直保持着较好的势头，制作、销售的市场化程度已经比较高，基本上形成了一个比较完整的产业链。现在需要加强的一是要尽快推进电视台所属电视剧制作中心的事转企，组建影视制作经营公司，使之成为真正的市场主体；二是要抓紧培育有一定规模、实力和影响力的大型国产电视剧龙头生产企业，形成良好的竞争局面，带动和促进电视剧市场的繁荣与发展。动画片的创作生产，要充分引入市场机制，广泛吸引社会力量，加大扶持力度，认真建设好中央电视台、北京、上海、湖南等几个大的动画生产基地，办好相应的动画频道，同时要放开和扩大动画片的播出市场，增加播出时间，争取在不长的时间内，国产动画的生产不论在数量上还是质量上都有较大的起色，恢复我国动画大国的地位。其他生活、文化类广播电视节目的生产经营目前还是一个弱项，多数电台、电视台的节目生产还是以自产自销为主，市场开发与经营意识都很薄弱，效益很不明显，必须加快这方面的改革，改变节目制作与播出捆绑在一起的状况，组建节目公司专门从事节目生产经营，逐步形成公平、竞争的节目大市场。

积极发展内容产业的同时，我们要立足于利用好自身的资源优势，大力开发新业务新市场。比如，我们的内容产业不仅可以为电台、电视台提供丰富的节目，还可以为网络电视、手机电视、移动电视等新媒体业务提供丰富的内容。比如，老百姓家里的电视机也是我们一个很大的资源，我们可以把电视机变成一个多媒体的信息终端，不仅仅用来收看电视节目，还可以收听广播、获取各种信息和娱乐服务，这样就为广播电视增加了很多新的业务。再比如，我们的媒体优势可以用来加强与医药卫生部门、气象部门等独占资源的单位合作，充分利用和开发别人的资源，开办各类专业性付费广播电视节目，为社会提供服务，实现共同发展。需要指出的是，发展这些新业务，不能自我封闭，不能因循守旧，一定要顺应市场的需求，要有灵活的思路，要大胆探索新的模式。

### （五）关于鼓励竞争

市场经济条件下发展广播影视产业，引入竞争机制非常重要。竞争是市场经济最重要的机制，是市场经济的核心和内在动力，竞争的实质是优胜劣汰。有竞争，才会有发展。虽然广播影视具有一定的特殊性，但广播影视的发展不能游离于市场经济体制之外，必须适应社会主义市场经济发展的要求。在把住一些大的方向性、原则性的问题的前提下，只要是有利于发展的，凡是能放开的都要逐步放开。比如付费电视，除中央在北京建立的全国性付费电视频道集成运营机构外，下半年我们还准备经过选择比较，再确定若干省市成立全国性付费电视频道集成运营机构，形成竞争局面，这样有利于付费电视的发展。同时，我们还准备增加卫星传输电视频道。除了一套上星频道外，再选择一些省市（包括副省级城市）有质量、有影响、有特色的电视频道上星。新增的这些上星频道应进入数字频道播出，实行市场运作。这样全国就有了上百套上星电视节目，既有利于发展付费电视、推进数字化，也能更好地满足人民群众对广播电视节目的需求。另外，鼓励竞争也有必要发展多元化的广播影视产业主体。现在，业外资本参与广播影视产业发展的积极性很高，我们要进一步面向社会，积极引导和鼓励国有资本、民营资本参与广播影视产业发展，形成多元化的市场主体参与竞争的局面。这对我们是挑战，更是动力，会增强我们的危机意识、忧患意识和改革意识、发展意识，促进改革，加快发展，有利于早日形成全面繁荣的广播影视大市场。在鼓励竞争的同时，要注意加强中央和省级广播电视节目的传输覆盖，除目前在江苏进行省台节目分类传输的试点外，其他地方一律仍按现行规定完整转播好中央和省的各套节目，不得擅自进行节目传输分类试点。

（2004年7月9日）

# 广播影视加强和改进未成年人思想道德建设的若干意见

加强和改进未成年人思想道德建设是新时期党中央国务院提出的一项重大而紧迫的战略任务。广播影视作为重要的宣传思想阵地，对提高未成年人的思想道德素质负有重要责任。广电总局党组认真学习领会中央的精神，决定在当前和今后一段时间内实施“四项工程”，深入推进未成年人思想道德建设。

**1. 实施“建设工程”**

“建设工程”就是要坚持社会主义先进文化的前进方向，积极创作和播出适合广大未成年人观赏的电影、电视剧、广播电视节目和公益广告等，大力营造未成年人健康成长的文化环境。中央电视台下大力气办好少儿频道，为未成年人提供更多更好的电视节目。同时，广电总局已经发出通知，要求各级广播影视部门采取具体而有效的措施，抓好中央电视台少儿频道的落地覆盖工作，要采用卫星、无线、有线等多种方式，完整转播中央电视台少儿频道的节目，确保少儿频道的落地效果。

按照中央要求，广电总局已经要求全国所有省级电视台和副省级城市电视台都要创造条件，逐步开设少儿频道。各地少儿频道要以未成年人为主要对象，办出地方特色，制作播出高水平的动画片、儿童影视剧、教育节目、娱乐节目、专题节目等，把思想道德教育融入生动活泼的电视节目之中。今年内，全国至少要有三分之一的省市办起少儿频道。广电总局将督办此项工作，并对开办少儿频道给予特殊的政策，凡报批少儿频道的，总局自收到申请三天内，予以批复。广电总局还同时要求，中央人民广播电台要继续办好《小喇叭》等少儿节目，全国所有省级和副省级广播电台都要开办少年儿童节目栏目。

在广播影视节目内容方面，将更多地介绍古今中外杰出人物、道德楷模和先进典型。近期将以纪念邓小平同志诞辰100周年、纪念长征70周年和建国55周年等重大纪念日为契机，安排播出一批重大革命历史题材的电影、电视剧，对未成年人进行革命理想和革命历史教育。广电总局将专门建立全国优秀广播电视公益广告备播节目库，向广播电视播出机构和社会公布《全国优秀公益广告推荐目录和创作题材指导目录》，积极引导各级广播电视播出机构制作、播放大力宣传中华民族优秀文化和道德观念的公益广告。

我们将组织创作力量，继续拍摄一定数量的歌颂杰出人物和各行业先进典型的影片，近期要重点完成反映邓小平在法留学故事的《我的法兰西岁月》、反映邓小平青年时代的《风火青春》以及《郑培民》等影片。此外，对拍摄少儿电影要加大扶持力度，广电总局专为少儿电影创作生产设立的少年儿童电影发展专项资金，今年增加到1600万元，其中有800万元将用于少儿电影的创作，每年要创作20部左右的少儿题材故事影片。对这20部影片每部扶持不少于80万元资金。要组织少儿放映院线，在充分发挥现有电影发行放映公司作用的同时，鼓励多种所有制形式的发行放映单位或个人积极开展少儿电影发行放映工作。凡与10家（含10家）以上中小学校，以及未加入城市电影院线的少年宫、影剧院、礼堂签订电影供片服务协议的，可以申请成立少儿电影院线发行公司，面向全国中小学从事电影片发行、放映业务。为保证少儿电影市场的开放，各中小学校，以及未加入城市电影院线的少年宫、影剧院、礼堂可以单独购片，也可以与多家少儿电影院线发行公司签订服务协议。电影频道近期在每周五下午开设《少儿影院》栏目，专门向中小学生播映有利于少儿健康成长的电影，同时，在“六一”儿童节、寒暑假和重大历史纪念日，举办各种主题的少儿影片展播。并协调全国中小学生影视教育协调工作委员会做好中小学生影视教育指导及评选、推荐和促进发行的工作，所放映的电影要请学校组织收看，有教师讲解、辅导，并组织学生谈体会、写作文。与此同时，广电总局还将在原来的100部爱国主义影片的基础上，再选择推荐100部优秀爱国主义影片在影院和电视台播映。

动画片是深受未成年人喜爱的影视形式，我们将积极扶持国产动画片的创作、拍摄、制作和播出。广电总局成立了影视动画工作领导小组，制定了《关于发展我国影视动画产业的若干意见》，提出了促进我国动画产业繁荣发展的对策和措施。广电总局支持有条件的省级电视台开办动画上星频道，目前，已经批准北京、上海、湖南开办动画上星频道。我们要求省会市、计划单列市以上的电视播出机构，都要开办动画专栏、开辟动画时段，扩大动画片的播出数量。此外，要专门从电影专项资金中每年拿出500万元支持动画电影的拍摄。通过实施“建设工程”，使我们的广播、电影、电视真正成为青少年的好伙伴、好食粮。

2. **实施“净化工程”**

目前在我们的广播影视节目中，还有不少不利于未成年人健康成长的因素。因此，“净化工程”要求各级广播影视管理部门和播出机构严格把好节目的制作关、审查关、播出关。要严格控制电影、电视剧中的凶杀、暴力、恐怖、黑帮、卖淫、吸毒、赌博等内容，严格控制涉案剧的播出量。广电总局已经发出通知，要求全国所有电视台的所有频道要把正在播出和准备播出的含有凶杀、暴力、恐怖等内容的涉案题材电视剧、电影片、电视电影，以及用真实再现手法表现案件的纪实电视专题节目，安排在晚上23：00以后播放，以避免对未成年人产生不利的影响。广电总局还发出通知要求各级广播电视播出机构不得开设电脑网络游戏类栏目。同时，要宣传电脑网络游戏可能给未成年人健康成长带来的负面影响，积极引导他们正确利用电脑网络的有益功能。

3. **实施“防护工程”**

实施“防护工程”就是要加强对境外引进节目的管理，为有利于少儿健康成长的民族影视艺术的繁荣发展创造条件。对境外宫廷和武打题材的引进剧要从严掌握，这类题材的引进剧不得超过年引进剧数量的25%；对境外警匪片，目前原则上不再引进。特别是对未成年人影响较大的境外动画片，要控制引进总量和播出比例，特别是要禁止引进含有不良内容的境外动画片。境外动画片的引进，必须由国家广电总局指定的机构进行。在目前国产动画片数量不足的情况下，凡生产国产动画片的省级电视台、省会城市电视台、计划单列市电视台和国家广电总局指定有引进资格的动画制作机构可以引进境外动画片，引进境外动画片与其生产国产动画片数量比例为1：1；凡未生产国产动画片的机构不得引进境外动画片。随着国

产动画片生产数量的增加，还将逐步降低境外动画片的引进比例。国产动画片与引进动画片的播出比例不得低于6∶4。各影视频道要进一步扩大国产节目的播出比例，特别是黄金时段（19∶00至22∶00），要播出国产影视节目。引进各类节目都要认真审查，既要注意节目整体的价值取向，也要注意节目细节，对不适合中国国情的，对未成年人身心健康可能有害的画面、语言要坚决滤掉。对那些以介绍国外现代科学技术为名，实际上宣扬西方价值观、生活观和社会制度的专题纪录片要坚决不予引进。

4. 实施“督察工程”

具体讲，就是：各级广播影视管理部门要建立一个专门的监测机构，组建一支专业监测队伍，制定一套包括监看、登记、通报、奖惩和整改的监测办法，装备一套专业的收听收看设备。我们要求各地要进一步建立和健全有关少儿节目选题申报制度、播出管理制度、收听收看制度、分级审查制度、责任追究制度和奖励惩罚制度等等，对广播影视未成年人思想道德建设工作实施有效监督。

我们希望通过实施这“四项工程”，使广播影视这一重要思想阵地，卓有成效地开展未成年人思想道德建设工作，努力完成好党中央、国务院提出的任务。

（2004年在全国加强和改进未成年人思想道德建设工作会议上的发言）

# 关于重大革命和历史题材影视创作问题

## 一、近年来重大革命和历史题材影视创作的总体情况

当前，我国影视产业发展势头强劲。在实现中华民族的伟大复兴，满足人民群众多层次、多样化的精神文化需求方面，影视艺术承担着其他文艺形式难以替代的重要作用。特别是重大革命和历史题材影视剧，表现我们党和国家历史上重大事件，描写党政军重要领导人生平业绩，讲述中华五千年历史长河中重大事件、重要人物，凝聚着深刻的思想内涵，承载着重要的历史使命。

在党中央的亲切关怀下，重大革命历史题材影视创作从无到有、从少到多、从弱到强，走过了一个积极开拓、不断探索、积累经验的发展过程。配合一系列重大节庆日、纪念日，如世界反法西斯战争和中国抗日战争胜利 50 周年，迎接香港回归祖国，庆祝新中国成立 50 周年，纪念建党 80 周年，迎接党的十六大胜利召开等，一大批生动再现重大革命历史事件，塑造老一辈革命家光辉形

象的影视剧相继与广大观众见面，得到社会各界的普遍好评。特别是进入新世纪以来的几年里，重大革命历史题材影视剧创作成果更加丰硕，涌现出很多优秀作品，思想内容、艺术表现和制作质量都取得长足进步，市场运作也逐步趋于成熟，进入了繁荣发展的新阶段。据广电总局总编室统计，2000 年以来，共计有 104 部 1513 集重大革命历史题材电视剧本送审，到 2003 年底已经完成的有 40 部 484 集。2003 年全年共有 21 部 296 集重大革命历史题材电视剧本和 9 部 115 集完成剧送审。重大革命历史题材电影故事片目前平均每年生产 5 部左右。已经播映过的重大革命历史题材影视剧，如电影《开国大典》、《大决战》、《大转折》、《大进军》、《席卷大西南》、《大战宁沪杭》、《毛泽东在 1925》、《周恩来万隆之行》、《西柏坡》、《相伴永远》、《邓小平》、《毛泽东去安源》等，电视剧《日出东方》、《长征》、《延安颂》、《新四军》、《中原突围》、《中国命运的决战》、《同舟共济》、《开国领袖毛泽东》、《西藏风云》、《彭真》等，内容基本上涵盖了中国共产党自创建以来 28 年解放斗争历程，并开始逐步涉及 30 年的社会主义革命和建设历史，及 20 多年的改革开放历史。《日出东方》、《长征》、《新四军》、《延安颂》、《邓小平》等优秀影视作品，生动地再现了中国共产党领导中国革命所走过的历程，成功地塑造了毛泽东、周恩来、刘少奇、朱德、邓小平等无产阶级革命家的光辉形象，大力弘扬了崇高的革命理想和伟大的革命精神，深刻阐释了“没有共产党就没有新中国”的伟大真理，大力唱响了共产党好、社会主义好、改革开放好的主旋律，成为改革开放新时期影视文艺创作的耀眼亮点。重大革命历史题材影视创作的丰富实践，为进一步繁荣社会主义文艺创作，积累了宝贵经验，提

供了有益启示。目前，一些填补空白、积极创新的重大革命历史题材影视剧目正在紧锣密鼓地创作中，如电影《陈云》、《远东国际大审判》、《母亲》、《中国1949》，电视剧《羊城风暴》、《井冈山》、《八路军》、《任弼时》、《邓小平》等。

广电总局对重大历史题材影视剧创作的规划和管理工作越来越重视。从2003年下半年开始，实施对重大历史题材影视剧创作的直接领导、指导和审查。根据中央领导指示精神，我们研究制定了《关于加强和改进重大革命和历史题材影视剧创作的若干意见》，成立了重大革命和历史题材影视创作领导小组，将重大历史题材影视剧创作统一纳入国家广电总局的管理范围之内，制定并实行了一系列行之有效的审批管理办法，以切实加强对这类影视剧创作、播映的管理，确保其导向正确、史实准确、效果良好、运行顺畅。总局正在有计划地对中华五千年灿烂文明进行系统梳理，慎重筛选影视机构的创作选题，正确把握立项剧本的创作导向，积极引导社会资金的投资方向，力争经过一段不太长的时期，将中华历史长河中的灿烂星辰——包括杰出人物、重大事件，经过艺术的加工，展现给广大观众，使这些优秀作品成为我国影视文艺的精品力作，激发中华民族的自豪感、自信心和凝聚力，激励人民群众奋发进取、开拓创新，为改革开放和现代化建设贡献力量。同时，要使重大历史题材影视剧成为世界了解中国历史、中华文化和民族精神的重要窗口，为树立中国良好的国际形象创造有利的文化环境。目前，全国各类影视制作机构对于重大历史题材影视剧创作积极踊跃、热情高涨，上自远古时期，下至近现代历史，其间众多历史名人、重大事件，已有不少列入创作规划，并且已经开始了不同程度的运作。2003年8月以来，已有11部341集重大历史题材剧本送审，

其中包括《元世祖忽必烈》、《努尔哈赤》、《台湾首任巡抚刘铭传》、《宋神宗与王安石》、《荀子》等，有些具有很好的基础，有的已获准投拍，《台湾首任巡抚刘铭传》已经摄制完成并通过审查，得到了有关专家学者的一致肯定。去年通过审查的重大历史题材电视剧《大明王朝惊变录》，也是既尊重历史，又有相当艺术性、观赏性的佳作。随着这几部历史正剧的逐一亮相，以往所谓历史题材电视剧可以随意篡改历史、戏说历史、剧情庸俗化的状况，必将得到逐步扭转，重大历史题材电视剧的创作将呈现出一个崭新的局面。近年内，将不断有忠实历史、风格严谨、艺术精美、制作精良的重大历史题材影视剧与观众见面。

## 二、高度重视重大革命和历史题材影视剧创作，坚持正确的指导思想和创作原则

重大革命和历史题材影视剧创作是党的文艺工作的重要组成部分。重大革命和历史题材影视剧是广大群众喜闻乐见的影视文艺样式，是中国当代文艺对人类文化的突出贡献，体现着先进文化的前进方向，在推进中国特色社会主义文化建设的历史进程中，发挥着十分重要的作用。重大革命和历史题材影视剧也是近年来影视创作和投资的重点之一。在中华民族五千多年的历史长河中，发生过无以数计的历史事件，涌现出大量有重要影响的历史人物，流传着丰富多彩的历史故事，都是影视剧创作取之不尽的宝贵资源。尤其是中国共产党诞生以来，中国人民在党的领导下，争取民族独立和人民解放、建设社会主义的历史，更加丰富了影视剧的创作源泉。重大革命和历史题材影视剧以其独特的艺术形式和思想内涵，

反映中华民族博大精深的文化遗产，讴歌人民群众创造历史的奋发精神，颂扬老一辈革命家的丰功伟绩，塑造重要历史人物真实动人的艺术形象，对于振奋民族精神，陶冶道德情操，提高审美情趣，丰富文化生活，获取历史知识，满足精神需求，具有不可替代的作用。

我们要充分认识新形势下抓好重大革命历史题材影视剧创作的重要意义。刘云山同志对此曾经发表过重要讲话，他从三个方面阐述了重大革命和历史题材影视创作的重要性，我在这里把主要精神传达一下：



**（一）抓好重大革命历史题材影视创作，是坚持先进文化前进方向的必然要求**

重大革命和历史题材的影视创作，能够透过风云变幻的历史表象，以生动感人的艺术细节，深刻地揭示社会发展、变革的主流和本质，以史立论，以史鉴今，以史育人，为社会发展进步提供精神动力，很好地体现先进文化的前进方向；能够典型地再现中国历史发展进程和革命、建设的历史进程，形象地塑造中国历史上杰出人物和革命、建设及改革的领袖人物，生动具体地回答历史进程中一系列重大理论和实践问题，从而深刻阐明中国历史发展、社会进步的根本原因，以及中国革命、建设和改革取得成功的根本原因。因而是对广大群众特别是青少年进行爱国主义、集体主义、社会主义思想教育的有效形式。重大革命和历史题材影视创作与现实题材的影视创作，虽然所表现的时代背景、中心事件各不相同，但两者在精神内涵上有着深刻的联系。重大革命和历史题材的影视创作可以为改革开放现实题材的影视创作提供丰沛的思想营养，使其具有深

刻的历史感；同样，重大革命和历史题材影视创作的本身，只要用与时俱进的当代精神加以关照，就能使观众从历史发展中寻找到思想情感上的共鸣点。重大革命和历史题材影视创作，只要主动顺应伟大时代的进步潮流，积极颂扬人民群众创造历史的奋发精神，必然能够与其他题材的优秀文艺作品一道，在整个文艺创作中发挥良好的示范和导向作用，成为社会主义先进文化建设的主导力量。

**（二）抓好重大革命历史题材影视创作，是大力弘扬和培养民族精神的必然要求**

民族精神是一个民族赖以生存和发展的精神支撑。中华优秀儿女在创造辉煌历史的进程中，不断积累和形成了以爱国主义为核心的团结统一、爱好和平、勤劳勇敢、自强不息的伟大民族精神。正是依靠这种民族精神，中华民族始终保持着强大的生命力、创造力和凝聚力，并成为屹立于世界东方的伟大民族；正是依靠这种民族精神，推翻了三座大山，开创了中华民族历史的新纪元；也正是依靠这种民族精神，取得了改革开放和现代化建设的辉煌成就，进入了百年来发展最快最好的历史时期。在进入全面建设小康社会、加快推进社会主义现代化建设新的发展阶段，仍然需要继续大力弘扬和培育伟大的民族精神。文艺是民族精神的火炬，是人民奋进的号角。弘扬和培育民族精神，文艺可以发挥独特的作用。用优秀的影视作品来鼓舞人民的斗志，振奋人民的精神，这是时代赋予影视文艺工作者的庄严责任和神圣使命。一个不懂得自己历史的民族，是一个没有希望的民族。一个伟大的民族，必然会自觉运用现代传播手段和文学艺术形式，普及历史知识，弘扬民族精神。重大革命和历史题材影视作品，就是要通过对重大历史事件的真实反映，重要历史人物形象的生动塑造，重要历史关头的真情描述，生动形象地记述中国社会历史演进的过程，揭示推动历史前进的动力，展现党领导人民进行革命、建设和改革的伟大成就，表现领袖人物与时俱进的先进思想，讴歌革命先烈英勇献身的崇高精神，颂扬中华民族的优秀品质，在弘扬和培育民族精神、提高民族素质过程中，发挥独特而积极的作用。在当今这样一个迫切需要振奋民族精神的伟大时代，影视文艺工作者应该高度重视和深入思考肩上的责任，勇敢地担当这样的历史重任，并用行动作出有力的回答。

**（三）抓好重大革命历史题材影视创作，是满足人民群众多层次文化需求的必然要求**

随着我国进入全面建设小康社会、加快推进现代化新的发展阶段，人民群众的精神文化需求快速增长，我国文艺事业和文化产业的发展潜力巨大。人民群众生活水平的普遍提高，使其对精神文化的需求也会显著增加。这就为文艺创作包括重大革命和历史题材影视文艺作品的创作和生产，提供了一个巨大的发展空间。同时，随着人民群众文化水平和欣赏水平的不断提高，人们对于文化产品的质量要求也越来越高，文化消费的层次也日趋多样。在相当长的历史阶段，广大群众对重大历史事件、重要历史人物，对重大革命历史事件及革命领袖人物，都会有着浓厚的兴趣、特别的感情，对反映这些历史事件和历史人物的影视作品，有着特殊的喜爱、普遍的推崇。通过影视作品的鉴赏，学习和了解中国历史、中国革命历史，继承中华优秀文化、发扬革命优良传统，已经成为广大群众共同的精神文化需求。重大革命和历史题材的影视创作可谓前景广阔，文艺工作者大有可为。

云山同志的讲话体现了中央的要求，也体现了中央对我们影视创作特别是重大革命和历史题材影视创作工作的关心和重视。重大革命和历史题材影视作品现已成为我们影视舞台的重头戏，其创作队伍是我们影视队伍里的一支主力军，在我们的影视领域里形成一道光彩夺目的风景线，在两个文明建设中发挥着其他影视作品不可替代的作用。这些年来我们创作了许多优秀的作品，我们需要很好的总结。通过总结能积累经验，能够找到规律，能够鼓舞我们的干劲，把工作搞得更好。我们要认真总结成功的经验和一些不成功的教训，把经验和教训都变成宝贵的财富。重大革命和历史题材影视创作作为一个独特的影视艺术门类，我们需要很好的进行研究。要从理论上、学术上、创作实践上加强研究。研究在新的历史时期，影视创作如何在“三个代表”重要思想指引下，做到思想性、艺术性、观赏性三性统一。用研究得出的理论指导实践，用总结得出的经验指导工作，提高影视创作的水平。重大革命和历史题材影视创作领导小组要组织队伍开展研究工作，对剧本创作艺术、导演艺术、表演艺术都要分门别类地进行研究。重大革命和历史题材影视创作取得了很多成绩，也存在一些不足。我们需要努力改进工作，以使其在现实生活中发挥更加积极的作用，取得更好的效益。要从三个方面改进工作，一是既要写历史，又要跳出历史。不能过分拘泥于历史，甚至到了复印历史、照搬历史的程度。而是要艺术地表现历史。二是既要重视教育作用，又要从狭义的教育观念中跳出来。要寓教于乐，寓教于艺术。要改变一些革命历史影视作品说教味太浓，太直太白太硬太露的状况。要通过艺术的手段，通过故事情节的描述，人物形象的塑造来体现教育作用。三是既要尊重历史剧规律，又要从历史剧的模式中跳出来。要大胆创新，大胆探索，

不一定都用叙事体、编年体的习惯写法。要善于吸收各类艺术的手法，下功夫改进我们的创作，改进我们的表演，改进我们的制作。

如此看来，重大革命和历史题材影视剧作为一种独特的影视艺术样式，具有得天独厚的优势，能够把历史的真实性、思想的深刻性、艺术的丰富性、情节的生动性紧密地融合在一起，从而产生强大的吸引力和感召力。重大革命和历史题材影视创作，要努力繁荣社会主义的先进文化，提高全民族的思想道德和科学文化素质，为改革开放和现代化建设提供强大的精神动力和智力支持。要充分发掘重大革命和历史题材影视剧的创作资源，发挥影视艺术的独特魅力，高扬革命英雄主义精神和革命优良传统，热情讴歌以爱国主义为核心的团结统一、爱好和平、勤劳勇敢、自强不息的伟大民族精神，生动展现博大精深、源远流长、辉煌灿烂的中华文明，不断满足人民群众日益增长的精神文化需求，不断丰富人民的精神世界，增强人们的精神力量，以达到继承和丰富民族文化，弘扬和培育民族精神的目的。

在重大革命和历史题材影视创作中，必须坚持正确的指导思想和方针原则。

**1. 必须坚持以马列主义、毛泽东思想、邓小平理论和“三个代表”重要思想为根本指针**

要坚持马克思主义在重大革命和历史题材影视剧创作中的指导地位，自觉运用马克思主义的立场、观点和方法来思考和把握创作主题、思想内容和艺术效果，在艺术创作中正确地反映历史。要用“三个代表”重要思想统领重大革命和历史题材影视剧创作的各方面工作，解放思想，实事求是，与时俱进，开拓创新。要坚持辩证唯物主义和历史唯物主义的世界观和方法论，坚持先进文化的前进

方向，辨析纷繁复杂的历史现象，遵循历史发展的客观规律，把握社会进步的本质特征，指导影视艺术的创作实践。

**2. 坚持为人民服务、为社会主义服务的方向**

“二为”方向是党的文艺工作的正确方向，是社会主义文艺工作的必然要求，也是重大革命和历史题材影视剧创作必须坚持的重要原则。重大革命和历史题材影视剧创作要努力为发展社会主义市场经济、社会主义民主政治和社会主义先进文化，不断促进社会主义物质文明、政治文明和精神文明的协调发展，推进中华民族的伟大复兴服务。要充分反映人民群众对历史进步的推动作用，表现人民群众改造自然、改造社会的伟大实践，赞美人民群众创造历史的伟大成就，展现人民群众的优秀品质、美好情操、丰富情感，引导人民群众正确了解历史、认识历史，观古识今、以史为鉴，为建设中国特色社会主义而奋斗。

**3. 坚持百花齐放、百家争鸣的方针**

“双百”方针是党对文艺工作的基本方针，也是影视文艺事业及重大革命和历史题材影视剧创作繁荣发展的根本保证。要充分尊重重大革命和历史题材影视剧的创作规律，充分尊重影视文艺工作者的创造性劳动，充分发扬艺术民主和学术民主，倡导不同主题、题材、形式和体裁的百花齐放，倡导不同艺术观点、风格、流派、学派的百家争鸣。要大力营造生动活泼、自由宽松的创作环境，提倡大胆实践、积极探索，反对因循守旧、停滞不前；提倡勇于创新、精心创作，反对照抄照搬、粗制滥造；提倡相互切磋、取长补短，反对抓住一点、不及其余；提倡平等讨论、以理服人，反对乱扣帽子、乱打棍子，把影视文艺工作者的精力集中到多出优秀作品上来，使重大革命和历史题材影视剧创作路子越走越宽。

### 4. 坚持弘扬主旋律，提倡多样化

主旋律代表时代精神，体现人民意愿，表达正确思想，抒发美好情感，内涵丰富，领域广泛。一切有利于发扬爱国主义、集体主义、社会主义的思想和精神；一切有利于改革开放和现代化建设的思想和精神；一切有利于民族团结、社会进步、人民幸福的思想和精神；一切用诚实劳动争取美好生活的思想和精神，都要大力倡导，热情讴歌。社会生活丰富多彩，人们精神需求各不相同，要把弘扬主旋律和提倡多样化统一起来。凡是能使群众得到娱乐、受到启发、受到教育、内容健康的影视剧，都要鼓励发展。重大革命和历史题材影视剧要真实地反映历史事实，表现时代前进的要求和历史发展的趋势，展现历史发展进程的有益借鉴和重要启示，引导人们分清正确与谬误、文明与愚昧、真善美与假恶丑。要增强艺术魅力，创新表现手法，打破固有套路和模式，博采众长，兼收并蓄，做到类型多样化、形式多样化、风格多样化、手法多样化。要善于运用现代科技制作的新手段、新方法，追求思想内容与艺术形式的完美结合，历史真实与艺术真实的完美结合，艺术构思与先进科技的完美结合，历史感、文化感、时代感的完美结合。

### 5. 坚持把社会效益放在首位，社会效益与经济效益相统一

重大革命和历史题材影视剧既具有文化产品的商品属性，又具有特殊的意识形态属性，两者是一致的，统一于作品的内容和形式之中。重大革命和历史题材，不是一般的历史题材，重大革命和历史题材影视剧具有较强的历史文化价值和社会引导功能，承担着传承革命传统和弘扬民族精神的重要使命，对提高人们的思想道德和文化素质产生重要作用。因而，重大革命和历史题材影视剧创作，比一般的历史题材影视剧创作在史实材料的运用、角色形象的塑

造、人物语言的使用上，都有着更高的要求，比一般的历史题材更注重先进思想和崇高精神的价值追求。影视文艺工作者要带着对党和人民的深厚感情，带着对国家和民族的庄重责任，严肃认真地进行艺术创作。必须始终坚持把社会效益放在首位，坚持把思想深刻、内容健康、艺术精美的优秀作品奉献给人民。要在坚持社会效益的前提下，实现社会效益与经济效益的统一。对那种为单纯追求经济效益而歪曲和篡改重大历史事实和历史人物本质的思想和行为，要坚决反对和抵制。

6. **坚持贴近实际、贴近生活、贴近群众**

"三贴近"是用"三个代表"重要思想统领影视文艺工作的必然要求，是搞好影视文艺工作的方针原则，也是提高重大革命和历史题材影视剧创作水平必须遵循的客观规律。坚持贴近实际、贴近生活、贴近群众，是重大革命和历史题材影视剧创作增强针对性、实效性和吸引力、感染力的根本途径。重大革命和历史题材影视剧的创作生产，必须立足于改革开放和社会主义现代化建设这个当前中国最大的实际，适应现阶段经济、政治、文化发展的实际状况和要求，贴近中国历史发展和社会进步的客观实际，反映重大历史事件、重要历史人物的本来面貌，展示人民群众创造历史的伟大实践，更好地为改革开放和社会主义现代化建设服务。要深入生活，体验生活，抓住生活本质，感悟生活真谛，把握现实生活和历史生活的内在联系，以生活为创作源泉，以历史为创作依据，而不能脱离实际，脱离群众，主观臆断，闭门造车，用抽象的概念剪裁生活，用主观的想象代替历史。社会主义文艺是人民大众的文艺，人民群众是文艺作品的最具权威、最有资格的评判者。要深深植根于人民群众之中，把握群众脉搏，了解群众愿望，满足群众需要，尊重群众创造，把群众满意不满意、高兴不高兴、赞成不赞成、答应不答应作为创作生产的根本出发点和落脚点，创作出真正赢得人民群众喜爱，经得起历史检验和人民群众评判的精品力作。

7. **强化精品意识，实施精品战略**

要切实强化精品意识，对历史负责，对时代负责，对人民负责，对事业负责，在思想内涵上深入挖掘，在艺术质量上精益求精，努力实现思想性、艺术性和观赏性的统一。没有艺术性、观赏性，重大革命和历史题材影视剧的思想性很难体现，对观众的影响也无法持久；只讲艺术性、观赏性而忽视思想性，重大革命和历史题材影视剧无法对观众、对社会产生积极作用。思想性是艺术性、观赏性的灵魂，为艺术性、观赏性提供深刻的精神内涵；艺术性、观赏性是为思想性服务的，为体现思想性提供有效保证。只有“三性”统一的作品才是精品，只有“三性”统一的作品才为广大群众所喜爱。重大革命和历史题材影视创作应该是历史事件、人物形象的动态表现，而不是历史典籍和档案资料的静态记录，也不是文献专题和学术文章的理论阐释。对于重大革命和历史题材影视剧创作来说，更应当强调深刻思想、精湛艺术与生动感人的表现手法的完美统一。要实施精品战略，狠抓精品工程，把精品意识落实到创作生产的每一个环节，精心谋划，精心构思，精心拍摄，精心制作。要根据创作实践的要求不断创新，挖掘新鲜的创作素材，探寻新颖的艺术手法，努力增强作品的历史分量、思想深度和艺术底蕴，艺术地描绘出真实的历史画面，编织出生动的故事情节，塑造出鲜活的人物形象，真正做到以优秀的作品鼓舞人。

8. **坚持一手抓繁荣，一手抓管理**

重大革命和历史题材影视创作的资源非常丰富，同时也十分珍贵。这些宝贵资源既是全体中华民族的宝贵财富，也是与世界人民加强沟通和友谊的重要桥梁。我们应该特别珍惜这些资源，很好地开发利用这些资源，使它们充分发挥应有的作用。要充分认识繁荣重大革命和历史题材影视剧创作的重要性，通过科学管理促进创作繁荣。要认真贯彻党的文艺方针政策，遵守国家的法律法规，遵循影视剧创作的内在规律，对重大革命和历史题材影视剧的创作和生产给予正确的引导、规范和约束。加强对重大革命和历史题材影视剧的管理，就是要扶正祛邪，激浊扬清，确保重大革命和历史题材影视剧创作生产健康发展。要完善科学管理制度，健全有效调控体系，理顺管理的工作机制、运行机制、监督机制，促进管理的科学化、规范化、制度化，提高效率，提高质量。

**9. 坚持严肃的政治态度，严谨的创作方法**

重大革命和历史题材影视剧之所以“重要”，不仅所反映的重大事件、重要人物在当时对中国历史的发展产生过重大影响，而且对中国社会现实生活、发展进程依然有着重大的影响。影视作品能够通过生动的故事情节，鲜明的人物形象，具体的细节描述，反映创作者对重大事件和重要人物的认识评价、思想倾向、政治态度和历史观点，以影响观众、影响社会。在当前改革发展的关键时期，重大革命和历史题材影视作品要为改革开放和现代化建设营造良好的舆论氛围，为全面建设小康社会提供思想保证和精神动力。这就要求我们必须妥善处理繁荣创作、创新突破和把好关、把好度的关系。胡锦涛总书记最近指出：“我国的改革发展正处于一个关键时期。在我们面前有许多必须解决而且回避不了的问题，有许多必须抓紧而不能拖延的任务。”形势要求我们紧密团结在以胡锦涛同志为总书记的党中央周围，聚精会神搞建设，一心一意谋发展，同心同德向前走，如果创作者的政治态度不严肃，创作方法不严谨，思想倾向不端正，其作品的思想内容就会背离历史甚至歪曲历史，影响观众正确判断历史事件和历史人物，进而影响观众正确认识现实社会，有可能影响团结稳定的大局。因此，在重大革命和历史题材影视剧创作中，要确立正确的政治态度、创作方法，要遵守宣传纪律，严格把关、掌握好度，要帮忙不添乱，更好地为党的中心工作服务。

## 三、重大题材影视剧创作中需要引起注意的一些问题

目前，各类影视剧制作机构对于重大革命和历史题材影视剧的创作热情很高，社会投资也很踊跃很积极，有很多剧本在策划和酝酿，有的已经开始摄制。这种局面是非常可喜的。但是，在重大革命和历史题材影视剧的审批工作中，我们不断发现有些作品的思想内容存在一些问题，创作方向存在某些偏差。有些问题和偏差是相当严重的，修改难度很大，不仅损害了作品的思想品质，降低了作品的艺术水准，拖延了作品的生产周期，而且会给投资方带来严重的经济损失。更重要的是这样一类带伤的作品如果问世，将会带来不良的社会影响。这些问题必须引起足够的重视。

### （一）以片面的史学观歪曲历史，为一些早有定论的历史人物“正名”、翻案，曲解历史人物

有的电视剧创作者对历史没有做过充分深入的研究，也没有认真全面地听取专家学者的意见，只是按照自己的观点、自己的理

解，去选择历史素材和编写剧情，把一些没有经过充分论证、没有达成共识的少数学者的个别论断，当作历史研究的新成果、新发现，热心地加以宣扬，以一己之见、一面之词，片面地反映历史、评说历史，为一些早已定论的历史人物“正名”、翻案，强加于观众，强加于社会。有的电视剧创作者没有坚持马克思主义唯物史观，不尊重历史事实、历史结论、党的定论、群众公论，搞所谓的“还历史本来面目”，对剧情进行虚构和编造，美化对近代中国经济与社会发展起了严重阻碍作用并卖国求荣的封建专制的代表人物，而对于真正对中国历史进步着力推动的重要人物，却做了简单化处理，甚至进行丑化和歪曲。

### （二）热衷展示党的错误、失误、挫折、问题

我们党所走过的八十多年奋斗历程中，的确出现过一些问题，发生过尖锐斗争，党犯过错误、遭受过挫折，有些错误和挫折甚至是十分严重的。但是，我们党纠正了错误、战胜了挫折，渡过了难关，取得了胜利，迎来了目前安定团结的大好形势。我们必须十分珍视和倍加维护来之不易的良好局面。在电视剧创作中，我们要立足于团结、稳定、鼓劲，而不是涣散、动摇、泄气。对于党的错误、失误，不宜展示和渲染。但是，纵观近来我们审查的一些重大革命历史题材影视剧，却都或多或少涉及党的负面内容。一些电视剧本片面追求轰动效应和市场卖点，热衷搞一些揭秘、猎奇，不注意社会效果，不严格遵守宣传纪律。在审片过程中，我们发现一些编导过分渲染党内的敏感问题和敏感事件，有的电视剧本往往对党的重大失误和重大错误特别感兴趣。有的是集中展示、刻意渲染，有的是穿插其间、作为点缀。有些描写十分具体，甚至是渲染和夸

大。这些创作者不考虑宣传效果，没有意识到像这样直接地、集中地展示党内斗争和党的错误和失误，容易在观众中造成以偏概全的印象，严重损害党的形象。有的剧对党内斗争、党的问题的展示，与主要剧情并无关联，而是为了展示而展示，为了炒作而炒作，为了揭秘而揭秘。这样做，不符合我们十三届四中全会以来一贯坚持的以正面宣传为主的方针，不符合对党的错误、失误、挫折、问题要采取淡化处理的原则。这样不顾后果、不考虑影响地展示党内的阴暗面，必然会损害党的形象，降低党的威信，影响党同群众的关系，影响国家的长治久安。

**（三）有些抗战题材电视剧，以所谓的“中立”视角，片面强调蒋介石国民党对抗战的贡献**

抗日战争是中国历史上十分重大的事件。明年是中国抗日战争胜利60周年，目前一些抗战题材电视剧正在积极筹拍。最近，我们发现，有些抗战题材电视剧，不妥当地描写国民党的正面战场，片面强调蒋介石国民党军队在抗战中的贡献，贬低中国共产党的作用。我们从不否认国民党正面战场的作用，但是，片面夸大蒋介石国民党对抗战的功绩也是不客观的、违背史实的。这样做是对历史不负责任、对国家不负责任、对人民不负责任。

**（四）不尊重历史，胡编乱造，胡乱演绎**

通过多年来的艺术实践，重大题材影视创作已经积累了宝贵的经验。“大事不虚、小事不拘”，是重大题材影视创作应该遵循的基本原则。“大事不虚”，要求重大历史事件进程和重要历史人物的言论活动，要基本符合史实，符合历史发展逻辑。剧本内容所涉及的真实的历史人物，特别是一些在历史上产生过重要影响的人物，为塑造他们的形象、表现他们的思想而编写的重要情节，应当有史实依据，不能“虚”；对重大历史事件的叙述，对重大历史问题的把握和判断，应当符合历史结论，不能胡“编”；重要历史人物之间的关系，应该有史实根据，不能完全出于作者的想象。在此前提下，艺术创作可以“小事不拘”，充分展开艺术想象的翅膀。但是，有些创作者只重视艺术创作，不重视历史研究，甚至根本不研究历史，没有接触第一手史料，仅以野史传说、道听途说和个人兴趣，甚至毫无根据，就胡编乱造、凭空杜撰故事情节，根本无法正确把握创作主题，不能准确驾驭重大题材，不能客观反映历史人物、历史事件的本来面貌。对于重要领袖人物，作者不去对相关史实进行必要了解和研究，没有真正把握和感悟历史，没有努力深入创作对象的精神世界，没有准确把握创作对象的思想经历和情感变化，不是着重表现领袖人物的思想境界、人格魅力，而是随意戏说，有的甚至把历史正剧变成荒诞闹剧，把英雄人物塑造成“淫秽”人物。这样的“历史剧”只会亵渎历史、误导观众、贻害子孙。

**（五）违反党的民族宗教政策**

“民族宗教无小事”，有的涉及民族宗教题材的电视剧，由于没有严格按照党的民族宗教政策，不尊重少数民族的风俗习惯和宗教信仰，伤害了少数民族群众的感情，激起少数民族的义愤和抗议，造成涉及民族方面的事件。特别是对于一些少数民族的独特习俗和宗教信仰，绝不能猎奇探秘，甚至丑化侮辱，以免造成难以消除的影响。

有的电视剧片面理解党的宗教政策、宣传宗教教义。我国宪法规定公民有宗教信仰自由，但这不等于我们的大众媒体就要大张旗鼓地宣扬和传播宗教。我们在审查工作中发现，一些电视剧中宗教内容过多，有的甚至长篇累牍地介绍基督教、天主教、伊斯兰教、佛教等宗教的教规、教义、发展历史，还有的对比不同宗教的优劣、异同，甚至把剧情的矛盾生硬地与宗教矛盾牵在一起，把有的剧目做成宗教片。其实，很多剧目中的宗教内容是牵强附会，并非剧情所必需的。在电视剧创作中，必须十分慎重地对待宗教和民族问题。

### （六）过多牵扯涉外敏感问题

外交问题具有很强的政治性、政策性、复杂性、敏感性。历史上的对外关系与今天的对外关系有着千丝万缕的联系，有些甚至对今天的对外交往产生重要影响。特别是一些外交上的历史遗留问题至今悬而未决，非常复杂、非常敏感，处理不当会导致严重后果，不利于宣传和推行我国和平友好外交政策，可能有损于中国在国际社会的良好形象。比如涉及中国历史上与一些邻国的关系，都是十分复杂和敏感的，如果处理不慎、表现不当，会对我们今天的对外关系造成不良影响。有些内容是史实，但并不是史实我们就一定要表现。为避免发生问题，电视剧应该着重表现中国范围内的事情，涉外剧目要着力表现中国与其他国家的友好关系，要尽可能回避涉外问题。实在不能避免的，要淡化处理，并且征求外交部的意见。

### （七）剧情低级庸俗，宣扬封建迷信，渲染野蛮残忍

这类问题更多地存在于历史题材电视剧创作中，把千百年来封建社会中一些愚昧落后、阴暗腐朽的东西，文化糟粕，当作精彩的

"戏点"，加以展示和渲染。有的电视剧中封建迷信内容很多，宣扬"命中注定"、"先知先觉"、"因果轮回"，展示"占卜吉凶"、"神机妙算"、"呼风唤雨"；有的电视剧本中，充斥野蛮残忍内容，如吃人肉，挖人心，活扒人皮；描写战争场面时，经常是杀人如麻，血肉横飞，血流成河，死尸成山。这样的描写，不符合电视剧创作审查标准。

**（八）歪曲和丑化农民起义的本质**

个别电视剧完全站在封建统治者的角度，把农民起义置于正面形象的对立面，加以贬低和丑化。如有的电视剧站在清王朝的立场上，详细描写太平天国和捻军中起义的农民是一群"乱匪"，并且突出表现主人公"剿匪"的"英雄壮举"，贬低和丑化了农民起义。这完全违背了马克思主义历史观，实际上是把腐朽的清王朝作为社会的正义力量，而把农民起义当作一种反面形象，作为一种应该被消灭的反动力量。这样做是极其错误的。

**（九）有的革命历史题材剧目对领袖人物的刻画不切实际或者庸俗化**

个别剧目借群众之口把党和国家的领袖人物比作"皇帝"，称之为"真龙天子"，有"帝王之相"，将党的领袖人物神化，这样的描写有时虽然只是个别几句台词，但影响很不好。

除此之外，重大题材创作中还存在一些其他问题。比如，有的创作者本来是搞专题研究的，创作中过分拘泥于史实，缺乏艺术想象力，写出来的剧本像是专题片或资料片，故事性很差。再加上一些家属或者当事人对剧本的过多干预，使得剧情内容分散，人物繁多，面面俱到，可看性很差。还有一些剧目拍摄资金不落实不能及时投拍，或者没有很好地统筹规划，摊子铺得过大，运作到半截进行不下去了。

总的来讲，近几年重大题材影视创作热烈活跃，数量不少。但也有诸多原因，使得重大革命和历史题材影视剧真正能如期完成并成为优秀作品、传世精品的，目前还不够多。不过，我们相信通过主管部门和影视制作单位、影视艺术创作人员的共同努力，好作品会越来越多。

## 四、正确处理重大革命和历史题材影视剧创作的几种重要关系

### （一）正确处理理论和实践的关系

马克思主义唯物史观是指导重大革命和历史题材影视剧创作的根本原则。在重大革命和历史题材影视剧的创作实践中，要自觉运用马克思主义的思想、观点和方法，梳理历史事实，找准历史定位，把握历史本质，反映历史趋势，研究重大革命和历史题材影视剧发展的特征和规律，解决创作实践中遇到的各种问题。马克思主义理论对重大革命和历史题材影视剧创作的指导，是正确的世界观和方法论的指导，是正确的创作方向的指导。这种指导不是干涉影视剧的创作生产过程，而是为影视剧创作生产提供科学思想、科学态度、科学精神和科学方法。在创作实践中，不能拘泥于马克思主义经典作家在特定历史条件下针对具体情况作出的个别论断，不能幻想马克思主义经典作家能为创作实践提供解决一切问题的现成答案。任何偏离马克思主义指导和把马克思主义教条化的做法都是错

误的，也是有害的。重大革命和历史题材影视剧创作需要发挥影视文艺工作者的聪明才智和创造精神。要不断总结创作实践的成功经验，探索创作实践的内在规律，丰富创作理论，指导创作实践，从而使创作理论和创作实践相互促进、共同发展。

### （二）正确处理研究和宣传的关系

在重大革命和历史题材影视剧创作中，要严格区分历史研究和影视宣传的界限。要鼓励学术研究和学术探索，但绝不允许以学术研究和学术探索之名，散布和传播错误观点；影视宣传工作必须受到宣传纪律的规范和制约。重大革命和历史题材影视剧的创作和播映工作，必须严格遵循党的文艺方针、文艺政策，符合党的宣传基调和宣传要求，遵守党的政治纪律和宣传纪律。要认真研究，审慎把握，甄别吸收公认的史学研究成果，准确恰当地运用经过全面认真考证，并被权威部门认可的新近发现的史料，丰富重大革命和历史题材影视剧的思想内容，把握正确的创作方向，拓展艺术创作空间，增强艺术感染力和吸引力。但是，对历史学研究中尚未形成共识、尚未被权威部门认可的所谓的新发现、新成果，不能随意搬上银幕和荧屏。

### （三）正确处理历史和现实的关系

重大革命和历史题材影视剧反映历史事实，描写历史事件，塑造历史人物，讲述历史故事，必然会对现实生活产生影响。重大革命和历史题材影视剧一方面可以使观众增进历史知识，了解历史进程，另一方面可透过对历史现象的解读和剖析，获得历史启示，受到深刻教益。因此，要准确把握历史和现实的关系，正确处理反映历史和服务现实的关系。不能把现实社会中的问题，随意搬到历史题材影视剧中作不恰当、不负责的联系，甚至加以渲染、调侃，嘲笑、诋毁现实社会，损害我国社会的形象，损害党和国家的工作大局，损害社会的团结稳定。重大革命和历史题材影视剧要对历史事实负责，对影视艺术负责，更要对现实社会负责，对当代人民负责，要使观众通过欣赏重大革命和历史题材影视剧，清醒地认识历史发展规律，更加珍惜今天的美好生活，更加憧憬光明的未来，增强对建设中国特色社会主义的信心。

### （四）正确处理史实和艺术的关系

重大革命和历史题材影视剧创作是极为严肃的工作。历史事件和历史人物是重大革命和历史题材影视剧创作的素材和源泉，要以严肃的认真的态度和一丝不苟的精神，准确甄别、正确选择历史素材，处理好历史真实和艺术真实的关系。真实是艺术的生命，从历史真实到艺术真实要靠影视文艺工作者的创造性劳动。创作者应该在尊重历史的前提下进行艺术创造，在进行艺术创造中正确地把握历史。在重大革命和历史题材影视剧创作中，重要历史事件不能篡改，剧情要围绕历史发展的脉络和主线展开；重要历史人物基本特征不能歪曲，其思想活动要符合历史本来面目；不能模糊正面和反面、进步与反动的界线，不能对历史随意捏弄，任意装扮。同时，重大革命和历史题材影视剧不是历史教科书，在把握历史真实的前提下，对于一些具体的故事情节，允许进行艺术虚构和艺术想象，即“大事不虚，小事不拘”。但虚构的故事情节必须符合历史发展逻辑、人物性格特征和思想取向；不能片面强调、夸大所谓的细节真实而歪曲历史，篡改历史，甚至亵渎历史。

### （五）正确处理文艺和政治的关系

文艺和政治同属上层建筑，建立在共同的经济基础之上，二者相互作用、相互影响，并同时服务于社会经济基础。作为当今文艺重要形式之一的重大革命和历史题材影视剧，要表现重大历史事件和重要历史人物，反映重要历史阶段的社会政治生活，其中必然渗透着影视文艺工作者的世界观、人生观、价值观、历史观，必然反映影视文艺工作者的政治观点、政治立场、政治态度、政治倾向，并与现实的社会政治生活产生千丝万缕的联系。实践证明，文艺是不可能脱离政治的。重大革命和历史题材影视剧创作绝不能片面强调反面人物的“人性”而掩盖其阶级性，抹杀其行为的政治立场和政治动机。否则，重大革命和历史题材影视剧将没有是非、没有善恶、没有美丑。要正确处理文艺和政治的关系，深刻把握社会主义时代对文艺创作的历史要求，通过塑造有血有肉、生动感人的艺术形象，真实地反映波澜壮阔的历史进程和社会生活，反映人民群众在各种社会关系中的本质和作用，表现时代前进的要求和历史发展的进程，激发人民群众以更加饱满的热情投身于社会主义现代化建设的历史性创造活动。

### （六）正确处理市场和导向的关系

在社会主义市场经济条件下，要树立市场观点，遵循市场规律，培育和完善市场体系，建立和健全市场机制，引导和规范市场行为，鼓励和支持有序竞争，要把重大革命和历史题材影视剧创作生产的投入与产出，制作与需求，效益与分配有机地结合起来，充分发挥市场对于优化艺术资源配置的积极作用，创作生产出更多的思想导向健康向上、艺术形式生动活泼、制作水平上乘一流的优秀影视剧。重大革命和历史题材影视剧创作生产必须面向群众、面向市场，遵循价值规律，讲求经济效益。同时，重大革命和历史题材影视剧创作生产也必须注重思想内涵和文艺导向。要加强对影视剧市场的宏观调控，最大限度地减少市场可能带给重大革命和历史题材影视剧创作生产的负面影响，防止由于片面追求利润的最大化而粗制滥造、见利忘义。在市场和导向之间，导向是第一位的，不能为了拥有市场而不顾正确导向，甚至放弃正确导向。同时，要充分认识到发挥市场的积极作用，在确保正确导向的前提下，经济效益越好，社会效益越大。只有创作生产更多的优秀影视剧并占领市场，才能最大限度地实现其宣传教育功能，不断巩固和扩大社会主义意识形态阵地。如果忽视市场规律，无视市场作用，优秀的影视剧也难以赢得观众，无法产生积极的社会影响。



### （七）正确处理继承和发展的关系

中华民族五千多年文明的发展历史，孕育了博大精深的中华文化，形成了强大的民族凝聚力和生生不息的历史创造力，为重大革命和历史题材影视剧创作生产提供了丰富宝贵的资源。要继承中华民族优秀文化传统以及党和人民从“五四”运动以来形成的革命文化传统，站在时代的高度，结合时代的要求，紧扣时代的脉搏，联系创作的实际，去粗取精，去伪存真，不断实践，推陈出新，大力发展以马克思主义为指导的面向现代化、面向世界、面向未来的，民族的科学的大众的社会主义文化，使重大革命和历史题材影视剧成为传承优秀文化和优良传统的重要载体。要敢于创新，突破固有的套路和模式，博采众长，兼收并蓄，善于运用现代影视制作的新手段、新方法，丰富作品的思想内容和表现形式。

### （八）正确处理动机和效果的关系

创作要对观众负责，动机要对效果负责。要妥善处理创作动机和客观效果的关系，使良好的动机真正产生良好的效果。重大革命和历史题材影视剧往往带有很强的政治性、思想性，表现什么、不表现什么、怎样表现，都必须从效果出发，审慎行事，防止偏差，不能片面强调动机而忽视效果。影视文艺工作者要本着对历史负责、对社会负责、对观众负责的高度责任心，考虑作品的社会效果，科学运用创作素材，准确选取创作角度，妥善把握艺术表现的分寸和尺度，提高准确驾驭重大革命和历史题材的能力，力求达到主观动机与客观效果的完美统一，使重大革命和历史题材影视剧产生良好的社会效果。

### （九）正确处理民族和外来的关系

当今世界，各种思想文化相互激荡，有吸纳又有排斥，有融合又有斗争，有渗透又有抵御。中华文化是世界文化宝库中不可或缺的瑰宝，占有极为重要的地位。重大革命和历史题材影视创作必须立足于培育和发展中华民族优秀文化，继承和发扬中华民族优良传统，同时要放眼世界，以开阔的胸怀和宏大的气魄，广泛学习和吸收借鉴外国文化中一切有益的东西，不仅要吸收其有价值的学术成果和艺术经验，还要吸收其有进步意义的思想观点和表现形式，丰富和发展重大革命和历史题材影视剧创作实践。只有这样，才能真正打造出流芳后世、立于世界文明之林的经典传世之作。对于外国文化，要通过深入的分析和甄别，剔除其糟粕，吸取其精华，博采众长，融会贯通，为我所用。那种闭关自守、盲目排外，甚而把传统文化中的封建糟粕当作精华来吸取的做法是错误的；那种采取民族虚无主义的态度，妄自菲薄、盲目吸收西方资本主义文化的做法也是有害的。

## 五、切实加强和改进重大革命和历史题材影视创作的管理

### （一）增强重大革命和历史题材影视剧创作的管理意识

加强对重大革命和历史题材影视剧创作的管理，是社会主义文艺管理的重要组成部分，是党和政府影视管理部门的重要职责，是影视剧事业健康发展的重要保证。做好重大革命和历史题材影视剧创作的管理，要从全党全国工作大局出发，从提高全民族思想道德和文化素质的高度着眼，从更好地满足人民群众精神文化需求的目标着力，把加强重大革命和历史题材影视剧创作的科学管理与实现最为广泛的艺术民主有机地结合起来；把影视文艺工作者的创作热情与广大人民群众对重大革命和历史题材影视剧发展的愿望有机地结合起来；把适应社会主义市场经济发展要求与坚持社会主义先进文化前进方向有机地结合起来，确保正确的创作导向。

### （二）建立责任明确、运转有序的管理体系

要逐步建立和健全国家广电总局和省级广电局分工负责的管理体制，进一步增强政治意识、大局意识、责任意识，建立健全各级责任制，完善和理顺管理职能。在中宣部的指导下，国家广电总局要进一步加强对重大革命和历史题材影视剧创作生产播映各环节的引导和管理。省级广电局对所辖制作和播出单位立项、创作、审

查、发行、播出重大革命和历史题材影视剧的全过程要加强领导，拿不准的要及时向重大革命和历史题材影视创作领导小组请示报告。通过有效管理，及时发现问题，纠正不良倾向，确保重大革命和历史题材影视剧创作健康有序地发展。

**（三）加强对重大革命和历史题材影视剧的立项审批工作**

对表现我国历史上重大事件和重要人物的影视剧创作，其中包括反映我党我国我军历史上重大事件和表现党政军重要领导人及其主要亲属的影视剧创作，影视管理部门要作出规划，有组织有步骤地实施，确保重大革命和历史题材影视剧导向正确，结构合理，比例适当，效果良好。要制定严格的审批办法，规范送审报批程序。重大革命和历史题材影视剧立项需经重大革命和历史题材影视创作领导小组审批。其中反映我党我国我军历史上重大事件和表现党政军重要领导人及其主要亲属的影视剧剧本要经省级广电部门并报党委宣传部门初审通过后，报重大革命和历史题材影视创作领导小组，审查通过后方可投拍。其他重大历史题材影视剧剧本需经省级广电部门初审通过后，报重大革命和历史题材影视创作领导小组，审查通过后方可投拍。领导小组难以决定的重大、复杂、敏感问题，需报中宣部等领导部门审批，必要时向中央报告。要严格有关剧目的制作资格，凡表现党和国家重要领导人及其主要亲属的影视剧，由中央电视台、省级电视台、国有电影制作机构及各大军区、大兵种的影视制作机构制作，其他单位一律不得独立制作。国家广电总局作为电影、电视剧的主管部门，重大革命和历史题材影视创作领导小组作为重大革命和历史题材影视剧的审查机构，一律不参与影视剧的策划和制作；在职的省部级领导干部不得在影视剧中担任顾问、策划、监制、出品人、制片人等职务。凡经批准立项的剧目，影视制作单位要像抓重点建设工程那样，集中人力物力抓好剧目的创作和生产。

**（四）加强对重大革命和历史题材影视剧的创作管理**

开展重大革命和历史题材影视剧创作，必须认真听取专家学者的意见。不得歪曲篡改重大历史事实，不能胡乱演绎重要历史人物生平；不能诬蔑、丑化农民起义和农民起义领袖；对于涉及民族关系的，要审慎处理，尊重少数民族的风俗习惯，避免伤害少数民族感情，产生不良影响。对于经典名著和家喻户晓的民间传说，不能篡改、扭曲经典名著的精神实质，亵渎民间传说的美好情感。表现党和国家重要领导人及其主要亲属的影视剧，要忠实历史，不要刻意拔高或任意贬损；健在的党和国家领导人 及其主要亲属的生平业绩，一般不拍摄影视剧。各省级广电局要明确管理责任，指导有关制作单位严格执行影视剧制作备案制度，及时将重大革命和历史题材影视剧的创作动态、生产情况和有关问题，报告重大革命和历史题材影视创作领导小组，发现问题及时纠正，跟踪扶持重点剧目。



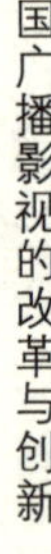

**（五）加强重大革命和历史题材影视剧的审查把关**

要建立规范的审查制度，严格审查程序，明确审查标准，加强对重大革命和历史题材影视剧完成片的审查工作。要选择政治强、业务精、公道正派的同志担负审查把关工作。

**（六）搞好重大革命和历史题材影视剧的发行工作**

要严格重大革命和历史题材影视剧的市场准入制度，切实把好发行销售关。重大革命和历史题材影视剧完成片经重大革命和历史题材影视创作领导小组审查通过后，由国家广电总局颁发《电视剧发行许可证》或《电影片公映许可证》。有关制作单位和播映单位必须严格执行影视剧发行、播映的有关规定，凭《电视剧发行许可证》或《电影片公映许可证》，发行、购买和播映重大革命和历史题材影视剧。

### （七）加强对重大革命和历史题材影视剧的播前调控工作

对拟在省级电视台上星频道黄金时段播出的重大革命和历史题材影视剧，要加强播前调控工作。为配合党和国家及人民军队的重要节庆活动，电视播出机构将相应安排重大革命历史题材影视剧的播出，以营造良好的舆论氛围。同时，对省级电视台上星频道黄金时段播出重大历史题材影视剧的总量、比例要加强宏观调控，避免出现“一窝蜂”现象。省级电视台上星频道黄金时段播出的电视剧，需经省级电视台主管负责同志审看把关，如发现有关剧目涉及重大革命和历史题材而未向重大革命和历史题材影视创作领导小组报批，省级电视台要及时向国家广电总局报告，国家广电总局将调审有关剧目并作出相应处理。

### （八）搞好评奖工作，引导创作方向

要通过科学、公正的影视评奖工作，把握正确导向，引导影视创作，推出优秀人才。要有明确的评奖标准和实施办法，力求能够反映出领导、专家、群众等各方面具有代表性的意见，真正评出思想精深、艺术精湛、制作精良的优秀作品，努力把党的文艺方针政策和人民群众的满意程度具体体现在重大革命和历史题材影视剧评奖工作之中。

### （九）加强影视评论，引导社会舆论

重大革命和历史题材影视剧评论工作，是加强和改善党对文艺工作的领导，坚持社会主义文艺方向，提高影视剧的思想艺术质量，提高广大群众的思想境界、审美情趣和鉴赏能力的一个重要措施。要加强对重大革命和历史题材影视剧创作思想、艺术实践的研究和评论，倡导正确的创作思想，客观评介优秀作品，帮助和引导群众特别是青少年，廓清模糊认识，正确看待历史。加强影视剧的评论工作，要有良好的学风和文风，要有鲜明的原则性和实事求是的科学态度，既要热情鼓励，又要严格要求，既要反对庸俗捧场，又要反对简单粗暴，允许批评和反批评。对于有缺点的影视剧，要正确引导，真诚帮助；对有错误的影视剧要分清是非，辨别真伪；对于那种漠视“二为”方向，片面追求市场“卖点”，歪曲历史的倾向，鄙薄革命文艺传统、推崇腐朽文艺思潮的倾向，要旗帜鲜明地抵制和反对，引导重大革命和历史题材影视剧沿着正确的轨道发展。

### （十）充分发挥国家影视制作主力军的作用

中央电视台和省级电视台是党、政府和人民的喉舌，是党的重要思想文化阵地。中央电视台和省级电视台要按照中央要求，充分发挥实力雄厚、资源充足、创作力量强、制作水平高的优势，创作出更多题材重大、思想深刻、内容精彩，无愧于我们伟大时代的优秀的重大革命和历史题材电视剧。中国电影集团公司、上海电影集团公司和长春电影集团公司等国有电影制作单位，是国家电影产业的支柱力量，在长期的电影创作实践中，形成了优良的艺术传统，积累了丰富的创作经验，培育了强大的制作力量，集中了优秀的电

影人才，具有广泛的社会影响。要重视发挥国家电影产业主力军的重要作用，在重大革命和历史题材影视剧创作中，把握正确导向，发挥自身优势，加快改革创新，提高竞争实力，为人民群众奉献丰富多彩、健康向上、经得起历史考验的重大革命和历史题材影视精品。

**（十一）充分调动影视文艺工作者的积极性和创造性**

对于致力于弘扬和发展优秀民族文化，激发爱国主义情怀，增强民族生命力、创造力和凝聚力的重大革命和历史题材影视剧的创作，要积极鼓励和大力支持。要密切同影视创作人员的联系，引导创作人员深入实际，深入生活，深入群众，树立正确的创作思想，不断提高思想艺术水平，焕发创作激情，贡献艺术才华。对于重点剧目的创作，要给予人力、物力、财力等方面的扶持；对于创作成绩突出的影视文艺工作者以及组织创作的部门要给予表彰和奖励。要满腔热情地为影视创作人员和制作单位服务，积极协调各方面工作，帮助他们解决创作中的实际问题。从物质、精神、制度等方面为影视文艺工作者全心致力于重大革命和历史题材影视剧创作提供保障。

**（十二）全面提高影视创作队伍素质**

要有计划地加强重大革命和历史题材影视剧创作队伍特别是中青年优秀人才的培养，研究制定培训计划，建立和健全培训机制、选拔机制、激励机制和各种配套措施。要组织影视文艺工作者深入学习辩证唯物主义、历史唯物主义的立场、观点和方法，学习掌握重大革命和历史题材影视剧创作的经验、方法和技巧，提高影视文艺工作者的政治、思想、道德、文化、艺术及市场运作等各方面的素质，使影视文艺工作者树立正确的世界观、人生观、价值观、历史观，正确看待历史，客观分析社会，全面评价生活，端正创作思想，明确创作方向，指导创作实践。要切实实行影视剧制片人持证上岗制度，确保影视剧从业人员的基本素质。

当前我国经济发展、政治稳定、文化繁荣、人民生活改善、国际地位提高，中华民族正处在发展的大好时期。党的十六大从文化在综合国力竞争中作用越来越突出的角度，从文化的力量深深熔铸在民族生命力、创造力和凝聚力之中的角度，特别强调了文化建设的战略意义，同时对文化建设提出了新的更高要求。这是社会主义文艺事业和文化产业加快发展的新机遇。

我们要以高度的历史责任感和现实使命感，以深厚的革命情感和严肃的创作态度，以科学的理论把握和不懈的艺术追求，以与时俱进的精神，继续加强题材规划和组织引导，不断拓展创作领域，着力提高创作质量，努力开创重大革命和历史题材影视创作的新局面。我们要主动适应时代发展变化的新要求，在创作观念、创作方式和创作手段上，以至影视作品的营销方式和市场开拓上，都要积极探索、大胆创新，创作更多符合时代精神，叫得响、传得开的佳作，使重大革命和历史题材影视作品的创作生产迈上新的台阶。要综合运用各种传媒，加大宣传力度，为优秀重大题材影视作品的推出广造声势、扩大影响。要力争重大革命和历史题材的影视作品拍摄一部，成功一部，打响一部，为实现中华民族伟大复兴点燃精神的火炬，奏响时代的华彩乐章。

（2004年3月29日在中央重大革命和历史题材影视创作领导小组会议上的讲话）

# 谈谈电影的创作、创新、创业

讨论关于中国电影业发展问题的时候，我认为首先要做到三个“充分看到”：

**一、要充分看到这些年来电影工作所取得的成绩**

只有充分看到了成绩，才能够进一步激励和团结全体中国电影人，更好地发挥大家的聪明才智，把电影业搞得更红火。要充分看到，这些年来中国电影业的成绩是主要的，这个估计是符合实际情况的。党中央、国务院对中国的电影业是非常重视和关心的。各级领导都非常关心电影业，从大的方针政策到具体的工作措施，都给予了很多重要的指示，给我们以很大的鼓舞。这些年来，中国电影人为繁荣中国的电影业也付出了大量辛勤的劳动。中国的电影是在面临着内挤外压的困难条件下，艰难地前进和发展的。这些年来，电影工作的成绩突出体现在中国电影在这样一种困难的情况下，没有被压垮。没有被压垮至少有这么几个标志：1．国产影片在中国市场上取得了良好的成效，老百姓还是喜欢看国产电影的。而且这些年来，也的确涌现了一批思想性、艺术性、观赏性俱佳的优秀电影；2．中国电影在国际电影界还频频获奖，在国际电影界掌声不断；3．这些年来我们为了扶持民族地区、困难地区电影业的发展所采取的一些政策措施，也取得了良好的效果。

**二、要充分看到中国电影业所面临的困难和问题**

在社会大变革的转型时期，特别是新型媒体和新型文化产业的兴起，对电影业造成了很大的冲击。1．电视的冲击，特别是电视剧这一艺术品种的崛起和繁荣，挤占了电影的市场。中国是世界上电视剧的生产大国，从电视剧所产生的影响力，到电视剧所拥有的广大市场对电影形成了强大的冲击。电影与电视剧是姐妹艺术，电视剧市场的日益膨胀、拓展，使电影市场缩小了。2．大量的外国音像制品的进入。目前，外国电影进入中国还是有限的，但是大量音像制品的进入占领了家庭影院，这对电影的冲击也很大。再加上西方电影业富有经验和实力的市场运作，对我们长期处于计划经济体制下的中国电影来说，必然会受到很大的威胁。

**三、要充分看到中国电影业在中国的土地上是大有可为的，中国的电影人是大有作为的，中国电影业的振兴和繁荣是大有希望的**

中国电影业快一百年了，一百年的历史培育了一代又一代的观众。中国的电视观众是从电影观众中转化过来的，但是对电影仍然情有独钟。更何况我们拥有 13 亿人民的庞大市场，再加上我们党和政府一贯高度重视电影事业，给予一定的扶持政策。还有令我们骄傲的是，我们有一大批在困难的情况下为中国的民族电影业发展苦苦探索的中国电影人。中国电影人的这种探索精神是值得我们充分肯定的，中国电影人是有志气的，也是有才华的。

这三个“充分看到”是对中国电影业基本的看法。鉴于这样一个基本的看法，我们才要开这样一个会，在十六大精神的鼓舞下，在“三个代表”重要思想的指引下，通过改革、发展、创新，进一步振兴和繁荣中国的电影业。没有这三个“充分看到”，我想我们也没有必要来谈中国电影的问题了，也很难把大家聚集在一起，来谋划中国电影业的发展和繁荣。无论是电影系统的组织者，还是电影业的实践者，还是关注电影业的社会各方面，对中国电影业应该有这样一个基本的、科学的、实事求是的看法。

如何进一步繁荣和发展、改革和创新中国电影业，我想谈三个问题， 供大家参考。

## 一、关于电影创作的问题

电影的创作是一个庞大的课题。我今天谈一个与创作关系很大的，也是直接关系到我们如何进一步解放思想，实事求是，与时俱进，开拓创新，把中国的电影业搞好的重要问题，就是如何正确地认识和贯彻“弘扬主旋律，提倡多样化”这一重要方针。

最近，胡锦涛总书记在谈到新时期宣传思想工作时有一个很重要的论述就是：“我们的文艺工作要继续坚持‘两为’方向，贯彻‘双百’方针。具体地说就是要弘扬主旋律，提倡多样化。”“两为”方向和“双百”方针是在20世纪50年代提出来的，现在是21世纪了，几十年来，“两为”方向和“双百”方针为社会主义文艺事业的繁荣起到了极其重要的作用。在新的历史时期，我们要全面建设小康社会，其中一个非常重要的任务，就是要全面推进文化建设，而电影业又是文化建设的重要内容。在这样一种情况下，怎么样把我们的文化建设搞好，怎么样把我们的电影业搞好，关键在于正确理解、全面贯彻“弘扬主旋律，提倡多样化”这一方针。实事求是地说，在我们的电影界，对“弘扬主旋律，提倡多样化”这一问题的认识，并不是完全一致的，存在着不全面、不准确、不科学的现象。如果不解决好如何正确理解这一方针的问题，就会影响我们的电影业在新的历史时期更好地适应我们社会变化发展的新形势，也不可能在这种形势下做到我们电影业的繁荣和发展。

**“弘扬主旋律，提倡多样化”，符合“三个代表”重要思想。**“三个代表”中很重要的一条，就是要“代表先进文化的前进方向”。先进文化的前进方向是什么呢？十六大报告中是这样讲的：“在当代中国，发展先进文化，就是发展面向现代化，面向世界，面向未来的，民族的、科学的、大众的社会主义文化，以不断丰富人民的精神世界，增强人民的精神力量。”“弘扬主旋律，提倡多样化”完全符合先进文化的要求。坚持“三个代表”重要思想，还有一个重要内容就是“代表广大人民的根本利益”。在新时期，如何成为广大人民根本利益的维护者和实践者，对我们电影工作者来说，就是要满足人民群众日益增长的精神文化方面的需求。而人们在精神文化方面的需求，在新的形势下发生了很大的变化，用锦涛同志最近的讲话来说，就是“随着人民生活的改善，人们的精神文化需求呈现多层次、多样性、多方面的特色”。那么我们的文化工作，我们的电影工作就应该满足人民群众这种多层次、多样性、多方面的需求。如果做不到这一点，就不能代表广大人民群众的根本利益，就不可能成为广大人民根本利益的维护者和实践者。从这个意义上来说，“弘扬主旋律，提倡多样化”是完全符合“三个代表”精神的。

**“弘扬主旋律，提倡多样化”，符合新阶段社会发展变化的实际。**随着改革的深化和开放的扩大，我们的社会生活越来越多样化。我们的就业方式、生活方式、工作方式、学习方式等都发生了新的变化，出现了多样化的趋势，不再像计划经济时期那样，是比较单一的模式。社会的多样化，人们思想的多样化，要求我们的文化生活也相应地要多样化，要求我们的文学艺术、电影艺术也要多样化，这样才能满足社会的需要，才能与社会发展的多样化形势相适应。经济是基础，文化是上层建筑，上层建筑要适应经济基础的发展。所以，“弘扬主旋律，提倡多样化”是符合社会发展变化形势的。“弘扬主旋律，提倡多样化”也符合人民群众对于精神文化新的需求。所以，当前我们要坚持好、贯彻好“两为”方向、“双百”方针，具体地就是要坚持“弘扬主旋律，提倡多样化”。

**“弘扬主旋律，提倡多样化”，也符合社会主义文艺工作的客观规律。**社会主义文艺是社会主义事业的组成部分，也是中国人民从事社会主义建设伟大实践的产物，承担着激励中国人民，推动社会主义事业发展的使命。社会主义文艺植根于社会主义中国的土地，是为人民服务，为社会主义服务的。只有弘扬主旋律，提倡多样化，繁荣和发展文艺，才能有效地做到为人民服务，为社会主义服务。

如何全面、准确地贯彻“弘扬主旋律，提倡多样化”？

### （一）关于“弘扬主旋律”

“弘扬主旋律”，先要明确什么是“主旋律”。大家也可以来思考这个问题，我们平时是怎么样理解“主旋律”的，我们是怎么样指导“主旋律”的艺术创作的。

江泽民同志在1994年全国宣传工作会议上，曾经作了一个重要的讲话，其中就讲到了“弘扬主旋律”问题。江泽民同志是这样讲的：“弘扬主旋律，就是要在建设有中国特色社会主义的理论和党的基本路线指导下，大力倡导一切有利于发扬爱国主义、集体主义、社会主义的思想和精神；大力倡导一切有利于改革开放和现代化建设的思想和精神；大力倡导一切有利于民族团结、社会进步、人民幸福的思想和精神；大力倡导一切用诚实劳动争取美好生活的思想和精神。”江泽民同志在这里已经非常明确地讲了什么是主旋律以及如何来弘扬主旋律。

关于什么是“主旋律”，江泽民同志在这里讲了四个方面的内容，具体地说就是“四个一切”。这“四个一切”里，有四个特点：一是内容的健康性，这“四个一切”，思想内容都是很健康的、向上的，是有利于社会发展和进步的；二是领域的广泛性，“主旋律”的领域是很广泛的，不能狭义地被理解为仅仅是一种革命的精神，革命的精神当然是主旋律，但是并不能仅仅停留在这一个方面；三是要求的普及性，这样一种“主旋律”所要求的思想境界是常人可以达到的，是对中国人民最基本的思想品德要求，是社会最基本的思想道德准则；四是对象的群众性，它所要求的对象是全体人民，不仅仅是伟大的革命家、杰出人物，普通人身上也可以体现出主旋律的思想和精神。

在这段论述中，还使用了“有利于”这样的词语。就是说，只要是对这些思想精神有利的，就是主旋律。不要给人一种印象，一讲主旋律，就非得是高而又高，纯而又纯，这在很大程度上会局限我们电影艺术的创作。我们必须要高举“弘扬主旋律，提倡多样化”这面旗帜，同时也要避免狭义地片面地理解和实践“主旋律”。把主旋律理解成高而又高、纯而又纯的思想和精神，这就会使电影创作走向一条很窄的路，不可能使电影业繁荣发展起来。关于“主旋律”的问题，其实中央已经讲得很清楚了，关键是我们的思想认识要跟上，理解要准确，贯彻要到位，所以要全面地、准确地、科学地来认识、贯彻和把握“弘扬主旋律，提倡多样化”这个重要方针。

明确了什么是“主旋律”以后，还要明确怎么样来“弘扬主旋律”。江泽民同志的这段话对如何弘扬主旋律提出了明确的要求，就是四个“大力倡导”。只有做到了四个“大力倡导”，才能算是弘扬了主旋律。我们的电影业只有大力倡导这四种思想和精神，才能做到“弘扬主旋律”。

### （二）关于“提倡多样化”

首先要明确的是什么是“多样化”。“多样化”主要体现在以下几个方面：

一、题材的多样化，现实题材、历史题材、战争题材、工业题材、农村题材、公安题材、少儿题材、少数民族题材等等，应该在电影中广泛体现；

二、品种的多样化，故事影片、传记片、动画片、科教片、新闻纪录片，各种品种都来弘扬主旋律；

三、风格的多样化，每一位优秀艺术家都有自己独特的风格，甚至于每一个生产厂家也有自己独特的风格；

四、形式的多样化，要运用喜剧、悲剧、悲喜剧、情景剧等多种表现形式，每一种表现形式也要有变化。比如刚才翟导演讲了，关于战争题材的影片，以前都是一种格式，这样是不行的，要突破，《冲出亚马逊》、《惊涛骇浪》就在形式上有很大的突破。真正的“多样化”就是要这样，异彩纷呈，丰富多彩。

我们又如何来真正做到“提倡多样化”呢？

**一是允许**。要允许各种各样的题材、品种、风格、形式的作品，不能限制。调控不等于限制，更不等于禁止。比如，有的时候古装片多了、武侠片多了，大家蜂拥而上，要通过调控来实现题材的广泛性。现在调控的手段很多，行政的调控是必要的，但更多的则是需要市场的调控。我们现在不太善于运用市场调节的手段进行调控，所以目前行政调控运用得比较多，这也是社会转型阶段客观存在的问题。美国的几大电影公司，就不会去投资题材、品种、样式雷同的电影，这是市场意识成熟的表现。我们现在的市场意识不强，拍电影喜欢一哄而上。提倡多样化首先要做到的就是允许不同题材、品种、风格、形式作品的出现。

**二是鼓励**。有的题材、风格、样式的电影作品，特别受到群众欢迎，但创作、制作难度大，就要给予鼓励，这样可以促使整个电影创作的多样化。

**三是引导**。评奖是一种引导的方式，市场也是一种引导的方式。多样化的影片，我们首先要为它创造进入市场的条件，有些在题材、风格、形式上雷同的影片，就要在它进入市场的时候采取一点调控措施。用这样的办法，使我们的电影作品真正做到百花齐放，异彩纷呈，真正做到能够满足人民群众多层次、多样化、多方面的需求。

在当前形势下，“弘扬主旋律，提倡多样化”有着很重要的现实意义，直接关系到电影业的繁荣和发展，直接关系到小康社会人民文化生活的质量。我们必须清醒地认识到“弘扬主旋律”和“提倡多样化”两者是有机统一，不可分割的。它们统一于我们对电影工作的指导思想上，统一于我们对电影的创作思想和创作实践上，统一于我们对电影工作的领导和管理上。每一部作品都要体现“弘扬主旋律，提倡多样化”，不能把二者割裂开来，把二者割裂开来，就曲解了中央关于文艺工作的这一重要方针的精神，这个方针对电影工作所具有的积极作用也就发挥不出来了。不仅发挥不出来，还会阻碍电影业的繁荣发展。

“弘扬主旋律，提倡多样化”不仅涉及到每一位电影艺术家如何创作的问题，还涉及到我们电影制片厂的厂长、经理如何安排电影的生产制作的问题，也关乎到我们的电影管理部门如何按照这个方针来管理电影工作的问题。只有真正全面、准确、科学地贯彻“弘扬主旋律，提倡多样化”的方针，电影业才能走上一个健康发展的繁荣之路。

## 二、关于电影创新的问题

创新，在十六大报告中有非常重要的地位，整个十六大报告贯穿着创新的精神。十六大报告指出：“创新是一个民族进步的灵魂，是一个国家兴旺发达的不竭动力，也是一个政党永葆生机的源泉。”怎么样来创新的问题，十六大报告也有明确的阐述。报告指出：“创新就要不断解放思想、实事求是、与时俱进”；创新就是要突破，“我们要突破前人，后人也必然会突破我们。这是社会前进的必然规律”；创新就是要做到“三个解放”：“我们一定要适应实践的发展，以实践来检验一切，自觉地把思想认识从那些不合时宜的观念、做法和体制的束缚中解放出来，从对马克思主义的错误的和教条式的理解中解放出来，从主观主义和形而上学的桎梏中解放出来。”

联系到电影的创新，可以说，创新也是电影进步的灵魂；创新也是电影业兴旺发达的不竭动力；创新也是中国电影业永葆青春的源泉。不创新，中国的电影业就没有希望。尽管我们有辉煌的过去，但是，如果新时期的中国电影业不随着时代的发展而发展，不随着社会的变革而变革，那么中国电影业要繁荣和发展是不可能的。我们必须要立足于创新，来谈中国电影业的繁荣和发展。不创新不能发展，不创新不能繁荣，不创新中国的电影不可能有地位有作为。

怎么样来创新呢？按照十六大报告的精神，要解放思想，与时俱进，要突破前人，要做到“三个解放”。做不到“三个解放”，中国的电影业就不能发展。关键是要从那些不合时宜的观念、体制、规定、做法的束缚中解放出来。我们应该认真研究，有哪些观念、体制、规定、做法影响了我们电影业的发展。一定要从中国电影的实际出发，从前面讲的“三个充分看到”的实际出发，通过改革创新来寻找出路。

对创新的问题，具体的我想讲这么几点意见：

### （一）电影的理论要创新

中国电影在一百年的历史中形成了自己的理论。中国的电影理论是在马克思列宁主义、毛泽东思想、邓小平理论的指导下，形成的有中国特色社会主义的电影理论。现在我们党的指导思想又有了重大的发展，十六大已经将“三个代表”重要思想写入了党章。“三个代表”重要思想与马克思列宁主义、毛泽东思想、邓小平理论一并确立为党的指导思想。“三个代表”重要思想既是全党工作的指导思想，当然也是电影工作的指导思想。现在的问题是，电影业如何在“三个代表”重要思想的指导下来繁荣发展，这是一个新课题，这是指导思想上的创新，也是电影理论方面的创新。在电影工作中如何来实践“三个代表”重要思想，是一个摆在电影理论工作者和电影实际工作者面前的重大理论问题和重大实践问题。如果说电影理论不能与时俱进，那么在这些理论指导下的中国电影也不可能与时俱进。所以，首先要在理论指导上有突破，要突破不合时宜的观点，要突破不符合新形势要求的理念。党的十六大报告指出，我们党的全部理论和工作都要体现时代性，把握规律性，富于创造性。“全部理论”中也包括党的电影工作理论，“全部工作”也包括电影工作。创新的思想、理论、观点虽然是无形的，但是却强有力地影响着我们的行动，影响着我们的工作。所以，我们的创作要有所突破，我们的事业要有所突破，关键是在思想理论上要有所突破。从事电影理论的同志在这方面要很好地下功夫；作为电影管理部门也要在电影理论的创新方面下功夫，要做到用创新的理论来指导和带动工作的创新。

关于当前理论的创新，十六大报告中提出了一个很重要的观点，就是“文化产业”。这是文化理论方面的一个重大突破。“产业”这两个字在十六大报告中的出现，确立了关于产业的思想在文化工作指导思想方面的地位，意味着中国的文化产业将会有一个历史性的、突飞猛进的发展。这两个字拓宽了我们的思想领域，拓宽了我们的工作领域。在很长一个时期内，我们都把文化当作一个事业来看待。现在，已经明确了文化不仅是一个事业，也是一个产业。我们也可以明确地说，电影就是文化产业，要按照产业运作的形式来发展，就要走向市场，就要面向市场，并且赢得市场，占领市场。这是发展的必然趋势。这一思想理论观念方面的重大突破，将促使对电影业的思想指导、对电影业的运作方式、对电影业的调控手段、对电影业的政策措施等方面，进行一系列重大的调整。

### （二）电影的体制要创新

中国的电影业数十年来，特别是建国以后五十多年来，一直是事业单位体制。尽管我们曾经强调过，即使是事业单位也要企业化管理，但实际上并没有做到。国有电影制片单位机构设置、财务管理、投资体制、干部任免等，都是行政事业单位的做法。在现在这样一种情况下，电影要谋求产业化发展，就要从原来行政事业的体制中走出来。发行体制同样也是需要创新。要创新发行体制，只依靠行政命令是不行的，要依靠市场运作，把电影发行全面推向市场，用市场来打破固有的行政体制、顽固的地方割据。体制上的创新，一方面要依赖于党的领导，通过党的领导来调整现有的体制，另一方面要依靠市场来冲破现有体制的束缚。电影发行体制的创新就是建立两条甚至三条院线，形成竞争机制；集团化的发展是体制创新；各电影制片单位搞联合也是体制的创新，比如“友联协作体”的建立就值得鼓励。

### （三）电影艺术要创新

电影是一门艺术，是一种特殊的商品，当前非常重要的一项任务就是艺术创新。如何表现重大题材，如何表现历史题材，如何表现现实题材，如何表现儿童题材……现在我们有很多“套套”、“框框”，看来看去就是一个模式，都是一种味道，中国人都看腻了。所以，艺术上一定要有所突破。最近，电影艺术的创新取得了一定成绩，比如刚拍的《惊涛骇浪》，这是个重大题材，在艺术上就有突破，从几个小人物的身上反映1998抗洪的大题材。广大观众要求电影在艺术上要有突破，否则很难进入人心，很难受到欢迎，很难有市场效应。目前有些电影作品，总体来说还比较粗糙，比较急功近利，不去精心细腻地刻画人物性格，而是人为地设置一些情节。而这些情节的设置不是来自生活的，而是来自作家、编剧、艺术家的主观主义的概念。创新与艺术家的思想观念关系极大，也与艺术家的工作作风关系极大，不深入难以创新。艺术创新的问题有待于我们大家一起来努力。

**（四）电影工作要创新**

电影工作的指导思想、方针政策、工作方法都要与时俱进，要有利于“弘扬主旋律，提倡多样化”，有利于电影业的繁荣和发展。这方面要做的事情很多，比如目前就要研究电影业要如何来进行市场化的运作。《英雄》为我们在这方面作了有益的探索，这部电影完全是市场运作，基本上是成功的。从投资开始，到宣传，一直到最后的发行放映，都是市场运作的结果。长春同志也讲了，电影就是要面向市场，走向市场。党中央和国务院早就把电影定位于市场。所以，从现在开始，从电影的拍摄、制作、放映，到电影院的建设，都要很好地考虑市场运作的问题。政府当然还会给予一定的扶持，但是不能把希望寄托在政府的扶持上。电影业要繁荣和发展，必须要在市场的竞争中赢得主导权，要培育市场意识，培育市场运行的能力，在市场中站稳脚跟。中国电影业长期以来不善于市场运作，羞于市场运作，这是不符合文化产业的新观念的。如果我们仍然以计划经济体制下的电影工作方法来迎接在激烈的市场机制下成长壮大起来的西方电影的冲击，是抵挡不住的。这里有一个材料，2002 年，在美国经济持续第三年徘徊于低谷的萎靡气氛中，以电影业为先导的美国娱乐业连创纪录，电影票房 92 亿美元，DVD 和录像带的销售额是 121 亿美元，录像带的租借额是 82 亿美元，美国人花费在电影上的开销超过了 300 亿美元，电影这一辅助产业成为了美国经济的重要支柱。而我国，2001 年传媒业的总体利税是 1000 亿人民币，已处在第四产业的位置上，应该说势头很好，但与发达的美国比，差距很大。所以我们电影业的整个工作模式都要有一个创新，否则很难适应形势发展的要求。

### （五）电影科技要创新

高新科技在电影中的使用，不仅能够提高电影的魅力，而且能够更好地扩大我们的市场，所以要高度重视电影业科技创新的问题。最近的几部片子都有科技创新，《惊涛骇浪》很好地运用了电脑制作技术，增强了艺术的感染力；《英雄》也运用了大量的高科技手段来营造视觉奇观。科技创新对电影业的发展是非常重要的。

## 三、关于电影创业的问题

尽管中国电影已经快有一百年的历史了，社会主义的中国电影也发展了五十多年，但创业仍然是我们面临的一个问题。现在电影的困难很多也很大。中国电影人在困难面前如何不气馁，在挑战面前如何不退缩，在压力面前如何不弯腰，需要有一种创业的精神。

现在，我们面临着第三次创业。如果说中国电影刚起步的时候是第一次创业，新中国成立后是第二次创业，那么现在就是第三次创业，要产业化发展，要进入市场。面临新媒体的崛起，外来音像制品的大量进入，人民群众欣赏方式的改变，需求的多样性，我们如何稳住阵脚，迎接挑战，抓住机遇，发展自己，必须要有创业的精神。

**（一）要有共产党人的蓬勃朝气，昂扬锐气，浩然正气**

要充满朝气，充满活力，不断向上，不断进取，不能在困难面前屈服，不能在挑战面前退缩，不能在压力面前弯腰。在革命战争年代的艰苦条件下，我们的革命电影事业还是在不断地发展，为我们的革命斗争做出重大贡献。目前的情况已经不能和那时相比，党和政府的重视，社会的需要，人民的需要，为我们的电影事业创造了很好的条件，所以要振作，绝不能气馁。

**（二）要有自立于世界民族之林的中华民族的伟大精神**

这是爱国主义的精神。要努力为中国民族电影的繁荣发展奉献我们的聪明才智。其实我们中国电影缺的不是资金，关键是要有好的剧本，要有好的市场回报。只要有好的本子，有好的市场运作，是会吸引来很多投资的。关键在于中国电影人要有一种志气，要敢于和西方的电影争高低。

**（三）要有解放思想，实事求是，与时俱进，开拓创新的精神**

如果有了蓬勃的朝气，有了民族精神，但是思想不解放也是不行的。我们现在对电影业的发展思路要调整，按照主题来进行生产部署的方式要改变。拍摄一部影片，在考虑导向正确的同时，必须考虑这部影片有没有人看，会产生什么样的效果。电影创作、电影生产必须要进行市场调查。现在社会上需要什么样的影片，群众需要哪一类的影片，要根据社会的需要、群众的需要来创作和生产。否则，投拍一部，亏损一部，电影业很难维持，更谈不上发展。最近中央反复强调，“我们的宣传工作要看群众欢迎不欢迎，满意不满意，赞成不赞成”。这同样要作为电影工作的根本原则。要做到这一点，就必须创新我们的工作思路。有的时候明知某些影片是没有市场的，但是估计能够被评上奖，就投资拍摄了，这是为评奖而拍摄，不是为群众而拍摄，是错误的。包括我们的评奖机制，我们的调控机制，我们的选题机制等各方面，都要进行调整。要全面贯彻落实“弘扬主旋律，提倡多样化”的方针，要探索产业化发展、市场化运作的新路子，否则我们很难面向市场，很难抵御西方大片的挑战。

**（四）要有抓住机遇，迎接挑战，努力发展壮大的实干精神**

《生死抉择》投资的回报很好，取得两个效益俱佳的成绩。即使《英雄》，这部投资2.4亿人民币的影片也能够取得上好利润的回报。如果一年能够有几部《生死抉择》、《英雄》这样的影片，那我们电影业的形势马上就扭转过来了，国产电影的形象马上就会大不一样了。一定要放下官商的架子，调动各方面的积极因素，不能像现在这样，钱是国家给的，拍完片子就不管了，然后再去评个奖，各方面都能交代了，根本不进入市场。如果中国的电影业按照这样一种模式发展的话，是繁荣不了的。一定要有实干精神，提高电影队伍的素质，提高电影创作人员的艺术才华，真正把我们的片子创作好、拍摄好、发行好。

### （五）要树立良好的思想作风

电影队伍，无论是领导干部还是创作人员，都要有良好的思想作风。要树立认真学习的风气，树立民主讨论的风气，树立积极探索的风气，树立求真务实的风气，树立团结协作的风气。电影是一门很深的学问，电影人要重视学习，向书本学习，向实践学习，向中国人学习，也要向外国人学习。电影是一门艺术，每个人都有每个人的不同看法和观点，所以树立民主讨论的风气特别重要，作品好或是不好，最终的标准应该是“三个代表”的重要思想，是江泽民同志强调弘扬主旋律讲的“四个一切”。还要树立积极探索的风气，成功的编剧、导演、演员，在其艺术道路上是不断探索的，只有这样才能成为有成就的艺术家。目前把电影当作一项内容产业来经营，就更加需要积极探索。要正确处理好艺术功能与商品属性的关系，电影要走向市场，不能在艺术上降格以求，不能满脑子钱欲，不能不顾社会效益，仍要把社会效益放在首位。要树立团结协作的风气，就是电影业的各方面、各部门，要同心同德，努力使中国电影走出困境。即使是探索失败了，考虑不周，也不要指责，可以善意地提出建议，加以改进，形成一种中国电影人为了中国电影事业的发展而同舟共济的良好氛围。

只要我们认真学习十六大报告，按照十六大精神来思考电影，谋划电影，推进电影业的繁荣和发展，我们对中国电影业的振兴和发展就会充满信心。只要我们按照十六大精神去改革、去发展、去创新，中国的电影业一定能迎来光明灿烂的前景。

（2003 年 1 月 11 日在全国电影工作会议上的讲话）

# 探索新时期电影繁荣发展的道路

首先，我代表中宣部、广电总局感谢各位评委来参加这次华表奖的评选工作。电影华表奖是一项重要的政府奖，中央很重视，社会各方面也都十分关注。从目前的情况看，电影业是在艰难地向前发展。虽然困难很多，总的形势有喜有忧，但喜的成分更多一些，这与中国电影人的辛勤劳动是分不开的。

目前，我国的文化产业和文化市场在高速地发展，特别是电视的发展尤其突出，这对电影这个曾经十分辉煌、拥有很多观众的文艺形式产生了较大的影响。那么，如何来看待电影和电视的关系呢？电视的崛起对传统的电影业带来了一定的影响。但是，如果我们的电影业能很好地借助电视这一现代化的传媒手段，也能够带动自身的发展。关键在于如何在影视合流的情况下，找到一个合适的形式和手段，从而带动电影业的繁荣和发展。这个问题无论是对世界各国还是中国，都是在探索之中。

电影业要繁荣发展，到底应该走一条什么样的路？我想讲以下几个问题。

## 一、电影业的繁荣发展，必须学会多条腿走路

按照传统的观念，是要把观众重新召回到电影院去看电影，认为只有这样，电影业才能重新振兴、繁荣和发展。于是，就沿着这样的思路来想办法。其中包括改造电影院、改革发行体制、提高电影放映的技术水平等。这条路固然是要走的，也是电影业繁荣发展的因由之一。因为电影如果不在电影院放映，没有观众来观看，那么也就失去了它最基本的存在价值。

但是在文化娱乐业空前繁荣发展的情况下，电影业要重塑辉煌，仅仅停留在传统的思维模式上，沿用旧有的电影发展策略，要想进一步繁荣和发展新时期的电影业是很困难的。新时期电影业的繁荣和发展，必须要学会多条腿走路。仅仅依靠电影院的更新，依靠观众重新回到电影院的策略是一条腿走路。所谓的多条腿走路，就是说除了传统的发展道路以外，要在影视合流、发展电影音像制品等这些方面加大发展力度。现在的美国电影产业20%的收入来自票房，80%来自电影的后衍生产品，传统的影院票房收入只占总收入的五分之一。通过这个例子说明，中国的电影业也应该有多个市场的同时发展。电影院是其中的一个市场，而更大的市场则是影片的音像制品，它能够进入家庭电影院、电视频道和宽带网络，把在电影院里的消费变为在家庭内的消费。电影业只有学会多条腿走路，才有可能走出困境，才能够找到新的发展道路。目前，电影业界的同志们已经开始这样做了。譬如，增加电影衍生产品的生产和制作、开发新的电影市场等。但是这还仅仅是一个起步，是一种没有明确发展方向的自发行为。要把这种行为上升到自觉

的高度，需要有专门的政策来引导，专门的机构来组织，专门的企业来生产。但是，现在还没有形成电影业多个市场共同发展的运行体系。所以，电影业的发展一定要在抓好传统市场的同时，进一步培育和发展电影业的新市场，这直接关系到当前和今后电影业的发展。也只有电影业真正发展起来了，中国电影人的信心和凝聚力才能够增强，事业发展的后劲才能够加大。电影主管部门首先要更新观念、调整思路，引导电影业进一步走出困境，迎来发展的曙光。

## 二、电影的根本问题是质量问题，关键就是能不能够做到“思想性、艺术性、观赏性”相统一

中国是世界上最大的电影市场，观众并不是不喜欢看电影，而是没有能够吸引人的好电影。整个电影业的发展要抓住这个根本。我国每年生产电影一百部左右，其中有一些“思想性、艺术性、观赏性”俱佳的影片，但是数量太少。而且就是在这些“三性统一”的影片中，能够形成社会热点的影片就更少了。美国每年生产大量的影片，但是真正能够吸引人的也就是几部质量好的。可见质量是第一位的，质量是电影的生命。中国能不能拍出高质量的电影呢？我想是完全可以的。中国有很著名的导演，有很出色的演员，有很优秀的作家。但是，光有这些人才是不够的，关键在于要按照电影的规律进行创作。电影是一门综合艺术，主要靠形象和情节来吸引观众。可是，现在有很多影片在形象的塑造、情节的设置上既缺乏深刻的思想性，又缺乏高超的艺术性，更缺乏精彩的观赏性。在影片的质量上下功夫，是电影业发展的一个根本问题。

## 三、电影业发展的关键是要面向市场

电影是一个重要的文化产业，这个产业的发展必须要以市场为依托。一部影片如果占领不了市场，就不是一部优秀的影片；电影业占领不了市场，也谈不上电影业的繁荣。看电影，是一种文化消费，一种市场现象。观众越多，市场越大。目前，中国电影业在面向市场这个问题上，既有观念上的束缚，也有体制上的制约，还有机制上的陈旧。

首先是观念上的问题。编剧、导演、演员和制片人，必须要有市场意识。在一部电影的筹拍之初，就要考虑这部影片拍完后能不能够进入市场，如果不能，所赋予电影的教育、欣赏、娱乐等功能也都实现不了。一部电影想要有人看，过去讲是要有群众观念，这个群众观念实际上就是市场观念。

再有就是体制问题。从理论上讲，体制问题已经解决了，因为电影生产单位都已经完成了企业化的转变。但是，由于人们对电影的传统认识还没有转变，所以在具体的做法上，依然把电影企业看作是一个行政单位、文化单位和宣传单位，而没有把它看作是生产电影的产业部门。很多具体事情也是这样，从干部的任免、员工的招聘、劳务费用的发放以及产品进入市场等一整套的体制结构也都还是行政单位做法，体制上并没有真正改变。在这种非市场化的体制之下，电影产品不可能进行市场化的运作，这种体制严重阻碍了电影业的向前发展。体制问题，还包括机构的设置、投融资的体制等。在投融资体制上，过去仅仅是依靠国家拨款。最近，长春同志时常在讲，以后要把国家拨款改为政府采购的形式。政府想要拍某一部片子，提出具体的要求，如果符合标准了，政府就收购，把拍片的成本付给制片单位。去年《英雄》的成功给我们一个启发，从投融资的体制上看，制片方依靠融资进行拍摄，对成本进行合理地规划和运作，比如在宣传上加大投入等。

还有机制的问题。体制改了，还要有面向市场的机制。运行模式和思路必须是市场化的。其中，影片发行非常重要。目前单一的院线制严重制约了电影的市场化。现在并不是没有电影观众，而是旧的发行方式制约了影片进入市场。很多影片发行公司都是官商，他们只是依靠政策上的优势来运行，而不是真正耐心地进行影片的发行和推销。我国的城市和农村都有着巨大的电影市场，我们缺少的是一支强有力的发行队伍。在影片的发行上是否只能实行单一的所有制形式？农村电影的发行放映是可以放开的。所以要围绕市场更新观念，改造体制，创新机制。

过去我们的评奖工作有很大的弊端，有的影片还没有进入市场就已经被评为优秀电影了。这次华表奖的评选进行了改革，把影片的票房收入作为一个重要的评奖标准。电影是最普及的一门艺术，需要得到社会各方面的认可，只依靠电影的管理部门和电影专家来对电影的优劣进行决定是有很大弊端的，要广泛吸纳社会各方面和广大群众的意见。这次的评委会进一步扩大了社会面，这也是本次评奖改革的一个重要举措，而且每年评委会都要进行更新，这对于评选优秀影片、促进电影繁荣是有积极作用的。一部影片的优劣必须要接受社会的检验和广大观众的评定。虽然这次评奖进行了一些改革，但是还需要多听意见，目的是为了促进电影业的繁荣。

## 四、电影要面向社会，面向群众，还是必须弘扬主旋律，提倡多样化

大千世界，人们的文化背景不一样，生活经历不一样，知识程度不一样，感情性格不一样，对艺术欣赏的需求也不一样。如果都是一种模式的影片，无法满足多样化的需求，所以电影一定要提倡多样化。多样化不仅仅是风格的多样化，还包括题材的多样化，内容的多样化。有的电影让大家看了以后可以笑一笑，消除一些烦恼，尽管影片里不会有很多的教育意义，但是社会也是需要的。当然，还是希望多一些既能给广大人民群众以启迪，教育，能够推进社会进步，又能给大家以美的艺术享受的作品。这样的作品多了，才能做到百花齐放，百家争鸣。生活是丰富多彩的，社会也是丰富多彩的，作为社会生活反映的文艺作品，也应该是丰富多彩的。只有这样，我们的电影业才能被称作繁荣昌盛的百花园。

目前，虽说电影业处于困境，但是中国的国产电影在大量涌入的外来影片中依然坚持了发展，这是值得欣慰的。这要感谢党的文艺工作方针，感谢党和政府对民族文化的关心、爱护和重视，也要感谢中国电影人对国产电影的一片衷情。发扬我们的民族文化，要靠大家的共同努力。中央的方针很明确——弘扬主旋律，提倡多样化。在不排斥外来文化的同时，大力发展本民族的文化。电影的改革方针也很明确，就是要面向市场，面向群众。在政府的大力扶持下，依靠社会的各方面来推进电影业的繁荣和发展，作为电影主管部门来说，这方面的责任更重大，我们要做的事情更多，希望电影

局的同志们既要认真地做好事务性的工作，更要沉下心来好好研究电影繁荣发展的路子，做好宏观调控和组织协调的工作，制定一些必要的政策，来推进事业的繁荣。

（2004 年在第九届中国电影华表奖评奖会上的讲话）

# 电影产业化发展的对策思考

## ——在2003年全国电影工作会议上的讲话

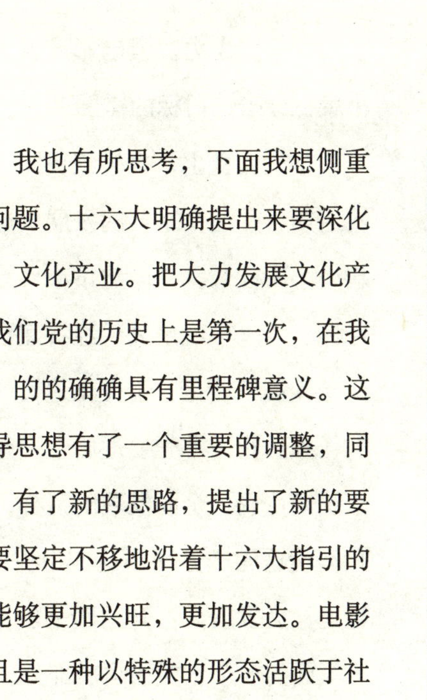

刚才听了七位同志的大会发言，我也有所思考，下面我想侧重地谈一下关于大力发展电影产业的问题。十六大明确提出来要深化文化体制改革和大力发展文化事业、文化产业。把大力发展文化产业写进了我们党的政治报告，这在我们党的历史上是第一次，在我们发展文化工作的整个历史进程中，的的确确具有里程碑意义。这不仅标志着我们党对文化工作的指导思想有了一个重要的调整，同时对新世纪、新阶段如何发展文化，有了新的思路，提出了新的要求，做出了新的部署。我们相信只要坚定不移地沿着十六大指引的方向走下去，我们的民族文化一定能够更加兴旺，更加发达。电影作为文化产业的一个重要部分，而且是一种以特殊的形态活跃于社会的一种文艺样式，具有其他门类的文化产业所不具备的独特功能和社会效应。所以在大力发展文化产业的过程中，怎么样把我们电影产业振兴起来、发展起来、繁荣起来，对整个文化产业的发展具有重要的意义。

## 一、充分认识发展电影产业的重要性和必要性

对一项工作认识程度如何，直接关系到对这项工作的发展。我们发展电影产业，首先在思想上要充分认识这个产业的重要性以及发展这个产业的必要性。我想围绕四个方面讲这个问题，提供大家参考。

**（一）大力发展电影产业，是我们实现十六大提出的全面建设小康社会宏伟目标的需要**

十六大提出，本世纪头二十年是我们需要牢牢抓住的重要发展机遇期，在这个重要的发展机遇期里，一项重要的任务就是要全面建设小康社会。全面建设小康社会目标是什么，十六大提出了四项目标。第一项就是关于经济建设的任务，第二项是关于政治建设的任务，第三项是关于文化建设的任务，第四项是关于生态环境建设的任务。我们首先要理解全面建设小康社会的这个宏伟目标，它是个统筹协调、全面发展的目标，这个目标涵盖了经济、政治、文化和环境这四个方面。这四个方面是一个社会的最基本的组成部分，也是社会发展离不开的四个最基本的因素，而其中文化是这四个要素里面的一个重要的组成部分。

文化是一个大概念，这个概念包括科技、教育、文化艺术以及体育等等。在这个文化的概念里面，当然涵盖着我们广播、电影、电视。作为产业属性来说，电影的产业属性在文化中是最明显的。所以要发展文化产业，必须要很好地发展电影这种受到广大人民群众普遍欢迎的、喜闻乐见的艺术形式、文化样式。如果我们的电影依然像目前这样一种状况，就会拖整个十六大宏伟目标实现的后

腿。可以想象十六大要实现的经济建设的目标、政治建设的目标、文化建设的目标，以及环境建设的目标都是一个大发展的目标，都是一个现代化的目标，也就是说要让人们过上小康水平生活的目标。所以从全面实现小康社会的宏伟目标这个要求来看，我们的电影必须要大发展；而电影要大发展，必须要实现产业化。

**（二）大力发展电影产业，是满足人民群众日益增长的精神文化需求的需要**

改革开放以来，中国人民的生活水平有了很大的提高，这个生活水平包括了物质生活水平和精神生活水平两个部分。与提高了的物质生活水平相适应，就是需要丰富多彩的、质量优良的精神文化产品和精神文化生活。不可能想象一个人只要物质生活，不要精神生活。所以当一个社会的经济发展到一定程度的时候，对精神文化方面的生产的需求，必定要提到日程上来。反过来，精神文化的生产也会推动和带动经济的发展。

大家知道我们中国的文化市场很大很大，大在什么地方？一是我们有 13 亿人口，这是世界上最大的文化消费群体，独一无二。二是我们现在从收听、收看以及播放广播、电影、电视等技术水平、技术措施来说，也有了很大的提高。中国现在有 4 亿台电视机，这是世界上独一无二的，哪一个国家也没有那么多，美国也没有我们这么多。4 亿台电视机是一个硬件，有了 4 亿台电视机，就要有 4 亿台电视机播放的内容和节目。现在一个城市一般都可以收到 40 套左右的电视节目，可是我们现在的电视节目相对比较贫乏，重播率很高，尤其是电影的重播率更高。

随着人们物质生活和其他条件的改善、视野的拓宽和文化水平的提高，对精神文化产品的要求也越来越高。当年我们生产了几部片子就可以放几年，经久不衰。像“文化大革命”几部样板片和《地道战》、《地雷战》等，可以放了又放。现在不行了，一般观众看了一遍以后再来看的几率就很小了。观众要求不断地有新作品，而且一般层次的电影，观众还看不上，要求高水平的电影。所以要求我们的电影既要有思想性，又要有艺术性，又要有观赏性。“三性统一”讲起来很容易，做起来很难。现在我们的观众很挑剔的，谁都是评论家，一部片子异口同声、交口称赞这种情况少有，哪怕像《邓小平》这样的电影，像《惊涛骇浪》这样的电影，或者像《英雄》、《天地英雄》这样的片子，那也都是各有各的看法。社会思想多元化，人们对文艺欣赏的水平也各不一样，所以在这样一个大的社会、经济、文化环境下面，我们影视生产难度加大了。人们的需求非常旺盛，怎么样来满足这样一种日益增长的精神文化的需求，这种需求不仅仅是数量问题，不仅仅是品种问题，而且包括质量，包括题材，包括风格等等。也就是我们现在常讲的只有“弘扬主旋律，提倡多样化”，才能够很好地满足人们精神文化的需求。所以我们大力发展电影产业，有利于促进我们的电影产品丰富多彩，数量不断增加，质量不断提高，品种更加丰富，题材更加多样。

**（三）大力发展电影产业，也是推进文化体制改革、发展文化产业的需要**

中央提出来为了要实现十六大的宏伟目标，必须进一步推进文化体制的改革。不改革就不能够满足人民群众的精神文化需要，就不能够使我们的文化事业、文化产业更好地发展起来，也就是说我们全面实现建设小康社会的宏伟目标很难做到。所以十六大明确提出来要深化文化体制改革，要大力发展文化事业、文化产业。作为文化的一个重要组成部分，作为广大人民群众喜闻乐见的艺术样式，我们的电影业必须要改革，从改革体制、创新机制入手，不断地解放和发展电影生产力，使我们的电影业繁荣起来。

中央决定了，从今年开始我们先搞试点，明年在总结试点的基础上，要全面推进文化体制改革。我们电影系统进入试点的有中影集团、长影集团，作为综合试点的省市有上海、浙江、广东等几个地区。因为包含着我们电影工作的改革，所以最近浙江省委提出来要推进影视产业的发展，要求总局批准把横店影视基地作为影视产业发展的实验区，总局已批复同意做个试点。我们整个电影业都要抓住这个机遇，好好来改革、发展我们的产业。不改革，发展不了；不发展，繁荣不了，会影响全面建设小康社会目标的实现，会影响我们满足人民群众精神文化需求这一神圣使命的完成。

**（四）大力发展电影产业，也是我们在新世纪新阶段进一步繁荣发展民族电影业的需要**

新中国电影五十多年来，取得了很大的成绩，在我们走过的长长的历程中留下了深深的、同时又是光辉的足迹。但是我们要看到与当前面临的新形势、新任务、新要求相比，我们电影业面临着很多新情况、新问题。怎么样解决这些新情况、新问题，是我们促进新时期电影业繁荣发展的一个关键。这些问题不解决，电影业发展不了，而要发展我们的电影业，一个重要的举措就是要推进电影产业化发展。

长期以来，电影业作为一个事业来发展，没有很好地进入市场，或者说没有完全进入市场，没有按照市场经济发展的要求来从事我们的电影工作。由于这方面的局限性使得当前的电影业在社会主义市场经济条件下出现了很多的不适应。这些不适应有思想观念上的，有体制上的，有机制上的，有政策上的，有工作方法上的等等。使我们迈不开腿，展不开翅，不仅发展的步履非常艰难，同时连生存的条件都越来越不具备。有句话说，适者生存，不适者亡。任何生物，任何事物，都要适应这个社会，适应这个环境，适应这个情况，才能够生存，不适应就要被淘汰。恐龙就这样被淘汰的，不适应这个环境就要被淘汰。很多其他物种保留下来了，很重要的原因，它们适应了变化的环境。而我们电影业现在面临的最大变化，就是十六届三中全会提出来的要进一步完善社会主义市场经济体制，而实际情况是我们电影业现在并不适应社会主义市场经济体制这样一个大的环境。所以我们要努力地适应这个环境，适应这样一个情况，就是要推进电影的产业化发展。

我想从以上这几个方面，大家可以看到，当前提出来电影产业化发展是非常重要，非常必要的。希望我们一起来高度重视电影产业化发展的问题，如果我们依然停留在原来的思想观念上，原来的政策规定上，原来的制度办法上，原来的工作方法上，我们新世纪新阶段的电影事业是很难发展的。解决这些新问题，沿着老路走不行，必须要按照十六大的要求，解放思想，实事求是，与时俱进，开拓创新，必须走新路，创新业，求新绩，开拓中国人民电影事业的新局面。

## 二、电影产业化发展要着力抓好的几项工作

电影产业化发展是一个新的概念，新的思路，新的要求。我们

现在的国有三十多家电影生产单位中，到目前为止，大概还有三分之二是所谓事业性质单位。这样一种性质的单位，是很难适应社会主义市场经济发展的需要的，所以中央也已经明确提出电影业必须转制重组，也就是说一定要把原有的事业发展的思路扭转过来，走产业发展的路子，要把原有的事业单位的帽子摘掉，真正进行企业化管理，面向市场。也只有面向市场，才能够生存，才能够发展，这是一个方面。另一方面，即使已经是企业性质的电影单位，仍然是在按照事业单位的运营模式在运作，没有真正地按照现代企业制度办事，没有真正地面向市场，使我们现在的电影生产单位事业不像事业，企业不像企业。所以当务之急就是按照中央的要求，按照这次文化体制改革的要求，将电影单位转制重组，进行产业化运作。怎么样进行产业化的运作，我看当前关键要做好这几项工作：

### （一）建立两个制度

这两个制度，一个就是现代产权制度，一个是现代企业制度，这是我们进行产业化运作两个必须具备的基本条件。只有在这两个制度建立的基础上，我们才能够走产业化的路子。因为要面向市场，要进行产业化发展，就必须要有一个市场主体，我们的电影生产单位也好，我们的发行公司也好，我们的电影院也好，都应是市场主体。但是我们现在的市场主体很不规范的。如何规范，关键是要建立这两个制度。

现代产权制度就是要建立归属清晰、权责明确、保护严格、流转顺畅的制度。要产业化发展，必须按照现代产权制度来办。

对可经营性的资源、资产一定要依法评估，同时必须要确定产权的归属。产权是谁的，谁就是产业主人。要切实履行出资人的职责，防止国有资产的流失，把资产的所有权和经营权分开，维护出资人的权益，确保企业作为市场主体和法人实体的相应权利，依法进行产权的交易和产权经营。这是我们在新时期，抓住机遇，迎接挑战，大力发展电影产业的需要。所以一定要把这个产权制度建立起来，不能那么稀里糊涂地搞经营。

产权制度是建立现代企业制度的基础，现代企业制度是建立在产权制度的基础之上的。如何更好地运作产权，就要建立产权清晰，权责明确，政企分开，管理科学的现代企业制度。现代企业制度就要按照《公司法》的要求来办事，要对企业实行股份制的改造，实行政企分开，明确政府和企业的责任；要建立规范的企业法人治理结构，通过改革来理顺企业内部的关系，增强活力，使企业真正具有相应的职责权利的自主经营、自负盈亏、自我约束、自我发展的产业运营主体和市场竞争主体。所以，产业化运作首先要把这两个制度建立起来。



### （二）争取两个效益

这两个效益，一个是社会效益，另一个就是经济效益。我们要把社会效益放在第一位，同时又要把社会效益和经济效益统一起来。在这里强调社会效益，是因为电影毕竟还带有意识形态的属性，它有教育人民、引导社会的责任，不是一般的商品。所以从这个意义上讲，我们首先要求电影产业要注意社会效益，而且要把社会效益放在首位。在强调社会效益的同时，又必须要注意电影产业的经济效益。我们强调电影产业的经济效益，是因为电影具有商品属性，生产制作需要资金，通过销售发行，电影进入了商品化、产业化的运行轨道，从而获得利润，所以它带有商业属性。既然带有商业属性，就必定要有经济效益，没有经济效益，电影这个特殊的商品就无法存在。没有资金保障，电影生产不出来，不能拿到市场上去交易，不能获得利润的回报，就不能够再生产，这样的商品就绝了。所以我们必须要把两个效益统一起来，统一在电影里面来。忽视社会效益是不对的，不讲经济效益也是不行的。前者是不对的，后者是不行的，这就是我们电影产业化运作过程中，与其他的一般性的商品所不同的地方。

### （三）开辟两个市场

真正把中国的电影产业化发展起来，必须要注意两个市场的开辟，一个是国内的市场，一个是国际市场。中国电影的国内市场应该说是非常庞大的，但是目前我们的电影产业规模很小，成本很高，利润率很低，但是我觉得潜在的能力很大，因为我们毕竟有 13 亿人，而这 13 亿人对中国的电影是有非常深厚、非常特殊的感情的。现在关键的问题是，我们能不能够真正生产出群众欢迎的、市场需要的电影作品。所以一旦将 13 亿人的电影市场开辟出来，开发出来，我们中国的电影大国的地位就会牢牢地确立起来。到那时候中国何止年产 100 多部片子，那是远远满足不了 13 亿人大市场的需求的。关键是我们要很好地进行产业化运作。

与此同时，还必须要开辟国际市场。美国电影的大头是国际市场，不是国内市场。我们开发国际市场，不要妄自菲薄。这次《英雄》给我们很深的启示，它在国际上打开了一个新的局面，说明中国的电影照样能够占领国际市场，关键是看创作什么样的电影，如何去运作这个电影。也不是所有的美国片都可以在国外占领市场的，相当一部分美国片子，在中国市场的形势并不好，大多数中国人还是愿意看中国的电影，爱看外国片子的中国人的比例很小。美国生产那么多电影，一年不就那么几部叫得响的片子。但是由于这样几部片子的质量较高，目前仍占有中国的将近一半市场，显示了美国电影的实力。所以我们真正要把中国变成一个电影生产的大国，不仅要占领国内市场，而且要占领国际市场。占领国际市场要做很多工作，除了创作、制作外，还要会营销。现在我们会国际营销吗？根本不会，更不会根据国外观众的需要去生产电影。所以我们一定要振奋精神，深化改革，努力学习，不能在那儿一天到晚叫困难，困难是叫不走的，只有用新的思路、新的发展才能够把困难撂到后面。国家是重视电影的，但是国家不可能拿那么多钱来给你搞电影，而且明确地说，电影要找市场才有出路。你不要去找市长，找市长弄来一点钱，拍两部片子就没了。今年勉强拍两部，明年呢，再去找市长？所以，我们一定要找市场，要找市场就要走产业化发展的路。

这就又带出来一系列问题，怎么样开拓这两个市场？我提出问题来大家思考，不仅要思考，更希望大家能够积极地探索，走出一条新的路子来。像《英雄》、《天地英雄》、《手机》，现在走市场，取得较好的效益。如何进行市场化运作，还是需要大胆探索。中国共产党最大的本事就是善于调动广大群众的创造精神，经验也好，办法也好，都是从群众中来的。所以我们热情鼓励大家要创造，去探索，去实践，为我们电影的产业化发展，走出一条新的路子来。

**（四）坚持两个面向**

产业化发展必须要坚持两个面向，一个就是面向群众，一个就是要面向市场。群众是我们电影的消费者，广大群众需要看什么，愿意看什么，我们应该满足他们的需要，在面向群众中来发展我们的电影。离开了群众，也就是离开了我们的衣食父母，我们电影还有什么前景？所以这点是非常重要的。最近一段时间以来，中央领导同志几次在大会、小会上讲，我们过去文化工作中存在的一个突出问题是没有真正面向群众，结果是："政府是投资主体，领导是基本观众，评奖是奋斗目标，仓库是最终归属。"这种情况，严重地脱离群众。脱离了群众，我们的电影业怎么样发展？以前我们对电影的题目、主题、选材，甚至于风格，都提出这个要求、那个要求，甚至钱都给你准备好了，生产期限也给你定好了，发行档期都给你排好了。这哪叫产业发展呢？严重地脱离群众。所以我们必须要面向群众，特别是作为电影来说，跟有的艺术还不一样，它是最普及的，也是最通俗的艺术样式，所以更要注意面向群众。选题面向群众，风格也要面向群众，题材也要面向群众。我们讲电影有引导群众的职能，首先就要面向群众，不能面向群众，怎么能够引导群众呢？背靠背怎么引导？只有面向群众，才能够引导群众，所以产业化发展必须要解决面向群众的问题。如果说背对群众，生产出来的都是群众不需要的，那就是跟群众作对了，群众说我现在需要茶杯，结果你生产一个碗，群众说需要碗，你给他生产一个盆，完全跟群众对着干了，怎么样去满足他们需求呢，怎么样去为他们服务呢？只有面向群众，满足群众需要，才能够更好地教育群众，引导群众，才能够真正发挥电影的作用。我们现在有一些电影，要靠发通知发行，广电总局发的通知还不行，最好能够中宣部加上中组部联合发，如果这样下去，我们怎么搞产业化发展呢？真正群众需要的，不用发通知；群众不需要的，发通知也没用。现在改革开放

不断深化，大环境就是市场经济，就是要政企分开，所以我们必须高度重视面向群众这个问题。

再一个就是必须面向市场。产业化的发展，如果离开了市场的作用，产业化就发展不起来。产业的最大特点就是要按照市场经济的规律办，要接受市场的检验。而市场是冷酷无情的，真正消费者需要的东西，市场才能让你进来，不需要的东西，市场是不接受的。所以，电影要产业化发展，必须要研究市场、熟悉市场，这样才能够掌握市场，占领市场。当你在设计这部电影题材的时候，当你在确定这部电影的风格的时候，你首先要考虑市场需不需要，市场的反应如何。如果离开了市场，你必定要碰壁，因此我们的电影人应该变得聪明起来。这样才能够掌握自己的命运，电影业才能够站得住脚，才能够在市场经济这个大海里面乘风破浪前进，不至于被汹涌澎湃的大浪所吞没。

**（五）遵循两个规律**

电影产业化发展过程中，必须要遵循两个规律，就如十六届三中全会决定讲的，要按照社会主义精神文明建设的规律，同时要适应社会主义市场经济发展的要求来运作。为什么要遵循精神文明建设规律？因为电影带有意识形态的属性，肩负着教育人民，引导人民的职责，所以必须要遵循精神文明建设的规律。同时电影又是个商品，要通过市场运作来积累资金，发展自己，所以又必须要遵循市场经济的规律。现在摆在我们面前的问题是怎么样把这两个规律很好地结合起来，这就是我们要着力解决的。只讲精神文明建设的规律，忽视了市场经济的规律，我们的电影业很难生存和发展下去。只注意市场经济的规律，而忽略了精神文明建设的规律，我们

的电影业也会走到邪路上去，因为毕竟我们有一个需要满足人民群众精神文化生活的需要，同时还肩负着教育和引导人民的职责。电影的功能就是这样，任何人也回避不了，不是主观上想回避就可以回避的。所以，我们在进行电影产业化发展过程中要注意遵循这两个规律，同时要努力地使这两个规律很好地统一在产业化运作中。

**（六）夯实两个基础**

电影产业化发展要有两个基础条件，一个是要抓好创作，写好剧本。大家都知道“剧本剧本，一剧之本”，没有好的剧本，会给后续的一系列生产工序都可能带来很大的影响。在电影产业化发展的过程中，一定要抓好创作，不能忽视创作。因为电影毕竟是个内容产业，是通过内容面向群众，面向市场，通过内容来赢得群众，占领市场，所以必须要搞好内容的生产。在内容生产方面，最基础一点就是要抓好剧本，搞好创作。再有一个基础性条件就是人才，人才资源是我们现代化建设的第一资源，电影要发展，人才也是最基本的一个条件。对电影来说，需要各方面的人才，要有名导演、名演员、名编剧等，现在我看还要有本事的电影经营家。所以刚才塞夫同志提出能不能给优秀的电影制片厂的厂长奖励？我看可以。经营电影的人才很重要，即使一部很好的电影拍出来了，但没有人会经营，在市场上也很难成功。我们现在紧缺的是电影经营人才，所以我们要培养这方面的人才，同时也要想办法引进这方面的人才。我们过去比较注意名导演、名演员，我看我们同样要高度重视电影经营人才。目前，电影经营人才是我们稀缺的人才。希望今后电影行业要拥有一批有名的电影经营家、电影实业家，这也是我们电影产业化发展的基础性条件。

## 三、电影产业化发展需要解决的几个问题

十六大报告提出了“解放思想、实事求是、与时俱进”的思想路线，使我们党的思想路线更加完备，也进一步向前发展了。关于“解放思想”，十六大报告提出了“三个解放”、“三个一切”的重要原则。“三个解放”是“我们一定要适应实践的发展，以实践来检验一切，自觉地把思想认识从那些不适宜的观念、做法和体制的束缚中解放出来，从对马克思主义错误的和教条式的理解中解放出来，从主观主义和形而上学的桎梏中解放出来”。“三个一切”是“一切妨碍发展的思想观念都要坚决冲破，一切束缚发展的做法和规定都要坚决改变，一切影响发展的体制弊端都要坚决革除”。这“三个解放”、“三个一切”，要求很高，力度很大。电影要实现产业化发展，必须要很好地贯彻这“三个解放”、“三个一切”的原则。我在这里也大声疾呼，电影界的同志们要很好地贯彻“三个解放”、“三个一切”的原则。可以这么说，这“三个解放”、“三个一切”，我们贯彻得如何，直接关系到我们电影业的改革发展。

我在广电会上讲了“西瓜现象”，日本农场主发明了一种方西瓜，圆的西瓜不好运，这个方西瓜就跟砖头一样可以堆放得整整齐齐的，又不容易碰坏。方西瓜怎么生产呢，要做个方形模子，西瓜小的时候，就套在模子里面，慢慢长成以后就不是圆的，而是方的了。当然这个盒子里头也有透光的地方，也有透气的地方，不管怎么长，最终西瓜无法突破这个模子，都是方的。那么实际上西瓜是圆的，在大自然的情况下，没有任何束缚的情况下，它该长成什么样，就长成什么样，但人们给一个方形的模子套上，就可以让它长

成方的。这给我们一个什么启示呢，我们的制度，我们的规章，我们的政策，我们的体制等等，如同模子，会制约电影业的发展。所以从某种程度上来说，我们电影业如果说不够繁荣，不够发展的话，就是受到这样一些体制、这样一些制度、这样一些规定、这样一些政策的束缚。因此，要让电影业发展繁荣起来，就要打破影响电影业发展的模式，让电影能够充分地生长和发展。我想“三个解放”、“三个一切”的要求，最基本的道理就是要打破束缚，只有这样才能够发展起来。

真正要把中国的电影业发展起来，我认为要在三个“破”上下功夫。

### （一）冲破束缚，解放思想

这个冲破主要是指思想观念，我们要冲破各种影响发展的旧思想、老观念束缚。当前主要在哪些思想观念上要有所解放，有所突破呢？我想要围绕谁来拍电影，拍电影干什么，拍什么样的电影，怎么样管电影，这关系到电影业发展的四个大的理论问题和实践问题上，要冲破束缚，解放思想。谁来拍电影？我们过去有很多规定，重要的一条，电影只有国有单位才能拍，民营的不能拍电影，这个观念我们现在已经开始突破了。美国的电影，法国、日本、英国的电影都可以在中国放，我们就没有必要再规定中国的电影只有国有单位才能拍，民营的不能拍。我们还管到拍电影的钱，合作拍电影，国有要占大头。美国的片子统统是资本家出的钱，这样的电影都可以在中国放；中国要拍电影，非要规定谁出多少钱有必要吗？关键的问题是拍出的电影能不能放，能不能进电影院，能不能上电视，能不能进市场，我们把这个管住就行了。我想这需要解放思想，人家美国的电影都可以在我们这儿放，为什么我们自己把自已束缚起来？中国本来拍电影就没有钱，结果你还要限制社会资金进来拍电影，所以我们首先要在这个问题上有突破。中央领导同志也指出，关键是要把住市场准入这个关口。市场准入就是看电影的导向，看电影的质量，不行则不能放映。政府就管这个总的开关。把住市场准入关，其他一切问题也都解决了。制片方选本子、选题材，从剧本开始就会考虑，这个本子能不能拍？投资了一千万，如果说不能通过，一千万就扔到水里了。这样他会主动让你看剧本，没哪个人会那么傻的，来盲目投资，他要进行投资的可行性研究。

还有拍电影是干什么和拍什么样的电影的问题。我们过去的理解有所偏颇，不恰当地强调电影的教育功能。电影有教育人的作用，这点毫无疑问，但是不能仅仅归结为一点就是教育人。电影作为一种艺术样式客观存着对人们思想的影响，这是不可回避的，所以从这个意义上来说，电影的教育功能是存在的。既然电影能影响人们的思想，就要考虑是正面影响，还是负面影响，所以我们要牢牢把握好正确的方向，对人们起到教育作用。但是电影的作用不能够只归结为教育人，完全作为一种纯粹的教育工具。因为毕竟电影还是有艺术的作用和观赏的作用在里面。十六大报告提出来，中央关于文化体制改革的文件也提出来，我们提倡先进的文化，欢迎健康有益的文化，同时要改造落后的文化，要抵制腐朽的文化。让大家笑一笑，乐一乐，精神上有了调节，没有其他方面的害处，这种片子我们允许拍，允许放。这样就大大拓宽了作品的题材领域，大大地拓宽了电影人思想的领域。包括主旋律，现在都在讲主旋律，主旋律的方针是明确的，要弘扬主旋律，同时还有一句话要提倡多样化。“弘扬主旋律，提倡多样化”是一致的，现在的问题是我们对主旋律的理解存在偏颇。从电影的创作者、制作者，到电影的管

理者，对这个问题的理解上都有偏颇，什么叫主旋律，江泽民同志曾经有一个明确的论述，即“四个有利于”。从江泽民同志这“四个有利于”的论述来看，主旋律是一个比较宽泛的概念，不是我们有些人狭义的理解，就是革命的思想、崇高的品质、优良的传统。“四个有利于”里其中就有一个是“有利于人们用自己的诚实劳动换取美好生活的思想和精神”，这也是主旋律。我们不要一说主旋律就是革命英雄主义，就是雷锋精神，就是共产党员的优秀代表，这当然是主旋律，但是主旋律不仅仅指这些。总之一句话，一切对经济发展、对社会进步、对民族团结、对人民幸福、对人的素质的提高有帮助的思想和精神都是属于主旋律范围。所以我觉得我们要很好地理解，把思想从偏颇的认识中解放出来。

再有一个我们怎么样管电影的问题。我想，只要有利于制片方拍出群众欢迎的、对社会有好处的电影，我们都支持、我们都赞成。而且我们为此要给电影人创造条件来发展电影业。

最近一段时间，中央领导同志关于文化体制改革和文化事业、文化产业发展讲了非常重要的意见，其中特别强调的一点，就是要我们创新。要创新就是要突破，就是要突破原有的那些思想认识，思想观念，否则没法创新。所以突破旧的思想的束缚，形成新的创新的思路，这是我们产业化发展的一个首要条件，也是必须要解决的首要问题。

### （二）打破封闭，促进开放

影响我们电影产业化发展的另一个重要的问题就是封闭，包括部门的封闭，地域的封闭，行业的封闭等等。电影应该是一个社会行业。把行业封闭的局面打破了，各行各业都会关心电影，各行各业都会来投资电影，不要认为这只是电影系统的事情，别人不能搞，只能我搞。我们广播电视工作多少年来一直就是广电系统在搞，实际上现在已经逐步打破了，社会上做电视节目的到处都是。这些年来电视剧为什么那么繁荣，为我们电视台创造利润的第一位是电视剧。为什么？就是各行各业、社会方方面面只要有条件、有能力，都可以搞电视剧，没有什么制约，当然我们也有宏观调控，允许制作电视剧的公司，如果三年内拿不出电视剧就要被取消资格。就是这样管，电视剧的生产就相对繁荣。但是我们电影多年来束缚还是比较大的，所以今年改革力度很大，颁发了一些新的规定、新的制度、新的办法。还有地区封锁问题，现在是市场经济了，要建立大市场，只有大市场才是我们形成大产业的一个基础，没有大市场，大产业形成不了。一定要真正按照市场规律办事，打破地区封锁，打破行业封锁。市场经济不管你是姓什么的，是什么地方生产的，只要对消费者有用，市场就会接纳。不打破这些封锁，我们电影是繁荣不起来的。包括我们的管理，我想我们也要打破封锁，打破封闭。十六届三中全会决定提出来，深化文化体制改革，要建立起“党委领导，政府管理，行业自律，企事业单位依法运营的文化管理体制”。要建立这样一套体制，不要把电影的全部工作都由广电总局和电影局来管。要政企分开，有些事该下放到企业去，由企业自己去经营，按市场经济规律办事。有些事情也不一定要政府出面，我非常赞同发挥行业协会的自律作用。不要统统让政府部门来管，有些事情政府部门是管不了的，可以让行业协会来协调。有同志跟我讲，现在演员要价太高，我们一部电影投资的三分之二给演员分光了，只有三分之一用来拍电影，政府能不能调控一下？政府是做不了这个事情的，但是我觉得行业协会可以发挥作用，是不是行业协会定一个规矩，拍一部电影一个演员只能拿多少万，如果破了规矩以后，行业协会要制裁你。如果中影破了规矩，协会就制裁中影，上影破了规矩就制裁上影。把演员出场价压下来，然后真正把钱用到拍片子上。拍摄成本降低了以后票价也能够降下来，要不然老百姓都买不起电影票看电影，你说这样电影能繁荣吗？下一步，我们总局要很好研究，要授权这些行业协会来自律。当然行业协会要有制度，行业协会运行的费用由各个行业单位来支付，用以保障全行业的整体利益。打击盗版的工作，我看也可以成立一个行业协会来负责。我们政府管理部门也要打破封闭，不要把什么东西都揽起来，该放权的要放。

**（三）突破障碍，推动发展**

障碍主要是一些体制性的障碍、政策性的障碍、制度性的障碍等。我们从今年开始在这方面已经做了不少事情，下一步我们仍然需要这方面下大功夫，要突破这些障碍，才能够推动发展。说到这些障碍，我就想到刚才介绍情况的内蒙古厂，今年拍了 13 部影片，还有几部正在运作，一个小厂就能够拍出那么多片子，我看就是突破了很多方面的障碍。资金的运用上已经突破了，发行的渠道上也突破了。可是我们现在一些大厂还不行，遇到不少麻烦。所以我有一个想法，一个是抓大放小，大的几个制片厂我们要抓好。所谓抓大，不是说这些大的我都要给你管起来，而是要加强指导，促进你改革。小制片厂放开，让它们在市场经济的大海里去闯，为什么？因为它们负担轻，压力小，转制容易，重组方便。现在有二十几个小厂，包括山西厂、天津厂等等，这些小厂也拍出了一些很有影响的片子，关键是机制活。我看要放开，就要帮助它们突破体制、机制、政策、制度方面的障碍。甚至于厂名也可以改，如果“蒙牛”

企业参股投资的话，内蒙古电影制片厂就可叫蒙牛电影制片厂。如果“伊利”企业投资入股的话，也可叫伊利电影制片厂。北京市旧城改造难，新区开发容易，电影的发展同样是这个道理，大制片厂这些老企业，要改造很难。等把大厂的包袱解除了，困难解决了，需要相当时间，这势必会影响电影业的振兴。怎么办？就是一方面要努力地进行旧城改造，另一方面更要搞新城开发。新城开发就是要培育新的市场主体，而这些新的市场主体负担轻、活力强。所以我想你们的小厂负担较轻，又有电影的出品权，改革发展相对比大厂要容易。

那么大厂有包袱怎么办呢？一方面依靠国家的扶持来解决。国家的扶持是必要的，但毕竟是有限的。因此，大厂还是要加强内部的改革，尽快面向市场。我在考虑这些问题，就是我们大的电影制片厂，现在叫这个集团、那个集团，负担都很重，一年拍几部片子困难大得不得了，而像小厂思路一变，办法一新，一年十几部片子就拍出来了，可以满足各方面的需要，为什么？很值得思考。大厂要放下架子，拍群众需要的电影。小厂就没有架子，较易贴近生活、贴近群众，小投入小制作，只要群众需要，市场需要，他们就干。胡锦涛同志和李长春同志多次讲话强调：我们的文化工作一个非常重要的原则就是看群众满意不满意，群众答应不答应，群众赞成不赞成。既然群众喜欢的事情，我们就应该尽心尽力地去做。总之，摆在我们面前的是大有可为的事业，虽然有困难，但关键是如何转换思路来求生存，求发展。

## 四、切实加强对电影产业化发展的领导

电影产业化发展的方向、原则和任务都已经明确了，从今年开

始，我们还有多半的事业单位要逐步转为企业。如何加强对电影产业化工作的领导，我想提几点要求：

**（一）坚持以“三个代表”重要思想为指导**

电影产业化发展要以“三个代表”重要思想为指导，要充分体现先进生产力发展的要求，充分体现先进文化的前进方向，充分体现最广大人民的根本利益。按照这三条，来指导好、引导好我们电影业的产业化发展。这里我想特别强调三句话，第一句是电影产业化发展必须坚持先进文化的前进方向，我们不能去搞落后的文化，更不能去搞腐朽的文化，这是我们社会主义电影的性质所决定的。第二句是必须要有利于中国民族电影的发展，中国的电影产业化发展，是中国民族电影的产业化，所以必须要有利于促进我们中国民族电影的发展。第三句是必须满足人民群众精神文化生活的需要。我看具体贯彻“三个代表”重要思想，推进电影产业化的发展，要牢记这三句话。

**（二）认真规划、周密部署**

电影产业化需要一个过程，现在刚刚起步，在这样的情况下，一定要认真规划，如我刚才讲的抓大放小怎么搞，要进行规划，不能盲目地搞。面上如何推进，点上如何试验，生产单位如何改制，发行部门如何重组，国内市场如何建立，国际市场如何开辟，政府职能如何转变，行业协会作用如何发挥等等，都要很好地规划，周密地部署。关于行业协会管理的问题，是不是能够在我们电影业和电影产业化发展中首先尝试一下。能不能确定哪一个行业协会来作为试点？我们政府授权，指导、协助行业协会来开展自律工作。

### （三）加强领导、过细工作

总局作为政府管理部门针对电影产业化的发展，制定了“关于加快电影产业发展的若干意见”，这是电影产业化发展的一个纲领性文件。同时总局也正在与国务院有关部门协商，加快制定《电影促进法》的步伐。对于电影业的改革问题，总局已经制订并下发了试点工作的方案。这些是我们加强领导工作的一个方面。另外，抓好试点，总结经验，准备好改革的全面推开工作，也是加强领导的重要方面，我们必须认真做好。改革发展工作是一项长期的、艰苦的、复杂的又是紧迫的任务，涉及到观念的更新，体制的改革，机制的创新，利益的调整，职能的转变，需要过细地做好思想工作，做好政策的协调工作，做好一些重大问题的决策工作等等。

我们预言，按照十六大给我们指引的方向，按照中央的要求，按照目前这样一种态势发展下去，中国的电影产业化发展，不出五年，一定会有一个崭新的面貌！但是话要说回来，在这五年发展的长河中一定是有喜有忧，有的是乘风破浪前进，也有的可能被大浪冲得翻船。这就是市场经济，这就是客观规律。关键是我们能不能够把握好航船前进的方向，有没有本领抗击风浪，这是最重要的。今天在座的都是电影业的骨干力量，衷心地希望大家抓住机遇，深化改革，积极创新，努力工作，让中国电影业的巨轮乘风破浪，推向前进。中国电影业的发展大有希望！

（2003年12月）

# 管理是关键　创作是根本

## ——关于中国电影集团的工作

这些年来，在很困难的条件下，电影集团领导班子带领全体同志艰苦奋斗、勇于创新、大胆改革推动事业的发展，既创造了良好的社会效益也取得了一定的经济效益。整个集团在稳定中发展，形势很好，势头不错。集团成立三年来积累了一些好的经验，这些经验都是大家用智慧和汗水换来的。三年的工作的确为集团今后的发展打下了良好的基础，很好地总结这些经验，特别是针对当前所面临的新情况、新问题、新形势认真地进行研究和决策，把当前的工作以及下一阶段的工作安排好，对集团的发展非常重要。

对中影集团今后的工作谈几点意见。

### 一、关于中影集团的地位和作用

中影集团在全国的电影事业中处于龙头地位，发挥着排头兵、领头羊的作用，地位十分重要。无论在电影创作，还是在电影业的改革、发展和管理工作中都应为全国电影行业各个单位起表率和示范作用。不仅如此，中影集团作为我国地位十分重要的电影集团在规模上应该是最大的；在实力上应该是最强的；在产品上应该是最好的；在队伍素质上应该是最高的。只有这样中影集团才能成为名副其实的龙头，成为排头兵，成为领头羊。不仅要占领国内市场，而且还要冲出国门、走向世界。中影集团的同志应该充分认识到所处地位的重要，发挥积极作用。

中影集团在中国广电集团中地位同样也是非常重要的，中影集团是中国广电集团的五大支柱之一（包括中央人民广播电台、中央电视台、国际广播电台、中影集团、中广公司），同志们应非常清醒地认识到我们所肩负的担子。中影集团所肩负的独特任务就是要发展和繁荣电影事业。广电集团如何在发展中国电影事业进程中发挥重要的作用，关键要看中影集团。如果中影集团发挥不了作用，那么广电集团在中国电影事业发展中发挥良好的作用就谈不上，中央台、中央电视台、国际台替代不了它的作用。我们应充分认识到中影集团在我国、在中国电影事业、在中国广电集团的重要地位和它所肩负的重要使命。



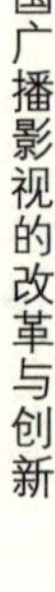

如果中影集团发展不了，中国的电影事业也就会受到极大影响；如果中影集团出不了好作品，就会影响中国电影事业的精品生产；如果中影集团走不出国门，中国的电影事业也很难走出国门。从这个意义上讲，中影集团就是中国第一号的电影集团和电影企业，是中国电影事业的象征和代表。

## 二、关于加强管理

管理是一门很深的学问，一个单位、一个事业能不能正常运转、顺利发展，取决于管理的水平。

第一要在改革中加强管理。管理工作头等重要的就是要改革，改革本身就是管理的创新。不改革，在老的思维模式、老的思想观念、老的工作模式下搞管理搞不好。把不适应生产力发展的旧体制、旧机制、旧运作模式改掉是一种管理水平和管理素质的体现。

中影集团成立三年来在改革方面做了大量工作，从原来的计划经济模式走向市场经济，从原来的吃大锅饭到引入竞争机制，在改革人事制度等方面做了很多工作，也取得了很好的效果，这说明新时期电影事业改革取得了很好的成绩，也可以说新时期电影管理工作做出了一些非常有意义、有成效的尝试。

从另一方面说，改革已全面铺开，现在的问题是在改革过程中如何加强管理。首先要研究管理，研究管理就是研究当前在整个集团运作过程中哪些是有利于生产力解放和发展的，哪些是不利于生产力解放和发展的，把那些不利于生产力解放和发展的东西革除掉，建立有利于生产力解放和发展的新制度、新机制、新办法、新模式。只有这样，管理才能走上一个新的阶段，迈上一个新的台阶。

这次会议的核心问题就是研究如何在改革中加强管理，我们要在大的方面管住、管好，其他方面可以大胆地改，该放的放开、放活。大的方面一是社会主义电影事业的性质不能变；二是党对电影事业的领导不能变；三是“为人民服务、为社会主义服务”的“二为”方向不能变；四是以优秀的作品鼓舞人不能变；还有一点也是电影事业的社会主义性质决定了的，要坚持把社会效益放在第一位，努力做到社会效益和经济效益的统一不能变。在改革中加强管理就是把大的方面管住，其他具体方面可以做积极的探索和尝试。

但放开也不是说无组织、无纪律，改革要有组织、有计划、有序地进行。

第二要在发展中加强管理。现在的电影事业与前几年的概念发生了变化，不仅指制片、发行，还有其他方面的开发，像VOD、电视电影、音像等，这个行业的外延大大拓宽。因此我们要根据电影事业的内涵和外延所发生的变化提出新的办法，通过调整管理的理念、方式、方法，来经营我们的集团。

要确定四个目标：处理好三者关系；抓住两个重点；明确一个核心。

四个目标就是降低成本、扩大利润、增加收入和发展事业。首先是降低成本，现在的电影投入成本很高，只有降低成本才能扩大利润。扩大利润就是产品进入市场后如何经营，只有通过扩大利润、增加收入，才能发展事业。要研究中国的电影市场在哪里，农村和城市的电影市场都要开发。

三者关系是指责、权、利的关系。有效组合三者关系能产生非常好的管理效益。现在管理中存在的最大问题是责、权、利不配套、不合理，什么样的组织机构，什么样的工作机制，什么样的运行方式能最有效地把责、权、利的关系处理好，能降低成本、扩大利润、增加收入和发展事业，这是值得大家思考的。

现在看，电影生产是一块、发行是一块、放映是一块，三块本来是一个产业链的关系，应该是互相联系、互相制约、互相促进的。但现在是制片不管发行，发行不管制片，发行的影片电影院放不放，制片不管，这个产业链是断的，不能发挥作用。好的产业链应该是合理、科学，互相联系、互相制约、互相促进的。国外电影企业，像迪斯尼、福克斯的整体化概念、一体化意识都非常强。现在这种分断、切割的产业链不能有效地调动各方面的积极性，只有捆绑在一起，风险同担、利益共享才有积极性。制片、发行、放映要形成一个良好的生产经营环境。另外，发行问题也要进一步研究，研究市场需求，研究工作体制。最终是围绕一个目标，把中影集团的影片生产好、发行好、推销好，形成合力，产生最佳效益。

两个重点。管理的一个重点是管住，一个重点是理顺。把党和政府有关电影工作的法律法规和方针政策管住，包括管好人和管好钱；理顺就是要理顺人际关系、生产关系、流通环节、资本运营，为生产力的发展创造条件。

一个核心。即必须牢牢把握电影的创作、生产是电影集团的核心业务，要围绕这个核心业务来改革、发展。

## 三、关于电影的创作生产

这是我们的根本。我想强调以下五点：

**1. 抓内容**

电影是文化产业，内容为“王”，内容如何是决定性的，因此要狠抓剧本创作，没有好的剧本就不可能有好的影片。有了剧本后怎样表演好、制作好也是一个大问题，要有好的制片人、好的导演、好的演员。因此电影作为内容产业，必须把内容放在第一位，集团上上下下要把主要精力集中放在创作生产上。

**2. 打品牌**

品牌作用很大，占领市场、扩大影响都靠品牌。名导演、名演员是品牌的重要构成，另外还有电影本身的品牌。中影集团是否可以作为品牌可以再研究一下，中影集团是一个企业、一个集团，集团涵盖方方面面的东西，像北影、长影、上影是品牌，新闻集团下的福克斯电影公司是一个品牌，维亚康母下的派拉蒙电影公司是一个品牌，我们也要研究一下自己的品牌问题。

**3. 抢机遇**

现在重大节庆很多，党和国家关于支持电影发展的政策也不少。从细微处看变化，现在电影市场有一个微暖的苗头，改革的一些举措的推出对电影市场由冷转暖提供了条件，但还得看我们会不会利用这个机遇。电影数字化是新东西，我们要善于利用这些东西去营造一种电影市场转暖的环境。上海一家多厅影院建成后上半年票房占全市上半年总票房的一半，华星影院也比较热。“星星之火可以燎原”是这次在江西井冈山会议上得到的启示，我们怎样让星火燎原起来，关键要看能不能抓住机遇、利用机遇。

**4. 搞开发**

电影的开发是多方面的，包括电影题材的开发，题材要多样化；还有资源开发、品种开发、市场开发等，这样才能走一条更宽更广的事业发展之路。

**5. 反盗版**

一方面是保护知识产权；一方面是维护市场秩序，要通过维权和净化市场，促进国产影片两个效益的提高。

## 四、培养和造就电影事业家

在电影界电影表演艺术家很多，我们现在缺的是电影事业家。电影事业家应该是讲政治、顾大局、精业务、懂经营、善管理的人。以前的计划经济体制，从制片、发行、放映的各方面都是计划命令，现在要切实走向市场，要学会经营。中影集团应该有这样的电影事业家，希望大家加强学习、努力实践、提高管理水平，造就中国特色社会主义电影事业的优秀管理人才。

（2002 年 8 月 14 日在中国电影集团公司工作会议上的讲话）

# 电影宣传和评论中存在的问题及改进的意见

电影工作是我们社会主义文化的重要组成部分，这些年来尽管遇到了一些困难，但是中央仍然高度重视电影工作，采取多种措施，来促进新时期电影事业的繁荣和发展。广大电影工作者矢志不渝地从事我们新时期电影的创作，积极推进电影系统各方面的改革，使我们的电影事业在困难的情况下保持了良好的发展态势，这一点应该充分肯定。虽然形势大好，但也有不少问题。产生这些问题的因素是多方面的：有新时期电影工作如何适应形势发展的问题；有具体的政策和措施问题；有如何进一步加大改革力度，更好地推进事业发展的问题；也有我们电影队伍的精神状态问题。我们要充分肯定成绩，同时又要高度重视存在的不足。只有这样，才能够树立信心，振奋精神，把我们新时期的电影工作做得更好；克服困难，勇往直前，把我们的电影事业推向新的繁荣。

在当前的情况下要推进电影事业的繁荣和发展，就必须重视电影的宣传和电影的评论工作，这是党的文艺工作和电影工作的一个优良传统，也是党的文艺工作和电影工作的优势。但是，这些年来电影宣传和电影评论工作却比较薄弱，这种弱化的趋势对我们整个电影事业的繁荣和发展是很不利的。

在目前的电影宣传和电影评论工作沿着正确的方向前进，才能够解决电影宣传和电影评论中存在着“四不”的现象：即不正，不准，不紧，不多。

不正，就是风气不正，方向不正。所谓的风气不正，就是指对宣传内容的选择不正确，该宣传的不去宣传，不该宣传的却大力宣传，甚至还有走后门、托关系的情况出现。方向不正，就是宣传或评论，没有坚持文艺工作、电影工作的正确方向。主要表现在宣传了一些不该宣传的电影，或者是宣传了一些不该宣传的电影中的一些不良倾向。而这些宣传的内容，不符合我们党文艺工作和电影工作的方向，在电影宣传和电影评论中产生错误的导向。一些弘扬主旋律的，思想性、艺术性、观赏性俱佳的影片，要宣传起来很困难。即使进行了工作布置和组织，宣传起来也是苍白无力，缺少热情的。而有一些思想性、艺术性、观赏性统一得不是很好的影片，甚至在导向上存在问题的影片，在宣传上却占有主流的位置。另外，方向不正还表现在，国产片的宣传不如进口片的宣传。一个是作为政治任务，不得不搞；一个是热情投入，反复炒作。所以，“不正”的问题比较严重。

不准，就是不准确。对我们党的文艺政策、电影工作的方针把握不准，对一部影片和一个时期电影工作中的情况把握不准，宣传和评论不符合事实；对整个电影工作的形势没有把握住，有的把电影工作的形势说得很糟，贬低我们的电影工作队伍。这种宣传不符合事实，不符合中央的精神。

不紧，就是与电影的中心工作跟得不紧。电影宣传和电影评论工作是直接为党的电影事业的繁荣和发展服务的，这个方向必

须明确。但是，怎么样很好地为我们当前电影事业的发展服务，在这个方面跟得不紧，游离于电影工作的中心任务，游离于一个时期党对电影工作的要求。我们要繁荣民族的电影事业，但有些宣传和评论觉得中国的电影事业没有希望；我们要弘扬主旋律，有些媒体却在炒作其他的影片，对主旋律的片子没有兴趣。脱离电影工作的中心来搞宣传和评论，就不能为电影工作服务，不能引导电影工作者搞好自己的创作，就更谈不到能够促进电影事业的繁荣和发展。

不多，就是从总体来说，现在对电影的宣传和对电影的评论数量不多，特别是有水平的、方向正确的、能够产生良好效果的宣传和评论不多。这也说明我们电影的宣传和电影的评论工作还不够繁荣，从而直接影响了整个电影事业的繁荣和发展。必须进一步加强电影的宣传和评论工作，用繁荣的电影宣传和电影评论来促进电影事业的繁荣和发展。

要搞好电影的宣传和电影的评论工作，关键还是要做到下面几条：

**第一，要以“三个代表”的重要思想为指针，坚持先进文化的前进方向，这是我们搞好电影宣传和电影评论工作的根本。**

只有按照“三个代表”的要求，坚持先进文化的前进方向，才能够使我们的电影宣传和电影评论工作沿着正确的方向前进，才能够解决电影宣传和电影评论中“不正”的问题。怎么样来看待一部作品，怎么样来看待当前的电影工作，必须坚持的标准就是“三个代表”，必须坚持的方向就是先进文化的前进方向。不符合“三个代表”，不能坚持先进文化前进方向的作品，我们要去引导，加以克服和纠正；而符合“三个代表”，符合先进文化前进方向的作品，我们应该满腔热情地去鼓劲，使我们的电影工作者能够更加满怀信心，精神振奋，去搞好我们的创作，搞好我们的生产，搞好电影其他方面的工作。这是方向性的问题。把握了这一条，我们当前的电影宣传和电影评论工作中存在的一些问题，就可以得到克服。现在，出现了对一些没有批准发行的“地下电影”的宣传，甚至一些违规违纪的影视创作人员也受到某些媒体的大力吹捧。这就是没有坚持“三个代表”的要求，没有坚持先进文化的前进方向。

**第二，要符合“唱响主旋律，提倡多样化”的要求。**

“唱响主旋律，提倡多样化”，把新时期电影工作的要求讲得非常明确。我们要把主要精力放在“主旋律”的片子上，同时还要提倡“多样化”。只有这样，电影事业才是繁荣的。我们按照这个要求来指导电影工作，那么电影宣传和电影评论工作，也要贯彻好这个要求，也要按照这个要求去做。要满腔热情地去宣传“主旋律”的片子，即使“主旋律”的片子有缺点，我们的宣传和评论也应该为了能够进一步提高影片的质量而去鼓与呼，而不是去讽刺、挖苦、打击。要帮助影片创作者发现问题，提高“主旋律”影片的吸引力、影响力，使其成为真正的电影艺术精品。坚持贯彻这个要求，还要对一些“多样化”的影片有一个正确的指导思想，引导他们在形式多样化、题材多样化、风格多样化的前提下，把影片内容拍得更有意义，对社会、人民有益，也要使这样的影片成为电影艺术的精品。按照这样的要求，对电影宣传和电影评论工作加以正确的规范和引导。

**第三，要贯彻“双百方针”，做到“百花齐放，百家争鸣”。**

这既是我们文艺工作的方针，也是电影宣传和电影评论工作要遵循的重要方针。这个方针五十年代就提出来了，但是过去的电影样式比较单一，品种不多，真正做到“百花齐放”还是现在。我们现在的电影“百花盛开”，各种各样的品种都有，题材、风格空前的多样。我们在新时期的电影宣传和电影评论工作中要很好地体现“百花齐放”，宣传“百花齐放”，这样有利于电影创作，有利于电影事业出现更好的局面。我们既要热心于“主旋律”影片的宣传和评论工作，也要对其他不同类型、不同风格、不同题材的影片进行宣传和评论。但是，现在对“主旋律”片子的宣传不多，在宣传和评论的主动性和热情上还不够，导致这样的宣传和评论缺少深度，缺少说服力，缺少生动性。相反，对一些所谓的“非主流”影片的宣传却很主动，很积极。这个方面要注意把握好。再就是要“百家争鸣”。我们提倡“百家争鸣”，哪怕是对“主旋律”的片子指出存在的问题，也是要提倡的。现在普遍存在的问题却是对一些不应该宣传的影片，我们一味地去炒作，结果是在整个电影界、在社会上产生思想上的误导。而且，有一些片子、一些人还批评不得。既然是“百家争鸣”，当然可以提意见，这种“意见”应该是友善的，不能恶意攻击。现在还有两个比较突出的问题，一是胡炒，为了商业利益，进行广告式的、莫名其妙的宣传，大多是拙劣的商业炒作；再有就是胡编，为了媒体自身的需要，为了提高发行量而去臆造很多不真实的事件。这种风气与“百花齐放，百家争鸣”是完全相悖的，是不正之风，必须要纠正。我们只有很好地贯彻“双百”方针，才能使电影宣传和电影评论工作健康地发展，才能发挥电影宣传和电影评论的积极作用，否则会起反作用。

**第四，要加强领导，加强组织。**

电影宣传和电影评论是我们整个电影工作重要的组成部分，作用是非常大的，直接关系到电影事业的健康发展，所以我们要加强领导，加强组织。要使我们的电影宣传和电影评论工作繁荣起来，不仅仅是宣传部门的责任，也不仅仅是新闻单位、电影评论家的责任，而是所有电影战线的同志和关心电影事业的朋友的责任。要调动社会各个方面的积极性，组织一支专门队伍来进行电影的宣传和评论工作，特别是评论家队伍。不去领导，不去组织，没有队伍，散沙一盘，对电影宣传和电影评论工作的开展是非常不利的。要在领导和组织的过程中去引导这支队伍来搞好宣传和评论。该宣传些什么，该评论些什么，对哪些问题要进行抨击，对哪些现象要批评，对哪些演员、哪些作品、哪些做法我们要提倡、要推广，这都需要通过加强领导、加强组织来实现。如果我们有这样一支队伍，就可以利用起来，在出现不正确的宣传和评论时，把我们的话说出去。而且电影宣传和电影评论工作对于推广影片也有极大的好处，这比广告宣传的效果好。

另外，我也衷心希望像《人民日报》、《光明日报》等主要媒体，包括中央电视台、电影频道要在加强电影宣传、加强电影评论方面发挥主阵地作用，要首先唱响主旋律，用我们正确的宣传、正确的评论去引导其他媒体对电影的宣传和评论。从总体上说，我们这些主流媒体在电影宣传和电影评论的把握上是好的，但也不尽如人意，最突出的就是把宣传和评论工作的重心放错了地方。现在，在宣传倾向和数量上，对外国影片的宣传远远超过了中国影片。一些电视栏目或报刊杂志，在介绍外国影片时非常用心，而宣传国产影片的时候就是应景的了。这样的反差，使观众和读者被一些所谓的“世界影视”的介绍吸引过去，而冷落了国产电影。我们自己的宣传阵地一味地宣传外国影片和外国演员，成了西方文化的宣传阵地。对外国影片的宣传不是不能搞，而是要适可而止，不能放在主导的位置上来进行。主流媒体一定要树立榜样，给予正确的引导。电影频道的《中国电影报道》栏目一定要保持好的势头，继续发展下去。

（2002年第八届华表奖评奖会上的讲话）

# 辩证看待电视剧

## ——一谈电视剧的创作生产

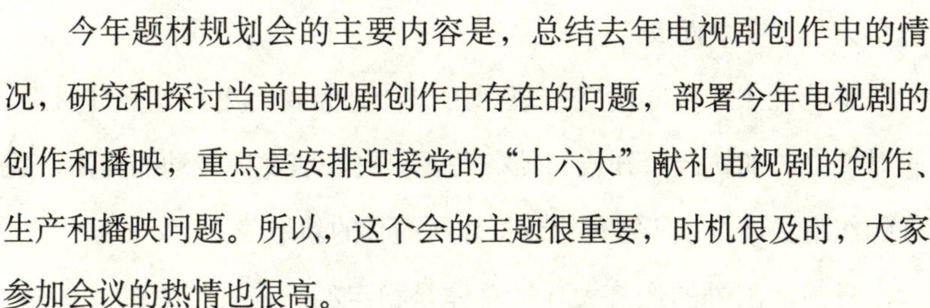

今年题材规划会的主要内容是，总结去年电视剧创作中的情况，研究和探讨当前电视剧创作中存在的问题，部署今年电视剧的创作和播映，重点是安排迎接党的“十六大”献礼电视剧的创作、生产和播映问题。所以，这个会的主题很重要，时机很及时，大家参加会议的热情也很高。

大家对今年的电视宣传，特别是电视剧创作、生产和播映所面临的形势要有充分的认识。今年是我们党和国家历史上十分重要的一年。今年即将召开的党的“十六大”，要研究和部署在新的历史时期，如何进一步推动改革开放和现代化建设的伟大事业，在我们党和国家的历史上，应该说是带有里程碑性质的一次重要会议。今年也是加入 WTO 以后的第一年。中国加入 WTO，不仅仅是一个经济问题，也是一个政治问题，一个社会问题，一个文化问题。随着加入 WTO，中国将更加深入地改革，更加全面地开放。在这样一种情况下，中国社会将会遇到很多新的情况、新的问题，既面临着发展的新机遇，也面临着新的挑战。

今年是我们国家改革开放和经济建设面临新情况的突出时期。

“9·11”事件以后，美国经济的衰退，给全球经济的发展带来了很大影响。在这种情况下，中国作为改革和发展中的国家，处于一个更加开放的时代，经济发展也遇到一些新的情况。怎样确保经济能够持续、快速、健康地发展，的确有很多问题需要我们去研究，需要我们去解决。

今年也是我们宣传思想工作者肩负着特殊使命的一年。这里所讲的特殊使命，很重要的一点是要为党的“十六大”的召开创造良好的舆论环境。我们广播影视战线的任务也就格外繁重，因为广播影视在整个宣传思想工作中处于一个非常独特的地位，中央关注，群众关心，受众面最广。

总的说来，今年的宣传思想工作，要为我们更好地抓住机遇，应对挑战，加快改革开放和经济发展，更好地发挥鼓动的作用、促进的作用。这是今年宣传思想工作所面临的新形势。

目前，国外的经济大环境总体是稳定的，是在发展的，但是，局部也存在一些混乱和不安定。这些局部的混乱和不安定所产生的影响不可低估。所以，在这样一种情况下，我们的宣传思想工作要为进一步凝聚人心、鼓舞干劲、弘扬正气发挥更大的作用。

在经济建设、改革开放需要克服困难进一步发展的同时，我们的精神文明建设也面临着很重的任务，面临着一些新的情况。要通过精神文明建设促进物质文明建设更好地发展，而在加强精神文明建设过程中，广播、电影、电视有着独特的作用。怎样为社会的健康发展、经济的更加繁荣，创造一个良好的文化环境，这是我们必须要研究、思考和解决的一个大问题。

首先，社会的整个文化环境要与政治环境、经济环境相协调，这是最起码的一点。同时，我们还要为社会政治、经济建设的健康发展，发挥推动作用、促进作用。同时，我们要建立一个良好的文化环境。在文化环境的建设过程中，电视的作用特别突出，它的受众数量最大、层次最多、影响最广。而电视剧越来越受欢迎，在电视宣传、电视艺术里面是当家的艺术形式之一。要正确认识在这样一种形势下，怎么样把电视剧的创作、生产、播映搞好。

另一个方面，随着加入 WTO，随着改革的进一步深化，开放的进一步扩大，我们的文化领域，特别是广播影视领域，也面临着发展的机遇和严峻的挑战。

加入 WTO，对我们来说直接的承诺主要有两项：一项是电影的 20 部分账影片，再一个是允许外资改造我们的电影院。除此之外，与我们有紧密关系的项目，还有音像批销市场的开放，也就是允许外国人来经营音像制品的批发零售和租赁业务；我们承诺书、报、刊的批发零售市场将逐步开放，也就是允许外资来批发、零售我们的书、报、杂志；再一个是承诺广告市场要逐步开放，也就是说广告的制作、推广，将允许外资进入，允许合资甚至独资经营广告企业。

还有一个与我们有关系的，是电信将对外开放，外资可以经营我们的电信业务。电信跟我们有什么关系呢？大家知道，广播、电信和互联网“三网”融合已经写进了党的“五中全会”文件，就是要推进三网融合。三网里面，电信网和互联网允许外资进入，而广播电视业务，根据 WTO 的服务协议是不开放的，但是，由于电信、互联网的开放，三网融合的结果，广电网主观上不开放，实际上也开放了。“三条河”是连在一起的，有“两条河”的水与外面相通，第三条河的水，能不融合在一起吗？当然也要混流在一起了，事情就是这样。

对于电影的进入，当然我们有手段来控制，每年引进 20 部大片，但不是每年非要进20部。实际上，我们现在每年进的电影远不止20部，去年进口分账大片是10部，其他形式进来的影片有44部。但是，这绝不仅仅是一个数量的问题。要看到，外国电影在中国还是很有市场的。一部《泰坦尼克号》，就相当于当年国产影片票房收入的四分之一，去年的《珍珠港》，票房收入也达到了1.3亿。去年我们生产的影片大约是100部，10年来国产影片的票房收入是168亿，进口片数量不多，但是，却占了我们整个票房收入的四分之一多。一些电影院放进口片时满腔热情，放国产片时扭扭捏捏，不好意思说不放，但是强调要亏损，因为没有市场，没有人看，所以没有主动性，没有积极性，也不去推广，不去开拓市场。可是大家看看，一些电影院为《泰坦尼克号》作推广却是不遗余力，影片的角角落落都要去宣传，有的人本来不想看，由于宣传的诱导，也要去影院看一看到底是怎么回事。

音像制品批发零售的开放对我们的电影、电视是一个非常大的冲击。音像制品数量巨大，其主要成分电影、电视剧进入家庭，形成了无数的家庭影院，不仅对电影市场是很大的打击，而且对电视的收视率也带来很大的冲击。特别是大量的盗版光盘，无孔不入地进入家庭，对我们的冲击是相当大的。

书籍、报刊的发展，对广播影视也是有影响的。现在报刊的形式很多，除了党报以外，有很多生活类、时尚类的报刊。这些报刊不是进机关，而是进家庭的。进家庭的结果怎么样呢？当电视不好看的时候，人们就看杂志、报纸，不看电视。据报道，意大利的第一夫人就告诫意大利人民不要看电视，希望大家还是回去看书，甚至提出，哪怕回去看光盘，也比看电视强。因为意大利的电视台充斥着肥皂剧，充斥着竞猜发奖，充斥着俊男靓女，没有什么看头，特别是对青少年影响不好，所以，意大利的第一夫人提出来，希望意大利市民不要看电视，或者少看电视。

广告的开放同样对我们有影响，因为电视剧是电视广告收入的主要来源之一。现在广告都是国内经营的，随着广告业对外商开放，他们会以西方人独有的市场理念、广告效应来策划、推广广告，来影响我们的广告市场。作为广告市场的龙头单位和龙头载体，电视台和电视剧下一步如何应对，就面临着新的情况。搞得好，你能抓住这个机遇，搞不好，就会丢掉这个市场。所以，我们对今年的整个形势，从国家大的形势到广播影视业面临的形势，都要有一个清醒的认识。

如何抓住机遇，应对挑战？没有别的路子，就是要改革创新，把我们的节目办好，把节目办得有人看，看了以后能够既有良好的社会效益，又有良好的经济效益，除此之外，没有别的出路。根据WTO服务协定的原则，广播、电视是不开放的，但实际上，中国的电视开放到何种程度了，在座的同志都很清楚。看看我们的荧屏，里面有多少外国的东西？多得很！人家没叫我们开放，我们自己就在那里开放了。大量的外国电影、接连不断的进口电视剧在荧屏上播放，不断地与中国观众见面，大量的其他电视艺术样式，在各种不同的节目和栏目里出现，什么维亚康姆的MTV，迪斯尼的动画片，《国家地理》杂志的《地球探索》，很多电视台都播放。

为什么会出现这种情况？一方面固然因为西方媒体要千方百计进入中国，看好我们拥有13亿观众的庞大市场，另一方面是我们的电视播出机构主动跟人家要的。的确有些外国的东西是我们没有的，或者比我们做得好看，观赏性比我们强，这也是要引进的一个原因。我们不是一概地排斥外来文化。外来电视节目固然能够丰富我们的荧屏，但是，过多地引进外国的文化，对民族文化的繁荣和发展，会带来致命的打击。不要说社会主义中国要高度警惕这样的事情，就连资本主义的法国以及欧洲的其他国家，都非常警惕美国文化的侵入。这是一个民族精神、民族传统的问题，从某种程度上说，也是一个主权问题，文化主权问题。

所以，在这种情况下，要很好地研究如何把我们的电视宣传、电视艺术搞得更加繁荣，这是我们的神圣使命，事关民族精神的弘扬，事关民族文化的发展，事关用什么样的精神文化去提供给人民群众这样一个大问题。同志们要高度重视在新的形势下、新的任务面前，如何进一步繁荣广播影视事业这个重要的课题。而在进一步繁荣广播影视事业的课题里面，今天我们要研究一个很重要的问题，就是怎样进一步繁荣和发展中国电视剧事业。下面我想就这个问题讲三点看法。

### （一）电视剧艺术的"长"与"短"

现在，电视剧越来越受到人民的欢迎，可以说是处于在荧屏上"唱大戏"的重要地位。电视剧艺术有很多长处，至少有那么几个方面的长处：故事容量大，表现天地宽，题材范围广，编辑手法活，再加上电视剧通俗易懂，雅俗共赏，投资灵活，效益明显，是其他艺术形式不可企及的。不过，这些长处是相对而言的，是相对于其他艺术形式来说的。正因为电视剧有这些特长，所以，现在越来越受到人们的重视，越来越受到人们的欢迎，已经成为电视宣传的重要手段，电视艺术的热门领域，思想教育的生动教材，增长知识的独特渠道，文化娱乐的大众乐园，和文艺创作的锦绣殿堂，同时也成为两个效益的良好载体。

当然，电视剧也有它的短处。简单说来，一个是在艺术上缺乏精雕细刻，至少比电影来说有这方面的弱点；另一个是在主题上缺少集中凝练，电视剧作品主题太散，非常拖沓，把无关的东西都写进来了，特别是有的长篇连续剧，反正容量大，回旋余地大，就什么东西都往里面塞；再一个是在欣赏上缺少便捷利落，电视连续剧，特别是20集、30集、40集的长篇连续剧，观众很难坚持一集一集地看完，实在跟不上，如果要坚持看完，必须打乱生活规律或者工作规律，从这个角度来看，与其他艺术形式相比，有它不方便的地方。这样一些缺点或者弱点，也给电视剧的进一步繁荣、发展带来一定的制约作用。我们要扬长避短，在创作、播出方面，尽量能够使电视剧的长处更好地发扬，避免由于电视剧的一些短处而给其带来不良影响，使我们的电视剧更好地走向群众，走向社会，拥有观众，拥有市场。

现在有一个问题是，真正精彩的、叫得响的短篇的电视剧不多。尽管我们提倡了，艺委会在评奖的时候也注意到了这个问题，但是给人们印象比较深刻，在社会上叫得响的还是一些长篇电视剧。这在某种程度上又产生了一定的导向作用，使创作界、制作单位，乃至播出部门，都相对倾情于长篇电视剧。一放就是20、30集，有的还要40集，一下子就是一个月、两个月，当然有一个重要原因，长篇电视剧好拉广告，这是一个不可回避的因素，也不能不考虑。但是，我们还是要注意形式和样式的多样化。现在大家看电视，一看新闻，二看电视剧，其他一些艺术样式是穿插型的，配料型的。要研究观众看电视的习惯，为大家提供多样化的电视剧。

在当前的形势下，同志们要高度重视电视剧在整个电视宣传和电视艺术中的地位和作用，更加自觉、更加努力地推动电视剧艺术朝着正确、健康的方向发展，使电视剧这一广为人们欢迎的艺术形式，能够更好地繁荣，更快地发展，更有效地发挥它在推进社会进步，满足人们精神文化需求方面的积极作用，在这方面我们要进一步统一思想。只有这样，我们才能找到一条路子，更好地推进这一艺术门类的发展。

### （二）电视剧创作的“喜”与“忧”

首先，要充分肯定电视剧创作中的大好形势。的的确确，这些年电视剧出现了一个逐步走向繁荣的良好态势，各界高度重视，广为群众欢迎，而且在社会进步中发挥了重要的作用。我们去年有几部电视剧影响很好，比如《长征》、《日出东方》。过去也有很多好的电视剧，古装戏中，比如《一代廉吏于成龙》，收视率很高，两个效益很好；现代戏中，像前年播的《大雪无痕》，前几年的《渴望》、《四世同堂》、《编辑部的故事》，都发挥了积极的作用，人们也非常喜爱。

当大家下班的时候都问一句，今晚你看什么电视剧？看得怎么样？昨天晚上看了没有？听到这样的话，作为电视人，我们心里是非常欣慰的。特别是听说为电视剧里面的某一个情节、某一个人物，大家在办公室、家里争论不休时，也是我们感到非常欣慰的时候。有的电视剧播出时，那段时间的社会治安得到了明显的好转，听到这样的信息，我们更感到非常高兴，这就是电视剧的作用。

总体来说，电视剧创作中，的确是喜忧并存。“喜”主要有以下几个方面：

**一喜热**。一是创作热，很多作家纷纷从事电视剧的创作。所以，现在电视剧作品从总体来说，能够满足我们的需要。相对于电视剧来说，从事电影创作的人太少，很多原来搞电影创作的人，都转过来搞电视剧创作。二是收看热，也就是观众多。有的作品收视率达到了20%、30%，甚至更高。三是投资热，企业愿意投资电视剧的创作和生产，也愿意投入电视剧的广告。还有一个是播映热，每个电视台都在千方百计找好电视剧，甚至于一部好的电视剧同时在全国七八个电视台播，所以，现在总局总编室要进行宏观调控。

**二喜多**。一是作品多；二是创作人员多；三是制作单位多；四是收益多，电视剧的社会效益很好，经济效益也很好；另外，现在优秀作品也多起来了。

**三喜新**。首先是近年电视剧创作、生产中，出现了很多新的题材。现在常说哪一类题材的作品太多了，比如古装的多，破案的多，写爱情的多，等等。这些“多”，是电视剧在繁荣和发展过程中出现的问题。如果整个创作的题材很单一，就不可能出现那么多“多”的问题。但是，关于“多”的问题，有些也是值得我们注意的。首先要肯定，现在的的确确题材很多，搞各种各样题材的都有，大到党和国家的重大事件、重大决策、领袖人物，小到平民百姓、生活琐事，比如《贫嘴张大民的幸福生活》写的就是平民琐事。其次是很多作品从新的角度来反映我们的社会，或者多层面、多角度地反映当前的社会变革、发展，这是令人欣喜的。再一个是新的样式，电视剧在不断地创新，出现了一些新颖的、受人欢迎的样式，在结构、情节的处理和人物的塑造上，出现了一些新的思维、新的手法。

**四喜广**。首先是影响广，这是最重要的。电视剧影响广泛，从国家领导人到普通百姓，从知识分子到不识几个字的农民，从中国人到外国人，都喜欢看我们的电视剧。其次是队伍广，从事电视剧创作、生产的人员，来自社会方方面面，形成了社会化大生产的格局。现在各行各业都要搞电视剧创作、生产，很多部门都有影视中心，给电视剧艺术的繁荣发展带来了新气象。

这是电视剧创作中形势好的方面，我们应该珍惜这个好的形势。但是，电视剧创作中也存在一些令人担忧的问题，主要有以下几个方面：

**一忧导向有误**。有的电视剧在思想倾向上有问题，比如说，公开地为婚外恋正名，引起人们的同情、支持，故事情节的设置、心理的刻画、故事的结局，都为这个主题服务，就是婚外恋可怜、可爱、可行。如果我们宣扬这样一种与传统道德、家庭伦理格格不入的东西，就是导向有问题。

**二忧品位不高**。像做菜总要放点辣椒、香料调味一样，艺术创作里也要有一些调味的东西，但是，这些调味品要有益于人的健康。个别本来很好的正剧，但有些情节安排、设计得却很不好，明明不需要洗澡的，非要安排他去洗澡，明明可以坐在那里说话的，非要安排他到床上去说。有的作品甚至把现代人的某些东西，弄到古代人身上去，显得不合情理。

**三忧胡编乱造**。艺术创作要高于生活，这是说主题的提炼应该高于生活，但一些电视剧却人为地拔高生活，描写的是生活中不可能的事情，在情节设计上不合理，违反了生活真实的原则。现在有一个突出的问题，我想引起同志们的注意，就是我们电视剧里面有些东西太假了。这个“假”不是指“戏说”，那是另外一回事，是整个故事情节或者内容方面的问题。我这里说的，是故事情节发展过程出现了现实生活中做不到的事情，或不可能出现的事情，可是在电视剧里却被这样安排了，这样设计了，所以，给人的感觉是，这个电视剧太假了。太假了，就影响群众的接受程度、接受效果。我们回过头来看看有些美国电影，明明是假的，可看起来像真的，使你觉得不可能是假的。我们却把一些真的东西，搞得像假的。说到底，还是深入生活不够，连普通老百姓都能看出来不可能的东西，一些导演、演员还要去演，最严重的是胡编乱造不符合社会的发展，不符合历史演变实际情况的东西。

**四忧粗制滥造**。撇开晚上黄金时间的电视剧，大家去注意看一下上午九十点，或者下午两三点放的电视剧，就会知道一些电视剧粗制滥造到了什么程度。演艺水平很差，故事设计很粗糙，这样一些电视剧能够在电视台放，恐怕是人情关系或者其他什么原因。

**五忧模仿克隆**。人家做的看着还不错，我也跟着做一个类似的东西。人物形象设计、故事情节设置，很多都是大同小异，甚至基本一样。这个问题甚至出现在一些重大历史题材的电视剧里边，写来写去就那么几段，年轻的时候如何积极要求进步，中年的时候如何英勇奋斗，里头穿插几个大的战役，然后再搞两个对立面，跟他斗，老年的时候如何领导有方，用这样的模式塑造人物。创作思维上的克隆现象，表现形式上的克隆现象，表演技巧上的克隆现象，也是影响今后电视剧发展的重要问题。模仿克隆的问题不仅出现在电视剧的创作和制作上，在其他艺术样式中，比如“快乐大本营”、“欢乐总动员”、“欢乐周末”，也存在着同样的问题。

**六忧追风逐浪**。这突出表现在清宫戏太多、警匪片太多的问题上。我们国家有那么多朝代，唯独把清朝翻了个底儿朝天，像有的领导同志所说的那样，演完皇帝演皇后，演完皇后演太监，演完太监演公主。警匪片也是如此，一打开电视，这里在破案，那里也在破案，全国到处都在破案。一些清宫戏、警匪片之所以有人看，因为它是首创的，有特色、具有较高的质量，但是大家一窝蜂跟着上，反而把本来很好的一些清宫戏给搞砸了，本来有必要创作播出的一些警匪片没办法搞了，结果不是繁荣了电视剧市场，而是给电视剧市场带来了很大的问题，同类题材太多，太滥了，就需要进行宏观调控。

**七忧心态浮躁**。一些电视剧产生了良好的社会效益和经济效益，就使电视剧创作、生产乃至播出单位的一些同志产生了浮躁心态，纷纷要急功近利地快点产生社会效益，想多点收入进账，功夫不下在创作、制作上，结果适得其反，恰恰因为功夫下得不够，也就不可能收到两个效益。任何一部有影响的、两个效益都好的电视剧，都是下了很大功夫的，没有随随便便弄一弄，对付对付就能赚到钱，就能产生良好效益、良好影响的。

**八忧动机不纯**。有人把电视剧的创作、生产，完全当作赚钱的买卖，忘掉了它是精神产品，要代表先进文化的前进方向，不是纯粹的商品。

电视剧创作、生产中存在的这些问题，要引起我们的高度重视，如果这些问题不能很好地得到解决，电视剧的进一步的繁荣和发展将会受到很大影响。

### （三）电视工作的“思”与“做”

我们要思考一些问题，研究如何去做，才能促进电视剧的繁荣、发展。我想讲几个问题。

**1. 如何把主旋律的作品拍得更好看**

主旋律的作品有独到的优势，表现在这几个方面：

首先是主题上的优势，主旋律作品承载着弘扬主旋律的使命，宣传中国共产党的丰功伟绩，宣传英雄模范人物的高风亮节，反映社会的进步和发展，塑造人们美好的心灵，这些主题都十分重要。

其次是方方面面重视，领导重视，创作者重视，播出部门重视，宣传需要主旋律作品。我们要充分地利用这些有利条件。但是，仅仅靠这样的一些优势，还不能保证主旋律的电视剧能够走向社会，能够走到群众中间。在创作上、制作上，还要做到思想性、艺术性和观赏性“三性”的统一。主旋律的作品如果艺术性、观赏性不强，即使投了资，集中了一些优秀的演艺人才，最后收视率不高，还是产生不了应有的影响，所以同志们要下功夫研究，怎么样把主旋律的作品拍得更好看、更感人。

最近我看了一部美国影片，名字叫《美丽心灵》，写美国一个获诺贝尔奖的科学家，执著追求、为科学献身的精神，写的完全是真人真事。原来一听到这个名字，觉得这部影片不一定会有票房，但恰恰拍得非常好看，人物刻画得栩栩如生。当时我就跟有的同志讲，如果我们拍一个“陈景润”，能拍成这样吗？一说到拍陈景润，我们习惯地想到的是怎样表现他国家的利益高于一切、无私奉献这些概念化的东西，顺着这样的思路去具体化，甚至还要把这些词设法让陈景润说出来，还要让他老婆，让他身边的人说，设计一系列这方面填空的东西，似乎不这样，就无法树立陈景润的高大形象。这实际上是过分地为塑造而塑造，而不是把人物放在生活之中，通过合情合理的情节、生动感人的故事来自然地表现，在人们心里树立起一个活生生的、值得崇敬的形象。

如何组织创作好主旋律题材的电影和电视剧，我们要在思路上做些调整，要从以前高、大、全的思路上走出来，让人物回归生活，回归自然，回归自我，把思想性、艺术性、观赏性有机地统一起来。把主旋律的作品拍得更好看，这对我们国家的电视剧创作、生产来说，是一个非常紧迫而重大的课题。我们肯定要把主旋律作品的创作和生产，放在重要的位置上来抓，既然我们那么重视，我们那么需要，那么就要认真研究当前主旋律作品存在的重大问题，如何使主旋律作品发挥更大影响，使之更好地走入社会，走向群众。由于存在着过于概念化、不好看、说教过多的问题，使一些非常好的题材、非常重要的主题没有发挥应有的作用。本来这样的主题、这样的题材，在社会上应该产生更大的影响，发挥更积极的作用，但是，由于观赏性不够，使其影响力大大受到制约、受到损失。唱响主旋律是我们的首要任务，要唱响，首先要确立主旋律，还要研究怎样才能够唱响。唱响，不仅仅是唱得响，更重要的是要唱得好，唱得美。唱得不好，唱得不美，仅仅唱得响，人们是不愿听的，不仅不愿听，还会反感，一定要引起我们的深思。

**2. 如何使多样化的作品拍得更有意义**

这是困扰当前电视剧创作的另一个突出的问题。一些作品题材多样化了，样式也多样化了，但在多样化的过程中，有些作品缺少审美价值，缺少认识价值，缺少教育价值。我们赞成要有一些娱乐性的作品，但是，还是要寓教于乐，即便不是要教育人家，至少让人家看了这部娱乐片以后，要有所得，而不能有所失，更不能有所害。现在不乏有一些影视作品，如那种为婚外恋正名的电视剧，对社会伦理道德、对人们的思想意识带来损害，这是缺乏责任感的表现。人与人之间的感情、家庭生活是应该写的，但是以什么样的理念、什么样的动机来写这类题材，确实要很好地加以把握，要使这类多样化的作品更有意义。

美国的作品都很注意宣传他们的价值观，不管是大片还是小片，都抓住这个不放。作为社会主义国家，作为社会主义的文艺，我们更要注意这个问题。上面所讲的那些不良倾向，如果不引起我们的重视，就会慢慢蔓延开来。有些作品的创作者的一些构思，让人看了以后不知所云；有些作品设计的情节、人物的语言，给人感觉很不舒服。年轻人看了不好，小孩子看了更不好。现在有些所谓的贺岁片注重搞笑。我们说，笑也要有效果。为什么要笑？生活中有很多种笑，有幸福的笑，有痛苦的笑，有哭笑不得的笑，还有奸笑、假笑。要给大家一种什么样的笑呢？我看还是要给大家一种健康的笑、一种有益的笑。我们有两句话：要唱响主旋律，提倡多样化。多样化是我们所提倡的，还是要搞的，但是，多样化的作品也要提倡思想性，要对大家有益，对社会有利。

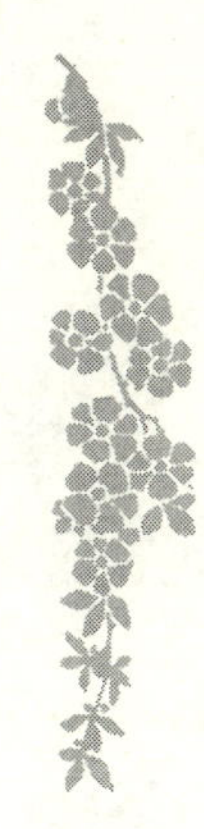

**3. 如何更多地关注社会的变革**

现在，现实题材的作品多起来了，这是好事。尽管我们讲，古装片太多，但是从数量来看，还是现实题材多。去年总共批准播出的国产电视剧是 482 部，8877 集，其中现实题材 4727 集，占总量的 53.2%，古装剧只有 90 部，2201 集，占了 24.8%。所以，占绝对优势的还是现代剧。但是，为什么人们感到古装片多，现实题材的作品不多？我看一个原因是有些现实题材作品，在反映改革、社会进步方面，缺少深度，缺少力度，对社会变革的意义认识很肤浅，艺术创作的功力也不够，没有引起大家的重视，看了以后，觉得印象不深刻，没有产生较大的影响。另一个原因是在播出安排上，常常把古装片安排在黄金档，有些现实题材的作品，没有放在黄金档，所以，使人们感觉到古装片太多。

现实题材作品主要有两个方面的问题，一个是思想深度不够，一个是创作力度不够。当年我们播的《渴望》就很有深度、很有力度，这是大家公认的。去年播放的《长征》，也很有深度、很有力度，无论是创作思维方面、表现形式方面，都有所创新。我们的国家发生了翻天覆地的变化，不留下一些优秀作品，无论对历史、对国家、对人民，我们是没有办法交代的。

**4. 如何更健康地揭示人的心灵**

电视剧是写人的，在描写现代人的心灵方面，有几个问题要引起我们的注意：一个是写美好心灵不够细腻，再一个是刻画黑暗心灵太过渲染。现在有些荧屏形象，给人印象最深的是反面人物，对反面人物那种狠毒心灵的刻画，那种心计、那种阴险、那种狡猾，表现得淋漓尽致。艺术家的责任首先要写美，写人的美好心灵，既然如此，就要把揭示人的美好心灵放在首位，舍得下大力，用苦功。也可以写人的复杂心理，写人的两面性，但是，艺术表现总要有特定的创作意图，如果写的是一个非常狠毒的人，非常可恨的人，看到最后却让观众对这个人恨不起来，甚至还产生同情，这样的作品就很成问题了。艺术就是写人的，写人就要写他的心灵，所以，怎样在电视剧里塑造人的心灵，要告诉人们一些什么东西，写这部电视剧要达到什么目的，这个问题值得研究。有些外国影片在这方面就很注意、很讲究，比如《珍珠港》，对于战争中三个朋友不同心灵的刻画，既合情合理，又非常鲜明。相比之下，我们有些作品的人物心灵刻画很不注意、很不讲究，甚至有些不太正确的创作思想在影响着对人物心灵的刻画，导致这样的影视作品，不能很好地发挥应有的积极的社会意义。

**5. 如何更有效地把社会效益和经济效益结合起来**

电视剧制作是大投入，没有钱是无法拍的，但是，电视剧又是广受人民群众喜爱的艺术形式，在社会上、群众中影响非常广泛。我们要塑造美好的心灵，充分发挥电视剧这种艺术形式在凝聚人心、鼓舞干劲、弘扬正气方面的作用，把社会效益和经济效益更好

地结合起来。没有两个效益的很好结合，电视剧是不能繁荣的。我们从事电视剧创作、制作、播出、管理的同志，首先要把社会效益放在第一位，没有良好社会效益的作品，至少在我们国家，不可能有良好的经济效益。为什么？导向不正确，思想不健康的作品是不允许播出的，不允许播出就不可能有经济效益。所以，首先要考虑社会效益，把社会效益放在第一位。

当我们落笔构思故事情节的时候，描写人物形象的时候，要重视社会效益，这是一个基础，一个前提，一个根本，这是我们国家艺术创作、生产中带有规律性的东西，没有社会效益的作品，不可能有经济效益。反过来讲，一些有社会效益的作品，也要注意经济效益。一部作品没有经济效益是可以的，但是，对整个电视剧的创作、生产来说，没有财力的支持，也就无法繁荣和发展。这跟小说等样式的文艺作品还不完全一样。电视剧播出以后，才能跟群众见面，必须要有一定的财力作保证。所以，我们电视剧的创作、生产机构，要注意把这两个效益很好地结合起来。

今年即将召开党的“十六大”，要为“十六大”献礼，各地各部门各单位要下功夫抓一下献礼作品的创作和生产。能不能使这些作品拍好、播好，而且真正产生良好的效益，还有大量的工作要做。希望大家抓紧这几个月的时间，集中资金、集中人力、集中时间，使“十六大”献礼片保质保量地满足电视台播出的需要，为“十六大”的召开创造良好的舆论和文化环境，做出我们的贡献。

预祝这次会议取得成功，也预祝今年电视剧的创作生产，取得更大的收获。

（在2002年全国电视剧题材规划会上的讲话）

# 电视剧创作生产要处理好几个关系

## ——二谈电视剧的创作生产

我们这次电视剧题材规划会议开得很好，主要内容是贯彻“十六大”精神，进一步改进我们的工作，发展繁荣电视剧的创作生产。应该说，通过这次会议，大家进一步统一了思想，振奋了精神，也研究了今年的工作，达到了预期的效果。

我们每年都要开这个会，而且这个会的规模，应该说在各种专业性会议中是比较大的一个。同志们也是抱着听取精神、了解政策、进一步把电视剧创作和生产方面的工作搞好这样一种心情来参加这个会议的，很关注，也很重视。通过这样的会议，的确能够解决我们思想和工作中的问题。

刚才我听了几位同志的发言，其中不乏一些非常好的意见，这对我们进一步改进工作很有好处。总局党组无疑认识到电视剧已经成为最受群众关注的一个艺术形式。同时，电视剧也是社会上群众意见最大的一个艺术门类。

最受关注，说明电视剧重要，说明电视剧的影响之广泛。最受关注的东西，往往会带来很多的意见。如果大家都不关注，好坏、黑白根本不闻不问，你跟他说的时候，他不知道，所以也就没有意见。这就形成了一个现象，最受关注的，同时也就是意见最多的。面对这种情况，我们的有效办法就是总结经验，改进工作，使我们的电视剧在社会上发挥更大的作用。

“十六大”以后，全党全国在“三个代表”重要思想的指引下，在“十六大”精神的鼓舞下，很多方面的工作都在努力开创新的局面。广播影视工作也要开创新局面。电视剧的创作生产也要开创新局面。中央对这方面的工作非常重视，从指导思想、方针原则、政策措施到工作方法等都有一些重要指示，我们感觉到如沐春风。我们相信，在这样一个环境下，在这样一种氛围中，我们电视剧的创作生产将进一步繁荣和发展起来。现在，我用辩证思维的方式和大家讨论以下几个问题：



## 一、正确认识“三个代表”和“三个贴近”的关系，把“三个代表”和“三个贴近”统一起来

“三个代表”的重要思想已经作为我们全党全国工作的指导思想，当然也是我们广播影视工作的指导思想，是我们电视剧创作生产工作的指导思想。

前不久，胡锦涛总书记在谈到新时期、新阶段的宣传思想工作的时候，讲了一句非常重要的话，他说：要用“三个代表”重要思想统领宣传思想工作。我们广播影视工作是宣传思想工作的一个重要组成部分，当然要用“三个代表”重要思想来统领，电视剧的创作生产也应该在“三个代表”重要思想统领之下。具体地说，就是要用“三个代表”重要思想来指导我们电视剧的创作生产，用“三个代表”重要思想来推动我们电视剧的创作生产，用“三个代表”

重要思想来检验我们电视剧的创作生产，总而言之，要把“三个代表”重要思想贯彻到电视剧创作生产的方方面面。

中央领导还指出，我们的宣传思想工作要努力做到“三个贴近”：要贴近实际、贴近群众、贴近生活。最近，胡锦涛总书记在一个报告上作了重要批示：宣传思想工作要在“三个贴近”上取得新进展。李长春同志在一次重要会议上，专门阐述了“三个代表”重要思想统领宣传思想工作的重要性，同时又强调了“三个贴近”的重要性。长春同志提出了四个论断：

第一，“三个贴近”是用“三个代表”重要思想统领宣传思想工作的必然要求。也就是说，要用“三个代表”重要思想统领宣传思想工作，统领广播影视工作，统领电视剧的创作生产，就一定要做到“三个贴近”。

第二，“三个贴近”是新时期改进宣传思想工作的重要突破口。就是说，要进一步改进新时期宣传思想工作，要进一步改进新时期广播影视工作，要进一步改进新时期电视剧创作和生产，突破口就是“三个贴近”。

第三，“三个贴近”是宣传思想工作增强针对性、时效性，增强吸引力、感染力的根本途径。就是说，宣传思想工作、广播影视工作、电视剧的宣传，要增强针对性和时效性，要增强吸引力和感染力，最重要的就是“三个贴近”，除此之外没有别的有效途径。

第四，“三个贴近”也是宣传思想工作体现辩证唯物主义、历史唯物主义的世界观、方法论的重要原则。宣传思想工作、广播影视工作都要很好地体现辩证唯物主义、历史唯物主义的世界观和方法论。“三个贴近”正是辩证唯物主义、历史唯物主义世界观和方法论的具体体现。我觉得中央领导同志关于“三个代表”重要思想和“三个贴近”的要求非常重要，要在电视剧的创作生产中很好地贯彻落实。

现在，关键的问题是，要把“三个代表”和“三个贴近”的关系处理好，要统一起来。怎么统一？就是要在“三个代表”重要思想指引下，努力做到“三个贴近”，提高我们电视剧创作生产的水平，更好地为改革开放和现代化建设服务，更好地为“三个文明”建设的协调发展服务。今天我在这个会上讲要把“三个代表”重要思想和“三个贴近”的要求统一起来，是有道理的，是有针对性的。我们不能因为强调“三个贴近”，就忽略了“三个代表”重要思想的指导。不能把“三个代表”重要思想和“三个贴近”的要求分裂开来，对立起来。有人认为，你不是说要贴近实际吗，你不是说要贴近群众吗，你不是说要贴近生活吗，我拍的片子都是贴近实际，贴近群众，贴近生活的。但是，由于缺乏“三个代表”重要思想的指导，没有体现“三个代表”重要思想的精神实质，结果拍出来的东西客观效果不好，社会效益不好。实际上，这是我们在认识上发生了偏差，导致在工作中发生了失误，主要是片面地理解了“三个贴近”，错误地理解了“三个贴近”。

“三个代表”重要思想是我们工作的方向，是指针，是目标。“三个贴近”是我们工作的途径，是方法。要通过“三个贴近”，实现“三个代表”。如果我们离开了“三个代表”重要思想的指导，片面地错误地理解“三个贴近”，那我们在电视剧的创作生产上就会出问题。“三个代表”重要思想表明，我们党要始终代表中国先进生产力的发展要求，这是我们中国当前最大的实际，影视创作应该联系这个实际，联系中国人民在中国共产党领导下进行改革开放和现代化建设的伟大实践；我们党要始终代表中国先进文化的前进

方向，这也是中国最大的实际，要联系中国共产党带领全国人民经过几十年的辛勤劳动和艰苦奋斗，给我们的国家、我们的民族带来的巨大变化，同时不断创造先进的文化，不断满足人民群众日益增长的精神文化需求的实际；我们党要始终代表中国最广大人民的根本利益，维护和发展最广大人民的根本利益，这更是中国最大的实际。从这个意义上讲，影视创作要联系中国最广大的人民群众，为最广大的人民服务，而不是联系少数人，为少数人服务。

“三个代表”重要思想的深刻内涵，决定了“三个贴近”必须要有正确的前进方向，必须以正确的思想为指导。一句话，我们要在“三个代表”重要思想的指引下来实现“三个贴近”。没有“三个代表”重要思想的指导，“三个贴近”就要迷失方向，但是没有“三个贴近”，“三个代表”重要思想在我们广播电视宣传中，在我们电视剧的创作生产中也很难体现，很难做到。

在影视创作中，有些同志片面地错误地理解“三个贴近”。有一部电影说是反映抗日战争的，但是剧情中主要表现抗日战争期间一些愚昧的中国人，一些软弱的中国人。在八年抗战中，在中国这么大的国家里，有没有这样的情况？毫无疑问，会有的！如果你只是联系这样的实际，显然是不合适的。两年前，电影局决定这样的片子不能放。那导演不服气。最近，他给有关领导写信，反映说这部抗日战争题材的影片，报批了两年，仍不能获准放映。领导说我调片子看一看。看了以后领导说，这样的片子怎么能放？怎么这样写我们的抗战？怎么这样写我们的人民群众？归根结底，这部影片反映的不是中华民族同仇敌忾反抗日本的侵略，不是反映中华民族的抗争、中华民族的精神，而是表现那些畏畏缩缩、唯唯诺诺的软骨头，这不是我们民族的品格、民族的精神。

我们一定要正确处理好“三个代表”和“三个贴近”的关系。“三个贴近”要在“三个代表”重要思想指引下来实施；很好地实施“三个贴近”，就能够使“三个代表”重要思想落实下去。电视剧、电影都要联系生活，贴近生活，反映生活，但是，究竟怎么联系生活、贴近生活、反映生活，在影视创作中也有不同的看法。前一段我们提出关于克服电视剧创作中的豪华风问题，现在社会上的确有这样一些人，有这样一个阶层的人生活很豪华，出行豪华车，入住豪华房，吃饭豪华宴，现实生活中存在这样的现象。我们有的电视剧中，用欣赏和赞扬的手法，表现这些人的豪华生活。这不仅与广大人民群众的生活格格不入，而且渲染这样的生活会产生不良的影响。所以，不能去贴近这样的生活。贴近实际、贴近群众、贴近生活，的的确确有一个工作方向、有一个指导思想的问题，有一个如何把握、如何表现的问题，这个问题要很好地处理。

“三个代表”重要思想是一个目标，“三个贴近”的要求是一个渠道，是一座桥梁，通过这个渠道、这座桥梁才能达到目标。如果光有桥，没有目标是不行的，人们经过这个桥，是往东行、往南行、往西行，还是往北去，就要迷失方向。要有方向、目标和指针，这个方向、目标和指针就是“三个代表”重要思想。这对我们的电视剧创作来说是一个重大的问题，一定要认真处理好。

在实际工作中，电视剧工作者创作了一大批体现“三个代表”重要思想与“三个贴近”相统一的优秀作品。如《贫嘴张大民的幸福生活》很健康，《渴望》也很好，很有意义，体现了“三个代表”重要思想和“三个贴近”的要求。我们今天参加会议的有管理部门的，有播出部门的，有制作部门的，有创作部门的，“三个代表”重要思想和“三个贴近”的要求相统一的问题，在座的同志们都要正确认识，我们要把这两者统一在电视剧的创作思想上，统一在电视剧的表演艺术上，统一在电视剧的市场运作上，统一在我们对电视剧的审查和评奖上。

为什么要统一在电视剧的创作思想上？电视剧的创作思想不明确，既没有明确的指针，也没有很好的途径，就不可能有好作品。要把这两者很好地统一起来，我们才能做到电视剧思想性、艺术性、观赏性俱佳，做到为人民服务，为改革开放和现代化建设的伟大实践服务。

为什么要统一在表演艺术上？现在有一部分电视剧在表演艺术上脱离实际、脱离群众、脱离生活。“三脱离”的问题，有时候甚至使观众愤怒。我不是编剧，不是导演，也不是演员，但我感到有些情节是胡编乱造出来的，现实生活中是不可能发生的。这说明一些编剧、导演、演员没有深入实际，没有深入群众，没有深入生活。例如，有的电视剧将谈话安排在洗澡时进行，一个在里面洗澡，一个在外面，用玻璃相隔，以洗澡为背景，里外进行交谈，这是脱离生活的。洗澡的时候说话，里面洗澡水流声音很响，你站在外面说话，还隔着玻璃，里面是听不见的，怎么跟你聊天，这种情节的设置脱离实际。有的国产电视剧照搬国外电视剧的一些情节，完全脱离中国的实际生活。外国人进来先倒一杯酒，外国人有这个习惯，中国的习惯不是这样的，中国人进来不是先倒一杯酒，而是倒杯茶。如果我们的国产电视剧设计中国人进来先倒酒，就脱离实际了，老百姓看了，就会感觉很奇怪，怎么现在中国人都是这样的？这股脱离实际、脱离生活的风气要从源头上刹住，艺术家要从这方面考虑。有的电视剧男女主人翁，总与两三个异性朋友有说不清的关系。现实生活中不是这样的。当然艺术要高于生活，但是是否要高在这些方面，我觉得不是。

为什么要统一在电视剧的市场运作上？电视剧的市场运作，也要体现“三个代表”重要思想和“三个贴近”要求的统一。我们现在有一些不错的电视剧，思想内容、艺术表现、观赏性都很好，但由于事先缺少市场运作，因此未能取得理想的收视效果和投资回报。最近，电影《英雄》的市场运作值得我们注意。《英雄》共投入 3000 万美元，据说国内的票房收入 2.6 亿元，除国内以外的亚洲地区的票房收入已经达到 4 亿元。这部片子的剧情是很简单的，功夫在拍摄上，而且《英雄》的市场运作至少目前在中国来说是非常高明的。我们要对一些好的电视剧进行很好的市场运作，最大限度地扩大它的影响。我们现在还不善于市场运作，没有最大效益地发挥电视剧的作用。很多制作公司的老板的工作重心大都放在制作上，而没有放在市场运作上。这也是需要我们研究的。

为什么要统一在电视剧的审查和评奖上？“三个代表”重要思想和“三个贴近”统一起来，这样才能进一步做好电视剧审查和评奖工作，进一步推进电视剧的繁荣，真正实现两个效益。最近长春同志指出，我们的宣传工作，我们的影视工作，也要把“群众满意不满意，群众赞成不赞成，群众答应不答应”作为一个根本原则、根本标准，这是贯彻“三个代表”重要思想和“三个贴近”要求的具体体现。最近我听说一个顺口溜：政府是投资主体，领导是主要观众，评奖是唯一目的，仓库是最后归宿。这虽然是夸张的说法，但是我们要采取有效措施，切实解决影视评奖中存在的问题，通过评奖繁荣我们的影视创作。

这几年来，电视剧创作成绩很大，2002 年是电视剧大丰收的一年，获准播出的国产电视剧达到 9000 多集，整个电视广告收入达到 230 亿，比 2001 年增长了 28.8%。这在所有的媒体中增长幅度是最大的。去年，报纸广告收入增长 19.52%，广播增长 19.8%，杂志增长 15.2%，而电视增长 28.8%。电视广告中很大一部分是电视剧带来的。前不久，刘云山同志在一个材料上批示：要很好地宣传一下去年电视剧创作生产中的可喜成绩。我在报纸上看到了介绍电视剧繁荣发展的一些情况，的确是这样。总体上去年电视剧的导向是好的，总量是增加的，品种是多样的，感染力也是强的。去年和前两年比较，那些不好的、导向有问题的电视剧相对较少，这是我们这两年调控所发挥的作用。希望大家在电视剧的创作和生产中，很好地贯彻“三个代表”重要思想和“三个贴近”的要求，把两者很好地结合起来。

## 二、正确认识弘扬主旋律和提倡多样化的关系，把弘扬主旋律与提倡多样化统一起来

“十六大”以后，胡锦涛总书记对我们宣传思想工作、文艺创作做了一系列重要指示。胡锦涛总书记指出：要繁荣社会主义文艺，满足人民群众日益增长的精神文化需求。随着人民生活的改善，人民的精神文化需求呈现出多层次、多样性、多方面的特点，要适应这个需求，必须坚持为人民服务、为社会主义服务的方向和百花齐放、百家争鸣的方针，简称“两为方向”和“双百方针”。弘扬主旋律和提倡多样化是“两为方向”和“双百方针”的具体体现。

有些同志在思想上和实践上对弘扬主旋律、提倡多样化这个问题的理解有偏差、有误区。有的人说，你搞你的主旋律，我搞我的多样化。有的同志说，你要进入市场，就要搞多样化。我看这些说

法，都反映了我们对弘扬主旋律，提倡多样化的认识有片面性。有些很有名的导演、制片人说：弘扬主旋律，提倡多样化的方针很好，我拥护。然后他又来了一句：我们要在多样化方面多下点功夫，现在不是“产业化”吗？产业化就要多样化。他们把主旋律和多样化分开了。我们应该在弘扬主旋律方面多下功夫。江泽民同志关于什么是主旋律提出了“四个大力倡导”的论述：大力倡导一切有利于发扬爱国主义、集体主义、社会主义的思想和精神，大力倡导一切有利于改革开放和现代化建设的思想和精神，大力倡导一切有利于民族团结、社会进步、人民幸福的思想和精神，大力倡导一切用诚实劳动争取美好生活的思想和精神。从中我们可以明确看出，主旋律是非常宽泛的概念。一些人对主旋律的理解是不准确、不到位的，有些甚至是偏见，似乎主旋律高于一切，是常人难以做到的。其实，主旋律并非高不可攀。所谓主旋律，说得白一点，实一点，就是正确的世界观、人生观、价值观。弘扬主旋律的思想应该在电视剧创作生产过程中贯彻始终。每一部电视剧，都要表现正确的世界观、人生观、价值观。要鞭挞假恶丑，提倡真善美，这都是主旋律。对主旋律的作品，不仅要求内容健康向上，而且艺术上要精益求精，提倡多样化。胡锦涛总书记说，凡是能使群众得到娱乐、受到启发、受到教育的，内容健康的，都可以发展。我们提倡多样化，包括题材的多样化，内容的多样化，形式的多样化，风格的多样化。但是，不管怎么多样化，你的作品都要提倡真善美，鞭挞假恶丑，要有正确的世界观、人生观、价值观作为作品的精神支柱。社会主义的文艺，必须是健康的，我们提倡多样化，不等于乱七八糟的东西不受限制。甚至于像美国这样的资本主义国家的电视剧，也深刻地体现美国精神，体现着美国主流社会的世界观、人生

观、价值观。

现在，有些人把人生的、社会的基本准则完全颠倒了：贩毒者成了英雄，杀人犯品行高尚，连美国的电视剧都没有这样描写。这是需要注意的。该死的，最后一定要让他死，因为社会不容他。应该让具有优秀精神品质的人活下去，绝不让他死。这是一种引导、一种提倡。我们的电视工作者肩负着重要的社会责任，要通过我们的作品引导观众正确对待生活，正确对待劳动，促进我们社会的健康发展，而不能引导人们尔虞我诈、好逸恶劳，影响社会发展，引发社会混乱。

弘扬主旋律，提倡多样化，是党对文艺工作的重要方针，大家要很好地领会，很好地贯彻，正确处理好这两者的关系，正确地理解弘扬主旋律不是一种模式、一种风格；提倡多样化不是胡编乱写，庸俗无聊。这里充分体现了电视工作者的社会责任感和使命感。

## 三、要正确认识思想性、艺术性、观赏性的关系，把思想性、艺术性、观赏性统一起来

第一，“三性”统一，是一个艺术作品的基本要求。要做好“三性”统一，缺一不可，这是艺术的规律，哪一个作品都要这样。云山同志在重大革命历史题材影视创作座谈会上指出，没有艺术性、观赏性，思想性是很难体现、很难持久的；而没有思想性、艺术性、观赏性是很难对观众、对社会产生积极作用的。所以，我们提出文艺作品要思想性、艺术性、观赏性“三性”统一，这是艺术创作的基本规律，这是对艺术作品的基本要求。



第二，“三性”统一，第一位的还是思想性。这是由电视剧所承担的社会功能决定的，也是我们电视剧受众多影响大的现实所要求的。电视剧的艺术性和观赏性是为思想性服务的。思想性是艺术性、观赏性的灵魂，艺术性、观赏性离开了思想性，就好比没有灵魂，没有灵魂的作品有谁来欣赏？有谁能欣赏？马季、姜昆相声表演艺术性很高明，但是之所以引人发笑，是因为作品中含有非常深刻的思想，有深刻的思想内涵。离开了思想内涵，是无法引人发笑的。纯粹艺术性、观赏性的作品是难以生存的。就连迪斯尼乐园放的观赏性电影，也是有一定的思想内涵的，没有思想内涵是不行的。作品的美总是由优秀的思想内容支撑的，离开了思想内容的美，艺术的形式美是没有意义的。电视剧必然要对人们的思想产生影响，用胡锦涛总书记的话来说，就是要使群众得到娱乐、受到启发、受到教育、内容健康。

第三，艺术性、观赏性同样重要，不可或缺。思想性是作品的灵魂，艺术性、观赏性离不开思想性。但如果没有艺术性、没有观赏性，作品的思想性就难以发挥作用，思想性就难以体现，也难以产生影响。我为什么要讲这个问题？是有针对性的。只讲思想性，不讲艺术性、观赏性，作品会让人看不下去；只强调艺术性，不讲究观赏性，作品会让人看不明白。有的抽象派艺术如一些绘画、雕塑作品只是表现艺术家的自我感受，也许会获得个别人的共鸣，但绝大多数人无法理解。电视剧是面向广大群众的，不是为艺术而艺术的，我们倡导民族的大众的文艺，而不是孤芳自赏的艺术。

由此可见，思想性、艺术性、观赏性是相统一的，密不可分的。有的人把电视剧简单地划分为思想性、艺术性、观赏性三类作品，这是不科学的。只有思想性、艺术性、观赏性相统一的作品才是完整的，才能成为精品，才有生命力、吸引力、感染力和影响力。现在，有的所谓思想性的片子，即所谓主旋律片子，不讲艺术性，不讲观赏性，大家根本看不下去。有的所谓艺术性的片子，大家也实在看不明白。有的作品，只是艺术家个人的自我感受，但是大家看完以后，不知道作品表现什么内容。我们强调电视剧是大众艺术，是面向广大群众的艺术。如果把思想性、艺术性、观赏性割裂开来，说这类是艺术性的电视剧，这类是观赏性的电视剧，那类是思想性的电视剧，走到这一步就麻烦了。我们讲的是要努力做到每一部片子都“三性”统一，这些年不少影视艺术家也拍出了“三性”统一的好片子。



## 四、要正确认识繁荣发展与改革创新的关系，把繁荣发展和改革创新统一起来

进一步繁荣和发展电视剧艺术，是时代的要求和群众的需要。这些年来在这方面做了大量工作，取得了很好的成效。“十六大”提出，要全面推进小康社会建设。加强文化建设是全面建设小康社会的重要组成部分，而影视艺术的发展和繁荣，是文化建设的重要内容，影视艺术也是最广泛的、最直接的为群众服务的艺术形式。

目前，我们的电视剧生产，还是“小农经济”的生产方式，没有形成规模化大生产和开放性的市场运作机制。大量电视剧还是自产自销，甚至像集贸市场里的交易一样，拿一个布袋子，手往里一伸，你要多少钱，我出多少钱，两个人讨价还价。这种非常落后的生产方式和市场交易形态，严重制约了生产力的发展，制约了电视剧事业的发展。



“十六大”报告明确提出要发展文化产业，而影视业是地地道

道的文化产业。既然是产业，就要面向市场求发展，在生产体制、运行机制、经营方式、工作方法等方面，都要改革和创新。

在座的电视剧生产部门很多，有事业单位，有企业单位，基本都是国有单位。我们还要提倡和鼓励多种所有制形式来推进我们的电视剧生产。目前，我们电视剧生产又松、又散、又小、又弱，应该改变这种状态，电视剧生产要有规模。我们应该形成几个大的电视剧生产基地。像美国的时代华纳、新闻集团那样，实行电视剧规模化大生产。他们是一月一份生产报表，一部片子完成后，马上国内发行多少，海外发行多少，生产计划出来了，营销方案也就出来了。互联网怎么做，电视台怎么做，音像市场怎么做，甚至怎么变成图书，平面媒体怎么报道等，有一系列营销手段。这样大大降低了运营成本，提高了生产效益。我们要着眼于改革，着眼于创新，要鼓励兼并，鼓励竞争，打破行业制约。现在，几乎中央所有的部门都设有影视制作中心，但是一个中心一年拍不出几部片子，如果几个中心联合起来，拍些像样的片子，那多好。现在，我们的电视剧生产量很大，从这个意义上来说，我国有很多电视剧生产单位，但不少电视剧的质量不高。刚才有的同志发言叫苦了，说投资某部电视剧以后，成本都拿不回来，不愿意再投了。为什么呢？这是小本经营的盲目性生产造成的。由于不了解电视剧生产的宏观趋势，不了解电视剧的市场动向，明明有的题材没有投拍价值，可是你仍拼凑资金、紧锣密鼓地投拍，其结果难以实现电视剧价值。

我们不可能把所有的电视剧生产单位都找来，跟大家讲哪些电视剧能投拍，哪些电视剧不能投拍。我们要在体制上、机制上进行改革，经营模式上进行创新。这里着重讲两个问题：

一个是体制上的问题，电视剧制作单位要企业化运作。今后各部委的电视剧中心全部都要跟机关脱钩，自负盈亏。机关不能投钱拍摄电视剧，电视剧中心的利润也不上缴给机关。这个方向是明确的，有关部门要拿出实施意见的。最近，中央领导同志提出了明确要求，我们已就此展开调研。公司化运营，就是意味着自己闯市场。只有面向市场，进入市场，变压力为动力，电视产业才能真正发展壮大。有的单位不考虑实际需要，而是根据上级要求拍摄电视剧。片子虽然拍出来了，但由于质量不高，电视台都不要。于是，绞尽脑汁，层层找关系，托门路，要求电视台播放，播放了还必须付高价。这不是市场运作方式，这种方式不可能繁荣我们的电视剧产业。在座的很多地方单位的同志，你们别看中央电视台实力很强，好像挺威风的，其实中央电视台也是很苦恼的。有时，观众觉得中央电视台一套黄金时段播出的电视剧不好看，可那是必须要放的。这是一些制片单位通过种种关系，挖掘各种门道，非要让中央电视台播放，而且要求中央电视台必须花高价收购。这样一种运营模式，是不可能促进电视剧产业健康发展的，也不可能真正出现电视剧繁荣的局面。

我们要走电视剧产业化的发展道路，改革现有的行政指令性的生产体制，使电视剧制作单位与政府部门分离，成为自主经营的竞争主体。

另一个问题是要改革电视剧市场运行机制，建立公开的、透明的电视剧交易市场。据群众反映，现在的电视剧交易市场里有几个圈子，行情、价格、供需都是这圈里的几个人说了算，甚至到了我让你放，就可以放；我不让你放，你就不能放的地步。这是圈内有的人反映的，给我写了信，强烈要求好好整治整治这一现象。我们电视剧市场的秩序是要好好地整顿整顿了，这样下去怎么行呢？这种做法严重地制约了我们电视剧产业的发展，而且还产生腐败。其结果是电视台吃了亏，电视剧的制作人也吃了亏，好处都落到少数人手里。这是很不正常的营销手段。

有时候一些地方也举办电视剧交易会，但交易会上成交的很少，而真正成交的都是在饭店里。以前这方面的问题不是很突出，电视台都是自己投资，自己拍摄，自己播放，没有形成市场。广电总局也没有专门司局管理电视剧市场交易活动。现在电视剧交易市场已经形成，建立公开的电视剧交易市场并对其进行有效的监管，杜绝暗箱操作，制止以权谋私，已势在必行。我们要通过理论创新、观念创新、体制创新、机制创新，尽快建立适应事业发展和市场需要的管理机制。中央领导曾多次跟我讲过这个问题，要建立电视剧交易市场，明着来，公开来，这样黑吃黑的东西就少了。

要不断改进对电视剧立项、投资方面的管理。现在，电视剧题材规划只是对电视剧内容的审查把关、立项，而对电视剧的投资立项、资本运营等，缺少必要的、有效的管理机制。要通过调查研究，切实解决这个问题。现在，制作同样一部电视剧，不同制作单位的投入相差很大，这一家花了 700 万元，而那一家却花了 2000 万元，我看这个问题很值得研究，要认真研究成本核算问题。我听说北京电视台成本核算工作搞得不错，应该推广。中央电视台也正在建立健全电视剧制作立项、投资管理体制。要通过科学有效的管理，使电视剧资金投入和支出的情况公开、透明，使国家的钱和企业的钱都花在该花的地方。现在，有的电视台制作电视剧，一方面从企业要赞助，另一方面又从单位要投资，不少钱就“打埋伏”中饱私囊了。今年，“两会”代表委员对我们广播影视系统最大的意见，就是这些方面的意见。恐怕有一部分人是从这里头“富”起来的，利用这样一些漏洞“富”起来的。当务之急要建章立制，要有规矩。对所有电视剧制作单位都要严格管理。有关单位投入500万元，制片人是怎么花的，要弄得明明白白，要说清楚。而我们现在花的大量的是国家的钱，开销支出情况几乎很少有人过问，片子的质量好坏就更没有人管了。这种粗放式的管理模式会造成很多问题。因此，电视剧投资、立项、资本运作要建立一套规范化的制度，从源头上堵住漏洞。

要通过改革和创新，进一步繁荣电视剧市场。刚才几位同志发言中，提出了一些很好的意见和建议，我们要很好地研究，涉及到外事司的外事司研究，涉及到人教司的人教司研究，涉及到社管司的社管司研究，涉及到总编室的总编室研究。总之，我们要为电视剧创作、生产、繁荣和发展创造条件，作为政府主管部门，我们有这个责任，也有这个义务。老百姓打开电视，有时很兴奋，有时很无奈，如果没有可供欣赏的电视剧，当然很扫兴。最近，伊拉克战争的报道很吸引观众，但毕竟这是短暂的，经常性的还是电视剧。所以，我们要用国产优秀电视剧占领黄金时段，充分发挥优秀国产电视剧的积极作用，让电视剧园地更加百花盛开、兴旺发达。有中央的好政策，有社会方方面面的呵护，有电视人的共同努力，电视剧产业一定会进一步繁荣发展。

尽快使电视剧生产形成一大产业，是当前广播影视产业化发展的重中之重。总局今年准备开发付费电视，这是电视产业发展的新领域、新事物。我们先在中央电视台搞试点，然后推广。省级电视台也可以搞付费电视。经营付费电视并不简单，要实行公司化运作，只有公司化才能实现产业化。要开展市场调研，开展市场服务，要根据市场需求开办付费频道，可以考虑先办付费的电视剧频道。美国的新影片先在付费频道播放，既可为付费电视增加收入，也可为新影片的发行搞推广。如果真是好片子，人们在付费电视频道观看后，还要到电影院观看，因为电影院的放映效果不一样，音响、视觉的感受不一样。这种方式可以借鉴。今后有好的电视剧，叫得响的电视剧，先在付费电视频道播放，然后再在其他频道播放。这方面有很多新的业务、新的项目亟待开发，这也给电视剧界的同志们开创了一个更大的天地，提供了一个更大的舞台。

广播影视业要上一个新台阶，开创一个新局面，必须发展新的业务。只有这样，我们的广播影视才能真正做强做大。而其中的关键是，提高我们自身的素质。电视剧是一门综合艺术，电视剧从业者要具备政治、思想、经济、文化、艺术等方面的修养，以及某些专门知识，还要会搞市场运作。要通过学习、交流、总结，提高电视剧从业者的整体素质，否则，电视剧事业的繁荣也是很难实现的。我们搞制片人持证上岗制度，就是要保证电视剧从业队伍的基本素质。不是什么人演过两个戏就可以导演电视剧，就可以成为制片人，听说这行赚钱，就出来做电视剧。原来做买卖的，没有经过学习、培训，现在也搞电视艺术了，这不行。大家要齐心协力，提高我们的素质，把我们的电视剧产业搞好。

最后，向在座的各位表示感谢，感谢同志们这些年来为繁荣荧屏做出了很大的贡献，感谢你们为群众提供了很多好的作品。当然，也有个别不好的作品受到限制，总局为挽救这些作品付出很多心血。其实，管理部门与制作单位心是相通的。我们迫切希望电视剧产业繁荣兴旺，但是繁荣和兴旺必须以规范和秩序为保证，无序和混乱不是真正的繁荣和兴旺。只有加强科学管理，纠正不良的思想倾向和违规行为，才能促进电视剧产业健康发展。科学的管理工作是必须的，不管不行，无序竞争不行。这里需要提醒大家，投资要慎重，选择投资项目尤其要慎重。现在，有些投资人投资不慎重，选择投资项目不慎重。一部没有经过周密论证、认真推敲的剧本，就敢投入几百万元、上千万元。有的制作单位上报题材规划的内容十分简单，如有的内容简介说，此剧反映中国人民抗日战争的英雄业绩，塑造了一批有血有肉的形象。这样的片子当然可以拍摄，可以立项。结果你反映的、写的根本不是那么回事，最后审查时当然不能通过。制片人投拍电视剧，要对国家负责，对社会负责，对观众负责，也要对投资者负责。好剧本可以公开招标，以降低成本，防止浪费。有兴趣的制作单位都可以竞标，通过对比各自的实力、信誉、收视率等来确定制作单位，中标单位同时要承担风险。对于演员片酬过高的问题、电视剧贴片广告的问题，要认真研究，加强管理。

（2003年4月3日在全国电视剧题材规划会上的讲话）

# 电视剧的创作、生产与管理

## ——三谈电视剧的创作生产

今年的题材规划会主题集中，任务明确，而且有创新，有发展，针对当前我们电视剧创作生产中面临的一些问题，进行了广泛的交流。我想就电视剧的创作、生产和管理方面的问题，再扼要讲几点意见：

### 一、关于电视剧的创作问题

总的说，电视剧的创作应该遵循一个原则，就是以“三个代表”重要思想为指导，以“三个贴近”为途径，以“三个面向”为方向，以“三性”统一为标准，进一步繁荣和发展电视剧艺术。

这些年来，随着改革开放的进一步深化，随着社会生活的深刻变化，电视剧艺术已经成为新时代的一个重要艺术样式，深受广大人民群众的喜爱，在广播电视这个宣传领域里面发挥了重要的作用，发展态势越来越好，数量越来越多，质量越来越高，受众越来越广，效益越来越好。中央领导同志对电视剧艺术的繁荣和发展，在多次会议上给予了充分肯定。他们指出：电视剧这些年来的发展，闯出了一条艺术生产的新路子，其他的艺术门类应该学习和借鉴电视剧艺术的经验，带动整个艺术创作进一步地繁荣和发展。从这里我们悟到了一个道理，这些年电视剧的创作生产为什么做得好？无非是做到了刚才我讲的几条，一个是坚持了“三个代表”重要思想为指导，一个是坚持了“三个贴近”的原则，再一个是坚持了“三个面向”，努力做到“三性”统一，这使电视剧艺术走上了良性发展道路。尽管在电视剧创作生产中还存在这样那样的问题，但是主流是好的，发展的态势是好的，在所有的艺术门类里，是两个效益结合得最好的艺术门类。现在的社会生活离不开电视剧，茶余饭后，从机关到家庭，大家都在谈论电视剧，一到晚上黄金时间，基本上是电视剧占领荧屏，电视剧的的确确大受欢迎。所以，称中国为电视剧大国，我们是当之无愧的。为什么我们能够被称之为世界上的电视剧生产大国？第一，是数量多；第二，中国的电视剧的确好看；第三，电视剧的受众最多，没有哪个国家有我们国家这么多受众。如果说美国是电影生产大国，中国就可以称为电视剧生产大国。

我们要认真总结经验，针对当前的情况，进一步搞好电视剧创作。从这个意义上说，一些问题仍然要引起我们的高度重视，我着重讲几种题材的创作问题：

### （一）关于重大题材的创作问题

我讲的重大题材包括重大历史题材，也包括重大现实题材。重大题材的创作，由于题材重大，影响深远，所以在整个电视剧的创作生产中占有重要地位。我们要把这些重大题材的创作，作为电视剧创作中的一项重要任务抓紧、抓好。我们这些年来搞的重大题材电视剧，无论是历史题材还是现实题材的，都有一些共同的地方。共同的地方主要表现在几个方面：第一，题材选得好；第二，情节构思得好；第三，人物塑造得好。这“三好”带来了“两好”，就是社会效益好，经济效益好。这类题材有没有问题，或者说哪些方面还值得我们注意？

1. **政治上的问题**

这类重大题材，大多是政治题材。政治性题材的电视剧，首先要把好政治关，在政治上不能出问题。如果这方面出了问题就不能销售，投进去的资本回不来，付出的心血没有回报，就会血本无归。这些年来，重大题材不能光看播出的这些。播出的这些因为我们严格地把好了几道关，如立项的关、剧本的关、拍摄的关、播出的关。从现在播出的电视剧里，大家似乎看不出太多的问题，但是也并不是绝对没有问题的，只是大的问题没有，因为如果有大的问题就不能播出。但在审查过程中，在立项过程中，反映出来的政治上的问题还是有的，而且几乎没有一部片子没有这样的问题。这就告诉我们，拍这样的题材，在政治上的把关要格外小心，要格外严谨，绝对不能马虎。同志们要知道，现在我们在这方面花的人力、精力相当之大，希望从立项开始，这类题材在政治上必须要严格把关。

2. **重大题材的电视剧要做到思想性、观赏性和艺术性的统一**

往往有一些政治上没有毛病的重大题材作品，在观赏性、艺术性方面相对比较差。有的作品题材很重要，但是看起来很乏味。这类题材的作品大多是政府投资，是政治需要，所以尽管观赏性、艺术性很差，也就给你放了，你的任务就算完成了。其实是劳而无功的，因为收视率低，引导人、教育人、塑造人的目的根本就达不到。所以，越是重大题材越要下功夫，提高它的观赏性、艺术性，只有这样，这类题材作品的思想性才能很好地实现。当然，就这类作品的整体而言，也有不少“三性”统一做得很好的作品。

**3. 历史题材必须要符合历史真实，现实题材必须要符合客观实际**

当然，艺术允许艺术构思，艺术加工，但是重大历史题材要尊重历史事实，不能胡编乱造；现实题材在重要的内容方面不能脱离实际。这两类题材作品现在在这方面仍然有很多问题。

**4. 经典名著的改编，不能够违反原著的本意**

改编《三国演义》就要按照《三国演义》的本意来改，改编《红楼梦》就要按照《红楼梦》的本意来改。包括近当代的一些名著，如：《雷雨》、《日出》、《青春之歌》等等。最近播放的《林海雪原》，群众意见比较大，既然是《林海雪原》，就要按照《林海雪原》这本小说里怎么写的怎么演，不能把里面的人都换了，情节都变了。前不久发生了一个问题，把《沙家浜》重新搬上舞台，结果胡传魁、阿庆嫂和刁德一三人关系的戏变味了，把情爱写进去了，不可思议，不能这样搞。最近听说要改编《红色娘子军》，也说要把洪常青和吴琼花写成恋爱关系，变成写他们的情爱戏。名著的改编不能随心所欲。当然，改编有一个再创作的过程，但是再创作，必须是尊重原著的创作。电视剧创作中改编的作品比较多，要特别注意，否则会引起很大的反感。

### （二）电视剧要配合做好重大政治纪念活动的宣传工作

如建国55周年，小平同志诞辰100周年，建党85周年，辛亥革命95周年，孙中山诞辰140周年，抗日战争胜利60周年，长征70周年。按照我们的惯例，在这些重大的纪念活动期间，影视剧的创作要有相应安排。各部门现在就要着手准备，要有具体的措施。

我要强调的是，第一，必须要有重量级的作品，要下功夫创作一些精品力作，就像这些年搞的《长征》、《延安颂》、《开国大典》等等。第二，不要一哄而上，这毕竟是重要的纪念活动，不能把什么都拿来充数。如纪念建党，就把凡是跟党沾上边的作品都搬上来，这样也不行。

### （三）要进一步抓好反映普通群众生活的创作

我为什么要强调这个问题？现在有几类戏在荧屏上比较多，一类是描写重要历史和革命人物的重大题材作品，一类是描写贪官污吏的作品，还有一类是描写黑社会的作品，再一类就是描写大款、富豪的作品。从现在开始，同志们要眼睛向下，多想着普通人，多想着普通人的生活，毕竟普通人是绝大多数。电视剧是面向大众的艺术，要多写一些反映普通人生活的电视剧。这些年在这方面出了一些好作品，如《炊事班的故事》、《党员马大姐》、《激情燃烧的岁月》等，这种作品是很受观众欢迎的。但是我觉得还没有超过当年能够引起大家关注，引起大家热烈反响的，产生重大影响的电视剧，比如说像《渴望》、《编辑部的故事》等。现在老百姓很需要好的电视剧，农民、工人、普通市民、公务员、教师都需要，要多拍一些这样题材的电视剧，要真正贴近老百姓的生活，贴近老百姓的情感。目前有些电视剧中大款说的话普通老百姓听不明白；大款住的房，老百姓觉着刺眼；大款的所谓情感纠葛，老百姓反感。再一个，我们也不需要这样去表现普通人的生活，就是一天到晚勾心斗角，一天到晚争风吃醋，老百姓想的是有满意的工作，有幸福的生活，有健康的情感，对荧屏上一天到晚灯红酒绿的场景看不惯，不可理解。

我们要借鉴韩剧，韩国写家庭伦理道德方面的生活剧，投资少，效果又好。韩剧里有些东西，如对人与人之间的亲情、爱情的表现都很值得我们借鉴。不管哪个社会都需要伦理道德，我们同样也需要。中央电视台现在还在放的韩剧《看了又看》，100多集，排的时间很晚，从晚上10：40放到12：30，我也看了一些，觉得不错。有的老人看了以后就对孩子说，人家的儿媳妇怎么怎么样，一些尊老爱幼的传统，我们这儿已不多见了，但韩国还有，早晨起来要向老人问好，晚上睡觉之前问安。重大题材要有，小题材也需要有，这是社会的需要，生活的需要，这方面希望引起大家的重视。其实这些故事我们都能编。我在这里呼吁一下，要多拍关注普通人的生活，反映普通人情感的电视剧。

**（四）要进一步重视少儿题材电视剧的创作**

过去我们都看过电影《鸡毛信》、《小兵张嘎》，还有《闪闪的红星》，都很好，现在这样的作品很少见了，电视剧这种艺术样式，为什么要远离少年儿童呢？是不是应该让电视剧回到儿童身边？

最近中央发了《关于进一步加强和改进未成年人思想道德建设的若干意见》的文件，明确要求广播电视要面向少年儿童，充分发挥广播、电影、电视的作用，加强对少年儿童思想道德方面的教育。这就给我们提出了一个问题，怎样按照中央给我们提出来的要求做好这项工作。中央的要求无论是对国有企业也好，民营企业也好，都是一个信息，既是政治上的要求，又是商业信息，我们要求副省级以上的城市都要开办少儿频道，这已经写进了中央文件，总局正在落实这个事情。我昨天听北京的同志讲，他们正在筹划拍课本剧，把小学中学课本的内容拍成电视剧，可以在电视台放，又可

以卖光盘，这种做法很好，我很赞赏这个想法，希望我能够看到这样的片子。中学历史课本里的重大事件，也都可以拍成电视剧。希望大家为少年儿童的健康成长贡献电视人的一份爱心，而且这个爱心是有回报的，市场有这个需要。

**（五）关于反腐剧和警匪剧的问题**

前两年出现的古装戏风、滥情风转变成现在的反腐剧和警匪剧风，现在这种作品太多了。对这类作品无论是按照社会的需要，按照电视工作者肩负的社会责任，还是按照中央领导同志的要求，都要进行控制。在座的从事电视剧管理、电视剧生产、电视剧销售的同志都要对这两种题材的作品加强调控，不能过多，上星频道要控制，黄金时段要控制，真正拍得好的可以在上星频道、黄金时段放，要少而精。

有些反腐剧，实际上已经转了主题，不是写怎样腐败，怎样反腐败，更多写的是权力斗争，党内的权力斗争和党政部门的权力斗争，书记和市长之间的权力斗争，这方面展示得很充分，甚至成了主线。描写腐败，职务越写越高，手段越写越黑，领域越写越广，几乎没有不贪的。这在群众中造成了很不好的影响。要把握好分寸，把握好度，特别是不能一哄而上，都来写这些东西。警匪剧也是这样，警匪剧最大的问题是给群众造成没有安全感的负面效果，更有甚者就是教唆怎样犯罪，怎样去作案，怎样逃避侦破。这方面的问题需要注意。按照中央领导同志的指示，这类剧目要控制，我们已经有了安排，总量上要控制，上星频道、黄金时段要控制，还要有一些具体的措施。少量思想导向正确，艺术质量上乘的作品，才允许在黄金时段、上星频道播出。

## 二、电视剧的生产和产业发展问题

在这么多艺术门类里，产业化发展效果比较好的是电视剧，电视剧走进了市场大门。

大家要高度重视电视剧的产业发展，至少要从以下几个方面引起我们的思考：

**1. 产业化发展是满足人民群众精神文化需求的需要**

现在群众对精神文化需求的要求越来越高，不仅要多，还要好，还要丰富多彩。我们要通过产业化来发展电视剧，繁荣电视剧。

**2. 文化产业自身发展的需要**

电视剧是文化产业中的重量级产业。为什么说它是重量级的产业？因为它的社会效益和经济效益都非常好。以美国为例，美国的影视产业已经成为美国经济的支柱，这方面的出口达到600多亿美元，超过了航天产品。我们提出来要发展文化产业，龙头是什么？就是电视剧。从这个意义上来说，发展电视剧产业是我们发展文化产业的需要。

**3. 我们应对国外文化进入的需要**

现在有大量的西方文化进入国内，特别是美国影视产品的进入。我们拿什么东西跟它抗衡呢？用什么东西占领我们自己的市场？最有效的就是发展我们自己的电视剧产业，因为老百姓爱看电视剧，对电视剧有特殊的感情。只要我们的电视剧能够吸引国民的眼球，这个阵地我们就能够占领，就不会被外来文化占领。现在外来文化进入的渠道很多，电视上的，互联网上的，甚至手机上的，所以我们一定要把电视剧搞好，用我们的优秀作品占领荧屏。

下面我就发展电视剧产业问题强调几点：

### （一）要抓好电视剧产业的三个主要环节，第一是创作环节，第二是生产环节，第三是销售环节

必须关注这三个关键环节，目前这三个环节在有些时候我们只抓了两个环节，后面一个环节没有抓住，应该卖300多万，只卖了200多万。真正要产业化发展，必须要抓好创作、生产和销售这三个关键性的环节。目前电视剧生产现状怎么样？我觉得这三个环节是分割的，创作归创作，生产归生产，销售归销售，没有形成很好的产业链。这样，一个产业不可能扩大效益，不可能做强、做大。这三个环节，哪一个环节都不能丢掉。

### （二）必须要做好几项工作

#### 1. 重塑市场主体

现在生产、制作电视剧的主体是不合格的，既然要面向市场，就必须有能够进行市场运作的主体。现在相当一部分电视剧生产制作机构不是一个生产主体，而是一个部门，一个部门怎样能成为市场主体呢？基本条件就不具备，不是市场主体，就不可能在市场的汪洋大海里游泳，不可能闯出名堂来。从产业化的角度来说，市场主体应该是多元化的。我说的多元化是指，既有国营的，又有民营的，既有大的航空母舰，又有各种各样的战舰。而我们现在没有航空母舰，也没有大的巡洋舰，可以说是千军万马搞电视剧，都不太成气候。我们有些人还没有摆脱小农经济，还没有建立起文化产业的概念。小农经济是自给自足，没有形成社会化的大生产。这是一个非常重要的问题，一定要把我们的市场主体建立起来。

2. **必须要建立市场体系**

这个市场体系应该是健全、统一的，应该是公平竞争的，应该是开放有序的。现在还没有建立这样的市场，还没有科学的运行机制和合理的价格体系。有人占领了这个码头，就控制了这个市场，或者不允许别的产品进入，或者限价销售，强行规定只能卖多少钱，不能卖多少钱。这样的做法不是市场行为。再一个，不是公开透明的市场。据说现在有一条线，有一个网在控制着这个市场。在我们的这个电视节、那个电视节上卖的节目，实际上并不是在市场里成交的，只能晚上在饭店里私下交易。这是很不正常的。电视剧的销售有很多问题，没有规矩。现在电视剧播出单位拖欠电视剧生产方的卖片费很厉害，拖欠时间很长，制作方的片子也放了，可就是收不回来钱。不仅影响了制作方的再生产，也搞乱了我们的市场。如果没有规范的市场，这个产业发展不起来。能不能形成有效的市场？这就提出了一个问题，要建立市场规则。现在电视剧、电影演员的片酬居高不下，甚至漫天要价，把电视剧的成本抬得那么高，这样下去怎么能繁荣和发展呢？对此大家的意见很大，这种事政府要管，行业协会也要管。没有合理、规范的市场，产业怎么能发展？我们已经进入了市场这个门槛，但是由于市场主体不健全，没有塑造起来，市场体系没有建立起来，市场的规矩也没有建立起来，所以还是一种无序状态，这种无序状态影响了这个产业的发展，所以我们下一步要在这方面多下功夫，要制定关于电视剧产业发展的若干意见，作为我们行业的行为规矩，行业的行动纲领。

3. **必须要处理好精神文明建设的要求和市场经济规律的关系，要处理好社会效益和经济效益的关系**

因为我们是文化产品，既然是文化产品，必须要遵循两个要求，处理好两个关系。要有利于精神文明建设，有利于社会的进步，有利于提高国民的素质，但同时也必须考虑到要按照市场规律运行，只有这样电视剧产业才能发展起来。这里需要和大家探讨的是，产业化是不是就是片面地追求利润的最大化？大家要正确认识这个问题。对于我们来说，因为它是精神产品、文化产品，尽管要产业化发展，还必须把社会效益放在第一位。同时，把社会效益与经济效益统一起来，这样才能够扩大再生产，才能可持续性发展。如果只有社会效益，而没有经济效益，不可能形成再生产或扩大再生产的能力。在确保社会效益的前提下，追求经济效益，争取利润收入。

4. **在电视剧产业化发展过程中还要处理好宏观控制力和微观活力的关系**

为什么要强调这个？因为没有宏观方面的控制，你想怎么拍就怎么拍，你想写什么就写什么，那就乱套了，因为它毕竟是文化产品，毕竟是精神产品，具有导向功能。有一些小说的确很糟糕，尽管在书店卖，但是不能改编成电视剧，不能搬上我们的荧屏。电视剧是大众文化，受众太多了。最近据说有的出版社要出版一本书叫《死刑报告》，如果单纯从经济效益来说，拍这样一部30集电视连续剧《死刑报告》，在中央电视台一套黄金时段放映，收视率肯定很高，企业投广告肯定很多，但是社会效益如何？可想而知。这种东西不能搬到荧屏上来。我们要有宏观控制力，不能产业化以后就什么都放开了，只要挣钱，有利润可图就生产，这是不行的。同时又必须注意很好地发挥微观活力，就是每一个企业，每一个电视剧创作生产单位，必须要发挥创造性、积极性，在一个大的环境下，在一个大的原则下可以充分发挥创造力，多品种，多题材，多样式地创作、生产电视剧。这一点我们已经放得比较开了。中央的方针也明确，各方面的政策也较宽松，为创作提供了一个良好的环境。大家要利用这么好的条件，把电视剧进一步繁荣和发展起来。

我还有一个希望。我们这么大一个国家，既然是电视剧的生产大国，要有大规模的生产电视剧的基地。电视剧的生产要进行社会化的大生产。我们现在很多的创作行为是散兵游勇式的，动动脑子弄了笔钱，今天拍部片子，拍完了又歇了很长时间，赚了一两百万，行了，明年再说吧，再琢磨琢磨那个题材不错，找两个企业赞助，又拍了一部。这种生产方式形成不了产业化的发展。我想应该有几个大的龙头企业。中央电视台当然应该成为大的龙头企业，这个龙头企业不仅仅满足中央电视台自身的需要，而且要为全国的电视台提供产品。北京、上海、广东都应该成为大的电视剧生产龙头。只有规模化了以后才能降低成本，才能够真正面向市场，占领市场。我想一定要有几个龙头企业，带动整个产业的发展，有志于这件事情的同志们要好好运作，不管是国营的还是民营的，都可以上。中央领导同志强调要重视民营企业在文化产业发展中的作用，特别重视民营资本在文化产业发展中的作用。国家的确不可能有那么多钱投入，所以要很好地考虑一下这个问题。现在我们很多电视剧是拍完了以后再去想市场，其实应该在拍摄之前筹划阶段就要进行市场调研。最近有几部电影的运作是不错的，像《英雄》和《手机》的运作，这边还没拍完，那边已经有多少套拷贝卖出去了，光盘的生产版权也卖出去了，钱已经收回来了，这是一种市场运作。可是，我们有些剧目拍好了以后才到处去找人买，实在没办法找个领导批一下或者求领导说情，这不是市场运作行为，这不是产业化发展。

## 三、电视剧的管理问题

生产要发展，管理要跟上。我强调四点：

**（一）加强创作的引导**

第一，必须要坚持先进文化的前进方向。第二，必须要满足广大人民群众的需要。第三，必须要有利于社会的发展和进步。这三条是我们引导电视剧创作的主要原则。管住了这三条，电视剧的创作不会出大问题。所以，要从源头上为电视剧产业的发展打好基础，必须要抓好创作的引导。

**（二）加强市场的监控**

我坦率地跟大家说，广电总局作为政府的管理部门，负有市场监管的职能，但是我们对市场监管如何搞，的确缺少经验。过去长期以来习惯于用下发红头文件的方法监管，现在要根据整个电视剧生产的产业链，认真研究如何在每个环节上发挥我们监管的作用。

主要是要抓好以下几个方面的工作，第一是企业的准入，发给制作单位生产电视剧的许可证。第二是产品和市场的准入。第三是在一个高层次上的管理。允许进入市场的产品，能不能够到黄金时间播放，能不能给你安排最好的电视台播出，这个不叫准入，这是调控，这是一个高层次上的管理。无论是创作者、生产者，还是销售者和播出者，都希望我们能够建立一个良好的市场秩序和有利于电视剧繁荣和发展的市场环境，现在我们要致力于这方面的工作。目前这方面还有很大差距，我们要很好地研究这件事。原来总局计

划财务司不管市场。昨天党组开会决定计财司里要增加一个产业处，管产业发展的政策，要对影视产品的市场运作逐步地加以规范，对演员的片酬，电视剧的销售价格，影视制作基地收费标准等，都制定一些管理和调控的办法。

### （三）加强播出的调控

黄金时间就那么两个钟头，我们应该把最好的电视剧安排到这个时段去放。所以要加强这方面的调控，使黄金时段能够发挥最好的效应，也能够使最好的电视剧在最好的时段与最广大的观众见面，取得最好的社会效益和经济效益。这一点仅仅靠总局来调控还是不够的，各级广电部门都要进行调控。

### （四）加强法规的建设

广播影视方面的法规很不健全。今年 7 月 1 日要开始实行行政许可法，要求我们必须要依法行政。有了法规，无论是生产者、销售者还是管理者，都能够依照法律、法规来行事，这样大家都可以有所遵循。今年这方面的工作将逐步加大力度。广电部门原有的一些内部规定、要求，如果是必要的，都要上升为行政法规，使大家有所遵循。只有健全法规，电视剧产业化才能够健康有效地发展起来。

播放调控问题、市场监管问题、创作引导问题实际上都涉及到了依法管理。比如播出管理的问题，怎样控制外来品过多进入？现在有调控机制，如上星频道的黄金时段不准放进口片，这也是保证国产的民族电视剧的生存和发展。我听说有些国外的片子进来不要钱，有些动画片白送给我们播，为什么不要钱？因为它带着广告进来的。他们的不要钱，我们的也不要钱还了得，谁生产动画片？这方面要控制，并不是说不让人家进来，是要调控，好的片子还是要买的。现在小孩儿都爱看动画节目，总局3月29日要召开关于进一步发展动画产业的会议，要研究怎样扶持国产动画片的发展。

总而言之，从事电视剧创作、生产和管理的部门，要加倍努力工作，为进一步繁荣和发展电视剧做出新的贡献。对这点我们充满了希望，充满了信心。中国13亿人口，有那么大的市场，电视剧的发展肯定会有光明的前景。无论是国家政府部门，还是生产企业单位，无论是国有公司还是民营企业，要形成大的合力，把我们的电视剧做强做大，搞得更加繁荣。

（2004年3月18日在全国电视剧题材规划会议上的讲话）

# 动员起来　振兴动画

## ——谈中国动画产业发展

这次全国动画产业工作会议是一次很重要的会议，也是我们新时期启动国产动画业发展的一个重要举措。会上，总局对发展国产动画业作了全面部署，同时也向会议提交了一个文件——《关于进一步发展国产动画产业的若干意见》。

刚才三位同志的发言，介绍了各自在动画生产中的情况，同时对如何进一步搞好动画工作提了一些很好的意见，听了以后，我很受启发和鼓舞。

中国是最早生产、制作动画的国家之一，也曾经是世界上的动画大国，但是由于各种因素，这些年来动画产业严重萎缩，很不景气。这个事情引起了中央的高度重视，引起了社会方方面面广泛的关注，也引起了动画界从业人员的思考：到底怎样在我们国家经济进一步发展、文化进一步繁荣、国际地位进一步提高、高新技术进一步发展的情况下，把国产动画业进一步振兴起来、发展起来、繁荣起来，已经成为迫切需要认真地思考、研究和解决的重大问题。正因为这样，所以要拿出一个关于发展动画业的意见，正因为这样，我们要召开这个会议，请大家坐在一起共谋大计。

发言的三个单位可以说是目前中国动画业的佼佼者，尽管这几年来他们克服了各种各样的困难，为振兴和繁荣中国动画业做了很大的努力，但是，与我们国家的经济发展、社会进步、文化繁荣、国际地位提高、高科技迅猛发展的态势相比，还谈不上我们的动画业有什么成绩，还谈不上我们的动画业已经在振兴，更谈不上中国的动画业正在繁荣。所以，一方面要对几年来我们在这方面所做出的努力给予更多的鼓励，同时，更要看到当前问题的严重性。

发展动画业起步非常艰难，所以迫切需要很好地研究。中央电视台主要是播出机构，现在又播又做，以这样的形式为发展我们的动画业努力工作；上海美术电影制片厂是动画生产的“国家队”，是我们国家动画生产的基地，是动画的主要制作者，现在也在努力地进行产业化发展、市场化运作；湖南三辰是这几年来崛起的民营动画制作公司，虽然起步很晚，但是势头很好，尽管如此，还是面临着很多问题和困难，步履维艰。

下面，我想就怎样实现我们国家动画业的振兴和发展讲几个问题。

## 一、要高度重视动画生产

我们国家曾经是最早生产动画的国家之一，而且一度也是世界上的动画生产大国，可是，我们现在的情况很不景气，所以必须要加强动画业的生产。大局在呼唤，时代在呼唤，未来在呼唤，希望动画业能够在较短的时间内摆脱困境，振翅高飞，有一个跨越式的发展。

**（一）搞好动画生产是进一步加强未成年人思想道德教育的需要**

中国现在有将近4亿的青少年，而这些青少年大多数出生于独生子女家庭。目前中国又是一个不断完善的市场经济的环境，是一个不断对外开放的环境，在新的历史时期，新的社会环境下，如何进一步加强未成年人的思想道德教育，直接关系到我们小康社会的建设，直接关系到现代化的建设。我们的小康社会、我们的现代化建设将由什么样的人来支撑，由什么样的人来建设，这是一个大问题。

从总体上来说，我们国家未成年人的思想道德素质是好的，积极向上、奋发进取，有求知欲望，有为社会做贡献的理想。但是也要看到，由于内外环境的变化，再加上我们在未成年人思想道德教育方面存在的问题，一些未成年人的思想里已经或者正在产生一些不利于他们健康成长和发展的问题，特别是在一些基本的做人要素方面存在着缺失，比如诚信、勤劳、奉献、友爱、孝顺、礼貌等等，也包括爱国。这些问题需要社会方方面面都来关注，都要努力来解决。其中对广播影视工作者、文化工作者来说，是如何为未成年人健康成长提供优秀的精神食粮，创造良好的文化环境，我们有这方面的责任，我们有这方面的使命。

动画是最受未成年人欢迎的一种艺术样式。动画不仅内涵着娱乐的功能，而且内涵着教育的功能，内涵着认识的功能，内涵着引导的功能。在新的时期，进一步搞好动画的生产、制作，的的确确是我们在新的历史条件下，加强未成年人思想道德教育的需要，所以我们要高度重视动画生产。

### （二）搞好动画生产也是进一步满足广大群众精神文化需求的需要

现在人民群众生活改善了，经济条件好了，在文化消费方面有很大的需求。广播、电影、电视成了群众精神文化活动的重要渠道、重要手段，我们办了那么多的电视台，办了那么多的频道，但是群众还是觉得可看的东西不多。而且，群众对精神文化方面的需求不仅仅有数量的问题，还有品种、质量的问题。而搞好动画生产，将会丰富我们的广播电视艺术品种，将会提高广播影视的水平，从而满足广大人民群众精神文化生活方面的需求。

动画不仅仅是青少年喜欢的艺术样式，也是很多成年人喜欢看的艺术品。很多家庭都是大人和小孩一起看动画片，因为动画片里面所含的一些哲理，动画片里所传播的知识，不仅未成年人需要，成年人也需要。特别是由于动画这样一种特定的表现手法，通俗易懂、生动活泼，格外受人欢迎。所以，搞好动画片的生产和制作，也是我们进一步满足广大人民群众精神文化生活需求的需要。

### （三）搞好动画生产也是进一步发展文化产业的需要

重视文化产业的发展，现在已成为世界性的发展趋势，文化产业也成为很多国家的重要支柱产业。从“十六大”以后，我们国家高度重视文化产业的振兴和发展，逐步要把文化产业纳入到国民经济发展的规划中。美国之所以成为一个经济大国，成为一个综合国力最强的国家，其中发达的文化产业起着重要的作用。换句话说，没有发达的文化产业，美国也不可能成为世界经济大国，成为综合国力最强的国家。美国文化产业年产值达到 900 亿美元，其中出口达到了 600 亿，成为名列第一的出口产品。第一出口产品里面，大量是影视产品，而影视产品里面相当一部分是动画产品。所以，我们国家要振兴和发展文化产业，就要重视和振兴发展影视产业，而影视产业不可缺少的，而且有着广阔前景的是动画产业。要发展我们国家的文化产业，就要抓住动画产业不放。

**（四）搞好动画生产也是进一步振兴、发展和繁荣国产动画业的需要**

我们国家曾经是最早生产动画的国家之一，而且一度成为世界动画生产的大国，可是现在我们的排名已经往后了，美国、日本、法国、韩国，甚至下面能不能轮到中国还很难说。如果再不好好地抓动画产业，国产动画将会被进口动画所取代。并不是中国人不喜欢动画，中国人是喜欢动画的，中国的电视台也愿意播放动画片，但是看的、放的将不会是我们国产的动画，而是进口的动画。我们的荧屏让《狮子王》占领了，让《一休》占领了，让《鼹鼠》占领了，国产的品牌没有了。尽管我们这两年来也有一些好的作品，比如上述三个单位都有自己的品牌，美影厂的《宝莲灯》，中央电视台的《哪吒传奇》，三辰公司的《蓝猫淘气三千问》，但是影响微乎其微，能比得上《狮子王》、《米老鼠与唐老鸭》、《一休》和《鼹鼠》吗？都比不上。在这种情况下，迫切需要我们振兴中国特色、中国品牌的动画产业，高度重视动画生产，这也是我们今天开会的目的之一。

## 二、要大力发展动画产业

怎样大力发展动画产业？这次在会上做了广泛的讨论，也拿出了意见，核心的问题还是要抓好三个环节的工作。李长春同志去年8月20日在《光明日报》刊登的文章叫《中国动画：何时走向振兴》上批示，要从体制、政策、市场管理上支持我国动画产业的发展。长春同志明确提出，怎样支持我国动画产业的发展呢？要抓好三个环节的工作：一个是体制问题，一个是政策问题，一个是市场问题。这些年来，我们由动画大国，到现在动画业的萎缩和不景气，问题就出在这三个环节上：体制、政策、市场。

### （一）体制问题

体制上的弊端，主要反映在政企不分、制播不分，没有形成产业发展必要的良好体制，没有形成能够支撑、能够推进动画产业发展的体制。所以，要发展我们国家的动画产业，首先要从体制上改革，坚决做到政企分开、制播分离、产业发展。

**1. 要实现政企分开**

很长一个时期内我们又管又办，结果使办的人没有积极性，没有创造性，没有活力。按照管理者的要求，按照管理者的意愿去生产、经营，这是搞不好的，也就是说我们长期讲的，又当裁判员，又当运动员，没有发挥各自应尽的职责，这个球是踢不好的。政府的职责是引导、管理，为企业的发展创造条件，企业的责任是按照企业运行的规则、产业发展的需要去自主经营。所以，要使我们的动画产业发展起来，必须要加大改革的力度，坚决实行政企分开，坚决实行制播分离，坚决实行产业发展。

**2. 制播要分离**

制播不分离是这些年来动画产业做不大、做不强的重要原因之一。为什么这样说呢？制播合一最终的结果，就是自给自足，小农经济。一年需要几部片子就生产几部片子，多余的不要了，不生产了，何必要投那么多钱呢？何必要费那么多事呢？所以动画产业做不大、做不强，小农经济、小本经营，严重地约束了动画生产力的解放和发展。既然这样，就要打破这个东西，要把制播分开。三辰公司为什么能够发展动画的衍生产品，想到要做蓝猫鞋、蓝猫文具盒、蓝猫背心、蓝猫光盘、蓝猫图片，进而形成整个产业链？因为制播分离，因为它是一个独立运行的企业。电视台播出仅仅是市场的一部分，不是唯一的市场。在制播合一的条件下，播出是唯一的目的，是唯一盈利的渠道，也是唯一的市场，不可能形成产业链，不可能拓展市场，所以必须要实行制播分离。迪斯尼尽管是一个大集团，但是动画业是一个专门的公司，播出是另外一个公司，独立核算的一个公司。现在北京、上海、湖南成立了动画频道，动画频道本身就要制播分离，否则没有积极性，做不强，做不大。过去那么多的品牌，我们搞了以后丢掉了，形不成自己的品牌。

**3. 建立产业发展的体制**

产业发展的体制实际上就是不要走事业的体制。很长一个时期以来，搞动画的都是事业单位，都是国家干部，这样怎么能发展起来呢？工作人员拿国家的工资，跟机关干部一样，分配政策也一个样，没有任何不一样的。搞设计、创作的，哪怕创造了蓝猫的品牌，创造了哪吒的品牌，但是一个月的工资就是一千五百块钱，尽管设计、创造了这么一个形象，产生了一千万、两千万、一亿、两亿的产值，对不起，那是你的工作，那是你的事情，你上班就是干这个事，工资每个月都发给你，就是一千五百块钱。事业的体制带来了一系列的问题，不可能把动画产业发展起来，这仅是一个方面的例子。所以，动画业必须要走产业化发展的道路，从事业体制中解放出来，不再搞事业体制，要成为市场的主体。总之，要大力发展动画产业，首先要解决体制问题。

### （二）政策问题

动画业的发展要有政策扶持，这一点非常重要。韩国之所以从一个无名之卒发展到在世界动画业占有一定的地位，就是因为韩国政府给予了政策的支持。法国之所以能够攀上三个动画生产大国的行列，很重要的一点，就是法国非常重视民族文化产业的发展，给动画业以必要的政策方面的扶持。从中国的情况来看，动画业的底子薄、基础差、困难多，所以中国的动画业要发展起来，一定要给予政策扶持。要制定这样几个方面的政策：

**第一条政策，政府要为动画业的发展创造条件。**现在开办了三个动画频道，但并不是只开办这三个动画频道，有条件的、愿意办的都可以申报，虽然不搞动画频道的电视台也在播放动画节目，但是创办我们自己的动画频道还是必要的。现在迪斯尼的动画频道、维亚康姆的尼克罗丁动画频道，都很有影响。我们也要有中国自己的动画频道。

**第二条政策，要大力扶持民营动画业的发展。**民营企业在文化产业发展中的力量、作用不可小看。我们要积极扶持民营动画企业的发展，要关心、爱护、支持他们，要给予他们和国有动画企业同样的待遇。

**第三条政策，要实行跨部门、跨行业、跨地区、跨所有制来经营我们的动画产业。**换句话说，要调动社会方方面面的积极性来发展我们的动画产业，这也是政策上的扶持。我们在广播电视上有很多限制，电视台不能跨地区落地，上星频道要经过严格批准，一个省只能有一个频道。现在，三个动画频道全部批准上星，可以跨地区。融资政策上放宽，可以跨所有制。我们连美国、日本的动画都可以拿来放，自己生产的动画片就没有必要管这个钱是国有的、民营的，还是外资的，只要是中国的动画片，不管是国家的钱，是老板的钱，还是外国人的钱，都可以用，只要不是不正当的钱。

**第四条政策，积极争取对动画业给予税收方面的优惠**。因为动画业是为青少年服务的，为未成年人服务的，为培养人、教育人的思想工程、文化工程、政治工程，所以要争取在这方面给予优惠。

**第五条政策，国家要给予直接的财政投入**。要增加国家在这方面的投入，使我们的动画业有坚实的经济基础和财力支持。请大家思想再解放一些，包括管理方面。中国教育台搞了几个频道，要求增加电视剧、电影的播出，为什么不能办一个动画频道，不能办一个少儿频道？这是名正言顺的，也是理所当然的，只要提出来，我们马上就批，而且政策上可以放宽，如果经济、财力有限，可以融资。上个礼拜我会见维亚康姆的董事长，他一直讲尼克罗丁的儿童频道要进来，我说频道不可能进来，但是钱可以进来，跟我们电视台合作经营。

政府可以采取一些政策，给一些政策的扶持，没有政策的扶持，动画业发展不起来。首先，思想要高度重视，要高度重视动画产业；另一方面，思想要解放，管理要更新，否则不可能有扶持的政策，不可能有开放性的政策来支持动画的发展。总的原则，只要有利于国产动画业的发展，广电总局权限内的政策都可以给。政策里还有一点，必须要限制进口动画片的数量，在我们国家动画业初创时期，或者是在繁荣发展的起步阶段，必须要有政策的调节，给予扶持。必须有一个比例，60%国产，40%进口，我感觉40%还是多了些。为什么开频道有好处呢？开频道，不管十几个小时，总要播满，不能提前关掉，进口的限制了，就要找国产片放。现在出现这样的情况，花了六万八万拍十分钟的动画片，结果卖不掉，几十块钱卖出去，有了动画频道，到那个时候就不会出现这种情况。

我们要搭建市场，政府搭台，让企业唱戏，把市场的舞台建起来。为什么政府要搭舞台呢？因为频道是政府批的，是为人民服务的，也不用我们来操心，频道的资源必须由国家控制，哪个国家都在管，不管不行。

总的原则，发展是硬道理，发展是第一要务，只要有利于发展，各方面的政策都可以研究，特别是在广电总局职能内的一些政策都可以放宽。你们要市场准入证，如果总局发，就可以发。而且我们不会失控，有宏观控制力，管得住。刚才有人提意见要求给动画生产补贴，我认为不要补贴给生产厂家，而要补贴给电视台买片，特别是补贴给西部电视台，补贴给西部贫困的省区的播出机构，那里有很多的儿童看不到动画片，电视台买不起，所以要给他们补贴。这样做有利于建立一个良性的市场运营机制。

**（三）市场问题**

首先，要有市场的观念，要有市场的意识。刚才三辰的老总讲了几个市场，不管是这种说法、那种说法，都是要建立动画的市场，要有这个意识。我们现在缺少这个意识。没有这个意识，生产没有意识，创作没有意识，播出也没有意识。没有市场的意识，其实就是没有发展的意识。因此首先要把市场的意识树立起来。

其次，要塑造市场主体。既然我们要进行产业化的发展，就必须要有市场主体。我们的市场主体是不完备的，或者是不完善的、不完整的市场主体。上海美影厂现在是事业单位企业管理，所以不是一个市场主体，最近上海市委已经决定了，全部要转制，转制以后才能真正成为市场主体。事业单位不能成为市场主体。就像踢足球，首先得是足球运动员，足球裁判员、工作人员、服务人员不能进场踢足球，你是运动员才能进场，不能既是运动员，又是裁判员，又吹哨子、又踢球，这样的人不能参加比赛。首先要把资格确立下来，就是要塑造市场主体，这是市场运行最基本的要素，市场主体都没有，怎么能够进行市场化发展呢？拿中央电视台少儿频道来说，频道是事业单位，但是如果制作这块不是企业，就发展不起来，必须要成立一个动画公司，这是一个主体，这样才能进入市场。三辰就是这样的，所以它能够运营起来，能够活跃起来。现在，单靠我们国家搞两个事业单位的厂，进行动画片生产，做不强、做不大，没有发展的动力、机制。只能是由企业来搞动画片，把荧屏上的形象变成品牌，做成糕点、文具盒、鞋、衣服，真正形成产业，前提就是要确立市场主体。

再次，必须进行企业化管理。要按照现代企业制度来运营、管理好企业，不能按照事业单位、机关的方式来管理企业，那是做不好的。真正的企业要自主经营，要面向市场，要运筹，要策划，要进行产业化发展。只有商品，才能进入市场。市场要求企业和商品进行产业化发展。现在动画业还没有形成一个良好的、科学的、合理的产业链，它的产业链是断的，或者是不成链的，是点而不是链。我们的作品不仅要到影院放，不仅要到电视台放，还要大力地发展衍生产品，到商店卖，使我们的原创产品不断地增值。三辰的衍生产品的产值，所获得的利润，一般都占50%以上。迪斯尼公司大量的品牌生产，绝大部分都在中国的广东，那么多的玩具，相当一部分都是迪斯尼的。迪斯尼在合资谈判的时候，讲了非常重要的理由，我在你这儿开了这么多厂，安排了这么多的就业，因此希望它的频道在中国落地。杭州宋城是一个旅游区，搞了一个主题公园，把米老鼠和唐老鸭弄进去了，迪斯尼马上就把他告了，这是我的品牌，你能用吗？要用可以，旅游的收益要和我分成。我们没有这些理念，所以《宝莲灯》《哪吒传奇》没有什么衍生产品，哪吒背包、文具盒、背心、帽子，这些都没有，因为是制播合一的，下面没有一个公司运作，如果是公司运作，就要想办法去拓展。产业要发展，一定要把产业链建起来。

进行市场运作，要有一支营销队伍。我们没有营销队伍，有创作队伍，有制作队伍，我们的制作队伍大于创作队伍，实际上我们不重视创作队伍，大量的是电脑工人。销售这块更是我们的弱点，市场的要害就是营销，我们不会营销，不会推广自己，不会推销产品，不会打自己的品牌。市场的问题非常重要，如果要搞产业化发展，没有市场，或者是一个不完善的市场，这个产业也发展不起来。

体制问题、政策问题、市场问题是动画产业发展的要害问题。如果这三个问题解决了，动画产业在三五年内一定能够振兴。

## 三、要不断创新动画产品

创新是民族的灵魂，发展的动力，动画产品要发展，必须要有创新的意识，怎么样创新呢？我想讲几个概念：

### （一）要创新思路

当前中国的动画业思路很陈旧。要创新思路，必须要从陈旧的模式中走出来。动画业发展的模式还是没有走出去，拍一部片子在电影院放放，拍一部片子在电视台播播，没有把动画业看成是一个产业，也没有很好地赋予动画业其他功能，只看到它的教育功能、认识功能、审美功能，还没有看到它本身存在的产业功能。如果我们看到它的产业功能，就会在提升和扩大它的社会价值方面做很多事情。动画产品具有社会价值，人家可以通过动画生产发财，我们拍动画亏损，拍一部亏一部，这是因为没有从旧的模式中走出来，不会经营。怎么样发展动画产品？首先思路要新，一个很重要的问题就是要充分看到动画产品的多功能性。再一个，要很好地看到生产、制作的动画产品要多形式、多品种。销售动画产品要多渠道、多方法，不仅是电影院，不仅是电视台，要做光盘，还要做图书，这些问题都要很好地考虑。多功能、多渠道、多品种来发展我们的动画产业，思路要拓宽。



### （二）要创新内容

从传统的形式中跳出来，从传统的节目中跳出来。动画的内容应该丰富多彩，中国的动画片，像《宝莲灯》《哪吒传奇》《西游记》都是中国的民间故事，这是我们的传统产品，但是仅仅搞这些是不行的。国外的动画产品内容非常丰富，实际上是把人的活动、思想动物化，把人的思想、生活、情趣用动物表现出来。我们搞的是动物拟人化，局限性就很大了，因为动物本身不可能有那么多思想，不可能有那么丰富的生活，也不可能有那么变幻莫测的情趣。在这方面，大家需要很好地研究，这样一些传统的民间系列故事仅仅是动画表现的一个方面的内容，不能当作中国动画片唯一的选择，要拓宽我们的视野，发掘丰富多彩的题材、内容。鼹鼠，那么一个不起眼的东西，国外可以通过鼹鼠编出各种各样的故事，而这些故事都是人的故事，但是通过动物表现出来。传统的东西要发扬，但是过多地搞就会给人内容陈旧的感觉，因为人们都有求新、求变的思维。那些中国人老老少少都知道的东西，我们老是翻来覆去做，是会令人乏味的。不光是动画片，电视剧也是这样，拿《红楼梦》来说，电影、电视都在搞。最美好的是第一个，一改编了就不像了。第一个进入我脑子里的形象和情节是那样的，第二个形象与情节如果与第一个不一样，人们就会觉得不像、不真。

中国可以写的东西很多，重大革命历史题材有相对的局限性，一般的艺术作品都是虚构的。你写米老鼠，我可以写鼹鼠，那也是很有意思的，很多都可以写。要拓宽我们的思维、拓宽我们的视野，内容可以非常丰富，避免单一、单调。

### （三）要创新手法

现在用数字、电脑做动画，艺术创作的空间大大拓展，在这方面也要下功夫。前不久我到印度去，印度要大力发展动画，雄心勃勃，而且要进中国，我觉得印度的动画水平跟我们现在差不多，达不到日本、美国的水平。我不太懂动画，在座的很多是动画行业的工作者。动画有几个特征：简洁的语言、夸张的动作、滑稽的形象、有趣的故事等几个基本的要素。可是我总觉得，我们做的动画在这几方面都比较欠缺。

简洁的语言。动画里面的形象能有那么多话吗？美国的动画没有多少话，哪儿有那么多的话？又不是电视连续剧，主要靠动作、表情来表达思想活动，眼睛一转就知道想什么，不用说话，我们不善于这样做。夸张的动作。一个动物一弹弹到天上，最后又收回来了，我们不会夸张，认为动物怎么能这样呢？身上的皮都拉开了，两头一拉，拉长了，一下又收回来了。叫人一看就笑，有意思。我们把动物拟人化，把它当作一个人来刻画，人不可能这样的，人就是要说话，所以话也多，所以动作也不夸张，形象也不滑稽。我们的思维就是实在、完整的，实在、完整的一只老鼠，实在、完整的一只大象，但动画应该是变形的老鼠，变形的大象，变形的动物形象。要发挥非常丰富的想象力，甚至于超乎人的思维、习惯的想象力，这样才有趣。想象中跑步去，肯定是要跑很长时间，但动画里面一下就蹦过去了。我们对动画的表现手法要大胆地思维、解放思想、创新手法。

**（四）要创新品牌**

当然从严格意义上说，中国的动画现在还没有自己的品牌。蓝猫也是现在才开始的。关键是要有企业的品牌，现在有迪斯尼、梦工厂、尼克罗丁等世界上生产动画的有名品牌，我们要创造自己的名牌企业，创造我们自己的名牌产品，这也是非常重要的。迪斯尼《米老鼠和唐老鸭》到现在上百年了，还活跃在荧屏上。

## 四、切实加强动画工作

1.**要加强领导**。各级广电部门要把这项工作列入重要的工作日程，高度重视，加强领导，一把手要亲自过问，经常研究我们省里怎么搞，我们电台、电视台怎么搞，我们电影集团怎么搞。

2.**要加强规划**。动画产业的发展要有规划，今年搞多少，明年搞多少，三五年以后搞多少。不仅是要生产多少部，而是要占领多少市场，要在多少个电视台播出，多少个电影院播放，形成什么样的产品系列，要有一个很好的规划。

3.**要加强管理**。政府的管理就是要为动画业的发展创造良好的市场环境，提供优惠的政策条件。管理的着眼点是这个，并不是要管住、管死，放开也是管，搞活也是管，不要一说管就是管住、管死。

这次的会议，相信能够产生积极的作用。在座的各位代表了中国动画业的几路大军，衷心地希望大家共同努力，把我们的动画产业发展起来。让中国人，让中国的儿童，真正能够看好、看够中国的动画产品。希望大家回去以后能够把这个意见带回去，好好研究。韩国有一个文化振兴院，咱们是不是也要有一个研究院，来分析动画方面存在的问题，给政府献计献策，帮助政府做工作。

（2004 年 3 月 30 日在全国影视动画工作暨动画片题材规划会上的讲话）

# 抢抓机遇　走产业化发展之路

## ——二谈中国动画产业发展

目前，国产动画产业的发展势头很好，发展环境很好，发展前景也很好。但是，离党和国家的要求，离市场的需求还是有很大的差距。所以，在当前怎样进一步繁荣和发展国产动画业，我们还需要认真研究，采取必要的一些措施来落实中央给我们提出的要求，满足人民群众的需要。

### 一、要抢抓机遇，发展我国动画产业

现在我们动画产业的发展条件很好，中央的方针政策非常明确，政府又高度重视国产动画的发展。中央领导同志对于促进我国动画产业的发展作出了一系列重要指示。2003 年 8 月，中共中央政治局常委李长春同志在《光明日报》发表的《中国动画：何时走向振兴》一文上作出批示："要从体制、政策、市场管理上支持我国动画产业的发展。"党中央国务院 2004 年 2 月 26 日发布的《关于进一步加强和改进未成年人思想道德建设的若干意见》，对于扶持国产动画业的发展提出了新的要求："积极扶持国产动画片的创

作拍摄制作和播出，逐步形成具有民族特色、适合未成年人特点、展示中华民族优良传统的动画片系列。”2004年4月23日，李长春同志在《广电总局启动影视动画产业发展的情况报告》上批示：“1.很好，抓好落实。2.主要靠市场化带来的动力，加上必要的产业政策和市场环境上的支持，淡化评奖（运用得不适当会使行政动力取代市场动力，这是过去在机制上的突出问题）。”4月23日，中共中央政治局委员、书记处书记、中宣部部长刘云山同志在《广电总局启动影视动画产业发展的情况报告》上作出明确批示：“二十四条意见很好，认真落实，必将对我国动画片的繁荣发展起到积极的推动作用。总局要加强领导，统筹规划，积极扶持，注重管理，开创我国动画创作生产新局面。”6月18日，刘云山同志在中宣部一个材料上批示：“要统筹研究动画片的创作生产和播出。要研究产业政策，扶持一大批大规模、高质量的动画企业，力争在一两年内动画生产有较大发展。”7月3日，刘云山同志在视察浙江横店文化体制改革时明确指出：“动画产业发展一是要重点抓好规划，二是要重点抓好产业经济政策”。中央这么重视我们的动画产业，这是多好的一个环境、多好的一个条件！

目前动画市场的需求很旺盛，有利于我们动画产业的发展。特别是中央关于加强未成年人思想道德建设的意见颁布以后，全党全国形成了一个加强少年儿童思想道德教育的热潮，各种媒体，包括我们的广播电台、电视台，甚至于网络媒体开辟了大量对于少年儿童进行思想道德教育的栏目、节目。总局最近又决定全国副省级城市以上的电视台都要开辟少儿频道，各级广播电台、电视台都要加强少年儿童节目的播出，同时批准成立三个动画上星频道。对我们动画产业来说，这是一个非常广阔、非常有潜力的市场。这个市场不仅在我国是空前的，而且在国际上也是少有的。这就是为什么当前外资急欲涌入的重要原因。中国仅少年儿童就有3.7亿，再加上成年人，中国有13亿人口，那么大市场，世界上没有第二个这样大的市场。同时，人民群众的的确确广泛欢迎动画作品，欢迎动画节目，不仅仅少年儿童喜欢，成年人也喜欢。动画这样一种艺术形式，社会生活需要，包括我们各类广告，也通过卡通形式和动画形式来展示、表现，一些文化娱乐活动也通过动画形式来表现。再加上总局就动画产业的发展已经制定了一系列政策，拿出了二十四条意见。所以，现在的机遇很好，机遇难得，关键是我们能不能够抢抓这个机遇发展自己。

希望在座的各个单位、各个部门都要有抢抓机遇的意识。即使目前投入大于收入，也要去投入，因为这种投入是具有战略眼光的投入。我们在这个问题上不能急功近利，急功近利往往会伤害我们整个动画产业的健康发展。千万不要看轻国产动画产业，目前市场份额比市场利润更重要，你要占有市场，你就会获取丰厚利润。湖南三辰影库得风气之先，又赶上现在全国大力加强未成年人教育、大力发展国产动画产业这样一个机遇，我觉得这家公司发展的有利条件比我们现在刚刚起步的单位就要好得多。所以，能不能够抓住机遇，能不能抢抓机遇，这一点对动画产业的发展来说是至关重要的。湖南三辰影库的发展已经说明了这一点。

## 二、要坚定不移，走产业化发展道路

中国曾经是生产动画的大国，但是没有形成真正意义上的动画产业。为什么呢？长期以来，我国动画制作和播出都是行政力量在推动，靠事业机制生存。在这样一种情况下，动画产业是发展不起来的。就像长春同志讲的，它没有市场动力，这是不行的。现在我们要发展国家的动画产业，必须要走产业化发展的道路，必须要进行市场化运作，必须要进行企业化管理。否则，动画产业就会缺少内在发展的动力，缺少内在的有效运作机制。尽管事业体制也可以大量投入，但是这种投入形成不了促进发展的强大动力。

我国动画业的发展，必须要走产业化的路子，不能再重走事业老路。重走老路只能轰动一时，没有发展的后劲。只有真正能够走产业化的发展道路，才是一种持久的、稳定的，而且还是不断壮大的发展道路。所以，同志们一开始就要把这个路走正，千万不要再去走事业发展的弯路。如先搞事业性的，回头再来改制，代价太大。动画频道的运作制播分离后也要进行产业化，动画生产、制作、发行更要产业化。现在新批了三个动画上星频道，将来随着动画产业的发展，还会有新的动画上星频道产生。所以，我们一定要把航向拨正，路子摸准，不要走弯路。这一点中央领导同志重要批示精神是非常明确的。我刚才给大家传达了中央领导同志重要指示，中央领导同志建议我们要少搞一点评奖，认为这是一种行政推动，要让文化产业按照市场规则来运作，充分发挥市场的内在动力。

## 三、要加强规划，不断推出动画精品

动画投入比较大，所以动画创作一开始要有做成精品的目标。一定要把好政治关、思想关，这是非常重要的。在这个前提下我们再来追求动画的艺术性和观赏性。要有利于青少年的健康成长，有利于发挥精神产品在精神文明建设中的积极作用，有利于推进我们社会主义先进文化的发展。这是非常重要的一个前提。各单位、各部门一定要对动画的创作生产加强规划，把有限的、宝贵的资金用在刀刃上，防止题材“撞车”。

## 四、要形成合力，做强做大国产动画

现在方方面面都很重视动画发展，关键要形成合力。总局要采取各种措施来扶持动画业的发展；各地也要创造条件，为国产动画业的发展出力；各个企业、各个单位也要以极大的热情为繁荣和发展国产动画业作出自已的贡献。今天我们请了广电管理部门、播出媒体、教学部门、动画企业来研究、探讨这个问题，其本身就是调动方方面面的积极性，形成合力，发展和繁荣我们国产动画业。云山同志给我们提出来，要扶持一大批大规模、高质量的动画企业。最近总局研究准备在全国要建立四五个国家级的动画产业基地。产业基地要由总局挂牌，而且国家级的动画产业基地要享受若干优惠政策，无论是在投资方面，在税收方面，在产品营销、产业发展方面要有优惠政策。初步考虑，中央电视台、北京、上海、湖南、浙江、江苏这样一些地方，建立国家级的动画产业基地。首先要有一个企业主体，要有一个产业主体，主体都没有，没法给你挂牌。目前条件相对比较成熟的上海文广集团、湖南三辰影库是马上可以挂牌的，其他的要创造条件积极申报争取。

要建立国家级的动画产业教学研究培训基地。北京广播学院、北京电影学院、中国美院、吉林艺术学院动画学院等都可以积极争取。这是我们推进国产动画发展的一个重要举措。要形成几个动画教学研究的龙头单位、人才培训的龙头单位、产业发展的龙头单位。这样，有利于国产动画创造名牌，有利于我们占领市场，有利于带动整个国家动画产业的发展。

我们还将与商务部、税务总局、财政部、发改委等有关部门洽谈，制定若干个关于推进国产动画产业发展的政策措施，进一步抓紧做好促进国产动画产业发展的工作。另外，必要的投资还是要确保。我刚才说了，恐怕眼前是只投入没有产出，但是这个市场是摆在这里的，你占有了市场以后就能够有巨额回报，这是肯定的。

除了产业方面要形成合力外，技术方面也要形成合力。一定要研究怎么样使我们这样一些节目，能够让我们的广大人民群众，特别是广大青少年更广泛地收看到。光靠一些产业政策是不够的，还必须要有技术保障。现在模拟这一套系统容量有限，可以说已经爆满。数字现在相对滞后，要若干年以后才能够进入。在这样一种情况下，怎样使我们新创办的少儿频道、动画频道能够跟广大少年儿童群众见面，有利于他们收看，这是一个需要技术部门认真研究的重要课题。要形成合力，方方面面都要很好研究。计财司要研究产业政策，科技司要研究技术措施，法规司要研究促进产业发展的有关法律规定，总编室要加强动画作品的规划，外事司要确定动画引进方面的政策。

总之，今年是广电系统的产业发展年，现在各方面的发展势头都很好。电影产业发展势头很好，今年时间过半，电影片数量已经过百，全年 200 部电影没有问题，而且涌现了一些很好的作品，两个效益都不错。主旋律的有《邓小平》系列电影，有《郑培民》、《张思德》等一批很好的电影。还有娱乐片、商业片，如《十面埋伏》在国内市场已经突破了 1 个亿，现在票房最好的进口片《指环王》、《后天》、《特洛伊》都没有超过《十面埋伏》。从这个意义上来说我们不要迷信进口片，《指环王》、《后天》、《特洛伊》都是横扫欧美的大片，可是在中国的票房不抵国产的《十面埋伏》。我们要满腔热情地对待国产电影，要给国产电影的发展创造一个良好的成长环境，不能让它在一片责骂声中成长，这很不公道，很不合理。对国产片要多些关爱，少些指责，像母亲对待孩子一样，呵护成长。

我们要充满信心，相信国产动画业一定能够发展起来。现在是多种所有制共同发展，各种资金都来推动我们的发展，社会方方面面共同来扶植我们的发展，相信中国作为动画生产的大国地位一定会重新树立起来。

（2004年8月3日在影视动画工作座谈会上的讲话）

# 动画产业发展的几个关键问题

## ——三谈中国动画产业发展

今天，我和总局影视动画工作领导小组的同志来中央电视台调研动画工作，刚才听了中央电视台有关同志的介绍，给我留下很深的印象，中央电视台动画产业发展面临五个有利条件和三个不利因素，我认为是符合实际的。大家讲了很好的意见和建议，我很受启发。目前，中央电视台拥有 400 人的动画创作、制作队伍，每年投入 4000 万元制作动画，每年制作 4000 分钟国产动画片。可以说，中央电视台已具有发展国产动画产业的强大优势。当前，中央电视台国产动画产业发展形势很好、潜力很大、前景光明。中央领导同志对我国动画产业的发展非常重视，作出了一系列重要指示。中央召开的加强未成年人思想道德建设工作会议，锦涛同志作了重要讲话，中央下发的关于加强和改进未成年人思想道德建设的若干意见，都强调要发展和振兴国产动画产业，并对如何搞好国产动画产业的发展提出了明确要求。长春同志提出，振兴和发展国产动画，主要靠市场带来的动力，加上必要的产业政策和行政措施的支持。云山同志强调，要统筹研究动画片的创作生产和播出，要研究产业政策，扶持一大批大规模、高质量的动画企业，力争在一两年内动画生产有较大发展。云山同志还指出，动画产业发展一是要重点抓好规划，二是要重点抓好产业经济政策。根据中央的要求，总局党组决定大力推进国产动画产业的发展。中央电视台应当在推进国产动画产业发展方面发挥积极的作用。怎样才能实现这个目标，关键是要抓住以下几个环节：

## 一、转动两个“轮子”

两个“轮子”一起转，是长春同志根据文化事业和文化产业发展的内在要求而提出来的。发展国产动画业也要转动两个“轮子”：一个是公益性事业，一个是经营性产业。中央电视台要转动公益性事业这个轮子就是要办好少儿频道，办好其他频道的动画节目和栏目，通过动画这种形式来对未成年人进行思想道德教育，发展社会主义先进文化。对于这项工作，中央电视台有着很好的条件，少儿频道开播以来，各方面反映很好，形成了广泛的影响，已成为加强未成年人思想道德建设的重要阵地。同时，中央电视台对于进一步办好少儿频道，进一步搞好动画节目，也积累了丰富的经验。要进一步加大对中央电视台少儿频道的扶持力度，包括方方面面的扶持。总局向各地下发通知，要求做好中央电视台少儿频道的转播工作，要求中央电视台少儿频道优先落地等，这是政策扶持。目前，中央电视台每年投入 4000 万资金用于国产动画片的创作生产，这是资金扶持。中央电视台少儿频道、动画节目、动画栏目一定要办好。再一个“轮子”就是经营性产业。从中央电视台来看，经营性产业有了一定的基础，怎样更好地发挥优势，弥补不足，尽快使这个“轮子”转动起来，改变一个“轮子”大，一个“轮子”小的状

况，是中央电视台当前亟待解决的一个重大问题。要把经营性产业这个“轮子”进一步做大，通过两个“轮子”的协调运作，使中央电视台动画产业发展做到更快更好。

## 二、抓好两个环节

动画产业怎样做强做大，重点要抓好资源整合和转制重组两个环节。现在中央电视台动画资源丰富，青少中心、科影厂、国际总公司都有动画资源，这些资源要进行整合，要把分散的资源集中起来，开发出来，形成合力，当务之急是要整合资源。在抓好这个环节的同时，要根据动画产业发展的要求，进行转制重组，就是要实现产业化发展、市场化运作、企业化管理。我们分析一下，影响中央电视台动画产业健康发展的问题主要表现在六个方面：第一，产业链是切断的。从中央电视台这个层面上看，好像已经形成了产业链，创作、制作和销售等环节似乎都有，但实际上产业链是切断的，是各自独立的，没有内在的、有机的联系。第二，产业规模是分散的。中央电视台每年 4000 分钟的动画制作量是各部门分散制作出来的。要通过整合重组，形成产业规模。第三，市场要素是孤立的，表现为各自为政、各种生产要素独立运行，没有组合成一个整体来运转。第四，市场开发是单一的。目前，中央电视台动画产业的开发主要集中在播出方面，占用了频道，占领了播出市场，但还没有很好地开发动画市场。《哪吒传奇》在市场开发方面作了尝试，但仅仅只是尝试。现在，中央电视台没有健全的动画市场开发系统，动画的播出在青少中心，动画的制作分别在青少中心、科影厂、国际总公司，动画的销售在国际总公司节目公司。这种状况显然不能适应中央电视台动画产业的快速健康发展。第五，管理是多头的。中央电视台动画产业发展是化勇同志总负责，但他也只是提出工作要求。而各部门是分散管理的，青少中心是胡恩同志分管的，国际总公司是李晓明同志分管的，科影厂是王庚年同志分管的，是多头管理，动画产业要有大的发展就要统一规划，统一管理。第六，规划是零星的。今年搞什么，大家是清楚的，但明年搞什么，五年内搞什么，大家就不清楚了。《小鲤鱼跳龙门》搞成后搞什么呢？这一现状表现出规划是零星的，不是长远的。这些问题的症结是在体制上，所以要改制，要重组，要建立动画产业的市场主体，把分散的资源集中起来，重组动画产业，制定长远规划。

## 三、依靠两个制度

要发展动画产业，实行转制重组，建立市场主体，就是要按照现代产权制度和现代企业制度来推进。按照现代产权制度，就要整合各方面的资源，重建市场主体，建立股份制公司。在中央电视台控股下，各单位参股，可以吸纳社会资金。这样，中央电视台制作动画的资金可以从现在的4000万元变成1个亿，生产规模就会扩大，就不仅仅考虑《小鲤鱼跳龙门》，还可以考虑下一步的动画发展，不要像现在这样，《哪吒传奇》播完了，就等着筹划下一个节目，没有系列化、规划化的生产。要做到嘴里吃着一个，筷子夹着一个，眼睛看着一个，进一步加快动画产业的发展。要考虑按照现代企业制度把公司组建起来，各家委派董事，确定董事长，由董事会聘任总经理。中央电视台少儿频道可以拥有股份，科影厂可以拥有股份，国际总公司也可以拥有股份，组建股份制公司。新成立的股份制公司可以参与经营少儿频道，通过制播分离来运作少儿频道。这个公司的经营，不能只面向中央电视台，而是要面向全国、服务全国，这样中央电视台才能成为我国动画产业的旗帜，真正成为龙头基地、头牌基地。

## 四、占领两个市场

中国的动画市场空前大，仅少年儿童有3.7亿，再加上成年人，中国有13亿人口，那么大的市场，世界上没有第二个这样大的市场。最近，中央关于加强未成年人思想道德建设的意见颁布以后，全党全国形成了一个加强未成年人思想道德教育的热潮。总局最近又决定全国副省级城市以上的电视台都要开办少儿频道，各级电台电视台都要加强少儿节目、动画节目的播出，同时批准成立三个动画上星频道，这对我国动画产业来说，是一个非常广阔的市场。现在技术制约发展，我们一方面要加快数字化的推进，另一方面还要采取各种有效的办法，使动画频道、少儿频道能够覆盖落地。三个动画频道如何落地，技术瓶颈如何解决，这需要认真研究。从更开阔的视野来看，动画会被广泛地运用，社会生活需要动画，少年儿童需要动画，音像市场、图书出版、生产企业也需要动画，包括各类广告往往也需要通过卡通形象和动画形式来展示和表现。再一个是国际市场。现在美国和日本占领国际动画市场，韩国动画业正在崛起，我们要打破这种少数国家独霸国际动画市场的局面。中央电视台动画产业首先要占领国内市场，同时积极扩展海外市场，可以借船出海，借用海外销售网络，把中国动画销售出去。

## 五、用好两个政策

对国内动画产业我们的政策是扶持，对境外动画我们的政策是有所限制的，可以适当引进一些优秀的动画，但数量要限制。要鼓励、支持更多的国产动画在我们的荧屏中播出，如果一方面大量引进境外动画片，一方面要发展国产动画，那是很难做到的。现在境外动画公司的营销策略有了很大的变化，如本土化，或带广告进来，或免费播放，我们对此必须采取一定的限制政策，这一点必须坚定不移，否则国产动画市场打不开，国产动画价格上不来，必然影响我国动画产业的健康发展。要把两个政策运用好。

## 六、建立两个基地

现在总局决定要抓两类基地，一是国家级动画产业基地，二是国家级动画教学研究培训基地。总局研究准备在全国建立四五个国家级动画产业基地。中央电视台、上海美术电影制片厂和湖南三辰影库建立国家级动画产业基地的条件是成熟的，江苏、浙江等地国产动画产业的发展势头很好，一些企业和单位只要条件成熟，经评估也可以建立国家级动画产业基地。国家级动画产业基地要享受若干优惠政策。目前，上海市文广局将以上海美术电影制片厂为核心企业，联合一些频道和大学的力量，成立股份制动画产业公司，要挂国家级动画产业基地的牌子。湖南三辰影库是民营企业，有规模，有品牌，有效益，有影响，也可以挂国家级动画产业基地的牌子。中央电视台要抓好整合，争取第一批挂国家级动画产业基地的牌子。我们争取今年内把这三块牌子挂起来。

北京广播学院、北京电影学院、吉林艺术学院动画学院要成为国家级动画教学研究培训基地，我们争取今年内把这三块牌子也挂起来。中央电视台不仅仅是动画产业基地，也应是动画人才培训基地，要造就大批的动画人才。

当前，我们要清醒地看到国产动画产业发展中存在的问题和弊端，下决心做好资源整合和转制重组工作。建议中央电视台成立动画工作领导小组，要摸清家底，借鉴国内外的先进经验，学习上海美术电影制片厂和湖南三辰影库的经验，根据动画产业发展的基本思路，拿出一个工作方案，建立一个市场主体，建立一个股份制公司，建立一个基地。要迈出大步子，今年内要把公司组建起来。当前，中央电视台国产动画产业发展具有很好的基础，具备人才优势和经验优势，科影厂上世纪60年代就开始制作动画，中央电视台1983年开始创作动画，还有资金保障，市场优势。要按照中央关于发展动画产业的总体思路，根据长春、云山同志关于发展动画产业的总体要求，把中央电视台动画产业做强做大。最近，中央领导同志提出，要用新的思路、新的观念、新的举措搞好新时期的宣传文化工作，中央电视台要以新的观念开发新的产业，力争成为第一批国家级动画产业基地，希望中央电视台成为我国动画产业发展旗帜和龙头，成为国家级动画产业基地的排头兵。

（2004年8月9日在中央电视台调研时的讲话）

# 扬长避短　创造品牌

## ——四谈中国动画产业发展

我和总局影视动画工作领导小组的同志来三辰卡通集团调研动画工作，听了孙文华同志的介绍，很受启发。对三辰卡通集团的了解进一步深化，对三辰卡通集团下一步的发展充满希望。三辰卡通集团作为我国动画产业的重要力量，在政府的大力扶持下，在各方面的大力支持下，发展会更快更好更健康。这些年来，三辰卡通集团已经为发展我国动画产业做出很大的贡献，整个发展势头很好，发展潜力很大，发展前景光明。我早就想来三辰卡通集团调查研究。今年上半年，我陪同云山同志在湖南调研时，湖南就说到三辰卡通集团的情况，我感到三辰卡通集团值得了解，值得扶持。现在，广电总局已经确定了国产动画产业的发展思路，下发了《关于发展我国影视动画产业的若干意见》，总局已经把振兴和发展动画产业作为新时期广播影视工作的一个重点来抓。当前，各方面的条件都很好，在这个大的政策环境下，三辰卡通集团完全可以得到进一步的发展。下面我谈几点想法：

## 一、要抓住机遇，发展自己

现在，发展动画产业遇到了好机遇。中央高度重视未成年人思想道德建设，召开了加强未成年人思想道德建设工作会议，胡锦涛总书记作了重要讲话，并下发了中央文件。动画是加强未成年人思想道德建设的重要手段、重要内容和重要工程。过去，发展国产动画产业苦于没有政策支持，现在政策支持非常明确。昨天，总局收到长春同志的重要批示：要为国产影片创造良好的社会环境和舆论环境，要多关爱，少指责，重锤打击盗版。这个精神同样适用国产动画产业的发展，要为国产动画产业发展创造良好的社会环境和舆论环境。多年来，进口大片垄断我国电影放映市场的局面，这次被打破了，《十面埋伏》的社会效益和经济效益都很好。风靡欧美的《指环王》、《特洛伊》、《后天》在我国的票房收入分别达到6000万、7000万、8000万，而《十面埋伏》国内的首轮票房收入达到了1.4亿，不管怎样，能压住进口大片就是国产大片的功劳。听了你们的介绍，三辰卡通集团能有那么大的影响，非常不简单。蓝猫动画在800多家电视台播出，进入了十几个国家和地区，很了不起。尽管目前蓝猫还幼稚，没有米老鼠和唐老鸭老成，但从蓝猫的身上，看到了国产动画的希望和前景。从这个意义上讲，三辰卡通集团是立了功的，对振兴和发展国产动画功不可没，尤其是三辰卡通集团的产业发展，达到这样一个境地，更不容易。现在，无论从中央到地方，从主管部门到社会各方都非常重视动画产业的发展，三辰卡通集团要抓住机遇，发展自己。相对别人来说，三辰卡通集团起步早，基础好，在振兴和发展国产动画方面应该做得更好。

## 二、要扬长避短，强化优势

三辰卡通集团有自己的优势，有包括中央电视台、上海美术电影制片厂所没有的独到的东西。作为民营企业，机制很活，思路很宽，具有发展动画产业的市场动力。而这个恰恰是目前电视台和国有动画企业没有的。电视台和国有动画企业当今还没有真正意义上的走向市场，无论体制、机制还是产业运营等方面还受制于旧的模式、旧的理念，缺少发展动力。三辰卡通集团是在生死攸关的市场中冲杀出来的，千方百计地研究市场，千山万水地寻找市场，千辛万苦地占领市场。市场内在动力要求三辰卡通集团必须要这样做。中央电视台制作、播出了《哪吒传奇》后，就熄火一阵子，然后再筹集资金，再搭班子，再运作第二部，缺少更长远发展的规划，这是缺少市场动力造成的，这不是产业化发展、市场化运作、企业化管理。此外，一些国有动画企业还不讲成本，水、电、出差费用等等都是国家包的，不是真正的成本核算。三辰卡通集团拥有这样强大的、永不枯竭的市场动力，这是你们最大的优势。从三辰卡通集团的发展情况可以看出，不是这个项目做完，再开会研究下一个项目，而是根据动画市场的变化，不断策划、制作新的动画产品。要进一步强化这个优势，发展动画产业，我羡慕这样的机制、体制。长春同志提出，振兴和发展国产动画，主要靠市场动力，加上必要的产业政策和行政措施。截然相反的情况是，一些国有动画生产单位要我们推着走，推也不愿意走，你们是找上门来寻求支持，这就是体制上的差异。除了蓝猫这一项目外，三辰卡通集团还有别的制作项目，做到嘴里吃着一个，筷子夹着一个，眼睛还盯着一

个。你们不要把国有企业中一些不好的东西弄过来。现在，市场化程度越来越高，要在市场经济的浪潮中，增强搏击风浪的本领。刚才孙文华同志介绍，三辰卡通集团曾经也被市场经济的浪潮淹没过，但又冲上来了，今后还要迎接风浪的考验，积累经验，增强抗击风浪的能力。现在有些国有动画企业搞转制重组，愁得要命，怎么活呀。昨天我在中央电视台调研，要求他们到你们这里学习，把中央电视台的动画产业开发起来。

## 三、要创造品牌，扩大影响

品牌是一个企业生存和发展的要素，现在三辰卡通集团已经打出了非常好的品牌，要进一步做好，做强。同时，还要开发新的品牌，如《十二生肖》、《水墨动画》等动画系列都很好。要根据市场的需要，文化建设的需要不断创新，老品牌要增添光彩，新品牌要走向市场。在品牌运作、推广方面，三辰卡通集团积累了丰富的经验。但是，要注意，你们的服务对象主要是未成年人，这是非常重要的；同时还要注意，影响市场开拓的不仅仅是未成年人，还包括政府部门、社会各界、家长等等。当前蓝猫形象和品牌应该在成年人中，在社会层面上，在政府层面上扩大影响力。米老鼠和唐老鸭不仅小孩知道，成年人知道，政府官员也知道。蓝猫还要在这方面做些工作，进一步扩大影响，形成全社会都关注蓝猫的氛围，为蓝猫走向辉煌创造更好的环境。三辰卡通集团不仅要做好销售推广，而且要做好品牌推广。我负责协调迪斯尼公司在上海建主题公园的协调工作，美方首先强调迪斯尼的品牌宣传。我说这与主题公园没关系，他们说要建立主题公园必须建迪斯尼频道。迪斯尼老板很注意调研，经常带人去中国的一些胡同，到人家家里去，问老人和小孩是否了解他们的米老鼠和唐老鸭，从而决定他们的投资方向和力度。品牌宣传、品牌推广要纳入政府工作视野，给予更多的扶持、指导和帮助。

## 四、要迎接挑战，做强做大

我们一方面要积极扶持动画产业的发展，另一方面要形成动画产业竞争的局面，只有竞争，才有活力，才能优胜劣汰。要通过竞争，把民营企业的好机制引入到国有动画企业里来。目前，美国迪斯尼也受到挑战，动画频道收视率不如美国尼克罗丁，这种状况对迪斯尼是有压力的，有压力才有动力，才会促进迪斯尼奋起拼搏，摆脱困境。尼克罗丁和我们谈互相落地事宜，经常报告他们在美国多少饭店落我们的CCTV频道，希望我们也能将他们的频道落地。但是，不管怎么样，他们的频道不能进入我们的社会，最多只能进入我国的三星级酒店，这个原则是定的。引进境外动画节目会给发展我国动画产业增加很多困难，所以要限制引进境外动画节目。但这种限制的时间是有限的，毕竟我们是要逐步开放的。我们要有足够的准备，迎接挑战。中央电视台要把分散的资源整合起来，搞成国家级动画产业基地；上海美术电影制片厂要重组一个公司，也要建立国家级动画产业基地，这对三辰卡通集团也是一种竞争，也是一种压力。国有企业毕竟有很强的实力，有民营企业所没有的优势，比如频道的优势。总局同意三辰卡通集团和湖南电视台合办动画频道，也是出于这方面的考虑。在这种情况下，要有紧迫感，在资本运作、品牌开发、高新技术的运用方面，采取更有力的措施，

把三辰卡通集团做强做大。中国动画产业要有中国的迪斯尼，是三辰卡通集团，是中央电视台，还是上海美术电影制片厂，很难说。希望三辰卡通集团成为中国的迪斯尼，在中国动画产业方面名列前茅。

最后一点，广电总局要对三辰卡通集团给予更多的支持和关爱。其实，从蓝猫问世以来，广电总局对三辰卡通集团就给予很大的支持。首先蓝猫在中央电视台播出，而后登陆800多家电视台，总局欢迎蓝猫在更多的电视台播出。三辰卡通集团拥有良好的营销体系，而目前中央电视台没有，《哪吒传奇》放得不错，但衍生产品都给了别人去做，这种状况要亟待改变。我们现在的政策很明确，就是要发展多种所有制，形成合力，推进国产动画发展。最近，广电总局要建立国家级动画产业基地，三辰卡通集团递交了申请报告，我们不分所有制，符合条件的就可以挂牌。相信在党和政府的政策扶持下，在各方面的关爱下，凭着多年来在市场风浪中搏击的经验和造就的本事，三辰卡通集团能够更快地发展起来。国家广电总局将提供更多更好的服务，要进一步加强与你们的联系。动画产业要发展起来，一靠政策扶持，二靠品牌开发，三靠资本运作，四靠技术支撑，五靠人才发挥，尤其是政府的关心和支持是非常重要的。衷心希望三辰卡通集团在政府的关心和支持下，做强做大，衷心希望三辰卡通集团为中国的动画产业做出新的贡献。

（2004年8月10日在三辰卡通集团调研时的讲话）

# 打造中国特色的动画之都

## ——五谈中国动画产业发展

对浙江与杭州的动画产业发展情况原来只是有一个若明若暗的了解，听了刚才系统的介绍后，我有了一个深刻印象。的的确确我国原本就是一个动画大国，但是由于这样那样的原因，后来动画发展萎缩了。现在随着全党、全国高度重视未成年人的思想道德建设工作，高度重视儿童文化产品的创作生产，而在儿童文化产品中动画产品是一个大头，动画产业也进入了一个发展的春天。目前全国已有两个上星动画节目频道开播，年底将开播第三个。全国已有11个省市开办了少儿频道。实际上少儿频道也有相当多的内容是动画节目。最为重要的一点是，党中央高度重视。江泽民同志曾经提出要高度重视发展儿童文化产品，1995年就曾在一封信中指出，要大力发展专为少年儿童制作的精美文化产品。胡锦涛同志谈到加强未成年人思想道德建设工作时指出，要为少年儿童提供丰富健康的精神文化食粮。中央的高度重视为我们发展这项事业创造了根本条件，也极大地激发了动画生产者的积极性。从生产来说，杭州现有几十家大大小小的动画加工制作企业，从教研来说，杭州有中国美术学院这样有实力、有经验的学院，这都为杭州下一步的动画产业发展准备了很好的基础。可以说，目前杭州的动画产业有市场、有人才，也有政策，条件很好。“有市场”是因为有需求，有需求就有市场，目前动画频道节目需求量非常大，十分缺乏好节目，而且动画不仅仅是面向未成年人的，成年人也需要，很多时候是大人跟孩子一起观看的。总不能我们自己的动画频道都放境外的动画片，那也是不允许的。所以动画是一种有广泛市场的艺术样式。“有人才”是说杭州动画人才不仅总量很大，而且企业中也有很多特殊的人才。有些人才被挖走了，到国外去了。有些人才还处于为别人打工的状态，人才的潜力还没有充分发挥出来。“有政策”是指党和政府积极扶持动画产业的发展。我们正在抓紧研究制定进入市场化运作后的动画企业注册资金底线、动画产品市场准入标准、动画电视电影准许播出规定，即“准立、准入、准播”规范等动画管理政策。

我们也看到，目前杭州动画生产还有不足，首先是缺乏规模。的确是有市场没有规模，“星星多，月亮少”，中小型的动画企业为多，而且都是在各自为政。

第二是缺乏品牌。杭州这个问题较为突出。大大小小的不少企业都没有形成自己的品牌，都是做一个撂一个。有品牌才能研发衍生产品，三辰蓝猫的经验证明，衍生产品的开发价值能够远远大于动画片本身。美国的米老鼠、唐老鸭都快一百年了。美国人围绕米老鼠、唐老鸭生发出许多动画内容与动画衍生品类别。

第三是缺乏产业链。动画一定要有产业链，迪斯尼乐园的兴盛说明每一个环节都可以产生效益，如动物大游行、动物玩具、多维电影，参与性游乐等等。如果杭州能够打造一个动画游乐园，还能够解决不少人的就业问题。

第四是缺乏规划。目前国际性、地区性、企业性产业发展都缺少规划，企业抓住一个选题就做一个，没有至少三至五年的中长期发展规划。这样很难说能够形成完全意义上的、有品牌、有产业链的现代动画产业。

我相信，我国现在的动画产业发展还只是起步，如果有市场规模、有品牌、有产业链，有规划，加上中国人、中国的社会制度还有一个特点：说办就办。很可能用不了三五年时间，中国的动画产业就会蓬蓬勃勃地发展起来，重新跻身于世界动画大国的行列。

因此，从目前杭州的情况看，要切实在解决“四个缺乏”上下功夫。重点要把家底摸清，进而要制定政策，加强规划，整合资源，并且一定要形成一个明确的产业发展方向。在整合资源的过程中要以节目为龙头，以品牌打造为重点，以产研发为一体。作为我国的主要动画产业基地，每年都应当有一定规模的产品数量，要拥有本地区的精品名牌，是动画企业就应当有产品品牌，不能只是加工。杭州动画企业要充分利用本地区教学研发优势，形成协调运作、共同发展的合力，所以，根据实际情况，可以考虑研究将动画产业基地的牌子挂在杭州市的高新技术开发区，这样便于整合资源，形成上上下下的合力，为建立你们提出来的“动画之都”的目标创造条件。有了基地牌子，可以更有利于吸引投资，吸引人才、拉动周边文化经济增长，开设动画影院，改造现在的儿童乐园为动画乐园，充分进行市场运作，将衍生产品的开发项目、儿童游乐项目、综合服务项目等都放进“动画乐园”，搞一个中国式的动画城。

另外原则上可以考虑中国美术学院挂牌国家级的动画教学研究基地。可以说中国美术学院无论是硬件还是软件，是科研成果还是人才队伍，都具备了很好的要素和条件。

国内的动画集团积极寻求与境外动画市场的合作非常好。国内国际两个市场一定要联合发展，这种“联合”可以是松散型的，也可以是紧密型的“入股”。联合有利于我们国产动画片的境外发行。要充分利用国外的市场，坚定信心，走出一条既符合浙江实际，又符合全国实际的发展之路。我对你们一些集团的眼光与胆识非常赞赏，相信你们一定会取得好的业绩。的确动画的近期效益可能不会太明显，但是动画的发展前景是很好的，从事动画生产，是参与一个功在当代、造福后代的光明产业、希望产业。这些集团现在起步很好，开局良好，刚刚启动第一个项目，中央电视台就很关注，很支持，所以要充分发挥现在的创作力量和资源优势，争取中国美术学院、北京电影学院等多方面支持，逐步形成自己的品牌。动画是艺术与技术紧密结合的产业，集团要研究自己的发展规划，要创出自己的品牌，而不是想一个做一个，要有系列开发动画品牌的企业发展思路，必须把握做动画产业的基本特点。比如中南集团现在创作的《魔幻仙踪》中的小女孩海婴就很可爱，可以研究有这个作品特点的衍生品的开发。还可以将中南集团的动画游乐园的想法与杭州市的相关想法统一考虑，创建一个以动画形象为主体的，儿童可以看，可以玩的动画乐园。你们的动画电视片项目也可以考虑生发转化成为另一个电影项目，互相转化开发，并且逐步培养出一批各方面的专业人才。希望你们出人才，出经验，出成果，争取成为我国的动画重要企业，我相信一定能够做到。

我感到非常重要的一点是，杭州人气旺，各方面都很有积极性。从各级领导、广电系统到企业、院校，方方面面都有很高的热情和干劲。你们的口号也非常响亮，“打造中国特色的动画之都”，我预祝你们能够成功。

（2004年11月12日在杭州调研时的讲话）

# 广播的根本出路在改革创新

## 一、广播工作取得的成绩和存在的困难

近年来，全国广播系统高举邓小平理论伟大旗帜，全面贯彻“三个代表”重要思想，牢牢把握正确舆论导向，在激烈的媒体竞争中，积极探索，从节目改革入手，掀起了一波又一波的改革浪潮，取得了明显的成效。进入新世纪以来，广播的影响力日益攀升，整体竞争力不断提高，开始展现出良好的发展前景。

### （一）导向正确，基调平稳

广播作为党和人民的喉舌，围绕党和政府的中心工作，始终坚持正确舆论导向，不断提高舆论引导水平，为改革发展稳定创造了良好的舆论环境。工作中，从中央台到地方台，都把为听众提供最好的服务作为突破口，在贴近生活、贴近群众、贴近实际上下功夫，对节目不断进行改革，不但使老的名牌节目如中央台的《新闻和报纸摘要节目》、《新闻纵横》、《午间一小时》等常办常新，而且涌现出一批深受听众喜爱的新节目、新栏目，如中央台的《新闻背景》等，各省市广播电台在新闻、文艺、专题等节目中也拥有一批具有广泛影响力的节目、栏目。

### （二）频率专业化改革全面推进

上个世纪80年代的广东首创了广播“珠江模式”，90年代初以北京台、上海台为代表，直辖市广播电台率先开始频率专业化改革；90年代中后期，省、计划单列市及省会城市电台频率专业化全面推开。国际台的轻松调频、北京台的交通广播和音乐广播、上海台的990新闻频率和金色调频、浙江台的交通之声和健康之声等等都十分活跃。频率的专业化，使广播节目布局和节目形态发生了质的变化，广播的贴近性得到了很好的体现，为广播的再发展奠定了基础。到目前，在大多数省市，历史上千篇一律的“人民台”已经发展成为以新闻频率为主体，融多种多样、色彩丰富的专业频率的综合性广播电台。

### （三）体制、机制改革进展顺利

在频率专业化改革中，电台逐步推行了事业单位企业化管理的理念，对用人、分配等内部管理机制进行大胆改革，增强了活力。中央台、国际台对中心主任、部主任等干部实行公开竞聘，北京台、上海台、广东台、浙江台、江苏台、山西台等地方台也都制定了适合各地的操作性强的节目和用人管理办法，节目和经营挂钩，逐步形成了干部能上能下、职工能进能出、收入能高能低的用人分配机制。机制创新大大激发了广播人的竞争力和活力。

### （四）事业发展出现新面貌

到 2002 年底，全国拥有广播电台 303 座，广播节目套数达到 1882 套，对国内使用 40 种语言、对国外使用 43 种语言（包括 38 种外语、普通话及 4 种方言）广播。全国广播电台平均每天播音时间 2.1 万多小时，其中自办节目时间为 1.5 万多小时。广播人口综合覆盖率为 92.93%，其中中央台第一套节目覆盖率 86.55%，省级广播电台第一套节目覆盖率平均为 88.6%。中央台和国际台在国内和境外派驻记者，其中国内有 39 个记者站，境外有 29 个记者站，国际台还拥有 38 种外语近 800 人的专家队伍。中央台是世界上国内听众最多的国家电台，国际台是继美国之音（VOA）、英国广播公司（BBC）之后的第三大国际广播电台，其英语、俄语、德语、法语、西班牙语、汉语普通话等 14 个语种的节目，在北美、欧洲、日本、韩国、南非等 20 个国家直接落地。中央台和国际台还建立了网站，成为国家重点新闻网站，在网上可以收听中央台 8 套节目、国际台 43 种语言一周广播节目或实时广播，各省级广播电台也开发了不同形式的网上广播。

### （五）“西新工程”成效显著

遵照江泽民同志“9·16”重要指示，总局加大了对西部偏远省区和少数民族地区的广播覆盖工作的力度，使这些地区广播实力明显增强。“西新工程”投入 30 多亿元人民币，新建、扩建中短波发射台 389 座，新增、更新发射机 1234 部，新增总功率 16060 千瓦，新开办了中央人民广播电台第八套少数民族语言节目和西藏人民广播电台康巴藏语节目，建立了现代化的广播覆盖和实验效果监测网。西藏、新疆等 7 省区的发射机全部实现了“三满”播出，广

播时间由原来每天3950小时增加到6900小时，中央台五种少数民族语言节目每天播音比原来增加了20个小时，民族广播节目制作译制能力明显提高。为保证西藏广播电视正常播出，总局还先后选派了五批共132人的援藏技术工作队赴藏进行了为期半年至一年的工作。“西新工程”第一、二阶段的顺利实施，根本改变了西藏、新疆等边远省区空中广播的态势，对7省区的广播覆盖能力也大大增强，节目播出效果良好，受到这些地区广大农牧民的热烈欢迎。

### （六）科技含量不断提高

中央台和国际台都已拥有多个国际先进、国内一流的数字多媒体音频演播室和录音室；先进的中控、主控机房设备能够支持大规模的直播、转播工作；现代化全数字卫星直播车可以随时进行现场直播；节目采编制作、播出传输已实现由模拟向数字化转变；实现了台内节目采、制、播、存的数字化、网络化。全国多数省（区、市）都建成了功能先进、设施齐全、具有现代化水平的广电中心，制播水平显著提高，绝大多数电台的节目制作、存储、播出、传输、发射等环节基本实现从模拟向数字的转化。此外，北京和广东还分别在利用有线广播入户、DAB试验方面取得成果。

### （七）经营创收持续增长

2001年全国广播广告达到18.28亿元人民币，比上年度平均增长20.23%，超过报纸、电视等媒体广告的增幅。很多电台自频率专业化改革后，一直保持着连续多年的高增长率，浙江、山东、北京都超过40%。在这些电台，职工收入成倍增长，甚至超过当地电视台职工的收入。

### （八）听众群体趋于稳定

广播已经成为受众参与度最高的互动媒体之一，重新成为许多群众必不可少的信息来源。中央台和各省级电台每年的听众来信分别达到几十万甚至上百万封，热线电话接听率很高，听众参与的互动节目不断增加。北京台交通广播每天都接到听众电话、短信和其他反馈近万次。2001 年，国际台收到来自世界近 200 个国家和地区的听众来信 91 万封，到目前已突破百万封，创下历史新高。收听国际台广播的听众俱乐部或其他形式的听众组织有 2000 多个，中央台和地方台听众也都建立了各种形式的听众俱乐部。

广播工作这些成绩的取得，是党中央正确领导的结果，是各级党委、政府重视关心的结果，是人民群众热情支持的结果，也是全国广播战线的同志们奋发进取的结果。广播改革发展的经验值得总结，归纳起来，主要有以下四点：

**一是推进广播改革和发展，必须坚守阵地，把握导向。**广播既有宣传功能，又有产业属性。它首先是党的宣传文化阵地，同时也是极具开发潜力的文化产业。广播作为党和人民的喉舌，必须高举旗帜，任何时候、任何情况下，都要自觉地与党中央保持高度一致，服从和服务于全党全国工作大局。广播工作者要牢固树立政治意识、大局意识、责任意识，正确把握舆论导向。广播必须始终把社会效益放在第一位，为建设先进文化做贡献。

**二是推进广播改革和发展，必须解放思想，开拓创新。**广播在激烈的媒体竞争中逐步摆脱了萎缩、被动的局面，保持了应有的地位、发挥了应有的作用，这是解放思想、不断改革、不断创新的结果。没有思想的解放，广播“我播你听”的单向传播模式不会改变，分众经营的专业化频率不会产生、对绩效优秀的从业人员的重奖政策不会兑现，就不可能聚集人气、产生吸引力和凝聚力。

**三是推进广播改革和发展，必须把握规律，发挥优势。**当今时代，媒体竞争激烈，广播只有充分认识自身的特点和优势，把握新世纪广播发展规律，一方面把自身的特点和优势发挥出来，另一方面积极学习和借鉴其他媒体的长处，才能使广播工作体现时代性，把握规律性，富有创造性，更好地吸引听众、服务听众。

**四是推进广播改革和发展，必须重视关心，扶持帮助。**目前，广播的总体经济实力和竞争力还比较弱小，发展还面临着诸多困难和问题，因此需要各级党委、政府给予更多的关心和重视，需要行政管理部门的扶持帮助。“广播电视并举、协调发展”是我们一贯的方针，“三个支援”（即电视支援广播、富裕地区支援贫困地区、厅局关心支持电台）是我们不变的政策。同时，广播要立足自力更生，不等不靠，通过改革创新，使自己得到发展壮大。

在看到成绩的同时，也要看到广播的发展还存在着许多困难和问题。

**一是从竞争环境看，广播受到电视、境外广播和新媒体的冲击较大。**电视由于声画俱备、传神生动，给广播带来了巨大的冲击；境外媒体以各种形式纷纷登陆中国，特别是西方敌对势力对我进行广播渗透的影响越来越大；互联网、手机短信等新媒体的兴起也给广播带来了新的挑战。

**二是从广播自身看，广播发展的思想基础和经济基础明显薄弱。**我们的一些同志思想保守，惧怕改革，相当一批电台经营体制不顺、机制不活，改革滞后，创收乏力，人才流失严重。由于缺乏经济实力，事业的发展、设备的更新、积极性的调动都比较困难。

广播存在的这些困难和问题，只能通过改革发展来解决。我们要认识问题，正视困难，理清思路，鼓舞斗志，加深改革，加快发展，创造广播事业的新辉煌。

## 二、充分认识广播的特点与优势

广播信号采用无线发射，中波、短波、调频、调幅等传播方式多种多样，覆盖广阔。收音机体小灵活，价格低廉，携带方便，还是除飞机之外的一般交通工具的必备设备，便于接收。时代在变化，广播在变革，重新认识广播，是广播业在新的一轮发展过程中选准突破口的思想认识基础。



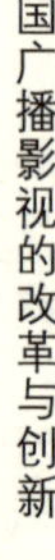

### （一）传播迅速，便于应急

与其他媒体相比，广播传递信息快捷是得天独厚的。广播节目不需要复杂的技术设备和后期制作，无须文字录入、排版、印刷和发行。广播全天播出，可随时播报，还可频繁利用现场直播，使新闻传播的时空距离接近零。从世界范围看，各国政府往往是通过电台发布突发事件、战争和自然灾害紧急信息的。北京去年 12 月 6 日，冰雪封路，在交通几近瘫痪、交通报警台故障的情况下，北京交通台自觉地担当起了疏导交通、互传冰雪道路驾车经验的任务。

### （二）互动性强，易于参与

一方面，广播记者获取信息后可以即刻通过电话传回直播间瞬间播出。另一方面，听众在收听直播节目时，也可以直接通过电话与主持人沟通。目前，电视图像还很难实现这一点。广播与听众这种即时参与、即时回应的互动，最大程度地满足了听众的心理需求。

### （三）信息量大，服务性强

广播播出时间容量大，播出内容涵盖广泛，对大众的思想意识、日常生活具有极强的指导性，这也是广播易于实施分众经营的基础条件。广播的专业化、多样性，能最大程度地满足不同人群的信息需求。从这个意义上来说，广播越来越成为个性化的媒体。

### （四）移动便捷，伴随接收

移动接收分为两种：一是在出行状态接收，乘汽车、坐火车、外出散步等；二是室内流动接收，早晨起床从卧室到卫生间，从厨房到餐厅等，广播使听众可以在运动状态接收信息。加之，广播可以使用耳机隐蔽接收，既不干扰别人，又能在一定程度上维护接收者的隐私，所以又被称为“贴身媒体”、“伴侣媒介”。而现代广播技术不断创新，特别是车载广播、卫星广播的出现，广播移动接收的独特优势将会更好地发挥出来。进入 21 世纪，随着我国城乡经济生活水平的不断提高，广播移动听众群体逐渐增大。

### （五）音质优美，想象丰富

广播技术的发展，使广播音质优美的优势凸现出来。城市有线广播的兴起，更使广播具有了专业音响的效果，家庭、宾馆伴音简便易行。而广播同时还是包括网络在内的五大传媒中唯一的非视觉媒体，一方面，一些不适合或不需要视觉传播的节目（如《阅读与欣赏》、《长篇小说联播》、《星期日英语》、《世界名曲》

等）可以自在地容纳其间；另一方面，人们休息一下眼睛、任思想驰骋的愿望也能得以实现。

### （六）专业性强，协作共享

广播频率专业化改革后，音乐、股市、戏曲、健康、少儿等频率中具有较强专业色彩的节目就具有了协作交易共享的可能。电台之间，无论是中央台和地方台，还是地方台之间都存在着从节目源到覆盖等多种协作共享的关系，这种优势是其他媒体少有的。中央台与全国十几家电台办有交通广播联播，北京台等 18 家电台建有音乐节目协作网，浙江台与市县台和兄弟省台建有多个信息协作网。

### （七）技术简便，成本低廉

从目前世界广播技术的发展趋势来看，卫星广播、数字广播、网络广播已经在不少国家得到了应用。国内广播系统已经基本完成从模拟向数字的转变，自动化播出系统、音频工作站在广播电台被广泛采用。在广播发射领域，国内对广播新技术的采用也进入了一个新阶段，DAB、DMB 等数字广播技术在广东部分城市进行了试验播出。世界广播技术的每一次进步，带来的都是广播传输、制作成本的大幅下降，质量的大幅提高。新型专业技术易于掌握，听众所需投入十分低廉，这大大拓展了广播生存和发展空间。

### （八）广告便宜，利润率高

与电视、报纸、杂志相比，广播广告价位最低，广告总量也低于报纸和电视。但广播信号播出、节目制作、设备投入、人力资源等成本相对低廉，在最近十年中，广播广告的千人成本上涨率也一直低于其他主要媒体。在美国，广播广告的利润率可达 80%，北京电台参照同种测算法，广告利润率也可达到 60%左右，并且尚有潜力可挖。可见广播是一种经营效益很好的媒体。在美国有 11000 多家电台，7 万多套节目，除宗教台等少数电台外绝大多数电台都有赢利。在我国，开办一个电台频率，投资 200 万元就可以启动，并能做到当年赢利，对于报纸、电视、网络而言，这是不可想象的。

基于这些特点和优势，在世界范围内出现了发达国家和发达地区广播最发达的现象。正确认识广播的优势和特点，有利于我们选准广播发展的着力点与突破口，增强做好广播工作的信心。

## 三、解放思想，改革创新，大力振兴广播事业

党的十六大是我们党在新世纪召开的第一次代表大会，学习贯彻十六大精神是我们当前首要的政治任务。贯彻十六大精神，就是要坚持“三个代表”的重要思想，坚持与时俱进的精神，坚持发展是执政兴国的第一要务的原则，努力探索和完成文化建设和文化体制改革的任务。我们要紧紧抓住发展的重要战略机遇期，立足新起点，明确新目标，确立新思路，采取新措施，开辟新领域，开创新局面。要在解放思想中统一思想，与时俱进，形成合力，在创新上下功夫，在发展上做文章，通过改革，尽快把广播事业做强做大。

### （一）要用“三个代表”重要思想统领广播工作

“三个代表”重要思想是党的十六大的灵魂。全面贯彻十六大精神，就是要用“三个代表”重要思想统领广播影视工作。

**首先要以“三个代表”重要思想为指导搞好广播宣传。**全部宣传工作都要在“三个代表”重要思想指导下进行。要按照中央的要求和部署，坚持正确舆论导向，紧紧围绕十六大的主题，积极、全面、准确、深入地宣传十六大精神，掀起宣传十六大精神的热潮，掀起宣传“三个代表”重要思想的新高潮，有力地推动十六大精神的贯彻落实。要在“深、新、活、特”上下功夫。要充分报道全国各行各业、各条战线学习贯彻落实十六大精神的实际行动，把思想统一到十六大精神上来，把力量凝聚到实现十六大提出的各项任务和奋斗目标上来。宣传要逐步推向深入，要有深度、有力度，避免一般化的浅层次报道。要充分发挥广播的特点和优势，精心策划、精心组织、精心安排好各项宣传报道活动。中央台和地方台之间，新闻、经济、文艺、服务等各类节目，都要密切配合、形成合力，开设一系列专栏、专题，营造学习贯彻十六大精神的热烈气氛。

**二是要用“三个代表”重要思想来指导广播的改革和发展。**广播作为先进的电子传媒，自身要率先成为先进生产力、成为先进文化、成为广大人民根本利益的实践者和维护者。要把广播事业建成先进生产力武装起来的有先进技术设备、节目形态和运行机制的特殊产业。要使之代表中国先进文化的前进方向，在武装人、引导人、塑造人、鼓舞人方面发挥重要作用。要自觉地为广大人民群众服务，体现人民群众的根本利益，反映人民群众的心声，要对人民有帮助，为其排忧解难。我们要清醒地看到，现在我们的广播还不能完全体现先进生产力，有些省区，广播技术条件还相当落后，难以满足人民群众的需求；我们的广播节目，还存在着质量不高、针对性不强、服务性不好的问题，同样不能完全体现文化的先进性。因此要改进我们的宣传，要让广播节目更加贴近生活、贴近群众、贴近实际，要提高舆论引导力，注重宣传艺术。只有这样，才能产生良好的宣传效果。同时要采取切实有效的措施，努力改革创新，增强广播工作的实力。

**三是要用“三个代表”重要思想检验广播工作。**广播工作做得好不好，改革的方向对不对，创新的力度大不大，繁荣发展快不快，一切都要用“三个代表”重要思想来检验，最终要看是不是符合“三个代表”、是不是做到了“三个代表”，要让人民群众来评价，要把人民群众是否满意作为最重要的衡量标准。

### （二）广播的根本出路在于改革创新

贯彻落实十六大精神，推进广播工作，坚持与时俱进、改革创新至关重要。与时俱进就是要在我们的全部理论和工作中充分体现时代性，把握规律性，富于创造性，其核心就是要根据时代变化和实践发展不断创新。

广播要想在激烈的竞争中取胜，就要在遵循大众传播一般规律的同时，注重把握当前广播发展的个性规律，要针对社会生活多姿多彩的变化，在节目制作、频率建设、体制构架、机制运营、管理体系和用人制度等一系列问题上不断改革、不断创新。

在这个问题上，广播界还要充分解放思想，思想的解放程度决定着改革创新的力度。解放思想就是要敢于突破传统、突破前人，要善于研究广播实践发展中出现的新情况、新问题，突破思想上、观念上、理论上、工作方法上的一切不合时宜的东西。近几年来，广播事业的发展在各地呈现极不均衡的状态，根本的原因就在于有的单位敢于改革、勇于创新，有的单位思想僵化、因循守旧。可以说，谁改革得早、创新得快，谁就占有发展的先机；谁改革得慢、创新得差，谁就没有出路。在这个意义上，思想解放就是最大的政策、最有力的政策。

改革创新要从广播实际出发，以节目改革为龙头，全面推进各项改革。要用产业发展的观点、企业化管理的要求，创新广播运行管理方式和内容。时代在变化，社会在发展，人民群众生活更加多层次，需求更加多样化，广播宣传必须创新，要强调以听众需求构架专业频率特色，要以鲜明个性铸造多元化广播。

### （三）要用事业的大发展来解决广播工作存在的困难、矛盾和问题

十六大特别强调，发展是执政兴国的第一要务，广播事业同样必须坚持发展的观点，用发展来解决目前存在的困难，用发展来解决目前存在的矛盾。

发展广播事业，要在牢牢把握导向的前提下，按照十六大提出的文化建设和文化体制改革的目标和任务来加快发展的步伐。无论作为事业，还是作为产业，广播都要把工作的着力点放在发展上。文化事业、文化产业的发展水平和实力，成为当今世界衡量一个国家综合实力的重要标志之一。广播要树立发展理念，加大发展的力度。

广播要不断创新节目品种。过去广播只是报纸等印刷媒体的有声版，现在新闻节目、谈话类节目、广播剧等样式都在实践中不断变化出新的样式，这意味着广播应该、也能够创造出新的宣传形态，形成发展的再生产力。

广播要走专业化道路，实行频率专业化就是充分发挥广播的优势，满足人民群众不同层次的需求。国外广播的听众市场细化的程度我们难以想象，特别是美国，五花八门的专业广播层出不穷，都有固定的听众群，效益很好。这就是广播扩大影响的条件，也是广

播形成产业规模的基础。

广播要与影视融合，与纸质媒体融合，与新媒体融合，由此开发出一大批新业务来。像网上广播，利用无线和有线网络可以开办远程教育服务，并延伸出纸质媒体的经营。像有线付费专业广播、数字全媒体广播增值服务等等。

除了广播自身外，文化产业中有很多产业都与广播有密不可分的关系。比如唱片业和广播的关系就十分紧密，广播不能只知道播人家的唱片，为什么不能像经纪公司一样直接包装歌星，参与商业演出、唱片出版制作呢？要积极开发广播的衍生产品，做到一业为主，多种经营。

总之，广播必须立足于发展，立足于事业的扩容。只有事业强大了，广播才有影响力和凝聚力，困难、问题和矛盾才会真正化解。

**（四）要抓住机遇，增强改革发展的紧迫感**

十六大提出本世纪头二十年为我国重要战略机遇期。根据中央的论断和广播影视工作实际，这二十年同样是我们振兴广播、发展广播非常难得、非常关键、非常重要的时期。十六大精神在鼓舞我们，建设小康社会的奋斗目标在激励我们，经济建设和广播影视发展的形势在鞭策我们，一些电台改革的成功经验在召唤我们，人民群众在期待我们。

面对党和国家的高度重视，人民群众的热切希望，事业发展的崭新生机，广播必须抓住机遇，增强改革发展的紧迫感，全体从业人员都应该格外珍视自己所在媒体的价值，都应该树立与他人一比长短的斗志，勇敢地把 2003 年作为广播发展新的起点，努力争荣斗艳于中国传媒业。所以，总局决定把 2003 年作为“广播发展年”，号召全系统职工为广播的发展振兴而努力奋斗。

## 四、加强和改进广播工作的着力点

开创广播工作的新局面，必须对广播事业改革发展进行周密部署和安排，要选准改革的着力点，创新的突破口，发展的主攻目标。今后一段时间要着力做好以下几个方面的工作：

**（一）坚持正确舆论导向，不断推进广播节目及广播频率的专业化改革**

广播的改革和发展，要始终把宣传放在首位，牢牢把握正确的舆论导向。特别是当前要把对十六大精神的宣传作为宣传改革的着力点，要全面贯彻胡锦涛总书记的重要指示和李长春同志的重要讲话精神，把十六大精神特别是“三个代表”重要思想宣传好。要采取多种报道形式，特别是适合广播的形式，贴近群众、贴近实际、贴近生活，做到入情入理、入心入脑。要在宣传内容、形式、方法、手段、机制等方面努力创新和改进，把富有时代特色和创新精神的思想、理论与新的宣传形式、方法结合起来，取得崭新的效果。要深入研究人民群众的心声，把宣传与服务结合起来，为大众服务中宣传党的方针政策。

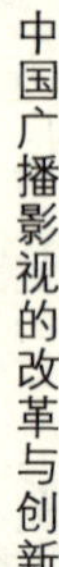

要以节目创新为突破口，以频率专业化为主攻目标，带动广播全方位的改革。要从节目布局、节目设置入手，面对新形势，采取新措施，整合资源，细分市场，实行频率专业化，满足不同人群的收听需要。节目改革必须以提高节目质量为核心，要建立一套规范、系统、科学的节目质量评估体系和宣传管理体系。要通过改革，使广播宣传导向更加正确、特色更加鲜明、内容更加丰富、形式更加多样、群众更加欢迎。

### （二）坚持科技创新，不断提高和完善技术手段

广播的发展越来越依赖于高新科技的研发应用，科技的每一次进步都会带来广播的质的飞跃。要以科技创新为突破口，积极开展有线数字广播、数字调幅广播、数字多媒体广播、卫星数字声音广播等试验，建立和完善相关标准体系，以新技术、新设备的应用推动事业发展。要使节目的采录传输发射手段更先进、更安全、更可靠，并逐步建立起一套制度完备、运转有序、保障有力、利于创新的技术维护和管理机制。要通过技术手段的提高和完善，确保党和国家的声音优质、安全、及时地传入千家万户。

### （三）坚持体制创新，不断增强广播的竞争实力

目前，广播整体实力不强是一个不争的现实，广播要生存、要发展，必须更新观念，加大体制创新的力度，从单一的广播观念中走出来，开拓经营思路，增强运营能力，把广播变成一个主业凸现、相关业务共生、具有规模效应的实体。要按照事业单位企业化管理的要求，加快内部财务、分配等管理机制的改革。中央台与地方台，东部地区与中西部地区，城市台与区域台，不同的台都要各自找到适应自身发展要求的运行机制。要加强广播同业之间、广播与其他媒体之间的合作；提倡中央台和省级台、省级台之间、对外广播与对内广播之间加强协作互动；鼓励发达地区、经营状况好的广播电台支持、帮助欠发达地区的广播电台；允许中央台和省级台在政策许可的条件下通过市场运作的方式，跨地区、跨媒体进行节

目开发、节目交换、广告经营等。要把提高广播广告在全国媒体广告总营业额中所占的比例作为经营业务开发的一个着力点，通过5年时间，使全国广播广告翻一番。同时，还要注意广播的增值服务等多种业务的开发，尝试付费广播经营，拓展思路，实现跨越式发展。

### （四）坚持扩大覆盖，不断加强广播基础设施建设

广播的有效覆盖是广播完成一切任务的基础，任何时候，广播都要把基础设施、基层覆盖与事业开发紧密结合起来，这也是广播工作对“三个代表”重要思想的具体贯彻。广播系统要进一步抓好“西新工程”等重点工程的建设，一点一滴地增加广播基础覆盖。1.完成好“西新工程”第三阶段第一期建设任务，继续重点加强西部地区覆盖和东部沿海重点地区的实验工程建设；2.在“走出去工程”中采取租机、互转方式，推动对外广播节目在境外有效落地，并有计划地在海外开办中波和调频广播；3.尽快启动“环球广播工程”，力争3年内实现英语环球广播，其他语种也要重点跟进；4.继续实施广播电视“村村通”工程，特别要做到广播电视共星、共缆、共落地、共入户；5.继续做好“503工程”，争取每年解决50个城市的中央广播三套节目的调频覆盖；6.进一步加强中央台和各地的对台湾广播。

### （五）坚持用人制度改革，不断提高广播的队伍素质

面对新形势、新任务，广播要实现跨越式发展，必须进一步提高队伍的政治、业务素质，进一步增强队伍的凝聚力，进一步重视人的积极性的发挥。电台的领导班子是广播宣传、改革、发展工作的带头人，要甘于吃苦、乐于奉献，要有信心决心，有创新意识，

有实干精神。要通过采用能够促进广播凝聚力、激发干部职工工作热情的人尽其才的用人制度，吸引人才，培育良才。要把思想政治建设放在加强领导班子和队伍建设的首位，要突出培养和吸纳既熟悉广播业务、又善于经营的人才，把业务技能的培养贯穿于队伍建设的始终。对于确有特殊技能的专业人才，要突破传统的事业单位的用人条件，做到绩效挂钩。

**（六）坚持重视广播，不断改善广播的发展环境**

社会上对广播的轻视，需要广播依靠自身的努力改变；但就行政管理而言，党和政府各级组织、广电管理部门要充分重视广播工作，切实做到广播电视同样重视、同时部署、同步发展。

要加强团结协作，增强系统凝聚力。充分发挥中央台、国际台在对内广播和对外广播中的龙头作用，各省台、集团要从讲政治的高度，确保中央台第一套节目的完整转播、落地，并积极为两台供稿，支持中央台在各地的宣传工作。要重视解决广播的有效覆盖，加大投入，逐步扩大中央和省级广播电台的覆盖。各地在政策、资金上要向广播倾斜，特别是对广播起步较晚的地区，要采取切实可行的扶持政策，热情地促进广播发展。对承担政治性、政策性任务的对外广播、对少数民族广播和对台湾广播，各级行政管理部门要继续增加投入，确保任务的完成。要积极鼓励广播在节目改革和经营创收方面的探索，通过企业化运作支持广播创新发展。要给电台休养生息的空间，每年尽可能多地为其再发展留足资金。

广播是党的宣传思想工作的重要组成部分，是中国广播影视事业的一个重要方面军。广播既要坚持导向，当好喉舌，又要改革发展，壮大实力。面对新形势、新任务，中国广播人要继往开来，与时俱进，坚定信心，振奋精神，深化改革，加快发展，用自己的智慧、心血和汗水，迎接中国广播事业万象更新的春天的到来。

（2002 年 12 月 26 日在全国广播工作座谈会上的讲话）

# 改革创新：扩大影响力的必然选择

## ——谈中央人民广播电台的工作

刚才，听了中央台上半年的工作总结，及对下半年的工作要求。觉得总结很好，全面系统、实事求是，鼓舞人心。中央台今年的工作很有起色，发展的态势很好。下面，我讲两点，一点是对中央台上半年工作讲几点深刻印象，另一点是对下半年工作提几点希望。

中央台今年上半年有三个方面的工作给我的印象很深刻。一个是关于迎接“十六大”的宣传报道工作。中央人民广播电台作为党和人民的重要喉舌，作为重要的思想舆论阵地，今年在宣传“三个代表”重要思想、迎接十六大的宣传当中，做了大量艰苦而且是卓有成效的工作。宣传“三个代表”重要思想、迎接“十六大”的宣传是今年整个宣传的一条主线，中央台紧紧围绕这条主线，精心组织了方方面面的报道，在社会上、在广大干部群众中产生了良好的宣传效果。《报摘》节目推出的7部、100集的大型系列报道《奋进》，充分利用广播的特点，全面系统地宣传“三个代表”重要思想，有新意，有深度，有效果。江泽民同志发表“5·31”重要讲话后，这一报道遵照讲话精神，不断进行内容的深化、立意的开掘和宣传形式的创新。中央台理论节目推出的大型理论专题《新时代的理论丰碑》，在宣传“三个代表”重要思想作为马克思主义、毛泽东思想、邓小平理论在新时期的新发展，从理论的高度、从时代的高度、从全局的高度进行了全面、系统、深刻的阐述。这在最近一个时期理论宣传方面是很有新意的，效果也很好，在理论界、在干部群众中都有一定的认同感、收听率。不少同志向我反映，中央人民广播电台“三个代表”的宣传较之报纸和电视的宣传很有自己的特点。的的确确今年上半年中央台宣传“三个代表”重要思想、迎接“十六大”的广播宣传是下了功夫的，取得了很好的效果，从台领导到采编播一线等各方面的人员都为此付出了大量的心血和劳动，给人留下了很深刻的印象。

第二个深刻的印象是，中央台的改革给人留下了很深刻的印象。中央台今年改革的力度是很大的，对节目的改革、对人事制度的改革、对机关管理制度的改革力度都很大。有些改革在总局系统处于领先地位。正因为有这样一些改革，才使中央台今年上半年的各方面工作出现了一些新的气象，跨出了新的步伐，登上了新的台阶。节目改革，有决心，有行动，有方案，而且有了一定的效果。计划 9、10 月份正式推出的第七套、第二套节目频率专业化的改革，使中央台广播的频率专业化、系列化迈出了可喜的一步。这项改革的继续推进将会从根本上开创中央台节目布局的新局面，形成一个新的气象。这项改革将为中央人民广播电台的宣传如何在今后我们整个国家的工作大局中、在整个社会生活中发挥更大的影响，起到积极的作用，产生深远的影响。

中央台今年上半年所进行的人事制度改革，不仅在面上广泛推开，而且在一些重点问题上有了新的突破。在局级干部的公开竞争招聘改革中，在全局系统和集团内走得是比较快的，步子迈得是比

较大的。中央台局级干部竞争上岗改革的举措，涌现了一批年轻有为、奋发进取、群众拥护、领导信任的年轻干部。可喜的是这项改革得到了一些老同志的支持和赞赏，这是很不容易的。一方面说明新竞争上岗的年轻同志有真才实学，另一方面更说明这项改革是得人心的，是合时宜的。

第三个深刻印象是，中央人民广播电台在安全播出方面没有出现任何问题。今年上半年广播影视工作很大的一个任务就是安全播出。邪教组织及其顽固分子对广播影视安全播出进行大肆破坏和恶意攻击，对广播电视的播出安全、对信息安全、对国家安全构成了极大的威胁。中央台对安全播出工作高度重视，今年上半年应该说采取了很多有效的措施，比如，上半年分期进行了400多人的安全播出培训，力度很大，安全观念、安全意识大为增强。安全播出做不好，宣传再好也没有用。节目传不出去，到不了群众中去，就收不到任何宣传效果。中央台为做好安全播出工作，上上下下做了大量工作，做到平安无事，保证了我们广播宣传能够得到更广泛、更有效的传播。

今年下半年全党、全国人民政治生活中的一件大事就是要召开党的十六大。作为党和人民的重要喉舌，作为党和国家重要新闻单位，宣传好党的十六大是中央交给的政治任务，务必要完成好。我们责任重大，任务十分繁重。为此，我想提几点希望：

## 一、加大迎接党的“十六大”的宣传力度

怎样搞好迎接“十六大”的宣传，中央台是有经验的。建国五

十多年来，所有重大宣传任务中央台一件没少地都承担过，可以说中央台在重大报道上积了五十多年的经验了。然而，情况不一样了，我们的听众需求在变化，我们面临的社会环境在变化，中央对我们的要求在变化。我们不能抱着这些老经验来对待新时期新的工作，还要与时俱进。既要发扬优良传统，同时也要开拓创新。搞好“十六大”的宣传，要把握一个主要的问题就是：把握基调，抓住特点。

把握基调，就是要宣传好“三个代表”重要思想，就是要唱响“共产党好，社会主义好，改革开放好”这“三个好”。这就是迎接十六大宣传报道的主调，要牢牢把握。通过我们的宣传，要使“共产党好、社会主义好、改革开放好”“三个好”深入人心，把宣传基调变成广大干部群众的心声，更好地树立共产党的形象，更好地发挥社会主义制度的优势性，更好地推进改革开放的伟大事业。

抓住特点，就是在把握基调的同时，宣传必须要突出“十六大”的特点。这些年来，改革开放20周年、建国50周年、建党80周年的宣传报道，我们任务完成得很好。但党的十六大和改革开放20周年、建国50周年、建党80周年是各自有各自的特点，十六大的宣传不能照搬改革开放20周年、建国50周年、建党80周年的宣传方式和内容，要把握特点。没有特点，就没有新意，就抓不住人心，就会大大影响宣传的效果。把握好“十六大”的特点，首先，是要突出党的工作这一特点。“十六大”是党的代表大会，自然要突出党的工作。其次，是要突出新时期的新部署。“十六大”是新一届党的代表大会，“十六大”的任务是总结十五大以来的工作，同时部署十六大以后新时期党的任务。抓住特点，还要突出“三个代表”重要思想。“十六大”有一个非常鲜明的特点是马克

思主义、毛泽东思想、邓小平理论在新时期有一个新的发展，新的发展就是以江泽民同志为核心的第三代党的领导集体提出了“三个代表”重要思想。“三个代表”重要思想和马克思主义、毛泽东思想、邓小平理论一脉相承，是继马克思主义、毛泽东思想、邓小平理论以后，马克思主义理论在我国丰富发展的一个新的重要标志。党的十五大明确提出了邓小平理论，党的十六大以“三个代表”重要思想为标志，表明了马克思主义在中国的发展又进入一个新的阶段。抓住特点，还要突出改革开放的最新成就。党的第三代领导集体确立以来，我国改革开放和现代化建设进入一个新的历史发展阶段，我们的宣传要很好地总结这一新的历史发展阶段党的建设、改革开放和现代化建设方方面面的成就。

在迎接“十六大”的宣传中，要始终把握“十六大”的特殊性。抓住了这个特殊性，我们的宣传才有针对性，我们的宣传才能取得实效。我们的宣传在把握基调的同时，务必要突出“十六大”的特点，要说新话，讲新事，介绍新经验，反映新事物，宣传新典型，报道新成就。

迎接“十六大”的宣传报道很快就要进入高潮。“十六大”召开前要形成两个高潮：一个是“三个代表”重要思想的宣传高潮，一个是成就宣传的高潮。这两个宣传的高潮要把握好，要做好。

## 二、加大扩大中央台影响力的工作力度

中央台是发展历史最长的广播电视播出机构，中央台曾经有过那么大的影响力，然而由于多种原因，现在中央台的影响力受到很大的局限。如何进一步扩大广播的影响力，这个课题一定要很好地

去研究。要思考这个问题，研究这个问题，解决这个问题。扩大影响力，首先有一个前提，我们广播的影响力就这样了吗？我的回答："不是这样的"。要扩大影响力，不能自暴自弃，不能消极悲观，关键要看我们的工作。电视不能替代广播，平面媒体也不能替代广播。广播有独有的生命力，有它的群众基础。否则，党和国家也不会花那么大的财力、物力去支持广播。去年中央投入了19亿元来搞"西新工程"，同时还有5亿元的运行费。20多亿元只搞广播，为什么？社会需要，群众需要，党和国家需要。这是我们搞好广播的重要保证、重要基础和重要条件。现在的问题是，在国家支持、社会需要、人民欢迎这样的情况下，我们如何把广播工作搞好，把广播办得更好听，更有吸引力，更有感召力，更能够满足群众的需要。我们的宣传不能不对路，要根据群众的需要，要根据党和国家工作的需要，来做好我们的广播宣传，这是扩大广播影响力的关键。

扩大广播的影响力，非常重要的是精神状态。同志们要热爱广播，搞广播的不爱广播，怎么能搞好广播?！既然我们从事这项工作，就要热爱这项工作。要把我们的爱倾注在我们的事业上，把我们的智慧倾注在我们的事业上，把我们的力量倾注在我们的事业上。这一点非常重要。只要有了这样一种精神，我们就会扩大广播的影响，扩大中央台的影响。

扩大广播的影响力，要千方百计去做工作。工作要主动，要有针对性。搞宣传的，要会宣传自己，全台上下都要把扩大广播的影响力作为一项重要工作来抓。扩大影响，我们自己要走出去，不要等着人家来让我们扩大影响，等着人家来帮助我们把影响扩大，自己要去做工作。扩大影响力的形式有多种多样，要在社会上多组织、多策划、多开展一些有影响的活动，特别是文艺活动，中央台在这方面有经验。要借助社会力量，借助集团力量，想方设法扩大影响。

## 三、加大深化改革的工作力度

搞好宣传，扩大影响，归根结底还是要深化改革。因此，改革创作就成为扩大宣传影响力的必然选择。这些年来我们在深化改革、不断创新方面尝到了甜头，看到了希望。在深化改革、不断创新方面，我们还要进一步加大力度。中央台要通过改革能够总结、提供一些经验，通过改革能够壮大经济实力，扩大影响力，增强竞争力。去年全国平面媒体广告收入增长率是3%，电视广告收入的增长率是6%，广播的广告增长率是20%。这其中重要一点就是广播近年来的改革力度加大了。节目改进了，体制改革了，机制创新了，所以产生了好的效果。只要中央台进一步加大深化改革、不断创新的力度，事业发展前景广阔。通过节目布局、频率专业化的改革、内部运行机制等方面的改革，通过内容创新、形式创新、办法创新、方式创新，中央台一定有一个非常美好的明天，一定能够在整个广播电视事业的发展进程中做出中央台自己的贡献。改革永无止境，创新永无尽头，在改革、创新的推动下，中央台和中国的广播事业不仅不会弱化，反而会越做越大，越做越强。我们对这充满信心，大家也要充满信心。

## 四、加大对中央台改革发展的支持力度

中央台是中国广播影视集团重要组成部分，中央台的改革与发

展不仅仅是中央台自己的事情，总局、集团将一如既往支持中央台的工作，加大投入，进一步扶持广播的改革与发展。这一点请大家放心，总局和集团一定会尽其所能，来支持中央台分党组、台领导班子带领全台同志，深化改革，促进中央台更好地发展。

（2002年7月11日在中央台年中工作会议上的讲话）

# 决心要大　信心要足　改革要深　发展要快

## ——再谈中央人民广播电台的工作

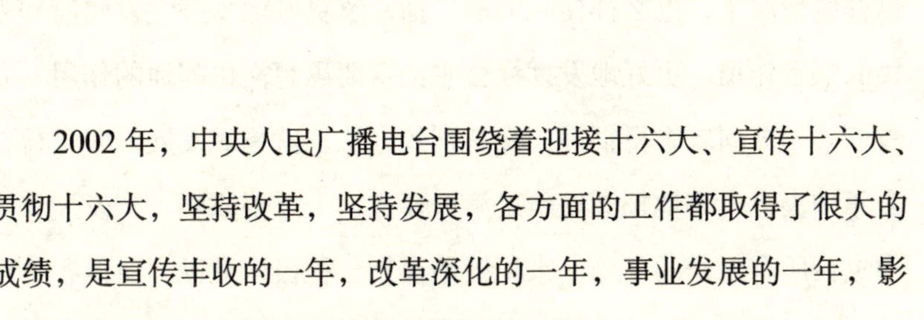

2002年，中央人民广播电台围绕着迎接十六大、宣传十六大、贯彻十六大，坚持改革，坚持发展，各方面的工作都取得了很大的成绩，是宣传丰收的一年，改革深化的一年，事业发展的一年，影响扩大的一年，也是同志们收入增长的一年。

中央台2002年工作取得那么大的成绩，主要有四条经验：

**第一条经验，就是以“三个代表”的重要思想为指针。**

“三个代表”的重要思想是我们全党工作的指导思想，也是我们广播影视工作的指导思想，是我们广播工作的指导思想。在2002年全党全国各族人民认真学习贯彻落实“三个代表”重要思想的热潮中，中央台的同志们在贯彻落实“三个代表”重要思想方面是下了功夫的，在“三个代表”重要思想的指引下来思考我们的广播工作，在“三个代表”重要思想的指导下来谋划我们广播工作，在“三个代表”重要思想指导下来推进我们的广播工作。不仅把“三个代表”重要思想作为一个指针，而且把“三个代表”重要思想作为一个动力，把“三个代表”重要思想作为衡量我们工作的一把标尺，结合广播工作的实践进行对照、检查、改进。同志们对“三个代表”重要思想是真信、真学、真用，所以取得了实实在在的、非常明显的效果，使中央台各方面的工作在既往的基础上迈上了一个新的台阶，取得了新的成绩。我觉得这是一条最根本的，也是最主要的经验，值得我们很好地总结。

**第二条经验，就是以发展为主题。**

中国广播事业60年来，随着我们党和国家事业不断发展得到了很大发展。现在进入了21世纪，广播事业面临着新的情况。在这样的情况下，怎么样使我们的广播能够更好地发挥党、政府和人民的喉舌作用，更好地发挥社会主义重要思想文化阵地的作用？我看刚才杨波同志讲得很好，没有别的办法，就是靠发展。我觉得在去年中央台牢牢地把握发展是第一要务这个重要原则，把发展作为中央台所有工作的主题，来积极地谋划、积极地推进，所以各方面的工作，特别是宣传工作、覆盖工作、改革工作和事业发展都出现了崭新的面貌。我们广播工作所面临的困难、所面临的问题，只有通过发展来解决，不发展这些问题只能是越积越多，困难只能是越来越大，我觉得中央台2002年牢牢地把握发展这个主题，在发展上下功夫这是一条很重要的经验。



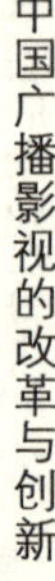

**第三条经验，就是以改革为动力。**

中央台的事业发展，怎么发展？只有通过宣传的改革，通过运行机制的改革，通过人事制度的改革等等一系列的改革来推进。去年中央台通过一系列改革，推进了宣传工作，推进了事业发展。所以中央台今年谈改革，同志们的底气足了。我们尝到了改革的甜头，我们也掌握了改革的方法，我们也积累了改革的经验。特别是我们尝到了改革的甜头，所以谈改革劲头就足了，底气就足了。如果说没有2002年中央台分党组带领全台同志，坚定不移地搞改革，满怀信心地搞创新，我看不可能有那么好的局面。

**第四条经验，就是以人民群众满意不满意为根本原则。**

我们的广播事业发展好不好，我们的改革工作搞得好不好，一个很重要的标准就是看人民群众满意不满意。我们现在所肩负的政治任务就是要把党的方针路线、党的决策部署，通过我们的广播宣传让人民群众了解，能够得到人民群众的拥护支持，进而调动广大人民群众投身改革开放和社会主义现代化建设的积极性，把改革开放和现代化建设事业进一步推向前进，全面建设小康社会，使人民过上更幸福的生活，这就是我们的政治任务。这个政治任务如何体现？如果我们的广播宣传，人民群众不拥护、不满意、不赞成，人民群众不听我们的广播，我们的政治任务就是空的，就落实不了。归根结底我们的广播宣传搞得好不好，我们的事业发展得好不好，衡量的标准就是人民群众赞成不赞成，拥护不拥护。我觉得 2002 年之所以我们的改革能够大胆地推进，我们的事业能够坚定不移地发展，很重要一点是我们了解了人民群众的脉搏，凡是人民群众拥护的我们就干，人民群众赞成的我们就做。所以，我们的改革取得好的效果，也使我们改革决心更大。最近长春同志在视察宣传系统工作时指出，我们党代表人民群众的利益，没有自己的私利，党性最根本的体现就是看我们的党能不能维护、代表人民群众的根本利益。所以我们的党性原则、我们的政治觉悟最终体现在能不能维护人民群众的利益。作为广播宣传来说，最重要的一条是能不能得到人民群众的拥护赞成，能不能让人民群众满意。我们要很好地把党的意志和人民群众的愿望结合起来，把对党负责与对人民负责结合起来，要以人民满意为原则，开展我们的宣传工作，推进我们的改革，发展我们的事业，这是一条非常重要的原则。

2003年是全面贯彻十六大精神的第一年，是全面建设小康社会的开局之年，也是我们广播事业的发展年。我觉得在当前这样的情况下，如何全面贯彻十六大精神，全面贯彻三个代表的重要思想，树立改革的信心，坚定改革的决心，把中央台的宣传事业进一步改革好、发展好，这是非常重要的。今年对广播影视来说是一个重要的发展机遇，对中央台来说也是一个重要的发展机遇。

**第一，全党全国正在全面贯彻十六大精神。**

十六大精神就是改革的精神、创新的精神、发展的精神。贯彻十六大精神归根结底就是怎么样在“三个代表”重要思想的指引下改革发展，把我们全面建设小康社会的目标和任务能够实现好、完成好。改革、创新、发展是十六大的一个重要思想，全党全国都在贯彻这样一个精神，对我们广播事业的发展来说无疑是一个重要的机遇。

**第二，随着十六大精神的贯彻、落实，随着全面建设小康社会的推进，全国人民精神文化方面的需求将会有一个很大的发展，这对我们广播事业的发展来说又是一个重要的发展机遇。**

我们要抓住机遇发展我们的广播事业，使我们的广播成为人民群众精神文化需求的一个重要内容，在满足人民群众文化需求的同时发展我们的广播事业。

**第三，我们确定今年是广播发展年。**

广播发展年就是今年将会采取一定的措施和政策，来扶持广播事业的发展。要通过改革、创新和发展使中国广播事业能够顺应时代要求，进一步繁荣和发展起来。这对广播事业的发展，的的确确又是一个重要的机遇。机不可失，时不再来。

改革是一个伟大的事业，之所以伟大，是要克服我们观念上、

体制上、机制上、做法上的很多弊端，要创造一个新的观念、新的体制、新的机制、新的方法。改革既然要破除旧的观念、旧的体制、旧的机制、旧的做法，一定会遇到很大的困难，必定会产生一定的阻力。中央台去年一年的改革引起不小反响，社会上围绕中央台的改革和发展形成一个舆论的氛围，我看这本身并不是一件坏事。说明我们的改革发展被社会看重了，我看这是一个很大的变化。任何改革不可能是一帆风顺，任何改革不可能是一个声音。对不同的声音要分析。积极面对好建议、好意见，对一些不正确的、不利于我们的建议、意见，我们也要正确对待，不能因此而影响我们改革的决心，影响我们改革的信心。在这样的情况下，只要我们认准方向，特别是改革起步以后，就要坚定不移地走下去。

中央台第三套节目一改革，反响很大，很多人重新锁定我们的第三套节目，但是也有些人反对我们的改革，不赞成我们的改革，这只是少数，绝大多数人是欢迎的。我们的收听率在上升，效益在增加，我们的节目在人们心目中的地位在增强，这就是改革的成效。人民拥护不拥护，赞成不赞成，要看大多数人民群众，如果大多数群众不赞成，那就要思考我们改革的方向是不是正确。现在绝大多数群众是赞成的，是拥护的，我相信随着改革的进一步深化，中央台的节目在人们心目中的形象会进一步树立起来，中央台宣传的影响会进一步扩大。在当前的情况下，只要坚定改革的决心，树立改革的信心，中央台的改革一定会进一步取得更大的成功，获得更好的效果。

以胡锦涛同志为总书记的党中央非常重视、支持广播影视的改革。锦涛同志就宣传工作多次发表重要讲话和指示，讲话和指示充满着宣传工作要改革、要发展的改革创新精神。长春同志在视察总局和三台的时候，对如何创新广播影视工作谈了一些重要的意见，对近期中央电视台开办新闻频道和少儿频道等广播影视改革的举措也给予了充分肯定和积极的支持。我们应该很好地领会十六大精神，很好地领会中央对宣传工作要改革创新的指示精神，坚定不移地把 2003 年中央台的改革搞好，把中央台的工作做好。为此我提出几点希望：

**第一，要牢牢把握正确的舆论导向。**

正确的舆论导向，是搞好改革创新发展的重要前提。如果舆论导向出了问题，怎么评价我们的改革？怎么评价我们的创新？怎么评价我们的发展？我们的改革、创新、发展就打上问号。所以，必须要牢牢把握正确的舆论导向，这是对我们改革创新发展的最重要的保证和最根本的支持。在这个问题上，我们头脑一定要清楚，不管改革的力度多大，创新的力度多大，发展的力度多大，舆论导向绝不能出现任何问题。要把握好导向，不仅仅台分党组要下大功夫，全台所有的同志都要做好自己的工作，在各自岗位上履行职责，把握好导向。这是确保我们深化改革、加快发展的关键。

**第二，要加强调查研究，明确改革的重点，完善改革的举措。**

应该说中央台这些年来各方面的工作都有很大的发展，特别是去年在改革方面下了大功夫，但是我们也要清醒地看到，摆在我们面前的困难和问题还很多。我们必须通过加强调查研究，把家底摸清楚，哪些问题是阻碍宣传工作进一步搞好的、是阻碍事业发展的，哪些问题是当前首先要解决的，哪些问题是改革的重点……只有通过深入地调查研究，把这些问题理清楚，在这个基础上完善方案，才能更好地全面推进我们的改革和发展。今年中央台分党组已经明确了在 2002 年三套节目频率专业化改革的基础上，全面推进

各套节目的频率专业化改革，同时进行配套改革，人事制度的改革要进一步推进，运营机制的改革要进一步完善，同时技术保障工作、广播覆盖工作要进一步发展。这些工作方案的确定需要通过调查研究，以减少方案的盲目性，增强工作的主动性。不仅台分党组要下功夫做好调查研究，各中心、各个部门都要很好地把自己的家底理清楚。只有这样，2003年中央台的改革发展取得成功的把握就能够更大。

**第三，要同心同德，形成合力。**

中央台的改革发展事关党和国家的宣传事业，也事关中央台全体同志的前途命运。台分党组提出改革发展的举措必须要得到广大干部群众的支持和拥护，不得到广大干部群众的支持和拥护，改革就推进不了，发展的目标就实现不了。更何况，改革发展不是轻而易举的，涉及到利益的调整，涉及到资源的重组，涉及到体制的改革，没有广大干部群众的全力支持，改革很难推进。我们要努力减少改革的成本，要努力扩大改革的成果，没有同心同德，形成合力这一条无法做到。同志们一定要顾全大局。大局是什么，就是改革的大局，发展的大局。在当前的情况下，有一部分人、有一部分工作恐怕有必要为大局做些让步。只有通过改革，通过整个事业发展以后才能够解决所有人的问题，否则，大家只能穷在一块儿，难在一处，都发展不了。同志们上上下下都坐在中央台这条改革之船上，要风雨同舟，要同舟共济。如果在这条船上乱作一团，那根本到不了彼岸，那就影响了我们整个事业的发展。所以，我在这里希望中央台分党组的同志要同心同德，形成合力；全台的干部职工要同心同德，形成合力。大家要为改革献计献策，不要成为改革的障碍，不要为改革增添阻力。相信同志们一定会顾全大局，一定会同心同德。当前，可以这么说我们中国广播事业正处于创业阶段。如果革命的广播事业是第一次创业，新中国成立社会主义的广播事业是第二次创业的话，现在我们21世纪的广播事业正处于第三次创业阶段。

进入21世纪，中国的广播事业如何创业？如何振兴，如何繁荣？在这个创业阶段，作为创业的主力军，作为创业的排头兵，中央台不仅有一个自身繁荣、发展的任务，而且有一个带动中国广播事业繁荣和发展的使命。同志们任重道远，所以必须要有创业的精神。创业的精神，就是同心同德的精神，就是同舟共济的精神，就是艰苦奋斗的精神，就是改革创新的精神。21世纪，是中国广播事业大有可为的时代，是我们中国广播人大有作为的时期，衷心希望中央台的全体干部职工，在台分党组的领导下，以十六大精神为指引，以“三个代表”重要思想为指针，很好地总结我们既往改革发展的经验，坚定改革的决心，树立改革的信心，坚定不移搞改革，一心一意谋发展，在新的一年里一定会取得更大的成绩。

在中央台推进改革发展的进程中，总局将一如既往给予支持，不仅是政策上的支持，而且给予物质经济上的支持。总局将尽其所能，扶持中央台这艘大船乘风破浪到达成功的彼岸。

# 对中央电视台工作的几点希望

我看了台分党组的工作报告，又听了大家的发言，感到很受鼓舞，进一步看到了中央电视台的队伍是一支很好的队伍，虽然摆在中央电视台面前的任务十分繁重，但是前景非常光明。

今年，大家都感觉到，我们的宣传工作任务很重，改革发展的任务很重，维护稳定的任务很重，统一思想的任务很重。在这样的形势下，中央电视台今年上半年各方面的工作都很出色，各项工作有条有理、有声有色，在原有的基础上有了新的提高、新的发展，展现了新的气象、新的面貌。主要表现在：

**一是宣传的影响力进一步扩大。**通过进一步改进宣传，特别是通过开展“三项学习教育活动”，进一步激发和调动了广大干部职工的积极性，使大家以更饱满的政治热情投入到重大的宣传报道任务中来，因而无论在国内还是在国外，无论是新闻宣传还是文艺宣传、科技宣传等，影响力都得到了进一步的扩大。这是非常可喜的。

**二是改革的力度加大。**今年是中央电视台人事制度改革力度最大的一年。通过加强管理，理顺管理体系，使管理产生了效益。同时积极实施频道改革以及栏目节目改革，也都取得了良好的效果。

**三是发展进一步加快。**上半年，中央电视台在事业和产业的发展方面取得了明显的效果。广告的效益不错，收入进一步增加。同时开拓了付费电视、数字电视、网络电视等一些新的业务领域，事业和产业发展形成新的景观，并且对于下一步的发展，已经形成了一些很好的思路。

**四是队伍建设取得了新的成效。**特别是通过今年的“三项学习教育活动”，中央电视台这支舆论阵地的重要主力军，进一步增强了自身的素质，在宣传的一些硬仗、大仗方面经受了考验，表现出色。

下面，我想借这个机会，对中央电视台的工作谈三点希望。

## 一、关于宣传工作

今年下半年宣传工作的重点，是要高度重视“三个代表”重要思想、小平同志百年诞辰纪念活动、经济宏观调控和社会稳定等几方面的宣传。

**第一个重点，要高度重视“三个代表”重要思想的宣传。**

这始终是今年宣传工作的一条主线。在去年“三个代表”重要思想宣传形成新高潮的基础上，今年怎样把宣传继续引向深入，特别是怎样把“三个代表”重要思想贯穿到各个领域的宣传之中，通过各条战线、各个方面所取得的新成就，展现的新面貌，积累的新经验，更深入、更具体、更实在地宣传“三个代表”重要思想，使“三个代表”重要思想的宣传进一步得到深化，效果更加明显。上半年中央电视台已经做了一些探索，下半年还要紧紧把握这条主线，继续强化“三个代表”重要思想的宣传。希望电视台各中心、各部门和各个频道进一步加强研究，特别是结合下半年整个国家的政治、经济和社会形势，在“三个代表”重要思想的宣传上继续进行新的探索，争取取得更好的效果。

**第二个重点，要高度重视小平同志百年诞辰的宣传。**

纪念小平同志百年诞辰，要把握两个重要原则：一是要有利于党的团结，二是要有利于党的形象。要抓住两个关键：一是要进一步发扬小平同志的革命精神；二是要通过小平同志百年诞辰纪念活动的宣传，进一步推进中国特色社会主义建设，进一步推进改革开放和现代化建设，进一步推进十六大确定的全面建设小康社会宏伟目标的实现。要注意做好三个方面的工作：

**一是要把好关。**

一定要把好政治关。纪念小平同志百年诞辰的活动，中央高度重视，是中央政治局常委会今年工作要点中的一项重要工作，中央为此专门发了文件。最近中央书记处、中央宣传部就搞好这项工作又做出了新的部署。不要把这项重要的政治工作当作一般的业务工作来对待，必须把好政治关。小平同志所处的时代离我们相对较近，越是近越是有一些敏感问题，无论是拍电影、电视剧、文献片、组织文艺晚会，还是做其他访谈类节目，都要着眼于政治，把好政治关。比如说“文化大革命”的问题，“89”政治风波的问题，香港、澳门回归和一国两制的问题等，都是重大的政治事件，同时又是重大的政治敏感问题。我们能不能够把小平百年诞辰纪念活动的宣传搞好，产生积极、重大的影响，最重要的就是能不能把好政治关。小平百年诞辰纪念活动，中央电视台承担着相当繁重的宣传报道任务，有纪录电影《小平您好》、电视剧《邓小平》、文献片《百年小平》，还有晚会、系列专访（《焦点访谈》、《央视论坛》、《新闻会客厅》）等，关键是要把好政治关。请什么人讲，讲什么，都要着眼于政治。要把这件好事办好，只能帮忙，不能添乱。

**二是要把握好重点。**

要在重点上出彩，在重点内容上产生影响，在重点项目上显示水平。要精心组织好一些重点项目的宣传。一个是中央的纪念大会，胡锦涛总书记要发表重要讲话，这是我们报道的重点；一个是电影《小平您好》和电视连续剧《邓小平》；一个是“心连心”慰问文艺晚会；还有一个是文献纪录片《百年小平》。这是几个重点。这几个重点不仅不能出问题，而且要显示出中央电视台的水平。小平百年，中央重视，世人关注，不仅是国人关注，外国人也关注。因为邓小平使中国发生了变化，使中国崛起，所以在外国人的眼里，邓小平是一个伟大的、了不起的人物。因此，不仅要搞好国内的宣传，还要搞好小平百年的对外宣传。对外宣传和对内宣传不一样，不能简单地把对内的那套搬出去，一定要把握好。

**三是要把握好节奏。**

现在初步确定中央领导要参加在四川广安举行的小平同志纪念馆开馆仪式，启动整个小平百年纪念活动的宣传。中央电视台要开辟一个栏目，时间就定在这一天。8 月 22 日要形成高潮，要把握好这个节奏，有些节目需要分流，不能都集中在一套或者新闻频道。

**第三个重点，要高度重视经济宏观调控的宣传。**

实施宏观调控是今年国家经济工作的一项重大举措，是在科学发展观的指导下进行的，是在整个国家的经济还没有发生严重问题的时候及时采取的，是为了国民经济更好地持续健康发展而进行的。另外，这次调控是局部的调控，不是全面的调控，也就是说有些要紧缩，有些还要进一步发展，进一步加大投入。要根据今年宏观经济调控的特点搞好宣传。现在宏观经济调控的宣传已经取得了很好的效果，下半年更多地要从宏观经济所取得的成效方面来搞好宣传。

**第四个重点，要高度重视社会稳定的宣传。**

目前社会稳定面临一些新的情况，国内改革发展过程中也出现了一些新情况、新问题，引起局部地区群众的思想不稳定、生活不安定，给社会稳定带来了新的冲击和压力。在这样的情况下，电视宣传要很好地维护稳定，疏解情绪、化解矛盾，不能激化情绪、激化矛盾。

我相信，中央电视台在宣传方面很有经验，也很有责任心。今年下半年这四个方面重点的宣传工作，一定能够取得好的成果。

## 二、关于改革发展工作

中央电视台改革和发展的势头很好，台分党组高度重视，各部门积极性很高，广大干部群众都有这方面的热烈企盼。总体来说，中央电视台的改革和发展是顺应整个国家形势的，是顺应整个文化体制改革需要的。中央电视台的改革有一定的难度，因为肩负着重要的宣传任务，不能出问题。但不能因为有难度就放松改革，反而更要从实际出发，研究改革，加快改革，推进发展。中央电视台现在正处在一个改革和发展的关键时期，要有抢滩的精神，抢抓机遇，否则就会丧失一些优势，丢失一些领域，就会对下一步的发展带来十分不利的影响。面对新的形势，中央电视台迫切需要解决好机制、资金和人才这三个影响和决定改革发展的大问题：

**一是需要吸纳新机制。**

长期以来，中央电视台是完全按照事业性质运转的体制机制，发展受到了很多方面的制约。现在既要发展事业，又要发展产业，既要符合社会主义精神文明建设的特点和规律，又要适应社会主义市场经济发展的要求，所以迫切需要吸纳新的、充满活力的内部运行机制，否则将会严重影响事业产业的发展，影响宣传工作。

**二是需要吸纳新资金。**

中央电视台每年八九十亿的收入真正能够用于发展的资金是相当有限的，大量的资金主要是用于维护运转，而不能用来发展。中央电视台新台址的建设还需要向银行贷款。这次长春同志出访欧亚四国到哈萨克斯坦，要求我们拍《张骞通西域》大型文献片，同时还希望在这个基础上拍一部有影响的电视连续剧，这需要有资金投入。可以说，中央电视台的事业发展需要大量的资金，需要有雄厚的资金作为支撑，而国家的投入又非常有限，很大程度上需要自筹资金，现有的资金不够用，就需要开辟新的产业，开创新的资金来源，否则很多事情就很难办，就很难完成中央交给我们的日益繁重的宣传任务。

**三是需要吸纳新人才。**

我们缺乏进行产业化运作的人才，缺乏既懂宣传、又懂技术、又会管理的复合型人才。大家发言的时候也讲了要把中央电视台建设成一个复合型的、多种业务共同发展的实体，没有复合型的人才不行。电视台以宣传为中心，宣传人才是主体，但不能仅仅只有宣传人才。我们需要的复合型人才，一方面要靠自己培养，另一方面还要靠向社会吸纳。

机制、奖金、人才这三个问题不解决，将会严重影响和制约中央电视台的发展。而这三个问题归根结底涉及到体制问题。单一的事业体制很难走向市场，很难做强做大，很难全面发展。党的十六大提出要在发展文化事业的同时发展文化产业。中央电视台的事业是像模像样的，但产业现在还是初创阶段，没有定型，更没有规模。中央电视台要抓住体制这个关键问题，在事企分开、制播分离这样一个大的格局下，推进事业和产业的发展。刚才听了新影厂、科影厂的发言，我看都很好。新影厂潜力很大，这两年来不断改革也取得了成绩，但是还需要抓住体制这个根本问题，强化市场运作，引入竞争机制，开拓新的业务。科影厂提出要进行股份制改造，正是从体制上开刀来解决根本问题。这方面确实不能再等了。

在改革发展的问题上，我们一直强调要抓住机遇。长春同志讲，光是抓住机遇不行，而是要抢抓机遇，要抢滩。中央电视台作为国家电视台，作为中国电视台的排头兵，千万不要忽视这个问题。在当前的新形势下，尤其需要强化危机意识、忧患意识，切实增强改革发展的紧迫感和使命感，用抢抓机遇的精神积极推进各项改革发展。我想中央电视台应该确立这样一个模式：以宣传工作为龙头，以事业、产业为两翼，以出优质产品、优秀人才、优良经验为目的，推进宣传、改革、发展和队伍建设，把中央电视台建设成为不仅在中国而且在国际上的一个重要的、强大的宣传喉舌、文化阵地和产业基地。中央电视台不仅是党和人民的重要喉舌，国家的重要文化阵地，而且应成为中国影视产业的重要基地，这个基地应该是中国影视产业的龙头，发挥领航的作用。

中央电视台要重视新兴媒体的开发。我在最近于上海召开的全国广播影视局长座谈会上，特别强调了要发展新兴媒体。原来的广播、电视、报刊、互联网四大媒体中，互联网本身就是一个新兴媒体，现在又有了第五个新兴媒体——手机。手机的容量大，已不是一般简单通话的手段，已经发展成了一个新兴的媒体。要适应这个新媒体的特点和要求，大力进行业务开发，不能简单地把现有的电视节目搬上去了事。还有上海正在搞的分众电视，开会期间我看了一下上海长宁区的科技产业园区，这是一个多媒体的产业园区，有一家公司已在全国 27 个城市开发了分众电视，进入了街头、饭店、宾馆、电梯。这又是一种新形态的电视。这些新的领域市场很大，需要我们很好地研究，主动地占领。

中央电视台还应重视内容产业的开发。中央电视台现在有一支队伍在搞 15 个频道的节目，同时也要有搞产业的一部分人。现在我们的频道不断增加，而内容产业没有跟上来，缺少内容，这是制约宣传影响力扩大、制约事业发展的一个大障碍。全国那么多的少儿频道要开办，全国省级电视台、副省级城市都要开办儿童频道，还有几套动画频道也要开办，这对中央电视台就是机遇。中央电视台不仅仅要办好少儿频道，而且要做好节目，不仅自己播出，而且要成为全国少儿频道的节目供应商，形成这方面的产业。要赶快融资、搭建班子、成立公司，把这个产业搞起来，这样不仅自己的少儿频道有节目了，而且源源不断地生产制作大量节目供应其他的少儿频道。这块阵地占领了，我觉得挣的钱不会比现在少，而且可以

扭转少儿频道亏损的经营状况。动画方面，湖南的民营的“三辰”公司在全国有3000多个衍生产品的营销点，“蓝猫系列”占领了全国100多个电视台。民营企业有动力、有活力，这是机制问题，我们要很好地学习借鉴。新影厂要加强业务开发，可多拍一点新闻纪录片在电视上放。科影厂要进行体制改革，充分利用背靠中央电视台这个优势，再加上中国唯一的科学电影制片厂的优势，面向市场，占领市场，必要时可以上市融资。

## 三、关于加强队伍建设

中央电视台承担着十分繁重的宣传任务，承担着十分繁重的改革和发展任务，确实需要有一支强有力的高素质、高水平的队伍。应该说这些年来，中央电视台在队伍建设方面下了一些功夫，也取得了明显的成效，特别今年进行“三项学习教育”以后，有了新的起色。但还是要始终抓住队伍建设这个问题不放。“天下大事，人事为大”，一切事的出发点是人，落脚点也是人。中央电视台要发展，关键在体制，根本在队伍。没有一支好的队伍，再好的想法也难以变成现实，任何事情也都不可能保证在实践中取得成功。

我想特别强调一下，中央电视台有一大批著名的、有影响的主持人、播音员、导演、编辑、记者。作为一个媒体，必须要有名人，要有名人效应，但是越是名人越是要加强教育。我们要维护中央电视台这块牌子，作为名人更要为这块招牌贴金，不能糟蹋这块牌子。我希望名人要争光，更要争气，还要有三个正确，即正确对待自己，正确对待同事，正确对待组织。首先要正确对待自己。你的本事是依附在中央电视台这块牌子上面的，其中固然有自己的天赋，有自己的辛苦，但是没有中央电视台广大干部职工的协同和大量幕后的工作、基础性的工作，个人不可能有那么大的名气。越是名人，越是要谦虚谨慎，这才是真正名人的气质。其次要正确对待自己的同事。不要以特殊人物的面目出现在大家中间，在话筒、镜头前面的光彩，是很多人在用心血和汗水帮助你闪光。第三是要正确对待组织。是组织培养了你、造就了你，是中央电视台这个中央重要的喉舌使你提高了身价，给你创造了条件。当然，领导和组织对这些名人也要有个正确态度，要充分肯定他们的成绩，肯定他们的才能，但是不能放松对他们的教育，不要捧杀，也不要溺爱，该指出的问题要指出来，对名人更要严格要求，要为他们的健康成长形成一个良好环境。“敢管”就是对他们最大的爱护，另外还要“自爱”。电视台人作为公众人物，对社会的影响不仅表现在话筒前、镜头前，而且表现在日常生活和社会活动中，因此要注意自己的形象，树立正确的世界观、人生观、价值观，提高自己的素养。现在网上炒作中央电视台的名人，乐此不疲，我们更要注意影响。我们的电视宣传很热闹，节目做得很精彩，影响力很大，但在炒作名人这方面不要热闹。要使中央电视台的名人真正成为业务的带头人，成为中央电视台的象征，为中央电视台争光添彩。这方面一要靠教育，二要靠制度，要建立起一些必要的制度来，要重视这项工作。

对中国电视剧制作中心，我有一点希望。转制的目的不仅仅是为了生存，更重要的是为了发展。能不能视野更开阔一些，以剧中心为基础，形成一个以电视剧生产为主体的影视生产基地。目前来看，客观条件已基本具备，主观上努力一下应该是可以做好的，而且还可以继续往前突破，形成中央电视台一个良好的产业链，形成一个产业的基地。另外，中央数字电视节目公司发展付费电视也大有可为，视野也要更宽一点，起步的时候总是有困难的，但是发展的天地还是很宽的，只要我们积极创造条件，努力克服困难，是可以做起来并且做好的。

（2004年7月15日在中央电视台年中工作会议上的讲话）

# 建设中国特色社会主义的现代化国际广播体系

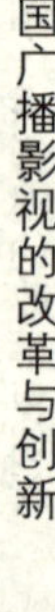

国际广播台今年上半年各方面的工作都取得了新的成绩。宣传有了新的进步，改革有了新的进展，事业有了新的发展，面貌有了新的变化。特别可喜的是，国际台的广大员工为把国际台建设成为有中国特色社会主义的现代化国际广播体系在努力地工作，做出了很大贡献，精神状态很好。这是非常宝贵的一个现象，是非常令人高兴的一件事情，也是我们上半年工作取得成绩的一个重要原因。

关于下半年的工作，台分党组已做了很好的安排和部署，尽管下半年工作很具体，但是总的工作是朝着把国际广播建设成为一个现代化的国际广播体系这样一个方向、这样一个目标不断推进的一个阶段性的工作。这项工作是中央对我们提出的要求，也是国际台广大干部职工的共同愿望。

怎么样在三五年里把国际广播电台真正建设成为有中国特色社会主义的现代化的国际广播体系呢？我觉得要做的工作很多。现在我们有了一个基本思路，有了一个初步的规划，也有了一个良好的开端。但是，同志们，要用三五年的时间，把国际台建成一个有中国特色社会主义的现代化国际广播体系，不是一件容易的事情。需要我们付出更多的心血和劳动，也需要我们更好地团结起来，振奋精神，去努力实现这个宏伟目标。现在国际台各方面事业的发展，条件很好。中央高度重视我们国际广播工作，今年召开了中央对外宣传工作会议，又下发了文件，长春同志、云山同志到国际台来现场办公，给予巨大的鼓励和具体的指导，可见中央是高度重视的。再有一点，机遇是空前的好。现在方方面面都需要我们加强国际广播工作，全党全国工作的大局需要，进一步加强对外宣传工作的战略部署也需要我们加快国际广播事业的发展。另外国际舆论环境也对我们有利，世界各国的新闻界出现了要打破政治上的单边主义，打破一霸垄断国际舆论的强烈呼声和实际行动。还有高新技术的发展也有利于国际广播事业的新发展。所以我觉得现在条件很好，关键是我们能不能抓住这个机遇，利用这个条件，把我们的国际广播事业进一步发展繁荣起来。对待这个问题。一方面我们要充满信心。因为有中央的高度重视，有方方面面的大力支持，有我们广播工作者自身的努力，建设一个现代化的国际广播体系的目标一定能够实现。同时我们也要有忧患意识、危机意识。如果我们的国际广播不能适应形势的发展，不能满足全党全国人民的要求，不断改革创新，加快发展，我们的事业将会萎缩，我们的影响力将会减弱。

我刚才听了台分党组的工作报告，应该说去年以来各方面工作都有了新的发展，无线广播进一步扩大了覆盖，在线广播进一步提升了地位，事业开发也有了新的成绩，收入一年比一年增加。但是，这样一些新的进步与形势对我们的要求，与中央对我们的希望，与我们广播人对事业发展的要求，差距还是很大的。

一是虽然我们的无线广播在进一步扩大，可是我们出国以后，打开收音机还是比较难以听到我们的广播。前不久我随长春同志出访欧亚四国，其中一项任务就是了解我们国际广播的情况，总体来说是不错的，但是我们要付出很多辛苦才能够听到：一个是要把收音机拿到窗边，最好是拿到室外；再一个就是要时刻记住你们的播出时间，错过这个时段就听不到了。就是要有专门的人去听才行，要有专门的时间去听才行，要有专门的地方听才行。再一个要仰仗那里的气候，太阳很高听不到，最好天黑了才能听清楚。可是我们打开别的电台如BBC就不是这样，打开美国之音也不是这种情况。

二是虽然我们的在线广播成绩很大，从13000多位提升到1900多位，地位上升了，可是我们还是在国际上排1900多位。我们中国在世界上，从经济、社会、文化各方面发展来看，绝不会排到1000多位，更何况世界上没有1000多个国家。跟中国的国际地位很不相称，与我们在世界上位于前列的堂堂的国际广播电台的地位也不相称。至于说1900多位，我们的点击率到底有多大，又是一个问题。

三是从我们的收入来说，尽管我们一年有5000多万的毛收入，净收入有1000多万，但是跟我们的事业发展来说，这些是小钱，我们还干不了大事。一句话，我们进步很大，我们的差距也很大，仍然需要我们努力地去工作，所以一方面要自信，另一方面的的确确还要有忧患意识。没有这个忧患意识，我们国际广播事业很难做到真正建成一个中国特色社会主义的现代化国际广播体系。这句话的几个前置词是很厉害的，中国特色社会主义的，这是定了性的。我们不能搞成BBC，也不能搞成美国之音，我们是中国特色社会主义的。再一个是现代化，不是靠人多、靠嗓门响就可以做到的，大哄大嗡不行，你嗓门再响，人家不爱听，听了烦人，效果就达不到。要使人家愿意听我们的广播，舍不得放下他的收音机、转换他

的调频钮，这样才行。可是我们现在还做不到这一点。还不像BBC那样，世界上遇到大事了，人们要打开BBC，首先要去找它，听听它是怎么说的，还很少能够说世界上发生大事了，要寻找我们中国国际广播电台，还做不到这一点，说明我们影响力不够，说明我们实力不够，离现代化的国际广播体系差距还很远。所以我觉得我们的目标非常宏伟，但是困难很多，需要全台上下在中央的重视下，在各方面的支持下，努力地缩短我们与其他强大国际传媒的差距，尽快实现我们的宏伟目标。在这里，我想到几点，也和大家一起来讨论，即怎么样把我们中国特色社会主义的现代化国际广播体系真正建立起来并发挥作用。

## 一、要有开放性的思维

这里讲的“开放”和对外开放的“开放”还不完全是一个意思。这里讲的开放性思维是一种不断变化、不断调整、不断创新的思维方法。它是一种充满活力的思维，是一种不断创造的思维，不断开拓的思维，而不是封闭式的思维。我为什么要讲这个问题呢？我觉得建立现代化国际广播体系是一个全新的事业，全新的事业需要人们有全新的思维。

首先，我们作为国际广播电台的每一位工作人员，心中要装着祖国，眼睛要盯着世界，工作要面向听众，这是我们的工作特点。无论是心中装着祖国也好，无论是眼睛盯着世界也好，还是工作面向听众也好，都要有一种开放性的思维，这样才能真正做到我们的国际广播更好地宣传介绍中国，更好地影响国际舆论，更好地为我们在国际舆论斗争中掌握主动权。我们的国家现在正处在一个深化改革、扩大开放的新时期，摆在我们面前的是党的十六大制定的全面建设小康社会的宏伟蓝图，也就是说我们国家处在大改革、大发展之中。怎样能够更好地反映我们的国家、介绍我们的国家，我们要有一个开放性的思维。要不断地去适应这样一种变化了的形势，不断深刻地认识正在变化中的中国，才能够不断地把握中国改革发展变化的本质。如果我们用固有的、封闭的思维模式，一成不变的思维模式去看我们的国家，很多东西我们就认识不清、理解不了，很多本质的东西就反映不出来。这样，我们国际广播的宣传就不能很好地、真实地反映改革发展变化中的中国，不能随着中国的变化而改进我们的对外宣传。我为什么要讲这个问题。因为在我们国际广播和对外宣传中，仍有很多旧的框框，这些框框包括一些旧的思想观念、旧的工作方法、旧的宣传形式仍然在起作用，使我们国际广播的日常宣传不生动，不吸引人，也不能够感染人。我们的思维要变，要有一种开放性的思维，不断适应形势的发展变化，这样才能正确地反映变化了的形势，才能不断改进我们的宣传。

我们的眼睛要盯着世界。万千世界，纷繁复杂，变化无穷，特别是在现在这样一种国际竞争相当激烈的情况下，这种变化是瞬息万变的。不要说对美国，就是对朝鲜、古巴或者俄罗斯，也是变化多端。我们怎样观察这些国家，怎样了解这些国家，怎样对这些国家进行我们的广播宣传？我们的思想观念、我们的工作方法、我们的宣传形式还是多少年前的那一套，这样的话国际广播宣传根本搞不好，很可能是无的放矢。所以要了解世界、认识世界、报道世界，一定要有一种开放性的思维。

至于说我们的工作要面向听众，同样要有开放性思维。因为我们的工作是通过听众的接收来反映我们的成果的，听众不接收，一切工作都是零。所以我们要面向听众。听众更是五花八门，各色各样的，所以我们要根据这样一种变化、这样一种差异来研究和确定我们的宣传内容、宣传方法，来改进我们的对外宣传，这是非常重要的一点。

再有，如何来认识我们的国际广播，新时期也要有新的认识，我们不能用多少年前的思想来观察和思考现在这样一种已经变化的现实。过去我们有在线广播吗？没有。只有无线广播，现在有了在线广播。再下一步还有什么新的招数呢？我们一定要用开放性的思维来分析、来研究、来确定我们的工作方法、工作对策。我们目标是建立一个中国特色社会主义的现代化国际广播体系，但是按照我们原有的模式、原有的观念、原有的思想看这个问题，现代化的国际广播体系是建不起来的。这是完全崭新的事业，展现在我们面前的是一个崭新的视野，如果思想观念、思维模式不转变，要建立一个现代化的国际广播体系是做不到的。现在应该说已经有一种比较宽松的环境。但是在实际工作中，看看我们的宣传，我们会发现仍然受到很多的框框、条条和旧的模式的束缚，思想上放不开，工作上突不破。长期以来那种旧的宣传方法如果不改进的话，我们的覆盖再好，我们的声音再响，人家也很难接受，工作效果仍然是零。所以这个问题一定要引起我们的高度重视，要研究，首先怎么让人家爱听我们的东西。

我们的国际广播电台要真正成为国际舆论的中心之一，一定要对世界发生的事情有发言权。这个发言权国家已授予我们了，现在的问题是我们敢不敢发言、会不会发言，有没有这个意识去发言。比如今天伊拉克也好，巴勒斯坦也好，墨西哥也好，都发生了一些事情，这些事情我们掌握了什么情况，我们怎么看待这些事情，我们要从中国人的角度，要用中国人的风格去报道，这样人家才爱听。我估计现在你们也会报，全报了以后无非就是跟着人家说一说，但这些人家已经在BBC中听到了，为什么还要听你的？从信息源看，很有可能我们的信息源就是从BBC那儿来的，不是我们自己采访的，不是我们独家所有的，或者说不是用我们自己的眼光去观察的，没有我们自己的立场、观点，这怎么能让人家听你的国际广播？更何况现在相当一部分事情，我们还没有声音，即使有声音也是跟着人家的声音。所以我说，作为一个现代化的国际广播体系，你对国际上重大的事情没有发言权，没有你的声音，就根本谈不上成为国际舆论中心。我们的国际报道存在的问题，一个是时效性不强，一个是信息量不大，再一个更重要的是“随大流”，没有我们自己鲜明的立场和观点，特别是没有我们独到的见解。我们国际广播电台要有一批对国际形势进行分析和判断的评论家，国际广播电台要有这样的人才。我们不仅仅是个语言家，还应该是新闻评论家、新闻采访家和新闻编辑家，应该有这样的要求，这样才能跟我们要建立的现代化的国际广播体系相适应。所以，我们强调，从事国际广播的人头脑中一定要有这种开放性的思维。我觉得我们太封闭，很多东西都是不变的。按部就班搞新闻是永远搞不出名堂来的，大家都是八小时上班，上班来了有什么新闻，然后就发出去，这样搞新闻，永远也搞不出名堂，因为很多新闻是八小时以外发生的。你们想一想，美国的CNN在美国原来是没有影响的，怎么声名鹊起的？就是第一次海湾战争，造就了CNN，它一马当先，抢占了海湾战争报道的先机，一下子先声夺人，从此CNN就压倒了其他的美国几大广播公司。再看眼前，一个小小的半岛电视台，现在关心国际政治的谁不知道半岛电视台，它的立场我们权当别论，但至少在扩大影响这个问题上，它找了一个窍门，使自己能够成为世界有影响力的媒体。即哪个人送一盘录像带来，它就放一放，放了以后马上引起了各个国家的重视，马上引起了各国舆论的震动，过两天又送一盘录像带来，它又放一放，几次强烈的刺激，在人们的脑子里留下了“半岛”这两个字，现在它就有那么大的影响。所以一个传媒要想在新闻上有所作为，一定要有非凡之举，在新闻上有所作为，要善于抓住机遇。凤凰卫视原来看的人不多，后来“9·11”事件一下子被它抓住了，“9·11”那天凤凰卫视一直跟踪报道，第一架飞机撞、第二架飞机撞，都看得一清二楚。而我们中央电视台没有这样报道。所以说，既然是个媒体，就要在新闻上下功夫。如果说我们的工作平静如水，像一条生产流水线一样，报道一年四季也没停着，但是始终没有在哪个问题上引起公众的关注，这不可能有影响力。所以我们国际广播电台千万不要变成日复一日不停转动的机器，千万不要成为一个品牌的生产线，每天转啊转，有什么就播什么，没有变化，没有波澜。要打几个大的战役，在哪几个问题的宣传上把它们打响，形成影响力，别的时候你就正常地转吧，但一年要打响他几次，搞几个漂亮的战役性报道，一下子影响力就出去了。这样一些工作还有赖于开放性的思维。过去的东西大家都习惯了，但是不突破，没法发展。我出去看中央电视台的节目，尽管4套、9套有很大的变化和进步，但仍然摆脱不了我刚才说的原有思维模式的影响。譬如说，随便把国内的东西搬到国外去，要区分一下，有些适宜国内宣传不适宜国外宣传。比如《每周质量报告》教群众怎样识别假冒伪劣，这种东西对外宣传有什么必要呢？那不是跟外国人说中国的食品假冒伪劣太厉害，不要进口中国的食品吗？缺少外宣头脑，这不是树立中国的形象，而是给中国

抹黑。比如说介绍中国的戏曲，也要看对象，对外介绍“红色经典”，还在那里斗地主、斗恶霸，结果正面宣传产生负面影响。旧的思维模式在影响着我们，使我们的对外宣传听众无法接受，无法产生良好的宣传效果，帮倒忙。前些年我在国外看到一部提到公安干警介入打狗的电视，狗在西方是宠物，你打死它，这让人很难接受，对中国这种做法很反感，这不是树立中国的良好形象。我还是强调，要搞好国际广播电台，一定要在思维模式上做些调整。过去我们只讲主观愿望，而忽略它的客观效果，我主观愿望是好的，宣传不研究方法，不看对象，只要我是对得起我这份工作，对得起我这份责任，但实际效果好不好，不管，这种思维模式一定要改。不改对我们来说，国际广播是很难搞好的。

## 二、要有开发性的事业

我讲这个问题是基于对现代化的国际广播体系的认识。现代化的国际广播体系绝不是我们传统意义上的国际广播，它是一种用高科技武装的，是能够正确反映客观世界的变化的，能够采取多种形式和渠道，扩大广播影响的体系。体系体现规模，是个多种渠道、多种形式、多种手段的一个强大的媒体群。我们要不断地去开发我们的事业。这两年我们就是这样做的，在无线广播的基础上有了在线广播，在在线广播的基础上我们还会有些什么可以做的？在线广播我们现在从 13000 多位提升到靠前了，是处于 1900 多位，但这样仅凭我们一般性的工作方法和工作力度，要想把在线广播的位置再往前提升到前 100 位，难度很大，必须要有超常规的思路和发展才行。也就是说要不断地开发在线广播业务。如果说我们在线广播

38种语言播出的东西是无线广播往上搬一搬，那是不行的。因为要知道我们播出的很多东西时效性是很差的、互动性也是很差的，而在线广播非常吸引人的就是时效快、能互动。我们38种语言在线广播能不能够进一步提高时效，能不能实现互动，这种互动并不是人家看了后，发一条信息过来，仅这样的互动还不行，要能和我们讨论，这样才能形成一个互动舆论场。如果像我们原来无线广播一样，我这个节目播完了有听众写信来，评论一下节目好不好，这种互动是传统意义上的，不是在线广播的优势。在线广播要发挥自身的优势，这就要求我们要进行开发，这直接关系到我们的在线广播能不能够进一步扩大影响的一个大问题。中央领导有时常问起这个问题，问人民网每日的点击率是多少，新华网每日点击率是多少，几个网都要问，我们的点击率的确也在提高，但是不要说和新浪网比，就比新华网、人民网我们还差一段。所以要改变这种状况，必须要有特殊的措施。当然不能38种语言全来，但至少几个主要语种能不能够在这方面率先进行开发，开发一些新的业务？而且还要开发一些现在人家没有做的、我们自己原创性的东西来吸引大家听我们的在线广播，这也关系到在线广播能不能进一步扩大影响。无线广播同样有开发业务的问题。前两年你们开发的调频音乐广播，很好。从总体上来说，无线广播业务还要不断地开发，一定要根据新形势下广大听众收听广播新的需要，来设定我们广播的内容和形式。中央人民广播电台去年以来8套节目都进行了大的改革，主要改变了“我播你听”这样一种传统的播音模式，大量地使用直播式、互动参与式的广播形式。我们的国际广播，能不能够在这方面好好地研究一下，走出一条新的路子来，更好地让国外的听众爱听我们的广播？至于说国际广播其他一些业务开发，还可做很多事

情。我们派一个记者要花很多钱，也很难行动，希望能多聘点雇员，雇员在当地活动很方便，消息来源又多、又快，我们现在还主要是27个站，每个站一两位记者，能采访多少新闻？真正要变成一个国际性传媒，并不是我们挂个国际的牌子就是国际性的，而是真正要在国际舆论场里有影响力，所以我们必须要开发我们的国际业务，这是最重要的。因为国内业务这块，问题不是很大，我们的信息源多得是，现在关键是国际新闻源，而国际新闻源我们采集的困难还是很多，实际上包括新华社在内，它不少地方还得依赖国际上美联社、BBC、CNN这样一些信息源。自己专门去采访、挖掘的新闻比重比较小。我们要不断开发业务，这其中也包括与新华社这样的媒体的合作，就是怎样用他们的信息为我们服务，这也是很需要的。



## 三、要有开拓性的人才

国际广播电台有一个很大的优势就是语言人才的优势，怎样使这批人才更好地为我们建立现代化的国际广播体系服务，需要解决这样一个问题，就是我们不仅仅要把自己培养成为语言家，而且应该是一个新闻家、评论家、国际问题的观察家。就像搞国内报道一样，不能仅仅是文字匠。其实，搞新闻的不一定要多高的文字水平，有能够把事情表述清楚的基本文字功底就行了，它跟文学家还不一样，作为一个搞新闻工作的同志，关键是要有犀利的政治眼光，要有敏锐的观察力，这是最重要的。在人才培养方面，怎样既能保持我们的语言优势，同时，又能把语言优势转化为真正从事国际广播工作所需要的复合型的人才，既懂外语，又能够写新闻，又能够编新闻，又能够评论新闻。我学新闻的时候，新闻系有一个教授专门研究标题，这就是专门家。广播不太重视标题，广播重视语言对新闻事实的表达，要有这方面的技巧。所以，搞国际广播你既要懂外语、懂新闻，而且要懂政治，面对国际形势纷繁复杂的变化，不懂政治，特别是不懂国际政治，你很难搞好报道，因为你缺乏这方面基本的素养，缺少政治观察能力、思辨能力，所以你写出来、编出来的新闻不可能吸引人。

我们的人才应该是开拓性的人才，不仅仅是领导布置任务能完成，这是远远不够的。建立现代化的国际广播体系，迫切需要培养有现代意识，有开拓精神，有多种才能的复合型的人才，光靠语言是不行的。当然语言也是很重要的，是搞国际广播一个最基本的素质，语言不行你怎么搞国际广播？所以不仅要进行语言方面的研修，同时还需要好好地学学新闻，好好地研究研究政治。国际台要形成研究国际形势的一种浓厚的氛围，讲到俄罗斯能讲出一二三四来，讲到美国能讲出一二三四出来，讲到伊拉克能够讲出一二三四来，而且对下一步形势的发展能够谈出自己的见解来，而不要仅仅是来个稿子我给翻一翻、播一播了事。国际广播的人才要有志于把自己培养成为对国际问题有研究、有造诣的专门家。如果具备了这样的素质，新闻怎么写、导语怎么写、新闻过程怎么表述，这都很简单，很容易。这次总局举办新进大学生培训班，学生人数占了一半。国际台一下子进了120多个新生力量，形势很好，我们从一开始就要给他们灌输这样一个思想，进了国际台，就要成为一个对国际问题有研究、有造诣的专门家，朝这个方面去发展、去培养，多多造就这样一些开拓型的人才。要把中国国际广播电台建设成为一个在国际上有影响的传媒，我们需要一大批懂得国际问题，研究国际问题，在国际问题上有建树的专门家的队伍。要做到中央需要研究国际问题时，不但请社科院的研究员，同时还请国际台的同志们来，这个要求并不高。如果说凤凰还有个阮次山那样的人物的话，我们国际广播电台应该更有条件培养和造就自己的国际问题的评论家和国际问题的观察家。当然语言也很重要，是最基本的。最近我听说，英语将“韬光养晦”翻译成“把自己的企图掩盖起来”。如果我们这样对外宣传国家的对外政策，显然是不妥的。还有我们对外宣传往往把要加强对新闻的“管理”翻译成加强对新闻的“控制”。语言我觉得翻译要了解中国的国情和国外的国情，认真考虑应该怎样翻译的问题。总之，语言功底也是要很好地训练的。现在有我们的骄傲，很多小语种翻译外面找不到了，我们国际台有，这是我们的语言优势。但我们不要满足于这个，给人家当翻译不是我们国际台的主要业务。我们还是要着力做到在国际报道方面有自己的权威，要多培养一些这样的人才。

## 四、要有开创性的业绩

这一点可从以下几个方面考虑。一是要建设现代化的国际广播体系，这是一个很大、很高的目标，实现起来不容易。二是目前我们与建设现代化国际广播体系的差距还很大。三是国际广播事业这几年发展很快。所以，在这样一种情况下，国际广播电台每年都要有开创性的业绩，就是不仅仅是每年都有进步，光有进步是不够的，每年都要有超常规的发展，要有大踏步的前进，每年都要开创一个新的局面。经过若干年的努力，我们才能够在国际舆论的竞争中占有主动权，在建立现代化的国际传媒的进程中才能够不落伍，也才能够为中国现代化建设真正创造良好的国际舆论环境。创造良好的舆论环境，这句话我们经常讲，也是我们工作的目标和要求，但真正能够为我们的现代化建设创造多好的国际舆论环境，还很难说。能不能做到这一点，国内要搞什么大的事情，国际上遇到什么大的事情，我们的国际广播电台给中国政府创造了一个什么样的良好舆论环境，具体能够讲个一二三四。如果真正做到了这一点，那我们才问心无愧地为全党全国工作的大局做出贡献。实事求是地说，在这方面不能说我们没有做到，也不能说我们在这方面已经做得很好，但是从中央对我们的要求来看，我们的的确确主观上是在努力工作的，为我们国家大政方针的实施，在积极地创造良好的国际舆论环境。我衷心希望国际台每年都要大踏步地前进，每年都开创一个新的局面。这是中央对我们的期望，这是形势对我们的要求，也是国际台广大干部职工共同的愿望。为了国际台各方面事业的发展，总局会给予各方面的关心和支持。我也多次讲过，中央三台是我们广电事业的三根台柱子，一根柱子都不能倒，倒一根整个广电大厦就要倒下来。一栋楼两根柱子不稳，只有三足鼎立才能把大厦平稳地支撑起来，所以三根柱子一根也不能倒。国际台的事业我们会始终给予关心和支持的，应该看到，这两年已陆续给国际台创造了一些条件，下一步在中央的关心下，我想这方面的支持力度会更大。

最后，再一次预祝大家在下半年的工作中取得更大的成绩，为我们建设中国特色社会主义的现代化的国际广播体系迈出更大的步伐，早日实现我们的宏伟目标。

（2004年8月2日在国际广播电台年中工作会议上的讲话）

# 开发新渠道　发挥新作用

## ——谈怎样开发国际在线广播业务

国际广播电台今天迎来了一个春天。长春同志、云山同志在百忙之中来到国际台，一方面是给大家拜年，更重要的是现场办公。而现场办公的主题就是国际台怎么样在外宣工作中进一步发挥作用，通过开发新的渠道，使国际台的广播能够更好地走向世界。这是一个重大的主题，也是以胡锦涛同志为总书记的党中央对我们外宣工作，对我们国际台工作的高度重视。

现在国际台的形势很好，一是中央高度重视国际台的宣传工作。去年在研究外宣工作的时候，长春同志就专门对国际台如何更好地走出去，如何更好地利用互联网加强外宣工作等问题做出明确的指示，提出明确的要求，所以，国际台能够实现 38 种外语全面上网，与长春同志那次讲话和指示是分不开的。在过去的一年里，国际台的在线广播可以说是迈出了一大步，这一大步，是历史性的一步，是跨越性的一步，这与中央的高度重视是分不开的。二是各部门的大力支持。国家发改委、财政部从来没有像今天这样关心和支持我们的广播电视工作，关心我们国际台的工作，投入大量精力、财力。三是国际台现在信心很足，工作很积极，尽管面对各方面的困难，还是尽了自己的努力，而且对下一步的发展充满了信心。所以我们要趁势而上，抓住好的机遇。长春同志在有关国际台38种外语全面上网的简报上做了非常重要的批示，这次在新疆又反复强调国际台在线广播问题。所以，从新疆回来后的五天里，我和总局其他领导同志已来国际台两次了，就是为了贯彻落实长春同志的重要指示精神，我们就是要趁势而上，抓住这个大好的发展机遇，把国际广播进一步搞好。

国际台提出的关于发展国际广播的总体思路我赞成，这也是我们与国际台同志们一起商量的，就那么几句话：一是盯住一个目标。这个目标就是要把中国的声音传向世界各地，一切工作的出发点和落脚点就是这个目标。二是通过两个渠道。这两个渠道一个是无线广播，一个就是近两年来，特别是去年以来着力推进的在线广播，通过这两个渠道把我们的国际广播推向世界。三是搞好三项建设。第一项是硬件建设，硬件建设我们目前已经做了一些工作，但我觉得这方面的工作还要加强，包括我们无线覆盖的建设和在线广播今后的建设。必须有硬件建设作为支撑，我们才能更好地走出去。第二项是软件建设，软件建设的核心问题就是提高无线广播和在线广播宣传的质量，增强针对性，这方面我们要做的事情很多，要从传统的或者是不合时宜的观念里面走出来。我们的广播要能够让外国的听众喜欢听、愿意听。我们要从这个目标入手来改进我们的宣传，这是一项很大的任务，一项很重要的任务。在这方面，我们的对外广播还有很大差距，虽然我们的同志做了很多的工作，但我们还要进一步努力。最近我们也调了你们的广播来听，是任意调的，有些内容针对性很强，有些内容针对性不强。比如我国现在正在搞春运，春运主要是国内的事情，没有必要对外国人讲春运，外国人也弄不清楚春运，这是中国特有的国情问题。所以，要增强我们宣传的针对性。此外，每一个国家的情况都是不一样的，如朝语广播的对象是国家性质、国情大不一样的两个国家，韩国听众与朝鲜听众的需求不一样，我们的宣传内容就应该有所区别，就要增强针对性。我们要不断改革我们的宣传，所以，软件建设的任务相当大。第三项建设对我们来说也是非常重要的，就是人才建设。我觉得，我们要加强两大人才队伍的建设。一个是非通用语人才队伍的建设。这个长春同志已经非常明确地给我们指出来了，小语种一个也不能少，因为这的确是外宣的需要，但是摆在我们面前的问题的确是培养小语种人才困难很大。我们要采取措施，在国家有关部门的支持下，包括在教育部的支持下，努力搞好这方面人才的培养和使用。再一个就是技术人才队伍，特别是互联网技术方面的人才队伍的建设。我觉得国际台在这方面还有欠缺。问到一些问题，回答得不很清楚，有些还不如长春同志清楚（长春同志插话：咱们广电总局、广播电台的干部要多一点无线电、电脑的业余爱好）。这两方面的人才是急需的。通才不够，还要专才，就是在线广播这方面的专才。你们都是搞编辑，做内容的，尽管在搞在线广播，但不懂技术，要加强这方面人才队伍的建设。所以我觉得，我们要盯住一个目标，通过两个渠道，抓好这三项建设，真正把我们的国际广播建设成现代化的国际广播体系。要朝这个方向努力，我觉得我们还是有条件的。

围绕在线广播的发展，我们当前要做好那么几项工作：第一项工作就是科学规划。尽管我们有了一个规划，但是我觉得我们这个规划还是个模糊规划，是一个大而化之的规划，而且有的东西也不是很科学，所以要加紧科学规划的工作。第二项工作，要解决好当前我们在技术方面存在的一些困难和问题。一方面，我们要充分利用现有的设备，另一方面，要改善我们的技术条件，该投入的还是要投入。第三项工作就是要改进宣传。在线广播跟无线广播不一样，不能简单地把无线广播的内容搬到在线广播上来，要改造，不但要改造，而且要根据在线广播的需要专门来设计内容。在线广播可以通过服务类内容来达到宣传的目的。旅游方面的内容为什么点击率比较高呢？日本人也好，韩国人也好，美国人也好，要到中国来了，他就会打开你这个网站，看看中国有哪些好看的，有哪些好吃的，有哪些好玩的。我们可以通过这个服务来宣传介绍中国，介绍中国的文化，介绍中国的经济，这是在线广播非常重要的内容。国外的受众要想获得新闻类的信息，恐怕打开我们国际台网站的可能性比较小，他还是要去看 BBC、CNN，因为至少到目前为止，人家还是在新闻方面占有霸主地位。我们现在要打进去，可以通过服务来搞好我们的宣传，这是很重要的一个方面。第四项工作就是要加强推广。让世界人民都知道我们有这个在线广播，这是让人家收听我们的广播最起码的一点，人家都不知道你，又怎么会收听呢？除了在国外印发宣传品以外，我主张我们要在外国的著名传媒上做我们的广告。国际台可以单独做，也可以和央视网站一起联合做，也可以和外宣办一起商量，我们所有的几个重点新闻网站联合起来对外做广告。那年我在美国访问的时候，就看到一些国外媒体花钱在《纽约时报》上做广告，推广他们的报纸，推广他们的电台、电视台，那我们为什么不能去做呢？而且这一点钱财政部是会支持我们的，我们中央电视台的对外推广工作财政部都包下来了，实报实销，所以国际台的在线广播对外的推广工作，光靠我们的媒体还不够，效果不是很明显，要在外国著名的媒体上推广我们的网

站。最近中央电视台已经给你们在做，中央电视台 CCTV-9 现在每天播 12 次关于国际台网站的宣传短片，这个工作我们会继续做。总之，我们广电总局和国际台要抓住这次机遇，努力把我们的工作做好。

（2004 年春节前在国际广播电台座谈会上的讲话）

# 与时代同行　与发展共进　与实践互动

## ——寄语中国广电学会

中国广播电视学会2003年的工作，取得了很好的业绩。在社团管理、学术研究、节目评估以及咨询服务等方面做了大量工作，特别是在配合广播影视业中心任务方面，充分发挥学术团体的作用，有力地推动了2003年广播影视各项任务的完成。我代表总局党组，也代表学会的各位会长，向学会常务理事会的同志们表示衷心感谢。

2004年的宣传报道任务很重，改革发展的任务很重。在此我送给大家三句话：与时代同行，与发展共进，与实践互动，与同志们共勉。

### 一、与时代同行

学会的工作要与时代同行，就是要高举邓小平理论和“三个代表”重要思想的伟大旗帜，全面贯彻落实十六大的精神。“三个代表”重要思想是当代中国的马克思主义，是我们党在新时期、新阶段各项工作总的指导思想。学会的工作要搞好，必须用“三个代表”的重要思想来统领，这是非常重要的，也是我们能不能搞好学会工作的一个根本条件。十六大精神的一个非常鲜明的特点，就是要解放思想，与时俱进，全面建设小康社会。而全面建设小康社会的一项非常重要的任务，就是要搞好文化建设。全面建设小康社会的第一个目标是经济建设的任务，第二个目标是政治建设的任务，第三个目标是精神文明建设的任务，第四个目标是生态环境建设的任务。其中，精神文明建设实际上就是文化建设，而文化建设中，一个很重要的内容，就是广播影视业的改革和发展。我们学会的工作要始终围绕全面建设小康社会这个宏伟目标来推进广电业的改革发展。具体地说，就是要为我们实现十六大提出的宏伟目标努力工作。

与时代同行，就要解放思想，与时俱进，树立新的思想观念。十六大报告和十六届三中全会的决定，以及最近刚刚结束的全国宣传思想工作会议的精神，都对我国的文化体制改革和文化事业、文化产业的发展提出了要求，做出了部署。把文化体制改革和文化事业、文化产业的发展写进党的代表大会文件，写进中央全会的决定，列入全国宣传思想工作的议题，是党的思想路线、工作路线的创新。如何搞好文化体制改革，如何推进文化事业、文化产业的发展，中央提出了很多新的思想、新的观念、新的决策、新的部署。中广学会要很好地学习、研究、把握和贯彻这些新思想、新观念、新决策、新部署。

## 二、与发展共进

十六大已经给我们指出了发展的方向。现在，我们国家的经济、政治、文化等各个领域都在快速发展。同时，中国的广播影视业也趁势而上，朝着既定的方向迅速发展。在新的一年里，中广学会的工作一定要与这种发展态势相适应，做到与发展共进。要做到与发展共进，就要改革和创新学会的工作。中广学会已经成立17年了，积累了一些很好的经验。但是，新的形势、新的任务、新的课题，对我们提出了新的要求。如果学会依然按照原有的工作模式运行，就很难与发展的形势相适应，很难为正在大发展的广播影视业服务。所以，我们要从指导思想、工作内容、制度办法等方面创新学会的工作。

这两年来，学会的工作，在不断地改革和创新，但还要进一步大胆地改革，不断地创新。比如说，怎样在目前学会的体制下，更好地发挥每一个地区学会的作用？如何更好地发挥各位理事、各位常务理事的作用？如何把发挥常务理事的作用和学会日常的工作紧密地结合起来？新闻、文艺方面的评奖改革，到底怎么改好？我觉得在很多方面我们还需要探索，需要不断地改革，积极地创新。要与发展共进，首先要做到与改革同步，改革不同步，发展同步不了。

学会工作要做到与发展共进，就要紧紧地围绕广电业的改革发展提供服务。现在，广电业的改革发展任务非常繁重，出现了很多新的问题、新的情况。学会在这方面有很多事情可以做。比如说，理论研究问题，学术探讨问题，2003年学会在这方面做了很多工作，我看了学会提供的调研报告和一些理论文章，对我们的工作很有启发。但是，我觉得还不够，总觉得学会的工作和我们的要求还是有点距离。学会工作要与广电业的改革和发展共进。学会工作要向前发展，进入新的境界，进入新的领域。

## 三、与实践互动

与实践互动，就是要着力解决当前广播影视业宣传工作、改革工作、发展工作中的重大理论问题和实践问题，用新理论指导新实践，在新实践中发展新理论。比如十六大明确了要发展文化产业，发展文化事业。那么，如何搞产业？对此，我们思想上准备不够，理论上准备不足，机构也不健全，没有一个管理部门。我们的同志对如何发展广电产业，也是知之很少。这样一类的重大实践问题，我们在实际工作岗位上当然要很好地学习，很好地研究，努力解决这个问题。作为学会，则应充分发挥自身优势，加强研究，提出决策参考意见，解决我们遇到的实践问题。再如，强调学会工作要与实践结合，就要紧紧围绕广播影视业的中心任务来开展工作。全国广播影视工作会议已经明确了 2004 年全国广电系统中心任务是“五改一加强”，并将 2004 年确定为数字发展年、产业发展年。中广学会要紧紧围绕着“五改一加强”和两个“发展年”组织研究工作，发挥学会智囊、参谋作用，为中国广电业的改革与发展做出更大的贡献。

(2003 年 12 月 23 日在中国广播电视学会
四届三次常务理事会上的讲话摘要)

# 德才兼备　声形俱佳

## ——谈谈播音员、主持人的工作

研究播音工作，首先要了解广播电影电视事业发展的大局。播音、主持工作是广播电视工作中的一个重要岗位，广播电视工作能不能搞好，这个事业能不能发展，要看播音员、主持人在工作岗位上能不能充分发挥积极作用。

### 一、广播电视工作的形势和当前所要做的工作

中国的广播电视事业，经过了几十年的风风雨雨，随着中国革命、社会主义建设和改革开放事业的发展不断发展壮大。目前已经形成了相当大的规模，成为中国新闻事业中的一个重要方面军，成为我国舆论方面的重要阵地，它的作用越来越大。

在回顾这些年的发展和取得成绩的同时，必须要看到，在20世纪末、21世纪即将来临的情况下，广电工作所面临的新情况、新问题。只有这样，我们才能够心中有大局，充分发挥在这条战线上的重要作用，把播音主持工作进一步搞好。

现在广播电视工作总的情况是好的，在以科学的理论武装人，

以正确的舆论引导人，以高尚的精神塑造人，以优秀的作品鼓舞人方面，我们做了大量的工作，取得了很好的成绩，得到了党和人民的充分肯定。但是，至少有两个方面的任务对我们来说十分繁重。

一个方面就是，怎样满足广大人民群众精神文化方面的需要。广播电视是社会主义意识形态的一个重要组成部分，应该说是接触群众最多、影响最广泛的一种文化艺术样式。这些年来，无论在新闻宣传方面，还是文化宣传方面，还是社会教育方面都努力改革、创新，出现了很多优秀作品，受到了群众的喜爱。但是，我们必须看到，随着中国改革开放的深入、经济的发展、人民生活水平和文化水平的提高，大家对这方面的要求也越来越高。大家在感到比较满意的同时，又感到很不满足，觉得我们的广播电视有很多领域需要开发，有很多内容需要创新，很多样式需要改革，总觉得打开广播，打开电视机，真正能够打动人心的、群众喜闻乐见的东西不多，用我们的话来说，就是精品不多。所以，人们感到不满足。大家肯定这些年来广播电视工作取得的成绩，同时感到很大的不满足。这个不满足，一方面反映了广大人民群众精神文化生活需求越来越旺、越来越高、越来越多。另外一方面说明广播电视工作还存在很多问题。改变这一现状的任务非常繁重，形势也非常严峻。

按照江泽民同志给我们提出来的要求，我们要代表先进文化的前进方向。怎样创作更多的优秀作品，老百姓喜闻乐见，能够积极推进社会发展，鼓舞群众士气，让大家充满希望、充满信心，搞好我们国家的改革开放和两个文明建设，这样的优秀作品应当大量地出现。对于广播电视来说，这方面的任务相当繁重。

另一方面，大家必须清醒地看到，我们面临西方舆论的强大压力。西方特别是通过广播电视，对我们进行思想渗透，企图西化、分化我们。在这方面，广播电视的问题比较突出。为什么呢？报纸、刊物我们能够管得住，它进不来。广播电视可以从空中过来，特别是广播。在这种情况下，怎样把我们的广播电视搞好、搞强、搞大？把那些有害的声音压下去，这对广播电视战线的同志来说，任务非常艰巨。

总体来说，我们的广播电视实力还不强，面临着强大的西方广播电视的激烈挑战。现在的广播电视，自己跟自己比，较之以往有了很大的发展。但是，我们跟外国比，差距还很远、很大。大家都知道，我们的广播电视也有几艘大船，中央电视台、中央人民广播电台都算大船，北京电视台、上海电视台也算大船。但是我们还有很多小舢舨，像地、市、县的电视台、广播电台。现在这种情况，根本应对不了强大的西方广播电视的挑战。在激烈的竞争中，我们没有足够的实力能够使我们立于不败之地。

我们现在面临的竞争是相当激烈的，必须清醒地看到现在的形势。我们应该勇敢地接受这种挑战。同时，必须要大大地发展和壮大我们的实力，把我们的广播电视搞强、搞大。这是唯一的出路。随着高新技术的发展，广播电视传输手段会有更大的突破。一旦天线微型化了，装在电视机里，买一台电视机，所有的电视节目都可以收到。从严格意义上说，这个技术并不是很难，由大变小而已。在这种情况下，要把我们的广播电视搞强、搞大，有人看，喜欢看，不看他们的，愿意看我们的，这样才行。

针对这样的情况，我们正在研究对策，要进一步加强新闻改革，要集团化发展，要建立广播电视的航空母舰、联合舰队。必须要建立几个大的传媒集团。而传媒集团里，广播电视应该是一个非常重要的组成部分。美国的时代华纳、新闻集团、迪斯尼集团，其中一个主要的成分就是广播电视。迪斯尼有ABC，新闻集团有FOX，CNN是时代华纳的。大的传媒集团里的骨干力量是广播电视，因为它的影响大，可以跨国界，可以不受各方面的限制。再一个就是网络。总局也在积极地考虑，“十五”期间要把中国的广播电视建成中国特色的、社会主义的、现代化的，应该是亚洲一流、世界前沿的强大的广播电视事业。在这种形势和任务下，广播电视工作要大发展。

## 二、播音员和主持人的工作



播音员和主持人的工作，在广播电视大发展的形势下是大有可为的，责任重大。广播电视的传播特点，其内容主要是靠播音员，靠主持人来传递的。新闻也好，社会教育、文化生活方面的节目也好，播音员、主持人有一个重要的责任，就是要把宣传内容正确、鲜明、生动地传播给广大听众、观众。这是非常重要的工作环节。没有播音员、主持人的工作，我们的新闻节目、文化生活类节目、社会教育类节目无法走向群众。他们是广播电视与群众之间、受众之间的重要桥梁。

从某种程度上说，广播电视工作的水平高不高，很大程度上取决于播音员、主持人的水平。同样的一篇稿子，甲主持人和乙主持人主持，给受众的感受截然不同，原因就在于主持人的水平不一样。所以，要高度重视播音员、主持人的工作。要促进广播电视事业的发展，必须要高度重视播音员、主持人队伍的建设，要建立起一支强大的、高素质的、深受广大群众欢迎的播音员、主持人队伍。同志们必须要明确自己身负的重任，要有一种光荣感、自豪感、责任感，同时也要有一种紧迫感和危机感。不断加快队伍的建设，提高素质，使之成为推动广播电视事业发展的一支重要力量。

下面，我对播音员、主持人提两点希望，就是两句话：要德才兼备，声形俱佳。

**“德”，就是思想道德。**

播音员、主持人要向受众传播新闻、说明事理、传播知识，是广播电台、电视台的代表。台长们走不到荧屏前面来，也不出来对着话筒跟全国人民说话。你们代表着电台、电视台，对全国人民说话，对全世界的人民说话。大量幕后工作者的劳动成果，要通过你们最后创造性的劳动得到体现。编辑工作、技术工作、组织工作、导播工作等等好不好，最后体现在播音员和主持人的工作之中，因此必须要有良好的思想道德素质。思想道德素质方面至少要包括几个方面的内容。

第一，政治上要坚定。广播电视是党、政府和人民的喉舌，是思想文化的重要阵地。作为播音员、主持人来说，必须要在政治上坚定，自觉地以邓小平理论，以党的基本路线，以“三个代表”的重要思想为指导，要与党中央保持高度一致。

第二，要有崇高的理想信念。播音员、主持人面对亿万群众，要通过创造性的劳动，去教育和影响我们的人民群众。作为播音员、主持人自身来说，必须有崇高的理想信念。要热爱我们的社会主义制度，要对我们党的领导，对党的方针政策，对我们的改革开放，对我们的现代化建设，有坚定的信念，充满信心。自己有崇高的信念，才能够影响我们的受众。

第三，要有良好的道德修养。如何为人，如何处世，一言一行都要体现出我们很有修养。为人要正，为文要正，为事要正。为人要正，如果播音员、主持人在荧屏上挺像一回事儿的，结果一下了荧屏，在社会上做一些与你的形象、身份很不相称的事，甚至做出些荒唐的事情来，或者做出不符合道德规范的事来，那你在人民群众中的形象就要大受影响。为文要正，你写的东西，你的作品要正派、正直，不能搞邪的歪的。为事要正，你要处理很多事情，同样要公道、公正。所以，对播音员来说，这一条很重要，这是德的要求。

**“才”，就是要有才学，要有广泛的、较深的知识和播音主持方面的业务才能。**

我们现在有一个问题，老是有人写信来反映播音员、主持人这个问题讲错了，那个事情解释错了，甚至于这个音念错了，那个字写错了，说我们比较幼稚，知识面很窄。才学对我们的工作也是非常重要的。要大大拓展我们的知识领域，我们不可能要求播音员、主持人能够通晓天下大事，能够天文地理都精通，那是不可能的。但是基本的知识还是要具备的，这样才能避免出笑话。要搞好播音、主持工作，广播电视方面的业务知识，更应该是精通的，应该是行家里手。不要浮躁、坐不下来，要很好地学习。

**“声”，就是播音员、主持人要说话，除了音质以外，说话的技巧也要十分讲究。**

我们的老前辈们在这方面的功力很深。现在的年轻播音员、主持人很不注意这个，不在基本功上下功夫，而搞一些花里胡哨的东西。特别有一点一定要提出来，播音、主持的港台腔要引起我们的重视。无论从哪个方面来说，不应该把港台的东西搬过来。我们是堂堂的国家广播电台、电视台，省一级的广播电台、电视台，是我们党多年培养造就的专业队伍，学那些香港、台湾的腔调，让人觉得很不舒服。再一个，从播音主持艺术来说，港台的播法不见得是上乘之作，只是播音、主持工作的一种流派而已。我们有自己的风格，有自己的特点。要有大家气派、大家风格。现在这个问题要引起大家的注意，必须要研究播音、主持的艺术，培养自己的风格。

最近，有的节目改了，改了以后人家一听，主持人还是那个套路。过去是宣读式的，现在要搞谈话式的、谈心式的、聊天式的，根据不同的场合，不同的内容，我们的播音和主持都要采取不同的方式。所以，要很好地研究播音的技巧，特别是年轻的同志。

**“形”，就是形象、形态。**

广播这方面不是很突出，因为看不到你；但是电视的播音员、主持人的“形”非常重要。我们的播音员、主持人应该自然、端庄、大方、朴实，富有涵养，令人信任。不要让人一看你的形象就觉得不可信，对你的信任度要大打折扣。第一感觉很重要，电视机一打开，你一出场，首先是第一感觉。你是在忙乱之中，又是找稿子，又是弄头发，还是非常沉着，非常自然，给人一种非常放心的感觉。看你毛毛躁躁的，就觉得你的工作还没有准备好，或者认为发生什么大事了。

播音员、主持人的着装、打扮、举止都要讲究。有些文艺节目的主持人可以活泼一些。但是，活泼也要有一个度。怎样来理解活泼？为什么要把头发搞成红的，还要竖起来，衣服非要穿半截的，脸部化妆很刺眼，而且动作十分夸张，这种形态一上来，让人看了就不舒服。因为日常生活里，人们见到的不是这样的。在大街上可能见到有的年轻人会这样，那是极少数。如果路上碰见这种人，大家恐怕还要嘀咕两句。我们要注意这个问题。我们是传播精神文明的，是精神文明的使者、传播者，本身要以一种良好的形象出现在观众面前，包括举止方面。有些节目可以活泼些，应该生动些，如文艺类的节目，但是不能牵手搭背、打情骂俏都出来了。如果主持人在家里有比较严格的家教，有一个良好的家风，你在荧屏里的各种表演，回到家里都会挨说的，“你看你刚才在那儿表演的什么?”更不要说广大的人民群众了。所以，你的一举一动都会引起广大观众的关注。你站在镜头前，就是电视台的代表，是中国的广播电视播音员、主持人，不再是你个人了。我们必须要明白这一点。你代表的是要提倡的一种思想，一种风气，一种精神。所以，必须要注意自己的形象、形态。

我给大家提的要求是德才兼备，声形俱佳。而德才兼备和声形具佳这两个方面又是相辅相成的。德才兼备是我们内在的要求，声形俱佳是外部的要求。作为一个播音员、主持人，有了良好的德才方面的素养，气质就不一样了。我们要学习，真正学习好了，很多东西就可以正确对待，正确处理，不会搞乱七八糟的东西，一些不良风气就能除掉。不同的德才，在声和形方面必然会有不同的表现。取得成功的播音员、主持人和群众有意见的播音员、主持人比较一下，差别就在这里。同时，声形方面如果能很好地注意，这方面具备良好的条件，也有利于德才的体现，树立一个良好的形象。希望播音学研究会在怎样培养播音员、主持人良好的素质，建设好这支队伍方面加强引导，加强教育，通过研究会的工作，使播音员、主持人这支队伍能够茁壮成长，在即将来到的新世纪的广播电视大发展中，充分发挥积极的作用。

（2000 年 11 月 4 日在中国广播电视电台
播音学研究委员会学术年会上的讲话）

# 关于加强广播影视管理工作的若干思考

全国广播电视行业管理会议今天就要结束。这次会议非常重要，是我们迎接跨世纪发展的一次重要会议。下面就新形势下如何加强广播电影电视的整体管理工作问题，谈一些我的想法。

什么叫"管理"？管理由两个字组成，一个"管"、一个"理"。"管"就是要管住，"理"就是要理顺。首先要管住，那么多的事情，管不住就要失控，就会给我们的工作、事业带来很大的负面影响。要理顺，就是要按照事物发展的客观规律来办事，而规律是受外部条件和内部情况的不断变化而变化的，所以就要研究不断出现的新情况、新问题，采取新办法、新措施，从而理顺关系，使我们的事业能够更好地推进和发展。既然管理包含着管住和理顺两方面的内容，那么我们的管理工作就应该充分考虑到这两方面的要求，才能把管理工作搞好，管理工作的作用也才能发挥出来，管理工作的目的也才能实现。现在还存在着该管的没有管住，该理的没有理顺的问题，这些问题不解决，我们的工作和事业发展就会受到影响。

今年是管理年。也就是说，要进一步加强管理工作，加大管理力度，提高管理水平，通过管理，更好地发挥政府的职能，促进经济发展和社会全面进步，更好地完成现代化建设的各项任务。今年方方面面都在加大这方面的工作力度。广播影视行业根据中央和国务院的要求，今年以来在管理上也做了很多工作，但是，总体来说，我们的管理工作与中央、国务院的要求还存在着不小的差距，特别是针对新情况、新问题，如何在管理上提出新办法，在体制转换、机制创新、工作改进方面充分发挥我们管理的积极作用，还需要很好研究。

## 一、对广播电影电视管理工作重要性的认识

广播电影电视是我们国家重要的一条思想文化战线，是我们宣传舆论中的一个重要方面军。为什么要高度重视广播电影电视的管理工作，我想可以从以下三个方面来认识：

### （一）加强管理是贯彻“三个代表”重要思想的需要

“三个代表”重要思想揭示了我们党的性质，也进一步明确了我们党的奋斗目标。作为中国特色社会主义事业的重要组成部分的广播电影电视工作，必须要贯彻“三个代表”重要思想，而加强管理就是我们这条战线贯彻好“三个代表”重要思想的一个重要方面、一项重要工作。

**1. 要代表先进社会生产力的发展要求**

作为广播影视事业应该从两个方面来认识：一个方面就是我们广播影视事业是党、政府和人民的喉舌，是重要的宣传舆论工具。在我们的一切宣传工作中，要很好地体现先进的社会生产力发展的要求。我们要积极地宣传小平同志关于改革开放和推进中国特色社

会主义事业一系列重要思想，宣传党中央关于改革开放、发展经济、推进中国现代化建设的一系列的路线、方针、政策和部署，使党的路线、方针、政策能够深入人心，使全党和全国人民能够更好地团结在党中央周围，高举邓小平理论的伟大旗帜，通过自己的努力把国家建设得更好，使我国的经济更好地发展，使人民生活水平更加提高，使社会主义现代化建设跨世纪发展目标能够早日实现。但是，真正通过我们的宣传很好地体现先进的社会生产力发展要求并不是件容易的事。要做到能够坚持好这个方向，体现好这个要求，使广播电视的宣传以及电影艺术既体现中央关于发展经济、发展社会生产力的要求，又能够通过我们的宣传更好地推进先进的社会生产力的发展，这就需要管理好宣传。如果不加强宣传管理，这个方向就坚持不了，这个要求就实现不了，这个目标就达不到了。回顾这些年来的广播影视宣传工作，总的看，体现了先进社会生产力的发展要求，但是也要看到在各方面的宣传中也存在着这样和那样的问题。比如说，在以国有经济为主体，多种经济成分共同发展的问题上，就曾不恰当地宣传了要把国有企业统统卖掉，才能够救活国有企业；不恰当地宣传了股份制是企业发展的唯一出路等。在宣传中央的一些具体政策过程中，也出现了一些把握得不当或者不妥的问题。这些问题，影响了我们代表先进社会生产力发展的要求，影响了我们很好地体现和贯彻这个要求。

另一方面，广播影视事业要发展，也面临怎么样才能体现先进社会生产力发展要求，发展广播影视生产力的问题。我们只有从自身体制、机制、结构等方面进行改革，才能够有效地解放和发展广播影视的生产力。生产力的第一要素是人，怎样把大家的积极性调动起来，这本身就是一个很重要的问题。广播影视事业要体现先进

社会生产力的发展要求，必须进行改革。

要改革，也要管理。最近全国政协科教文卫委员会有个调查，指出电视剧节目市场很混乱，大大小小的、各种各样的电视制作公司多如牛毛。这是否有利于电视生产力的解放和发展，特别是是否能够满足先进社会生产力发展的需要，我觉得这个问题值得认真反思。这些年来，在电视生产领域进行了很多改革和探索，过去只有电视台制作节目，现在社会上也来制作电视节目了，同时也就出现了宏观管理方面有点失控，电视剧的生产不规范、电视剧的播放不规范等问题，这些迫切需要我们加强管理。总之，按照代表先进的社会生产力发展的要求，从宣传上必须加强管理。从解放广播影视生产力和提高广播影视生产力的要求来说，也需要很好的管理。代表先进的社会生产力发展的要求，是广播影视工作者义不容辞的责任。通过加强管理，有利于创作出健康丰富的、生动活泼的广播影视作品和节目，丰富人民群众的文化生活，推进和发展中国特色社会主义的文化。

**2. 要代表中国先进文化的前进方向**

这对广播影视来说，更有很强的针对性。因为广播影视是文化的最重要的组成部分之一，也是与群众接触最广泛的一部分。作为这样一种文化，当然应该很好地贯彻“三个代表”重要思想提出来的代表先进文化前进方向的要求。怎样能够在广播节目、电影作品、电视节目中充分体现先进文化的前进方向？对此，我们作过很多努力，也取得了很大的成绩。如果说这些年来中国特色社会主义文化有了很大的发展和进步的话，可以说广播影视这条战线在这方面发挥了重要的作用。但在看到成绩和所作出努力的同时，也必须要清醒地看到还存在不少问题。也就是说，广播影视节目中还有糟粕、垃圾，有的甚至在侵害人民群众，特别是青少年的思想。这样一些东西显然是不符合“三个代表”的要求。那么怎么样清除这些糟粕、垃圾，贯彻好“三个代表”重要思想呢？那就是要加强管理。通过严格管理，使那些能够代表先进社会文化前进方向的作品唱响，能够让它广泛传播，使那些不能代表先进文化前进方向的东西退出荧屏，退出声频，退出银幕，不让它传播，不让它生产，不让它来危害人民群众，危害社会。有些节目政治上出问题偶尔有之，而格调不高的问题，相对起来比较突出。比如，我们早就要求热线直播节目要安装延时装置，最近某省会城市有线台热线直播节目里讲了一个政治笑话，等主持人听明白了，这个政治笑话也讲完了，这样的事情很恶劣、问题很严重，但毕竟是个别的。广播电视节目格调不高的问题，老百姓很反感，对此要加强管理，要从严管理，清除一切落后、愚昧、有害的文化垃圾。

**3. 要代表中国最广大人民群众的根本利益**

广播影视工作就是要满足广大人民群众精神文化方面的需要，这是广播影视工作者义不容辞的责任。广播电视是党、政府、人民的喉舌，要很好地反映人民群众的意愿，要帮助人民群众解决困难，排忧解难，要维护人民群众的利益。对危害人民群众利益的人和事，要揭露、批评、鞭挞，像《焦点访谈》一样，要形成一种强有力的舆论氛围，去清除那些不利于人民群众的不良现象和恶劣行为。做好这件事情也是要加强管理，要通过管理使广播影视节目更加丰富多彩，更加健康向上，同时遏制那些不良的东西。现在人民群众需求的东西越来越多，如果有的内容不是代表广大人民群众利益的，不健康的，有害的，就会损害人民群众的利益。

### （二）加强管理是搞好思想文化阵地建设的需要

江泽民同志在中央思想政治工作会议的重要讲话中提出，要加强思想文化阵地的建设。思想文化阵地包括了十多个方面，其中广播、电影、电视都是重要的思想文化阵地。这个阵地如果不管理，一是会丢掉，二是会发生偏差。管理不好，一旦出了问题，就不是社会主义的思想文化阵地了，可能就会变成为宣扬资产阶级、西方思想文化的阵地。9月16日，江泽民同志对加强新疆、西藏等边疆民族地区的广播电视工作作了十分重要的指示，核心内容就是，西方敌对势力和民族分裂势力在边疆少数民族地区同我们争夺阵地，争夺群众，对我进行西化分化。他强调指出，这是关系到我们中国共产党的执政地位，关系到社会主义制度能不能够长治久安的一个重大问题，并要求我们调集足够的资金、人员和技术来加强广播电视工作，把党和国家的声音传到千家万户。同时指出，要抓紧、抓实，抓而不实等于不抓。为此我们总局立即派了五个组到七省区进行调查，发现相当一部分的发射台、试验台、转播台都趴在那里，无法工作，有的一天只工作两个小时，而且功率不足，调幅度也不够，换句话说，我们广播的阵地在这些地方丢掉了。现在我们脑子里这根弦不能松呀！越是改革开放，越是发展市场经济，越要警惕西方敌对势力对我们的西化和分化，他们千方百计、挖空心思要颠覆社会主义，颠覆中国政府。广播电视有传得及时、传得快、传得广的特点，可以打到世界上任何一个地方，它较少受文化、语言等方面的限制，没有文化的照样可以听、可以看。现在，在我们国家的周围到处都可以听到外台的广播，我们感到肩上担子很重。我们是要增强市场意识，但是战场意识什么时候也不能丢。比如，电视节目可以卖钱，而这买卖中是有政治的，可不要小看。一是不仅仅

把广播电视看成是一个文化园地，更要把它看成是思想文化阵地。在我们的这块园地里要长鲜花，不能长有损于人民群众思想的不好的东西。二是要研究市场，因为广播、电影、电视要发挥作用，就要让人民群众喜欢，要让人民群众爱看、愿意看。群众不看，我们的宣传目的就达不到，所以从这个意义上来说，必须要研究这个市场。但是，更要清醒地认识到，这绝不仅仅是个市场，而是一个战场。既然是阵地、战场，当然要管理。不管理，阵地就要丢失；不管理，我们在这个战场上就要打败仗。所以，要进一步加强思想文化阵地的建设，在复杂的舆论斗争中才能立于不败之地，我们必须要搞好管理，不管理是不行的。

**（三）加强管理也是改革创新、发展事业的需要**

改革创新是事业发展的动力，广播影视事业随着改革创新的推进有了很大的发展。如这些年来中央电视台的发展，与内部的改革和节目的创新是有直接关系的。没有这些改革，没有这些创新，也没有现在中央电视台荧屏繁荣的局面。哪里坚持了改革，坚持了创新，哪里的广播影视事业就发展得好，就红火，反之就没有发展或发展缓慢，其原因当然是多方面的，但其中一个很重要的原因就是没有改革、没有创新。有的地方电视台，影响力和经济实力不如一张报纸，甚至有的连发工资都困难，很不景气。原因就是因为没有很好地改革、创新。当然，改革和创新也不是一件容易的事情，需要坚持正确的方向，需要有正确的举措，需要做艰苦的工作。方向不对头，举措不具体，工作不努力，改革是要出问题的，是很难成功的。比如，这些年有的地方把广播电视节目频道卖出去了，转包出去了，还美其名曰“改革创新”；有的一天到晚放外国的东西，我们自己的东西不去组织，不去制作。这样可能在某一个时间或某一个时期赚了钱，但最终却丧失了阵地，损害了我们整个事业的发展。把频道卖了、节目时段卖了，你还卖什么呢？最后就该卖掉自己了。电台、电视台不是你自己的，是国家的，你是把国家利益给卖掉了。这不是改革，这是歪门邪道。改革创新必须要搞，这是事业发展的动力，但是改革创新必须要加强管理，不能放任自流，不能想怎么干就可以怎么干的。这点必须要清醒。

以上这三个方面，我想已经足以引起我们要高度重视管理工作。管理工作的好坏直接关系到我们能不能够实现“三个代表”重要思想的要求，关系到我们思想文化阵地能不能守得住，关系到我们能不能通过改革创新推进广播影视事业的健康发展。

## 二、广播影视管理工作的重要任务

### （一）要管导向

这是我国广播影视事业性质所决定的。广播影视事业是党、政府和人民的喉舌，也就是说它要宣传党和政府的方针、政策，要反映人民群众的意愿，维护人民群众的利益。换句话说，广播影视不能违背党的路线、方针和政策，不能违背人民群众的根本利益。因此，必须要把它管住。宣传什么，不宣传什么，怎么宣传，都要管。广播影视事业又是我们国家重要的思想文化阵地，这就意味着我们要清除那些不良的思想文化，要坚持正确的思想文化，要弘扬主旋律，唱响爱国主义、集体主义、社会主义颂歌。所以，无论是广播宣传、电视宣传，还是电影创作都有一个用什么样的思想去影响人民群众的大问题。宣传是广播影视事业的中心任务，导向是宣

传的根本。

管理工作涉及的内容很多，但是第一位的就是管导向，这一点必须要明确，如果其他方面的工作都搞得很好，技术很先进，装备很现代，节目也很新颖，收视率也很高，但是导向是错误的，负面的影响会更大，造成危害也更大。广电管理工作有时很忙，但是如果没有管到根本上，如同电视台台长一天到晚忙大楼建设一样，大楼建得再漂亮，可是舆论导向上总犯错误，对不起，你就不称职，台长不能让你干了。搞错误导向，是绝不允许的。管理工作中，导向管理是第一位的，这一点非常重要，大家必须明确。导向不仅仅是政治导向，我们要有全面管理的意识，有的同志认为没有违反党的方针、政策，没有跟党中央的方针、政策唱对台戏，政治上没有问题，这些把握住就行了。其实不然！在访谈节目、文化娱乐类节目里，甚至在广告、生活、卫生保健、体育类节目里都有导向问题。就体育节目来说，某运动员上场前烧香拜佛，尽管这是运动员自己的做法，但一旦在电视节目里出现，那就是导向问题。有的记者采访获金牌的运动员问“你今天怎么得了金牌？”运动员脱口而出，“我今天运气好”，难道运气好就能拿金牌？导向就这样不知不觉地、潜移默化地体现在节目中了。生活类的节目里也有导向问题。我们国家从总体上来说已经达到了小康水平，但是还要提倡艰苦奋斗，勤俭节约。有一个节目里提到一个农民十年翻盖了三次房，反映这个地区的农民生活水平提高了，但十年中房子扒了又盖了三次，这种做法不宜提倡。广告里这方面的问题也比较多，观众对广告反应很大，意见很多。有些地方电台的经济状况确实比较困难，接了广告就用，巫医滥药的宣传很多，一些江湖医生的广告也做，只要你给钱，就给你说一大通。一些没有经过医疗卫生部门鉴

定的、没有批准上市的药也宣传。甚至一些广告的内容有严重的政治错误，被一些别有用心的人利用。所以说，我们的岗位不仅是市场，也是战场，现在我们很多同志，看市场看得多，看战场看得少。有些人在不断地跟我们捣乱，我们在这方面却放松了警惕，放松了这根弦。

### （二）要管章法

任何事情都要有章有法，广播影视管理也要有章有法。所以要建章立制，加强广播影视的法制、法规建设。不这样做，就会严重影响事业的发展，严重影响工作的顺利进行。这些年我们加强了广播影视的立法工作，制定了《广播电视管理条例》、《电影管理条例》，应该说还是起到了积极的作用。如果现在没有这些规定，面对外面一些媒体急冲锋似的想进来，国内大家又都急着想赚钱，只要是有钱可以赚，什么事都可以干，那广播影视不早就乱了套了。我们从分析过去曾发生的问题看，可以深深地感觉到，加强法规建设的重要性；从现实情况看，新情况，新问题很多，也深深地感到加强法规建设是必要的；从长远看，广播影视也必须要有一个健全的法制环境，才能够得到有效的发展。广播影视这么大的事业，几千家电台、电视台，有世界独一无二的广播电视节目制作交易市场，因此一定要建章立制，把章法管好。现在的问题是有章不循、有规不遵的现象比较普遍，不该进的片子、不该放的片子，在进、在放；甚至擅自建立频道，擅自建台。按照规定，国产电视剧要经过审查才能播放，但发生问题后一查，都说不知道他们就放了。厅长不知道，分管副厅长不知道，台长、副台长也不知道。我长期管新闻，《人民日报》社论再忙我都要审看的。有些人胆子就那么大，分管领导不看，就可以放了。这个事情大家一定要注意，一定要很好地把关，一定要增强法制观念。

**（三）要管政策**

哪些是要宣传的，哪些不能宣传；哪些是可以引进的，哪些是不能引进，要制定若干政策，同时也把这些政策交给大家，而且根据情况发展变化随时修正和调整有关的政策。政策和策略是党的生命，我们广播电影电视工作一定要有非常强的政策观念。

**（四）要管队伍**

广播电影电视系统现在有几十万人，各个方面的人都有，有新闻宣传干部，有文艺创作人员，有表演艺术人才，有技术人员，怎样把这支队伍的人心凝聚起来，力量统一起来，很重要的一点就是要把这支队伍管好，从思想上要从严要求，从制度上从严管理。总局刚在杭州召开了一个精神文明建设座谈会，德新同志代表总局党组主持了这个会议，研究安排了加强我们这支队伍的精神文明建设工作，大家要很好地贯彻。现在广播影视队伍里的确有一大批优秀人才，但是也有一些不符合要求的、对工作不负责任的、甚至败坏行业声誉的人。所以，加强队伍的管理也是刻不容缓的事。有的地方队伍管理得很好，有条不紊，而有些地方的管理很不到位，竟然不知道下面有多少部门，不知道这个队伍里的张三李四到哪儿去了，甚至有的领导不知自己的部门在干什么。这样管理的现状很不适应事业发展的需要。哪个地方、哪个单位工作搞得好，事业发展得好，往往是那里管理水平比较高。哪个地方管理得不好，那里的工作、事业不可能有发展。管理还应当做到心中有数，如果心里没数，就无法准确决策。

## 三、对做好管理工作的几点要求

### （一）要从严管理

管理不严，等于不管。每一个单位，每一个部门首先是领导班子都要树立从严管理的意识。从严管理是对工作负责的表现，是对事业负责的表现，也是对干部负责的表现。现在马马虎虎、睁只眼闭只眼、做老好人的问题在管理工作中比较普遍存在。最近中办、国办转发了《中共中央宣传部、国家广播电影电视总局关于建立违纪违规广播电视播出机构警告制度的意见》，我们必须要按这个警告制度执行。踩上那几条线的一定要实行警告制度；受到三次警告的要处罚，至少要停播一段时间，主要负责人要停止工作，否则要警告制度干什么。现在一个通行的做法是，出现了违规违纪，写个检查，下不为例。今后不能这样，即使你真正吸取教训了，对不起，你现在从事的这项工作也不能干了，否则以后分不清好坏，谁都不怕犯错误了。在这里还想特别强调一下，对中央、国务院和总局决定了的事情必须坚决执行：一是中波台上收。这是国务院的决定，中宣部、中编办、财政部和广电总局四家已正式发文，年底以前要全部完成；二是有线无线合并。这是国办文件规定的，总局在兰州全国厅局长座谈会上作了部署。有线台不能再打台标了，要研究下发一个文件，规定时限，到时一律取消呼号、取消台标。中央决定了的事情，必须坚决执行。如果这两件事都推行不下去，怎么搞大广播电视。新世纪要发展搞大广播电视，没有一套严格的制度，没有这种大局意识，是搞不起来的。如果广电事业不把自己搞强搞大，到时会没有地位、没有作用、没有影响的。我们要搞强搞大，首先要把自己这一块联合起来、组织起来，成立“联合舰队”，建立“航空母舰”，否则你是散沙一盘，只能是被动地被人家侵入。

我们必须要抓住机遇。对于广播电影电视工作改革与发展，现在已经有了很好的条件，真正精明的、能干的就要抓住这个机遇，要充分利用这个条件，加快改革和发展。否则就会丧失机遇，这不是危言耸听，不是你个人的利益的问题，而是整个事业能不能更好地发展的大问题。大家一定要动起来，个人利益都是小事，唯有进一步发展，加大改革力度，才能占领有利地势，才能面对加入WTO后的外来文化侵入，站稳脚跟，守住阵地。如果连做几部大的电视剧都没有钱，都做不起来，怎么能抵挡得住像时代华纳每年200亿美元收入那么一个强大的势力。美国《纽约时报》一年收入是39亿美元，折合240亿人民币，如果要买现在的播出机构轻而易举地就可以买走。当然我们现在有政策，不允许买，但是从目前了解的情况看，有的网络已经卖给人家了。到时，我们到哪里去传节目，他说给钱少了不给你传，你怎么办？总局这次贯彻“9·16”指示，就是要从严治理，从严执行。最近发生一件事，某省的一个州，我们要求他的发射台必须要开起来，他说他们有几台设备开不了，没有钱，总局给了他70万，要求十月一日开通，结果没开通，打来一个报告说钱不够。70万元都给你了，怎么还不够？他说15万元买了一辆汽车，10多万元还了债，钱没有了，所以开不通。这是顶风违纪，总局已发通报，要求对此事严肃处理。贯彻“9·16”指示我们反复强调专款专用，不得挪用。“9·16”指示之前发生的事情我们从宽处理，“9·16”指示以后还出现这样的事情，必须严肃处理。否则就不成规矩了。

（二）要依法管理

尽管现在广播影视有关的法规建设还不健全，但是毕竟已经有了一些这方面的法规和条例。在管理中必须充分发挥现有的法规条例，来促进工作，推动事业发展。现在的问题是，法规条例没有很好地执行。我们必须依法管理，按照法律和规定来开展工作，发展事业，同时要依照法律法规来处理这些违反法规、违反条例的行为。法律是神圣的，不能拿法律开玩笑，必须大大增强依法管理的意识和依法管理的能力。



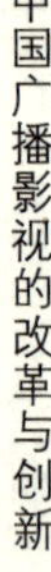

（三）要科学管理

科学管理就是要符合事物发展的规律，要有利于工作的推进和事业的发展。要实事求是，一切从实际出发。特别要强调的，就是利用先进的技术来进行管理。我们现在很多管理手段非常落后，现在有多少家当，还要翻翻本，让各个省局上报，要过几天才能统计出来。这样上报材料的管理方式太落后了。报的情况也不准确，甚至出现了一些不实。应该提高科学管理水平，要应用现代化的手段进行管理。目前还存在不少管理的漏洞，尤其是对存在的一些问题和隐患，心中无数。因此必须加强科学管理，尤其是在改革中更要提高管理水平。在管理上，稍微做些努力，往往就能大大地降低本系统生产制作的成本，减少资金浪费，提高效率和效益。

（四）要改革管理

现在搞的管理都是几十年来沿用的旧的管理方法、模式和制度。其中有相当一部分已不适应新形势下广播影视事业的发展需要。人才的管理，不能部门所有制，要建立一套良好的管理机制，人员能进能出，能上能下，能高能低。这三个“能”说起来容易，做起来很难，人才一定要搞活，要很好地改革并建立起一个好的机制。再一个是资金的管理也要改革，要有利于资本的良好运作，有利于国有资产增值，有利于综合使用，有利于降低成本提高效益。另外，节目的管理，进出口制度的管理等等，需要改革的很多，不改是不行的。

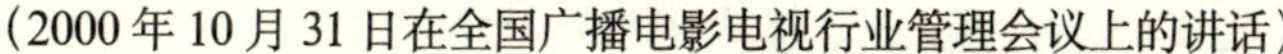
（2000年10月31日在全国广播电影电视行业管理会议上的讲话）

# 在改革创新中发展　在科学管理中做强

## ——对强化广播影视业管理的几点认识

随着改革开放的进一步深入，特别是加入 WTO，我国广播影视在社会政治、经济、文化生活中的作用越来越显著，地位越来越重要，同时面临的挑战和问题也越来越多。如何加强管理、应对挑战、促进发展、做强做大，是广播影视行政部门必须高度重视的。

### 一、加强管理的必要性和紧迫性

管理是保障。我国广播影视事业发展的历史经验多次证明，凡是加强了管理，导向就有了保证，事业就得到了发展；凡是放松了管理，就会出现杂音，就会出现问题，就会放慢发展的步伐。所以说，如何应对广播影视改革发展中出现的新情况、新问题，如何通过管理管住人、管好事，理顺各种错综复杂的关系，保证事业健康有序发展，是我们当前工作中迫切需要解决的重要问题。

#### （一）加强管理是我国广播影视事业的性质所决定的

我国的广播电视是党和人民的喉舌，广播影视是社会主义的重要思想文化阵地。广播影视工作的首要任务就是要坚持正确舆论导向，大力宣传党的路线、方针、政策，积极反映改革开放的伟大实践和社会主义现代化建设的丰硕成果，热情宣传各条战线涌现出来的新事物、新经验、新典型，努力创作生产大量思想深刻、内容丰富、艺术精湛、形式多样的各类优秀文艺作品，为改革发展稳定创造良好的舆论氛围，为广大人民群众提供丰富的精神文化食粮。长期以来，各种反动有害的思想、各种敌对势力同我们争夺阵地的斗争一直存在，有时非常直接、非常明显、非常激烈，甚至进入战斗状态，抵御“法轮功”破坏广播电视节目安全传输播出的斗争就是如此。江泽民同志在 2000 年 6 月召开的中央思想政治工作会议上的讲话中指出：“大量事实证明，思想文化阵地，马克思主义、无产阶级的思想不去占领，各种非马克思主义、非无产阶级的思想甚至反马克思主义的思想就会去占领。”他要求包括广播影视在内的一切思想文化阵地，都应成为宣传科学理论、传播先进文化、塑造美好心灵的阵地，绝不能给违反四项基本原则、违反党的方针政策的错误观点，以及危害人民特别是青少年身心健康的东西提供传播渠道。这些重要指示，为新形势下加强广播影视管理工作指明了方向，明确了任务。对于广播影视部门来说，如何确保广播影视正确的政治方向，确保广播影视作为重要喉舌和思想文化阵地的性质不变，确保广播影视能够充分有效地发挥武装、引导、塑造、鼓舞作用，确保广播影视牢牢掌握在忠于马克思主义的人手中，绝不给错误的思想和言论提供阵地，绝不给危害人民群众特别是危害国家安全、信息安全的反动有害信息提供传播渠道，加强管理是我国广播影视工作的题中应有之义。

**（二）加强管理是广播影视系统实践“三个代表”要求的重要保证**

“三个代表”重要思想同马克思列宁主义、毛泽东思想和邓小平理论一脉相承，是以江泽民同志为核心的党的第三代领导集体着眼我国改革开放全局，继承历史，立足现实，前瞻未来所作的科学论断，反映了当代世界和中国的发展变化对党和国家工作的新要求，是我们的立党之本、执政之基、力量之源。广播影视部门学习、宣传、实践“三个代表”重要思想，就是要用“三个代表”重要思想来指导、衡量、检查广播影视宣传和各项工作，凡是符合“三个代表”要求的，就要坚持，就要发扬；凡是不符合“三个代表”要求的，就要纠正，就要摈弃。要做到这一点，必须加强管理，通过政治的、思想的、法律的、行政的、道德的等多种管理手段，规范广播影视的各项工作，确保按照“三个代表”重要思想的要求开展宣传、推进改革、创新科技、发展事业，确保广播影视始终代表先进生产力的发展要求，代表中国先进文化的前进方向，代表中国最广大人民的根本利益。比如前两年我们针对海外影视剧过多过滥的现象，加强管理，有效控制海外剧的引进数量和播出时段，就直接促进了国产剧的繁荣。再比如今年以来，针对电视剧创作生产中清宫戏、帝王戏过多，婚外情、多角恋过滥，以及美化封建大家庭等问题，我们建立了一整套宣传管理制度，大力净化荧屏，使不健康、有害的作品得到了遏制，平庸、低劣的作品逐渐减少，取得良好的社会效果，为多出优秀作品创造了条件。事实说明，只要加强管理，把各项管理措施落到实处，就能保证“三个代表”重要思想在广播影视战线的有效落实，就能保证广播影视工作沿着“三个代表”的要求不断前进。

### （三）加强管理是各级广播影视行政部门的职责所在

广播影视行政部门作为代表政府管理广播影视事业的职能部门，其主要工作职责一言以蔽之，就是抓管理。管宣传导向，管艺术创作，管科技应用，管传输覆盖，管对外交往，管队伍建设，管法规制定，为广播影视事业发展创造良好的条件。如果说在计划经济年代广播影视工作是“管办合一”，那么随着社会主义市场经济的发展和政府职能的转变，按照政事分开的原则，广播影视行政部门的职责定位就是抓管理，就是按照法律法规和政策的规定，按照党中央、国务院确定的广播影视行政部门的职责范围，变“管办合一”为“管办分离”，认真履行管理职能，积极开展管理工作。对此，各级广播影视行政管理部门必须认识明确，工作到位，切实履行好作为政府行政主管部门的各项管理职责。

### （四）加强管理是推进广播影视事业改革发展的迫切需要

当前，广播影视改革和发展正处于一个非常重要、非常关键的时期。国外强势媒体集团兵临城下，虎视眈眈；国内媒体群雄四起，竞争激烈。广播影视集团化进程虽然推进很快，中国广电集团和部分省（市）集团也已经成立并开始运转，但大都处在内部整合阶段，集团化的优势还没有充分体现出来，短期内还难以做强做大。并且由于集团化改革涉及到的内容之多，范围之广，前所未有，在原有矛盾和问题尚未完全解决的情况下，又出现和产生了许多新的情况和问题，迫切需要加强管理，以科学有效的管理为保障，创造良好的改革发展的环境和条件，保障改革的顺利进行，否则改革就有可能受阻，事业就有可能受挫。

## 二、当前广播影视业管理工作中遇到的新情况、新问题

随着改革开放的深入发展和社会主义现代化建设的全面推进，广播影视事业在获得蓬勃发展的同时，也面临着国内媒体的竞争和境外媒体的挑战，内挤外压的严峻形势给广播影视管理工作带来了许多新情况、新问题，提出了新形势下如何加强管理、促进繁荣的新课题。

### （一）广播影视经办主体由单一向多元转化

在计划经济体制下，我国的广播影视事业经办主体单一，从上到下，都是广播影视部门自己办台、办节目，自成系统、相对封闭，管理内容简单。改革开放以来，这种情况发生了很大变化，特别是进入新世纪以后，不光在办台上早已打破广电系统的独家开办，出现了教育电视台等，而且在广播电视节目制作、广播电视网络改造和电影生产、电影院改造等方面，也呈现出经办主体的多元化，大量隶属于各个部门和单位的节目制作机构，纷纷制作广播电视节目、拍摄影片；系统外的国有资本进入了有线电视网络，成为股东并参与经营；外资进入了电影院，成为主人之一。据总局今年5月份的统计数字，具有全国《电视剧制作许可证》和《广播电视节目制作经营许可证》的单位分别为383家和835家，并且多数属于广电系统外单位所有，这还不包括大量没有获得制作许可证但也参与节目制作的各类文化公司。虽然广播电视还不允许外资和私人资本进入，但不排除有少数已经改头换面混了进来。经办主体的多

元化，使广播影视管理工作已经扩展到社会的多个层面、多个领域，并且随着改革开放的进一步发展和扩大，越来越突出，越来越广泛。

### （二）外来广播影视节目大量涌入

多年来，我国的广播影视基本上是“关门”管理，除采用少量国际新闻和引进部分境外电影、电视剧外，主要是管好自己电台、电视台的节目和影片。改革开放的不断深入和国际交往的日渐增多，使外来节目和影片不断增加。特别是加入 WTO 后，虽然在广播电视节目方面我们还没有作出开放承诺，但是影片已同意增加一定数量，并且由于音像市场的开放，大量的境外广播电视节目和影片将通过光盘等形式蜂拥而入。同时，为实施“走出去工程”，我们也需要以交换方式在自己节目进入其他国家或地区时，允许一些海外广播电视节目在我境内落地。如作为中央电视台第九套节目落地美国主要城市的交换，美国时代华纳公司的华娱电视和新闻集团的星空卫视均整频道在珠江三角洲落地。这些都使得广播影视行政部门的管理内容大为扩展，范围更为广泛，由“关门”管理转变为“开门”管理，在管好国内自己节目的同时，还要管好各种外来节目。

### （三）广播影视功能呈现出多重性

我国广播影视业以前主要具备政治属性、宣传功能，以政治需要为出发点，花钱靠国家拨款，节目制作和播出完全按照政治需要进行，很少考虑经营问题。随着经济建设的发展，广播影视引导社会生活、促进经济发展的作用凸现出来，在坚持喉舌宣传主功能的同时，其产业功能也逐渐得到开发，经营创收成为重要任务之一。统计资料表明，1998 年我国媒体的利税总额首次超过烟草制造业，成为排名第四的国家支柱产业，其中广播影视业比重很大；1999年以来，投资广播影视业已经成为国内资本运作的一个热点和亮点，上海东方明珠、湖南电广传媒、北京歌华先后上市；2001年，中国广播影视集团一宣布成立，就被有关媒体列入全国十大知名企业。因为，作为特殊行业，我国广播影视业在坚持导向、坚守阵地，承担着重要社会责任的同时，还担负着产业经营、市场开拓、促进经济发展的新任务。时代要求广播影视的管理工作必须适应这种变化，从纯粹的政治管理转向政治管理与经济管理相结合，在管好宣传导向、艺术创作、科技创新、事业发展的前提下，还要管产业经营、市场开发，不断创造新的经营增长点，为事业发展打下雄厚的物质基础。

### （四）管理模式由单媒体管理向多媒体管理发展

随着新闻出版广播影视业改革特别是集团化改革的不断深化，媒体间相互渗透、相互融合愈来愈烈，跨媒体兼营已成必然趋势。如作为国家通讯社的新华社向广播电视行业渗透，发布电视新闻节目；一些报纸也参与制作广播电视节目或与电台、电视台合办节目、栏目；广播影视集团化发展也要向印刷媒体、网络媒体进军，兼营相应的报纸、出版社、网站等。广播影视行政部门不仅要管好本系统的电台、电视台、电影厂、节目公司以及广电报刊、广电网站、出版社、音像公司等，而且还要管好其他媒体涉及到的各种广播影视业务，包括它们对外合作中涉及的广播影视业务。

### （五）管理体制由管办合一向管办分离转变

由于事业的特殊性，广播影视长期以来一直是“管办合一”。广播影视行政部门既是广播电影电视工作的管理部门，又是广播电影电视的经办机构；既要负责制定广播影视事业的发展规划、具体政策，又要直接组织宣传、安排创作、落实项目；既当裁判员，又是运动员。这种政事不分的体制在过去的环境下为广播影视事业的发展起过积极作用。但是随着形势的变化和机构改革后政府职能转变的要求，特别是应对加入 WTO 后国际传媒的挑战，这种“管办合一”的体制已经不适应形势发展的需要，“管办分离”势在必行，作为实体的广电集团将承担起发展事业、做强做大的重任；作为政府部门的广播影视行政机关，则主要就是抓管理。管办如何分离，集团如何发展，行政部门如何管理，这是摆在我们面前的崭新的课题，需要我们去研究、去探讨，拿出解决的办法。

**（六）管理手段由传统的人工方式向高科技方式转变**

高新技术的迅速发展和广泛应用，给管理领域带来了革命性的变化，使管理手段大为改进，管理层次大为提高，管理效果大为增强。数字化、网络化的发展，特别是以通信和计算机技术为特征的现代信息技术的广泛应用，不仅改变了广播影视的产业结构和功能，而且为广播影视的现代化管理提供了广阔的空间和可能。比如总局正在进行的办公自动化全国联网、去年以来实施的全国影院电脑售票系统，都是高新技术在广播影视管理工作中的具体实践，其先进性、科学性及有效性，正日益凸现出来。特别是我们利用高科技手段，建立境外卫星电视节目监管平台，有效解决了境外节目在三星级以上宾馆饭店落地的监管问题，充分体现了高新技术在广播影视管理工作上的优势。而前一阶段发生的“法轮功”攻击我卫星、破坏我广播电视节目安全传输播出的事件，更充分说明占领科技制高点、有效利用高新技术强化管理、加强防范的重要性和紧迫性。

## 三、新时期广播影视管理工作的着力点

针对新形势下广播影视管理工作出现的新情况、新问题、新特点，加强广播影视管理，要集中精力抓好六个方面的工作着力点。

### （一）加强依法管理

依法管理，依法行政，是广播影视行政部门履行管理职责的基本要求，也是广播影视部门贯彻依法治国方略的具体体现。它要求各级广播影视行政部门要把一切管理行为都纳入法律法规的制约之下，严格依法行政、依法办事，避免管理过程中的随意性和任意性。现在有法不依、有章不循的各种违规现象屡屡发生。如有的电台、电视台违规出租出卖频率、频道或栏目时段，有的电影生产单位擅自拍摄“地下电影”并违规送到国外参评，有的广电部门在广播电视网络整合中违规融资；有的广播影视行政部门甚至执法犯法，为违规行为大开方便之门。出现这些问题，一方面说明我们有的行政部门在管理上存在严重的有法不依、执法不严、违法不究的问题；另一方面也说明我们的法规建设、制度建设上还存在着漏洞和盲点，使违法者有机可乘。因此，加强依法管理、依法行政，是广播影视管理工作的第一位任务，必须严格执法，严密管理，严肃查处，坚决杜绝和减少各种违法违规行为；必须对不适应要求的现有法规规章尽快补充完善；必须根据管理工作出现的新情况、新问题，尽快制定相应法规规定，确保有法可依，有法必依，执法必严，违法必究，为事业发展创造良好的法制环境。

## （二）加强以德管理

以德管理是江泽民同志“以德治国”重要思想的具体体现，其核心点就是要大力提高人的思想政治素质和道德素养，依靠思想教育工作和自我约束来实现管理目的。目前广播影视系统有章不循、有法不依的违规现象严重，重要的一点就是一些人的思想素质、政治素质、道德素质较差，缺乏自觉性，我行我素，目无法纪。人的素质不高，即使有了比较完备的法律法规，管理水平和管理质量也上不去。因此，实施以德管理，切实加强思想政治工作，大力提高全体广播影视从业人员的思想道德素质，提高执行党和国家方针政策、遵守宣传纪律、严格依法办事的自觉性和主动性，加强自律，刻不容缓。各级广播影视行政部门要加强从业人员的道德建设，特别是职业道德建设；要研究以德管理的有效机制，促使广播影视系统每一个工作人员都能够做到严格自律、恪尽职守，那么我们的总体管理水平就会有一个很大的提高。

## （三）加强行政管理

广播电影电视行政部门作为政府的重要组成部门，就要把党和政府的方针政策、决策部署、工作任务、法规法令贯彻好、落实好，就是要对职责范围内的工作进行全面管理，按照规定把好关、管好事，保障工作的开展，推进事业的发展。当前广播影视行政管理工作的现状与党和政府的要求差距还很大，既有管理不到位的问题，也有管理错位的问题。许多该管的事没有管好，如完整转播中央台和省台节目问题、违规出租节目频率频道问题、乱播乱插广告问题等。一些不该管的事则管得太多，如一般性节目的具体安排、具体业务的经营等。另外，管小不管大（大事不管，小事瞎管）、管近不管远（只管眼皮子底下的事，不管全局性的事）、管易不管难（容易管的管，难管的不管）、管明不管暗（明摆着的事管，暗地干的事不管）、管他不管己（只管别人，不管自己）等现象，各地各部门都程度不同地存在。总之，管理水平、管理效率总体不高。需要强调的是，目前的改革不但不能弱化广电局的政府行政管理职能，而且要通过深化改革，进一步强化行政管理职能，加强行政管理工作。广电局要通过分清职责，政事分开，把原先过多参与的具体业务交给集团去做，自己则集中精力抓调控、抓管理，通过加强管理来保障改革、完善改革，促进广播影视事业健康有序发展和宣传工作的正常开展。



### （四）加强行业管理

广播影视业是一个全国性的重要行业，是现代社会生活必不可少的新闻文化领域。行业管理的水平和质量如何，直接影响广播影视行业喉舌作用的发挥和事业的繁荣发展。加强行业管理，就要树立全国一盘棋的观点，强化广播影视业内宣传、艺术、科技、事业等各方面的协调和统一，不断增强凝聚力、向心力，使现有条块分割、又松又散的广播影视系统凝聚成一个上下连通、步调一致、政令畅通、事业共荣的有机整体，不管是重大宣传任务，还是遇到突发事件，都能够做到统一指挥、统一行动；不管是艺术创作，还是技术装备，都能够做到统一要求、统一标准。加强行业管理，就要建立和完善一整套行业监管机制，如宣传监管调控机制、播出机构监管机制、有线电视监控机制、重大信息报告反馈机制等。通过各种机制的有效运作，使中央关于广播影视工作的每一道指令、每一个要求，都能够及时传达贯彻下去；使总局的每一个工作部署、每

一项工作措施，都能够得到有效落实和完成；使每一个工作环节、每一项实施过程，都能够得到有效监督和检查。这次邪教组织对广播电视的攻击和破坏是件坏事，但也给我们加强行业管理提供了契机，使我们充分认识到了加强行业管理、增强系统凝聚力的极端重要性，促使我们进一步加快建立包括多种有效管理手段的迅捷、有力、高效、统一的快速反应机制和指挥调度系统，确保党和国家牢牢掌握广播电视宣传的主导权和控制权，确保广播电视安全传输和有效管理。

**（五）加强社会管理**

广播影视改革的进一步深化和文化市场化、经济全球化、传媒国际化进程的加快，特别是高新技术的广泛应用，使得广播影视社会管理领域不断拓宽，要求不断提高。相比之下，我们的社会管理相对滞后，存在很多薄弱之处。虽然这些年先后出台了一些管理规定，并采取相应措施，对社会上的广播影视节目制作经营机构、系统外的广播电视播出机构、卫星电视节目接收机构、网上传播广播影视节目等积极开展管理，但由于管理面太宽，管理难度太大，远远没有收到应有的管理效果。特别是对伴随着高新技术出现的与广播影视有关的一些新业务、新情况，还存在着认识上模糊不清、职责上分工不明、管理上措施不力的问题，如社会机构开办视频点播业务、将广播电视节目打包传送等等。因此，在继续强化已有广播影视社会化管理工作的同时，要加强调研，不断分析新情况，研究新问题，制定新法规，采取新措施，使社会管理工作与时俱进，更好地适应形势发展的要求。

### （六）加强现代化管理

广播影视业的现代化，要求有同样现代化的管理手段与之相适应。中央领导同志今年多次批示强调：“电视传播要保证绝对安全，根本是技术措施”。“靠人看是看不住的，必须采取技术安全措施，这也不只是对邪教组织，对其他敌对势力的破坏也必须要解决。”今年以来，邪教组织对广播电视的破坏活动不断升级、越来越猖狂，从有线到无线，直到最近攻击我卫星电视传输。它给我们的启示是：随着整个社会科技发展程度的日益提高，随着广播影视高新技术的不断应用，如果我们不采用高新技术手段对广播影视实施现代化管理，依然是传统的人工管理方法，那么我们不但不能保证广播影视事业的健康发展，而且不能有效防范掌握了先进技术的敌对分子对我广播影视的攻击和破坏。所以，我们应当积极地将高新技术手段运用到广播影视的管理工作之中，充分利用高新技术的科学性、先进性来实现广播影视管理的优质高效。我们已经完成的境外卫星电视节目监管平台、电影院电脑售票系统、办公自动化系统和正在建设的有线电视监测投诉系统、卫星广播电视安全防范系统等等，都是采用高新技术手段加强广播影视管理的重要举措，并且已经表现出其手段上的优越性。对此还要进一步加大力度，采取更多更有效的技术措施来强化广播影视领域各个方面的管理，确保广播影视宣传的正常进行和事业建设的持续发展，确保国家安全和社会政治稳定，确保党和国家的声音传入千家万户。

## 四、实现有效管理的重要保证

广播影视各方面的管理任务很重，工作千头万绪，要能够实现有效管理，必须统一思想，更新观念，与时俱进，坚定信心，切实增强六个意识。

### （一）增强政治意识

广播影视是党和人民的喉舌、重要的思想文化阵地，是社会主义先进文化建设的重要组成部分。作为广播影视管理部门，其核心任务就是要管好宣传，唱响主旋律，打好主动仗，为党和人民守住阵地，确保在任何时候、任何情况下，广播影视都始终坚持正确舆论导向，始终坚持为全党全国工作大局服务，能够召之即来，来之能战，战之能胜；按照中央的要求完成各项重大宣传任务，确保把党和国家的声音传送到千家万户，把中国的声音传到世界各地。因此，增强政治意识，增强政治敏感性和政治鉴别力，凡事着眼于政治，用“三个代表”的要求来衡量检查我们的工作，是强化广播影视管理工作第一位的任务。这次邪教组织攻击破坏我电视节目，用活生生的事实教育了我们，给我们再次敲响了警钟，使我们清醒认识到敌对势力亡我之心不死，必然要采取各种手段对我进行攻击和破坏。各级广播影视部门的领导，特别是各省（区、市）广电局的领导，对此必须保持清醒头脑，高度警惕，始终绷紧政治这根弦，切不可把广播影视管理工作等同于一般的管理工作，切不可在当前纷繁复杂的形势面前迷失了方向。我们不但要政治家办台，而且要政治家管台。每一个广播影视管理工作者都应是讲政治、讲大局、讲责任的模范，都应是合格的党的政治工作者。这样，我们才能有效完成中央交给的引导舆论，繁荣艺术，统一思想，振奋精神，促进改革，保持稳定的任务，才能有效抵御敌对势力的进攻和破坏，才能为改革发展稳定创造良好的舆论环境。

### （二）增强管理意识

广播影视行政部门是广播影视管理工作的主体，管理是我们的职责和权力，是党和人民赋予我们的光荣使命。我们必须增强管理意识，认真履行管理职能。长期以来，由于实行的是“管办合一”的运行模式，各级广播影视行政部门把主要精力放在“办”上，办的意识较强，管的意识较弱，有的地方甚至出现了“只办不管”的情况。如果说在计划经济条件下，这种管办合一的模式曾经发挥作用的话，那么在大变革的今天，特别是在应对WTO的新形势下，这种“管办合一”模式已经不适应要求，“管办分离”势在必行。作为广播影视行政部门，必须转变观念，牢牢把握政府行政主管部门这一重要的角色和定位，增强管理意识，淡化“办”的意识，积极行使对广电集团、对系统、对社会的行政管理职能。管理意识增强了，我们才能真正把管理工作摆上重要议事日程，才能主动、有效地将各项管理任务和措施落实到位，才能促使管理水平有一个大的提高。因此，强化管理观念，增强管理意识，是我们做好广播影视工作管理的首要前提，必须高度重视。

### （三）增强责任意识

守土有责，管好自己的人，看好自己的门，做好自己的事，是各级广播影视行政部门的职责所在，是党和国家向广播影视行政部门提出的一项最基本的管理要求。各级广播影视行政部门必须强化责任意识，严格责任要求，按照自己的职责权限，对所辖区域内的广播影视工作负全责，对党的方针政策贯彻不到位、执行无力的问题，对出现的各种违法乱纪现象，绝不能视而不见、听而不闻、放任自流，而要明确责任，落实责任，责任到部门，责任到岗位，责任到人员。哪一级、哪一个部门、哪一个岗位出了问题，都要追究领导者和当事人的责任，绝不能敷衍塞责、掉以轻心。特别是抵御“法轮功”破坏我广播电视安全播出的斗争，更是要强化责任，严防死守，不能出一丝一毫的问题。

### （四）增强创新意识

创新是时代的最强音，是广播影视业改革发展的动力源泉，也是新形势下加强广播影视管理工作的必由之路。广播影视改革发展面临着前所未有的新形势、新任务、新问题、新环境和新挑战，我们原有的管理理念、管理方式、管理手段已经不完全适应要求，必须要有一个大的改变，必须与时俱进，开拓创新，摒弃旧的管理理念和方法，确立现代管理理念和思维，积极利用科学技术成果，提出适应形势要求的新的管理思路、管理模式、管理方法、管理手段，包括吸收借鉴其他行业及国外广播影视管理的成功经验。如果我们还停留在原来的管理模式和思维定势上，观念不新、视野不宽、方法陈旧，我们便管不了也管不好新形势下的广播影视工作，便不能有效保证广播影视事业的健康发展。

### （五）增强素质意识

任何管理理论、管理机制、管理手段、管理方法，最终都要由人来创造、由人来制定、由人来贯彻、由人来落实，管理工作的目的就是要调动所有人的积极性，做好工作、促进发展。因此，人的素质如何，至关重要。这里既要提高管理者的素质，也要提高被管理者的素质，两者互为关联，相互作用。只提高管理者的素质，不提高被管理者的素质，将会管不胜管；同样，只注意提高被管理者的素质，不注意提高管理者的素质，则本末倒置，会给事业带来更大危害。所以说，增强素质意识，大力加强队伍建设，采取有效手段提高每一个人、尤其是各级广播影视部门领导干部和管理干部的综合素质，至关重要。我们要把眼光放远一点，在这方面下大功夫，花大气力，努力造就一支高素质的广播影视管理干部队伍。

### （六）增强协同意识

广播影视管理工作是一个系统工程，涉及到方方面面、多个部门、多个领域。要使这个系统工程有效运转，真正管好、管到位，就要强化协同意识，注意同各方面协调好关系，相互支持、相互配合、形成合力。既要注意与系统外的有关部门和单位加强协调，求得支持和帮助，也要注意协调好内部各部门、上下各部门的关系，心往一处想，劲往一处使，共同把工作做好。现在无论是在广电系统内部，还是外部，都存在着相互之间协作不够、合作不够、支持不够、配合不够的问题，甚至还存在相互拆台现象，严重影响管理部门的形象和管理效果。对此务必引起注意，切实加以改进。

## 五、正确处理好三方面关系

最后，讲一讲随着广播影视集团化改革的推进，如何正确处理好党委领导、政府管理、集团运作之间的关系。

### （一）关于宣传部的领导

党管宣传，这是我党宣传思想工作的优良传统，是我国广播影视工作的政治优势，是党的宣传媒体的性质所决定的，过去如此，现在如此，将来仍然如此，对此不允许有任何怀疑和动摇。各级党委宣传部门代表党委对广播影视工作实施领导，对广播影视集团和电台、电视台、电影制作厂实施领导，是确保广播影视宣传始终坚持正确舆论导向，始终坚持为全党全国工作大局服务，始终坚持全心全意为人民服务的根本要求。党委宣传部门对广播影视工作的领导，主要体现在政治领导上，主要管宣传工作的方针政策，管媒体的舆论导向，管重要干部的任免，同时要监督新闻媒体的资产情况。广播影视部门不管是局还是集团，都要尊重这种领导，服从这种领导，这是党性强弱、组织观念强弱的重要表现。要在党委宣传部门的领导下，认真做好各项工作，确保正确舆论导向，确保安全传输播出，确保不断扩大覆盖，确保事业健康发展。

**（二）关于广电局的管理**

各级广播影视局（厅）作为政府主管广播影视工作的职能部门，毫无疑问，在广播影视集团化改革中必须转变职能，由过去的“又管又办”变为着力抓好管理，具体业务交给集团去办。要集中精力加强管理，依法行政，对广播影视业实施全面的管理和指导，为广播影视改革发展搞好服务。这种全面的管理和指导与党委宣传部门的领导是一致的，是对党委宣传部门政治领导的细化和具体化。党委宣传部门的领导与广电局的管理，二者职责是不尽相同的。广电局要配合党委宣传部门，具体管好电台、电视台的宣传导向，协调各部门完成各项宣传任务；要抓好广播影视各项方针政策在具体工作中的贯彻和落实；要按照职责要求管艺术创作，管科技创新，管播出机构，管扩大覆盖，管涉外业务，管队伍建设；要负责制定广播影视发展规划和各项法规制度、具体政策；要根据做强做大的要求，对广播影视业功能开发给予积极引导，在充分调研的基础上提出各种政策性、指导性意见。广电局对集团的管理职责不但不能削弱、不能放弃，而且要进一步加强。当然，这种管理不是包办，不是约束，而要有利于促进集团发展，为集团各项业务的开展和做强做大创造条件。目前各地广电局在对集团管理工作中存在的问题主要是不敢大胆管理甚至放弃管理。这是不对的，是一种失职行为，是对广播影视事业不负责任的表现。还有一种倾向就是包办代替，这也是不对的。广电局的领导对此必须有充分的认识，切实履行好自身的管理职能，努力为广播影视事业改革、发展营造良好的环境。

### （三）关于集团运作

按照集团化改革的精神，集团是一个实体。集团运作就是要按照党的方针政策和政府部门的规定，发展广播影视事业，开展广播影视业务。具体来说就是既要抓好宣传，也要搞好经营。要在确保完成好各项宣传任务，当好喉舌、守住阵地的同时，积极开发经营各种广播影视产业及相关业务，使国有资产保值增值，使广播影视事业的实力不断发展壮大。在运作过程中，集团要坚决服从党委宣传部门的领导和广电行政部门的管理，并按照宣传部的要求和广电局的具体规定，对所属单位和所经营的各种业务进行管理。现在集团运作上存在两个问题：一是有的集团不服从局的管理，认为自己与局级别相同，并且实力雄厚，财大气粗，不买局的账，凡事不向局汇报，独来独往，这是不对的。需要指出的是，局是代表政府对集团实施管理的，不管集团规模有多大，集团领导的资历有多深，集团都必须接受党委宣传部门领导的同时，服从和接受同级广电局的行政管理，对此不容置疑，绝不含糊。不接受局的管理，得不到政府的保护，只会害了集团本身，影响事业发展。二是有的集团还存在实体不“实”的问题，内部比较松散，所属电台、电视台不大听集团的招呼，不服从集团的管理，不能以一个形成合力的整体运作起来，这也是不行的。集团是由党委、政府组建，代表党委、政府对所属成员单位的宣传、人事、财务、技术及资产等进行统一管理、重新整合，从而实现做强做大的目的，绝不能各自为战、一盘散沙。必须要加强对成员单位的教育，提高整体意识，树立“一盘棋”思想，必须采取有效手段推进集团的人事统一调度、财务统一管理、资源统一开发，加快内部的“化学反应”，使集团能够更快更好地发展。

总之，要在党的统一领导下，党委宣传部、广电行政部门和广电集团，各行其职，各负其责，同心同德，形成合力。只有坚持“党委领导、政府管理、集团运作”三者的统一、协调，才能保证广播影视顺利发展，才能把广播影视业做强做大，使之兴旺发达。

# 加强管理要做到“四新”

广播影视管理部门是代表政府对广播影视工作、广播影视行业实施管理的职能部门，所以，管理对我们来说是一个天职，管理也是广播影视部门安身立命的根本。广电部门一定要把管理思想牢固地树立起来，把管理工作的职责很好地承担起来。

现在，全党、全国人民都在为全面建设小康社会的目标而奋斗。在这种大的形势、大的背景下，广播影视肩负着重要的使命，一方面要为宏伟目标的实现鼓与呼，另外一方面，要在实现宏伟目标的过程中，发展和壮大广播影视业。中央对我们提出了很高的要求，不仅要导向正确，而且要引导有力，管理有效，播出安全。人民群众对我们也提出了很高的希望，希望能够不断地满足精神文化的需求。不仅要求看到更多的广播影视节目，而且要求能够看到更好的、更优秀的广播影视节目，能够更多地方便大家看广播电视节目。这个要求很高。这就是管理工作面临的新形势、新任务、新要求。

面对这种新形势、新任务、新要求，我们必须要观念更新，体制创新，手段出新，知识纳新。

1. **观念更新**

目前总体来说，管理滞后于宣传、改革和发展工作。关键的问题是观念的问题，当然还有体制的问题、手段的问题、知识的问题和法制不健全的问题。我们要牢固确立依法行政的观念。现在确实存在法律法规不健全的问题，但我认为更严重的问题是有法不依，执法不严，甚至有的知法犯法。我们总局就有38个令，规定、要求已经不少了。现在的问题是，这些规定没有很好地执行。这是个大问题。

为什么会产生这样的问题？原因是多方面的。其中很重要的原因是还没有把管理作为自己主要的、根本的任务。如果我们把管理作为我们主要的、根本的任务，这些问题就好解决，就容易解决了。一些厅局长现在在忙什么？是忙着办事，不是管事。不是在忙怎样去管理，而是在忙怎么样多批一个频道、频率，其实这应该都是台长们的事情。思想认识不对头，位置没有坐正，导致管理不力，执法不严。我们一定要更新观念，不能用办替代管，甚至以办来干扰管，不然就管不了，管不好。

2. **体制创新**

管办分开是大势所趋。用长春同志的话来说，“要只争朝夕地做到政事分开、政企分开”。所以要有充分的思想准备和工作准备，做到政事分开、政企分开。如果体制上这个问题不解决，管理工作是搞不起来的，裁判员跟运动员怎么能是一个人呢？要从根本上解决不想管、管不好的问题，就要在体制上开刀，一定要在管办之间一刀切断，这样才能真正管起来。

3. **手段出新**

我们要建立现代化的管理手段，必须要运用高新技术管理好各方面的工作。不能再用传统的、陈旧的、落后的手段来管现代化的传媒。只有用了现代化的手段，才能心明眼亮，在管理查处工作中才能有证据，才能掌握主动权。

**4. 知识纳新**

我们过去的管理很简单，很单纯。现在我们宣传的领域大大拓宽，发展的领域大大拓宽，广播电视的功能也大大拓宽。过去熟悉了的一些东西，有的恐怕用不上了，同时又出现了很多我们不熟悉的东西。用计划经济时代的观念和办法来管市场经济，怎么能管？肯定管不了，管不好。我们现在要管产业，成本核算都不会，怎么管？我们还要搞融资，要吸引外资，也吸引民营资本，如果不懂资本运作怎么管呢？所以我们的知识要更新，要纳新，要补充很多新的知识，这样才能够管好。我们缺少这方面的知识，缺少这方面的人才。

我们还要管政府，为什么要管政府？上一级政府要管下一级政府，要管电台、电视台、事业单位，还要管一大批从电台、电视台可以经营的部分剥离出来进行产业化运作的公司。市场主体里，不仅仅有国家的，也有民营的，甚至还有外资的。怎么管？一句话，要好好地学习，加强这方面的知识。

最近中央发了一个很重要的文件，《关于进一步加强和改进未成年人思想道德建设的若干意见》，中国有将近 4 亿的未成年人，这项工作不仅仅关系到现在，更关系到未来，而且直接关系到本世纪头 20 年全面建设小康社会这个目标的实现。现在刚刚出生的人，20 年以后就 20 岁了。现在未成年的，到那时就是三四十岁，是顶梁柱。不对这部分人加强思想道德教育怎么能行？爱国、诚信、孝敬、友爱、勤劳、谦虚等品质，很多小孩子缺失，在家里当宝贝，

都是独生子，缺少教育。

我们党组学习了这个文件，提出了贯彻的意见。我们要搞四项工程：一是建设工程。这个文件里给广播电视提出了开办少儿频道，搞好动画产业的生产，进行少年儿童优秀影片的展映、展播，广播电台要开办少儿专栏，要建立少儿影片院线等等八项任务，这八项任务统统属于建设工程，为少年儿童建设一个良好的舆论环境；二是净化工程。要把广播电视中有损少年儿童健康成长的污言秽语、不健康的思想、画面，从电视屏幕上、广播节目中清掉，净化荧屏、声屏，给少年儿童一个绿色的文化空间；三是防守工程。境外的东西进来得太多，要控制。境外电视节目太多，我们的电视台把很多时间让给了港澳台和外国影视节目，这个情况的确要注意，要严格把关，控制进口，叫防守工程；四是监察工程。前面三项工程怎么做好实施，还要有监察工程。好的要提倡，不好的要立即指出来，该关闭的关闭，该消除的消除。只有这样，中央有关未成年人思想道德建设工作才能在广播电视领域里落实。现在责任很明确，各级广电部门要好好负起责任。

管理问题的的确确是大问题。管理搞得好不好，不仅关系到我们事业的兴衰，而且直接关系到广电部门自身的生存。最近新疆一位领导同志向我们反映，他到一个县里视察，这个县里有 400 多户农民非法安装了“小耳朵”，都是眼皮底下的事情，广电部门都不知道。自治区的局长可能不知道，因为新疆有 160 万平方公里的面积，他可能不知道，但是那个县的广电局应该知道吧，县广电局局长在干什么呢？尽到管理的责任没有？

原来四级办广播电视，现在要转到四级管广播电视。中央要管，省里要管，市里要管，县里也要管，特别是地市这一级，因为基层管理主要靠这一级。你们回去以后要好好贯彻这次会议精神。我们不可能开会开到县里，但是你们能不能开到县里，把县局找来，好好跟他们讲一讲新形势、新任务、新要求，对管理工作提出了什么样的问题，让大家拧成一股绳，把管理工作搞好，开创新的局面。

总局坚决支持你们加强依法行政、依法管理的力度，而且会创造条件把各地的管理工作水平进一步提高。总局各个部门，广电局的各个部门都是管理部门，政府的责任就是管，负责任地去管。用小平同志的话说管理也是服务。管理的目的是服务人民，促进发展。

（2004 年 3 月 31 日在全国广播电视社会管理工作会议上的讲话摘要）

# 科技创新是广电业腾飞的翅膀

## ——在国家广电总局科技委会议上的讲话

今年是实现“十五”计划的关键一年，也是落实十六大和十六届三中全会精神，深化改革，扩大开放，促进发展的重要一年。总局已将今年确定为“数字发展年”和“产业发展年”，科技工作者责任重大。值此新一届科技委工作年会召开之际，我想谈三个问题：一是今年广播影视工作的重点；二是对科技工作者提两点要求；三是对科技委工作提两点希望。

### 一、今年广播影视工作的重点

在上个月召开的全国广播影视工作会议上，我把今年的工作重点归纳为“五改一加强”，即“改进宣传，提高质量；改革体制，创新机制；改变思路，着眼发展；改造技术，更新设备；改善管理，依法行政；加强教育，提高素质”。报告内容会以文件形式下发，我在这里不再全面重复，重点谈谈改革和发展的问题。

### （一）关于改革

改革是发展的动力。这几年，广电系统一直在谈改革、搞改革，应该讲广播影视体制改革进展顺利。目前，总局已遵照中央关于文化体制改革试点工作的部署和中办发［2003］21号文件的要求，制定《广播影视体制改革试点工作实施方案》及配套的相关文件并下发执行，试点单位和已经成立的广电集团的体制改革试点工作正在全面展开。2004年，广播影视改革工作要在已有的基础上取得新的突破，必须做好以下几点：

**1. 准确掌握中央精神，增强改革的自觉性和主动性**

党的十六大和十六届三中全会提出要大力发展文化事业和文化产业，加快推进文化体制改革，中办发［2003］21号文件对文化体制改革提出了明确的要求，可以说，广播影视改革的方针原则、重点任务、方法步骤已经明确，关键是学好文件、掌握精神。目前在广播影视系统中，对改革的认识并不一致，对改革的重要性、必要性和紧迫性，还存在模糊认识，这样是搞不好改革的。因此，必须切实加强学习，各级广播影视部门特别是领导班子成员，一定要认真学习领会党的十六大、十六届三中全会精神和中办发21号文件精神，切实提高对广播影视体制改革重要性、紧迫性的认识，切实增强改革的自觉性、主动性和坚定性，确保广播影视改革工作按照中央的要求顺利向前推进。

**2. 坚持改革正确方向，制定切实可行的改革方案**

我国的电台电视台是党和人民的喉舌，广播影视是社会主义的重要思想文化阵地，广播影视的改革事关国家安全和社会稳定，既要大胆探索、勇于创新，又要谨慎稳妥、有序推进。文化体制改革的总体思路已经很清晰了，但在具体操作上，还需要大家从各自的实际出发，既要确保党和人民喉舌的性质不能变，党管媒体不能变，党管干部不能变，正确的舆论导向不能变，又要放开搞活，大力发展广播影视事业和产业。要充分考虑我国国情和我国广播影视的意识形态特殊性，结合本地区、本单位的实际，制定切实可行的改革方案，切不可盲目照搬西方广播影视传媒的做法，也不能简单套用其他事业单位和国企改革的经验。需要强调的是，大力发展广播影视事业和产业，这是一个事物的两个方面，事业是产业发展的目的和归宿，产业是为事业发展服务的，同时又是国民经济发展的需要，两者关系必须明确，切不可本末倒置，舍本逐末。

**3. 紧紧把握改革重点，着力解决妨碍改革的障碍和难题**

广播影视改革涉及方方面面，头绪很多，一定要抓住重点，通过重点突破，带动整个改革全面向纵深推进。广播影视改革的重点就是两句话：改革体制、创新机制，面向群众、占领市场。影响广播影视改革发展的障碍和难题很多，但最主要的就是体制不顺、机制不活，行政、事业和产业混为一体，内部管理不讲成本核算，不分干好干坏，缺乏发展动力。改革就是要把局和台的职能分清楚，把事业和产业分清楚，改变旧体制，大力创新用人、分配、劳动保障等内部机制；要把电台电视台中允许经营的资产资源和业务从目前的事业体制中分离出来，按照现代企业制度进行企业转制重组，包括把适宜于产业经营的服务性、娱乐性频道频率进行企业化运作、股份制改造。通过面向群众接受检验，面向市场参与竞争，逐步建立广播影视公共服务体系、市场运作体系和政府监管体系，推进广播影视事业产业协调发展。

4. **认真抓好试点工作，为全面推广做好准备**

广播影视体制改革的试点工作，中央要求在2004年底前必须完成并着手全面推广。现在，7个试点单位的实施方案已经批复，关键是要抓好落实。各试点单位要切实抓好试点工作的组织实施，大胆地干，大胆地闯，及时总结试点经验和成果。试点工作中，特别要妥善解决好转制职工的社会保障和富余人员的下岗分流安置问题。要做好国有资产的保值增值工作，防止国有资产流失，防止任何形式的侵吞国有资产行为。2004年中央要召开试点工作座谈会，总局也要开会及时沟通情况、总结工作，为全面推广试点经验做好准备。

对于已经成立的广电集团和电影集团，中央已经明确，这次一并纳入文化体制改革试点工作。广播影视体制机制改革，是一个复杂而艰巨的探索过程。最近几年，广播影视的集团化改革按照中央的要求，进行了一些有益的探索，取得了一些成绩，这一点应该充分肯定。但是，对集团的认识有一个不断深化的过程。目前，广电集团的主要任务，就是要按照中央关于文化体制改革和中办发21号文件的要求，进一步规范改革、深化改革。

**（二）关于发展**

广播影视改革的目的是为了发展。党的十六大指出，发展要有新思路。如何改变旧思路，理清新思路，加快广播影视事业产业协调发展，需要做大量的工作。这里强调四点：

1. **牢固树立发展是第一要务的思想，加快广播影视事业产业发展**

发展是硬道理，解决中国所有的问题只能靠发展，对于广播影视来说也是如此。对广播影视事业产业发展，党的十六大有明确要

求，广大人民群众有热切期盼，广播影视系统自身愿望也十分强烈。国外各大媒体面对中国这个庞大的广播影视市场垂涎欲滴、虎视眈眈，都想要进来分一杯羹；国内各平面媒体和新媒体也借机纷纷抢滩占地，欲夺得广播影视领域一席之地。严峻的形势和环境，要求广播影视必须要有一个大的发展，必须要尽快增强实力和竞争力。不改革就没有出路，不发展就没有前途。因此，必须牢固树立发展是第一要务的思想，切实增强发展的责任感、紧迫感和使命感，聚精会神搞建设，一心一意谋发展。要把发展作为主题贯穿到广播影视各项工作中去，把是否有利于发展作为检验和考核我们各项工作的最重要标志，凡是有利于发展的我们就做，凡是不利于发展的或影响发展的就坚决不做。

**2. 大胆突破旧的思想观念，积极拓展新的发展思路**

大力发展广播影视事业和产业，仍然抱着旧观念、旧思路是根本不行的了。十六届三中全会提出大力发展和积极引导非公有制经济，放宽市场准入，允许非公有资本进入法律法规未禁入的基础设施、公用事业及其他行业和领域。这段话对于我们在牢牢把握广播影视播映权的前提下，面向非公有制经济进一步放宽广播影视生产准入，解放和发展广播影视生产力，具有重大的指导意义。电视剧近年来之所以呈现持续繁荣的局面，一个很重要的原因就是电视剧的生产积极向社会资本开放。今后，这方面要进一步放开手脚，凡是能放开的都要逐步放开。十六届三中全会还提出要大力发展国有资本、集体资本和非公有资本等参股的混合所有制经济，实现投资主体的多元化，使股份制成为公有制的主要实现形式。深入理解这段话，显然有助于推进广播影视系统的国有企业和即将转制为企业的单位的改革发展。2004 年，电影企业和电视剧制作机构，完全可以按照这个要求在股份制改革和上市融资方面迈出重要步伐。广播影视再也不能像以前那样完全依靠自我积累进行发展了，一定要面向市场，借用别人的资金和技术，借用社会力量来发展壮大自己。包括西部贫困地区也是如此，光靠财政支持是远远不够的，财政只能解决部分问题，发展事业产业，必须自己多想办法。中央领导同志要求我们要建立与国家地位相适应的现代化广播影视传媒体系，没有新的发展思路，是绝对做不到的。

**3. 巩固发展成果，积极拓展新的领域**

2003 年作为“广播发展年”和“网络发展年”，我们采取一系列有效措施推进广播和网络的发展，取得了显著的成效。2004 年要在保持良好热头的基础上，继续把广播和网络发展推向深入，再上新台阶，取得新成效。同时要不断扩大新的发展领域，提出新的发展任务。为此，总局确定 2004 年为“数字发展年”和“产业发展年”，大力推进广播影视数字化和产业发展。

数字化是顺应世界新技术发展潮流，推动国家信息化建设，带动国民经济发展的一项重大战略，也是广播影视自身发展的必然趋势和重大机遇。“数字发展年”的主要任务是：以科技创新为先导，以信息化为目标，以新业务发展为龙头，以有线电视数字化为突破口，全面推进广播影视数字化。在有条件的市地以上城市全面推进有线电视模拟向数字整体转换，各试点城市特别是计划单列市和省会城市要参照青岛经验，建立整体转换模式和运营模式。进一步发展付费广播电视业务和多种信息服务，建立信息化平台，形成监管体系。加快推进电台、电视台制作播出系统设备的数字化、网络化，提高媒体资产管理水平。加快建立数字电影制作、发行和放映体系，启动电影数字卫星平台工程、数字电影示范院线、社区和农村数字电影放映示范工程。积极推进广播覆盖的数字化，建立L频段卫星直播数字声音广播和数据业务传输覆盖系统，继续跟踪试验数字中、短波声音广播。加快地面数字电视广播的频率规划工作。“数字发展年”要达到的目标是：广播影视制作、播出、传输、接收等各环节数字化程度明显提高。有线电视数字化工作进展显著，试点城市特别是计划单列市和三分之二以上的省会城市全面进入整体转换，数字电视用户初具规模；付费广播影视业务有较大进展，服务领域不断拓宽，付费电视用户有大的发展；省会城市以上广播电台、电视台制作和播出系统设备80%实现数字化，初步实现新闻制作网络化；建成数字电影卫星平台，建成100家数字影院，500个社区和农村电影数字放映示范点开始试运行；卫星直播数字声音广播开始试播，部分地区开始试验数字中、短波声音广播。

推进广播影视数字化，要统筹规划、总体设计、周密部署、加大力度，坚定不移。要把握好以下几点：一是要把推进数字化作为当前的一项重要工作切实抓紧抓好，加强组织协调，加大工作力度，按照时间表的要求，制定本地区数字化发展的总体规划和整体转换方案。二是要以服务为根本，以信息化为目标，站在国家的高度、社会的角度和全行业的层面来发展数字电视，积极开发付费电视等新业务和多种信息服务。三是要大力普及机顶盒，全面推进模拟向数字整体转换，形成规模化的数字电视市场，为新业务的全面开展建立平台。四要面向市场，遵循数字化发展规律，充分利用社会力量和市场经济的手段，利用股份制等形式来塑造市场主体，构建有线数字电视产业运营的新模式，逐步形成以节目为龙头、用户为基础、网络为纽带，合理分工、利益共享、共同发展的数字电视产业新格局。五要发挥各自优势，按照社会化大生产的要求，合理分工，明确定位。电台、电视台、电影制片单位要在节目制作上下功夫，节目集成运营者要在组织节目上下功夫，干线网要在增大流量、保证畅通、快捷、安全上下功夫，本地分配网要在发展用户、满足用户需求上下功夫。要调动各方面的积极性、主动性和创造性，形成有线数字电视的利益共同体和完整的产业链，推动有线数字电视健康有序地发展。六要严格规范、强化管理，建立新的技术体系，完善新的游戏规则，构建新的管理体制，保证公开公平诚信的市场秩序。要充分发挥监管平台的作用，建立诚信机制，保障产业链中各方利益，维护正常的运营秩序。要严格制度，规范管理，科学管理，确保广电公共服务，确保安全播出，确保政令畅通，确保国有资产不流失。

积极发展广播影视产业，是繁荣社会主义文化、满足人民群众日益增长的精神文化需要的重要途径。“产业发展年”的主要任务是：按照广播影视产业的特性和规律，以发展为主题，以体制机制创新为动力，以结构调整为主线，以科技创新为手段，以强化监管为保障，充分发挥广播影视独特优势，重点抓好广播影视内容产业，积极推进数字产业和网络产业，适时向其他相关产业领域拓展，初步形成产业体系相对完整、结构布局日趋合理，整体技术水平先进、市场主导作用明显，国有为主、多种经济成分共同发展的广播影视产业格局。“产业发展年”要达到的目标是：电视剧制作在产量继续保持稳步增长的基础上，质量有较大提高，确保有 50 部 1000 集左右思想性、艺术性、观赏性相统一、社会效益和经济效益俱佳的优秀作品。电影生产在数量继续增长的基础上，确保有 30 部左右思想性、艺术性、观赏性相统一、社会效益和经济效益俱佳的优秀作品，其中应有三四部引起较大市场轰动、票房赢利过千

万的国产大片。动画片产量在2003年的基础上应有大幅度增长，推出数部能够引起社会强烈反响、深受少年儿童喜爱的精品力作，并获得明显的经济效益。培养壮大若干个重点影视制作机构和影视制作基地，形成影视制作的规模效应。电视剧、电影、动画片以及其他广播影视节目交易更为活跃，市场更为规范，经济效益明显提高。广播影视后产品、衍生产品和相关产品的开发生产形成一定规模，取得一定的经济效益。广播影视总体创收比2003年有较大增长，其中在确保广告收入稳步增长的前提下，内容产业、网络产业及其他相关产业的经营创收在总收入中所占比重应有明显增加。

发展广播影视产业，需要注意几点，一是必须集中力量、重点把内容产业做好。内容产业是我们的主业，也是我们发展的立脚点和根基所在，主业兴则整个产业兴。二是要进一步深化改革，完善宏观调控政策，扩大投融资渠道，放宽市场准入，调动国企、民营和其他社会力量参与内容产业的积极性。要推进制播分离，将广电系统自己的电视剧制作机构和能够剥离的其他节目制作部门从现有的事业体制中剥离出来推向市场。三是要积极利用精品影视剧、名牌节目、名牌栏目、知名主持人等的品牌效应，进行音像制品、图书报刊、知识产权等多种形式的多重开发和多重利用，取得良好效益。四是要紧跟广播影视科技和市场的最新发展趋势，大力开发对广播影视未来发展具有重要意义的新业务，如手机电视、移动电视、宽频电视、数字电视图书馆等，抢占先机，把握主动，占领市场。

同时，要抓好“西新工程”等重点工程建设，全面启动“西新工程”第三阶段第二期的工作。“村村通工程”和农村电影放映“2131工程”也都分别有明确的目标任务和具体的进程安排，都要在“西新工程”的统筹下大力推进。中央领导对“西新工程”极为关心、高度重视，各级广播影视部门特别是承担了这些重点工程建设任务的部门，一定要认真学习胡锦涛总书记、江泽民同志以及其他中央领导同志关于“西新工程”的一系列重要指示精神，始终坚持把工程建设作为一项非常严肃、非常重大、非常紧迫的政治任务来抓，始终以饱满的热情和旺盛的精力，狠抓各项工作的落实，确保各项重点工程建设任务的圆满完成。

**4. 认真贯彻统筹兼顾原则，促进广播影视协调发展**

目前我国广播影视发展已经有了一定的规模和基础，但发展不平衡的问题也日益突出。东部、中部、西部，发达地区与不发达地区，城市与农村，差异很大。东部地区一个县级广播电视的收入，接近甚至超过西部地区一个省级广播电视的收入，在城市一般都能收听收看到几十套清晰的广播电视节目，而在广大农村特别是西部边远地区，还有相当多的人民群众听不到听不好广播，看不到看不好电视。在广播影视行业内部，事业与产业的发展不平衡，广播影视产业仅处于起步阶段；电视与广播、电影，广播电影电视与网络的发展也不平衡，电视相对较强，广播和电影相对还较弱，网络虽然发展比较快，但业务开发还远远不够，效益还不十分明显，有的网络公司甚至存在亏损问题。广播影视在国内的发展与在国外的发展也不协调，目前我们的广播电视在国内的人口综合覆盖率已经达到百分之九十几，但在国外的有效覆盖还很低；广播影视产品的出口则大大低于进口，我们广播影视在国外的影响力和竞争力与我国的国际地位和形象还极不相称。因此，2004 年的一项重要发展任务，就是要贯彻统筹兼顾的原则，切实采取有效措施，促进广播影视事业与产业、发达地区与不发达地区、国内与国外的协调发展，既要锦上添花，更要雪中送炭，切实加强对薄弱地区、薄弱环节的重点扶持，通过加大投入、实行倾斜政策、推进合作交流等方式，用一到两年的时间，使薄弱地区、薄弱环节的广播影视发展状况得到明显改观。

## 二、对科技工作者的两点要求

多年来，我们广电系统常说四句话：“宣传是中心，事业是基础，科技是保障，人才是关键”，这是由广播影视的性质与功能决定的。我们的核心工作就是宣传，事业要为宣传服务，科技工作者更要为宣传服务。党的十六大和十六届三中全会以及中办发［2003］21号文件对广播影视的发展提出了新的要求，广播影视不仅要搞好宣传，要发展事业，还要发展产业。在这种形势下，科技工作者如何适应中央的要求，如何适应广播影视发展的要求，必须有新的思路。在此，我对科技工作者提两点要求。

### （一）勤于钻研，甘于奉献，为政令畅通和安全播出保驾护航

中央领导在文化体制改革的讲话精神中着重强调文化体制改革首先要确保党和人民喉舌的性质不能变，党管媒体不能变，党管干部不能变，正确的舆论导向不能变，在此前提下放开搞活，大力发展广播影视事业和产业。保持“四个不能变”的最基本条件就是要有一个安全、畅通、优质、高效的广播影视节目传播渠道。因此，科技工作的服务属性丝毫不能改变，科技保障工作只能加强，不能削弱。这里，我重点强调三个方面的工作：

**1. 要把扩大有效覆盖继续作为科技工作的重点**

长期以来，科技工作的主要任务就是保障受众听到、看到，听

好、看好。经过几代科技工作者的艰苦奋斗、团结拼搏，我国广播、电视在国内的人口综合覆盖率已分别达到93.4%和94.7%，应该讲，在我们国家这样一个幅员辽阔的泱泱大国，这已是一个了不起的成就。但是，我们也应该清醒认识到，覆盖盲区在绝对数字上仍是一个不小的数字，剩下的百分之几是难点，也是重点。已经覆盖到的地区和人口，如没有很完善的保障措施，也有下滑的可能。这几年，我们在党中央、国务院的关心扶持下举系统之力，全面实施的“西新工程”，事实上就是在集中力量解决有效覆盖上存在的盲区。局部上讲，“西新工程”只是为了解决西部地区部分受众对中央广播的收听，但它却关系到我国民族的团结和国家的统一，关系到我国社会的稳定和经济的发展。这便是我们广播影视所肩负的重大责任。我们要大力弘扬“特别能战斗，特别能吃苦，特别能奉献，特别能攻关”的“西新精神”，继续扩大广播影视有效覆盖，巩固“西新工程”成果，巩固覆盖成果，做到让党中央、国务院放心，让全国人民满意。

**2. 要把确保安全播出始终作为科技工作的关键**

安全播出是科技工作的生命线，也是广播电视的生命线。广播电视的任何一次停播、错播、漏播，尤其是重大活动期间的差错都将造成严重的政治后果和巨大的社会负面影响。这两年，一些邪教势力的捣乱和破坏就使我们的安全播出面临严峻考验，带来巨大压力。为保障“十六大”期间的安全播出，党和政府调动了全社会的安全保障力量。长远看，人海战术不是解决安全播出的根本办法，终归还是要靠我们的科技。这两年，我们建立的安全监控系统就能起到事半功倍的效果。今年将要启用L波段卫星进行广播直播和开展数据业务，明年电视直播卫星将要升空，这对我们的安全播出又带来新的挑战。科技工作者必须以高度的政治责任心，从技术与管理的角度解决卫星直播过程中可能出现的一切困难和障碍，切实保障广大受众安全接收到我们自己的广播电视信号；同时，要继续防范邪教势力对我广播电视基础设施的攻击和破坏，防范国内外敌对势力利用高科技手段对我意识形态领域里的渗透，做到让中央领导放心，让全国人民放心。

**3. 要把数字化、网络化切实作为科技工作的主线**

当代数字技术、网络技术等高新科技的发展，迅速带动了新一轮的广播影视产业优化升级，广播影视高新技术含量和整体技术水平如何，已经成为衡量一个国家和地区广播影视实力和竞争力的最重要标志之一。我们必须积极顺应世界广播影视高新技术发展的大趋势，高度重视和加快广播影视高新技术的利用，使我们广播影视技术尽快完成向数字化、网络化转变。数字化、网络化既是解决看到、听到，看好、听好问题的重要手段，也是满足社会多样化、多元化需求的根本保证，是将广播影视做大做强的根本保证。

**（二）投身改革，大胆创新，敢当突击手，为事业推进和产业发展再立新功**

十六大、十六届三中全会以及 17 号文件精神要求广播影视改革与发展同步，事业与产业并举。这对于我们广电系统的全体干部职工是一场挑战，但更是一个难得的机遇。尤其是以先进的科技思想武装起来的科技工作者更应该走在体制改革的前列，利用科技是第一生产力的强大优势，投身产业发展的主战场；应突破传统体制下的框框束缚，大胆改革，大胆创新，大胆突破，敢当突击手，敢当先锋队，敢当主力军，为事业发展和产业发展做出新的贡献。我认为，在以下两个方面科技工作者可大有作为，寄希望你们能创出佳绩。

1. **数字化**

数字化是直接关系到广电生存和发展的一件大事，是当前全国广电系统的一项重要任务。总局确定今年为“数字发展年”，就是要全面发展有线数字电视，加快有线电视由模拟向数字整体转换。有线数字电视不等于付费电视，青岛的实践表明，有线数字电视只有融入社会、融入家庭、融入时代，立足于信息化和本地化，立足于先进文化的前进方向，才会被社会认可、用户接受，也才会有市场、有发展。当前，我国有线电视由模拟向数字整体转换的条件已经具备，时机已经成熟，只要在用户的电视机上安装数字机顶盒，就可以完全实现有线电视的数字化。有线电视数字化，关键在于实现整体转换，关键在于推广普及数字机顶盒。谁拥有了机顶盒，谁就拥有了用户，拥有了市场。技术部门要把数字化作为当前的一项重要任务抓紧抓好，要在推广普及数字机顶盒上下功夫，切实使数字化的各项任务落在实处，加快有线电视由模拟向数字整体转换。

2. **业务开发**

上世纪 90 年代快速成长起来的有线电视已发展到近 1 亿户，每年为广播影视系统贡献产值 100 多亿元。100 亿元是个不小的数字，但与美国有线电视收入相比，就太微不足道了。2002 年，美国有线电视用户总数 6900 万，年度收入 494 亿美元。差距在哪里？整体经济的差别固然是重要原因，但关键的还是我们的收入模式过于单一。国外电视产业的多元化格局早已形成，广告收入仅占电视产业的一小部分，付费电视及其他增值业务已成为电视产业收入的主要来源。而我们的电视产业主要靠广告，有线电视仅靠线路维护费。这几年，老在讲“三网融合”，电信、计算机对广电的融合已经走得很远了，网上音视频业务、宽带电视、手机多媒体短信早已开展得红红火火，而我们仍然徘徊在自己的一亩三分地上。广播影视的阵地在缩小，守是守不住了，管也管不住了，怎么办？唯有主动出击。

诚然，付费电视能否成功的关键因素在节目，在于是否有多样化、个性化、高质量的消费内容，但是内容如何送到消费者的家中，并能将钱收回，则有赖于传输平台、服务平台运营商的共同努力。付费电视和增值业务都是高科技发展的产物，是技术融合的产物，科技工作者先行一步，责无旁贷。多年来，科技工作者在业务拓展和运营模式方面进行了艰苦的探索，积累了许多宝贵的经验。我真心希望科技工作者能继续开拓、勇于创新，为广播影视行业的经济增长和产业化做出新的贡献。



## 三、对科技委工作的两点希望

在各位委员的共同努力下，第六届科技委开展了大量卓有成效的工作，为总局重大决策的出台提供了大量的咨询建议，发挥了“外脑”和“智囊团”的作用。新一届科技委已成立，我惊喜地看到，新的委员中增加了许多年轻的技术专家和干部，增加了在基层工作的科技工作者，尤其是邀请了中科院和中国工程院的十名院士作为特邀高级顾问，十一名系统外的知名专家和学者作为特邀委员，大大增强了科技委的实力，使本届科技委更有权威、更加开放、更具活力。目前，我们正处在高新技术快速发展、事业产业全面推进的重要机遇期，总局的很多重大决策都将与科技进步密切相关，总局党组在决策程序上将更加依赖科技委的科学论证和决策咨询。因此，需要科技委发挥更加积极的作用。在这里，我提两点希望。

**（一）要加强对重大科技问题和重要产业问题的研究**

在以宣传为中心的时代，保证宣传不出差错就行了，决策压力相对较小；但在产业发展时期，许多工作必须遵从市场经济和科技发展的客观规律，决策压力显然要大得多，稍有不慎，产业发展就要遭受重大打击，并最终使事业发展蒙受重大损失。应该讲，我们在宣传工作上有非常丰富的经验，有一整套管理办法和应对措施，但在产业发展上，我们的认识还很局限，办法和措施不多。这几年，有关产业发展的一些决策程序还不是非常规范，有的政策和措施没有进行深入研究就草草出台了。这一方面与广播影视大的方针政策没有明确，一直不敢承认广播影视的产业性质有很大关系；另一方面也与战略研究力量非常薄弱有很大关系。别的行业，都有非常完善的战略研究体系，而我们广电，连一个像样的战略研究机构都没有，更谈不上战略研究体系了。在这种状况下，科技委应该担当起广播影视科技发展战略研究的重任，组织力量就基础性、共性、前瞻性的重大问题进行深入研究。当前要重点研究高科技发展与事业发展的关系，高科技发展与产业发展的关系，事业发展与产业发展的关系，广播影视产业与相关产业发展的关系，近期发展和持续发展的关系等等问题，要提出具体解决办法和应对措施。研究要有深度、有广度、有针对性，要紧密结合广播影视国际发展趋势与中国发展实际，要充分借用系统外院士、专家和学者的智慧，要充分发挥地方广电局科技委的基础性作用。只有进行过深入研究的成果，才有决策咨询价值，才能真正指导广播影视事业和产业的发展。

**（二）要强化对科技创新人才和产业创新人才的培训**

科技发展一日千里，产业创新如日方升，人才培养任重道远。近年来，科技委在高新技术人才培训上不断创新，成效显著，为广播影视科技管理干部队伍的知识更新、素质提高发挥了重要作用。新一届科技委一方面要继续抓好高科技管理人才的培训，其中不仅要开展广播影视高新技术的培训，而且要强化相关行业高新技术发展的学习。知己知彼，百战不殆，只有从整个信息产业发展的高度充分了解各行业技术发展的现状和趋势，才能制定出广播影视持续、稳定、快速发展的对策，才能巩固广播影视的阵地，才能在业务融合的大潮流中保持不败。另一方面要加强广播影视经营管理人才的培养与建设。产业要发展，经营是关键。经营管理人才是广电人才的薄弱环节，也是关键环节。培养经营性管理人才，是全系统的责任，也是科技委的责任，尤其是与高科技密切相关的广播影视产业的经营人才更应该由科技委组织培养。

（2004年2月19日）

# 让梦想成真

## ——在全国有线电视数字化推进工作现场会上的讲话

这次现场会是按照李长春、刘云山同志的指示精神，由中央文化体制改革试点工作领导小组召开，国家广电总局承办，青岛市委市政府协办的一次重要会议。会议的主要任务是：贯彻十六大、十六届三中全会和全国宣传思想工作会议精神，深化文化体制改革，加快文化事业和文化产业发展，实现国家“十五”计划目标，推进全国有线电视从模拟向数字的转换，满足广大群众精神文化需求。

刚才，云山同志作了重要讲话，对于做好有线电视数字化工作的重要性、必要性以及学习借鉴青岛经验推动这项工作，作了全面的阐述，提出了明确的要求，非常深刻，非常精辟，对于我们开好这次会议，抓好这项工作，具有重要的指导意义。我们要学习贯彻云山同志的重要讲话，认真开好这次会议，推动有线电视数字化有一个大的发展。

怎么样在现有网络的基础上，把几十套电视节目扩充到几百套节目？这简直是一个梦想。可是现在通过有线电视数字化，这个梦想就能变成现实。这也是我们为什么如此急迫地推进有线电视数字化的重要原因。我们要重视起来，动员起来，行动起来，让梦想成真！

下面我讲五个问题：一是认真学习贯彻中央领导同志关于推进有线电视数字化发展的重要指示，二是谈谈为什么要大力推进有线电视数字化，三是关于有线电视数字化工作的具体安排，四是对青岛推进有线电视数字化工作的几点感受，五是对做好下一步工作提一些希望和要求。

## 一、认真学习贯彻中央领导同志重要指示

以胡锦涛同志为总书记的党中央十分重视新形势下高新技术对宣传文化工作的重要作用，十分重视有线电视数字化对国家经济社会发展的推动作用，多次作出重要指示和批示。

胡锦涛总书记2003年12月5日在全国宣传思想工作会议上的重要讲话中，要求宣传文化战线要“根据人们接受信息途径发生的新变化，探索运用高新技术拓展宣传思想工作的新手段”。胡锦涛总书记的这个重要指示，高瞻远瞩、意义深远，不仅为新时期如何开展宣传思想工作提出了新要求，而且为推进有线电视数字化工作指明了方向，明确了任务，是我们做好这项工作的重要指导思想。

黄菊同志多次在广电总局关于有线电视数字化工作的工作报告和简报上作出批示，要求国家发改委、信息产业部、科技部、国务院信息办等部门认真研究推进有线电视数字化工作。

李长春同志今年1月11日在听取广电总局关于数字发展年的工作汇报后指出：“这是一项非常重要的工作，特别是科学技术的发展为我们的意识形态工作提供了一个非常好的手段。意识形态工作要有自己的手段，要用先进的工具，才能占领阵地、掌握主动权，才能寓于人民群众的日常生活和文化娱乐中，要把广播影视数字化列入到正在制定的国家文化发展纲要中。”他对青岛发展有线电视数字化的做法给予充分肯定，指出，“青岛有线电视数字化的做法是一个很好的经验，不仅为广大观众提供优质的广播影视节目，而且为政府、为社会各界和人民群众提供多方面的服务，形成一个多媒体信息平台。广播影视数字化关系到国家信息化，只靠广电一个部门来推动数字化是远远不够的，中宣部要在推动数字化方面发挥作用，近期要召开会议，推广青岛经验，加快数字化步伐。”他强调，“要把文化部门的全国文化信息资源共享工程与广电数字化紧密结合，要通过数字化使广播影视成为丰富的、开放的信息平台，使老百姓家中的电视机真正成为多媒体信息终端。可以先采用数字机顶盒的方式，使人民群众对数字化有一个新的认识，进而推动电视机从模拟向数字的更新换代，带动民族工业和文化产业的发展。”

刘云山同志 2003 年 5 月 5 日在广电总局关于加快广电有线网络整合、开展有线数字广播影视业务的报告上批示：“广电数字化是发展方向，已列入国家发展规划，要积极推进。”云山同志刚才又作了长篇重要讲话，对这项工作提出明确要求，作出全面部署。

曾培炎同志 2003 年 3 月 6 日在十届全国人大一次会议关于国民经济和社会发展计划的报告中，强调要继续实施数字电视和广播电视卫星直播系统等重大高技术工程。同年 4 月 15 日，他在广电总局关于加快广电有线网络整合、开展有线数字广播影视业务的报告上批示：“加快广电有线网络整合，开展数字广播影视业务，符合发展方向，应予支持。”12 月 5 日，他将广电总局关于推进广播影视数字化的简报批给国家发改委的负责同志，要求关注此事。

陈至立同志 2003 年 4 月 17 日在广电总局关于加快广电有线网络整合、开展有线数字广播影视业务的报告上批示：“请广电总局

按照培炎同志批示精神，主动征求有关部门意见，进一步完善方案并争取如期实施。”7月11日，她在广电总局提出将广播影视数字技术列入国家科技发展规划的建议上批示：“所提意见很好，请规划办考虑。”今年3月2日，她主持召开有国务院办公厅、国家发改委、财政部、信息产业部、科技部、国家税务总局、国务院信息办有关负责人参加的会议，专门听取了广电总局关于有线电视数字化工作的情况汇报，充分肯定了现有工作成绩，要求采取有效措施加快推进有线电视数字化。会议内容已以国务院会议纪要形式下发实施。

通过对胡锦涛总书记和其他中央领导同志的这些指示、批示的认真学习，我体会主要有以下精神：

第一，要从全面贯彻“三个代表”重要思想、全面建设小康社会的高度，推进广电数字化工作。

第二，要求真务实，从中国国情出发，走一条有中国特色的广电数字化道路。

第三，要根据人们接受信息途径发生的新变化，运用高新技术拓展宣传工作的新手段。

第四，科学技术为意识形态工作提供了一个非常好的手段，意识形态工作要有自己的手段，要用先进的工具占领阵地、掌握主动权。

第五，有线电视数字化已列入国家发展规划，列入国家文化发展纲要。有线电视数字化关系到国家信息化，只靠广电一个部门来推动是远远不够的，要形成合力。

第六，加快有线广电网络整合，开展数字广播影视业务，符合发展方向。要通过数字化使广播影视成为丰富的、开放的、安全的信息平台，使老百姓家中的电视机真正成为多媒体信息终端。

第七，可以采用数字机顶盒的方式使人民群众对数字化有新认识，推动电视机从模拟转向数字，带动民族工业和文化产业发展。

第八，青岛有线电视数字化的做法是一个很好的经验，要介绍推广，加快全国数字化步伐。

这些精神充分反映了党中央、国务院对有线电视数字化工作的高度重视，充分说明了数字化在我国经济社会发展中的重要地位和作用。我们一定要认真领会、全面贯彻，按照中央领导的要求，坚持以邓小平理论和“三个代表”重要思想为指导，树立科学的发展观，坚持以人为本，全力推进有线电视数字化，为拓展新的宣传阵地和手段，满足人民群众多方面的精神文化需求，推进国民经济的快速发展，实现全面建设小康社会的宏伟目标做出贡献。

## 二、推进有线电视数字化的重要性、必要性和紧迫性

科学技术特别是数字技术的迅猛发展，使人类社会进入了信息化时代。信息化是工业社会向信息社会发展的动态过程，它通过推广应用信息技术和其他相关智能技术，达到全面提高经济运行效率、劳动生产力、企业核心竞争力和人民生活质量的目的。信息化水平已经成为衡量一个国家综合实力和现代化水平的重要标志。我国国民经济和社会发展“十五”计划纲要明确提出要“加快国民经济和社会信息化”。大力推进信息化，是我国经济社会发展的战略性任务，是全面建设小康社会的重要组成部分。

数字化是对飞速发展的、各个行业广泛应用的数字技术的高度概括，是数字技术在各个领域全面推进的一种过程，是现代社会信

息化的重要标志。要实现信息化，就要大力推进数字化。如果说工业化的特征是机械化、电气化，那么信息化的特征就是数字化、网络化、智能化。要实现社会发展信息化，就必须大力推进数字化。有线电视网络涉及千家万户，推进有线电视数字化是国家信息化建设的重要环节，是我国经济社会发展的必然要求，具有重大的现实意义和深远的历史意义。

### （一）有线电视数字化是拓展宣传思想工作新手段的必然选择

在新的历史条件下，数字技术的飞速发展和广泛运用，将对宣传思想工作的手段和方式产生深刻的影响。广播电视作为党、政府和人民的喉舌，作为重要的宣传思想文化阵地，必须根据人们接受信息途径发生的新变化，探索运用数字技术拓展宣传思想工作的新手段，占领新阵地；必须主动顺应世界科技发展的潮流和新形势下宣传思想工作的需要，全面推进数字化，尽快实现从传统媒体向现代媒体的转变，建立与我国地位相适应的现代化传媒体系。

数字化是广播影视自诞生以来面临的最大一次技术革命，是广播影视全系统、全行业的一场深刻变革，它不仅要求节目、设备、流程、系统等做大的调整，而且要求管理体制、运行模式、生产方法都要做相应的改变。与传统的模拟技术相比，数字技术给有线电视带来的深刻变革主要表现在以下方面：

**1. 数字技术使节目的收看质量大大提高**

模拟电视信号由于受到技术条件的限制，在传送过程中会出现不同程度的损耗，并且容易受到距离、天气等外界因素干扰，造成声音和图像质量受影响。而数字技术提供的电视信号具有稳定、保真、处理方式简单等优点，能够保证电视画面的高度清晰和声音的高度保真。

**2. 数字技术使频道资源大大丰富**

模拟技术使电视频道数量受到限制，一般只能传送几十套电视节目。数字电视由于采用了先进的编码、压缩和传输技术，为电视频道数量的增加提供了广阔的空间，可以使频道容量扩展到500套左右。这样不但可以提供公共服务类节目，还可以利用丰富的频道资源，提供大量的个性化、专业化、多样化的节目内容，更好地满足人民群众日益增长的精神文化需求。

**3. 数字技术使有线电视的服务功能大大增强**

模拟电视的传播特点是点对面，我播你看，人们只能够单方面被动地接受节目，没有更多的选择余地。数字技术可以提供端到端、一对一、双向互动式服务，用户可以与节目互动，可以有更多的选择。

**4. 数字技术使广播电视提供的信息大大拓宽**

模拟技术一般只能提供传统的广播电视节目，而数字技术不仅可以提供各类节目，还可以提供电子政务、股票、生活、天气预报、交通信息等各种信息服务，提供在线点播、在线游戏、短信互动等娱乐服务，使用户家里的电视机成为多媒体信息终端，实现多种业务的融合，极大地拓宽了服务领域、服务内容和服务方式。有线电视从“内容为王”、“网络为王”转为“服务为王”，可以说是“服务无限，无限服务”。

由此可见，数字化使有线电视的发展更加开放，使广播电视的节目内容不仅可以提供给收音机、电视机，还可以提供给计算机、手机等其他信息终端；有线电视网络不仅能够传输广播电视节目，还可以传输各类信息业务；电视机不仅能够接收广播电视节目，还

可以接收所有信息业务。数字化不但使广播电视自身发生巨大的变革，而且对新形势下拓展宣传思想手段，占领和巩固宣传思想阵地，奠定了坚实的基础，创造了极为有利的条件。

## （二）有线电视数字化是促进经济社会全面发展的必要举措

广播电视是我国最普及和最便捷的信息载体，是人民群众日常生活中不可缺少的重要组成部分。有线电视数字化不仅给广播影视系统、广播影视行业带来革命性变革，促进实现跨越式发展，为宣传工作提供了新的手段和阵地，而且给整个社会发展带来深刻的影响：

**1. 充分满足人民群众的多种精神文化需求**

广播电视改革发展的根本目的就是要最大限度地满足广大人民群众日益增长的精神文化需求。改革开放以来，我国城乡居民的恩格尔系数不断下降，人民群众在提高物质生活水平的同时，对精神文化的消费需求越来越大，对广播电视也提出了越来越高的要求。在对节目的需求上，不仅要求有公共服务类节目，还要求有专业化、多样化、个性化的节目；在对信息的需求上，不仅要求有新闻信息，还要求有大量的生活信息和经济信息；在对娱乐的需求上，不仅要求有观赏的娱乐节目，还要求有可以参与的娱乐活动；在对服务方式的需求上，不仅要求有广播式的单项服务，还要求有一对一的互动服务，如视频点播、电视商务等。广播电视在模拟条件下已无法满足这样一些复杂多样的需求，供需矛盾十分突出，必须走数字化发展之路。有线电视数字化为满足人民群众专业化、多样化、个性化的精神文化需求提供了很好的支撑手段，不仅极大地丰富了节目内容，提高了节目的技术质量，而且还极大地拓展了有线电视的服务领域，改变了服务方式，能够充分满足人民群众对于精神文化生活的多种需求。

2. **大大推进国家信息化进程**

我国作为发展中国家，电视机和收音机是最普及的信息工具，与老百姓的日常生活息息相关。目前全国约有 4 亿台电视机、5 亿台收音机，广播电视听众、观众人数达到 12 亿多。如果每个家庭的电视机都实现了数字化，广播电视的服务领域就会极大拓宽，使每个家庭拥有一个集公共传播、信息服务、文化娱乐于一体的多媒体信息平台，不仅能满足人们对广播电视节目的需要，还能满足人们对各种信息的需求，成为家庭通向社会的一个窗口，成为党和政府联系群众的纽带和桥梁，成为实现社会信息化、城市现代化的重要基础和标志，将极大地推动整个国家信息化建设的进程。

3. **有力推动文化产业和信息产业的发展**

当今世界，文化产业已成为国民经济的重要组成部分。有线电视数字化不但为文化产业的发展开辟了更加广阔的前景，而且有利于拉动内需和扩大就业，形成新的经济增长点，从而大大推动整个国民经济的发展。有线电视实现数字化后，有 500 套左右的节目容量，为社会各界搭建了一个新的信息服务平台，可以拉动节目制作等内容产业发展，促进文化娱乐和媒体的大发展，形成新的文化娱乐消费市场，带动文化、教育、媒体、信息、服务等相关行业的发展。同时，对数字有线电视设备的需求可以促进电子产品制造业、软件业等民族工业与产业的发展。有关机构预测，有线电视数字化仅数字机顶盒、数字电视机就能形成上万亿元的市场，还能为社会提供大量的就业机会。2003 年 11 月广电总局在青岛召开有线数字电视媒体见面会后，与广播电视有关的几种股票立刻就大幅攀升，充分说明广电数字化对投资者具有很大的吸引力。可以预计，有线

电视全面实现数字化将有力推动文化产业和信息产业实现跨越式发展，为国民经济的健康快速发展做出贡献。

**4. 有利于扩大信息共享和保障信息安全**

在社会主义市场经济体制逐步完善的今天，在社会信息渠道多样化的情况下，如何既能够有力促进信息发展，又有利于加强信息安全，成为一个难题。而有线电视数字化，为解决这个问题提供了有效途径。有线数字电视在提供多种广播电视节目的同时，还可以为政府提供电子政务平台，为各类媒体提供发布平台，为学校提供教育培训平台，为文化部门提供文化信息共享平台，为百姓提供生活信息服务平台，为工商界提供商务平台。这个综合平台具有将各种信息二度整合的功能，在大大扩展电视机功能、加强广播电视宣传的同时，可以对各类信息进行筛选和整合，因此其最大的优势是可控，能够有效地防止不良信息的传播和扩散，尤其对于邪教组织对广播电视宣传的破坏，具有突出的防范作用。

### （三）有线电视数字化是世界广播电视发展的必由之路

基于对有线电视数字化的广泛影响和巨大作用的深刻认识，世界各国都非常重视这项工作，采取有力措施，推动有线电视从模拟向数字整体转换。

美国为支持有线电视数字化，2001 年批准公共广播实行部分收费服务。2002 年规定，要求生产大尺寸电视机必须加装数字电视解码器。目前美国地面数字电视已基本覆盖全国，有线电视已完成光纤化、数字化、双向化改造，数字平台不仅提供数字电视节目，还开展信息服务等多种增值业务，有线数字电视用户超过 2000 万、卫星数字电视用户超过 1500 万、地面数字电视覆盖率 99%，数字电视用户数占总用户数的 42%，计划 2006 年停止播出地面模拟电视节目。英国对免费数字电视台给予税收优惠政策，将公众接收 BBC 的收视费提高 14%，为低收入人群补贴数字接收机，同时规定政府一些部门要通过数字电视平台开展电子政务。英国卫星数字电视用户已达到 700 万、有线数字电视用户 200 万、地面数字用户 200 多万，数字电视用户数占英国 2500 万户家庭的 44%，预计两年后将达到 90%以上，计划 2010 年停止播出地面模拟电视节目。日本截至 2002 年 7 月，政府已拨款 15.5 亿美元用于调整地面数字电视网的频率和改造发射设备、改造天线接收系统等，计划在 2011 年停止播出模拟电视节目。韩国政府对进口数字电视机相关设备免收关税，要求数字电视机价格下调 22%，扩大了数字电视机的销售量，计划在 2010 年停止播出模拟电视节目。加拿大计划在 2007 年、澳大利亚计划在 2008 年停止播出模拟电视节目。

我国的有线电视数字化工作在党中央、国务院的领导下，在国务院办公厅、国家发改委、财政部、信息产业部、科技部、国家税务总局、国务院信息办等部委和地方党委政府的大力支持下，从 2000 年开始起步，2003 年重点推动了有线数字电视网络发展工作，全面启动了有线电视向数字化整体转换，批准开办了 38 套付费电视频道和 8 套数字广播节目，建立了 49 个有线数字电视示范网，出台了一系列管理规章和技术规范，初步建立了由数字节目平台、传输平台、服务平台、监管平台构成的有线数字电视新体系。但作为一个广播电视大国，我国有线电视数字化与发达国家相比还存在很大的差距，整体数字化水平还比较低。在这种形势下，如果我们不抓住机遇，奋起直追，迎头赶上，全力推进有线电视数字化发展，抢占数字化新阵地、新市场，与世界同步，与时代同进，就不能更好地做好宣传工作，就不能更好地促进广播电视业发展，就不能更好地为国家信息化建设出力。

## 三、有线电视数字化的主要任务和关键措施

按照中央领导的要求和国家交给的广播电视数字化任务，考虑到我国的国情和广播电视发展的具体情况，从建立与我国地位相适应的广播电视现代化传媒体系的需要出发，我们确定了我国广播电视数字化发展“三步走”的战略：第一步，在前两年试验的基础上，从2003年开始扩大试点，全面推进有线数字电视；第二步，2005年开展数字卫星直播业务，同时开始地面数字电视试验；第三步，2008年利用北京奥运会广播电视转播之机，全面推广地面数字电视。在全面完成三个发展阶段之后，我国的数字广播电视可以通过有线、卫星、无线三种方式实现对全国的覆盖，到2015年，将停止播出模拟电视节目。

作为三步走的第一步，我们选择了推进有线电视数字化，作为整个广播电视数字化工作的切入点。这是因为我国已经拥有了38万公里光缆干线、300多万公里分配网和超过1亿有线电视用户的庞大的有线电视网络，并且主要分布在城镇地区，人口密集，经济条件较好，具备了在较短时间内实现使广播电视从模拟转换为数字的有利条件。第一步的战略目标按时完成，就能有效带动第二步、第三步战略目标的有效实施，推动广播电视数字化的尽快实现。

### （一）抓住工作重点，按时完成各阶段性任务

有线电视数字化已经纳入我国国民经济计划，列入正在制定的

国家文化发展纲要和国家中长期科技发展规划之中。全面推进有线电视数字化，不仅是当前和今后一个时期广播影视工作的重中之重，而且已成为国家支持、各界关注、群众拥护、多方参与的重要社会工程。我们要高度重视，加强领导，全力以赴，扎实工作，确保按时、按质、按量完成任务。

根据我国各地经济社会发展不平衡的实际和广播电视发展状况，有线电视数字化工作将按照东部、中部、西部三个区域，分四个阶段推进：

2005 年年底以前，重点推进直辖市和东部地区地级以上城市的有线电视数字化进程，力争中部地区省会市和有条件的地级市、西部地区省会市的有线电视数字化工作有较大进展。

2008 年年底以前，重点推进东部地区县以上城市和中部地区地级市的有线电视数字化进程，力争中部地区大部分县级城市、西部地区大部分地级以上城市和有条件的县级城市的有线电视数字化工作有较大进展。

2010 年年底以前，重点推进中部地区县级城市和西部地区大部分县以上城市的有线电视基本完成向数字化过渡。

2015 年，全部完成西部地区县级城市的有线电视向数字化过渡。

这四个阶段不是截然分开的，有条件的地方可以突破阶段的分设，提前实施数字化。

**（二）紧紧抓住关键环节，尽快实现“整体转换”**

目前，我国广播电视在节目制作、播出、传输环节已基本实现数字化，但是在接收环节，用户家里的电视机还是模拟的，电视机已经成为制约有线电视数字化的“瓶颈”。要打破这个“瓶颈”，实现有线电视数字化，关键就是将接收环节的模拟电视机加装机顶盒，能够接收数字信号，从而使数字电视信号畅通无阻，实现全程数字化。

数字电视用户只有形成规模，数字化的优势才能得到充分体现。整体转换是迅速推进数字化、实现规模化的有效途径。因此，要充分认识到整体转换对于推进有线电视数字化的重要作用，并切实抓好这个关键环节。当前，就是要大力推广普及数字机顶盒。因为我国居民家中电视机已经非常普及，像青岛这样的城市，电视机数量平均每户已经占到 1.5 台，这些模拟的电视机短时间内是不可能完全更换为数字电视机的，而装上一个数字机顶盒就可以解决问题，不仅可以解决群众收看数字电视节目的问题，而且可以满足群众获取多方面信息的需求，还可以为政府实行政务公开和社会各界开展各类信息服务提供新型平台，让用户真正感受到数字化带来的好处。因此，通过安装机顶盒实现数字化的整体转换方式，符合我国的国情，也容易为用户所接受，经济方便，切实可行。

我国各地区经济社会发展状况不同，有线电视的状况也有区别，因而各地需要找到一个适合本地实际、能够有效实现整体转换的模式。要将政府推动、吸收各界参与和引入市场机制紧密结合起来，从本地区人民群众对广播电视的需求和经济社会发展对信息的需要出发，探索有效途径，实现整体转换。

**（三）认真做好今年工作，力争较大突破**

今年是有线电视数字化发展非常重要的一年，任务十分艰巨。今年工作做得怎样，对我们 2005 年实现有线数字电视用户 3000 万的目标和 2015 年全面完成广播电视数字化建设任务十分关键。为此，广电总局将今年确定为数字发展年，重点推动有线电视向数字整体转换，力求能有较大突破。今年年底前将重点实现在直辖市、三分之二以上的省会城市和发达地区城市建立有线数字电视多媒体信息平台，大力普及推广数字电视机顶盒，把模拟用户整体转换为数字用户。为什么要先抓住这些城市进行整体转换呢？因为这些城市经济发展状况较好，电视机拥有率高，有线电视入户率高，具备在较短时间内实现有线电视数字化整体转换的良好条件，是我们工作的重点和龙头。希望这些城市抓住机遇，抓紧工作，真正起到带头示范作用，为全国有线电视数字化工作做出应有的贡献。

## 四、积极借鉴青岛经验，结合实际加快有线电视数字化进程

作为有线电视数字化试点城市，青岛的试点工作，给我们带了个好头，为探索一条中国特色的有线电视数字化发展之路积累了经验。今天在青岛开这样一个现场会，就是要让大家身临其境，直观、形象地认识和理解有线电视数字化，从而更好地推进和加快这项工作进程。

青岛作为有线电视数字化试点城市，有线数字电视 2003 年 10 月 21 日开通，虽然时间不长，但取得了较好的效果，让党委政府、广大群众、社会各界都切实感受到了好处，使青岛的广播电视宣传和服务发生了显著变化，成为传播社会主义先进文化、加强社会主义精神文明建设的重要阵地，为城市的信息化建设和发展奠定了坚实基础。刚才，云山同志的重要讲话，对青岛经验作了高度概括。下午，青岛市委市政府还要对青岛有线电视数字化工作作全面系统

的介绍，并且还有现场演示和入户参观。这里我简要谈一下对青岛经验的感受。

1. 是认识到位

面对全球数字化的大变革，青岛市委、市政府的领导，以及广电局的负责同志对数字化的认识都比较深刻、到位，理解都比较准确、透彻。他们不仅清醒地认识到数字化对于拓展宣传思想工作新手段的重大意义，对于建设现代化城市的重大意义，而且能够准确定位数字化在城市社会生活以及广播影视发展中的重要位置，不等待，不观望，不争论，抓住机遇，积极行动，把有线电视数字化与政府、百姓和社会的需求紧密结合，利用新技术、新手段拓宽服务领域，促进广播电视发展，从而不断增强实力，扩大影响力。青岛的实践说明，影响有线电视数字化进程的首要问题是认识，只要认识到位，就能有办法、有政策，就能解决资金、技术等问题；相反，则难以推进。

2. 是领导重视

青岛有线电视数字化始终得到了青岛市委、市政府的重视，采取有效措施予以推动。青岛市委、市政府将有线电视数字化作为城市信息化建设的重要组成部分和惠及千家万户的民心工程，作为推行政务公开的“阳光工程”。市委、市政府领导多次听取工作汇报，审定实施方案，提出明确要求，多次到市广电局视察调研，指导解决难点问题；市委、市政府办公厅联合下发文件，要求各部门通过数字电视推进电子政务；市委宣传部专门开会研究加强数字化工作，进行广泛宣传和舆论引导，争取社会的认可和群众的接受，为有线数字电视全面启动和顺利推进创造了良好的舆论环境；青岛市物价局在山东省物价局的支持下，按规定程序开展了有线电视维护费上调工作。据市统计局社调队的专题调查，83.5%的市民赞成有线数字电视实施方案和定价标准。用户只要每月交维护费 22 元，就可以获得一个数字机顶盒，享受到数字电视带来的好处。

3. **是方法有效**

我国的国情和广播电视的政治属性，决定了我国有线电视数字化发展不能照搬国外的模式，不能通过引入境外节目或播放成人节目吸引用户；同时我国的公共电视节目又很发达，内容非常丰富，因此单纯依靠开办付费频道来支撑数字化在短期内很难见效。在这样的背景下，数字化要能够顺利生存、成长，就必须尽快摸索出符合实际的中国特色发展之路。青岛坚持从实际出发，不照搬国外的做法，把连接千家万户的电视机作为最便捷的信息载体，把老百姓和社会对本地化、信息化服务的需求作为有线电视数字化的主导方向，把政府推动、市场运作和社会广泛参与作为有线电视数字化的主要动力，把由模拟向数字整体转换作为有线电视数字化的关键措施，走出了一条中国特色有线电视数字化发展道路。青岛的做法使电视机成为了数字多媒体信息终端，城市信息化的步伐延伸到了普通群众家庭，不但拓展了广播电视宣传的新手段，而且为人民群众和社会各界提供了多样化的信息服务，促进了城市信息化建设，提升了城市的整体水平，取得了很好的社会效益和经济效益。

各地要从青岛的实践中借鉴有益的经验，从本地的实际出发，因地制宜，探索出符合本地实际、突出广电特点、发挥广电优势的实施模式，加快有线电视数字化进程，创造出更多更好的有线电视数字化发展经验和方法。



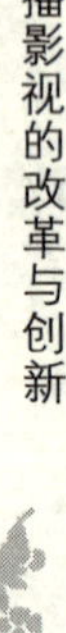

## 五、加强领导，团结协作，确保有线电视数字化目标顺利完成

实践证明，有线电视数字化作为拓展宣传新阵地的重要手段，作为国家经济社会发展的重要组成部分，是一项关系国计民生的政治工程、民心工程、信息工程。党中央、国务院高度重视，人民群众热切企盼，中央各部委大力支持，各级党委政府积极推动，现在的关键就是要进一步统一思想，形成合力，求真务实，加大力度，确保各项政策到位，确保各项工作落到实处，确保按时、按质、按量完成任务。为此，我提出几点希望和要求。

### （一）希望党委加强领导

希望各级党委要立足长远，把握全局，切实加强对有线电视数字化的领导，确保这项工作健康、快速推进。地方各级党委宣传部门要进一步认识到有线电视数字化是对宣传思想工作方式和方法的创新，工作领域和内容的拓展，是先进安全的“绿色”工具，是新形势下做好宣传工作的新的有效手段；认识到这种高新技术在宣传思想文化领域的应用，是实践“三个代表”重要思想的具体体现，有利于巩固宣传阵地，掌握主动权，增强有效性，扩大影响力。要把有线电视数字化作为拓展宣传舆论阵地、推进文化体制改革、加强社会主义精神文明建设的一项重要举措，列入重要工作日程，切实加强领导。要对本地有线电视数字化发展规划的制定、实施，提出具体的指导性意见，把握正确的发展方向。要加强协调，推动各项扶持有线电视数字化的优惠政策出台，确保落到实处。要加强对

推进有线电视数字化工作的宣传，正确引导舆论，使这项工作为社会所广泛认可，为群众所普遍接受，为有线电视数字化的全面启动和顺利推进创造良好的舆论环境。

**（二）希望政府大力支持**

有线电视数字化已经成为一个城市、一个地区信息化程度和现代化程度的重要标志。但如果没有有力的政策支持，有线电视数字化必将困难重重，步履维艰。从国外的情况看，美国、英国、日本、韩国等国家的有线电视数字化，都是由国家来推动的，采取由政府财政拨款、提高收视费、减免税收、补贴低收入人群、制定停止模拟电视播出时间表等政策举措来加快步伐。我国有线电视发展的实践也是如此。1990 年国务院批准颁布了《有线电视管理暂行办法》及其实施细则，明确规定有线电视可以收取适当的建设费和维护费。这一政策极大地促进了各地有线电视的发展，在国家没有资金投入的情况下，我国有线电视用户在短短的十几年中发展到了1亿多户。可以说，中国有线电视发展壮大就是国家政策支持的结果。今天，有线电视数字化发展依然如此。有线电视数字化工作目前所取得的进展，与国务院办公厅、国家发改委、财政部、信息产业部、科技部、国家税务总局、国务院信息办等部门和地方各级政府在政策上给予的大力支持是分不开的。下一步需要上述部门和各级政府继续给予支持，加大政策引导力度，促进有线电视数字化快速发展。

首先，希望各级政府高度重视有线电视数字化工作，把有线电视数字化作为为民办实事的民心工程，纳入城市信息化基础设施建设总体规划，作为电子政务、普及教育、推动文化信息共享的平台，

大力推进有线电视数字化发展，早日实现城市信息化的建设目标。

其次，希望各级政府统筹规划，加强协调，在投融资、资费、财税等方面为推进有线电视数字化提供扶持政策，创造宽松的政策环境和条件。在资费上，希望各地根据当地实际，在有线电视增加节目内容和信息服务的前提下，经过法定程序，允许对数字电视用户适当增加基本收视维护费。在税收上，为吸引更多的资金参与有线电视数字化，更好的设备技术用于有线电视数字化，并保证其后续投入，希望能为有线电视数字发展工作，包括数字节目制作、传输、数字机顶盒等产品的生产经营和有线数字电视的运营业务，提供相应的优惠税务政策。同时，国务院105号文件对文化体制改革试点地区的数字化发展给予了一些扶持政策，也希望能够尽快得到贯彻落实。

再次，希望有条件的地区给予有线电视数字化以必要的资金扶持，在有线电视向数字整体转换期间，安排一定的专项资金，实行贷款贴息补助或给予直接补贴，这将有利于大大加快数字化发展进程。

**（三）广电部门要狠抓落实，切实做好各项工作**

作为有线电视数字化的具体组织者和实施者，广电部门有着义不容辞的职责。数字化发展直接关系广播影视的生存和发展，是全系统、全行业的大事，是当前广播影视工作的一件大事，必须全系统动员、全行业参与，共同推进。今年是实现“十五”计划目标的关键之年，又是广电总局确定的“数字发展年”，目标很明确，任务很繁重。各级广电部门都要自觉地把思想和行动统一到中央的要求和这次会议精神上来，学习借鉴青岛经验，结合本地实际，用新思路、新方式、新机制，建立新模式，推动新发展，大力抓紧抓好数字化工作。除了要积极向当地党委、政府汇报，争取党委、政府的重视和支持外，广电系统自身还要解决好这样几个问题：

**1. 推进有线电视数字化，要正确处理好数字化、网络化、产业化发展的关系**

数字化极大地提升了有线电视网络的科技含量，不但带来了广播电视节目频道频率资源的扩展和服务范围的扩大，而且为有线电视网络的整合和产业化发展提供了有利的条件。首先，数字化带来的节目技术质量提高和频道数量的极大增加，有效解决了现有有线电视网络技术水平低、节目容量小、业务功能简单的问题，为有线电视网络开发新业务创造了有利条件，促进了发展，扩大了增量，培育了新的经济增长点。其次，数字化使有线电视为全社会实现信息共享创造了条件，不但大大促进广电系统自身的各级有线电视网络整合，而且将促进有线电视网、计算机网、电信网的融合。再次，数字化要求有线电视按照精神文明建设的规律，适应市场经济体制的要求，创造新的运营体制和机制，将为有线电视的产业化发展探索出一条有效途径。因此，各级广播电视部门特别是局长们，对此一定要有清醒的认识，妥善处理好有线电视数字化和网络整合、产业化发展三者的关系。要在三者的结合上、发展上下功夫，要以节目为龙头，以用户为基础，以资产和业务为纽带，以科技创新为动力，以数字化促进网络整合，以网络整合带动数字化、产业化发展，协调并进，共同繁荣。

**2. 推进有线电视数字化，要结合实际，更新观念，抓住关键**

实现有线电视数字化是一个长期艰苦创业的过程，我们既要增强责任感、紧迫感和使命感，抓住机遇，加大推进力度，又要从我国的国情出发，从各地的实际出发，防止违背客观规律的“一刀切”。要在确保正确导向、确保政令畅通、确保公共服务、确保安全播出的前提下，遵循数字化发展规律，树立科学的发展观，积极、理性、务实地推进有线电视数字化。各地要按照有线电视数字化发展时间表的要求，科学合理地制定本地区的数字化发展总体规划和整体转换具体方案，要有目标、有重点、有计划、有措施，切实可行，落到实处。当前，尤其要抓好整体转换、推广普及数字机顶盒这个关键环节。要主动加强宣传，普及数字电视知识，使社会各界和广大人民群众认识数字化、理解数字化、接受数字化、推进数字化，为整体转换奠定基础。要跳出自我发展、自我运作的传统思路，调动社会各方面参与数字化发展的积极性，充分利用社会力量和资金，充分借助市场的驱动作用，发展数字电视用户，加快数字化进程。要在政府的指导下，按照产业方式运作，在产业运行机制、商业盈利模式上下功夫，以产业化推进数字化，以数字化带动产业化。

3. **推进有线电视数字化，要加强组织，狠抓落实，形成合力**

今年有线电视数字化的任务很重，时间很紧，困难也会很多。各级广电部门要加大工作力度，加强对这项工作的组织领导，主要领导亲自抓，专门机构具体抓，分工明确，责任到人。各试点单位更要努力做到组织落实、人员落实、任务落实、责任落实，确保试点工作各项任务圆满完成。需要指出的是，广播电视作为一个完整的系统和有机整体，任何一个部门、一个环节出了问题，都会影响整个数字化的进程，因此必须要有全局观念、整体意识，按照社会化大生产的要求，合理分工，明确定位，各司其职，团结协作，艰苦奋斗，发挥系统优势和整体力量，形成完整的发展链条，推动数字化健康有序发展。

总之，推进有线电视数字化意义重大、责任重大、任务重大。当前全面推进有线电视数字化条件很好、时机很好、环境很好。我们相信有党中央国务院的高度重视，有各级党委政府的关心支持，有广大人民群众的热切期望，有各有关部门的团结协作，有广电系统的顽强拼搏，我们一定能够按时完成这项重要任务，向党中央、向人民群众交上一份满意的答卷。让我们在以胡锦涛同志为总书记的党中央坚强领导下，高举邓小平理论和“三个代表”重要思想的伟大旗帜，认真贯彻落实党的十六大、十六届三中全会和全国宣传思想工作会议精神，认真学习贯彻中央领导同志关于有线电视数字化工作的重要指示，统一思想、团结协作，求真务实、开拓创新，全力推进有线电视数字化，为实现全面建设小康社会的宏伟目标做出新的更大的贡献！

（2004年3月25日）

# 依法行政　让广播影视业发展进入新境界

贯彻行政许可法是一件大事，事关政府管理工作全局，牵一发而动全身。中央领导重视，举国上下关注。地方看中央，总局如何贯彻影响全系统，具有示范效应，任务艰巨，责任重大。

## 一、要从全面实践“三个代表”重要思想的政治高度认识这项工作的重要性

宪法规定，中华人民共和国的一切权力属于人民，政府的权力是人民赋予的，必须用来为人民谋利益。我们党和政府的宗旨就是全心全意为人民服务，行政机关的所有行为，包括行政许可行为，都应是为人民服务，为大众谋利，增进公共利益。

行政许可法是一部规范政府自身行为、限制行政权力滥用、保障公民、法人和其他组织合法权益的重要法律，许可法本身就体现着“三个代表”的重要思想。

（一）它按照合法与合理、效能与便民、监督与责任的原则，规范了行政许可的设定和实施，简化了行政许可程序，促使行政机

关提高办事效率，并对便利老百姓办理行政许可提出了一系列明确要求。

（二）它要求政府管理要从以往的管制型政府转变为现代的服务型政府，以民为本，民主行政。例如，许可法通过规定在办理许可中举行听证会、在设定许可中举行立法论证会等多种形式，使行政机关倾听人民群众的意见；通过规定行政许可申请、受理、审查、决定等环节以及期限等方面一系列的制度，来减少环节，提高效率，方便群众。

（三）它要求政府管理公开透明，权责一致。通过规定政府公开透明管理信息来保证公民的知情权，来便利公民监督政府；通过规定行政机关的一系列责任来防止公共权力滥用，并对公民权利提供救济。

可以说，行政许可法是以“三个代表”重要思想为指导、坚持立党为公、执政为民的一部重要法律。贯彻实施行政许可法，就是政府部门在行政管理中具体落实“三个代表”的要求，以实际行动来维护最广大人民的根本利益，以日常工作来实践“权为民所用，情为民所系，利为民所谋”的执政要求。

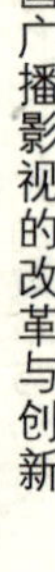

## 二、要从贯彻落实党的十六大精神，建设社会主义政治文明的全局高度认识这项工作的必要性

党的十六大提出了全面建设小康社会的战略目标，发展社会主义民主政治，建设社会主义政治文明，是全面建设小康社会的重要内容。发展社会主义民主政治，最根本的是要把坚持党的领导、人民当家做主和依法治国有机统一起来。

**（一）贯彻行政许可法，有利于促进社会主义民主政治建设，保障人民群众行使当家做主的民主权利**

建设社会主义政治文明，要求坚持和完善社会主义民主制度，最广泛地动员和组织人民群众依法管理国家和社会事务，管理经济和文化事业，维护和实现人民群众的根本利益。行政许可法的有关规定，体现了政府工作中公开透明、公众参与的民主管理机制，体现了对行政权力的制约和人民群众对政府的监督。

**（二）贯彻行政许可法，有利于推进依法行政、依法治国进程**

依法治国是党领导人民治理国家的基本方略，依法行政是依法治国的基本要求。行政许可法自始至终贯穿着依法行政的精神，明确规定，设定和实施行政许可，应当依照法定的权限、范围、条件和程序。要求行政机关依法办理行政许可，依法承担法律责任。总局作为行政执法机关，贯彻执行行政许可法责无旁贷。

## 三、要从促进广播影视事业、产业改革与发展的高度认识这项工作的紧迫性

在今年的全国广播影视工作会议上，确定了今年广播影视的重点工作就是要做好“五改一加强”，并明确了工作任务和要求。贯彻好行政许可法既是一项具体任务，也是确保今年顺利完成各项重点工作的重要条件。

**（一）全面贯彻实施行政许可法，将有力推动政府职能转变，促进广播影视事业产业改革发展**

改革是广播影视事业产业发展的动力，党的十六大和十六届三中全会提出要大力发展文化事业和文化产业，加快推进文化体制改革，中办文件对文化体制改革提出了明确的要求。我们传统的在计划经济体制下形成的广播影视事业的管理，是一种直接的、微观的、政企不分、政事不分的管理方式，体现了政府全能主义和权力本位主义，这种管理方式，在社会主义市场经济体制下，阻碍了市场机制的发育和产业活力，容易滋生腐败现象和官僚作风，加大行政成本，降低行政效率；随着社会主义市场经济体制的逐步完善和广播影视改革的不断深入，广播影视管理工作出现了许多新情况、新特点、新问题，管理的内容、对象、范围都发生了很大变化。广播影视要改革体制、创新机制，要面向群众、面向市场，就要切实转变政府职能，进一步理顺政事政企关系，逐步实现政企政事分开，使广播影视的政府职能由办广播影视向管广播影视转变，由管微观向管宏观转变，切实强化舆论引导、政策调节、公共服务、市场监管和社会管理等行政职能。而行政许可法通过确立行政许可的基本原则，明确设定行政许可的事项范围，确立了公民、法人或者其他组织自主决定优先、市场优先、社会自律优先的原则，这种“有限政府”的理念，有利于从根本上促进广播影视政府职能转变和管理方式创新。

**（二）全面贯彻实施行政许可法，将有力推动行政管理观念转变，为广播影视事业产业创造良好的发展环境**

贯彻行政许可法，首先要转变管理的理念，促使政府从权力导向型向规则导向型转变，依法管理、依法行政；贯彻行政许可法，要进一步简政放权，降低市场准入门槛，精简行政许可项目，简化行政程序，方便群众，服务群众，有利于吸引更多的社会力量和资金参与广播影视业的发展；贯彻行政许可法，还要增强行政机关的信用意识，建立信用政府，《中共中央关于完善社会主义市场经济体制若干问题的决定》指出："形成以道德为支撑、产权为基础、法律为保障的社会信用制度，是建设现代市场体系的必要条件，也是规范市场经济秩序的治本之策。"行政许可法确立的信赖保护原则就是这一思想的体现。许可法中蕴涵的诚实信用和责任政府理念可以增强社会力量投资广播影视产业的信心，有利于避免市场主体行为的短期化和经济效益的不稳定性，同时要求我们广播影视行政部门从事行政许可行为要审慎负责，不能随意审批、朝令夕改。

**（三）全面贯彻实施行政许可法，将有力推动管理体制与方式创新，提高广播影视行政管理水平**

贯彻行政许可法，重在转变管理观念，推进政府管理体制和管理方式的创新，积极探索适应社会主义市场经济体制的新的行政管理方式、机制。过去我们一方面管得太多，管了大量不该管、管不了的事，该管的事情又没有管好，没有真正管住；另一方面，管理方式单一，将管理等同审批，一要加强管理就搞审批，审批多监管少。这次行政许可法对许可事项进行了限制，并明确规定了监督制度，包括上级行政机关应当加强对下级行政机关实施行政许可的监督检查；同时，要求"谁许可，谁监督"，行政机关要对公民、法人或者其他组织从事行政许可事项活动的监督，把事前行政许可与事后严格监管有机地统一起来，有利于确保把政府该管的事真正管住、管好，切实提高政府行政管理的效能。

## 四、高度重视，迅速行动，扎实工作，切实做好贯彻实施行政许可法的各项工作

贯彻行政许可法意义重大、影响深远，总局全体公务员要以高度的政治责任感，求真务实的工作作风，认真落实好每一项工作，思想要重视，行动要迅速，工作要扎实，以此为契机，全面推进广播影视依法行政，开创广播影视工作新局面。

总局贯彻实施行政许可法工作时间紧、任务重，首先要加强学习，一定要掌握好这部法律的精神实质和主要内容，党组同志要带头学，司长、处长到每一位公务员都要学懂学通学透。同时，清理法规、规范行政许可的程序、建立健全监督制度等一系列准备工作都要在7月1日前完成，大家必须增强紧迫感，按照工作部署切实抓紧抓好。今年上半年的准备工作是否扎实，直接影响到我们贯彻实施行政许可法的水平和质量，影响到我们能否搞好宣传调控、经济调节、市场监管、社会管理和公共服务，影响到我们能否顺利完成中央交给我们的各项工作任务。今年广播影视改革发展的任务很重，不能因为贯彻行政许可法的工作没准备好、没做好而给广播影视管理工作、给广播影视事业产业发展带来不良影响，造成被动。当然，贯彻实施行政许可法还是一项长期的工作任务，还需要长期的努力，长期的实践。

贯彻行政许可法是每个司局、每个公务员的本职工作。公务员作为国家公职人员，遵守法律、执行法律是应尽的基本义务，依法行政是每一个公务员必备的基本素质；业务司局具体负责办理行政

许可事项，司局的一把手是第一责任人，在设定和实施行政许可事项时，绝不允许因为我们思想不重视、工作不到位出现违反行政许可法规定的行为。如果违法，要依法承担法律责任。因此，要明确责任，明确时限，协调配合，抓好督办。

广播影视系统贯彻行政许可法有双重任务，今天参加会议的有机关的同志，有集团的同志，广播影视行政部门在做好贯彻实施行政许可法工作的同时，广播电台电视台要按照中宣部、国务院法制办的统一部署，认真做好贯彻实施行政许可法的各项宣传工作。

我们要以贯彻行政许可法为契机，加快广播影视政府职能转变，加快广播影视管理机制创新，加快广播影视立法步伐，不断创新管理理念，不断提高管理水平，依法行政，依法管理，努力开创广播影视工作新局面，促进广播影视事业产业发展再上新台阶。

（2004年1月17日在广电总局贯彻行政许可法会议上的讲话）

# 创新机制　让各类优秀人才脱颖而出

## ——对全面加强广播影视人才工作的想法

中央前不久召开了全国人才工作会议，这次会议是党中央国务院召开的一次具有历史意义和全局意义的重要会议。胡锦涛总书记、温家宝总理、曾庆红同志作了重要讲话，以邓小平理论和“三个代表”重要思想为指导，深刻阐述了进一步加强人才工作的重要性和紧迫性，确立了新的历史条件下人才工作的基本思路，明确了实施人才强国战略的方针政策、总体要求和目标任务。随后，中央下发了《中共中央、国务院关于进一步加强人才工作的决定》，科学地总结了建国以来特别是改革开放以来我国人才工作的实践经验，对大力实施人才强国战略作出了重要部署，是新世纪新阶段我国人才工作的行动纲领。总局党组已经作出决定：在当前和今后一个时期，将贯彻落实全国人才工作会议精神和中央的《决定》作为一项重要任务抓紧抓好，认真学习，深刻领会，全面贯彻《决定》精神，认真研究制定贯彻落实《决定》的具体措施，大力加强广播影视人才工作，为促进广播影视改革和发展提供坚强的人才保证。下面我就如何学习贯彻中央精神，做好广播影视人才工作谈一些想法。

## 一、认真学习，深刻领会人才强国战略的精神实质

我们目前的首要任务是认真学习中央的《决定》和中央领导同志的讲话精神，深刻领会人才强国战略的精神实质。在学习过程中，要紧密结合广播影视改革和发展的实际，思考如何建设广播影视人才队伍问题。具体讲要从以下几个方面去学习领会。

### （一）充分认识实施人才强国战略的重要意义

中央提出，新世纪新阶段人才工作的根本任务是实施人才强国战略，这是党和国家一项重大而紧迫的任务。胡锦涛同志在讲话中具体阐述了实施人才强国战略的紧迫性和重要性，他讲：国以才立，政以才治，业以才兴，人才问题是关系党和国家事业发展的关键问题，人才工作在党和国家工作全局中具有十分重要的地位。胡锦涛同志进一步深刻地论述了实施人才强国战略的“三个必然要求”：一是抓住和用好重要战略机遇期、应对日益激烈的国际竞争的必然要求；二是全面建设小康社会、开创中国特色社会主义事业新局面的必然要求；三是增强党的执政能力、巩固党的执政地位的必然要求。我们要以胡锦涛同志的讲话精神为指导来认识人才工作，做好人才工作。总局党组中心组要学习，各单位党组党委也要组织专门学习，还要组织全体干部职工学习文件，要使我们的干部职工了解中央关于人才强国战略的思想内涵、主要内容和各项要求，并深刻领会精神实质。

### （二）正确把握人才工作的指导思想和目标任务

中央的《决定》指出，人才资源是最重要的战略资源，要把

人才工作纳入国民经济和社会发展的总体规划，大力开发人才资源，走人才强国之路。实施人才强国战略就是要坚持党管人才原则。党管人才，怎样管法？中央已经明确，就是管宏观、管政策、管协调、管服务。就是要紧紧抓住培养、吸引、用好人才三个环节，大力加强以党政人才、企业经营管理人才和专业技术人才为主体的人才队伍建设，把各类人才集聚到党和国家的各项事业中来。就是要努力营造尊重劳动、尊重知识、尊重人才、尊重创造，有利于优秀人才脱颖而出的良好氛围。就是要形成鼓励人才干事业、支持人才干成事业、帮助人才干好事业的社会环境。

### （三）牢固树立科学的人才观

要建好广播影视人才队伍，一定要以科学的人才观为指导。科学的人才观包括这样几个方面的内容：

**第一个是人才资源是第一资源的观念。**

怎样来理解人才资源是第一资源？我想，可以这样来理解：在生产力三个基本要素，也就是劳动者、劳动资料和劳动对象三个要素当中，劳动者也就是人力资源或者说人才要素是决定因素。对一个国家来说，综合国力，综合竞争力包含了许多因素，其中，最关键的是人才的总量、质量和结构，也就是说，人才优势是最大的优势。对我们广播影视行业来说，发展的动力来源于国家政治稳定、经济高速发展、人民生活水平提高、对精神文化产品的需要日益增长、科学技术的发展，但是，最关键的还在于人才的开发利用。所有这一切，归根结底，都是要人才来做的，产业化发展的思路和办法，要有一个优秀的人才集体来出思路，做方案，抓落实。对一个具体的单位来说，你的设备再先进、发展的机遇再好，如果没有一流的管理人才，一流的专业技术人才，一流的经营人才，你也做不出好节目，拍不出好电影，不能获得好的社会效益和经济效益。国际上那些成功的大企业，为什么有那么大的实力，关键还是拥有一流的拔尖人才。国内也是这样，海尔、方正之所以成功，就是因为有张瑞敏、王选这样的优秀人才，没有张瑞敏就没有海尔，没有王选就没有北大方正。反过来看，我们电视台、电台的一些名牌栏目、名牌节目，像《焦点访谈》、《新闻纵横》等等，之所以能得到领导的肯定，群众的认可，创造了很好的社会效益和经济效益，其中有一个很重要的原因，就是这些节目拥有优秀的策划人员、优秀的记者编辑、优秀的主持人、制片人。所以，我们要把人才资源的开发利用作为广播影视改革和发展的第一推动力来看待、来重视，来做好各项工作。

**第二个是人人都可以成才的观念。**

人才对我们的事业发展具有举足轻重的作用，那么人才从哪里来呢？这就要求我们要转变观念，突破过去“人才就是中专以上学历，初级以上职称的专业人员”的局限，重新认识人才、评价人才、使用人才。过去我们总是说人才缺乏，嫌人才不够用，这也跟我们的眼界不够宽，观念不够新有关系。那么到底什么样的人可以称为人才，可以开发利用，可以成为推动我们事业发展的第一推动力呢？中央提出：人才存在于人民群众之中，只要具有一定的知识和能力，能够进行创造性劳动，为推进社会主义物质文明、政治文明、精神文明建设，在建设中国特色社会主义伟大事业中做出贡献，都是党和国家需要的人才。从我们广播影视行业来说，记者编辑是人才，播音员主持人是人才，演员导演是人才，工程技术人员是人才，管理干部也是人才，企业经营干部是人才，技术工人也是人才。我们有的单位，工程师、高级工程师很多，就是没有熟练的技术工人，缺乏高技能人才，工作同样是做不好的。我们要开阔思路，把凡是能够为广播影视改革和发展做出贡献的都视为必需的人才，纳入工作视野，这样才能建设一支规模宏大，素质优良，结构合理的人才队伍。我们要为每个人的发展创造广阔天地，把每个人的潜能和价值都充分发挥出来。

**第三个是以人为本的观念。**

人才工作是做人的工作，核心是为各类人才的健康成长和发挥作用创造有利条件，既切实抓好教育、培训、引导人才的各项工作，又切实抓好使用、关心、激励人才的各项工作。我们往往有比较大的兴趣招聘人才，但是在人才招进来后的使用问题上却没有足够的重视。在这里，我想再次强调，要“用人所长，容人所短”，要辩证地实事求是地看待人才，合情合理地使用人才，如果不这样，我们身边的许多人才就会被埋没。以人为本，就是要充分信任、尊重、依靠每一个干部职工，就是要使职工个人的发展目标与组织的目标统一起来，把职工个人的利益与单位的集体的利益统一起来，使个人参加学习、培训与单位组织学习、培训统一起来。为每一位职工设计最合适的岗位，使每一位职工都能适合工作岗位的需要，并能在岗位工作的实践中充分地发挥个人的潜能，充分地发挥主动性、积极性、创造性，从而使人人都能做出贡献，产生荣誉感和自豪感。实际上，每个人都有好好工作的愿望，作为领导，要善于发现他们的长处，关心他们。要做好老干部工作，为老干部做好保障工作，也是一个人才引导的问题，也是一个人才保障的问题，老干部的工作做好了，正在岗位上努力工作的人才能更加稳定，更加有积极性。这就是以人为本。相反，对干部职工漠不关心，片面地对职工实行管、卡、压，对干部职工重使用轻培养培训，经常成为干部职工的对立面，这样的单位，这样的领导不可能做到以人为本。以人为本就是要求我们各单位、各级领导要努力促进广播影视事业和广播影视人才的全面协调发展。

**（四）加大宣传力度，创造良好的舆论环境**

中央人才工作协调小组要求总局和有关单位一起，加大宣传力度，营造有利于贯彻落实中央《决定》、推进人才工作的舆论环境。我们要认真制定宣传工作方案，采取多种形式，大力宣传全国人才工作会议精神，宣传实施人才强国战略的重大意义和基本要求，宣传各地区各部门做好人才工作的经验做法，营造全党全社会高度重视、关心、支持人才工作的氛围，努力形成尊重劳动、尊重知识、尊重人才、尊重创造的良好环境。总局所属新闻单位，在今后一段时间内要集中一段时间，在重点节目、栏目，以生动丰富的形式，加强加大对人才工作的宣传，为更好地实施人才强国战略创造良好的舆论氛围。

## 二、提高认识，认真落实人才工作的目标任务

广播影视事业是党和国家事业的重要组成部分，广播影视人才是国家整体人才队伍的重要组成部分。人才问题是关系广播影视改革和发展的关键问题，人才因素是建设现代化广播影视业的决定因素。我们要从发展的高度充分认识人才工作的极端重要性，把人才工作纳入广播影视工作的总体规划，作为一项战略性的工作抓好落实。要从这样几个方面来认识人才工作的重要性，落实工作责任：

### （一）建好人才队伍，更好地履行广播影视职责

广播影视人才队伍是建设中国特色社会主义事业的一支重要力量，担负着“以科学的理论武装人，以正确的舆论引导人，以高尚的精神塑造人，以优秀的作品鼓舞人”的神圣职责。广播影视人才队伍的素质高低，直接影响到广播影视宣传和舆论引导水平；直接影响到能否为广大人民群众提供健康丰富的精神文化产品，满足人民群众日益增长的精神文化生活需要；直接影响到能否为改革发展稳定创造良好的舆论环境。因此，加强人才工作，建设高素质的广播影视人才队伍，是提高广播影视宣传和舆论引导水平的基础性、决定性工作，必须抓紧抓好。

### （二）提高队伍素质，为增强广播影视实力提供智力支持

党的十六大把文化事业和文化产业相区别、相并列，明确强调大力发展文化事业和文化产业。我们面临的环境更加复杂了，任务更重了。无论是发展广播影视事业还是广播影视产业，都需要一支数量充足、结构合理、素质较高的人才队伍。目前我们队伍的现状是基本上可以完成工作任务，但是在很多方面与加快发展的需要还有很大差距。主要表现在缺乏优秀的党政管理人才，缺乏适应广播影视产业化发展需要的经营管理人才，缺乏推动广播影视科技发展的“学科带头人”，以及适应新技术发展的高级技术人才。无论是数字化发展、产业化发展，还是“西新工程”、“走出去工程”建设，如果没有足够的人才支持，党中央、国务院赋予我们的职责任务就不可能完成，总局确定的各项目标就不可能实现。同时，我们要清醒地看到，广播影视市场的竞争已经开始，愈演愈烈，不可回

避，竞争的实质和核心是人才的竞争。我们只有在人才培养、吸引、使用各方面做得更好，核心竞争力才能更强，才能在竞争中占得先机，才能进一步增强我们广播影视的实力。同时，我们面临推动广播影视改革的繁重任务，改革涉及到方方面面，头绪很多，任务很重，重点是改革体制，创新机制，面向群众，面向市场。改革最大的难度在哪里呢？归根结底，还是人才问题，一方面需要一大批素质优良的管理人才、专业人才、经营人才来制定改革方案，落实改革措施，推动事业和产业协调发展；另一方面，改革是对体制、机制的变革和创新，是对生产关系的调整，最终也是对人才在事业、产业发展过程中作用和利益的调整。改革的成果不仅要体现为事业和产业的双向发展，两翼齐飞，更要体现为广播影视人才的全面发展，实现全国人才工作会议提出的“促进经济社会发展和人的全面发展”的目标。

**（三）做好人才规划，加强责任目标考核**

总局党组要加强对人才工作的研究，总局人教司要组织力量尽快研究制定出广播影视人才规划。各单位领导班子也要加强对人才工作的领导，经常分析人才工作遇到的问题并采取切实的措施抓好人才工作。各单位要把人才工作列入工作日程，有计划、有检查、有落实。各部门、各单位要分解任务，明确责任，通力合作，形成人才工作的合力。各单位要加大对人才工作的资金和人力投入，保证中央和总局的各项要求落到实处。总局人事教育司作为人才工作的协调部门，要切实加强对广播影视人才队伍建设的协调和服务。要将人才工作列为各部门各单位领导班子考核的重要内容，作为评先创优的重要条件。不重视人才工作，没完成任务目标的单位及其领导，不能评为优秀等次，不能参加各项先进评选。

## 三、创新机制，努力促进各类优秀人才脱颖而出

全面加强人才工作，实施“广电人才工程”，当务之急是要创新人才工作机制，坚决破除那些不合时宜、束缚人才成长和发挥作用的观念、做法，为人才队伍建设提供机制和制度保障。为此，要继续认真贯彻落实中组部、中宣部、人事部、广电总局《关于进一步深化广播影视事业单位人事制度改革的实施意见》，加大改革力度，深化改革内容，通过深化改革，加强制度建设。促进各类人才的培养、选拔、使用、流动、激励和保障的规范化、制度化。具体说就是要在创新和完善机制上下功夫。

### （一）建立和完善教育培训与岗位实践相结合的人才培育机制

人才培育的核心是能力建设，重点培养人才的学习能力、实践能力和创新能力。教育和培训工作是提高人才能力最直接、最有效的方式，各单位要下大力气做好教育培训工作，根据广播影视发展对各类人才提出的新要求，完善能力建设标准和教育培训内容。要树立起人才投入是最有效投入的观念，加大对人才培养的投入力度，总局今年已经将教育培训经费从500万元提高到了700万元，今后还要根据需要，逐年增加，各单位也要安排相应的教育培训专项经费。总局正在筹备与一些著名的高校联合举办MBA、MPA研修班，与境外培训机构合作，开展高层次的外语培训和管理干部培训。教育培训是对人力成本的投入，要充分调动单位和职工两个方面的积极性，一方面单位要创造条件，加大投入，鼓励职工参加各

类教育培训。另一方面职工本人也要积极争取机会，主动参加各类社会培训，投入一定的精力和财力，提高自身素质和能力。

人才培育还要特别强调岗位培养。总局和各单位都要努力创造条件，建立干部岗位锻炼的机制。要把各级干部和后备人才放到急、难、险、重的岗位上去磨练意志、增长才干。过去我们在这个方面做了一些工作，取得了成效，主要是通过干部交流轮岗、挂职锻炼等方式，培养锻炼优秀的年轻干部。我们过去把一些同志送到西部地区、送到基层单位去挂职锻炼，这些同志开阔了眼界，增长了才干，得到了锻炼。今后有机会，我们要把更多的干部送到基层去，送到艰苦地区去。

**（二）建立和完善有利于优秀人才脱颖而出、充分施展才能的选人用人机制**

以扩大民主、加强监督为重点，进一步深化干部选拔任用制度改革，不断提高科学化、民主化、制度化水平，扩大干部竞争上岗的层次和范围。对企业经营管理者，坚持组织选拔和市场配置相结合。过去我们基本上是用选拔干部的方式配备企业领导班子，今后一定要努力探索按照现代企业制度和法人治理结构去选拔企业干部，组建企业管理机构，可以尝试敞开大门，面向社会，公开选拔，公开招聘广播影视企业经营管理者。以推进聘用制和岗位管理制度为重点，促进固定用人向合同用人、身份管理向岗位管理的转变。聘用制有一个编制内聘用和编制外聘用的问题，不能再有“临时工”这个概念，只是在编制内还是编制外的问题，聘用时间长短的问题。聘用规范按需设岗、竞聘上岗、合同管理等环节，逐步做到人员能进能出，职务能上能下，待遇能高能低。

### （三）建立以能力和业绩为导向的科学的人才评价机制

广播影视人才的评价体系，主要由品德、知识、能力和业绩四个部分组成，在这四个部分中，由于广播影视行业的特殊属性，要特别强调以政治思想水平为核心的品德标准。不管是党政人才、专业技术人才还是企业经营管理人才，都要以政治思想水平为第一标准去衡量。要坚持不唯学历、不唯职称、不唯资历、不唯身份的原则，切实克服人才评价中重学历、资历，轻能力、业绩的倾向，要不拘一格评价人才，选好人才，用好人才。

要用科学的发展观和政绩观去评价各级干部。我们要努力建立健全一套科学合理的制度、标准和方法，形成科学评价体系，全面准确地评价干部的工作成绩，为科学地识别和使用干部提供依据。怎样评价干部的政绩？胡锦涛同志提出了明确的要求：既要看经济建设的成就，又要看社会进步的成果；既要看经济增长的总量，又要看人民群众得到的实惠；既要看当前的发展，又要看发展的可持续性；既要看经济社会的发展，又要看党的建设的成效。按照胡锦涛同志的要求，我们广播影视系统如何正确评价和使用干部呢？我想主要有这样几条：看导向是否正确，看广播影视节目的收听率、收视率和票房如何，看产业化经营的效益如何，看发展的后劲怎么样，看干部职工的收入是不是稳定增长，看群众的困难问题是不是得到了解决，看党风廉政建设搞得好不好，看人才队伍建设得如何，等等。那么怎么样才能看清看准呢？就需要进一步加强和规范对干部的考核考查，就需要进一步完善民主推荐、民主测评、民主评议制度，把群众的意见作为考核评价干部的重要尺度，就需要改革和完善干部考核办法，强化日常工作考核、岗位责任考核，丰富

年终考核的内容。对企业经营管理人员的考核就是要以市场效益为核心，围绕任期制和任期目标责任制，突出对经营业绩和综合素质的考核。

以上说的是对领导干部和经营管理人员如何评价的问题，对专业技术人员如何评价呢？我想还是要以能力和业绩为核心，对节目制作和艺术创作人员来说，看做出来的节目是不是坚持了正确的导向，是不是做到了三性的统一，是不是有良好的社会效益和经济效益，能不能得到听众、观众的喜爱。工程技术人员能不能保障安全播出，是不是促进了技术进步。总之要看工作的实绩，不能光看学历高低、职称高低。但是，我们目前还不能完全取消学历、职称、资格这些条件，怎么办？就是要进一步改革专业技术职务评聘办法，实行评聘分开，打破专业技术职务终身制。积极推进广播影视职业资格证书制度，对播音员主持人、广播影视工程技术运行维护人员、广播电视采编人员、电视剧制片人等关系广播影视宣传质量和安全播出的重要岗位实行行政许可、资格准入、持证上岗。

**（四）建立和完善能激发积极性和创造性的人才激励机制**

坚持效率优先、兼顾公平原则，以鼓励劳动和创造为目的，加大对人才的有效激励，全面推行以岗位绩效工资为主体的薪酬分配制度，探索人才构成中的生产要素按贡献参与分配的实现形式和办法。用年薪制、协议工资制、股权、期权分配等适当的分配激励方式吸引人才、留住人才。同时，要对优秀人才、关键岗位和突出贡献进行分配倾斜，建立精神和物质相结合的奖励机制。国际台前些年人才流失比较严重，这两年积极探索以强化岗位考核和绩效分配为主要内容的分配制度改革，激励作用增强了，队伍越来越稳定了，一些过去流失的人才，最近开始回流，又要求回到国际台工作。这是一个很好的现象，要进一步完善这些制度，吸引和激励人才发挥作用。

## 四、突出重点，抓紧抓好紧缺人才的培养

广播影视人才队伍建设的最终目标是实现党政管理人才、专业技术人才、企业经营人才的协调发展，加强人才工作需要三支队伍一起抓，以培养造就高层次人才带动整个人才队伍建设。工作的重点是各级领导干部、优秀的企业经营管理人才、高层次技术专家、采编播高级复合型人才、德艺双馨的艺术家。要针对不同特点实行分类培养，不断推进制度创新，形成有利于高层次人才成长的机制和环境。

### （一）以思想政治建设为重点，树立求真务实的作风，加强干部队伍建设

着眼于建设一支政治思想强，熟悉现代媒体发展规律，有创新意识和能力的领导干部队伍这样一个总体目标，坚持用“三个代表”重要思想教育引导干部，用以武装头脑、指导实践、推动工作，踏踏实实为群众办实事，谋实利。在这里要特别强调，我们各级干部要大力弘扬求真务实精神，大兴求真务实之风。要认真学习贯彻胡锦涛同志在中纪委第三次全体会议上的讲话精神，下大决心，花大力气解决干部队伍思想作风问题。胡锦涛同志列举了党员干部队伍中存在的亟待解决的十个方面的问题，就是：不思进取，得过且过；作风漂浮，工作不实；好大喜功，急功近利；随心所

欲，自搞一套；心态浮躁，追名逐利；弄虚作假，欺上瞒下；明哲保身，患得患失；贪图享受，奢侈浪费；以权谋私，与民争利；高高在上，脱离群众。这些问题，在我们广播影视系统的一些部门和单位中也有，有的地方还比较严重。我们要按照胡锦涛同志的讲话精神，在广播影视系统狠刹形式主义、官僚主义的歪风，时时处处坚持重实际、说实话、务实事、求实效，大力发扬脚踏实地，埋头苦干的作风。要认真贯彻落实《党政领导干部选拔任用工作条例》，加大干部选拔任用工作中的民主，做到用好的作风选人，选作风好的人。要切实加强对各级领导干部的监督管理，把中央和总局关于干部监督的各项规定落到实处。要加强干部队伍思想教育，树立马克思主义的世界观、人生观、价值观和正确的权力观、地位观、利益观，艰苦奋斗、廉洁奉公，不断提高各级干部求真务实的自觉性。

**（二）要以营造制度环境为重点加强高层次专业技术人才队伍建设**

高层次专业技术人才难以脱颖而出，导致数量不足、结构不合理，在相当程度上是制度、机制造成的。为此，总局、集团以至各单位要积极探索建立重大工程技术项目总设计师、总工程师负责制，重要科研或课题学科带头人责任制，重要栏目（节目）首席记者、编辑、播音员、主持人等制度，促进行业内部高层次专业技术人才健康成长和发挥作用。比如中央电视台的十佳播音员主持人评选制度、山东广电部门的首席记者、首席播音员制度，要不断地完善，并加以推广。要建立实行具有激励功能的分配机制，使各类优秀人才的劳动、创造和贡献能得到相应的报酬。此外，要注意建立和完善保险和福利相结合的人才保障机制。根据国家的政策，结合自身实际情况，对各类优秀人才要实行保险制度，解除他们的后顾之忧。要改善福利制度，逐步实现福利货币化，破除福利平均分配的弊端，不断提高各类人才的生活待遇。要注意建立和完善畅通有序的人才流动机制，鼓励各类人才通过合理的流动找到合适的岗位，发挥最大的作用。要在文化体制改革试点、广播影视体制改革的进程中，打破体制束缚，促进体制内人才与社会各类人才的流动，面向全社会广纳贤才。

**（三）要通过培养与吸引相结合的方式，加强产业经营人才队伍建设**

随着社会主义市场经济的不断发展，广播影视的产业功能日益凸现，产业经营人才严重缺乏的矛盾也越来越突出，这已经成为制约广播影视产业化发展的一大障碍。因此我们一方面要立足于自己培养，例如选送一批干部参加国内外高校有关专业的进修、研修或学历教育，到一些先进的文化企业见习、实习或挂职锻炼，培养一批熟悉产业政策，精通市场运作的媒体经营、融资投资、企业管理、市场营销等方面的人才。另一方面解放思想，开阔思路，充分发挥市场在人才资源配置中的作用。现在很多大型的国有企业都在面向社会，甚至面向海外招聘管理人才和高层次专业技术人才，我们系统内有一些单位也面向系统外招聘了管理人才。我想，在广播影视体制改革的过程中，今后从事业单位剥离、重组企业，不要受体制束缚，不要再用选拔机关干部的办法组建领导班子，可以引进职业经理人，去管理我们的企业，经营我们的产业。

## 五、加强领导，扎扎实实地推进工作

胡锦涛同志在全国人才工作会议上的讲话中指出："实施好人才强国战略，关键在党。各级党委要坚持党管人才原则，进一步加强和改进对人才工作的领导，不断提高人才工作水平。"我们一定要按照胡锦涛同志的要求，加强对人才工作的组织领导，扎扎实实地推进工作，努力开创广播影视人才队伍建设的新局面。

各级党委（党组）是人才工作的第一责任人，一把手是主要的责任人，各单位的领导班子特别是一把手要切实担负起组织、领导、协调、服务的责任，要做到提出发展目标的同时考虑人才需求，制定工作规划时考虑人才保证，制定工作措施时考虑人才导向。各级领导干部一定把思想统一到全国人才工作会议的精神上来，切实重视人才工作。当年邓小平同志提出"不重视抓教育的领导者不是成熟的领导者"，同样，不重视抓人才工作的领导者也不是成熟的合格的领导者。因此，希望各级党委和领导班子要认真研究制定出具体的措施，提出抓好人才工作的基本思路，扎扎实实地做好培养人才、吸引人才和使用人才这篇大文章。

干部人事部门作为各单位重要的职能部门，在实施人才强国战略，加强广播影视人才队伍建设工作中负有重要职责，要充分发挥职能作用。怎么样发挥作用呢？一是要认真学习贯彻全国人才工作会议的精神，掌握政策。二是要在各级党委（党组）的统一领导下，把《中共中央、国务院关于进一步加强人才工作的决定》的各项部署落到实处，结合各单位的实际，制定工作方案。三是要进一步转变职能，转变工作思路，转变工作方式，为人才的培养、吸引和使用做好管理和服务工作。

总之，干部人事部门也要注重加强队伍的自身建设，逐步改善工作环境，提高工作待遇，吸纳优秀人才到干部人事部门工作，充实干部人事部门力量。干部人事部门的同志要加强学习，转变观念，开拓创新，不断提高自身素质。只有这样，人事部门才能为实施“广电人才工程”做出贡献，才能为广播影视人才队伍建设做出新的贡献。

（2004年2月26日在总局人才工作座谈会上的讲话）

# 关键是要与时俱进开拓创新

## ——一谈广播影视干部人事制度改革

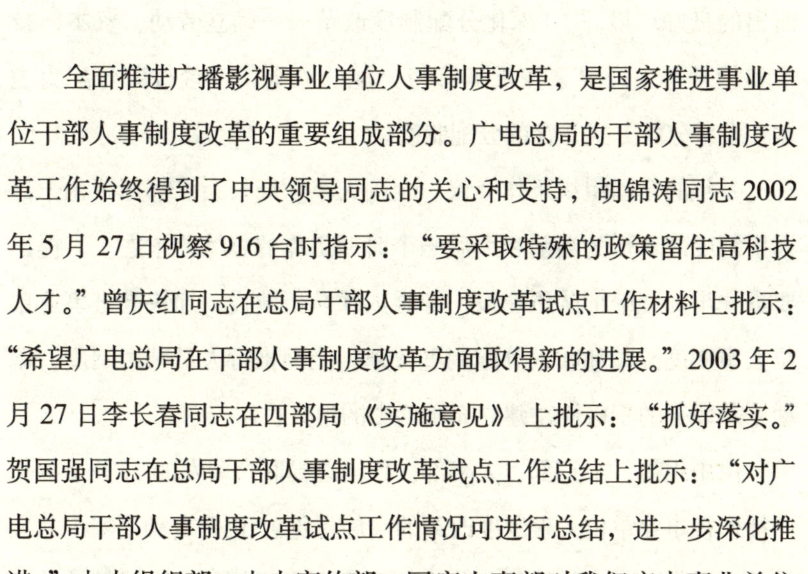

全面推进广播影视事业单位人事制度改革，是国家推进事业单位干部人事制度改革的重要组成部分。广电总局的干部人事制度改革工作始终得到了中央领导同志的关心和支持，胡锦涛同志 2002 年 5 月 27 日视察 916 台时指示："要采取特殊的政策留住高科技人才。"曾庆红同志在总局干部人事制度改革试点工作材料上批示："希望广电总局在干部人事制度改革方面取得新的进展。"2003 年 2 月 27 日李长春同志在四部局《实施意见》上批示："抓好落实。"贺国强同志在总局干部人事制度改革试点工作总结上批示："对广电总局干部人事制度改革试点工作情况可进行总结，进一步深化推进。"中央组织部、中央宣传部、国家人事部对我们广电事业单位进行的干部人事制度改革给予了及时的关心和指导，过去两年来还多次参与我们的调研。

为了贯彻落实中央领导同志的指示精神，推进广播影视事业单位人事制度改革，我谈谈我的一些看法。

## 一、深化干部人事制度改革，是贯彻落实十六大精神的具体体现

党的十六大报告指出："深化干部人事制度改革。要努力形成广纳群贤、人尽其才、能上能下、充满活力的用人机制，把优秀人才集聚到党和国家的各项事业中来。……打破选人用人中论资排辈的观念和做法，促进人才合理流动，积极营造各方面优秀人才脱颖而出的良好环境。""深化分配制度改革……确立劳动、资本、技术和管理等生产要素按贡献参与分配的原则，完善按劳分配为主体、多种分配方式并存的分配制度。"

今年的全国组织工作会议、全国人事厅局长会议都把深化干部人事制度改革作为当前和今后一个时期工作的总体要求之一，提出要进一步加强干部队伍建设，加强人才队伍建设，加快推进事业单位人事制度改革和收入分配制度改革，全面推行人员聘用制度，调动干部职工的积极性，建立充满活力的用人机制。

由中组部、中宣部、人事部、广电总局联合印发的《关于深化广播影视事业单位人事制度改革的实施意见》正是贯彻落实十六大精神、贯彻落实全国组织工作会议和全国人事厅局长会议精神的具体体现。这个文件具有很强的时代特点，很强的针对性，通篇贯穿着十六大开拓创新、与时俱进的思想精髓。《实施意见》从1999年在国家人事部立项到正式出台历时三年多时间，其间我们做了大量的调查研究工作。可以说，《实施意见》是在边实践边总结的过程中逐步形成的，是经过中组部在总局抓改革试点的实践中不断探索总结、逐步完善成型的。在《实施意见》的起草和修改阶段，

中组部、中宣部、人事部等部门提出了许多很好的指导和修改意见，倾注了大量的心血和精力。2001年广电总局被中组部确定为干部人事制度改革综合试点单位后，总局党组狠抓落实，积极推进，成立了改革试点工作领导小组和办公室，进行深入动员，认真调研，制定文件，取得了一系列改革成果。一方面是在总结广电单位改革实践经验的基础上形成了法规性成果，印发了《国家广电总局干部人事制度改革试点主要规章制度汇编》（广党发人字［2002］65号文件），文件汇编包括《国家广电总局领导干部竞争上岗工作实施办法》、《国家广电总局事业单位聘用制暂行办法》、《国家广电总局事业单位内部收入分配制度改革的意见》在内的9个规范性文件；另一方面是针对解决重点和难点问题，形成了系统有效的实践成果。这些成果包括：一是积极推进领导干部选拔任用制度改革，落实广大干部职工在干部选拔任用工作中的知情权、参与权、选择权和监督权，总局机关副处级到副局级领导岗位普遍采取竞争上岗的方式进行选拔。中央广播电台在公开竞争上岗过程中，先后有180人报名参加57个岗位的竞争，使50名优秀中青年干部走上领导岗位。二是深化事业单位用人制度改革，推行全员聘用制度，中央电视台率先与2000多名正式职工签订《聘用合同书》，将国家固定身份管理转变为聘用合同管理，实现了用人制度的转变。中央人民广播电台音乐频率在用人、分配改革上大胆创新，建立全新的岗位责任考核体系，配合节目的整体改革，取得了积极的效果。三是深化单位内部收入分配改革，实行以岗位工资为主要内容的多种分配方式并存的内部收入分配办法，做到经费来源合法、标准合理、发放透明。国际广播电台在创收少，职工收入低，队伍不稳定的情况下，大胆改革分配制度，建立节目听评制度，把业务

考核与分配结合起来，拉开分配档次，单位收入随节目考核质量上下浮动，个人收入随岗位考核结果上下浮动，激发了职工的积极性，提高了节目质量，取得了好的效果。以上试点工作取得的成果，对《实施意见》的起草和修改起到了积极的作用。

党的十六大召开以后，我们又按照十六大精神对《实施意见》逐字逐句修改了一遍，把文件内容统一到十六大精神上来。《实施意见》在改革用人制度、搞活内部分配、完善岗位管理、加强岗位培训等政策方面都有创新。可以说，《实施意见》是一个很好的文件，它是全国广播影视系统事业单位人事制度改革的经验总结，是广播影视系统实行事业单位人事制度改革探索和实践的智慧结晶，是指导广播影视事业单位深化人事制度改革的基本政策依据，是深化广播影视事业单位人事制度改革的规范性文件。因此，全系统各单位的改革都要按照《实施意见》规定的各项内容认真组织，积极推进，抓好落实。

党的十六大确定的干部人事制度改革、分配制度改革目标为我们贯彻《实施意见》指明了方向，中共中央办公厅印发的《深化干部人事制度改革纲要》、国务院办公厅转发的《关于在事业单位试行人员聘用制度的意见》、中组部人事部印发的《关于加快推进事业单位人事制度改革的意见》等文件为全面深化广播影视事业单位人事制度改革提供了良好的政策环境和文件依据。广播影视系统各单位要抓住机遇，勇于创新，大胆改革，以十六大精神统领广播影视干部人事制度改革，把广播影视事业发展推向一个新阶段。

## 二、深化干部人事制度改革，是促进广播影视事业发展的有力保证

### （一）深化干部人事制度改革是广播影视业改革发展的需要

当前，广播影视业面临着难得的发展机遇。根据十六大精神，随着其他各项经济改革的推进和产业结构的调整，文化产业结构也将进行调整，文化体制改革的步伐将进一步加快。广播影视作为文化产业的一个重要组成部分，是最活跃、受众最多、能够产生最大效益的一个部分，也是最有活力、最有实力、最有影响力的一部分。广播影视所具有的产业性质要求我们要以市场需求为先导，以新业务开发为着力点，拓展经营范围，盘活可经营性资产，在市场竞争中壮大实力，为广播影视业加快发展提供强大的物质支持。为此，总局提出 2003 年要以网络发展和广播发展为重点，大力发展广播影视事业，加大广播影视产业开发力度，开辟以广告开发为主、付费电视付费广播业务等多项开发并举的新路子。同时以宣传和机制创新为重心，进一步加大广播影视改革力度。我们说广播影视业是文化产业中最活跃、最有实力的组成部分，而人、劳动者又是广播影视生产力中最活跃、最富创造性、最具决定性的第一要素。所以，对人事管理制度而言，就需要突破原有用人模式的束缚，全面推进广播影视人事制度改革。建立起既符合党和国家要求、又符合广播影视特点、能够有效调动和提升人的积极性的用人办法和制度，为广播影视事业发展提供强有力的组织保证和人才保证。

**（二）深化干部人事制度改革是建设高素质广播影视队伍的需要**

我国加入 WTO 以后，特别是十六大之后，我国的各项改革将进一步深化，进一步加快步伐。我们广播影视业的改革发展既面临机遇，又面临严峻的挑战。我们能否抓住机遇迎接挑战，一个非常重要的条件就是能否建设一支政治强、业务精、纪律严、作风正的高素质的广播影视队伍，在于能否通过改革建立形成一种有利于优秀人才脱颖而出的机制。因此，迫切需要我们通过改革，实现对不同事业单位不同岗位的分类管理，建立健全事业单位用人上的自我约束机制，理顺单位与个人之间、事与人之间及人与人之间的关系，合理开发、配置人力资源，充分发挥收入分配的激励作用，把人们的潜能发挥出来，把人们的积极性最大限度地调动起来，从体制上、机制上解决压抑人才、埋没人才、浪费人才和流失人才的问题，为进一步发展广播影视生产力提供动力。广播影视事业经过多年的发展，已经形成一支汇聚宣传、艺术、技术、管理、经营等多方面人才的具有一定素质的庞大队伍。这支队伍为广播影视事业建立了不可磨灭的功绩，而要实现新世纪的跨越式发展，实现广播影视事业做强做大的目标，必须进一步提高队伍的整体素质，进一步增强队伍的凝聚力、提高队伍的战斗力，进一步加大广播影视改革力度提高队伍的创新力。迫切需要我们通过深化改革从思想上打破论资排辈、身份管理、官本位等陈旧观念，打破行政依附关系，建立有利于优秀人才脱颖而出、健康成长、吸引人才、人尽其才的机制，努力营造一个“事业留人、感情留人、适当的待遇留人”，形成一个拴心留人、凝聚人心的良好环境，培养一种积极进取、奋发有为、争做贡献的工作作风。使优秀人才能够进得来、冒得出、用得上，还要能够留得住。百业兴旺，尽在人才，科技的竞争，宣传的竞争，事业的竞争，说到底都是人才的竞争，是激励人才机制的竞争。所以我们要深化人事制度改革，千方百计培养造就一支广播影视的专门人才队伍，形成一大批有坚定的政治信念、有高尚的道德情操、具备精湛的业务技能，又具有创新意识和现代知识的名记者、名编辑、名主持人、名导演、名演员和优秀的党政领导干部、优秀的经营管理人员、优秀的工程技术人才。有了这样一支人才队伍，我们相信一定能够把我国的广播影视事业建设成为导向正确、引导有力、精品迭出，具有中国特色社会主义的现代化的强大的广播影视事业。事在人为，关键在人，关键在人才，关键在队伍的素质，而所有这一切的关键，又在于建立形成一种有利于人才脱颖而出、人才辈出的干部人事管理激励机制。只有这样，才能使我们的广播影视业在激烈的竞争中立于不败之地。

## 三、深化干部人事制度改革要与时俱进，开拓创新

按照中央“发展要有新思路、改革要有新突破、开放要有新局面、各项工作要有新举措”的要求，积极稳妥地谋划广播影视事业单位的人事制度改革。在改革中抓住重点，突破难点，解开疑点。

### （一）抓住重点

重点有两个，一个是推行全员聘用制度，另一个是搞活内部收入分配，在我们广播影视事业单位建立符合广播影视工作性质和运行特点的，单位自主用人、人员自主择业、政府依法管理、配套措施完善的人事管理制度，形成人员能进能出、职务能上能下、待遇能升能降，人才结构合理，有利于优秀人才脱颖而出，充满活力的用人机制和分配激励机制。通过创新机制，激发活力，增强动力，提高我们广播影视业的竞争力和综合实力。核心问题就是要调动人的积极性，激发人的创造性。改革的关键是建立调动积极性的新机制，包括竞争机制、激励机制、约束机制和保障机制。实行聘用制度，就是用人单位与受聘人员按照国家有关法律、法规和政策，在平等自愿、协商一致的基础上，通过签订聘用合同，明确用人单位和受聘人员双方与工作有关的权利和义务。这样，双方之间就形成了受法律保护的平等的人事劳动关系，各自是平等独立的人事主体。通过实行聘用制，实现人事管理的“四个转变”：一是从对人员的身份管理变为岗位管理，二是从单纯的行政管理变为法制管理，三是从行政任用关系变为平等协商的任用关系，即从行政依附关系变为平等的人事主体，四是从国家用人变为单位用人。实质是，通过实行聘用制，可以从用人制度上废除终身制、打破铁饭碗，使干部职工增强危机感、紧迫感、责任感。与实行聘用制改革相适应，必须改革单位内部的收入分配制度，主要内容就是实行岗位工资，劳动、技术、管理、策划等生产要素按实际贡献参与分配。岗位变了，薪酬跟着变，每个岗位都根据责任大小、工作量和工作难度大小以及履行岗位职责的业绩大小、贡献大小来确定待遇。这样，就打破了平均主义的大锅饭，就可以真正调动起人们的积极性，激发创造性。因此，我们要抓住事业单位实行全员聘用制度和深化单位内部收入分配改革这两个重点改革项目，积极向前推进，以用人制度和内部收入分配机制的改革带动其他方面的改革，最终实现整体推进的目标。

### （二）突破难点

难点之一是干部能下的问题。从十五大到十六大，都把干部职务能上能下作为干部制度改革的突破口加以强调。

我们总局所属的企事业单位的干部制度经过几年来的实践也取得了一些成绩。企业的领导干部和管理人员已经实行了聘任制和任期制。事业单位多数也实行了聘任制和任期制。最近中国广播影视集团已发出通知，对集团及所属各单位的领导干部一律实行聘任制和任期制，同时规定，干部的相关待遇只在岗位任期内有效，脱离岗位以后便不再享受原在岗期间的待遇，按新任工作岗位重新确定其待遇。应该说，这是为实现干部能“下”创造条件，干部能下的目标还没有真正实现。这同当前整个国家的大环境有关，比如住房有面积标准、住房补贴标准、住房公积金标准以及医疗、政治方面的待遇标准，等等，致使干部“下”来很难。

难点之二是人员能出的问题。虽说实行聘用制为实现人员能出创造了条件，但为了维护社会稳定，在社会保障制度不健全、不配套的情况下，中央和我们的文件都要求事业单位不要把富余人员推向社会，要立足内部消化，转岗培训，转岗安排，兴办实体等等。

难点之三是收入分配改革问题。人们习惯大锅饭式的平均主义，对分配上的差距难以接受；习惯于按照不同的身份例如领导干部、专业技术干部、工人以及不同的级别享受差别不大的待遇，对生产要素参与分配难以接受，不患寡而患不均的陈旧观念、只能升不能降的观念还在影响着收入分配改革。

总之，这些确实是改革的难点问题。也正因为难才需要我们进行改革，如果不难也就用不着改革。所以，我们的领导干部特别是主要领导在改革问题上千万不能有畏难情绪，更不能怕得罪人。我们的改革是为了大多数人的利益，是为了给我们广播影视事业的发展创造条件、提供动力。如果怕这怕那，就会裹足不前，因此，希望各级领导一定要知难而进，克服困难，化解矛盾，取得突破。我在总局的改革试点动员大会上说过，改革要动真格的，坐而论道是毫无意义的。

### （三）解开疑点

干部人事制度改革与干部职工的切身利益密切相关。因此，改革的每一项内容、每一项措施、每一个步骤都必须广泛征求群众意见，变为群众理解、支持和参与的活动。检验改革是否成功，可以从四个方面来衡量：一是看新的机制是否建立起来了，包括新的干部选拔选用机制、新的用人机制、新的分配机制、新的培训保障机制；二是看广大干部职工的积极性是否真正被调动起来了；三是看单位的凝聚力、战斗力是否增强了；四是看宣传质量和工作面貌是否发生了变化。最根本的一点就要看群众是否理解、支持，是否打消了疑虑，是否能够积极投身到改革当中去。我们搞改革，不少人心存疑虑，在对有些问题的认识上还存在疑惑，认识上有误区。比如有的认为改革就意味着老同志要下岗，有的担心失去工作岗位又没有配套的社会保障，有的认为内部收入分配改革就是要提高或降低收入分配水平，有的单位领导或人事部门认为本单位、本部门创收能力差，创收数量少，经费困难，因而难以搞改革，等等。譬如分配改革问题，不要以为收入分配改革就是平均给大家增加收入，内部收入分配改革的实质是要建立科学合理的分配机制。如果分配没有差别，没有拉开分配档次，就不会产生激励作用。就是说在平均主义“大锅饭”的机制下，发钱再多也起不到应有的激励作用。要建立具有激励功能的分配机制，要体现按劳分配、多劳多得、效率优先、兼顾公平的基本原则，从制度上保证各类人才能够得到与他们

的劳动和贡献相适应的报酬。其他方面的疑点，也要一一解开。

在广大干部职工理解、支持并积极参与改革的前提下，我们要大力推进改革，指导改革的健康发展和不断深化。要在改革过程中实现五个转变：一要由粗放型改革向精细型改革转变。比如节目制作的成本核算、人力成本的核算就缺乏科学评估，不适应事业发展的需要，要努力向精细评估发展。二要从盲目性向目标化发展。过去的改革，应急的成分多，目的不明确。现在的改革方向正确、目标明确，这样推出的政策才符合实际。三要由随意性向规范化的方向发展。以前的人事管理办法随意性大，往往由领导拍拍脑袋就定了，缺少科学评估。现在要用《实施意见》来规范改革，通过改革把有关的制度规范化。用工到底怎么用，岗位怎么定，都要法制化、规范化，关键是建立起一个良好的用人机制。四要由单项突击向全面配套的方向发展。以前主要从某一方面的需要出发搞改革，现在看来，单一化会带来很多问题，不配套的改革不彻底，也长久不了，只有配套了，形成了系统工程，改革才能有效果。五要由基础性改革向高层次、实质性改革推进，形成改革的梯次。全员聘用制、临时工作人员管理、岗位管理、收入分配改革是四项基础工作，这些基础工作与高层次、实质性改革也不是截然分开的，要为高层次、实质性改革服务。只有这样，改革的成果才能巩固下来。

## 四、深化干部人事制度改革，要真抓实干，务求实效

如何组织实施改革？如何推进和深化改革？我想在这里提几点要求。

### （一）抓好思想发动，真正把思想统一到十六大精神上来

深化干部人事制度改革是一场深刻的革命。全国广播影视系统各级领导干部，要从政治的高度、从战略的高度来认识，要把这项工作提高到贯彻落实“三个代表”重要思想这个高度来要求。人事制度改革本身也体现了“三个代表”重要思想，搞好改革将有利于“三个代表”重要思想在广播影视系统的贯彻落实。要搞好思想发动，层层进行动员，提高对改革的认识水平，把思想统一到十六大精神上来，统一到党中央、国务院的部署上来，统一到深化改革、发展事业上来。改革的实质就是观念的更新和利益的调整。

一方面，改革是思想观念的更新。思想是行动的先导，观念更新是改革创新的前提。没有观念的更新，改革就迈不开步子，机制创新就会成为一句空话。所以，首先要破除思想障碍，更新思想观念。在干部任用上，要破除长期以来形成的“官本位”、“论资排辈”观念，克服“官升则荣，官降则辱”的旧观念，正确对待职务的升降，树立“能者上，弱者让，庸者下”的观念；在人员调配上，要破除“人才单位所有”的观念，确立竞争意识，发挥市场机制在人力资源配置中的基础性作用；在收入分配上，要破除“平均主义”、“大锅饭”观念，树立“多劳多得、效率优先”的观念；在人事制度管理上，要破除“人治”观念，确立“依法行政”观念，依法进行干部人事管理，在单位与职工个人之间确立受法律保护的平等的人事关系，等等。深化人事制度改革就是要大力倡导和弘扬创新精神、科学精神，紧跟时代发展潮流，在不断研究新情况、解决新问题、形成新认识、开辟新境界的过程中，创新干部人事管理机制，把创新贯穿于人事制度改革的每一个环节、每一项工作。

另一方面，改革又是利益的调整。人事制度改革涉及到每个单位、每个干部职工的切身利益，必然会引发一些矛盾，产生这样那样的思想问题。因此党政工团要齐抓共管，共同做好深入细致的思想政治工作，要使每个干部职工都能认识到，自身既是改革的对象，又是改革的动力和力量。我们一定要认真贯彻落实“三个代表”重要思想，始终把体现广大人民群众的意志和利益作为一切工作的出发点和归宿，全心全意为人民服务。所制定的各项政策规定和改革措施，首先要考虑并满足大多数人的利益要求，及时、广泛、深入地征求群众的意见。我们的一切工作，必须以广大群众的根本利益为最高标准。各级领导干部要始终坚持一切为了群众，一切依靠群众的根本观点，坚持党的群众路线，深入群众，倾听群众的呼声，反映群众的意愿，集中群众的智慧，使各项决策符合实际和群众的要求，努力为群众办实事，办好事。只有如此，我们的改革才能真正吸引群众参与，才能使改革获得真正的动力。

**（二）做好改革方案，真正把改革的各项工作落到实处**

各单位的改革目标要明，起点要高，措施要新。要更新观念，敢于创新，大胆地试，大胆地闯。十六大报告指出：发展必须坚持和深化改革。一切妨碍发展的思想观念都要坚决冲破，一切束缚发展的做法和规定都要坚决改变，一切影响发展的体制弊端都要坚决革除。制定改革方案要进行深入的调研论证，反复征求意见，集思广益，“磨刀不误砍柴工”。改革方案是我们改革工作的基础，基础不牢就会出乱子，基础打好了就可以减少失误。各单位的方案应该尽可能具体一些，要提出有针对性的改革措施，把改革的项目、内容、方法、步骤、完成任务的时间表、责任人和承办人等都要明确，形成完整的具体的可操作性强的方案。要高标准、新起点、严要求，不搞低层次的运作、象征性的改革。

要实事求是，因地制宜，一切从实际出发，全面推进改革工作。各地、各单位要按照《实施意见》的要求，结合本地、本单位实际，实施全面改革，狠抓落实。要推行全员聘用制，打破身份界限，加强岗位管理、考核和岗位培训，扩大内部收入分配自主权，搞活内部收入分配机制，提高工作水平。改革要务求实效，不能做表面文章，要实实在在地干。这次改革将涉及到每个人的切身利益，涉及到谁上谁下的问题、谁拿多谁拿少的问题、谁能干谁不能干的问题。因此改革要落实到每一个单位、每一个岗位、每一个人头。要采取实实在在的办法，搞出实实在在的效果，使事业单位有新的面貌。

**（三）综合配套，整体推进**

要把人事制度改革与事业整体改革结合起来，人事制度改革是事业整体改革中非常重要的环节。因为人是一切工作的决定性因素，而包括人事制度改革在内的所有改革的核心都要靠人，都是解决人的问题，有了好的用人机制，人尽其才，工作才能做好，事业才能发展。人事制度改革不能孤军深入，必须配套改革，要与体制、收入分配、宣传业务改革等方面密切结合起来。反过来，人事制度改革又能促进各项工作的全面推进。要把人事制度改革与宣传业务改革紧密结合起来。建立激励机制，促进业务工作的顺利开展。业务改革是龙头，人事制度改革是根本，关键要配套进行。

### （四）坚持正确的改革方向

广播电视作为党、政府和人民的喉舌，是非常重要的宣传舆论阵地，因此我们必须始终坚持正确的改革方向。各项改革都必须服从服务于党的基本路线和改革发展稳定的大局。坚持正确的方向，就必须坚持以下四条原则：

一是必须坚持解放思想、实事求是的原则。要把思想认识从不合时宜的观念、做法和体制中解放出来，坚持一切从实际出发、实事求是的科学态度，大胆探索，不断吸收其他行业改革的新经验、新成果，广纳贤才，不断壮大我们的广播影视事业。

二是必须坚持党管干部的原则。坚持党管干部同坚持群众路线是统一的，一致的，不是对立的。在党组、党委做出干部任用决定之前，充分发扬民主，听取群众意见，是充分落实群众对干部选拔任用的知情权、参与权、选择权和监督权的具体体现。

三是必须坚持干部队伍"四化"方针和德才兼备原则。坚持这个方针和原则，是培养一支政治强、业务精、纪律严、作风正、会管理、善经营的高素质干部队伍的基本保证。

四是必须坚持依法办事的原则。改革必须建立在国家有关法律法规的基础上，实行依法管理，使改革在法制化轨道上进行，最终实现广播影视事业单位人事管理的法制化、制度化、程序化、规范化。

只有坚持了这些原则，我们才能确保改革始终朝着有利于加强党对广播影视工作的领导，有利于调动干部职工的积极性，有利于事业的持续繁荣和发展的方向前进。

### （五）处理好改革、发展、稳定的关系，妥善解决未聘人员的安置问题

未能聘用上岗，原因是多方面的，不少未聘人员可能有某些方面的长处，要用其所长，设法发挥他们的作用。在目前整个社会保障体系尚不健全的情况下，要以内部消化为主，先挖渠，后蓄水，探索多种途径做好安置工作，可采取待岗、内部转岗、创办实体、调剂安置、离岗退养、优惠条件自谋职业等途径，引导未聘人员实现新就业。要正确处理改革、发展与稳定的关系。能否妥善安置未聘人员，处理好聘用工作中出现的各种问题，及时化解矛盾，将直接关系到改革的成败。因此要尽量减少震动，实现平稳安置。给人事制度改革的大局创造一个安定的环境。

### （六）及时总结交流，沟通情况，少走弯路

各地各单位的情况差别很大，各有各的特点，实施人事制度改革的方案、措施和步骤都可能各不相同，但是作为改革的核心、目标和改革的实质是一致的，其中带有规律性的东西是普遍适用的，认识到这一点可以使我们少走弯路。因此要注意多交流多沟通，在广播影视系统形成一股改革的强大合力，进而提高我们的改革效率，加快改革的步伐。同时要善于总结提高，总结出一套适应广播影视事业新时期发展需要的人事管理制度。总局人事教育司要在适当时候组织改革重点和难点问题的研讨，组织人事制度改革的经验交流。

### （七）加强对改革的领导和指导，积极稳妥地推进改革

首先要坚持改革决策中的民主集中制，在决策前要善于集思广

益。其次，人事改革实行分级管理，层层负责。各省广电局、广电集团（总台）、总局和集团所属各单位的党组、党委、分党组要切实加强对本单位人事制度改革的领导和指导，认真分析研究在改革中遇到的新情况、新问题、新矛盾，积极解决重点、难点问题，及时化解各种矛盾，做好深入细致的思想政治工作。在推进改革的过程中，各级领导，特别是一把手和分管干部人事工作的领导要深入基层、深入群众、深入实际，亲自抓改革，亲自抓调研，并注意发现和总结改革中的新做法，新经验，及时交流，及时向总局和当地主管部门报告。还要强调的一点，就是要注意处理好改革与正常工作的关系，保证正确的舆论导向和宣传任务的完成，保证安全播出，维护全国广电系统的稳定。

（2003 年 3 月 26 日在全国广播影视事业单位人事制度改革工作会议上的讲话）

# 重点是要改革体制创新机制

## ——二谈广播影视干部人事制度改革

为了进一步贯彻落实全国人才工作会议和中组部深化干部人事制度改革工作会议精神，全面推进广播影视干部人事制度改革，促进广播影视人才队伍建设，总局决定召开这个会议。参加会议的有总局（集团）直属单位、各省（区、市）、计划单列市广电局分管干部人事工作和人事部门的负责同志，还有省（区、市）广播电台、电视台人事部门的负责同志，总局召开这么大规模的专门研究干部人事工作的会议还是第一次。会议开得很好，交流了经验，也研究了当前在推进人事制度改革方面还存在的一些问题，进一步统一了思想，凝聚了力量，提高了认识，增强了信心。下面我再谈几点意见：

### 一、要高度重视干部人事制度改革工作，增强对改革重要性和紧迫性的认识

我们各级领导干部和干部人事职能部门要高度重视干部人事制度改革工作。提高认识是我们搞好工作的重要前提，认识到位工作

才能到位。

### （一）深化干部人事制度改革是党中央做出的重大战略部署

改革开放以来，中央根据新形势、新任务的要求，不断作出深化干部人事制度改革的重大决策部署。2000 年出台了《深化干部人事制度改革纲要》，明确了干部人事制度改革的指导思想、基本原则和总体目标；2002 年修订下发了《党政领导干部选拔任用工作条例》，进一步规范了干部选拔任用工作的程序和要求，使干部工作更加科学化、制度化、民主化。为适应全面建设小康社会宏伟目标的需要，党的十六大、十六届三中全会以及全国人才工作会议、全国组织工作会议和中组部深化干部人事制度改革工作会议，从战略的、全局的高度，对进一步深化干部人事制度改革做出了总体部署。最近，中央政治局会议审议通过了《关于公开选拔党政领导干部工作暂行规定》等五个法规性文件，在总结近年来改革实践经验的基础上，进一步从整体上推进干部人事制度改革。

深化干部人事制度改革，事关党的执政能力的增强和执政地位的巩固，事关中国社会主义事业的发展，是积极推进政治体制改革，加强政治文明建设的重要步骤。广播影视肩负着宣传党的路线、方针、政策，引导社会舆论的重要使命和发展广播影视事业、广播影视产业，增强广播影视实力，扩大广播影视影响力，不断满足广大人民群众日益增长的精神文化需求的重要任务。尤其是人民群众对广播影视精神文化产品的需求发展很快，时不我待。我们要按照十六大提出的全面建设小康社会的要求，加紧推进文化建设，加快文化事业、文化产业的发展。加快广播影视业发展要靠深化改革来实现，广播影视改革主要有三个方面的内容：第一个是宣传改革，我们节目要改进，不改进老百姓不喜欢，不爱看；第二个是体制改革，要创新体制、创新机制，把政府监管体系、事业发展体系、产业开发体系建立起来，形成一个繁荣发展的大好局面；第三个就是干部人事制度改革，宣传改革、体制改革都离不开干部人事制度改革。我们必须认真贯彻落实中央关于干部人事制度改革的重大决策部署，把握大局、统一思想、深化改革、求真务实，全面创新干部人事制度、干部人事工作体制和机制，为广播影视的宣传工作和改革发展工作奠定坚实的组织基础，提供良好的人才保障，更好地履行党中央、国务院赋予我们的职责。

### （二）深化干部人事制度改革是加快广播影视改革的重要内容

党的十六大明确提出大力发展文化事业和文化产业的任务，要求我们根据国内外政治、经济形势的变化，适应社会主义经济发展的要求，全面推进文化体制改革。中央关于文化体制改革的基本原则和总体要求已经明确，关键就是要狠抓落实。根据中央有关精神，我们正在积极稳妥地推进广播影视体制改革试点，并且在试点中积累了经验，取得明显成效。近日我们要在北京召开试点工作的座谈会，总结前一阶段改革试点工作进展情况，研究部署下一阶段试点工作的任务。

干部人事制度改革，是广播影视体制改革的重要组成部分，是一项基础性工作，从整体上推进干部人事制度改革，比以往任何时候都显得更为重要，更加紧迫。2001 年总局被中组部确定为干部人事制度改革综合试点单位，2002 年总局与中组部、中宣部、人事部制定下发了关于深化广播影视事业单位人事制度改革的实施意见。广播影视系统干部人事制度工作逐步开展，回顾前一个阶段的工作，经过全系统上下共同努力，我们的干部人事制度改革工作取得了重大进展，创造和积累了很多经验；广播影视队伍建设明显加强，为推动广播影视宣传工作和改革发展工作提供了坚强的组织保证和人才支持。

我们也应该清醒看到，我们现行干部人事制度与广播影视发展要求相比，仍有较大的差距。目前各地改革的进展也是很不平衡，还没有形成整体推进的态势，有的地方力度大，有的地方力度小，有的地方还按兵不动。有的单位领导对干部人事制度很不够重视，思想不够解放，改革动力不足，甚至还在等待观望。改革的措施也不够规范，制度不够健全，也不够完善，改革中还有一些难题需要研究和探索。

要从根本上解决这些问题，就要把思想真正统一到党中央的精神上来，进一步解放思想、求真务实，破除影响改革的各种思想障碍和体制障碍，从全局上把握，从整体上推进，进一步抓住改革本质，丰富改革的内涵，拓展改革的外延，探索创新干部人事工作体制和工作机制。

### （三）深化干部人事制度改革是加强广播影视人才建设的迫切要求

去年年底，中央召开了全国人才工作会议，做出了《关于进一步加强人才工作的决定》，提出实施人才强国战略，强调人才资源是最重要的战略资源，人才工作应当纳入国民经济和社会发展的总体规划，大力开发人才资源，走人才强国之路。广播影视人才是国家人才队伍的重要组成部分，是建设中国特色社会主义事业的一支重要力量，人才问题是关系广播影视改革和发展的关键问题，人才因素是建设现代化广播影视的决定因素。人才队伍的素质高低，直接关系到广播影视宣传和舆论引导水平；直接关系到能否为广大人民群众提供健康丰富的精神文化产品，满足人民群众日益增长的精神文化生活需要；直接关系到广播影视事业、广播影视产业能否发展壮大。我们要增强大局意识，从战略的高度、发展的高度，充分认识人才工作的极端重要性，采取有效措施坚决破除不合时宜、束缚人才成长和发展的思想、观念、制度、体制，解决压抑人才、埋没人才、浪费人才和流失人才的问题，充分发挥人的潜能，最大限度地调动人的积极性，达到人才资源的最佳配置和有效利用。要把人才工作纳入广播影视工作的总体规划，作为一项战略性、基础性的工作来抓，实施广播影视人才发展战略，建设一支高素质的广播影视人才队伍。

这个问题我还想再强调一下。广播影视系统长期以来重视宣传工作，但对产业功能和其他方面的功能重视不够。过去我们主要是两类干部，一类就是公务员，行政干部；另一类就是事业单位的干部、职工，对这部分人员的管理我们比较熟悉。但是现在我们既要发展广播影视事业，又要发展广播影视产业，这就急需新型人才，特别是迫切需要复合型的人才，既熟悉宣传、又善于管理、又懂产业运行的干部，这方面的人才非常紧缺。广播影视处在改革和发展的关键时期，新媒体不断涌现，网络电视、移动电视、手机电视发展很快，我们广播电视要去占领这些新型媒体。问题是我们缺少这样的人才，缺少这样的意识。从这个意义上讲，广播影视系统加强人才队伍建设，特别是新型人才的培养、引进和使用，比其他系统、比其他部门更紧迫。所以深化干部人事制度改革非常重要，要通过改革为人才的引进、培养和使用创造条件。不改革，高素质的人才我们就培养不了，吸引不来，也留不住，我们事业就不能发展。所以，希望大家要高度重视干部人事制度改革的重要性、必要性。

## 二、要认真学习贯彻中央干部人事制度改革精神，整体推进各项改革措施的落实

### （一）全面贯彻落实中央做出的各项改革决定

中央最近下发了《公开选拔党政领导干部工作暂行规定》等五个法规性文件，是深化干部人事制度改革的重要举措，内容涉及干部的选拔任用、能上能下、监督管理、奖惩激励等各个方面，是干部人事工作的重大突破，使干部人事制度改革由局部改革、单项突破向综合配套、整体推进迈出重要一步，对于积极推进政治体制改革具有重大现实意义。我们要认真学习、深刻领会其精神实质，紧密结合广播影视的实际，以贯彻《深化干部人事制度改革纲要》和《党政领导干部选拔任用工作条例》为抓手，在坚持党管人才、党管干部的原则，坚持德才兼备、注重实绩、群众公认的标准，坚持扩大民主，建立加强监督的管理机制的前提下，大胆改革广播影视系统的现行干部管理体制和办法，建立一套有利于事业发展，有利于干部培养，有利于人才辈出，有利于科学管理的崭新的干部人事制度。

### （二）要抓住机遇、深化改革，实现重点、难点突破

中央从整体上推进干部人事制度改革的一系列重大部署、法规和配套政策，为我们提供了难得的改革机遇。同时我们也正在进行广播影视体制改革，广播影视体制改革没有干部人事制度改革作为

基础性的工作，体制改革是推进不了的。我们推行这项改革、那项改革，说到底就是改革人，改革人的思想观念、思维方式，改革人的行为规范、生活习惯、工作方法。干部人事制度改革不仅仅是起个保障作用，而且是基础性的工作，基础不牢，地动山摇，首先要打好基础。近年来全系统对改革重点、难点问题的有益尝试和取得行之有效的经验，为我们进一步深化改革奠定了良好的基础。深化改革的条件已经具备，时机已经成熟，各单位要抓住改革的有利时机，认真总结经验，努力开拓创新，扎扎实实抓好各项改革措施的落实。

在这里特别要强调的是，广播电台、电视台、发射台等事业单位的干部人事制度改革，涉及面广，人员众多，又关系到宣传导向和安全播出工作，是改革的重中之重。去年下发的《关于深化广播影视事业单位人事制度改革的实施意见》，是在中组部、中宣部、人事部的直接指导下，结合广播影视的实际制定的，是广播影视系统干部人事制度改革的政策性文件，对全行业推进改革具有很强的指导意义。《实施意见》所确定的建立充满生机与活力的用人制度、推进聘用制和岗位管理改革、建立符合广播影视事业单位特点的分配制度、完善事业单位人才流动机制、妥善安置未聘人员等改革内容，符合中央关于从整体上推进干部人事制度改革的基本精神和总体部署，符合广播影视改革的发展方向，必须继续认真抓好贯彻落实。

贯彻落实四部局《实施意见》，一定要紧密结合现在正在进行的广播影视体制改革。体制改革的主要任务是建立三个体系。第一个体系是政府监管体系，通过管办分离，建立政府监管体系；第二个体系是事业管理体系，也叫公共服务体系，要通过政事分开来建立事业单位运营模式、管理模式；第三个体系是市场运作体系，就是要通过事企分开，把广播电台、电视台可以经营的那部分分离出来，进行资本运作，做强做大。体制改革的任务非常紧迫，按照中宣部和全国文化体制改革领导小组的部署，今年下半年要拿出文化体制改革的总体方案，也就是说不再是试点了，要全面、整体推进改革。体制改革中的许多问题都涉及到人的问题，都涉及到干部管理体制问题，必须要配套进行。

全面推进干部人事制度改革要抓住重点、突破难点，是这次会议上大家形成的共识。那么重点是什么呢？有这样几个方面：

第一是以建立健全选拔任用和监督管理机制为重点，深化党政干部制度改革，扩大干部选拔任用工作中的民主，进一步规范民主测评、民主推荐等程序，加强对干部选拔任用的监督。目前，各级广电局都是党政干部，广播影视事业单位干部是参照党政干部管理的，必须严格按照《党政领导干部选拔任用工作条例》和中央新近下发的法规性文件的规定来执行，要扩大民主化的程度。

第二是以推行聘用制和岗位管理制度为重点，加快事业单位人事制度的改革。对电台、电视台中的制片人、播音员、主持人、记者、编辑这些关键要害岗位，要尽快建立起岗位管理制度，实行全员聘用，竞聘上岗，绩效挂钩，优胜劣汰，能进能出。

第三是以创新企业领导人员的选拔任用和激励约束机制为重点，积极推进广播影视企业人事制度改革。要研究制定不同于党政干部的企业经营管理者选拔任用办法，通过组织推荐、公开招聘、竞争上岗、民主选举、市场中介机构推荐等多种形式选拔企业经营管理者。认真做好体制改革中事业单位转制为企业的人员转换、按企业经营方向需分流人员的安置、离退休人员生活保障等工作。我们马上有一批事业单位要转制为企业，像我们的设计院、电视剧制作中心，都要转制为企业。转制工作要严格按照中央有关规定，规范操作。

要争取在几个难点问题上取得突破。第一要科学界定干部岗位职责和考核评价标准，为干部能上能下提供依据。第二要科学合理地设置岗位评估和考核岗位业绩，为推进聘用制改革，实现人员能进能出提供依据。第三要科学地设计岗位薪酬的层级分布，完善岗位薪酬体系，强化岗位的绩效考核，为待遇能升能降提供依据。这些问题解决起来比较困难，但是我们必须做，能上能下要突破，能进能出要突破，能升能降要突破，三个方面都要突破。

**（三）要进一步解放思想，创新干部人事工作的体制和机制**

深化干部人事制度改革必须要创新体制机制，完善制度措施。要坚持继承和创新相结合，把创新贯穿于干部人事制度改革的各项工作、各个环节。要坚持自上而下的推动和自下而上的探索相结合，尊重群众的创造精神。当前，迫切需要创新、健全和完善五个方面的干部人事管理新机制：

1. **深化干部制度改革，建立有利于优秀人才脱颖而出的选人用人机制**

选人用人的核心是要以公开、平等、竞争、择优为导向，为优秀人才脱颖而出，充分施展才能搭建平台、创造条件。要完善选任制，改进委任制，规范聘任制。完善竞聘、竞争上岗办法，逐步推行干部任期制，建立和完善干部正常退出机制。

2. **深化考核评价制度改革，建立以能力和业绩为导向的科学的人才评价机制**

要用科学的发展观、人才观和正确的政绩观，建立健全科学合理的标准、方法，形成科学评价体系，全面准确地评价干部，为科学地识别和使用干部提供依据。对专业技术人员的评价重在社会和业内认可，积极探索资格考试、考核和同行评议相结合的专业技术人才评价办法。要积极推行广播影视职业资格管理制度。目前，对广播电视新闻采编人员、播音员、主持人实行资格认定已经国务院同意，下一步我们还要积极争取对广播影视工程技术运行维护人员等关系广播影视宣传质量和安全播出的重要岗位实行职业资格准入制度。

**3. 深化分配制度改革，建立能激发积极性和创造性的人才激励机制**

以鼓励劳动和创造为目的，加大对人才的有效激励，全面推行坚持效率优先、兼顾公平，以岗位绩效工资为主体的薪酬分配制度，探索生产要素按实际贡献参与分配的实现形式和办法。同时，要对优秀人才、关键岗位和做出突出贡献的人员进行分配倾斜，建立精神和物质相结合的奖励激励机制。

**4. 深化保障制度改革，建立健全人才保障机制**

积极探索事业单位社会保障制度改革，进一步完善企业社会保障制度，完善事业企业人才流动中的社会保险衔接办法，探索实现福利货币化，改善各类人才的生活待遇，为吸引人才、留住人才创造条件。

**5. 深化能力建设制度改革，建立教育培训与岗位实践相结合的人才培育机制**

教育和培训工作是提高人才能力素质最直接、最有效的方式，要不断完善能力建设标准和教育培训内容。树立人才投入是最有效投入的观念，加大对人才培养的投入力度。特别要加强岗位培养，总局和各单位都要努力创造条件，建立干部岗位锻炼的机制。要根据不同类别、不同层次干部和后备人才的特点和实际情况，有计划、有针对性地把他们放到急、难、险、重的岗位上去磨练意志、增长才干。加强系统内外干部交流，特别是把相对落后和欠发达地区的干部送到先进地区、发达地区学习锻炼。

## 三、要切实加强对干部人事制度改革工作的领导

### （一）切实加强组织领导和工作指导

从整体上推进广播影视系统干部人事制度改革的关键，是各级党组、党委要切实提高认识、加强领导。实践证明，干部人事制度改革推进的力度，在很大程度上取决于各级党委、党组认识的高度和重视的程度。这次会上，有的同志谈体会时讲到，干部人事制度改革是班子工程，是一把手工程，讲得很有道理。一个地方和单位的党组织特别是主要负责同志思想重视，领导有力，这个地方和单位的改革力度就大，就能取得明显成效。各地各单位的领导班子特别是一把手要切实负起责任，统筹规划；周密安排，亲自领导，加强督察，狠抓落实。要把干部人事制度改革工作纳入单位的总体发展规划，列入重要工作日程。不能只把改革停留在嘴上，落实在纸上，要抓具体工作，一项措施一项措施地落实，一个问题一个问题地解决，办实事，求实效。要及时总结经验，扩大改革成果，用改革成果推动事业发展，在事业发展中推进深化改革。

### （二）切实加强研究探索，搞好试点工作

对改革中的重点、难点问题，我们必须要加强研究，大胆探

索。这次会上，我们确定了一批总局直接抓的干部人事制度改革试点单位，希望通过试点，在实践中解决重点、难点问题。对试点工作，总局要加强协调和指导，认真组织实施。试点单位要勇于实践，敢于突破，善于总结。其他单位同样要积极推进，结合自身实际，研究解决改革中的突出问题。我们既要抓好已有各项制度和规定的贯彻执行，又要不断研究新情况，解决新问题，总结新经验；既要态度坚决，积极主动，又要循序渐进，防止浮躁情绪，不搞形式主义，不刮“一阵风”。要坚持党政人才、企业经营管理人才、专业技术人才三支队伍一起抓，对行政机关、事业单位、企业的干部人事改革通盘考虑，根据不同特点，分类指导，使之相互协调，整体推进。干部人事部门作为人事职能部门，在推进干部人事制度改革工作中负有重要责任，一定要增强政治责任感和历史使命感，增强工作的主动性和创造性，加强调查研究，全面掌握干部人事制度改革的进展情况，当好参谋和助手。

干部人事制度改革是一个不断探索实践，不断发展完善的过程，随着改革的深入，遇到的问题会增多，难度会增大。各级领导干部和干部人事部门的同志要善于学习，勤于思考，不断充实自己，适应形势发展的需要，适应改革的需要；要勇于创新，敢于负责，分析新形势，树立新观念，提出新见解，采取新举措，解决新问题；要振奋精神，求真务实；知难而进，扎实工作。对改革中一些亟待解决的热点、难点问题，要组织力量，潜心研究，力求突破。要注意调动各方面的积极性，密切配合，协调行动，形成合力，更好地把握新时期干部人事工作的规律，把广播影视干部人事制度工作提高到新的水平。

我想再强调一下，广播影视系统的干部人事制度改革一定要在当地组织部门、宣传部门、人事部门的领导和指导下积极推进，广播影视系统要主动争取组织部门、宣传部门和人事部门的支持，这样我们的改革才能够更加顺利地推进。

（2004 年 6 月 1 日在全国广播影视系统干部人事制度改革经验交流会上的讲话）

# 求真务实　反腐倡廉
# 使党的喉舌更加健康有力

全国广播影视系统如何认真学习贯彻中央纪委第三次全会精神特别是锦涛同志的重要讲话精神，以求真务实的态度抓好 2004 年广电系统的党风廉政建设和反腐败工作，我讲几点意见。

## 一、求真务实是加强党风廉政建设和反腐败工作的重要方针

胡锦涛同志在中央纪委第三次全会上着重讲了求真务实问题，指出这个问题对推进党和国家的各项工作，包括推进党风廉政建设和反腐败斗争，是一个十分重要而又具有基础性、根本性意义的问题，要求从全面建设小康社会宏伟目标的战略高度充分认识大力弘扬求真务实精神、大兴求真务实之风的极端重要性。我们要很好地学习和领会锦涛同志的这个重要讲话，深刻领会求真务实是搞好党风廉政建设和反腐败工作的重要方针。

### （一）求真务实是治理不正之风的良药

胡锦涛同志在肯定党员干部队伍总体上在求真务实、真抓实干方面是做得好的同时，指出在坚持求真务实这个问题上，党员干部队伍中还存在一些突出问题，主要表现在十个方面。仔细研读这十个方面的问题，涉及到思想作风、工作作风和党性修养等多方面。这些问题，还可以进一步概括为两个方面，一个是虚，一个是假。就广电部门来说，在行政执法、干部管理以及贯彻落实党和政府的各项方针政策过程中都还存在一些不正之风。搞这些不正之风，肯定要在虚和假两方面“下功夫”。虚就是不实，假就是不真。有些工作需要很好地贯彻落实下去，结果是虚晃一枪，给上面报告说得天花乱坠，成绩一大堆，其实面貌没改变。有的甚至中央三令五申不准做的事情也在做，那怎么办？只能作假。有的地方搞基建，楼房一个个在起，没有一个经过批的，怎么会盖起来？原因还是在弄虚作假上。所以，不正之风的突出表现尽管很多，但是都要在虚和假这两个问题上做文章，都是通过虚和假来实现他们的目的。这次中央提出来，胡锦涛同志做了重要讲话，要求全党要大力弘扬求真务实的精神、大兴求真务实之风。我认为，只要我们真正按照胡锦涛同志的要求去做，真正做到求真务实，就能够刹住不正之风。从这个意义上来说，求真务实是治理不正之风的一剂良药。

### （二）求真务实是反对腐败的一把利剑

这些年来，在中央的领导下，在中央纪委、监察部的组织和指导下，反腐败斗争取得了很大的成绩。但是腐败的问题远没有解决，腐败现象还在很多方面、很多部门、很多地区存在着。产生这些腐败现象的一个根本原因在于有私心谋私利。有私心谋私利就不能够真心实意为人民，也就不能够真抓实干建小康，就必定要弄虚作假，欺骗组织，欺骗人民，假公济私。我们党是全心全意为人民服务的党，没有自己的私利。但是我们党内的有些人，特别是党内个别领导干部，为了谋取地位权力，虚报成绩；为了谋取私利，做各种手法，贪污受贿。无论从已揭发出来的问题看，还是我们经常碰到的一些问题来看，腐败问题的根子还是一个私欲膨胀、弄虚作假的问题。全党的同志只有按照锦涛同志的要求，真正做到求真务实，大公无私，才能够大大遏制腐败问题的产生，并从根源上解决腐败问题。大家都讲真话，都为人民干实事，何来腐败问题？从这个意义上来讲，求真务实是反对腐败现象的一把利剑。

求真务实是新世纪、新阶段进一步加强党风廉政建设和反腐败工作的重要指导方针，是全体纪检监察干部、各级党组织搞好党的建设的行动指南和行为准则。只有求真务实才能够把我们的干部队伍建设好，只有求真务实才能够把我们的党建设好，只有求真务实才能够把我们的国家建设好。



## 二、求真务实是加强党风廉政建设和反腐败工作的重要任务

求真务实是一项重要的工作方针，也是一项重要的工作任务，我们要在党风廉政建设和反腐败工作中体现求真务实的精神。

### （一）要着力纠正不正之风，让求真务实的清风荡漾

广电系统这几年来在中央的领导下，在广大广电工作者的努力

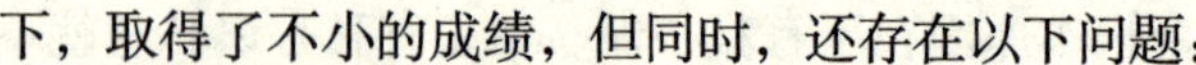

下，取得了不小的成绩，但同时，还存在以下问题：

**1. 行政执法方面的问题**

比如，乱播滥放、乱插广告问题，查处的时候，往往碰到很大的阻力，出现了一些瞒报、护短和大事化小、小事化了等问题；一些地方，就在我们广电行政部门的眼皮子底下，非法安装小耳朵；一些单位甚至擅自非法把境外电视接入自己的有线网，进入千家万户。这是欺上瞒下，很多群众来反映了，我们才知道这些问题，才去查处，而查处工作也很困难。

**2. 有偿新闻方面的问题**

利用采访权、报道权，谋取记者自己私利的问题时有发生。当然我们也有好的，前不久，因山西繁峙事件受到处理的记者中，就没有我们电台、电视台的。不仅如此，中央人民广播电台的记者在这一事件中，拒收贿赂，坚持实事求是报道。另外，还存在有些电台、电视台用自己的播出权谋取私利、贪污受贿的问题。特别是在电视领域，一台晚会，这个演员要上，那个演员要上，怎么办？有的就要打点了，打点了就让他演出；有的电视剧，安排不上怎么办？又来打点了，于是，拿了人家的钱，就给人家播出。有的人因此受到了惩处。



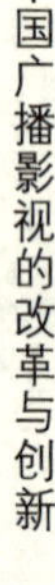

**3. 利用自己手中的经营权谋取私利**

这个问题要引起我们高度重视。出了问题损害自己，损害广播影视工作者的形象，更损害我们党的形象。现在，中央和社会各方面对我们广播影视工作，一方面很重视、很关心；另一方面对我们这个领域存在的问题反应强烈。怎么办？我看，还是要按照中央的要求，认认真真地发扬求真务实的精神，把我们存在的问题好好地抓一抓。否则，会毁坏了我们这支队伍。

#### 4. 是用干部方面的问题

这方面的反映不少。比较突出的问题是不按干部工作的有关条例行事，另搞一套，把一些不合格、不称职、不应该提拔和重用的干部提拔上来。

上述问题，我们要按照求真务实的精神很好地加以研究解决。

### （二）要着力推进反腐败工作，让党的喉舌更加健壮

首先是广播影视系统的每个党员、领导干部，要真正按照党的要求来办事，树立全心全意为人民服务的观念。一事当前，要首先想到党、国家和人民的利益，而不是自己的私利，更不应该为了自己的私利不择手段地去谋取不应该得到的利益。

其次是每一级组织和每个部门，对党的要求和人民的愿望要真心实意地去做，而不能假心假意地去做。现在有些红头文件不管事了，为什么？他要搞他自己的那一套，符合自己要求和愿望的，就马上做；不符合自己要求的，就撂一边去或者就是敷衍一下。这样对待党的工作和人民的利益，怎么能称得上是共产党的干部呢？怎么能够成为带领群众、负责一方的一个部门和一级组织呢？

再次是各级党的组织和党的纪检监察部门，对腐败问题同样要求真务实，要真抓实干。要弄清情况，摸清底细，同时，要真正地解决问题，少搞形式主义的东西。我们过去很多工作中有形式主义的东西，会也开了，报告也作了，材料也写了，可是没有什么效果。所以，一定要从实实在在的效果出发，不能对一个机关、一个部门、一个单位存在的腐败问题放任不管，放任自流，结果是小洞不补大洞叫苦，最后酿成大问题。酿成了大问题，你想补也补不了了。所以，我们很重要的一项工作就是要以求真务实的精神，抓好反腐败工作，让我们广播影视这支队伍的肌体更加健壮，使广播电视这一党的重要喉舌发出的声音更加雄壮健康。现在，我们的任务很重，宣传报道的任务很重，改革发展的任务很重。在这种情况下，如果我们本身肌体不健康，怎么能承担起这一重要使命？马上两会要开了，电台、电视台要投入大量的人力、物力、精力进去。如果我们从事报道的记者思想不健康、没有战斗力，怎么去完成这个任务？最近，长春同志要求我们加强舆论监督，《焦点访谈》重点要揭露、曝光问题。你要去揭露、去曝光，首先自己要硬、要干净，否则无法去监督别人。

**（三）要着力宣传求真务实，为党风廉政建设和反腐败斗争创造良好的舆论环境**

要通过我们广播电视的宣传把求真务实的思想深深地在全党同志的心里扎下根来，为全社会营造一个求真务实的良好氛围。当前，社会上还存在一些弄虚作假的现象，如假药、假酒、假文凭、假身份、假论文、假成果等等，严重影响经济社会的发展，影响国家和民族的形象，我建议中央人民广播电台、中央电视台，这段时间要就弄虚作假方面的问题集中给些曝光，要大力弘扬求真务实的精神，使胡锦涛同志提出来的要求，中央纪委第三次全会的精神，得到广泛宣传和贯彻落实。

## 三、求真务实是加强党风廉政建设和反腐败工作的重要保证

求真务实不仅对全党、全国各项工作具有基础性、根本性意

义，对党风廉政建设和反腐败工作也具有基础性、根本性意义，我们要弘扬求真务实的精神、大兴求真务实之风，使纪检监察工作的方向更加明确、措施更加有力、作风更加务实、队伍更加坚强。

胡锦涛同志在中央纪委第三次全会上提出，要建立健全教育、制度、监督三者并重的惩治和预防腐败的体系，这是一个非常重要的思想，是我们纪检监察工作的一个重要的方针，也是一项重大的部署。这三方面的工作我们已经做了一些，并且取得一些明显成效。比如去年抓的警示教育、评奖制度改革和行政审批制度改革等，都很好，采取了求真务实的措施，符合实际情况，有针对性，而且行之有效。今年广电系统的党风廉政建设和反腐败工作，要按照锦涛同志的讲话和中央纪委第三次全会精神，紧紧抓住这三个关键环节，努力开创新局面。

**1. 开展“六观”教育，筑牢思想上的反腐堤防**

“六观”教育，即对广大党员干部进行世界观、人生观、价值观、权力观、地位观、利益观的教育。“六观”教育非常必要。分析一些人犯错误或者违纪违法的根源，逃不出这“六观”方面的问题，根源是没有树立正确的世界观、人生观、价值观、权力观、地位观、利益观。对干部来说，特别要树立正确的权力观、地位观和利益观。要明确：权力是人民给的，不能利用人民的权力去谋取个人的私利；地位标志着你要多奉献，而不是利用这个地位去谋取私利，欺诈百姓，损害国家的利益；要把党、国家和人民的利益放在首位，个人的利益服从党、国家和人民的利益。同样在市场经济的大环境下，有的人摔了跤、出了问题，不是环境的问题，而是思想道德防线出了问题，是你自身守不住、自律不严的问题。所以，要加强思想教育，使我们的党员领导干部树立正确的世界观、人生观、价值观，正确对待权力、地位和利益，切实增强自我防范的意识，经受住各种风浪的考验。

**2. 严肃四大纪律，不断增强党的战斗力**

吴官正同志在中央纪委第三次全会上的报告中明确提出，要进一步严格政治纪律、组织纪律、经济工作纪律和群众工作纪律。这四大纪律对广电系统来说都非常重要。首先是政治纪律。我们的电台、电视台是党、政府和人民的喉舌，要宣传党的路线、方针、政策，必须与以胡锦涛同志为总书记的党中央保持高度一致，必须牢牢把握正确的舆论导向，绝不能把我们的阵地让给错误的言论，这就是我们的政治纪律。造成违反政治纪律的原因有多方面：本人政治素质不高，制度不严，还可能是技术问题。比如，对非法插播，尽管警惕性很高，技术上没解决，还可能被插播。去年中国教育电视台出现严重的政治问题对我们敲响了警钟。必须教育广播影视工作者严格遵守政治纪律。组织纪律同样重要，广电总局是国务院主管广播影视的一个职能部门，电台、电视台是中央的新闻宣传机关，必须要有严格的组织纪律，不能自行其是。遵守经济工作纪律，就是要遵守经济工作方面的一系列法规制度。广电系统现在有钱，一些单位管的钱，不是几个亿，是几十个亿，甚至上百亿。有的工程也很大，像西新工程、村村通工程等，都要严格按照有关的法规和要求来办。要遵守财务工作纪律。总局下属单位出现过出纳员卷走几千万、擅自把公款分了和拿去搞别的等问题，这都是违反经济纪律的。随着下一步广电改革的深化，经济工作方面的分量将不断加大，产业化发展，市场化运作，企业化管理，都将提到日程上来，不重视经济工作纪律，就可能出现更大的问题，必须引起我们高度重视，未雨绸缪，严格遵守经济工作纪律，严格按规定办

事。总局纪检组在党组听取今年廉政工作汇报会上提出，要加强财务制度建设，我非常赞成。群众工作纪律的核心问题是要维护群众利益，有事要与群众商量，不能侵害群众的利益。严守四大纪律是中央纪委第三次全会作为一项重要工作任务来安排和部署的，我们要很好地贯彻。

3. **围绕八项要求，切实加强党风廉政建设**

吴官正同志的报告对领导干部在廉政方面提出了八项要求，每一项我们都要很好地研究落实。（1）要同党中央保持高度一致，不阳奉阴违、自行其是。这一条，我们必须坚决贯彻，一点也不能动摇。江泽民同志曾经说过：谬误出之于口，则将危及万里之外。广播电视把错话说出去了，那将有亿万人在听，不仅中国能听到，美国也能听到我们国际台的广播，能看到中央电视台的节目。所以，广播电视必须与中央保持高度一致，在政治上绝对不能出问题。（2）要遵守民主集中制，不独断专行、软弱放任。遵守民主集中制就是不能个人说了算，必须要经班子集体商量、集体研究、集体决策。（3）要依法行使权力，不滥用职权、玩忽职守。（4）要廉洁奉公，不接受任何影响公正执行公务的利益。不能够人家来打点打点，不该做的事情你也批给人家做。去年党组有十条规定，希望大家严格按照这十条规定做。今天，各地的同志也到会了，我提点要求，今后各地到总局来办事，一律不准带东西送土特产。该办的事情我们能办就办；不该办的事情就不能办，否则，我们要查谁办的。希望我们共同创造一个良好的工作环境，不要形成办事送东西的不良风气。（5）要管好配偶、子女和身边工作人员，不允许他们利用本人的影响谋取私利。这一条中央反复强调。我们领导同志的直系亲属不要在自己管辖的部门工作，现在有这方面的反映了。一些暴露出来的问题，也有这方面的事，比如河北省的李真就是一位领导干部的秘书，胡作非为，到处去敛财、“任命”干部。我们的领导干部一定要从中吸取教训，切实管好这些人。（6）要公道正派，不任人唯亲、营私舞弊。这是干部路线、干部政策问题，必须严格遵守。（7）要艰苦奋斗，不奢侈浪费、贪图享受。（8）要务实为民，不弄虚作假、与民争利。中央纪委第三次全会提出来的这八项要求，我们要一项一项落实。每个单位、每个部门和每一位领导干部，都要很好地对照检查，落实下去。

**4. 突出重点查处大案要案，严惩腐败分子**

吴官正同志指出：查办违纪案件是贯彻从严治党方针的重要体现，是惩治腐败和端正党风政风的有效手段。必须加大查办案件的力度，严惩腐败分子。继续重点查办县处级以上领导干部违纪违法案件，特别是违反政治纪律的案件和贪污、受贿、挪用公款的案件。着重查办建设工程、土地使用权出让、金融、物资采购领域的案件；企业重组改制和破产中国有资产严重流失的案件；领导干部伙同或支持其亲友非法敛财的案件；严重腐化堕落的案件；司法人员贪赃枉法、徇私舞弊的案件；领导干部和执法人员为黑恶势力充当“保护伞”的案件；严重违反组织人事纪律的案件和严重失职渎职的案件。纪检监察部门要结合广电实际，把查处上述各类案件作为一项重要工作来做。

**5. 运用四种形式加强对干部的监督**

四种形式的监督是：党内监督、纪检监察部门的监督、群众监督和舆论监督。这里，我特别要强调一下党内监督和舆论监督。最近中央颁发了《中国共产党党内监督条例（试行）》。这是几十年来我们党在实践中经验的积累，也是新世纪新阶段，党的建设工作的必然要求，必须很好地贯彻。《条例》对监督对象、内容、方式等都做了明确规定，特别强调要加强对一把手的监督，希望大家结合各自的情况，认真学习和贯彻。关于舆论监督，最近中央领导同志反复要求我们进一步发挥舆论监督的作用。应该说，我们在舆论监督方面有很好的传统，中央人民广播电台、中央电视台都有很丰富的经验而且也取得了很好的效果，希望进一步加强这项工作，科学地、正确地、稳妥地运用好舆论监督这一工具，发挥舆论监督应有的效应，不能把党和人民交给我们的权力滥用；要不断总结经验，注意适度平衡，对某一个省、某一个部门和某一个行业的舆论监督不能太集中，而且，关键的是揭露后要有反馈，使舆论监督产生实实在在的效果。

**6. 从五个方面进一步加强制度建设**

胡锦涛同志在讲话中提出了五个“进一步”，即要适应新形势、新任务的要求，进一步健全法制，进一步健全党内民主制度，进一步完善纪检监察制度和巡视制度，进一步加强干部监督管理制度，进一步深化行政审批制度、财政管理制度、投资体制、干部人事制度以及司法体制、金融体制等方面的改革，充分发挥制度在防范和克服腐败现象中的重要作用。广电总局在制度建设方面还有很多工作要做。比如，怎样避免举办晚会出现以权谋私问题，需要很好地研究，不能导演一个人说了算，要从制度上堵住这个漏洞，有相应的制约办法。又比如，工程建设招投标，必须有一套招投标制度，要有招投标审查委员会来保证不营私舞弊。财务方面的制度也还需进一步健全。

最后，我想强调一下纪检监察部门的求真务实问题。求真务实方面存在的问题，其他部门存在，纪检监察部门更应防范。纪检监察部门求真务实，能使我们对腐败的打击更有力，对不正之风的纠正更有效，能使我们的队伍更加坚强。我相信，只要我们认真贯彻中央纪委第三次全会精神特别是胡锦涛同志的重要讲话，弘扬求真务实的精神，今年的党风廉政建设和反腐败工作将会更加出色，并将保证广电的宣传搞得更好，广电事业的发展更加健康。

（2004 年 2 月 12 日在全国广播影视系统纪检监察工作会议上的讲话）

# 站在巨人肩膀上　攀登广电新高峰

## ——怀念冷西同志

冷西同志是延安时期的老新闻工作者，是党的新闻事业的杰出领导人之一。他的笔墨记录过抗日战争、解放战争和新中国建设这一段辉煌壮丽的历史；他的心火点燃过千百万人的激情，跟随中国共产党投身民族解放和国家建设的伟大事业。

上个世纪80年代初，63岁的冷西同志重新回到新闻宣传战线，担任广播电视部部长，此后又担任中华全国新闻工作者协会主席、中国广播电视学会会长，在晚年与广播电视结下了不解之缘。我接触冷西同志，并对他有越来越深的了解，起初是读他的文章，以后自己进入新闻宣传战线，同他有了一些直接的会面和交流。1995年我到中宣部分管新闻工作后，受中央领导同志和组织委托，每年春节都要前往冷西同志的家中看望、慰问他；每逢涉及中国记协的重要工作，总要与他商量，向他请教，其间常常促膝交谈，受益匪浅。这以后我兼任国家广播电影电视总局的领导工作，更是常与冷西同志接触。作为一位长期工作在新闻宣传战线的领导人，冷西同志对党的新闻宣传事业的赤诚与忠心，对广播电视事业的关切与厚爱，给我留下了深刻的印象。

1982年，改革开放和现代化建设事业进行了三年时间，经济改革在农村取得突破性进展，在城市也拉开了序幕。这一时期的广播电视事业正在逐步适应国家工作重心的转移，在初步的改革中不断前进。经济发展，社会进步，使广播电视越来越成为教育、鼓舞全党全国人民建设社会主义物质文明和精神文明的强大的现代传媒，成为党和政府联系群众的重要的信息渠道。但是总的来说，这一时期的广播电视，无论是事业的发展规模，还是节目的质量水平，都远不能适应经济建设的需要，远不能满足人民群众物质和文化生活的需求。国内外形势的发展，向广播电视事业提出了一个十分迫切的任务：事业要有一个大的发展，质量要有个大的提高。

就在这一年，为促进我国广播电视事业更快地发展，以更好地服务现代化建设，党中央、国务院从全局着眼，决定将中央广播事业局撤消，成立广播电视部，这一重大决定，当年5月4日得到了五届人大常委会的批准。这意味着，我国广播电视事业要迈上一个新的台阶，应承担起更加光荣而艰巨的任务。

就在这样重要的时刻，冷西同志出任新成立的广播电视部党组书记、部长。党和人民把加快建设广播电视事业的重担交给了冷西同志，希望并且相信冷西同志以自己新闻宣传方面卓越的领导才能和丰富的工作经验，组织和带领广播电视工作者，把我国的广播电视事业提高到一个新的水平。

这一年秋天，党的“十二大”召开，按照解放思想、实事求是的思想路线，提出我国的现代化建设必须从实际出发，走自己的路，建设有中国特色的社会主义。此时的广播电视，既要大力宣传这一指导思想，推进全国各行业依靠改革来促进事业的发展，又要积极贯彻这一指导思想，充分考虑实际情况，全面改革、推进广播电视事业的不断壮大。

冷西同志不愧是新闻宣传战线德高望重的老同志，他没有辜负党和人民的期望。他紧紧抓住“走自己的路”，“建设有中国特色社会主义广播电视事业”这一时代课题，注重理论与实际相结合，跟随时代的步伐不断前进，带领广播电视工作者做了许多富有成效的工作。

冷西同志积极贯彻中央关于全面改革的精神，调整政策，加快广播电视事业的建设。改革开放初期，我国各项事业都面临基础薄弱、条件落后的困境，国家需要支持的领域宽、项目多，财政不可能在较短的时间内给全国广播电视以太多的支持。在中央投入严重不足的条件下，如何解决广播电视建设中的大量资金投入，是关乎全局的“瓶颈”问题，也是摆在冷西同志面前最大的难题。发展的问题需要靠改革来解决。十一届三中全会以后地方经济增长较快，人们极为迫切地希望建设广播电视，满足自己生产、生活的要求，全国有条件的地方要求办电视台的积极性空前高涨。一方面是国家高度重视，但力不从心；一方面是地方热情高涨，但无处下手。根据这种情况，冷西同志提出，以调动中央和地方两个积极性为出发点，调整广播电视事业的建设方针和技术政策，大大调动了各地支持、建设广播电视的积极性。在很短的时间内解决了相当一部分群众听广播、看电视的问题，电视人口覆盖率由1982年的57.3%上升到1984年的64.7%。在国力较弱，人民群众对广播电视需求高涨的情况下，从实际出发建设广播电视，符合当时的国情和广播电视的实际。这是冷西同志在广播电视建设方面的一大创造和贡献。

冷西同志从服务工作大局考虑，从满足人民精神需求出发，改革广播电视，提高节目质量。他要求广播电视工作者贯彻执行党的基本路线和各项方针政策，围绕党和国家的工作大局开展广播电视工作，努力使广播电视成为党和政府的得力助手，成为人民群众的知心朋友。随着全党工作中心转移到经济建设上来，他要求广播电视及时地把宣传“四化”建设放在首位，加强对经济体制改革和科学技术的宣传，突出以爱国主义和社会主义思想为中心的思想教育。为完成新时期的宣传任务，他提出广播电视要“扬独家之优势，汇天下之精华”，根据自己的特点，创造独特的宣传形式和方法，成为人民群众重要的信息来源。他提出，广播电视的全面改革应当从宣传改革入手，“新闻性节目是广播电视宣传的骨干”，“从新闻改革入手，来带动其他各种节目和其他相应的各项工作的改革”。广播电视要积极引进、研究和开发先进技术，发展国内的广播电视工业，积极实现技术手段的现代化，提高装备水平。搞好对外宣传，准确而鲜明地树立社会主义中国的良好形象。

在他的倡导和推动下，广播电视改进各类节目内容，增加节目数量，丰富节目形式。这一时期，电视新闻节目信息量逐步增大，时效性逐步提高，中央电视台《新闻联播》成为向全国独立发布重要新闻的渠道之一。广播电视服务性、娱乐性节目有了比较大的增加。一大批古今中外的优秀文艺作品重新与听众、观众见面。广播剧、电视剧快速发展，中央电视台1984年播出的电视剧有478部（集），是1981年的4.5倍，观众平均每天可看到一部以上的新电视剧。对外广播也初步克服了内外不分、缺乏针对性等缺点，努力做到真实、生动地向国外听众介绍中国。

冷西同志关于广播电视改革的这些观点，增强了广播电视的影响力，发展了广播电视的生产力，有些至今仍有积极意义。

冷西同志担任广播电视部部长三年时间里，依靠党和国家的支持、帮助，依靠全体广播电视职工的努力、拼搏，使广播电视事业初显蓬勃发展的势头。经中央批准并列入国家重点建设项目的中央彩色电视中心于1983年5月动工，一些省、自治区、直辖市也开始兴建自己的电视中心。在邓小平理论指导下，有中国特色的社会主义广播电视的新路子在探索中逐步形成。

冷西同志注重调查研究，理论联系实际。他曾深有感触地说自己在新华社和《人民日报》都干过，但觉得广播电视工作更复杂、更繁重，搞好非常不容易。因此一到广播电视部，他就着手调查情况，研究问题。日常工作中，除了重大问题，对于一般具体的事情，他过问得不多，而是腾出时间深入基层，深入一线，走走看看，了解情况，倾听意见。他去过广播、电视的采制播出现场，到过部属的文化艺术院团、科研院所，下过地方基层的广播电视单位，与广播电视系统的领导干部和普通群众探讨问题和对策，同艺术家们交流思想，向技术人员讨教专业知识。广播电视系统的不少老同志对冷西同志虚心好学，勤于思考，注重调查研究，至今还记忆犹新。通过调查研究，冷西同志很快熟悉、掌握了广播、电视方面的基本情况，掌握了大量的第一手材料，为调整广播电视事业的思路，制定发展蓝图，规范行业管理，加强队伍建设，打下了基础。

冷西同志注意提高广播电视事业的管理水平，尝试建立一套科学的管理制度和管理方法，保证广电事业的发展和宣传任务的完成。他提出，要着重从四个方面入手：一是改革广播电视内部的领导体制，保证领导力量的重点能够放在宣传工作上，同时又能加强对技术工作、行政后勤工作的领导；二是解决好中央与地方的关系，中央要加强为地方服务，上级要加强为下级服务，同时，各级都要加强全局观念；三是发挥每一个工作人员的积极性和创造性，加强责任制，改革人事管理制度；四是加强立法，使管理工作制度化、法律化。此外，他精心筹划，主持编订了广播电视部的机构设置，合理分配职责，使新组建的广播电视部迅速运转起来。

熟悉冷西同志的人都知道，他是一个雷厉风行、办事效率高的人。开会时他很少长篇大论地讲话，而是把更多的时间用于找干部谈话。他提倡把心思用在事业上，想广播影视，干广播影视。他作风民主，胸襟坦荡，在他主持召开的各种会议上，他总是鼓励大家畅所欲言，敢于发表不同意见，而他也坦率、真诚地提出自己的看法，甚至同别人争论，会议经常讨论热烈，气氛活跃。

冷西同志这些好做法、好作风影响了许多干部、职工，渗透到广播电视部整个机关，成为一种优良的传统流传下来。

1985 年 4 月，冷西同志离开了广播电视部的领导岗位，担任中华全国新闻工作者协会主席和中国广播电视学会会长。虽然身居二线，但他仍然关注、支持着广播电视事业的改革与发展。1991 年，他主持制定了我国新闻史上第一个《中国新闻工作者职业道德准则》，对加强广播电视新闻队伍职业道德建设产生了重要影响。他重视发挥中国广播电视学会的桥梁和纽带作用，为团结广大广播电视工作者，大力加强新闻宣传理论、广播电视理论研究和新闻队伍的思想道德建设、业务建设，做了大量工作。他还非常关心广播电视人才的培养，注意推进内地广播电视界同香港、澳门、台湾地区以及外国广播电视同行的交流与合作。

2000 年 6 月，我奉命兼任广电总局的职务后不久，前去拜访、看望冷西同志，向他请教广播影视事业改革发展的大计。此前，有人给我介绍，由于几十年长期的超负荷工作，冷西同志身体严重透支，主持广播电视部工作期间，曾因突发心脏病多次入院治疗和休养，在病床上，他也不停止工作，仍在关心一些具体工作，坚持批阅和审定文件。近年来，冷西同志身体状况一直不好，体内装着心脏起搏器，就是这样，他仍刻苦勤奋，笔耕不辍。我的案头就放有他送我的《忆毛主席》、《十年论战——1956～1966中苏关系的回忆录》，这些珍贵的历史资料都是他带病写出的。在他的夫人萧岩同志的陪同下，81岁高龄的冷西同志津津有味地同我谈起了广播电视。我们谈到，我国广播、电视现在覆盖率分别达到92%、93%，年产电视剧9200集，随着西藏、新疆广播电视覆盖工程的推进，全国将有13亿人收听、收看到广播电视。我说起这样一件事：他主持广播电视部工作时，提出过一个长远目标，到世纪末全国省会城市能够收到四五套电视节目，而目前全国大多数地区已经能够收看到四五十套电视节目，他当年提出的远景规划早已被历史跨越。听到这些，冷西同志开心地笑了。那笑声，是他对我国广播电视事业发展之迅速，在社会主义现代化建设中发挥作用之巨大，由衷而生的欣慰和自豪。我向他介绍了广播电视集团化的发展战略和正在推进的“走出去”工程，冷西同志给予了积极的肯定。他还同我谈起自己近年来对新闻宣传和广播影视工作的思考、建议。从这些思考和建议中，可以看出，冷西同志一直关注、思考着我国的广播影视事业，他的心没有离开广播电视。凝望那张历经沧桑的面容，聆听那些发自肺腑的话语，任何人都会感受到一位新闻宣传战线的老前辈对党的新闻宣传事业的一片赤诚之心，一位曾经在广播电视战线工作多年的老领导对这一事业的深情厚爱。广播电视备受党和国家的关怀，饱含人民群众的期望，其中，也凝聚着一大批像冷西同志这样的老前辈、老领导的深情和重托。这些情感融合在一起，汇聚成为我国广播影视工作永不枯竭的力量源泉。

一个时代有一个时代的课题，一代人要完成一代人的使命。我国广播影视事业经过20年改革开放的探索发展，已经具备了一定的规模和实力。进入新世纪，面临改革发展的大好机遇，也面临重大的挑战。为壮大我广播影视业的实力，激发活力，提高竞争力，以应对世界传媒巨头的挑战，做大、做强、做好广播影视业，我们必须把握时代的脉搏，适应形势的变化，改革体制，转换职能，开发资源，改变广播影视业散、小、软、滥的局面，施行集约经营，实现规模效益，走集团化发展道路，打造中国广播影视业的“航空母舰”和“联合舰队”，站稳脚跟，走向国际，从而跻身世界前列，完成“把党和国家的声音传入千家万户，把中国的声音传向世界各地”的光荣任务。这种战略选择，建立在历史的基础上，也是对历史的超越。冷西同志等一批广播电视界的老同志，让我们站到了巨人的肩膀上，我们就应该坚定地按照与时俱进、开拓创新的时代精神，把发展我国广播影视事业作为第一要务。唯此，我们这一代广播电视工作者才能无愧于历史，无愧于时代，也才能回报一大批老同志的瞩望，在发展壮大广播影视事业中继承和发扬老一代广播电视工作者开拓创新的精神。冷西同志对这些重大举措非常赞赏，鼓励我们做实、做快、做好。

今年1月28日，广电总局正在围绕落实江泽民同志的重要指示，紧张而有序地推进“西藏新疆等边远民族地区广播电视覆盖工程”，得到冷西同志身体发现异常细胞住进医院检查治疗的消息，我便迅速前往医院探望他。生病在身的冷西同志紧紧握住我的手，让我放心，不要因为他而耽误我和总局其他同志的工作。他反复叮嘱，要落实好江泽民同志的指示，把西藏新疆等地广播电视覆盖这项重要的得民心、暖民心的工程搞好。这一次，冷西同志安然无恙地渡过了难关。

6月16日，我在电话里听说冷西同志突发心脏病，抢救无效，告别人世。怎么会这样?!我一时惊呆。放下电话，就匆匆驱车赶到他的家中，萧岩同志含着泪水告诉我："冷西同志已与我们永别了。"

正当广大广播电视工作者以饱满的热情积极改革、扎实工作的时候，正当广播电视事业需要一大批老同志、老领导给予关心、支持和帮助的时候，冷西同志，这位新闻战线经验丰富、谋略远大的老领导，这位为广播电视事业做出了突出贡献并依然满怀深情的老前辈却离我们而去，实在令人深感痛心！冷西同志走了，离开了他倾注毕生精力和才智的新闻宣传事业，离开了他深情关注并寄予厚望的广播电视工作者们。冷西同志走了，新闻宣传战线失去了一位善于思考、勇于创新的老战士，广播电视事业失去了一位鞠躬尽瘁、无私奉献的老同志，广大新闻工作者失去了一位风格高尚、热诚谦谨的老朋友！

斯人虽逝，风范长存。冷西同志对党的新闻宣传事业所做的贡献令人铭记；他对广播电视事业满腔的热情和厚爱，将会化为我们的精神动力，促进我国广播影视事业向更高、更强、更好的目标迈进。

冷西同志，请走好。

(2002年9月19日)

原载《中国广播影视》

2002年第20期

**图书在版编目（CIP）数据**

中国广播影视的改革与创新/徐光春著．－北京：作家出版社，2006.7

ISBN 7－5063－3672－3

Ⅰ．中…　Ⅱ．徐…　Ⅲ．①广播事业－体制改革－研究－中国－文集②电影事业－体制改革－研究－中国－文集③电视事业－体制改革－研究－中国－文集

Ⅳ．①G229.2－53②J992－53

中国版本图书馆 CIP 数据核字（2006）第 043524 号

**中国广播影视的改革与创新**

**作者**：徐光春

**责任编辑**：懿翎　汉睿

**装帧设计**：任凌云

**出版发行**：作家出版社

**社址**：北京农展馆南里 10 号　　**邮码**：100026

**电话传真**：86－10－65930756（出版发行部）

86－10－65004079（总编室）

86－10－65389299（邮购部）

**E－mail**：**wrtspub@public.bta.net.cn**

**http://www.zuojia.net.cn**

**印刷**：紫恒印装有限公司

**开本**：640×960　1/16

**字数**：510 千

**印张**：43.5　　**插页**：4

**版次**：2006 年 10 月第 2 版

**印次**：2006 年 10 月第 2 次印刷

**ISBN**　7－5063－3672－3

**定价**：39.00 元